『十四五』安徽省重点出版物规划项目

当代徽学名家学术文库

王世华◎主编

# 教育与徽商
# 徽州社会发展的动力研究

李琳琦◎著

安徽师范大学出版社
·芜湖·

图书在版编目(CIP)数据

教育与徽商:徽州社会发展的动力研究 / 李琳琦著.—芜湖:安徽师范大学出版社,2024.6

(当代徽学名家学术文库 / 王世华主编)

ISBN 978-7-5676-5417-4

Ⅰ.①教… Ⅱ.①李… Ⅲ.①徽商—研究②地方教育—教育史—研究—徽州地区 Ⅳ.①F729②G527.542

中国国家版本馆CIP数据核字(2023)第015925号

安徽省高校“徽学研究创新团队”项目(编号:2022AH010016)

**教育与徽商:徽州社会发展的动力研究** 李琳琦◎著

JIAOYU YU HUISHANG HUIZHOU SHEHUI FAZHAN DE DONGLI YANJIU

总 策 划:戴兆国

责任编辑:孙新文　　　　责任校对:辛新新　卫和成

装帧设计:张　玲　姚　远　　　　责任印制:桑国磊

出版发行:安徽师范大学出版社

芜湖市北京中路2号安徽师范大学赭山校区　　邮政编码:241000

网　　址:http://www.ahnupress.com/

发 行 部:0553-3883578　5910327　5910310(传真)

印　　刷:江苏凤凰数码印务有限公司

版　　次:2024年6月第1版

印　　次:2024年6月第1次印刷

规　　格:700 mm × 1000 mm　1/16

印　　张:33.5　　插页:1

字　　数:518千字

书　　号:ISBN 978-7-5676-5417-4

定　　价:266.00元

# 总　序

任何一门学科的诞生和发展都是不寻常的，无不充满了坎坷和曲折。徽学也是一样，可谓走过了百年艰辛之路。尽管徽州历史文化的研究从清末就开始了，但徽学作为一门学科，却迟迟没有被“正名”，就好像婴儿已出世，却上不了户口一样。在徽学成长的过程中，总伴随着人们的怀疑和否定，甚至在20世纪末，还有专家发出“徽学能成为一门学科吗”的疑问。其实，这并不奇怪。因为新事物总有这样那样的缺陷和不完善之处，但新事物的生命力是顽强的，任何力量也难以阻挡。难能可贵的是，前贤们前赴后继，义无反顾，孜孜不倦地研究，奉献出一批又一批的研究成果，不断刷新人们对徽学的认识。

“到得前头山脚尽，堂堂溪水出前村。”1999年，教育部拟在全国有关高校设立一批人文社会科学重点研究基地，促进有关学科的发展。安徽大学在安徽师范大学的支持、参与下，申报成立“徽学研究中心”，经过专家的评审、鉴定，获得教育部的批准。这标志着“徽学”作为一门学科，迈入一个全新阶段。

新世纪的徽学研究呈现出崭新的面貌：老一辈学者壮心不已，不用扬鞭自奋蹄；中年学者焚膏继晷，勤奋耕耘；一大批后起之秀茁壮成长，新竹万竿，昭示着徽学研究后继有人；大量徽学稀见新资料相继公之于世，丰富了研究的新资源；一大批论著相继问世，在徽学的园地里，犹如百花盛开，令人神摇目夺，应接不暇，呈现出一派勃勃生机。2015年11月29

日，由光明日报社、中国社会科学院历史研究所、中共安徽省委宣传部、中共江西省委宣传部联合举办的“徽商文化与当代价值”学术座谈会在安徽省歙县召开。2019年6月18日，由中共安徽省委宣传部、光明日报社指导，安徽大学主办的首届徽学学术大会在合肥市召开。2021年10月19日，由中共安徽省委宣传部、光明日报社联合主办，中国历史研究院学术指导，中共黄山市委、黄山市人民政府、安徽大学、安徽省社会科学界联合会承办的第二届徽学学术大会在黄山市召开。国内很多高校的学者都参加了大会。更令人欣喜的是，日本、韩国、美国、法国等很多外国学者对徽学研究也表现出越来越浓厚的兴趣，新时代的徽学正阔步走向世界。可以说，这是百年来徽学迎来的最好的发展时期。这一切都昭示：徽学的春天来了。

在这徽学的春天里，安徽师范大学出版社和我们共同策划了这套“当代徽学名家学术文库”。我们约请了长期从事徽学研究的著名学者，请他们将此前研究徽学的成果选编结集出版。我们推出这套文库，是出于以下几点考虑：

首先是感恩。徽学研究能有今天这样的大好形势，我们不能忘记徽学前辈们的筚路蓝缕之功。这些学者中有的已归道山，如我们素所景仰的傅衣凌先生、张海鹏先生、周绍泉先生、王廷元先生，但他们对徽学的开创奠基之功，将永远铭记在我们心中。这套文库就是对他们最好的纪念。文库还收录了年近耄耋的耆宿叶显恩先生、栾成显先生的研究文集，两位我们敬仰的先生，老骥伏枥，壮心不已，继续为徽学做贡献。这套文库中的作者大多是年富力强的中坚，虽然他们的年龄还不大，但他们从事徽学研究却有数十年的时间，可以说人生最宝贵的年华都贡献给了徽学，堪称资深徽学研究者。正是上述这些前辈们在非常困难的条件下，骈手胝足，荷锄带露，披荆斩棘，辛苦耕耘，才开创了这片徽学园地。对于他们的拓荒之劳、奠基之功，我们能不感恩吗？我们正是通过这套文库，向徽学研究的先驱们表达崇高的敬意！

其次是学习。这套文库基本囊括了目前国内专门从事徽学研究的大家的论著，展卷把读，我们可以从中受到很多启迪，学到前辈们的很多治学方法。他们或以世界的视野研究徽学，高屋建瓴，从而得出更新的认识；或迈进“历史现场”，走村串户，收集到很多资料，凭借这些资料探究了很多历史问题；或利用新发现的珍稀资料，在徽学研究中提出不少新见；或进行跨区域比较研究，得出的结论深化了我们对徽州历史文化的认识；或采用跨学科的方法研究问题，使我们大开眼界；或看人人可以看到的材料，说人人未说过的话。总之，只要认真阅读这些文章，我们就能感受到这些学者勤奋的治学精神、扎实的学术根柢、开阔的学术视野、严谨的治学态度、灵活的治学方法，可谓德识才学兼备，文史哲经皆通。我们为徽学有这样一批学者而庆幸，而自豪，而骄傲。这套文库，为我们后学提供了一个样板，细细品读这些文章，在选题、论证、写作、资料等方面确实能得到很多有益的启示。

最后是总结。这套文库是四十年来徽学研究主要成果的大展示、大总结。通过这套文库我们可以知道，几十年来，学者们的研究领域非常广泛，涵盖社会、村落、土地、风俗、宗族、家庭、经济、徽商、艺术、人物等等，涉及徽州的政治、经济、文化、社会等各个方面，既有宏观的鸟瞰综览，又有中观的探赜索隐，也有微观的专题研究。通过这套文库，我们能基本了解徽学研究的历史和现状、已经涉及的领域、研究的深度和广度，从而明确今后发力的方向。

总结过去，是为了把握现在，创造未来。这就是我们推出这套文库的初心。徽州历史文化是个无尽宝库，徽学有着光明的未来。如何使徽文化实现创造性转化、创新性发展，如何更生动地阐释徽学的理论价值，更深入地发掘徽学的时代价值，更充分地利用徽学的文化价值，更精彩地展示徽学的世界价值，通过文化引领，促进经济与社会发展，服务中华民族复兴伟业，这是我们每一位徽学研究者的光荣使命。“路漫漫其修远兮，吾将上下而求索。”但愿这套文库能成为新征程的起点，助推大家抒写徽学研究的新篇章。

另外要特别声明的是，由于各种原因，国内还有一些卓有建树的徽学研究名家名作没有包括进来，但这套文库是开放的，我们乐于看到更多的学者将自己的成果汇入这套文库之中。我相信，在众多“园丁”的耕耘、浇灌下，我们的徽学园地一定会更加绚丽灿烂。

王世华

二〇二三年六月

# 前　言

从未想过要编个人文集，一是感到没有必要，二是认为没有资格，但承蒙安徽师范大学出版社和王世华主编的盛情邀约，最终还是从自己独立和合作发表的相关徽学研究论文中选出39篇汇集成册，名之曰《教育与徽商——徽州社会发展的动力研究》。

之所以取名如此，原因有二：一是我自1985年考上安徽师范大学硕士研究生时起，就师从张海鹏、王廷元诸位先生开始了徽商研究，硕士学位论文选题为《论徽商资本流向土地的问题》，后又参与了《中国十大商帮》《徽商研究》的撰写工作；1996年考上华东师范大学攻读博士学位，师从李国钧先生从事中国教育史研究，博士学位论文选题是《徽商与明清徽州地区教育发展》，北京师范大学王炳照先生在答辩评阅书中写道，"这篇论文为中国教育史研究向区域性社会文化、社会经济与教育发展的关系的探讨作出了重要贡献"。所以，近40年来，徽商、徽州教育和徽商与徽州教育关系就成为我的主要研究领域。

二是业师张海鹏先生在为我出版的《徽商与明清徽州教育》所作的《序》中指出："徽州的发展变化，固然与几百年来全国经济、文化发展的走势有着密切的关系，但与此同时，却又有其内在的动力。若问：这内在的动力是什么呢？从事实来看，便是教育与徽商。"同时，他又强调："我们可以就徽州的教育与徽商的相互作用及其结果用以下公式表述出来：教育—徽商—教育—'江左望郡'。这也是明清徽州史之'纲'。"

此外，还有几点需要在这里加以说明：其一，为了保持原貌，所有论文除了对个别文字，以及错别字和注释错误进行修正外，基本上并未作其他改动。

其二，为了说明不同的主题，文集中有些观点和史料在不同的篇目中是重复运用的。

其三，合作撰写的论文，如果本人是第二作者，那么主要是第一作者撰写的，我只是在选题方面给出意见、在文字表述和逻辑建构方面进行了一些修改完善。

最后，要特别感谢安徽师范大学出版社编辑孙新文、辛新新、卫和成在文集校对方面和我的博士生周伟义等在初期文档转换方面所付出的辛勤劳动！

李琳琦

二〇二三年十二月

# 目　录

## 徽商研究



## 徽州教育研究

## 徽商与徽州教育关系研究

## 徽学其他问题研究

# 徽商研究

# 徽商与明清时期的木材贸易

“徽郡商业，盐、茶、木、质铺四者为大宗。”[①]木材贸易是徽商经营的四个主要行业之一。徽商从事木材贸易时间早、人数多、资本雄厚，活动范围广阔，在徽商商业贸易中占有举足轻重的地位。在大工业出现以前，木材是建造房屋和制作车船、工具乃至家具所使用的基本材料，在人们的生产、生活中起着十分重要的作用，以致有的西方经济史学家把大工业以前的时代称为“木材时代”[②]。因此，徽商的木材贸易活动，对当时社会经济的发展无疑具有积极的意义。

## 一

徽州地处皖南山地丘陵区，“农力最为勤苦，缘地势陡绝，厥土骍刚而不化”[③]，不宜农作物生长，但林木资源却很丰富。徽州林木资源按其用途，大致可分为用材林，如松、杉、梓等；经济林，如桐、漆、乌桕等；果实林，如橘、梨、栗等；以及薪炭林。其中用材林杉与松则一向是徽州林木生产的大宗。“大抵新安之木，松、杉为多。”[④]在徽州六邑中，

① 陈去病：《五石脂》。

② 转引自李伯重：《明清时期江南地区的木材问题》，《中国社会经济史研究》1986年第1期。

③ 《歙事闲谭》卷18《歙风俗礼教考》。

④ 《古今图书集成》卷261《草木典》。

又属婺源的林木蕴藏量最大，所谓“山林之利，我婺独擅”[①]，再加上婺源杉木质佳，“自栋梁以至器用小物，无不需之”[②]，因而婺源的木商最为众多。

南宋时，由于外来移民的增多，再加上人口的自然增殖，徽州田少人多的矛盾已经十分突出，于是山林就成了徽州人民生产资料和生活资料的重要来源。“土人稀作田，多以种杉为业。”[③]同时，“女子始生则为植杉，比嫁斩卖，以供百用”[④]，则成了当时徽州山区的习俗。在这种情况下，一些徽州人就利用山区丰富的林木资源同邻近的江西、浙江、江南产粮区进行以木易粟的贸易，从而使徽州木商开始进入邻近的区域性市场。如：“祁门水入于鄱，民以茗、漆、纸、木行江西，仰其米自给”[⑤]；休宁“山出美材，岁联为桴，下浙河，往者多取富”[⑥]；婺源“每一岁概田所入，不足供通邑十分之四，乃并力作于山，收麻兰粟麦佐所不给，而以杉桐之入易鱼稻于饶，易诸货于休”[⑦]。南宋时，徽州木材的输出贸易已相当发达，徽州木商的人数也已颇为可观。如宋人范成大记其泊严州所见：“（严州）浮桥之禁甚严，歙浦杉排毕集桥下，要而重征之，商旅大困，有濡滞数月不得过者。……休宁山中宜杉……出山时价极贱，抵郡城已抽解不赀，比及严则所征数百倍。严之官吏方曰：‘吾州无利孔，微歙杉不为州矣。’”[⑧]徽州输出的木材成了严州税收收入的主要来源，可见其数量之多，参与木材贸易的人数之众了。

明中叶以后，随着徽州商帮的形成，徽商经营行业和活动范围的扩大，徽州木商也有了长足的发展。如果说明代以前，徽州木商是取材于本

① 光绪《婺源乡土志・婺源风俗》。

② 《增补陶朱公致富全书》卷1。

③ 范成大：《骖鸾录》。

④ 淳熙《新安志》卷1《风俗》。

⑤ 淳熙《新安志》卷1《风俗》。

⑥ 淳熙《新安志》卷1《风俗》。

⑦ 光绪《婺源县志》卷3《风俗》。

⑧ 范成大：《骖鸾录》。

地，内产外销，目的主要是以木易粟，换取邻近地区的粮食以满足徽州本土的需要；那么，明代以后，情况就大不相同了。这一时期，徽州木商已进入国内木材大市场，其足迹遍及西南、东南木材的各个重要产区；贸易的重点是外购外销；经营的目的则是获取贱买贵卖所造成的价格差额。

我国南方森林资源主要集中于西南诸省。王士性在概述天下资源分布情况时指出："西南川贵黔粤饶楩楠大木"，"深山大林，千百年斫伐不尽"。[①]王象晋也指出："樟木，大者数抱，西南处处山谷有之"，"楠木……黔蜀山中尤多"。[②]明清时期，徽州木商在四川、贵州诸省十分活跃。如婺源商人洪庭梅，"偕姻戚权木值于闽越楚蜀数千里外"[③]；汪溶，"家贫，佣于木商，跋涉江湖，远及苗洞"[④]；歙县商人程之藩，"年少时，随其父行贾于四川，至建昌雅州宣慰司董仆家，土司所属，深谷峻岭多巨木，伐之以为利"[⑤]；王士汲，"年十九，侍父华顺往四川贩木"[⑥]；等等。

湖南木材主要产于湘西地区。明清时期，徽州木商在湖南贩木的也不少。如婺源商人毕兴，"习木业楚尾吴头，备尝辛苦"[⑦]；汪任祖，"初家贫，嗣业木吴楚间，渐有余蓄"[⑧]；歙县商人黄筏"贩木湖南"[⑨]；等等。在湖南贩木的，以徽州木商的人数最多，资本最为丰厚。清朝大臣骆秉章曾在一封奏议中说："窃查辰州府例征关税，向于南北城外分设木关按照税则征收，凡贵州及本省沅州永顺一带贩运木植出江皆经由此地，故原设木关统以辰州为管键。历来木商唯徽客赀本丰厚，江西次之，本省又次之。而木排则以杉木为大宗，其余杉枋杉板及杂木税亦甚微。至于贩运来源以沅水上游为最旺，向于交界之蛇口屯集扎成木排，经辰州南关纳税。永顺一带多产杂木，经辰

① 《广志绎》卷5《江南诸省》。
② 《二如亭群芳谱》木谱一。
③ 婺源《墩煌洪氏通宗谱》卷58《清华雪斋公传》。
④ 《婺源县采辑·义行》。
⑤ 《戴南山先生全集》卷8《程之藩传》。
⑥ 民国《歙县志》卷8《人物·孝友》。
⑦ 光绪《婺源县志》卷30。
⑧ 光绪《婺源县志》卷34。
⑨ 《歙事闲谭》卷3《黄可堂诗》。

州北关纳税。”[1]又如光绪《婺源县志》记载：“朱昌孝……幼读书，以父年迈，弃砚就商，设钱肆于湖南德山。婺邑木商往来必经其地，簰夫不下数千人，有客死者，赁地藁葬，甚且委诸草莽。”[2]

徽州木商也有南下福建贩木的，如婺源商人黄世权，“顺治戊子，以厚资畀故交，贩木于闽”[3]。再如，光绪《临汀汇考》卷4记载：福建宁化“先时徽贾买山，连伐数千为捆，运入瓜步……”[4]

在江西贩木的徽州木商也很多，如婺源商人董昌缓，“买木南赣”[5]，单启泮“业木豫章”[6]；祁门商人倪国时“贩木饶河”[7]，倪望铨“往来贩木于鄱湖阊水间”[8]；等等。

明清时期，徽州木商将本土的木材输往浙江、江南地区的活动仍在继续。徽人赵吉士说：“徽处万山中，每年木商于冬时砍倒，候至五六月，梅水泛涨，出浙江者，由严州；出江南者，由绩溪顺流而下，为力甚易。”[9]徽州邻近的宁国府太平县所产的木材也大多为徽州木商所购买。如徽商程希道就“尝往邻邑太平之弦歌乡，置买山场，做造簰筏，得利无算”[10]。

浙西衢州府的开化、常山等县也是木材产区，在这里置买木材的主要也是徽州木商。如明代开化，“当杉利盛时，岁不下十万，以故户鲜逋赋，然必仰给于徽人之拼本盈，而吴下之行货勿滞也”[11]。清初徽州木商程某“常在衢、处等府采判木植，商贩浙东、南直地方，因此常处开化”[12]。徽商王

① 沈云龙：《皇朝政典类纂》卷87，引骆秉章：《骆文忠奏议》卷14。
② 光绪《婺源县志》卷35。
③ 光绪《婺源县志》卷31。
④ 光绪《临汀汇考》卷4。
⑤ 光绪《婺源县志》卷38。
⑥ 光绪《婺源县志》卷34。
⑦ 《祁门倪氏族谱》卷下。
⑧ 《祁门倪氏族谱》卷下。
⑨ 《寄园寄所寄》卷12《插菊寄》。
⑩ 《新安程氏诸谱会通》第3册《希道公传》。
⑪ 雍正《浙江通志》卷106《物产六》。
⑫ 《醉醒石》第4回。

恒到常山贩杉木，一次拼买丁氏山林即“用银一千五百两”之多[1]。清婺源商人江恭埙，“尝购木开化”，一次就曾采购王姓兄弟之木计价1200金[2]。

明清时期，徽州木商贩运木材的路线不同，方式多样，但其主要的集散地则是江南地区。一般说来，他们是将川、贵、赣、湘的木材借长江干流运往江南。如：明代，四川“凡楠木最巨者，商人采之，凿字号，结筏而下。既至芜湖，每年清江主事必来选择，买供造运舟之用，南部（南京工部）又来争，商人甚以为苦”[3]。清代，康熙四十六年（1707）川抚能泰奏：“川省地方，山深林密，产木颇多。……商贩所运木植过关时，止纳板税，其余木植运赴湖广、江南货卖”[4]。明代贵州楠木，“大者既备官家之采，其小者土商用以开板造船，载负至吴中则拆船板，吴中拆取以为他物料……近日吴中器具皆用之”[5]。湖南的木材当更是如此，因为在方志、谱牒中，关于徽州木商“习木业楚尾吴头”“业木吴楚间”的记载不少。

福建的木材大多是走海路运往江南。据记载：“（浙江）材木之用，半取给于闽。每岁乡人（浙江木商）以海舶载木出（福州）五虎门，由海道转运……”[6]浙江木商如此，在福建贩木的徽州木商大约走的也是同样的路线。因为前面所提到的婺源木商黄世权，以厚资委托“故交”，贩木于闽，而他自己却是坐镇京口的。

江西、徽州、衢州等地的木材则是通过阊江、鄱江、新安江、富春江等支流运往江南地区。

此外，徽州木商还将木材经运河北上运往扬州、泰州、淮泗等地。如婺源商人王学炜，“比长，业木泰州”[7]；李广璧，“弃儒服贾，往泰州海

① 《详状公案》卷2《断强盗掳劫》，转引自藤井宏：《新安商人的研究》。

② 光绪《婺源县志》卷33。

③ 《涌幢小品》卷4《神木》。

④ 雍正《四川通志》卷16《榷政》。

⑤ 《广志绎》卷4《江南诸省》。

⑥ 《安澜会馆碑记》。

⑦ 光绪《婺源县志》卷34。

门厅业木，艰难起家”[①]；俞悠春，“尝业木维扬，资颇饶，辄喜施与”[②]；徽商汪堰，“尝货木淮泗”[③]；等等。

综上所述，可知明清徽州木商的活动地域远较前代广阔，运输规模远较前代更大，其人数也远较前代更多。

清朝末年，徽州盐商、典商、茶商相继衰落，徽州商帮也随之逐渐解体，然而，此时的徽州木商却仍然活跃于木材贸易领域，具有相当大的势力，这种情况一直持续到20世纪40年代。如1911年，黟县木商江辅卿、范蔚文、孙毓民合股经营木业，派人携巨款前往赣南吉安、泰和等山区收购木材，然后通过赣江、鄱阳湖由湖口转入长江，经彭泽、安庆、无为的凤凰颈，转巢湖运抵合肥，并在合肥开设“森长源”木行进行销售。继之，他们又先后在凤凰颈、大通、巢湖等地设立了办事处。1915年范、孙拆股息各得3万元退出，江辅卿独资继续经营，至1924年已拥资10余万元，足见其规模之大了。再如杭州的“徽商木业公所”创建于清乾隆五十一年（1786），参加者有六邑木商五六百人，在候潮门外建有房舍，用为议事场所；又在江干购置沙地3690余亩，用以堆放木材。每年六月初一，徽州木商要在公所内举行一次集会，每逢会期不用邀请，自行到会。自清乾隆时起直到1937年，从未间断。抗日战争期间，一度停顿。1946年恢复，更名为“徽州旅杭木业福利社”，当时尚有会员380余人。休宁的黄乐民、汪行之先后担任董事长，迄解放止。[④]

木材贸易作为徽州商帮的四大支柱行业之一，发展最早，而衰落却最迟，由此可见它在徽州商帮中的地位和作用何等重要。

---

① 光绪《婺源县志》卷35。

② 光绪《婺源县志》卷35。

③ 《汪氏统宗谱》卷85。

④ 转引自王珍：《徽州木商述略》，《徽州社会科学》1991年第2期。

## 二

将西南、福建、江西、徽宁的木材运往江南地区是徽州木商贸易的重点，因而江南地区各个重要城镇就成了徽州木商的据点及其木材的集散地。如芜湖，“炮台在县西滨江，明总兵黄得功建。今其下滩地为徽、临两郡木商堆贩木植之所”[①]。芜湖的木材，除少量来自徽、宁二府之外，大部分则是来自长江上游的西南各省的木材生产区。咸丰二年（1852），安徽巡抚蒋文庆就曾说：“芜湖关工税，向以木排为大宗。只缘楚南产木之区，与粤西壤地相接，逆氛窜扰，处处戒严……以致排把未能旺运。”[②]

南京是明清时期长江上游的木材运往江南各地的最大中转站。这里的徽州木商不仅人数众多，而且资本十分雄厚。如婺源商人洪大诗，“营金陵木业，囊渐充裕，因居白下”[③]；程肇基，“业木金陵，资饶裕”[④]；金照“业木金陵。尝捐资置义冢一区，以安旅榇。又修上江考棚、府嘉义坊、婺邑城垣，共捐一千数百金”[⑤]。另据《歙事闲谭》载：“徽多木商，贩自川广，集于江宁之上河，资本非巨万不可。因有移家上河者，服食华侈，仿佛淮扬，居然巨室。”[⑥]上新河一带建有徽商会馆，清代婺源木商施德栾就曾“客金陵，督理会馆，以朴诚著誉，守江宁者屡举总商，务多有成”[⑦]。

镇江是长江木材转折运河北上和南下的必经之路，这里的徽州木商势力亦很大。清人陆献说：“（丹徒）横闸之坏，非坏于官，实坏于徽州之

---

① 嘉庆《芜湖县志》卷6。

② 彭泽益编：《中国近代手工业史资料（1840—1949）》第1卷，生活·读书·新知三联书店1959年版，第594页。

③ 婺源《墩煌洪氏宗谱》卷59。

④ 光绪《婺源县志》卷34。

⑤ 光绪《婺源县志》卷34。

⑥ 《歙事闲谭》卷18《歙风俗礼教考》。

⑦ 光绪《婺源县志》卷29。

木商也。数十年前，木筏由常州之江阴进口，后以江阴路稍远，改由镇江大闸口而入。当京口粮船正在开行时，木筏齐停镇江口，俟粮船开毕，然后入大闸。至今镇江之西门外江口，土人谓之排湾。排湾者，木排湾船之所也。不知何年擅入横闸。横闸金门狭而长，闸底又深，木排之大，不足以容焉，且口门西向，潮水西注，而木排入闸，碍于闸左臂之伸长，转折不便。故于修闸之时，施其诡计，朦溷经营，而横闸遂成变局，再坏再修，再经营而变为有闸不如无闸之局矣。”①

苏州和杭州是徽州木商在江南地区的两个重要的木材转运基地。光绪《婺源县志》“义行”部分有关徽州木商“业木苏州”“贩木钱塘”的记载不少。为了增强凝聚力和竞争力，徽州木商在这两地建有会馆和公所。徽州木商在苏州西汇创立的大兴会馆，咸丰年间“缘罹兵燹，地成瓦砾”，后于同治四年（1865）重新修建，“兹议公借紫阳地基，起造正堂三间。后厢两披一间……以为木商集议公所”。在重建大兴会馆时，捐款的徽州木行计有3家，捐款的徽州木商计有48人。②杭州候潮门外的“徽商木业公所”，规模更大，参加的徽州木商人数更多。

再如松江府，据清代《松江府为禁修葺官府横取赊买竹木油麻材料告示碑》记载：“本郡四门木竹商人程泉、程召、李全、汪塘等呈称：泉等俱属徽民，远贩者□投治。……蒙本府知府廖，看得木竹行业尽系徽民，挈资侨寓，思觅蝇头，冒险涉远，倍尝辛苦，始得到埠。”③可见，在松江府从事木材贸易的主要也是徽州木商。

明清时期，徽州木商涉足深山老林，漂浮于江河湖海，不畏艰险，从事大规模的木材长途贩运，而且将其木材的主要集散地放在江南地区，其中的原因何在呢？

我们知道，徽州是个众山环抱的地区，林木生产是徽州地区经济的重

① 陆献：《丹徒横闸改建议》，《清经世文编》卷104。

② 江苏省博物馆编：《江苏省明清以来碑刻资料选集》，生活·读书·新知三联书店1959年版，第101—102页。

③ 上海博物馆图书资料室编：《上海碑刻资料选辑》，上海人民出版社1980年版，第105页。

要构成部分。正如康熙《徽州府志》所说："其山林材木、茗、栗、桐、漆之属，食利亦无算。"[1]徽州人民在长期与森林打交道的过程中，积累了采伐利用、栽培管理天然林和人工林的丰富经验。徽州各种地方志中多有这方面的记述，一些成功的经验甚至载入了如《农政全书》等重要的农学著作。这方面的情况，张雪慧的《徽州历史上的林木经营初探》[2]一文中有详细的论述。到南宋时，徽州木材的输出贸易得到了发展。在木材贩运的过程中，徽州木商又不断总结经验，发挥聪明才智，创造了以竹制缆捆扎木排的新方法。如婺源商人程文昂，"业木造簰，以竹制缆，创自巧思，牢固异常，人利赖之"[3]。捆扎木排，以竹为缆，不仅牢固，而且不易腐烂，从而减少了徽州木商在运输路途中的风险。这些有关木材砍伐、保管、运输的经验，就为明清徽州木商走向国内木材大市场提供了前提条件。

此外，明中叶以后，徽州经商的人数骤增，"足迹几遍禹（宇）内"，"滇、黔、闽、粤、豫、晋、燕、秦，贸迁无弗至焉；淮、浙、楚、汉，其迩焉者矣"[4]。这些人通过各种途径将外地的信息传到徽州，从而使徽州木商能了解到各地木材的供需情况，再加上在外地经商的徽州人具有相互提携，"以众帮众"的传统，这些也为徽州木商大步走向国内木材大市场提供了便利。

江南地区森林不多，"惟沿村有树，其河港之在野者罕所植。间有之，亦必取作器，小则伐为薪。"[5]以故史载常熟"无室庐之材"[6]，无锡"木不足以备屋材"[7]。然而，明清时期江南城镇的发展以及造船业的发达又迫切需要大量的木材。徽州木商将江南地区作为其木材的集散地，盖因

① 康熙《徽州府志》卷6《食货志·物产》。

② 《中国史研究》1987年第1期。

③ 光绪《婺源县志》卷34。

④ 《歙事闲谭》卷18《歙风俗礼教考》。

⑤ 《清稗类钞·矿物类》。

⑥ 康熙《常熟县志》卷1《物产》。

⑦ 《锡金识小录》卷1《山泽之利》。

于此。

明清江南造船业发展很快。以近海沙船为例，嘉靖时长江三角洲（包括江北通州、泰州）一带已有沙船千艘以上[①]，而到清中期，“上海、乍浦各口有善走关东、山东海船五千只，每只二三千石不等，其船主俱土著之人”[②]，200多年中沙船数量增加了近4倍。这些沙船都是在江南一带建造的。江南所造海船、漕船、兵船也很多。如康熙五十五年（1716）十月康熙帝谕大学士九卿等曰：“……朕南巡过苏州时，见船厂问及，咸云每年造船出海贸易者，多至千余，回来者不过十之五六，其余悉卖在海外……”[③]至于内河运石、运货、农家代步的湖泖之船（或称浪船）则为数更大。据《天工开物》记载：“凡浙西、平江（即苏州）纵横七百里内，尽是深沟，小水湾环，浪船以万亿计。”[④]此外，江南渔船数目也不少，其中最大者规制不下于大中型海船。据郑若曾《太湖图论》说，嘉靖时太湖中最大的渔船帆罟和江边船，载重量达2000石。

这些船只的建造与维修，每年要耗费大量的木材。据元代规定，造一艘“一百料”的内河船，要用各种尺寸的板木203条片，而船上棹、橛、棹头板、鞴头板等设备所用木材还不包括在内[⑤]。明初规定，造一艘“四百料”的河运漕船，“每船用新杉篙木六十二根，株、樟、榆、槐二十余段”[⑥]。造海船所用木料更多。明初规定造一艘“一千料”的中型海船，需杉木302根，杂木149根，株木20根，榆木舵杆2根，栗木2根，橹坯38根，[⑦]共513根。造船不仅耗费木材，而且对木材的尺寸、种类都有讲究。例如造漕船，“桅用端直杉木……梁与枋樯用楠木、槠木、樟木、槐木；栈板不拘何木；舵杆用榆木、榔木、槠木；关门棒用椆木、榔木；橹用杉

① 参阅周世德：《中国沙船考略》，《科学史集刊》第5辑。

② 《履园丛话》卷4。

③ 《清圣祖实录》卷270，康熙五十五年十月壬子。

④ 《天工开物》卷中。

⑤ 沙克什：《河防通议》上卷《造船物料》。

⑥ 席书、朱家相：《漕船志》卷4《料额》。

⑦ 《明会典》卷200《工部二十・船只》。

木、桧木。此其大端云”[①]。造船业的主要用料杉、松、楠木等，江南本地所产极少，自明初以来就主要仰赖川、黔、湘、闽，如明初所造的大粽宝船，木材即来自川、黔、湖广。到清顺治末年，“经屡次造船之后，（江浙）老材巨干搜伐无遗”[②]，特别是造较大船只的木材，本地再也难以寻觅到，因而对外地木材的需求就更为急迫了。

随着商品经济的发展，明清江南市镇迅速兴起，其中有些市镇的规模还相当大。据有关学者统计，明中后期江南有市镇329个，而清前中期增至517个。其中千户以上的大型市镇，明中后期约有14个，清前中期则增至19个[③]。明清江南城市人口的增长更为迅速，如南京，明初只有27000多户[④]，10多万人口，而到万历时，则是“生齿渐繁，民居日密”，仅十三门内外的人户，就有“几十余万”之多[⑤]。又如杭州城，据明成化时的统计，当时共有户9万，口约30万。但到嘉靖万历时，据江山杨魁说：“（杭州）城有四十里之围，居有数百万之众。”[⑥]又如苏州，“府城阊门外……明时尚系近城旷地，烟户至稀。至国朝生齿日繁，人物殷富，闾阎且千，鳞次栉比矣”[⑦]，人口增加很多。

城镇的发展和人口的增加，导致了建筑业的兴盛，从而进一步加大了江南地区对木材的需求。因为江南房舍大多为竹木结构，使用砖石甚少。即使是繁华的大都市，情况亦基本如此。如杭州城内的民居，自南宋时即“板壁居多，砖垣特少”[⑧]，直至清代仍然是“计一室所用，其为砖埴之工者，止瓦棱数片耳”，而“自基殿以至梁栭栋柱欂榈，无非木也。且以木

① 《天工开物》卷中。

② 顺治十七年胡文学题本《为民力已尽于船工修练宜婀于平昔事》，《清史资料》第3辑。

③ 刘石吉：《明清时代江南市镇之数量分析》，《思与言》第16卷第2期。

④ 《明太祖实录》卷63，洪武四年闰三月十七日。

⑤ 周晖：《二续金陵琐事》。

⑥ 万历《杭州府志》卷33《城池》。

⑦ 转引自李伯重：《明清时期江南地区的木材问题》，《中国社会经济史研究》1986年第1期。

⑧ 田汝成：《西湖游览志》余卷25。

为墙障，以竹为瓦荐壁夹。凡户牖之间，牖用槅槅，而半墉承墉又复以板与竹夹为之。间或护牖以笆，护墉以篱，层层裹饰，非竹则木”[①]。苏州也是“瓦屋鳞鳞，俱以木成”[②]。再加上明清时期江南及运河沿岸的淮、扬一带聚集了大量的富商大贾、达官贵人，他们争建园林别墅，制作家具什物，耗木甚多，所有这些建筑用材，加上家具和农具用材的数量当比造船用材更为可观。

由于以上这些原因，就使得明清时期的徽州木商纵横于国内木材的生产和销售地域，并且将江南地区作为木材的主要销售市场。

## 三

明清徽州木商的经营方式有合资和独资两种形式。合资经营的主要是一些资本较小的木商。徽州木商在涉足木材贸易之前，有不少人家境贫寒，是以耕樵为生的自耕农甚至是破产农民。光绪《婺源县志》“孝友”“义行”部分所记载的徽州木商大多属于此种类型。他们资本的来源或是靠亲朋、宗族的资助；或是靠借贷，如程鸣岐“贷资贩木”[③]，孙徽五则贷金给同伴“市木者二十余人”[④]。而木材，特别是优质木材，大多生在深山老林之中，道远山深，采伐极其困难。如西南林区的木材，“在彝方瘴疠之乡，深山穷谷之内，寻求甚苦，伐运甚难”[⑤]；“木非难而采难，伐非难而出难。……上下山阪，大涧深坑，根株既长，转动不易，遇坑坎处，必假他木搭鹰架，使与山平，然后可出。一木下山，常殒数命。直至水滨，方了山中之事”[⑥]。木商在运输木材的时候，是“以其赀寄一线于

① 毛奇龄：《杭州治火议》，载《武林掌故丛编》。

② 《咫闻亲》卷8《失火酬神》。

③ 光绪《婺源县志》卷35。

④ 光绪《婺源县志》卷33。

⑤ 周洪谟：《大木议》，《古今图书集成·职方典》卷619。

⑥ 《广志绎》卷4《江南诸省》。

洪涛巨浪中”[①]，风险亦很大。如婺源商人叶明绣“尝贩木钱塘，江潮骤至，漂木过半”[②]；汪见大“贩木荆楚，遇蛟龙水漂荡”[③]。再加上木材贸易的周期较长，所有这些就决定了经营木材需要较多的人手和雄厚的资金。为了减少风险，增强竞争力，一些资本不大的徽州木商就采取了合资经营的方式。合资一般是以宗族乡党为限，如前面所提到的徽州木商洪庭梅就是和“姻戚”合资的。再如王杰“偕堂弟货木三楚”[④]；董榁照“与兄合资业木姑苏”[⑤]；等等。合资经营，赚钱按股均分，蚀本则照股均赔。如万历三十九年（1611）祁门奇峰郑元祐、逢旸、逢春、师尹、大前等5人合伙拼买杉木，从饶州造捆，往瓜洲发卖。“不期即遇风潮，漂散捆木；又遇行情迟钝，耽误利息，以致蚀本”。后来5人将所蚀之本，“照原合伙议定分股，以做十二股均赔开派”。[⑥]

独资者相对来说拥有的资本要雄厚些。他们为了适应木材贸易的需要，大多雇有人手。如前面所提的黄世权，就是雇佣“故交”到福建贩木的；汪溶在初期则是“佣于木商”的。

无论合资、独资，徽州商人在木材贸易中，除极少数有“本利亏折”的现象外，大多都获得了丰厚的商业利润。如婺源商人施圭锡，“佐父业木，比父归里，孳息倍于前”[⑦]；汪光球，“初家贫，习缝工，嗣业木苏州，勤慎笃实，人多贷以资本，经营数年，渐丰裕。兄弟三人，球行二，积累二万余金”[⑧]；王杰，“货木三楚……比抵仙镇，获利数倍”[⑨]。至于一些徽州皇木商，他们通过夹带私木，逃避国课所获得的利润就更为惊人。如明万历间，修建乾清、坤宁两宫，“徽州木商王天俊……广挟金钱，

① 乾隆《婺源县志》卷4。
② 光绪《婺源县志》卷33。
③ 光绪《婺源县志》卷31。
④ 光绪《婺源县志》卷30。
⑤ 光绪《婺源县志》卷33。
⑥ 中国社会科学院历史所藏徽州文契，编号3687。
⑦ 光绪《婺源县志》卷35。
⑧ 光绪《婺源县志》卷35。
⑨ 光绪《婺源县志》卷30。

依托势要，钻求札付。买木十六万根，勿论夹带私木，不知几千万根；则此十六万根木，逃税三万二千余根，亏国课五六万两”[①]。总之，明代后期至清代，徽州木商积累起可观的货运资本，其木材生意越做越大，一次贩木“数千茎”[②]“数千章”[③]的为数很多。据统计，清末民初，仅徽州木材外运江南地区的每年即达10余万两（两：木材计量单位，龙泉码，视木材大小分别计算。大体而言离根部6尺，腰围1尺5寸折0.15两，腰围2尺折0.24两）[④]。所以徽州习惯上把盐商、木客连起来看，俗谓“盐商木客，财大气粗”，意思是说他们不但有钱而且有一定的势力。

徽州木商采购木材的方式有三种。其一是在木材产区收购乡民自行砍伐的零星木材。其二是深入山区，登门拼买，即购买山民成材的青山，雇工砍伐。如前面所讲的徽州木商在衢州开化、常山，在四川建昌雅州，在宁国府太平县弦歌乡等地采购木材，就有采用这种“登门拼买”方式的。其中徽州木商王恒在常山除“登门拼买，凭中交易”外，还带去了“家丁随行十余人”[⑤]；程之藩在雅州拼山则是“役夫尝数百人”[⑥]。再如，正德、嘉靖时婺源商人李迪，“其贻谋甚远，出囊借贷，共集不赀。抵广信，广买山材，木尽还山，自谓子孙无穷之利，工佣无虑数十人，货成无限数”[⑦]。其三是置买山场，雇工造林、管理，等树木成材后再砍伐货卖。如明代歙县一胡姓置产簿所示，从洪武至成化间置买山场林木的买契40多件，山数百亩[⑧]。清代休宁黄姓商人地主在乾隆五六年卖山林材木，所得银两占年总收入的三分之一以上[⑨]。再如万历天启时歙县富商吴养春置有黄山山场2400亩，雇人“蓄养木植”，“砍伐树木货卖，年久获利何止数十

① 《冬官记事》。

② 《西吴枝乘》卷下。

③ 《大泌山房集》卷72《江先生家传》。

④ 王珍：《徽州木商述略》，《徽州社会科学》1991年第2期。

⑤ 《详状公案》卷2《断强盗掳劫》。

⑥ 《戴南山先生全集》卷8《程之藩传》。

⑦ 婺源《三田李氏统宗谱·明故处士兰田质斋李公墓志铭》。

⑧ 中国社科院历史所藏徽州文契，编号100025。

⑨ 中国社科院历史所藏徽州文契，编号100434。

余万两”。在他被祸下狱的那一年，其山场木植价值30余万两。[1]可见，徽州木商的后两种采购木材的方式，都不同程度地使用了雇佣劳动。虽然由于资料所限，这种雇佣劳动的性质我们现时还不能够确定，但采用这两种方式的徽州木商的商业资本已经具有了产业资本的性质，则是无疑的了。

徽州木商木材的销售，则是委托木行居间进行的。交易做成，木行从中提取3%～5%的佣金。这一方式自清乾隆时直到解放，历无变易。为了销售木材，徽商在全国各地，特别是江南地区开设了大量的木行。如徽商在杭州开设的木行，最盛时达百余家，抗日战争前后，仍有乾吉、永安、三三、永丰、中孚、益生、三怡、东南等数十家。木行对木商来说，不仅是交易的中间人，同时还是变相的信用机构。木商资本不足时，还可向木行贷款，但木商贷了哪家木行的款，其木材就必须落交哪家木行出售。有些徽州木商既贩运木材，又开木行。如休宁木商张彦昭、程鹏飞就分别在杭州开设了“三三”“三怡”木行，并在屯溪闵口设立办事处，互通行情，开拓业务。[2]

为了减少木材运输和销售过程中的种种关卡盘剥，徽州木商也有依靠、攀援封建政治势力的一面。如《徽州公所征信录》中记有光绪二十九年（1903）杭州徽商木业公所董事的名单，他们大多捐有功名：“木业董事五品衔浙江补用知县余家鼎、江苏补用通判许钺候、候补知县江仁、指分浙江知县江家瑞、补用知县戴茂椿”等。徽州木商“急公”捐资的也很多，如婺源木商程鸣岐“捐助大营军饷银1000余两，及南乡总局团练本里，五美局招勇，捐费不下数百金”[3]。关于这一点，从徽州木商的政治态度上看得更为清楚。如清婺源木商程开绂，侨居金陵，值“发逆窜金陵，方伯祁檄木横江，屯兵安炮，堵截上游，绂输木作筏，约费数千金。后官军克复镇江，两次采木，制云梯，造浮桥，绂皆捐助。江苏抚宪郭额

① 程寅生：《天启黄山大狱记》。

② 王珍：《徽州木商述略》，《徽州社会科学》1991年第2期。

③ 光绪《婺源县志》卷35。

以‘储材报国’”[①]；潘光余“嗣贩木业，稍获赢余，侨居盐会。咸丰癸丑，金陵城陷，河宪劝捐，踊跃急公，先后输数百金”[②]。但相比较而言，徽州木商对政治势力依附、结纳的程度，远不如盐商。

徽州木商在长江流域及福建地区进行大规模的木材长途贩运，对促进这些地区经济联系以及商品货币经济的发展，无疑具有积极的作用。在这里，尤其值得一提的是，徽州木商对疏通河道，修筑堤堰、桥梁、船闸等事颇为热心。如清婺源商人俞盛，“业木金陵……疏上新河水道、甃文昌阁大路”[③]；程兆枢，“弃砚就商业木。……归家创祠宇……督造水口桥梁”[④]；王学炜“嗣居家，修广济桥，造枧田路，葺站坑岭，俱不惜巨资”[⑤]。再如戴振伸，“素业木姑苏。资禀奇异，洞悉江河水势原委。丹徒江口向有横越二闸倾坏，后水势横流，船簰往来，迭遭险厄。道光年间，大兴会馆董事请伸筹画筑二闸，并挑唐、孟二河。比工告竣，水波不兴，如涉平地。……又杨泾桥为南北通衢要道，倾圮有年，伸邀同志捐修，行旅至今利赖之”[⑥]。这些事实，从主观上来说，是徽商为方便木材贩运的一种生产性投资，但它在客观上却促进了明清时期水利事业的发展，方便了人民生活。

原载《清史研究》1996年第2期

① 光绪《婺源县志》卷34。
② 光绪《婺源县志》卷34。
③ 光绪《婺源县志》卷35。
④ 光绪《婺源县志》卷35。
⑤ 光绪《婺源县志》卷34。
⑥ 光绪《婺源县志》卷34。

# 徽商与明清时期的粮食贸易

明清时期，随着社会分工的扩大、工商业人口的猛增以及赋税折征银两的普遍化，商业贸易比前代有了较大发展。同时，跨区域市场的形成以及人民生活必需品被大批卷入流通领域，是这一时期商业贸易的显著特点。

在发达的商业贸易中，粮食贸易规模的急剧扩大是一个引人注目的现象。明人丘濬曾有一段总括性的议论，他说："后世田不并授，人不皆农，耕者少而食者多，天下之人食力者什三四，而资籴以食者什七八矣。农民无远虑，一有收熟，视米谷如粪土，变谷以为钱，又变钱以为服食日用之需。"[①]可见，明代粮食的商品化已经是大规模的，也是"什七八"的"资籴以食者"生活中不可缺少的经济现象了。进入清代，粮食的商品化趋势进一步发展。据吴承明先生对清代前期主要商品量的估计，粮食排在第一位，其次才是棉花、棉布、丝、丝织品、茶、盐[②]。

明清时期粮食商品化的急剧发展，特别是沿江区域粮食供需市场的形成，是与资金雄厚、精于筹算、执江南商界之牛耳的徽商，"因地有无以通贸易，视时丰歉以计屈伸"[③]，进行长距离的、大规模的粮食贩运分不开的。下面就徽商从事粮食贸易的发展轨迹，徽商在明清时期沿江区域粮

① 丘濬：《大学衍义补》卷25。

② 吴承明：《论清代前期我国国内市场》，《历史研究》1983年第1期。

③ 康熙《休宁县志》卷1《风俗》。

食贸易中的地位和作用，以及他们的经营特色等问题分别予以论述。

## 一、徽商从事粮食贸易的历史发展轨迹

徽州原是山越人的栖息之地。它“东有大鄣之固，西有浙岭之塞，南有江滩之险，北有黄山之厄，即山为城，因溪为隍”[①]，是个重峦叠嶂、众峰环抱、兵燹罕至的“世外桃源”。正因为如此，每当北方战乱，徽州就成了北人南渡的避难之所。据民国《歙县志》载：新安各大族，“半皆由此迁南。略举其时，则晋宋两南渡及唐末避黄巢之乱，此三期为最盛”[②]。经过晋、唐、宋三次人口大流入，徽州“客户”超过了土著，外来“名族”多于本地的大姓，户口因此骤增。

外来人口的大量迁入，使徽州这个“山多而地少”“土地瘠确”的地区“生计日隘”。至少从宋代起，徽州所需粮食的大部分就靠从外地输入，即所谓“所仰四方之来者”[③]。为了生存的需要，徽人很早就从事粮食的贩运活动，“转他郡粟给老幼”[④]就成了徽人经商的最初动因。徽州地处万山之中，与外界往来的水路只有两条：一为新安江通浙江，一为阊江通江西。明代以前，徽商主要是将本地的土特产从水路运往邻近的浙江、江西，然后再从两地的产粮区运回粮食以满足徽州本土的需要。如：“祁门水入鄱，民以茗、漆、纸、木行江西，仰其米自给”[⑤]；婺源，“以其杉桐之入，易鱼稻于饶”[⑥]；休宁，“山多田少，粒米是急，日仰给东西二江，一遇公禁私遏，旬日之艘未至，举皇皇枵腹以待”[⑦]。《徽州府志》亦云：徽州入境之米，“取道有二，一从饶州鄱、浮，一从浙省杭、严。皆壤地

① 道光《徽州府志》卷2《形胜》。

② 民国《歙县志》卷1《风俗》。

③ 淳熙《新安志》卷9。

④ 顾炎武：《天下郡国利病书·江南二十》。

⑤ 淳熙《新安志》卷1。

⑥ 民国《重修婺源县志》卷4《疆域·风俗》。

⑦ 康熙《休宁县志》卷1《风俗》。

相邻，溪流一线，小舟如叶，鱼贯尾衔，昼夜不息”[1]。基于此，傅衣凌先生说：“为了这一现实环境的需要，所以徽人的经营粮食贸易者，为数特多。”[2]

如果说，明代以前，徽商主要是在邻近的产粮区从事短距离的粮食贩运，目的是满足徽州本土的粮食需求，在全国其他地区的粮食市场中还罕见其踪迹的话，那么，明代以后，情况就大不相同了。

在商品经济日益发展的影响下，明代中叶以后，徽人经商的人数与日俱增，实力迅速增强，成为全国首屈一指的商人集团。他们怀挟重资，逐利四方，“足迹几遍禹（宇）内”。此时的徽商已不满足于在徽州本土及其邻近地区从事短距离的粮食贩运了，他们根据市场的需要，在各地从事粮食的转运贸易，其触角伸入全国各个地区的粮食市场。如：明正德嘉靖间的歙县粮商许邻溪，“偕仲弟贾于太平郡之黄池，居积转输，日以赢足……常独贸迁于吴、越、燕、赵间，少有所获，必均分之，不以一钱自私。……时转采抵庐江，适县下令遏籴，诸商皆袖手无策，惟侄（指许邻溪）躬见邑侯，具陈民隐，由是除其令”[3]。明嘉靖间的歙县粮商许尚质，“负担东走吴门，浮越江南，至于荆，遂西入蜀。翁既居蜀，数往来荆湖，又西涉夜郎、牂牁、邛笮之境”[4]。明成化嘉靖间的歙县商人王周广，把粮食贩至大同、甘肃边地，“聚金累万”[5]。明嘉靖、万历年间的歙县商人张顺，在甘肃泾川的郎川市中“贸米盐零星之物”。因他“执勤不懈，百货心历相时而消息之”，最终“佐父起家为大贾”[6]。又如《海运新志》载：“查得海禁久弛，私泛极多，辽东、山东、淮扬、徽、苏、浙、闽之人做卖鱼虾、腌猪及米豆果品、磁器、竹木、纸张、布匹等项，往来不绝。”这也就是说，其中徽商也将东南的磁器、竹木、纸张、布匹等从海

① 康熙《徽州府志》卷8《蠲赈》。

② 傅衣凌：《明清时代商人及商业资本》，人民出版社1956年版，第56页。

③ 歙县《许氏世谱·邻溪行状》。

④ 歙县《许氏世谱·朴翁传》。

⑤ 歙县《泽富王氏宗谱》卷4

⑥ 《新安张氏续修宗谱》卷30《潜德志》。

路贩往辽东、山东等地，又将鱼虾、腌猪、米豆果品等贩往东南。由上可知，明中叶以后，徽商在粮食贸易中主要是从事大规模、远距离的粮食贩运了。

从短距离到长距离的粮食贩运，从满足徽州本土的粮食需求到参与全国各个地区粮食市场的角逐，这就是徽商从事粮食贸易的发展轨迹。它不仅从一个侧面反映了明代以后粮食商品化的急剧发展，粮食贸易规模的急剧扩大，同时也反映了徽州粮商从被动适应市场到主动参与市场竞争、从地方走向全国的历史进程。

## 二、徽商在沿江区域的粮食贸易活动

明清时期，徽州商人虽然在全国各个地区的粮食市场中都留下了自己的踪迹，但其贸易的重点则是在长江区域的四川、安徽、江西，特别是苏浙和湖广地区。究其原因，不外以下几点：

其一，长江区域是徽商活动的据点，徽商在这一区域的实力最为强大，“沿江区域向有‘无徽不成镇’之谚”[①]，即是证明。因此，徽商在这一区域从事粮食贸易，不仅有资金的保证，而且有群体的依靠，得心应手。

其二，这一区域水运交通便捷。长江黄金水道横贯数千里，连接长江的河流、湖泊密如蛛网，为粮食的大规模运输提供了得天独厚的条件。

其三，也是最重要的一点，这一区域有广阔的粮食供需市场。江西南部和安徽沿长江南北一带米谷丰饶，据史料记载：“赣（州）无他产，颇饶稻谷，自豫章、吴会咸取给焉。两关转谷之舟，日络绎不绝，即俭岁亦橹声相闻。”[②]“六皖皆产谷，而桐（城）之辐舆更广，所出更饶。计繇枞阳口达于江者，桐居十之九，怀（宁）居十之六，潜（山）居十之三。”[③]

① 民国《歙县志》卷1《风俗》。

② 天启《赣州府志》卷3《舆地志》。

③ 《古今图书集成》卷28《草木典·稻部》，引明方都韩《枞川榷稻议》。

这两个地区直到近代还是这样。与此不同的是，明清时期，沿江区域的苏浙和湖广地区的经济格局则发生了重大变化，从南宋的“苏湖熟，天下足”一变而为“湖广熟，天下足”。一方面，南宋时农业生产明显落后于两浙路的荆湖路，进入明代，由于两湖流域的开垦、水利的兴修、早熟稻栽种的普遍化，万历时，已经是“鱼粟之利遍于天下”[①]，一跃成了全国的粮仓。另一方面，原先曾以全国粮仓闻名于天下的苏、湖二州及太湖流域，明中叶后，由于商品经济的繁荣，手工业、商业的迅猛发展，大量耕地改种经济作物（如桑、棉、麻之类），以适应市场不断增长的需求，再加上这一地区人口增殖较为迅速，形成地狭人稠的局面，终于使余粮区逐渐转化为缺粮区。

明清时期，作为全国粮仓的湖广地区，以及全国重要的产粮区江西、安徽、四川地区，同全国缺粮区苏浙之间的粮食贸易迅速发展起来。明末的江苏和浙江已经“半仰食于江、楚、庐、安之粟”[②]。每逢“吴中不熟”，则更“全恃湖广、江西”[③]。进入清代以后，这种粮食贸易的规模更加扩大。康熙时，“江浙百姓全赖湖广米粟”[④]；雍正时，“杭嘉湖三府属地方，地窄人稠，民间多以育蚕为业，田地大半植桑，岁产米谷，除办漕外，即丰收之年，尚不敷民食，向借外江商贩接济”[⑤]；嘉庆、道光年间，“苏州无论丰歉，江、广、安徽之客米来售者，岁不下数百万石”[⑥]。据吴承明先生考察，清代前期全国的粮食贸易总计有10条主要路线，年贸易量约在3000万石以上，而安徽、江西所产米运往江苏、浙江，四川、湖南所产米经长江运往江苏这两条路线的年贸易量最保守的估计当在一千五六百万石以上[⑦]。由此可见，明末清初，沿江区域是当时全国最大的粮食供需

① 张瀚：《松窗梦语》卷4。
② 吴应箕：《楼山堂集》卷10《兵事策第十一》。
③ 陈继儒：《晚香堂小品》卷23。
④ 《清圣祖实录》卷193，康熙三十八年六月十日。
⑤ 《雍正朱批谕旨》朱批程元章奏折《为奏请折留漕米以裕民食事》。
⑥ 包世臣：《齐民四术·庚辰杂著二》。
⑦ 吴承明：《论清代前期我国国内市场》，《历史研究》1983年第1期。

市场。

在沿江区域广阔的粮食市场中，徽州商人十分活跃。如：明成化、嘉靖间休宁商人汪平山在安庆、潜山、桐城一带进行粮食贸易[①]。休宁商人汪梦龙："少时至楚中贩米。"[②]清黟县商人郑嘉莲，"尝于桐城金山墩卖米，自江西运之"[③]。清绩溪商人章传仁，"家故贫，初执艺以养父母，嗣偕兄弟兴贩稻粱于宛陵。亿每多中，不数十年，遂以起其家"[④]。清休宁商人吴鹏翔，在四川和湖广间进行粮食贸易，一次从四川运米至汉阳就达"数万石"之多[⑤]。

沿江区域的缺粮区主要是徽州和苏浙一带。徽州虽然严重缺粮，但一府之地对粮食的需求毕竟有限，相比之下，苏浙5府对粮食的需求就大得多了，因此，将湖广、江西、安徽之米顺江运往苏浙，就成了徽商贩运粮食的主要线路。《明史》载："（万历年间）南畿、浙江大祲，诏禁邻境闭籴，商舟皆集江西，徽人尤众。"[⑥]《桐下听然》载："万历己丑，新安商人自楚贩米至吴。"[⑦]由此，《古今小说》还讲述了一位姓陈的徽州粮商，每年往返襄阳、苏州以贩卖米豆的故事[⑧]。另外，皖中的桐城、怀宁、潜山等县产粮区的粮食主要集中于枞阳口岸，然后经长江销往苏浙。据方志载："枞阳为桐城首镇……百货俱集……徽宁商贾最多。"[⑨]可见，将皖中的粮食从枞阳口岸贩往苏浙的也大多是"徽宁商贾"。

在沿江区域的粮食贸易中，徽州商人具有举足轻重的地位。他们人数众多，势力强大，不仅是江西、安徽，特别是四川、湖广产粮区商品粮的主要贩运者，同时，更是苏浙缺粮区商品粮的主要供应者，可以说，沿江

① 休宁《方塘汪氏宗谱·墓志铭》。
② 张潮：《虞初新志》卷19。
③ 嘉庆《黟县志》卷7《人物·尚义》。
④ 绩溪《西关章氏族谱》卷24《家传》。
⑤ 嘉庆《休宁县志》卷15《人物·乡善》。
⑥《明史》卷224《陈有年传》。
⑦ 褚稼轩：《坚瓠五集》卷1《火焚米商》。
⑧ 冯梦龙：《古今小说》卷1《蒋兴哥重会珍珠衫》。
⑨ 道光《桐城续修志》卷1《乡镇》。

区域的粮食供需市场几乎为徽州商人所操纵。

万历二十年（1592）刊行的邵陛《两台奏议》卷7《乡官输谷赈济疏》说："该臣会同巡按湖广监察御史柯挺，看得楚地古称泽国。……况近奉明旨，不许遏粜。外省巨商，鳞集辐辏，搬运不绝，以致本省（湖广）米价腾踊。贵所一两之上，贱所亦不下八钱。富家见利价之高，甘心商贩，贫民绝称贷之路，枵腹待亡。"崇祯年间沈演所著的《止止斋集》卷18《施仁出示万民得命事》云："据上饶县民吴礼拾状告前事，该本道看得严禁外商搬运一节，业经旧年申禁甚详。今据所告，米谷奸牙、大户，辄通外商，私贩出境射利，以致米价日增，小民嗷嗷。"外省商人在湖广、江西产粮区勾结当地的"富家""奸牙""大户"大肆搬运，导致两省的"米价腾踊""米价日增"，影响到贫民的生活，可见两省的粮食供应市场被外省商人所操纵。湖广、江西是徽商贩运粮食最集中的地区，因此以上材料中所说的"外省巨商""外商"无疑大多是徽州人。

下面再来看看苏浙两省粮食需求市场的情况。前面提到，万历年间，南畿、浙江缺粮大饥，前往江西运米者，"徽人尤众"，说明了苏浙的粮食供应主要是由徽商所承当。又如，焦竑的《澹园文集》中记载了这样一件事，在"浙涝田苗没，或窃高田苗种之，相争无已时"，徽商金某"乘轻舶粜他郡，归以遗争者，众大惭，乃止"[①]。浙江粮田受涝，农民怕粮荒，甚至偷窃别人未受涝的高田苗来栽种，造成纷争，徽商金某粮船一到，以粮遗相争者，纷争随之平息，可见，徽州粮商是浙人食粮的主要供给者。又如万历四十八年（1620），苏州"因遏粜米腾，一二饥民强借徽商之米"，官府出面镇压，致使"万人屯聚府门，毁牌殴役，几致大变"[②]。苏州人民因粮价昂贵而迁怒于徽商，这表明苏州的粮商多是徽人，且米价的涨落操纵在他们的手中。

① 《澹园文集》卷30《太医院吏目西山金公暨配江氏墓志铭》。

② 《明熹宗实录》卷46。

## 三、徽商经营粮食贸易的特色

明清时期，徽商审时度势，根据当时的主客观条件，在粮食贸易领域形成了自己的经营特色。

第一，粮食经营往往与食盐经营相结合，粮商又是盐商。明清时期，两淮盐场是产盐最多的地方，长江中游的行盐区几为徽商所把持。特别是湖广地区地广人多，食盐消耗量很大，且距离产盐区较远，私盐不易到达，所以一直是淮盐的“畅销地面”①。明万历时，白公祖说：“夫两淮之盐虽行于各直省……敝省（湖广）地最广，每岁解太仓者七十万，售边钞者四十万，楚居六七矣”②。清道光十八年（1838），湖广总督林则徐也说：“淮南年额应销盐一百三十九万五千五百十引内，江苏、安徽、江西三省额销之数仅居四分有零，而湖广销额几及十分之六。……此湖广之所以为淮南最重要之口岸也。”③湖广需要两淮的食盐，而苏浙又需要湖广的稻米，因此，“淮商载盐而来，载米而去”④，粮食经营和食盐经营相结合，就成了一举两得、获利甚丰的买卖。

当时的汉口不仅是“淮盐总岸”，而且也是粮食的集散地，湖广、四川的粮食大多汇集于此，然后转销苏浙。“湖南相距江浙甚远，本处所产之米，运下江浙者居多……且江浙买米商贩多在汉口购买，而直抵湖南者无几，是湖北转运江浙之米，即系湖南运下汉口之米。”⑤另外，川米也大多是在汉口落岸，即所谓“江浙粮米历来仰给于湖广，湖广又仰给于四川”⑥。所以，该镇“粮食之行不舍昼夜”⑦。两淮的盐商将盐运达汉口脱

① 《清高宗实录》卷1315，乾隆五十三年十月二十二日。

② 《明经世文编》卷47。

③ 《清经世文续编》卷42。

④ 嘉庆《长沙县志》卷14。

⑤ 赵申乔：《赵恭毅公自治官书类集》卷6《折奏湖南运米买卖人姓名数目稿》。

⑥ 《雍正朱批谕旨》朱批王景灏奏折，雍正二年八月二十日。

⑦ 《清经世文编》卷40。

手后，正好可以把粮食作为回头货，顺流而抵苏浙。盐商的资本雄厚，货船又大，故其贩运的粮食为数极多。雍正八年（1730），盐商黄光德等曾请求领运湖南常平仓积谷“随时随地售卖”，其数量竟达30万石之多[①]。雍正十年（1732）二月二十四日，湖广总督迈柱奏报：“今查，汉口地方，自去年十一月至本年二月初旬，外贩米船已有四百余号，而盐商巨艘装运者，尤不可数计。”[②]足见规模之大。当时，盐商贩粮的多少，直接影响湖广粮价的涨落。康熙四十七年（1708），盐商江楚吉、秦晋兴等为“报答天恩”，“情愿于江西、湖广二处出米之处，卖盐买米，即照彼处价值载回平粜”。对此，两淮巡盐御史李煦等认为，“多买则江西、湖广之米必贵，彼此必生事端”，于是决定，“许其卖盐银内，每十两用一两，买米载归”[③]。乾隆十四年（1749），湖广总督奏：湖广“米粮腾贵，其原不一，屯户厚资广贮，汉口盐船满载，借商贩之名居奇”，则是主要原因。他认为，为稳定湖广粮价，必须限制盐商“聚船贩运”[④]。

上述事实说明，两淮盐商不但经营盐业，同时也是湖广和苏浙间粮食贸易的主要经营者。而两淮盐商大部分都是徽州商人，因此我们说，粮食经营与食盐经营相结合，粮商又是盐商，这是徽商经营粮食贸易的一大特色。

第二，粮食经营与棉布经营相结合，粮商往往又是布商。明清时期，苏浙一带棉花种植与棉布纺织业十分发达，如松江一带，“官民军灶垦田凡二百万亩，大半种棉，当不止百万亩”[⑤]。在上海县，“地产木棉……故种植之广，与粳稻等”[⑥]；在昆山地区“物产瘠薄，不宜五谷，多种木

① 嘉庆《两淮盐法志》卷首一《制诏》。

② 《雍正朱批谕旨》朱批迈柱奏折，雍正十年二月二十四日。

③ 《李煦奏折》，中华书局1976年版，第52—53页。

④ 《清高宗实录》卷336，乾隆十四年三月十三日。

⑤ 徐光启：《农政全书》卷35。

⑥ 叶梦珠：《阅世编》卷7《食货四》。

棉”[①]；在太仓州则“郊原四望，遍地皆棉”[②]。苏州府的嘉定县，“其民托命于木棉”，“种稻之田不能什一”[③]。这些种棉织布地区，人民的食粮大都依赖商人贩运。如“松江府、太仓州、海门厅、通州并所属各县……种花者多而种稻者少，每年口食全赖客商贩运”[④]。以盛产棉布著名的嘉定县，“县不产米，仰食四方。夏麦方熟，秋禾既登，商人载米而来者，舳舻相接也。中人之家，朝炊夕爨，负米而入者，项背相望也”[⑤]。产米甚多的崇明县，也是“民间食米，皆仰给于上江”[⑥]。

棉织地区的人民“多藉纺织谋生”[⑦]。如“民业，首藉棉布，纺织之勤，比户相属”的嘉定县，“家之租庸、服食、器用、交际、养生、送葬之费，胥自此出”。[⑧]上海，“田产所获输官租外，未卒岁而室已空，其衣食全此出”[⑨]；“不特贫者借以糊口，即稍有家资者，亦资以利用”[⑩]。这些“全倚花、布”以维持生计的小商品生产者，他们的手中没有多余的资金来获取生活资料和生产资料，于是利用手中的棉布直接换取粮食或棉花，就成了他们最易接受，也是最经常的交易方式。如：上海县七宝镇一带的织户，“清晨抱布入市，易花、米以归，来旦复抱布出”[⑪]；真如一带的织户则“昼夜不辍，暮成布匹，晨易钱米，以资日用”[⑫]。嘉兴府的嘉善县，明人陈正龙描述道：“吾邑以纺织为生，妇人每织布一匹，持至城市，易米以归。”[⑬]黄卬在谈到乾隆时无锡的情况时说：“布有三等。一以

① 归有光：《震川先生集》卷8。

② 崇祯《太仓州志》卷14。

③ 《天下郡国利病书》原编第60册，引《嘉定县志》。

④ 《皇清奏议》卷6。

⑤ 万历《嘉定县志》卷15。

⑥ 光绪《崇明县志》卷6。

⑦ 《紫堤村志》卷2。

⑧ 万历《嘉定县志》卷3。

⑨ 嘉庆《上海县志》卷1。

⑩ 《寒圩小志·风俗》。

⑪ 《清溪小志》卷1。

⑫ 《真如里志》卷1。

⑬ 陈龙正：《几亭全书》卷25。

三丈为匹，曰长头，一以二丈为匹，曰短头，皆以换花；一以二丈四尺为匹，曰放长，则以易米及钱。坐贾收之，捆载而贸于淮扬高宝等处。一岁所交易者不下数十百万。”[①]他又说，无锡之民“春月则阖户纺织以布易米而食，家无余粒也”[②]。可见，这种以布换米的交易方式在苏松的棉织区是十分普遍的。

苏松盛产棉布的城镇大都是徽商活跃之地。如嘉定县的罗店镇，“徽商丛集，贸易甚盛”[③]；南翔镇，“多徽商侨寓，百货填集，甲于诸镇”[④]。宝山县，“出棉花纱布，徽商丛集，贸易甚盛”[⑤]；平湖县新带镇，“饶鱼米，花布之属，徽商麇至，贯镪纷货，出纳颇盛”[⑥]。嘉善县，“负重资牟厚利者，率多徽商”[⑦]。上海县，“五方贸易所最，宣歙人尤多”[⑧]。无锡“棉布之利独盛于吾邑”，所产之布大多由徽商运销于苏北各地，因而徽人称“无锡为布码头”[⑨]。

徽商是苏浙粮食市场的主要销售者，已如前述。与此同时，他们又控制了各棉织业市镇，是苏浙棉布的主要收购者，因此，从事棉织业的小商品生产者“以布易米”，当主要是和徽商之间进行的。徽州商人将产粮区的米运抵苏浙，然后换取棉纺区小生产者的棉布，再将棉布运销产粮区以及全国各地。因此，粮食经营与棉布经营相结合，粮商又是布商，是徽商经营粮食贸易的又一大特色。

第三，粮食经营与典当经营相结合，粮商往往又是典商。明清时期，苏浙一带是小商品生产者最为集中的地区。小商品生产者一方面受到封建

---

① 《锡金识小录》卷1。

② 《锡金识小录》卷1。

③ 光绪《罗店镇志》卷1《风俗》。

④ 万历《嘉定县志》卷1《市镇》。

⑤ 乾隆《宝山县志》卷1《市镇》。

⑥ 天启《平湖县志》卷1《都会》。

⑦ 嘉庆《嘉善县志》卷6。

⑧ 上海博物馆图书资料室编：《上海碑刻资料选辑》，人民出版社1980年版，第232页。

⑨ 《锡金识小录》卷1。

统治者及地主的残酷压榨，资本无多；另一方面又需要进行商品生产，需要一定的资金随时购买自己所必需的生产和生活资料，因此往往不得不依赖于借贷。嘉靖时大官僚高拱说：“江南之民，其财易耗，耕桑之本，匪借不给，公私之用，匪借不周。故或资以赡口食，或资以足钱粮，是借贷之相济亦久矣。”[①]这就为典当业的发展创造了条件。

苏浙一带经营典当业的有不少是徽州人。据方志记载，扬州府“质库无土著人为之，多新安并四方之人”[②]。常州府，“质库押资孳息，大半徽商”[③]。嘉兴府“新安大贾与有力之家……每以质库居积自润，产无多田”[④]。在苏浙的其他城镇中，徽州典商的势力也很大。如镇洋县“行盐、质库皆徽人”[⑤]。金坛县“典质铺俱系徽商”[⑥]。平湖县“城周广数□余，而新安富人，挟资权子母，盘踞其中，至数十家”[⑦]。

苏浙一带的徽州典当商人，有许多是将典当经营与粮食经营结合在一起的。他们或者既经营典当，又贩运粮食，多项并举。如徽商吴无逸，“席先业鹾于广陵，典于金陵，米布于运漕，致富百万”[⑧]。或者在经营典当的同时，根据当地的年成，丰年平价囤积粮食，荒年再高价卖出。如明弘治嘉靖间休宁人程锁，“中年客溧水，其俗春出母钱贷下户，秋倍收子钱。长公（程锁）居息市中，终岁不过什一，细民称便，争赴长公。癸卯，谷贱伤农，诸贾人持谷价不予，长公独予平价囤积之。明年饥，谷踊贵，长公出谷市诸下户，价如往年平。境内德长公，诵议至今不绝”[⑨]。像程锁这样丰年“囤积”，荒年出售仍“价如往年平”的商人毕竟是少数人，大多数典当商“囤积”粮食是为了获取厚利。

① 高拱：《高文襄公集》卷16《覆给事中戴凤翔论巡抚海瑞书》。

② 康熙《扬州府志》卷7《风俗》。

③ 《古今图书集成》卷715《职方典》。

④ 崇祯《嘉兴县志》卷22《艺文志》。

⑤ 乾隆《镇洋县志》卷1《风俗》。

⑥ 《明季南略》卷18《金坛大狱》。

⑦ 康熙《平湖县志》卷4《风俗》。

⑧ 《丰南志》卷9《松石庵》。

⑨ 《太函集》卷61《明处士休宁程长公墓表》。

明末清初，“米典”和“囤当米谷”的出现，则是典商与粮商结合的明证。万历《秀水县志》卷1《风俗》载：“迩来富商设米典，佃农将上米质银，别以中下者抵租。……小民得银耗费，满课为难，其后利归典商。”米典是适应小商品生产者的需要而产生的，在苏浙的某些地区，它甚至成了小生产者日常生产和生活不可或缺的行当。清人黄印在讲到无锡的情况时就说：“乡民食于田者，惟冬三月，及还租已毕则以所余米舂臼而置于困（?），归典库以易质衣。春月则阖户纺织以布易米而食，家无余粒也。及五月田事迫，则又取冬衣易所质米归，俗称种田饭米。及秋稍有雨泽，则机杼声又遍村落，抱布质米以食矣。”[①]

随着“米典”的发展，典当商人与囤积商人合为一体，用“囤当”的方法，囤积粮食，贱买贵卖，以剥削小生产者、牟取暴利。乾隆九年（1744），安徽巡抚范璨奏称：“遂有一种射利之徒，避囤户之名，为典质之举。先与富户、当户讲定微息，当出之银，复行买当，赀本无多，营运甚巨。坐视市米缺乏，价值大涨，始行赎卖取利，不顾民食艰难，视囤户尤酷。”[②]乾隆十二年（1747），陕西道监察御史汤聘在《请禁囤当米谷疏》中写道：“近闻民间典当，竟有收当米谷一事，子息甚轻，招来甚众，囤积甚多。在典商不过多中射利，而奸商刁贩，遂恃有典铺通融，无不乘贱收买，即如一人仅有本银千两，买收米谷若干石，随向典铺质银七八百两，飞即又买米谷，又质银五六百两不等。随收随典，辗转翻腾，约计一分本银，非买至四五分银数之米谷不止。迨至来春及夏末秋初，青黄不接，米价势必昂贵，伊等收明子钱，陆续取赎，陆续出粜。是以小民一岁之收，始则贱价归商，终仍贵价归民。典商囤户，坐享厚利，而小民并受其困矣。……盖囤当之弊，江浙尤甚。”[③]

在江浙一带经营“米典”和“囤当米谷”活动的，无疑大多是徽州人。因为徽州典商在江浙人数众多，同时也有直接的材料可以证明。如明

① 《锡金识小录》卷1。

② 《清高宗实录》卷215，乾隆九年四月三十日。

③ 《皇朝奏议》卷44。

末胡元敬说：浙江德清县塘栖镇“财货聚集，徽杭大贾，视为利之渊薮，开典顿米，贸丝开车者，骈辏辐凑”[①]。可见早在明后期“徽杭大贾”就已经大搞其囤当米谷的活动了。这就足以说明，粮食经营与典当经营相结合，粮商又是典商，也是徽商从事粮食贸易的一个特色。

徽商经营粮食贸易的以上特色，符合沿江区域商品流通的要求，适应了小生产者的需要，是当时客观条件的产物，但同时也反映了徽商在市场竞争中较强的应变能力。

## 四、徽商经营粮食贸易的原因及其作用

徽州商人积极跻身于明清的粮食市场，不辞劳苦，长途贩运；利用各种方式，从事粮食贸易。原因至少有以下三点：

其一，粮食需求市场的不断扩大，为商人在这一领域从事贸易活动提供了广阔的舞台。清代是我国人口增长速度较快的时期，乾隆后期全国总人口已突破3亿。清前期比明代的人口多出近4倍，而耕地面积只增加了百分之十几。对此，乾隆五十八年（1793），乾隆皇帝在对比历朝人口数字之后不无忧虑地指出：“以一人耕种而供十数人之食，盖藏已不能如前充裕，且民户既日益繁多，则庐舍多占田土……生之者寡，食之者众，于闾阎生计诚有关系。”[②]生齿日繁，造成了对粮食的需求激增，粮价日见腾贵，粮食的供需矛盾日益突出。乾隆十三年（1748），云贵总督张允随就曾说：“天下沃野，首称巴蜀，在昔田多人少，米价极贱，雍正八九年间，每石尚只四五钱，今则动至一两外，最贱亦八九钱。查贵州旧案，自乾隆八年至今，广东、湖南二省人民由黔赴川就食者共二十四万三千余口，其自陕西、湖北往者更不知凡几。国家定蜀百余年，户口之增不下数十百万，而本地生聚，尚不在此数。一省如此，天下可知。”[③]生齿日繁而使部

① 光绪《塘栖志》卷18《风俗》。

② 《清高宗实录》卷1441，乾隆五十八年十一月二十九日。

③ 《清高宗实录》卷311，乾隆十三年三月二十九日。

分劳动力投入手工业、采矿业及商业，即所谓“生齿日众，逐末遂多”[①]。如贵州采矿业兴盛，“银铜黑白铅厂上下游十有余处，每厂约聚万人不等，游民日聚。现今省会及各郡县铺店稠密，货物堆集，商贾日集”[②]。云南与贵州相同，“由于出产五金，外省人民走厂开采，几半土著”[③]。这也必然急剧地增加了对粮食的需求，生齿日繁，又使田价上涨，加速了土地兼并过程；昔日自耕农沦为仰给市场接济的穷佃，无疑也扩大了对粮食的需求。乾隆十三年（1748），湖南巡抚杨锡绂说：“国初地余于人，则地价贱；承平以后，地足养人，则地价平；承平既久，人余于地，则地价贵。……近日田归富户者，大约十之五六，旧时有田之人，今俱为佃户，岁入难敷一年口食，必需买米接济……”[④]

风俗的日渐奢靡，酿酒业的蓬勃发展，也造成了粮食需求量的增大。杨锡绂谈他的家乡江西：“盖国初人经乱离，备尝艰苦，风尚俭朴，迨安居乐业，数十年后，子弟有笑其祖父之朴陋者矣。衣食之类，竞求佳丽，婚丧之事务期美观，始于通都大邑，今则荒徼山僻之农民，亦渐习奢靡。平时揭借为常，力田所入，抵债去其大半，余又随手花销，甫交冬春，即须籴米而食，农民口食亦取给于市铺……”[⑤]乾隆皇帝说：“耗谷之尤甚者，则莫如烧酒。”[⑥]据统计，乾隆初年，河北5省，每年酿酒岁耗谷米不下千余万石[⑦]；“就两江而论，酿酒数千家，获利既重，为业日多，约计岁耗糯米数百万石，踩曲小麦又数百万石”[⑧]。此外，烟草、甘蔗、桑、麻、棉等经济作物的大量种植，更进一步扩大了粮食的需求市场。

其二，经营粮食获利甚丰。据《旧小说》记载，“采石有某大姓者，

① 《清高宗实录》卷323，乾隆十三年八月二十九日。
② 《清高宗实录》卷311，乾隆十三年三月二十九日。
③ 《清高宗实录》卷317，乾隆十三年六月二十九日。
④ 《清高宗实录》卷311，乾隆十三年三月二十九日。
⑤ 《皇朝经世文编》卷39《户政十四·仓储上》，杨锡绂《陈明米贵之由疏》。
⑥ 《清高宗实录》卷42，乾隆二年五月九日。
⑦ 《清高宗实录》卷42，乾隆二年五月九日。
⑧ 《清高宗实录》卷319，乾隆十三年七月二十九日。

家畜舟，募水手撑驾，以是取利。有徽商某于家雇舟载米，往吴门粜之，价适腾贵，二三日即尽，获利且倍。趋还，再贩至京口。”[①]《桐下听然》载：“万历己丑，新安商人自楚贩米至吴，值岁大旱，斗米百五十钱，计利已四倍，而意犹未惬。”[②]贩卖粮食，有利可图，这从当时的米价中也可得到反映。明中叶以后，全国平均米价：嘉靖和隆庆时，6钱1石，万历时6钱4分，天启时9钱多，崇祯时涨到1两2钱。江南地区涨风更盛，从明中叶到明末，由每石2钱5分涨到二三两[③]。清初，以康熙五十六年（1717）为例，据《清圣祖实录》载：“近来米价……桐城县米价银一两可得三石，见今四川米价亦复如此，云南、广西、贵州米价亦不甚贵……”[④]而两淮巡盐御史《李煦奏折》称，康熙五十六年（1717）江南的米价则每石都在1两以上。由此可见，徽商将产粮区的粮食运往缺粮区的江南，“获利且倍”，当不虚妄。仅贩运粮食就有成倍的利润可图，更何况徽州粮商一般都还同时经营其他行业呢！

其三，与统治者鼓励商人贩运粮食的政策有关。清前期各地区间远距离、大规模的粮食余缺调剂，主要是通过商人来完成的，而国家则在政策上予以扶植奖励，并消除阻碍粮食流通的不利因素。这些惠商、便商的政策主要表现在：一是荒年停征各关米税，俾米谷流通，不致增价，有妨民食[⑤]。二是借本招商。商人采买的本钱由官府贷给，甚至不取利息[⑥]。三是严禁遏籴。如雍正皇帝即位之初曾发布一道上谕：“凡有米商出境，任便放行，使湖广、江西、安庆等处米船直到苏州，苏州米船直到浙江，毋得阻挠，庶几有无流通，民皆足食。”[⑦]乾隆时，更是屡次重申不许遏籴之令，如乾隆七年（1742）诏曰：“着各省督抚各行劝导所属官民，毋执畛

① 《旧小说》己集《诸皋广志》。

② 诸稼轩：《坚瓠五集》卷1《火焚米商》。

③ 刘志琴：《商人资本与晚明社会》，《中国史研究》1983年第2期。

④ 《清圣祖实录》卷272，康熙五十六年四月十三日。

⑤ 《清高宗实录》卷143，乾隆二年五月二十四日。

⑥ 吴慧、葛贤惠：《清前期的粮食调剂》，《历史研究》1988年第4期。

⑦ 乾隆《湖广通志》卷首之二雍正元年上谕。

域之见，务敦拯恤之情，俾商贩流通，裒多益寡，以救一时之困厄。”[1]严禁遏籴，打破了地区间的经济封锁，保护了粮食的正常流通，保障了商人的正当利益。四是开放粮价。对商人的粮食贩运，清政府不赞成由官员来“酌量定价”，而是放开价格，“俾民间米谷自在流通”，使粮价按照市场的供求需要自然涨落[2]。

雍正皇帝有一次处理湖广仓储积谷之事，是清前期最高统治者支持商人贩运粮食、进行余缺调剂的一个极好的例证。事情的原委是这样的：雍正六年（1728），湖南布政使赵城奏：“湖南现贮仓谷六十余万石，另有捐纳改收粮食……楚南地势卑湿，积贮既久，不无霉烂之虞，请分拨别省，令其来运。”户部认为：“江浙户口殷繁，需用粮食甚多，应行文江浙。……需用水脚核实报销。”继之，两淮巡盐御史噶尔泰奏：“商人黄光德（徽商）等具呈请，愿出资将湖南积谷三十余万石照依原买之价，交纳湖南藩库领运，随时随地售卖，仍将所售价银交纳运库。”雍正皇帝同意户部的建议和黄光德等商人的请求，谕准将湖南省“雍正三年动帑所买谷一十六万二千余石照原价给商，交价运售”。然而，湖广总督迈柱则不同意这种处理，奏称：“今湖南岳、常二府微欠雨泽，恐来年青黄不接之时，不无昂贵之虑，属等预为绸缪，动用公项银一万两买米备粜。而贮仓之现谷与其照原价以给商，不若留俟来年春夏照原价平粜以济本地之民食，似应饬商暂停领卖，俟明年无需用之处，仍听该商领运。”接到迈柱的奏疏，雍正很是恼火，当即训斥说：“湖南抚藩皆言地方积谷甚多，难以久贮，奏请分拨别省运售……两淮商人愿效力。今商人既已交价，而迈柱又称楚南需米，是前后矛盾。另，湖南现贮谷六十万石，欲拨别省，则本省又有需米之处，正可将此平粜济民，而迈柱又动用一万两帑银买米备粜，这又自相矛盾。况且不需米仍听该商领运，是米贵时听商停运，米贱时则听商领运，念甚非情理之平。”不同意迈柱的奏请，主张维持原议，“著该商仍照前议领米，即于湖南需米之处照时价粜卖”。同时在诏令中告诫地方官，

① 《清文献通考》卷36《市籴五》。

② 吴慧、葛贤惠：《清前期的粮食调剂》，《历史研究》1988年第4期。

不许“抑勒商人……倘商人获有余利，听其自取，不许交官”。雍正对这件事的处理，使“淮商领米得以贸易，而楚省积谷仍得流通，于商民均有裨益”[1]。封建皇帝支持商人贩运粮食，这是徽商积极参与粮食贸易的又一重要原因。

徽州商人活跃于全国各地的粮食市场，特别是在湖广和苏浙之间进行大规模的粮食贩运活动，对社会经济的发展所产生的影响是巨大的。

首先，促进了经济作物种植区的手工业和商品经济向纵深发展。明清时期的苏浙地区是我国棉织业和丝织业的中心，也是商品经济最发达的区域。经济作物的大量种植，为手工业的发展创造了条件，而手工业的发展，又造成了城镇人口的激增和商业贸易的繁荣。明清时期，苏浙地区这种经济格局的形成，是与徽州粮商的活动分不开的。因为粮商保证了人们食粮的供给，才使得苏浙地区有可能让出相当一部分土地和劳动力从事经济作物的生产以及各种工商业活动。

其次，增强了粮食作物种植区人们的商品意识，保证了这些地区赋税折征银两的实现。产粮区的农民主要以生产粮食为主，对手工业生产不太重视，如明末湖广地区的棉织业，除孝感、咸宁等地比较发达而外，其他州县的技术水平都还相当低下[2]。因此，产粮区的农民要获得粮食以外的其他生活资料和生产资料，就必须以谷易银，用银购物，或进行物物交换，而这些都必须有商人的参与，特别是粮商的参与才能实现。如“楚南民朴……惟米谷所聚，商贩通焉”，正因为粮商在此购粮，当地人民才获得了“所需日用之常资”[3]。清代的江西人就深刻认识到，如果江西的粮食没有商人贩运的话，那必将是“一方粟死，一方金死”[4]。粮商的参与，使产粮区人民手中的粮食由使用价值到交换价值的转化得以真正实现，从而促进了粮食作物种植区商品经济的发展，使人们商品交换的意识大大

① 嘉庆《两淮盐法志》卷首一《制诏》。

② 从翰香：《试述明代植棉和棉纺织业的发展》，《中国史研究》1981年第1期。

③ 乾隆《湖广通志》卷49。

④ 《施济备览录》卷3《救荒策》。

增强。

另外，商人以银购粮，也保证了明末清初赋税折征银两的改革得以在产粮区普遍推行。因为只有粮商的参与，农民手中的粮食才能变成银两，交纳赋税。如湖南农村“别无生息，惟望北来商贩，籴买米谷，以输国课”[①]。从这个意义上来说，粮商的活动又促进了货币经济的发展。

总之，徽州粮商的活动，促进了手工业的发展、农业区域分工的扩大，以及商品经济的繁荣，为江南地区资本主义萌芽的出现创造了条件。

因此，我们在看到徽州粮商对当时社会经济的发展起了很大的促进作用的同时，也应当看到他们对当时社会经济的发展所起的消极作用。譬如，在湖广地区，徽商低价收购粮食，高价出售食盐，加重了湖广人民的经济负担。在苏浙地区，徽商从事以米换布的交易，也是贵卖贱买，盘剥手工业者。嘉兴府嘉善县的陈正龙描述说：“吾邑以纺织为业，妇女每织布一匹，持至城市，易米以归。荒年米贵，则布愈贱，各贾乘农夫之急，闭门不收，虽有布，无可卖处。”[②]徽州商人就是这样“乘农夫之急”，拼命抬高粮价，压低布价，牟取暴利。这样，小生产者大多处于穷困的境地，只能维持简单再生产，而很难改进技术，扩大再生产。这对东南地区商品经济的进一步发展显然是不利的。

原载《江淮论坛》1993年第4期，题为《明清徽州粮商述论》；后经修改完善收入张海鹏、王廷元主编《徽商研究》，题为《徽商与粮食贸易》，安徽人民出版社1995年版

① 赵申乔：《赵恭毅公自治官书类集》卷8《复湖北请开米禁诏》。

② 陈正龙：《几亭全书》卷25。

# 徽商资本的出路

徽州商帮在获得大量的商业利润之后，也和传统的封建社会里的商人一样，一方面“以末致财，用本守之”；另一方面用于奢侈性的消费。同时，他们用于建宗祠、修族谱、置族田、修道路以及助修书院等“义举”方面的支出也不少。凡此种种，也就决定了徽州商帮不可能像16—17世纪时的西欧商人那样，成为一种“革命的因素”，而只能成为封建制度的附庸，最终不可避免地与封建制度一同归于解体。

## 一、徽商利润的封建化及其社会条件

明清时期的徽州商帮，在流通领域里纵横捭阖，赚取了巨额的商业利润。这些商业利润，除了一部分作为追加商业资本用于扩大流通规模和少量地转化为产业资本之外，大部分却从流通领域中游离出来，变成了封建的土地所有权、封建的政治经济特权，以及消耗于奢侈性的生活消费、强固宗法制度和封建的慈善事业诸方面。这反映了徽商商业利润封建化及其强化封建经济结构的消极倾向。徽商商业利润为什么深陷封建泥淖而不能自拔，徽州商人为什么不能像16—17世纪的西欧商人那样踏上发展资本主义的道路？这里面有着经济的、政治的、社会心理的多方面的原因。

## （一）

明清时期，商业资本的增殖异常迅速，而与此同时，社会商品流通量的增长却是十分缓慢。这就使得商业资本与社会商品流通量之间存在着一个巨大的差额。在当时的社会条件下，这部分巨大的差额很难在产业部门中找到出路，于是只好流向封建性的巢穴。这是徽商利润封建化的最根本的原因。

徽商“其货无所不居，其地无所不至，其时无所不骛，其算无所不精，其利无所不专，其权无所不握”[①]，在流通领域里异常活跃。他们通过贩运贸易、囤积贸易、垄断贸易获取了大量的商业利润。由于封建社会市场的发育不够充分，商业利润“不仅表现为侵占和欺诈，而且大部分是从侵占和欺诈中产生的”[②]，所以不同行业、不同商人资本的利润率是高低不一、悬殊甚大的。尽管如此，但经济的规律总是在发生作用的。从一些文献的记载来看，我们还是可以大致了解到徽商的一般利润水平。明人宋应星《野议·盐政议》中说：“商之有本者，大抵属秦、晋与徽郡三方之人。万历盛时，资本在广陵者不啻三千万两，每年子息可生九百万两。”商业资本的一般利润率为30%左右。明姚士麟所撰《见只篇》卷中的一则资料，也反映了大致的情况。其中载：徽商吴氏的一个伙计某甲，“有私囊五百金”，他假托是别人的银子，交主人代为经营生息，“吴信而收置，为经营数年，计子母得一千八百矣”。如果我们假定“数年”为9年，同时不计复利、不计徽商吴氏代为经营已扣除的利润，那么五百金的年利润率也差不多为30%。徽商资本的一般利润率不低于以上的水平，我们还可以从徽商贷本经营的利息中得到印证。康熙《徽州府志》载：徽人“虽挟赀行贾，实非己赀，皆称贷于四方之大家，而偿其什二三之息”[③]。商人贷本经商要“偿其什二三之息”，那么商业的一般利润率肯定会超过“什二

① 万历《歙志》传卷10《货殖》。

② 《马克思恩格斯全集》第25卷，人民文学出版社1974年版，第369页。

③ 康熙《徽州府志》卷8《金声与徐按院书》。

三”，否则贷资经商就无利可图了。

正因为商业的利润率颇高，所以一些徽商经过数十年的经营，就变成了富埒王侯的巨商大贾。如明弘治、万历间歙县长原商人程澧，精于筹算，“东吴饶木棉，则用布；维扬在天下之中，则用盐策；吾郡（徽州）瘠薄，则用子钱。诸程聚族而从公，惟公所决策，脱不给，公复为之通有无。行之四十年，诸程并以不赀起，而公加故业数倍，甲长原”[①]。四十年的时间，程澧的商业资本就在原有的基础上增加了数倍。又如，明中叶祁门商人倪处君，“独持三百缗去，择人而任事，二十年，所起业累巨万”[②]。“巨万”，虽然我们不知道其确切数字.但倪处君在二十年间资本翻了不少番则是毫无疑问的。再如，明代徽州商人程德容，“其遗箸最薄。君挟其遗以游江淮，北溯燕代，十余年成中贾，又二十余年成大贾”[③]。明代徽州商人曹文修，“始服下贾，辄操心计，中废居，骎骎乎五年而中，十年而上矣”[④]。明代休宁商人江珊，“父先母亡，时值困迫，君乃奋然自树，商于南陵之间，贸迁有无，夙兴夜寐，罔敢荒怠，积十余年，遂成大贾”[⑤]。明人谢肇淛在《五杂俎》卷4中说：“新安大贾，鱼盐为业，藏镪有至百万者，其他二三十万，则中贾耳。”以小本起家的徽州商人，经过10年或20年的艰苦经营，变成拥资百万的巨商大贾者比比皆是，可见其资本的增殖是何等的迅速。

商业利润的丰厚，使徽州商帮的资本量在急剧扩大。明万历时，徽州大贾的资本为“百万两”[⑥]；到清代乾隆时，徽州大贾的资本增长到“以千万计”[⑦]。从万历到乾隆的200多年间，徽州大贾商业资本的规模增加了10倍。如果我们扣除清代物价上涨及银钱贬值的指数，那么200多年间，

① 《太函集》卷52《明故明威将军新安卫指挥佥事衡山程季公墓志铭》。

② 《祁门倪氏族谱》续卷《锦城特山倪处君夫妇合葬墓志铭》。

③ 《弇州山人四部稿》卷95《明故征仕郎仁斋程君墓表》。

④ 《太函集》卷33《赠奉政大夫户部贵州清吏司郎中曹公传》。

⑤ 《汪氏统宗谱》卷31。

⑥ 《五杂俎》卷4。

⑦ 李澄：《淮鹾备要》卷7。

徽州大贾商业资本的规模起码也增长了5倍。徽商资本的发展不仅表现为徽州大贾的资本增加很快，而且还表现为徽州富商的人数愈来愈多，整个商帮资本总量发展迅猛。在当时一个徽州商人发财之后，总是有一大批人在其扶持下发展为新的富商，从而使整个徽州商帮的商业资本也愈来愈雄厚了。

明末清初，全国出现了十余个大商帮，这些商帮资本的增长速度与徽商相比，也不相上下。以山西商帮为例，明人沈思孝的《晋录》说："平阳、泽、潞豪商大贾甲天下，非数十万不称富。"这也就是说，明代晋商巨富资本最大者不过数十万银两。到清代，晋商资本的规模发展很快。《清高宗实录》载："山西富户，百十万家资者，不一而足。"[①]《清稗类钞·商贾类》载："山西多富商，其中以亢氏为最，号称数千万两。其次，四五百万两至七八百万两者有介休侯、太谷曹、祁县乔姓；百万两左右至三四百万两者有祁县渠、榆次常、太谷刘姓；三十万两至八十万两者有榆次侯、太谷武、榆次王、太谷孟、榆次何、太谷杨、介休冀、榆次郝姓。"由此可见，从明到清的数百年间，商业资本的整体增加幅度该是何等的惊人了。

在商业资本的规模急剧增长的同时，明清时期商品流通量的规模却增长十分缓慢。以封建社会最重要的商品，同时也是明清时期流通领域中数量最大的商品——粮食为例。据吴承明先生研究："在明后期，较长距离的粮食运销，包括广东米北上，恐怕不超过一千万石。"到清代，长距离的粮食运销"年约三千六百万石，除去漕粮，亦在三千万石以上，与明代的长距离运销比，已三倍之"。再以棉布为例，清代"进入长距离运销的布共约四千五百万匹，与明代比，约增加一倍半"[②]。可见，明到清的300多年间，社会商品的流通量最多不过是增长了3倍。

商业资本若要把商业利润的大部分吸收进来，必须以社会商品流通量

---

① 《清高宗实录》卷1257，乾隆五十一年六月庚寅。

② 参见吴承明《中国资本主义与国内市场》一书中的《论明代国内市场和商人资本》《论清代前期我国国内市场》两节，中国社会科学出版社1985年版。

的增长近似于商业利润的增长为条件。从上面的分析中可以看出，实际上明清时期商业利润的增长远远超过了商品流通量的增长。这样一来，一部分商业利润就必然无法被流通领域所容纳，必须游离出来，重新寻找出路。

无法被流通领域所容纳的那部分商业利润，出路有两条：一是被产业所吸收，踏上发展资本主义的道路；一是进入封建主义的轨道，变成强化封建政治经济结构的工具。而在当时的社会条件下，走第一条道路，不但要遭到工农业紧密结合的小农经济"非常顽强的抵抗"，而且要受到封建政权的种种限制与打击。我们只要对某些徽州商人在这方面的活动加以考察，便不难发现走这条道路是何等的艰难了。

明清时期，确有一些徽州商人将其积累起来的商业资本投向生产领域，开始向早期资产者转化。清代在苏州经营色布字号的一些徽商就已投资生产，在棉布加工业中采用了资本主义的生产方式。他们把采购来的棉布，先在本字号中进行漂染，然后发往踹坊进行踹砑，制成青蓝布后，将其推销到四面八方。这些字号的规模很大，每一字号常有数十人在其中工作。其中漂布、染布、看布（看验色布质量）、行布（行销色布）等都各有专人负责。[①]在这里，漂布、染布的工匠"俱系店家雇佣之人"，但这种"雇佣"究竟属于什么性质，目前由于资料不足，还难以判定，而字号老板与踹匠的关系则确已是资本主义性质的了。当时，棉布染色之后，还必须经过踹砑，才能作为商品出售。清代苏州有许多踹坊，专门从事这道工序的加工。踹坊中的包头提供厂房、工具，从字号中领取色布，招来踹匠进行踹砑。由字号按匹发给踹匠加工费。包头则从踹匠的工钱中按月扣取房租和工具之费。[②]踹匠都是来自大江南北及福建等地的单身游民，他们一无所有，全靠出卖劳动力，领取计件工资为生。[③]他们同字号老板之间并无人身依附关系。按照规定，字号可以根据踹布质量优劣而随时"择坊

① 乾隆《长洲县志》卷10。
② 《雍正朱批谕旨》第42册。
③ 《雍正朱批谕旨》第48册。

发踹”[1]。这些情况表明，踹匠确已是具有“双重自由”的雇佣劳动者了。字号老板既是主要生产资料色布的所有者，也是劳动力的购买者，其经营目的又是出售产品获取利润，所以他们已成了早期的资产者。而踹坊包头则是那种在“资本家和雇佣工人之间的寄生者”[2]，他们的收入完全是从克扣踹匠的工资中取得的。据记载，雍正、乾隆之交，苏州已有字号45家，踹坊450余处，踹匠10900余人。[3]平均每一字号就有10家踹坊，340余名踹匠为其踹布。可见徽商在苏州经营的踹布业中，已经颇具规模，并且出现了资本主义的萌芽。

徽商在其他行业中也有投资生产的现象。如明代成化、嘉靖间，婺源木商李迪“其贻谋甚远，出囊借贷，共集不赀。抵广信，广买山材，木尽还山，自谓子孙无穷之利，工佣无虑数十人，货成无限数”[4]。休宁商人汪尚权在芜湖“大募工治铁冶，指挥百人，斩斩有序，工罔弗效。……赀日丰于旧”[5]。明弘治、隆庆间休宁人朱云沾，“少从兄贾浙……又从兄贾闽，盖课铁冶山中，诸庸人率多处士长者，争力作以称处士，业大饶”[6]。歙县商人阮弼在芜湖创立染局，“召染人曹治之，无庸灌输，费省而利滋倍。五方购者益集”[7]。清代乾隆年间，江西广信府的造纸业十分兴盛，“业之者日众，可资贫民生计，然率少土著，富商大贾，挟资而来者，大率徽闽之人”[8]。尽管我们还没有足够的证据，说明上述所谓“工佣”“募工”“佣人”“染人”“贫民”的性质，但就当时的社会条件而论，他们完全有可能已经是自由的雇佣劳动者，或是正在向这方面演变的劳动者了。

明清时期，徽商中固然已有人开始转变为早期的资产者，但就整个徽

① 《明清苏州工商业碑刻集》，江苏人民出版社1981年版，第80—82页。

② 《资本论》第1卷，人民出版社1975年版，第606页。

③ 《雍正朱批谕旨》第42册；《明清苏州工商业碑刻集》，第74—76页。

④ 婺源《三田李氏统宗谱·明故处士兰田质斋李公墓志铭》。

⑤ 休宁《汪氏统宗谱》卷116《江尚权墓志铭》。

⑥ 《太函集》卷47《海阳新溪朱处士墓志铭》。

⑦ 《太函集》卷35《明赐级阮长公传》。

⑧ 同治《广信府志》卷1。

州商帮而论，它毕竟还是一个封建的商帮，他们中的绝大多数人并没有走上资本主义道路。那时的徽商既可借助于封建特权牟取厚利，又有广大小生产者可供盘剥，在流通领域中大有便宜可占，而投资产业则往往由于劳动生产率的低下，或受封建政府的压制而得不偿失。在棉织业中，徽商之所以仅仅投资于小生产者难于经营的染踹业，而不投资于纺纱、织布业就是这个道理。有些徽商即使已经投资产业，但也往往中途罢辍，并未能长期经营下去。前述李迪虽然经营了较大规模的伐木业，但正当他兴工开凿运木河道，“功甫垂成”时，突然“遘胀疾归，自是工佣星散、资货山材竞荡然矣”[①]。朱云沾经营铁冶，虽然获得了成果，但为时不久，他的哥哥、母亲相继亡故。他便抛弃铁冶，回乡守孝，并“以资斧授兄子为他贾”，改营商业去了。[②]阮弼发财后，不但不致力于发展浆染业，反而在芜湖近郊广置田园，役使大批“佣奴”，建立起自给性颇强的庄园经济。[③]甚至在苏州经营色布字号的徽商，到乾隆后期也已“本重而利微，折阅者多，亦外强而中干矣”[④]。凡此种种，都表明徽商在向资本主义迈进的时候，其步履是十分艰难的。由于当时封建势力还相当强大，使许多徽商当其积累起较多的资本之后，不是去投资产业，走第一条道路，而是走第二条道路，千方百计地钻进地主官僚的队伍中去，使商业利润封建化。他们或买田置地，变成地主；或“报效朝廷”，求得官职；甚至把大量资金消耗于奢侈浪费之中，从而大大地削弱了徽商商业资本对封建制度的瓦解作用。

（二）

购置土地，将商业利润变成封建的土地所有权，这是徽商利润封建化的主要途径。这方面的具体情况，我们将在后面的《评“江南大贾不置田

① 婺源《三田李氏统宗谱·明故处士兰田质斋李公墓志铭》。

② 《太函集》卷47《海阳新溪朱处士墓志铭》。

③ 《太函集》卷35《明赐级阮长公传》。

④ 乾隆《重修元和县志》卷10。

土”说》中进行详细的论述，这里不再重复。徽商利润流向土地，其中的具体原因固然可以列出很多，但究其要者，有以下两点：其一是受到传统的价值观念，或者说传统的社会心理的影响；其二是因为在高额地租下，地权能带来丰厚的经济利益。

中国封建社会是一个以自然经济占统治地位的农业社会。在这种经济结构下，人们是从自然形态上理解财富，有使用价值的才是真正的财产，所以土地就一直被人们誉为衣食之源，生财之本。早在《管子》一书里就曾说：“地者，万物之本原，诸生之根菀也。”[①]明清时期，人们对土地作为财富的理解就更为深刻了。清人张英对土地价值的一段叙述，颇为生动。他说：“天下货财所积，则时时有水火盗贼之忧，至珍异之物，尤易招尤速祸。草野之人，有十金之积，则不能高枕而卧。独有田产不忧水火，不忧盗贼。虽有强暴之人不能竟夺尺寸，虽有万钧之力，亦不能负之以趋，千顷万顷可以值万金之产，不劳一人守护，即有兵燹离乱，背井去乡，事定归来，室庐畜聚一无可问，独此一块土，张姓者仍属张，李姓者仍属李，芟夷垦辟，仍为殷实之家。呜呼！举天下之物，不足较其坚固，其可不思所以保之哉。”[②]在这种观念的指导下，人们对土地的追求比任何时候都显得更为强烈了。“凡置产业，自当以田地为上”[③]，就成了当时社会上普遍存在的心理特征。清人褚稼轩所撰《坚瓠集》卷6中所引的一条材料就很能说明问题：“今人造墓，必用买地券。以梓木为之朱书云：‘用钱九万九千九百九十九文，买到某县某都某山某阡地’云云。此堪舆风俗如此，以为可笑。及观元遗山《续夷坚志》，载曲阳燕川青阳坝，有人起墓，得铁券，刻金字云：‘敕葬忠臣五处存，赐钱九万九千九百九十九贯九百九十九文’。此唐哀宗时事也。然则此事由来久矣。”唐人墓葬中的铁券只云若干钱，而到明清时期，墓葬中的铁券却由钱变成了田。可见随着土地私有制的进一步巩固，人们对土地的追求远胜往昔。

① 《管子·水地》。

② 《笃素堂文集》卷14《恒产琐言》。

③ 《履园丛话》卷7《臆论·产业》。

根深蒂固的传统价值观念，以及当时“市井富室，易兴易败”的社会现实，也使商人对土地产生了特殊的兴趣。明清时期，一方面由于商品经济的发展，商业利润率高，经商容易致富；另一方面，由于流通领域里的竞争激烈，再加上统治阶级对商人盘剥的加剧，商人又极易破产。正如时人所说：“（商业）一朝失利，富转为贫，前之拥多金以自豪，今且饭粗粝而不足”[①]。在这种情况下，为长保富贵，“以末致财，用本守之”就成了商人普遍遵循的准则了。更何况“在中世纪的封建国家中……政治的权力地位是按照地产来排列的”[②]。商人用利润购置土地，不仅可以长保富贵，而且还可以通过拥有大量的地产，成为乡绅仕宦，取得政治特权。如此，商人自然多乐为之。

恩格斯说：“每一个社会的经济关系首先是作为利益表现出来。”[③]商人利润流向土地，除了受到传统观念的影响之外，从经济关系的角度来说，另一个重要的原因，就是当时的土地能带来丰厚的利益。

中国封建社会的地租率一直很高，秦汉时期，就有“耕豪民之田，见税什五”[④]的记载。明清时期，地租率不仅没有降低，相反，还有进一步上升的趋势。从当时通行的分租制和额租制考察，地租率一般占产量的50%，有的甚至高达70%～80%。[⑤]徽州地区的地租率亦是如此。早在南宋时期，徽州地区的地租率就是“大率上田产米二石者，田主之收什六七”[⑥]。到明清时期，据当地老人言：“佃户种地主田，交租一般相当于收成的一半，也有主六佃四的。”[⑦]

以上地租率仅是指正式租约规定的正额地租，而佃户在承租土地时必

① 嘉庆《龙山乡志》卷4《物产》。

② 《马克思恩格斯选集》第4卷，人民出版社1972年版，第169页。

③ 《马克思恩格斯选集》第2卷，人民出版社1972年版，第537页。

④ 《汉书·食货志》。

⑤ 参见陈振汉：《明末清初（1620—1720年）中国的农业劳动生产率、地租和土地集中》，《经济研究》1955年第3期；李文治：《论清代前期的土地占有关系》，《历史研究》1963年第5期。

⑥ 淳熙《新安志》卷2《贡赋》。

⑦ 刘和惠、张爱琴：《明代徽州田契研究》，《历史研究》1983年第5期。

须交纳的“揽田”费及“预租”“押租”还不包括在内。如果包括在内，地租率必定超过上述数字。因为“预租”也是很重的。[①]

此外，明清农业生产在前代的基础上有了较大发展，农作物的单位面积产量有了明显提高。据蒙文通先生研究，我国历史上单位面积产量的提高分四个阶段：战国及两汉是第一阶段，魏晋南北朝是第二阶段，唐宋是第三阶段，明清是第四阶段。通过亩制和度量衡的折算，第二阶段大约比第一阶段增产20%，唐宋比汉朝增产100%，而明清又在唐宋的基础上增加了50%。[②]农作物单位面积产量的提高，导致了租额的提高，从而使土地拥有者的地租收入比前代大为增加。

高额地租，加上分租制逐渐被额租制所取代（明清徽州地区一般都是额租制）以及农作物单产的提高，这就使得谁拥有更多的土地，谁就可以得到一笔数量相当大而又非常稳定的地租收入，而且这笔地租收入的价格又是在日益上涨的。历史记载表明，从明建文三年（1401）起，每隔50年全国米价以平均3.7倍的速度增长，清末米价增加近8倍。[③]徽州地区由于“地狭人稠”，粮食一直奇缺，米价的上涨幅度更大。据徽州地区明清契约的记载，民间的米价：每纹银一两，在明初建文二年（1400）可购米560斤，宣德三年（1428）为350斤，嘉靖十九年（1540）为240斤，至万历五年（1577）一两纹银只能买米200斤。在清代，仅以光绪年间歙县唐模《许荫祠收支总账簿》（原件藏安徽省博物馆）的粜谷价格为例：光绪十五年（1889）石谷值英洋九角，十六年值一元零五分，十七年为一元一角，十八年为一元二角，十九年为一元三角八分，二十年为一元七角五分，至二十八年每石谷价升到二元五角，十余年的时间里谷价猛涨近3倍。[④]若遇

① 参见李文治：《中国近代农业史资料》第1辑（1840—1911），生活·读书·新知三联书店1957年版，第76页。

② 蒙文通：《中国历代农产量的扩大和赋役制度及学术思想的演变》，《四川大学学报》1957年第2期。

③ 转引自黄启臣：《试论明清时期商业资本流向土地的问题》，《中山大学学报》1983年第1期。

④ 转引自彭超：《论徽州永佃权和“一田二主”》，《安徽史学》1985年第4期。

灾荒之年，徽州的米价之高更是惊人，至有“斗米银三钱”[①]的。可见，拥有土地不仅可以获得高额地租收入免于无米之忧，且可以高价出售获取暴利。正是由于土地可以带来如此丰厚的利益，才刺激了徽商追求和购买的欲望。

（三）

徽商将商业利润消耗在建祠堂、修族谱、置族田等强固封建宗族势力方面，数量亦很可观。如明嘉靖年间，徽商金德清经商10年，“遂积万金”，一回家便捐金600两建宗祠，捐300两请“无际大师作会斋僧”[②]，万金的资本一时差不多耗去了十分之一。又如清代歙县盐商郑鉴元，“修洪桥、郑氏宗祠，又尝修族谱，举亲族中婚葬之不克举者。建亲乐堂于宅后，子姓以时奉祀”[③]。歙县鲍概等8位商人，“慨捐己资，共成巨万，建立宗祠，并输族产”[④]。这方面的材料，在徽州方志、谱牒中俯拾可得。至于徽商为购置族田祠产而耗费巨额资金的现象更是极为普遍的了。

兴水利、修道路、筑亭桥、赈灾济贫、资助书院等“义举”，也消耗了徽商不少的商业利润。正如徽州族谱所说，徽商“济饥馁以粥，掩暴骼以棺，还券以慰逋负，散财以给窘乏。至于修道路、造亭桥，诸所善果靡不仗义为之，不少吝”[⑤]。这方面的材料也很多，兹列举数例如下：歙县商人刘正实，“修龙门桥，费万金；岁饥，捐金助赈”[⑥]。祁门商人汪琼以“南溪流激撞，善覆舟”，慨然“捐金四千，伐石为梁，别凿道引水迤逦五六里，舟行始安”[⑦]。婺源商人詹文锡，“承父命往蜀，至重庆界，涪合处有险道，名‘惊梦滩’，悬峭壁，挽舟无径，心识之。数载后，积金颇裕，

① 同治《祁门县志》卷36《杂志》。

② 祁门金焕荣：《京兆金氏族谱》卷2《先祖金斋公传略》。

③ 民国《歙县志》卷9《人物志·义行》。

④ 《歙县新馆鲍氏著存堂宗谱》卷2。

⑤ 休宁《方塘汪氏宗谱·周德堂记》。

⑥ 康熙《重修扬州府志》卷52《笃行》。

⑦ 道光《安徽通志》卷196《义行》。

复经此处，殚数千金，凿山开道，舟陆皆便。当事嘉其行谊，勒石表曰‘詹商岭’”[①]。乾隆三年（1738），扬州旱灾，歙县盐商汪应庚“独捐银四万七千三百一十两有奇”；乾隆七年（1742），汪应庚又“以扬水灾捐银六万两”。[②]休宁商人吴光祖，“尝贾阳羡，值岁大祲，买谷百石平粜，贫不能自存者贷以值，谷尽又设粥以赈之，阳羡民目为‘休宁吴善人’”[③]。

徽商为何要将其商业利润消耗在强固封建的宗族势力和封建的“慈善”事业之上呢？这与徽州区域特殊的社会文化环境，以及在这种环境下形成的徽商独特的社会心理有关。

“新安各姓，聚族而居，绝无一杂姓搀入者。其风最为近古。出入齿让，姓各有宗祠统之。岁时伏腊，一姓村中千丁皆集。祭用文公家礼，彬彬合度。父老尝谓，新安有数种风俗胜于他邑：千年之冢，不动一抔；千丁之族，未尝散处；千载之谱系，丝毫不紊。”[④]宗法制度的完备和宗法观念的强固是徽州地区一个颇为特殊的社会现象。

这种以尊祖、敬宗、睦族为基本特征的宗法制度，造成了徽州“重宗义，讲世好，上下六亲之施，”[⑤]无不秩然有序以及族人之间“相亲相爱，尚如一家”[⑥]的社会风尚。在这种社会风尚下成长起来的徽州商人，具有强烈的宗族归属感，把自己的命运与宗族的命运紧紧地联系在一起，将强宗固族看成是自己应尽的职责和义务，并渴望在宗族中获得地位和尊重。于是经商致富后，他们大都十分自觉地将一部分商业利润用于宗族事务的消费之中。如绩溪商人王中梅，“工计然，常远出经商，臆则往往而中。积数年，家渐裕。诸子弟有请营第宅者，公怃然曰：‘记有之，君子将营宫室，宗庙为先。今祠宇未兴，祖宗露处，而广营私第，纵祖宗不责我，

① 光绪《婺源县志》卷28。

② 光绪《两淮盐法志》卷146。

③ 道光《休宁县志》卷15《人物·乡善》。

④ 《寄园寄所寄》卷11。

⑤ 嘉靖《徽州府志》卷2《风俗》。

⑥ 同治《黟县三志》卷15《艺文志》。

独不愧于心乎？'乃慨然有建祠之志"[①]。婺源商人程邦灿，"服贾粤东，获奇羡，悉归父母。……父见食指繁，命析箸，灿请缓，率弟建家祠，始议分"[②]。致富后的徽商，之所以亟亟以缮宗祠为先务，其目的就是"亢宗"。正如歙商吴佩常所说："吾家仲季守明经，他日必大我宗事，顾我方事锥刀之末，何以亢宗？诚愿操奇赢，为吾门内治祠事。"[③]

与宗法制度紧密相连的，是徽州地区特殊的崇儒风气。读书、应试、做官，是徽州人心目中的"第一等事业"，是光宗耀祖、光大门楣的头等大事。在这种价值观念的指导下，徽州的每一个宗族都把设学堂、培养宗族子弟作为族规、家训，书之于宗谱之中，张贴于祠堂之内。如歙县《潭渡孝里黄氏族谱》中写道："子姓十五以上，资质颖敏，苦志读书者，众加奖劝，量佐其笔札膏火之费。另设义学，以教宗党贫乏子弟。"[④]休宁《茗洲吴氏家典》中也写道："族内子弟有器宇不凡，资禀聪慧而无力从师者，当收而教之，或附之家塾，或助以膏火，培植得一个两个好人作将来楷模，此是族党之望，实祖宗之光，其关系匪小。"[⑤]《明经胡氏龙井派宗谱·祠规》中除规定了对宗族子弟参加童试、乡试、会试的具体资助办法外，还谆谆告诫全族"为父兄者，幸有可选子弟，毋令轻易废弃。盖四民之中士居其首，读书立身胜于他务也"。这种崇儒的社会风气，形成了徽州"俗好儒而矜议论"[⑥]"儒风独茂"[⑦]的文化氛围，造成了徽州人"理学第一"[⑧]的心理定式。在这种社会心理的影响下，"非儒术无以亢吾宗"[⑨]

① 绩溪《盘川王氏宗谱》卷3《中梅公传》。

② 光绪《婺源县志》卷29。

③ 《太函集》卷71《溪南吴氏祠堂记》。

④ 歙县《潭渡孝里黄氏族谱》卷4《家训》。

⑤ 休宁《茗洲吴氏家典》卷1。

⑥ 《歙事闲谭》卷18。

⑦ 康熙《绩溪县志续编》卷3《硕行》。

⑧ 《歙事闲谭》卷6。

⑨ 《太函集》卷67《明赠承德郎南京兵部车驾司署员外郎事主事江公暨安人郑氏合葬墓碑》。

“非诗书无以显亲”[①]也成了徽州商人普遍存在的心理特征。从而使他们经商致富以后大多热衷于建学堂、修书院、请名师，为子弟业儒入仕创造条件。如明歙县商人方迁曦，“励志经营……家业益以丕振。……常念方氏入国朝以来，宦学继美无间，近世兹寝有愧，乃谋诸族，肇建书屋于金山隈，俾后嗣相聚相观，以振儒业”[②]。清初，在扬州的歙县盐商就曾集体致书告老还乡的清朝大臣曹文埴，“谓书院之人才日盛，思欲拓其学舍，以增其人，厚其廪给，以励其志”[③]。

一般来说，徽人是在儒业中失意，或因家贫无力业儒，才“弛儒而张贾”，走上经商之路的。由于受到了儒家思想的深刻影响，他们在经商的过程中依然把儒家的伦理道德视为立身行事之本，“虽为贾者，亦近士风”[④]。于是儒家“仁”“义”的道德规范不仅成了徽商商业道德的根本，同时也成了徽商大行“善行”“义举”的思想根源。

以上我们只是对徽商利润封建化的根本原因以及徽商购置土地、强宗固族、大行“义举”的具体原因作了简略的论述。至于徽商为何将商业利润消耗在奢侈性生活和追求政治特权等方面，在此从略。

## 二、评“江南大贾不置田土”说

明清时期，徽州“业贾者什七八”[⑤]，足迹“几遍天下”[⑥]，其积累的资本，有“数十万以汰百万者”[⑦]。当时，徽商与晋商共执商界之牛耳，正如时人所云：“富室之称雄者，江南则推新安，江北则推山右。”[⑧]

---

① 《丰南志》卷5。
② 《方氏会宗统谱》卷19。
③ 民国《歙县志》卷15。
④ 《戴震集》上编《文集》卷12《戴节妇家传》。
⑤ 《太函集》卷17《阜成篇》。
⑥ 张瀚：《松窗梦语》卷4。
⑦ 万历《歙志》传卷10《货殖》。
⑧ 谢肇淛：《五杂俎》卷4。

对以徽商为代表的江南大贾的性质及其作用的评价，特别是对徽商资本与土地结合的问题，史学界至今仍存在着很大的分歧，未能形成一致的认识。早在明清时期，谢肇淛在《五杂俎》中就曾说："江南大贾，强半无田，盖利息薄而赋役重也。"[①]顾炎武在《天下郡国利病书》中评论嘉靖以来徽州赋役沉重时亦云："其实商贾虽余资，多不置田业，田业乃在农民。"[②]谢、顾二人所说的是明后期的情况。现代有些研究徽商的学者则将上述观点加以引申，并给予更加具体的说明。如：有人认为，明清时期，徽商资本已开始在较大程度上摆脱了传统的商业资本与土地相结合的道路，不再关心土地经营；徽商"要从土地上面来容纳他的剩余资本，这一个要求将成为不可能"，因为"当时各地工商业的发达已给予商人开一广阔的前途"[③]。有人认为，"明代以前我国的商人资本和土地经营是紧密结合的，商人发财致富之后一般仍要还原为土地经营。徽商的情况则与此不同。他们在离开本土之后一般不再返乡，而是在侨居城镇世代居留下去，不再关心土地经营，即使购买土地也是作为坟墓、祭祀之用，由商人还原为地主的例子是极罕见的"[④]。有人更明确指出，徽商资本"最显著的特色之一是开始较大程度上摆脱了传统的商业资本与土地相结合的道路"，它"说明了明中叶整个经济的变化"[⑤]。如此等等。以上观点，约而言之，即"江南大贾不置田土"说。

明清时期的徽州商人真的"已开始在较大程度上摆脱了传统的商业资本与土地相结合的道路，不再关心土地经营"？从我们接触到的大量资料来看，则不完全是这样。诚然，我们也不否认，明清时期的某些历史阶段，譬如明后期，徽商资本流向土地确有相对减少的趋势。但这种现象的

① 谢肇淛：《五杂俎》卷4。

② 顾炎武：《天下郡国利病书》卷32《江南二十》。

③ 傅衣凌：《明清时代商人及商业资本》，人民出版社1956年版，第78页。

④ 薛宗正：《明代徽商及其商业经营》，载《中国古史论集》，吉林人民出版社1981年版，第319—320页。

⑤ 陈野：《论徽州商业资本的形成及其特色》，载《徽商研究论文集》，安徽人民出版社1985年版，第343—344页。

出现，是不是像当今的有些学者所说的那样，是“当时各地工商业的发达已给予商人开一广阔的前途”所致？我们认为，这是对明清时期的工商业发达的程度作了过高的估计，同时也忽略了这种现象出现的历史背景，同样是不完全符合历史事实的。

徽商资本流向土地的问题，是徽商研究中的重要课题。科学地认识这一问题，不仅有助于我们正确评估徽商资本的性质及其作用，而且对于了解中国封建社会长期延续和资本主义萌芽发展缓慢的原因，也很有裨益。

### (一)徽商资本并未摆脱传统的商业资本与土地相结合的道路

徽商资本流向土地，在宋代就已见于记载。入明后，随着徽人从商人数的扩大、商业利润的增多，其资本流向土地的记载更多、数量更大。

明代，徽商在家乡大购田地的事例史不绝书。如明初休宁人程维宗，“从事商贾，货利之获，多出望外……由是家业大兴。……且增置休、歙田产四千余亩……有庄五所……故税粮冠于一县”[①]。歙县人鲍汪童，“以毫末起而营运，十数年间，坚持不懈，遂有成立。……晚年田土之增百有余亩，所生所继之处，地基皆增购而充拓之”[②]。

明中叶，歙县人江祥，“不惮劳苦，早夜经营，年五十，家业始起。累资二十余万金，田连阡陌，富甲一方”[③]。休宁人程公辅，“商游吴越……遂获奇赢。置田拓址，雄于一乡矣”[④]。

即使到明后期，徽商在家乡置田地者，仍时有人在，如明末清初歙县方时翔，“往来大江南北间，转移贸易，以时伸缩之。无何，而橐中骎骎起。归则益增置新产，非复旧田庐足供衣食而已”[⑤]。至于崇祯元年（1628），徽商王元礼将5处店产尽行变卖，转于田产的事例，就更为典型了。[⑥]

① 《休宁率东程氏家谱》。

② 乾隆《重编歙邑棠樾鲍氏三族宗谱》卷119。

③ 歙县《济阳江氏族谱》卷9。

④ 《休宁率东程氏家谱》。

⑤ 《歙淳方氏会宗统谱》卷19。

⑥ 徽州藤溪《王姓阄书》，原件藏中国社会科学院经济研究所。

徽州是个众山环绕的地区，土地包括田地和山场两部分。在这两部分土地中，是山多而地少，即“吾徽居万山环绕中，川谷崎岖，峰峦掩映，山多而地少”[①]，再加上不多的田地又大都是“厥土骍刚而不化”[②]的“瘠地”，因此，山场在徽州人的经济生活中占有极其重要的地位。“向来田少人多，居人之日用饮食取给于田者不敌取给于山”[③]；“自休之西而上尤称斗入，岁收仅不给半饷，多仰取山谷”[④]。正因为如此，徽商资本在家乡与田地结合的同时，又与山场紧密联系在一起。如祁门五都的一位洪氏商人及后人，从洪武二十三年（1390）至万历三十二年（1604）的214年间，共积累田79.57亩又26丘、地4.8亩又7丘、山104亩又6角又8处。[⑤]山场的面积最大。明末清初休宁商人汪正科所购得的田产，计有田、地、山、塘四种，虽然山场面积占总田产数的比例无从统计，但可以肯定为数不少。[⑥]万历天启年间的歙县大盐商吴养春，置有黄山山地2400亩，[⑦]其数量更是惊人了。

徽州是个地少人多，“民鲜田畴”的地区。早在弘治年间，就有了“田地少、户口多”的“地窄人稠”之患。有学者研究表明，明清时期，“徽州农户一般耕地面积不到10亩……有地30亩以上，那就可以肯定是以地租收入为主的地主了”[⑧]。徽商在家乡拥有“田连阡陌”，几百亩乃至几千亩的土地，这在当时的徽州该是多么惊人的数字！因此有些学者说，在整个徽州的土地兼并活动中，徽商所占的分量并不大，这是不符合历史实际的。

为行文和阅读的方便，我们把明代部分徽商在家乡购置田地的材料列成一表。

---

① 吴日法：《徽商便览·缘起》。

② 顺治《歙县志》卷1。

③ 祁门《环溪五履和堂养山会簿》。

④ 嘉靖《徽州府志》卷2《风俗》。

⑤ 据祁门五都《洪氏誊契簿》统计。转引自叶显恩：《明清徽州农村社会与佃仆制》，安徽人民出版社1983年版，第72页。

⑥ 休宁《汪氏阄书》，原件藏安徽师范大学图书馆。

⑦ 《丰南志》卷10。

⑧ 章有义：《明清徽州土地关系研究》，中国社会科学出版社1984年版，第2页。

**表1　明代部分徽商在家乡购置田地情况**

| 编号 | 姓名 | 籍贯 | 年代 | 经营行业 | 购置田地情况 | 资料来源 |
| --- | --- | --- | --- | --- | --- | --- |
| 1 | 江国邠 | 婺源 | 明 | 木业 | “田日斥” | 《大泌山房集》卷72 |
| 2 | 李季子 | 歙县 | 明 |  | “握算以当什一，遂用居息起富，驯致阡陌相连” | 《太函集》卷61 |
| 3 | 章献邦 | 绩溪 | 明 | 盐业 | “居积充裕，广置田庐” | 绩溪《西关章氏族谱》卷24 |
| 4 | 汪忠浩 | 徽州 | 明 |  | “聚余赀，与伯氏为贸易计……由是赀日裕，田园山薮甲于乡闾” | 《汪氏统宗谱》卷31 |
| 5 | 李魁 | 婺源 | 明 |  | “遂橐往金陵，赁一乡肆……无几何，稍饶给矣；无几何，买田宅矣” | 婺源《三田李氏统宗谱·休江潭东市魁公夫妇逸绩》 |
| 6 | 黄元芳 | 歙县 | 明 |  | “田园邸舍，手自经营” | 歙县《潭渡孝里黄氏族谱》卷9 |
| 7 | 黄梅原 | 休宁 | 明 |  | “……贾大进，家用益富。……晚岁卜居霞关，辟里由之田数百亩以耕焉” | 王慎中《遵岩先生文集》卷32 |
| 8 | 程维宗 | 休宁 | 元末明初 |  | “增置休、歙田产四千余亩……有庄五所” | 《休宁率东程氏家谱》 |
| 9 | 王荫 | 歙县 | 明初 |  | “置产构室” | 歙县《泽富王氏宗谱》卷2 |
| 10 | 程祖德 | 休宁 | 明初 |  | “增创田粮三百余石” | 《休宁率东程氏家谱》 |
| 11 | 鲍万善 | 歙县 | 明初 |  | “增拓基业” | 乾隆《重编歙邑棠樾鲍氏三族宗谱》卷60 |
| 12 | 鲍成德 | 歙县 | 明初 |  | “增置田产” | 同上书卷61 |
| 13 | 鲍和祖 | 歙县 | 明初 |  | “量田产” | 同上书卷132 |
| 14 | 鲍思齐 | 歙县 | 明初 | 盐业 | “增修田庐，用广储积” | 同上书卷186 |
| 15 | 鲍必稷 | 歙县 | 明初 |  | “增置基产，营造室宇” | 同上书卷25 |

续表

| 编号 | 姓名 | 籍贯 | 年代 | 经营行业 | 购置田地情况 | 资料来源 |
|---|---|---|---|---|---|---|
| 16 | 鲍汪童 | 歙县 | 明初 | | “田上之增百有余亩，所生所继之处，地基皆增购而充拓之” | 同上书卷119 |
| 17 | 鲍兴与 | 歙县 | 明初 | | “增拓产业”“造堂宇” | 同上书卷65 |
| 18 | 程志发 | 徽州 | 正统 | 做造簰筏 | “置田一顷余” | 《新安程氏诸谱会通》第3册 |
| 19 | 程湧全 | 休宁 | 正统 | | “薄置田庐”“乃营一丘于歙南之横千” | 休宁《率口程氏续编本宗谱》卷6 |
| 20 | 汪明德 | 徽州 | 成化间 | | “田连阡陌” | 《汪氏统宗谱》卷42 |
| 21 | 王发松 | 歙县 | 成化间 | | “置田畴屋舍” | 歙县《泽富王氏宗谱》卷4 |
| 22 | 俞冕 | 休宁 | 成化间 | | “买田数亩” | 《休宁山斗俞氏宗谱》卷5 |
| 23 | 许太明 | 歙县 | 成化间 | | “充资置产”“田园时多” | 歙县《许氏世谱》第5册 |
| 24 | 黄义刚 | 休宁 | 弘治间 | 木业 | “筑室买田” | 休宁《黄氏世谱》卷2 |
| 25 | 程锐 | 休宁 | 弘治间 | | “中年生意日遂，增田园百余亩，别构厦屋廿余楹” | 休宁《率口程氏续编本宗谱》卷6 |
| 26 | 程牛 | 休宁 | 正德间 | | 晚年归里，“资产丰裕，富甲一乡” | 同上 |
| 27 | 程神助 | 休宁 | 天顺正德间 | | “广置田园第宅，构聚庆楼四十楹” | 同上 |
| 28 | 程天寿 | 休宁 | 正德隆庆间 | | “赀日以起，多市田畴宅舍，振拓其世业” | 同上 |
| 29 | 程坊 | 休宁 | 嘉靖间 | | “赀颇裕，即厌远游，买山筑庐，日以课仆树樵采为事” | 同上 |

续表

| 编号 | 姓名 | 籍贯 | 年代 | 经营行业 | 购置田地情况 | 资料来源 |
| --- | --- | --- | --- | --- | --- | --- |
| 30 | 程玺 | 休宁 | 弘治隆庆间 |  | “置万金产，极膏腴” | 同上 |
| 31 | 程泰明 | 休宁 | 嘉靖间 |  | “财赀日裕，基业日拓，殷富遂甲休邑” | 同上 |
| 32 | 程从起 | 休宁 | 弘治嘉靖间 |  | “买僮仆课垅亩，各择所任授之” | 同上 |
| 33 | 程祖悦 | 休宁 | 嘉靖间 |  | “年五十即谢归。……构屋百余楹……又以余力筑园圃、树果木” | 同上 |
| 34 | 程映 | 休宁 | 嘉靖间 |  | “赀日裕，广置膏腴，重楼峻宇，焕然一新” | 同上 |
| 35 | 程昕 | 休宁 | 嘉靖间 |  | “贾既久，赀日豪，乃高室庐、广园亩” | 同上 |
| 36 | 程守仪 | 休宁 | 嘉靖间 |  | “不三数年，累致巨赀，拓产起第宅” | 同上 |
| 37 | 程水源 | 休宁 | 正德间 |  | “置万金产，广构闬闳旁舍” | 同上 |
| 38 | 程尚平 | 休宁 | 嘉靖间 |  | “竭力经营，赀日用裕，买田筑室，振饬家声” | 同上 |
| 39 | 程迪 | 休宁 | 嘉靖间 |  | “贸迁有道，今赀产日裕，第宅日拓” | 同上 |
| 40 | 程万光 | 休宁 | 嘉靖间 |  | “所得赢余，节置田畴产业，辄以供父若母欢” | 同上 |
| 41 | 程标 | 休宁 | 嘉靖间 |  | “赀日以裕，业日以拓，鼎新居室，怡怡愉愉” | 同上 |

续表

| 编号 | 姓名 | 籍贯 | 年代 | 经营行业 | 购置田地情况 | 资料来源 |
|---|---|---|---|---|---|---|
| 42 | 孙时 | 徽州 | 嘉靖间 | | 前后购置田地约42亩 | 王钰泉、周绍泉主编《徽州千年契约文书》(宋·元·明编)第5卷《嘉靖四十年孙时立阄书》 |
| 43 | 洪仁荣兄弟及其子辈 | 休宁 | 万历 | | “苦志江湖,创积数十年……家业颇丰”。计有田地92号,租713.5砠,另有山、塘、基地若干 | 同上第7卷《万历十八年休宁洪岩德等立阄书》 |
| 44 | 许竹逸 | 歙县 | 正德间 | | “广营宅、置田园” | 《新安歙北许氏东支世谱》卷8 |
| 45 | 江终慕 | 歙县 | 嘉靖间 | | “时时归歙,治第宅田园” | 歙县《溪南江氏族谱·处士终慕江翁行状》 |
| 46 | 吴烈夫 | 歙县 | 嘉靖间 | | “拓产数顷”“开圃数十亩” | 《丰南志》卷5《存节公状》 |
| 47 | 汪忠富 | 徽州 | 嘉靖间 | | “拓置田薮” | 《汪氏统宗谱》卷3 |
| 48 | 汪弘 | 休宁 | 嘉靖间 | | “构堂宇”“辟沃壤” | 《汪氏统宗谱》卷116 |
| 49 | 方汝梓 | 歙县 | 嘉靖间 | | “大治宫室,市良田” | 《方氏会宗统谱》卷19 |
| 50 | 方道容 | 歙县 | 嘉靖间 | | “恢产构室” | 同上 |
| 51 | 江祥 | 歙县 | 嘉靖间 | | “田连阡陌,富甲一方” | 歙县《济阳江氏族谱》卷9 |
| 52 | 程公辅 | 休宁 | 嘉靖间 | | “置田拓址,雄于一乡” | 《休宁率东程氏家谱》卷9 |
| 53 | 黄镛 | 歙县 | 嘉靖间 | | “益拓田宅” | 歙县《潭渡孝里黄氏族谱》卷9 |
| 54 | 黄存芳 | 歙县 | 嘉靖间 | 盐业 | “广土构堂” | 歙县《竦塘黄氏宗谱》卷5 |

续表

| 编号 | 姓名 | 籍贯 | 年代 | 经营行业 | 购置田地情况 | 资料来源 |
| --- | --- | --- | --- | --- | --- | --- |
| 55 | 许大兴 | 歙县 | 嘉靖间 | 盐业 | “堂构田园大异往昔，久之以税甲于乡” | 《新安歙北许氏东支世谱》卷8 |
| 56 | 洪仁辅之父 | 歙县 | 嘉靖间 |  | “构堂宇，置阡陌” | 歙县《江村洪氏家谱》卷9 |
| 57 | 江珍 | 徽州 | 嘉靖间 |  | “置田产四十三顷” | 《太函集》卷67 |
| 58 | 黄锜 | 歙县 | 嘉靖间 | 盐业 | “创置田园室庐” | 歙县《竦塘黄氏宗谱》卷5 |
| 59 | 许世积 | 歙县 | 嘉靖间 |  | 买田 | 《许文穆公集》卷13 |
| 60 | 许辰江 | 歙县 | 嘉靖间 |  | “膏沃充腴” | 《新安歙北许氏东支世谱》卷5 |
| 61 | 汪仲 | 徽州 | 嘉靖间 |  | “买田筑室” | 《太函集》卷28 |
| 62 | 汪通保 | 徽州 | 嘉靖间 |  | “置田宅” | 《太函集》卷28 |
| 63 | 黄明芳 | 歙县 | 弘治正德间 |  | “辟基拓产，栋宇鳞次” | 歙县《竦塘黄氏宗谱》卷5 |
| 64 | 许琏 | 歙县 | 嘉靖间 |  | “赀产益增，堂构鼎新” | 歙县《许氏世谱》第5册 |
| 65 | 许晛 | 休宁 | 明中叶 |  | “广田园盛甲一乡” | 《许氏统宗谱·孟贻公行状》 |
| 66 | 鲍宜埙 | 歙县 | 正德嘉靖间 |  | “增置南园，拓祖业而倍之” | 《重编歙邑棠樾鲍氏三族宗谱》卷57 |
| 67 | 许东井 | 歙县 | 明中叶 | 盐业 | “庐舍田园，迥异往昔” | 歙县《许氏世谱》第5册 |
| 68 | 王茂桀 | 歙县 | 嘉靖间 |  | “基产日盛” | 歙县《泽富王氏宗谱》卷4 |
| 69 | 江才 | 歙县 | 明中叶 |  | “益治第宅田园” | 歙县《溪南江氏族谱·墓志铭》 |

续表

| 编号 | 姓名 | 籍贯 | 年代 | 经营行业 | 购置田地情况 | 资料来源 |
|---|---|---|---|---|---|---|
| 70 | 汪宗姬 | 徽州 | 万历间 | 盐业 | 争购土地 | 《五杂俎》卷4 |
| 71 | 吴养春 | 歙县 | 万历天启间 | 盐业 | “有黄山地二千四百亩” | 《丰南志》卷10 |
| 72 | 王元礼 | 徽州 | 崇祯间 | | 买田产 | 《王姓阄书》,原件藏中国社科院经济所 |
| 73 | 汪正科 | 休宁 | 明末 | 开丝绸店 | 置田93丘,计租304秤;另地、山塘若干 | 《汪氏阄书》,原件藏安徽师范大学图书馆 |
| 74 | 方时翔 | 歙县 | 明末 | | “归则益增置新产” | 《方氏会宗统谱》卷19 |

徽商除在家乡大购田地和山场外，还大量购置基宅地，建造园亭广厦。如明代休宁人汪仁杰，“贸迁吴楚闽越，善操赢缩，不数岁寻至巨万，归而恢拓祖产，菑畬栋宇甲于一乡”[①]。成化嘉靖间的歙县商人鲍钞，“初居址湫隘，鸠工拓之。建学士楼，周垣平坦，广余十亩，旁置仓房，继又为堂于其外，规模壮丽，以为宗族宾朋聚会”[②]。隆庆时歙县商人许春田，“少修父业，转毂郡国，所至息入辄倍，益累高资。……复念族之贫不能自业者颠连而靡告也，谋于季弟叔孺就郭东治垣屋七十楹……”[③]。

我们之所以把这点提出作为一个方面来讲，是因为：其一，徽商资本投向这方面土地的数量很多。徽商资财日增后，大都“华其居屋”[④]“开基构屋”[⑤]，以炫耀于乡里，或“构光裕堂室，以为燕翼计”[⑥]，“凿池筑

① 乾隆《汪氏通宗世谱》卷6。
② 乾隆《重编歙邑棠樾鲍氏三族宗谱》卷153。
③ 《重修古歙东门许氏宗谱》卷10。
④ 乾隆《汪氏通宗世谱》卷133。
⑤ 歙县《泽富王氏宗谱》卷4。
⑥ 《歙县新馆鲍氏著存堂宗谱》卷9。

亭，以为佚老计”[①]。这些建筑，大都“基址恢宏，规模轩冕”[②]，占地面积很大。其二，徽人十分重视“风水”，这方面的土地一般说来都是所谓“风水”较好的土地，所以价格特别高。在徽州地区，每亩百金以上的高价土地，大都是这种“风水”较好的基宅地和墓地。正如《休宁县志·风俗》所言：“乡田有百金之亩，廛地有十金之步，皆以为基，非黍地也。”另外，民间也流传：“有屋基风水，税不上亩，而价值千金者”[③]这类价格高昂的特殊地产，吸收了徽商的大量资本，这是不大为人注意的。

捐资购置宗族土地，是徽商资本流向家乡土地的又一方面。族田（包括义田、祭田、祠田、墓地等名目）作为宗族的公共财产，不得转让和买卖。因之，经过代代积累，明清时期徽州地区族田的数量很大，远非他郡可比。据叶显恩先生的有关统计表明，到新中国成立后的1950年，族田在徽州地区的有些村中，占全部土地的比重高达75%；撇开最高的情况不说，一般村中的族田都要占总耕地面积的14%左右。[④]徽州地区广袤的宗族土地，主要来源于徽商投资购置。明清时期，徽商经营致富后，投资购置族田几十亩，乃至几百亩，十分慷慨，毫不吝惜。如：明代祁门商人胡天禄，“输田三百亩为义田，以备祭祀及族中婚嫁丧葬，贫无依者之资”[⑤]。歙县商人罗元孙，“尝构屋数十楹、买田百亩，以设义塾、以惠贫宗”[⑥]。清代，徽商投资购置族田的数量更为巨大。如：歙县商人鲍玉堂，“置田五百亩，以岁入赡族”[⑦]；歙县大盐商鲍启运，一次捐资购置族田就达1200余亩[⑧]。此类材料，在徽州谱牒中俯拾可得。

徽商资本之所以大量流向家乡“狭小”“瘠确”的土地，主要基于以

① 歙县《潭渡孝里黄氏族谱》卷9。

② 康熙《西溪汪氏族谱》卷10。

③ 叶茂桔：《休宁县赋役官解议条全书》。

④ 参见叶显恩：《明清徽州农村社会与佃仆制》，第53—54页。

⑤ 赵吉士：《寄园寄所寄》卷9。

⑥ 康熙《徽州府志》卷15。

⑦ 光绪《重修安徽通志》卷251。

⑧ 歙县《棠樾鲍氏宣忠堂支谱》。

下几种原因：

其一是乡土观念。据文献记载："歙俗之美，在不肯轻去其乡，有之则为族戚所鄙，所谓'千年归故土'也"[①]；"歙山郡，地狭薄不足以食，以故多贾，然亦重迁，虽白首于外，而为他县人者盖少"[②]。受乡土观念的影响，徽商经营致富后，大都在家乡治第宅田园，以为"终老之计""菟裘之计"。这方面的材料很多，现略举数例如下：

永乐、成化间的徽商汪明德，"事商贾每倍得利……晚年于所居之旁，围一圃、辟一轩、凿一塘，以为燕息之所。决渠灌花，临水观鱼，或觞或咏，或游或弈，盖由田连阡陌，囊有赢余"[③]。

成化、嘉靖间的歙县商人江终慕，"辞其兄，北游青、齐、梁、宋间，逐什一之利。……已而财益裕，时时归歙，渐治第宅田园为终老之计"[④]。

婺源商人洪大诗，"初游江右至邑，后营金陵木业，囊渐充裕……晚岁志欲归里，置房屋一所，基地一亩，租二百二十余秤，以为菟裘之计"[⑤]。因此，说徽商在离开本土之后一般不再返乡，而是在侨居城镇居留下去，不再关心土地经营，是不符合历史事实的。

其二是"为子孙计"。为了使子孙不再重蹈自己只能作为商人漂浮四海、受人轻视的覆辙，成为体面的"耕读世家"，徽商经营致富后，又广置田宅，以遗后嗣。例如：

明初歙县人鲍和祖，"壮时治生经营……家事渐裕，遂得赎地村中，创屋以居，置田产为子孙计"[⑥]。

嘉靖间歙县人黄镛，"商游闽、越、齐、鲁者三十余年……年几耳顺，遂幡然来归，悉付赀于其子曰：'尔曹当励志，毋替先业。'然犹早夜习

---

① 《歙事闲谭》卷18《歙风俗礼教考》。

② 归有光：《震川先生集》卷18。

③ 《汪氏统宗谱》卷12。

④ 歙县《溪南江氏族谱》。

⑤ 婺源《墩煌洪氏通宗谱》卷59《檀溪全万公传》。

⑥ 乾隆《重编歙邑棠樾鲍氏三族宗谱》卷132。

勤，益拓田宅，曰：‘吾将以遗安也。’”[1]清末黟县人余毓焜，经营盐业，“囊橐既充，更复问舍求田，贻厥后嗣”[2]。

其三是“父母在不远游”。为了博得“孝子”的美名，徽商经营致富后，常以“父母在不远游”而罢四方之事，依依严慈为欢。如：

明代休宁人汪狮，“年始胜衣，辄当室，遂贾淮海，坐致不赀。悉举而与仲中分之，无德色。……母春秋高，处士留居子舍，遂罢四方之事，筑室石渠老焉”[3]。

明代休宁人汪应时，“甫髫，治博士家言，寻弃而佐其伯兄，惟行贾往来真州。先生有心计，多奇中，渐起富。……（后）贾淮北，念诸母老，遂罢四方之事，依依慈帏为欢。邑之东多佳山水，构别业其间”[4]。

徽商罢四方之事，归隐乡里后，其商业利润显然大部分流向了土地。

其四是宗法观念。宗法制作为氏族制度的残余，附着于封建制度并与之相始终。徽州作为程朱理学的故乡，其封建宗法制尤为强固，所谓“徽州聚族居，最重宗法”[5]。在宗法制下，谁在“尊祖、敬宗、收族（或睦族）”活动中表现突出，谁死后就能入主祠堂，载入宗谱，受到本族后辈的敬仰。而所有的宗法活动，无论是对祖先的祭祀、祠堂的修筑、宗谱的编撰，抑或是对贫穷族人的扶植，都要有物质来作为基础。因此，为了适应宗法制的需要，徽商经营致富后，在捐资修祠堂、族谱的同时，又大置祭田、祠田、义田、义冢等以为宗族的公产。

其五是徽州粮食短缺，这也是促使徽商资本流向家乡土地的原因之一。

“徽州介万山之中，地狭人稠，耕获三不赡一。即丰年亦仰食江楚，十居六七，勿论岁饥也。……一日米船不至，民有饥色，三日不至有饿

① 歙县《潭渡孝里黄氏族谱》卷9。

② 黟县《环山余氏宗谱》卷21。

③ 《太函集》卷80《汪处士赞》。

④ 《休宁西门汪氏宗谱·太学应时公传》

⑤ 嘉庆《黟县志》卷3。

莩，五日不至有昼夺。”[①]因此，粮食在徽州具有特别重要的价值。由于徽州的粮食大部分需要外给，加上运输途中“纳钞输牙，舟负费重，与所挟资准”，因而出现了“江南米价，独徽高”的局面。[②]在荒年或闭籴之时，徽州粮食的恐慌就更为严重。正如赵吉士所云：“一旦饶河闭籴，则徽民仰屋；越舟不至，六邑无衣；荒旱偶乘，死亡立至。”[③]万历年间，“大旱既苦雨，斗米一钱三分”[④]，当时新安江上的抢劫米船事件时有发生，以致“客贩绝迹，该地米价不特昂贵无比，且无米可买”[⑤]。又如崇祯十四年（1641），“浮盗阻河，舟楫不通，粮食腾贵，斗米银三钱，人掘土以食，俗名观音土，食后多有死者”[⑥]。在这种情况下，谁握有土地，谁就握有粮食，谁握有粮食，谁就可以“坐握高价”，取得高额利润。因此，徽商把其商业资本变成土地资本，坐收出卖粮食的高额利润，亦不失为致富之路。

徽州地狭，无法容纳众多的商业资本，于是“流寓五方”的徽州商人，除在家乡“增置田产”外，又在外地“广置田亩”。虽然徽人乡土观念十分浓厚，但“大抵徽俗，人十三在邑，十七在天下”[⑦]，而“十七在天下”者中，“间有先贫后富，缘其地发祥，因挈属不返者”[⑧]。这些寓居他乡的徽商，不再关心土地经营者固然有之，但更多的是和土地结下了不解之缘，乐他乡之土壤、乐他乡之淳朴，“买田卜居”。因此，在外地购置田地，是徽商资本与土地结合的一个重要方面。

早在元朝中后期，就有徽人汪琮，“壮游江湖，乐浙西土壤，买田卜居”[⑨]。入明后，歙县商人许英，“贸易四方……致高赀。广置田亩，鼎新

① 康熙《休宁县志》卷7。

② 《歙事闲谭》卷6《明季县中运米情形》。

③ 康熙《徽州府志》卷8。

④ 乾隆《歙县志》卷4。

⑤ 道光《歙县志》卷9。

⑥ 同治《祁门县志》卷36《杂志》。

⑦ 《弇州山人四部稿》卷61。

⑧ 《歙事闲谭》卷18《歙风俗礼教考》。

⑨ 乾隆《汪氏通宗世谱》卷73。

居第，为沙州富人”[①]；歙县商人王友棣，“挟赀本，西上荆襄，货殖得趣，置产以裕后”[②]。到明中叶，徽商在外地投资土地的人数更多，规模更大。如：歙县商人江潚，“寓淮西南圩头，致资二十余万，田地万亩，牛羊犬马称是，家奴数十指，富甲一时”[③]；歙县商人王友榄，“商于庐。……家渐饶裕，爱庐之风俗淳朴，买田千余亩，构屋数十楹”[④]。

现把我们所见有关族谱记载的徽商在外地购置田地材料列表如次：

**表2　明代徽商在外地购置田地情况**

| 编号 | 姓名 | 籍贯 | 年代 | 买地地点 | 购置田地情况 | 资料来源 |
|---|---|---|---|---|---|---|
| 1 | 汪琮 | 徽州 | 元中后期 | 浙西 | 百余亩 | 乾隆《汪氏通宗世谱》卷73 |
| 2 | 许英 | 歙县 | 明初 | 沙州 | “广置田亩，鼎新居第” | 歙县《许氏世谱》第5册 |
| 3 | 程希道 | 徽州 | 永乐间 | 太平县 | “置买山场” | 《新安程氏诸谱会通》第3册《希道公传》 |
| 4 | 王发松 | 歙县 | 宣德成化间 | 六安 | “置田畴屋舍” | 《泽富王氏宗谱》卷4 |
| 5 | 王友棣 | 歙县 | 正统间 | 荆襄 | “量产以裕后” | 同上 |
| 6 | 王友榄 | 歙县 | 明中叶 | 庐州 | “买田千余亩，构屋数十楹” | 同上 |
| 7 | 江潚 | 歙县 | 明中叶 | 淮西南圩头 | “田地万亩” | 《济阳江氏族谱》卷9 |
| 8 | 汪文晟 | 休宁 | 明中叶 | 湖北蒲圻 | “买膏腴田凡七所” | 《休宁西门汪氏宗谱》卷6 |

① 歙县《许氏世谱》第5册。

② 歙县《泽富王氏宗谱》卷4。

③ 歙县《济阳江氏族谱》卷9。

④ 歙县《泽富王氏宗谱》卷4。

续表

| 编号 | 姓名 | 籍贯 | 年代 | 买地地点 | 购置田地情况 | 资料来源 |
| --- | --- | --- | --- | --- | --- | --- |
| 9 | 程云显 | 休宁 | 嘉靖间 | 池阳 | “遂居著池阳之张溪……不数岁累巨赀,置万金产,广构旁舍有千楹” | 休宁《率口程氏续编本宗谱》卷6 |
| 10 | 程泰和 | 休宁 | 正德间 | 池阳 | “居货池阳……不十余年,赀本以数十万计,山园数千顷” | 同上 |
| 11 | 程祖悦 | 休宁 | 嘉靖间 | 池阳 | “寓池阳最久,置别业、树桑麻、积稻粱” | 同上 |
| 12 | 黄崇德 | 歙县 | 嘉靖间 | 维扬 | “连栋广厦,膏田满野” | 《竦塘黄氏宗谱》卷5 |
| 13 | 阮弼 | 歙县 | 嘉靖间 | 芜湖 | 筑屋、治田、凿池、灌园 | 《太函集》卷35 |
| 14 | 李元臣 | 婺源 | 嘉靖万历间 | 嘉定池阳 | “在在置有膏腴之产” | 《三田李氏统宗谱》 |
| 15 | 张翰 | 歙县 | 明末清初 | 荆溪张渚 | “广置田宅” | 《新安张氏续修宗谱》卷9 |

马克思指出:“不论在自然科学或历史科学的领域中,都必须从既有的事实出发。”[①]我们联系徽州地区特殊的地理条件和社会环境,具体分析了徽商资本流向土地的情况。这便是当时“既有的事实”。大量事实告诉我们,明清时期,徽商资本并未脱离传统的商业资本与土地相结合的道路。

### (二)明后期徽商“多不置田业”有其特殊的社会背景

从上列两表中我们可以看出:明中叶徽商投资土地的人数众多,购置土地的数量也很惊人。这一时期,徽商在本土“广营宅,置田园”“田连

① 《马克思恩格斯选集》第3卷,人民出版社1972年版,第469页。

阡陌，富甲一方”“置田拓址，雄于一乡”者比比皆是。与此同时，到了明后期，徽商无论在本土或外地，投资土地的人数和购置土地的数量显然都有相对减少的趋势。这与时人谢肇淛和顾炎武所说的正相吻合。

这种情况，还可以从乾隆《汪氏通宗世谱》中得到印证。乾隆《汪氏通宗世谱》所载明代徽州汪氏商人资本向土地转化的材料共计12例，其中明初2例，明中叶9例，明后期仅1例，这也从一个侧面反映出明后期徽商对土地的追求不甚迫切的事实。下面，我们将乾隆《汪氏通宗世谱》中所载明代徽州汪氏商人购置土地的材料制成一表，以供参考。

**表3　乾隆《汪氏通宗世谱》所载明代本宗商人购置田地情况**

| 编号 | 姓名 | 籍贯 | 年代 | 购置田地情况 | 资料来源 |
|---|---|---|---|---|---|
| 1 | 汪仁庆 | 休宁 | 洪武正统间 | “侃侃计什一于江湖间，累厚赀而拓盛业……尝隘其旧庐谓不足以居家人……随以新，而以‘恒春’名堂。……有田产求售者，多赖支柱” | 卷85 |
| 2 | 汪世昭 | 休宁 | 永乐成化间 | “事商贾，每倍得利。……由是田连阡陌，囊有赢余” | 卷35 |
| 3 | 汪仕兴 | 休宁 | 正德间 | “初业儒既而就商……晚年有美田宅，为乡富人矣” | 卷6 |
| 4 | 汪仕光 | 休宁 | 正德间 | “壮而商游……晚富田宅” | 卷6 |
| 5 | 汪仁杰 | 休宁 | 明中叶 | “贸迁吴楚闽越，善操赢缩，不数岁寻至巨万。归而恢拓祖产，菑畬栋宇甲于一乡” | 卷20 |
| 6 | 汪大同 | 徽州 | 嘉靖间 | “逾淮济、历齐鲁，营有金万余，田宅跨有绩、歙，甲于里闬” | 卷34 |
| 7 | 汪备 | 祁门 | 嘉靖间 | “及壮……支盐于淮，拓振家业” | 卷112 |
| 8 | 汪勋 | 休宁 | 成化嘉靖间 | “尝挟赀客吴楚，不数稔，往困归，业由是益振，一方莫之与竞。自是……与西山鸾鹤定交朝爽。”“好施乐善，富饶一方” | 卷123 |

续表

| 编号 | 姓名 | 籍贯 | 年代 | 购置田地情况 | 资料来源 |
| --- | --- | --- | --- | --- | --- |
| 9 | 汪廷弼 | 休宁 | 成化嘉靖间 | “走两浙及吴越之郊……(后来)家居优游,课幢仆以耕,课子孙以读” | 卷124 |
| 10 | 汪英发 | 休宁 | 成化嘉靖间 | “公因经营于外,孺人赞理其中,自是财日益裕,华其居屋,厚蓄膏腴” | 卷133 |
| 11 | 汪万 | 祁门 | 嘉靖间 | “守支两淮……晚年凿池构亭” | 卷112 |
| 12 | 汪麟 | 祁门 | 明末 | “凡所创拓资产者,多翁任其劳。……时翁以明断经营于外……赀产稍克裕。……(翁)客死广陵之丘,讣闻,由经商而姻族以迨佣工佃仆靡不为之悲叹” | 卷112 |

其次，从明代徽州地区土地价格的涨落，也可以看出明后期徽商大贾“多不置田业”的事实。安徽省博物馆保存了一批徽州田契。在这批田契中，从明初洪武二十六年（1393）始，到明末崇祯十七年（1644）止，每一年号都有若干张。据此，可以比较清楚地看出有明一代徽州田地的价格情况。刘和惠先生等通过对这批田契的研究，指出：“明代徽州田价，明初最低，每亩合银一两左右。正统、景泰、天顺间田价逐渐上升，亩价达到三两上下。明代中期成化、弘治、正德年间田价大涨，上升至十数两银子一亩。嘉靖十三年（1534）以后田价回跌，每亩约在六两至八两银之间。”[①]由此可见，明中叶徽州地价高昂，而明后期则地价下跌，这是基本事实。

地价的高低，反映了地权需求的强弱。马克思曾说：“土地价格上涨是由于土地所有权的需求超过供给。”[②]徽州商人资本投向土地的多少，与该地区的地价有着直接的关系。正如一些研究者所指出的：“明中叶徽州田价所以遽涨，可能是由于徽商的兴起。徽商在外经商致富后，不少人把资金带回家乡投向土地，以致引起田价陡升。”明后期徽州田价所以下跌，是由于徽商“对投资田地失去了兴趣”[③]。

① 刘和惠、张爱琴：《明代徽州田契研究》，《历史研究》1983年第5期。

② 《马克思恩格斯全集》第25卷，第914页。

③ 刘和惠、张爱琴：《明代徽州田契研究》，《历史研究》1983年第5期。

明中叶徽商之所以积极参与土地兼并，是因为社会较为安定，人民安居乐业。正如何良俊所说："余谓正德以前，百姓十一在官，十九在田。盖因四民各有定业，百姓安于农亩，无有他志，官府亦驱之就农，不加烦扰，故家家丰足，人乐于为农。"[①]具体到徽州来说，也大体如此。明无名氏《歙县风土论》云："国家厚泽深仁，重熙累洽，至于宏（弘）治，盖綦隆矣。于是家给人足，居则有室，佃则有田，薪则有山，艺则有圃；催科不扰，盗贼不生，婚媾依时，闾阎安堵；……至正德末嘉靖初，则稍异矣。"[②]生产恢复，经济发展，赋役相对稳定，土地就具有很高的利用价值，因此，"用钱买得的私有土地，则在增加着……土地日益卷入于商业流通中了"[③]。同时，在"以末致富，用本守之"和土地作为"不忧水火，不忧盗贼"的稳定财产的公众意识影响下，明中叶的徽州商人自然乐于投资土地了。

明后期，徽商对土地失去兴趣，以致"多不置田业"，是由于当时"奸豪变乱，巨猾侵牟"[④]，社会秩序极不稳定。在这种情况下，拥有土地不仅得不到实利，反而有身家之累。具体地说有以下几点原因：

其一是缙绅势力的增强和赋税的繁重。缙绅地主阶层包括：通过封建科举制度取得官职的现任官员及其恩荫子弟；致仕家居的乡官；虽未出仕，但具有生员、贡生、监生、举人、进士等功名和政治身份者。在广义上，捐纳官也包括在内。明代中叶后，缙绅地主势力有很大发展，他们人数众多，具有官僚和地主的双重身份，构成身份地主的骨干。明代徽州地区缙绅势力比其他地区更为突出，其中尤以"晚明为甚"[⑤]。

这些缙绅地主，在经济上，按官品的高低，享有法定的优免赋役的特权，而且愈到后来，优免的数额愈大。如正德十六年（1521），钦准"内外仕官之家，量其官职崇卑，定为优免则例"：京官三品以上免田四顷，

① 《四友斋丛说》卷13《史九》。

② 《天下郡国利病书》卷32《江南二十》。

③ 《列宁文集》第3册，人民出版社1954年版，第4页。

④ 《天下郡国利病书》卷32《江南二十》。

⑤ 《歙事闲谭》卷10。

五品以上三顷，七品以上二顷，九品以上一顷，外官则递减之，无田者准田免丁。[①]到万历三十八年（1610）《优免新例》规定，京官一品免田一万亩，比正德十六年（1521）增加了25倍；八品京官，正德十六年（1521）免田一百亩，万历三十八年（1610）免田二千七百亩，增加了27倍。[②]

这些享有法定优免权的缙绅地主，还通过各种法外手段扩大其优免范围。诡寄、投献是缙绅地主扩大其优免田范围的主要途径。所谓“三吴官户不当役，于是有田之人尽寄官户”[③]；“以故富者辄籍其产于士大夫，宁以身为佣佃而输之租，用避大役，名曰投献。故士一登乡举，辄皆受投献为富人”[④]等等，就是这种情况的反映。诡寄、投献之弊端，实根源于官户之滥免。正如唐顺之所说：“大户之诡寄，起于官户之滥免，则此二弊者其实一弊也。”[⑤]

正因为缙绅地主享有事实上无限制的优免特权，所以造成了庶民地主和自耕农赋税负担的极其沉重。“民间大患莫甚于赋役之不均，赋役不均实由于优免之太滥。”[⑥]再加上明后期政府为应对财政危机，对土地上额外加征，无端加派未有息时，导致自耕农和庶民地主的负担更达到了无以复加的地步。“赋税日增，徭役日重”所造成的后果是“民不堪命，遂皆迁业”[⑦]，他们不得不放弃土地，另谋生路。在这种情况下，大部分无优免特权的徽商“多不置田业”就成了很自然的事情。

其二是一条鞭法的实行。徽州府是实行一条鞭法较早的地区之一。一条鞭法将赋税、徭役、杂泛并归一条，“皆计亩征银折办于官”[⑧]。它的实行，使赋役征收以田地为准，不以资产和人丁为据，即“不论籍之上下，

① 《皇明制书》下卷《节行事例·内外官员优免户下差役例》。

② 万历三十八年《优免新例》。参见张显清：《明代缙绅地主浅论》，《中国史研究》1984年第2期。

③ 《天下郡国利病书》卷22《江南十》。

④ 黄秉石：《海忠介公传》，《海瑞集·附录》。

⑤ 唐顺之：《荆川先生文集》卷10《答王北崖郡守计均徭》。

⑥ 《明经世文编》卷357《题为厘宿弊以均赋役事》。

⑦ 《四友斋丛说》卷13《史九》。

⑧ 《明史》卷78《食货二》。

惟计田之多寡”[①]。这样，就加重了有田者的负担，而少田和无田的工商业者的负担则大为减轻，即“务本者孑立自身并应租庸，逐末者千金之子不占一役”[②]。徽州地区虽地少而瘠，但因富名在外，明后期的不时加派、例行岁供往往比他郡为重，“永乐迁都时始有军需之派，遂为岁额，其后稍稍额外增加。嘉靖以来，又盖以不时之派，一岁之中征求亟至，其弊孔之开，由一二大贾积资于外，有殷富名，致使部曹监司议赋视他郡往往加重”[③]。《徽州府志》甚至说“偏重之累，独属于吾郡”[④]。这样，拥有土地就等于给自己套上了沉重的赋役枷锁。徽州商人也因此视田地为负担，于是“不置土田”[⑤]，而是虽“挟余财”“以未尝受田”而逃避赋役。[⑥]

其三是粮长负担的繁重。明初设粮长，以殷实大户充之，负责征收和解运赋税钱粮。但到中后期，实际承担者却“止编民户，不及官甲”。[⑦]这样一来，到正德年间，粮长之役就已经是“不得已取诸中户”“又不得已而取诸下户”[⑧]。明中后期赋役纷繁，而缙绅大户又利用其优免特权，或运用各种方法隐瞒土地和人口，不纳赋税，因此每年的赋税缺额大都由这些中、下户的粮长包赔，致使嘉靖中“粮长大抵破产”[⑨]。到隆庆时，竟达到“一充此役，无不立毙”[⑩]的地步，于是“民间至有宁充军，毋充粮长之谣”[⑪]。徽商因拥有土地而充粮长破家受累者时有人在。正如休宁《赋役官解全书》（天启刊本）所云：“休民无土可资业，靠商利糊口。轮充里役，百金之家，蚕食年余，则罄橐而生计尽。”因此，嘉靖后徽商对

① 《明穆宗实录》卷7，隆庆元年四月戊申。
② 《明穆宗实录》卷46，隆庆四年六月壬寅。
③ 《天下郡国利病书》卷32《江南二十》。
④ 康熙《徽州府志》卷6。
⑤ 《实政录》卷4《编审均徭》。
⑥ 康熙《徽州府志》卷6。
⑦ 曹家驹：《说梦》卷1《杂差》。
⑧ 《天下郡国利病书》卷21《江南九》。
⑨ 《天下郡国利病书》卷20《江南八》。
⑩ 同治《上海县志》卷7《田赋下》。
⑪ 陈子壮：《昭代经济言》卷3。

购置土地存在很大顾虑。时人俞弁云："近年以来，田多者为上户，即佥为粮长，应役当一二年，家业鲜有不为之废坠者。由是人惩其累，皆不肯置田，其价顿贱。往常十两一亩者，今止一二两，尚不欲买。盖人皆以丧身灭家为虑故也。江南之田，惟徽州极贵，一亩价二三十两者，今亦不过五六两而已，亦无买主。"①正是这种情况的反映。

其四是社会矛盾的极其尖锐。明朝后期，由于统治阶级的残酷压迫和剥削，各地农民的反抗斗争风起云涌。在这种形势的影响下，徽州的社会矛盾也极其尖锐，"仆群而叛，族哄而攘"②，佃仆的暴动此起彼伏。"冠履之分素明"的徽州，此时"俗渐漓矣，主窭雕梁，纨绔敝缦"。于是统治阶级痛心疾首地哀叹："纪纲弛矣。"③如：崇祯十四年（1641），"山寇"屡侵休宁郡邑④。崇祯十七年（1644），新安"于时乡寇充斥，族仆杨继云纠党肆掠无宁日夜"⑤。在歙东竦原济阳村，"豪奴纠集群贼恣害村党，莫敢谁何"⑥。在黟县，万黑九、宋乞"联络一邑之仆，始而挟取其先世及其本身投主卖身文契，继而挟饷于乡邑"⑦。在佃仆反抗斗争的浪潮中，徽州的缙绅富室惶惶不安。"叶万生，字道一，（黟县）南屏人。……家故有质库，值明季山贼土寇连年不靖，因言于父世卿曰：'寇将至矣，无多藏以贾祸也'。乃与乡人约，合券者不取钱还其质，数日而尽。"⑧在社会矛盾极其尖锐的情况下，拥有"田连阡陌"的富家巨室，往往有破家杀身之祸，因此，"田土不重"就成了时人的普遍认识。正如明末徽人张习礼在《家训》中告诫其子孙时所说："徽州之田殊累人，不可多买田，仅仅足食可也。"⑨所以，徽州商贾，"虽有余资"，也就自然"多不置田

① 俞弁：《山樵暇语》卷8。
② 《歙淳方氏会宗统谱》卷19。
③ 方弘静：《素园存稿》卷19《谕里文》。
④ 嘉庆《休宁县志》卷15《人物·尚义》。
⑤ 《歙淳方氏会宗统谱》卷19。
⑥ 《歙东竦原济阳江氏族谱》卷9《明处士岩龙公传》。
⑦ 嘉庆《黟县志》卷15。
⑧ 嘉庆《黟县志》卷6。
⑨ 《檀几丛书》卷18《家训》。

业”了。

从以上的分析中，我们知道，明后期徽商“多不置田业”有其特殊的社会背景，并不是“当时各地工商业的发达已给予商人开一广阔的前途”所致。关于这一点，我们从明后期徽商商业利润没有大量流向土地，也没有大量流向商业流通领域，而是大量流向官府、书院、祠堂、寺观、奢侈性用度等非生产性消耗方面也可以得到佐证。宋应星佚著四种之一《野议·盐政议》中一则资料，可帮助我们窥其大概：“商之有本者，大抵属秦、晋与徽郡三方之人。万历盛时，资本在广陵者不啻三千万两，每年子息可生九百万两。只以百万输帑，而以三百万充无妄费，公私俱足，波及僧、道、丐、佣、桥梁、梵宇。尚余五百万，各商肥家润身，使之不尽，而用之不竭。至今可想见其盛也。”

### （三）清代徽商资本流向土地的动向

以上我们着重分析了明代徽商资本流向土地的情况：明代中期徽商资本同土地的结合异常密切，而明代后期则较为松懈。究其原因，是由于明中期社会秩序较为稳定，而明后期则一片混乱。那么，进入清代，徽商资本与土地的关系又是如何呢？

清朝以少数民族入主中原，再加上其统治初期实行了一系列民族歧视和民族压迫政策，所以阶级矛盾和民族矛盾极其尖锐复杂，社会经济也异常凋敝。在顺治和康熙初年的社会大变动时期，全国范围内的地权转移极其缓慢，土地的价格相对低廉。如无锡，“顺治初，良田不过二三两”[①]；松江，康熙初年，“最美之业，每亩所值不过三钱、五钱”[②]；安徽桐城，顺治末年，“田产正当极贱之时……苦急切难售”[③]。在这种情况下，徽商对土地的兴趣自然不会太浓。

康熙后期，由于统治者采取了许多缓和社会矛盾和发展生产的措施，

① 钱泳：《履园丛话》卷1。

② 叶梦珠：《阅世编》卷1《田产》。

③ 《笃素堂文集》卷14《恒产琐言》。

社会秩序趋于稳定，社会经济得到恢复，土地的利用价值大为提高。在这种新的形势下，缙绅富室、巨商大贾们占有土地的欲望被重新唤起，土地兼并从此又日益严重起来。康熙四十三年（1704）的一份上谕中说："田亩多归缙绅豪富之家，小民所有几何？……约计小民有恒产业者十之三四耳，余皆凭地出租。"[①]事实也正是如此，如江北、淮南一带，"区方百里以为县，户不下万余，丁不下三万。其间农夫十之五，庶人在官与士夫之无田及逐末者十之四，其十之一则坐拥一县之田，役农夫、尽地利而安其食租衣税者也"[②]。

乾隆、嘉庆时期，由于社会经济持续发展，土地兼并也因此更加剧烈。到乾隆后期，"约计州县田亩，百姓自有者不过十之二三，余皆绅衿商贾之产"[③]，以致出现了"一人据百人之屋，一户占百户之田"[④]的严重社会现象。随着土地兼并的剧烈，土地的价格急剧上涨，地权的转移相当频繁。据钱泳的记载，乾嘉时期，江南地区的土地每亩价值已达五十余两[⑤]；地权的转移由原来的"百年田地转三家"，一变而为"十年之间，已易数主"[⑥]。"富商巨贾，挟其重资，多买田地"[⑦]，是这一时期土地高度集中、地价急剧上涨、地权转移频繁的一个重要原因。

康熙后期，直至乾隆、嘉庆、道光年间，徽商不论在本土，还是外地，大购田地的事例史不绝书。例如：

康乾年间祁门汪希大，"长乃服贾，至中年寄迹芝山鄱水间，渐宽裕。自时厥后屡操奇赢。由是建广厦、市腴田，俾后之子孙得以安居而乐业者"[⑧]。

---

① 王先谦：《东华录》康熙朝卷73。

② 《明经世文编》卷30《户政》。

③ 《方望溪全集》集外文集卷1。

④ 洪吉亮：《卷施阁集》甲卷1《治平篇》。

⑤ 钱泳：《履园丛话》卷1。

⑥ 钱泳：《履园丛话》卷4。

⑦ 《中国近代农业史资料》第1辑（1840—1911），第105页。

⑧ 乾隆《汪氏通宗世谱》卷4。

乾嘉年间婺源汪道祚，“冠年求赴吴楚经营，生财有道，逊让均平，创置田产，以起其家”[①]。

嘉庆时绩溪章升，“甫居市肆，即能持筹握算。自持勤俭，创置田产，以起其家”[②]。

道光年间祁门商人倪炳经，“少承父业，窑栈云连，吠亩鳞接”[③]。

由于商人对土地的兼并，这一时期徽州地区出现了“小土地所有者的分化加剧，地权日益向地主集中的趋势”[④]。

剧烈的土地兼并，使这一时期徽州地区的土地紧张情况更为严重，由此导致了徽商在外地购置田地的人数更多、规模更大。康熙《清河县志》说：“（康熙时，流寓江北清河的苏州、徽州商人）招贩鱼盐获利甚厚，多置田宅，以长子孙。”[⑤]乾隆五十一年（1786）五月，上谕说：“上年江苏、安徽、山东、湖北等省被旱较重，民气未复，如江苏之扬州、湖北之汉口、安徽之徽州等地方，商贩聚集，盐贾富户颇多，恐有越境买产，图利占据者，不可不实力查禁。”[⑥]皇帝亲自谕令要着力查禁徽州等地商人“越境买产”之事，可窥见此情况严重程度之一斑，事实也是如此。如：

乾隆时歙县人程永洪，“善于商贾，贸易豫章数十年。又建业于浙江兰溪，置田产、增资本，家道日渐蒸蒸”[⑦]。

康乾年间歙县人程廷柱，“随父侧奔驰江广，佐理经营。……总理玉山栈事，增置田产；……（又）创立龙游典业、田庄”[⑧]。

咸丰元年（1851），太平天国革命爆发，长江中下游南北地区太平军与清军鏖战激烈，素有“兵戈所不能害”的徽州，也成为双方争夺的战

① 乾隆《汪氏通宗世谱》卷48。

② 绩溪《西关章氏族谱》卷24《家传》。

③ 《祁门倪氏族谱》续卷《少辉公行状》。

④ 章有义：《明清徽州土地关系研究》，第16页。

⑤ 康熙《清河县志》卷1。

⑥ 《清高宗实录》卷1255，乾隆五十一年五月辛未。

⑦ 歙县《程氏孟孙公支谱》。

⑧ 歙县《程氏孟孙公支谱》。

场。大规模的战乱，使徽商及其子弟有不少人遇难，徽州方志中“阖门尽忠”“满门节义”的记载连篇累牍。战乱还使徽商的资金在湘军的洗掠、官府的勒索下大量消耗。如：曾国藩借清剿太平军之机，在徽州“纵兵大掠”，致使徽商在家乡的“窖藏”为之“一空”[①]；为了弥补军饷之不足，清政府又强迫徽商“助饷捐赀”，其数量“盈千累万”。[②]徽商在这样的沉重打击下，当然无力购置土地。这是在特殊的历史条件下出现的情况。从一些资料来看，这一时期徽商占有土地的绝对量不仅没有扩大，相反，似乎还有减少的趋势。

太平天国革命失败后，清朝的政局趋向稳定，于是徽商对土地的兴趣又大为增加了。如：黟县人汪源，“年十五，废读而贾。赭寇扰黟，君在江西之玉山。……肆务殷繁，烽烟一月数徙，备历险艰，或竟日不食，或终夜不寝，生平精力瘁于是时，而业亦是渐裕矣。迨大局底定，奉亲归里，买田筑室，以垂久远之规，至今家门隆盛”[③]。又如清末黟县环山余荷浦，“远赴鸠江，爰集同人料量金融事业，日积月累，扩充至浔。由是二十余年，囊橐日实，良田美宅如愿以偿”[④]。清末黟县环山余毓焜，“有志于商……因共推主持盐公堂事务……囊橐既充，更复问舍求田，贻厥后嗣”[⑤]。在商人对土地的热切追求下，清朝末年，徽州地区的“地权集中程度同以往相比，几乎是空前的了”[⑥]。就歙县而言，到1913年，农户中的佃户达到65%。[⑦]

综上所述，不难看出，徽商“不置田业”只是特定社会背景下所出现的暂时现象。纵观整个明清时期的历史，徽商资本是和土地紧密结合在一起的，并未摆脱传统的商业资本与土地相结合的道路。大抵承平之际，徽

① 陈去病:《五石脂》。

② 《歙事闲谭》卷31。

③ 民国《黟县四志》卷14《汪赠君卓峰家传》。

④ 黟县《环山余氏宗谱》卷21。

⑤ 黟县《环山余氏宗谱》卷21。

⑥ 章有义:《明清徽州土地关系研究》，第20页。

⑦ 金陵大学农学院农业经济系:《鄂豫皖赣四省之租佃制度》，1936年印刷，第11页。

商资本大量流向土地，而在动乱之秋，徽商资本流向土地的数量则相对减少。这是中国封建社会中的商业资本与土地结合和分离的基本规律。

### （四）从徽州地区商人地主阶层的逐渐形成看徽商性质

徽商资本与地权的紧密结合，促使这一地区商人地主阶层逐渐形成。

明初，徽州地区的商人地主就已出现。例如：永乐、成化年间的汪明德，“事商贾每倍得利……他如助父兄筑圩、开田、通渠引水，皆有经久良法。……晚年于所居之旁，围一圃、辟一轩、凿一塘，以为燕息之所。……盖由田连阡陌、囊有赢余，而又有子能继其志而后乐斯乐也”[①]。这是典型的商人地主家庭。至于明初休宁商人程维宗，“置休、歙田产四千余亩……又于屯溪造店房四所，共屋四十七间，居商贾之货”[②]，更是明显的大商人兼大地主了。

但是明初徽州地区的自然经济还异常强固，出贾人数不多，所以商人地主还未能作为一个阶层出现于历史舞台。进入明中叶，随着商品货币经济的发展、开中盐法的变化，徽州地区外出经商的人数急剧增加，徽州商帮也已经形成，这些商人在“乡土观念”“为子孙计”意识的影响下，大都不时返归故里，“渐治第宅田园”，以“贾为厚利”，田土为永业，集商人和地主于一身。与此同时，徽州地区原有的一些缙绅地主也往往“不惮为贾”[③]，或“皆以畜贾游于四方”[④]，成为地主兼商人。因此，进入明中叶，徽州地区的商人地主阶层形成，他们无论在人数，还是资财方面，在徽州地主阶级中都占有很大的比例。

商人地主本属庶民地主阶层，他们一般较为激进，易接受一些新事物，所以明代中后期农业方面的资本主义生产关系的萌芽，往往产生于他们之中。然而，徽州地区的商人地主则与此不同，他们千方百计地攀援封

① 《汪氏统宗谱》卷42。

② 《休宁率东程氏家谱》。

③ 《荆川先生文集》卷15《程少君行状》。

④ 《震川先生集》卷13《白庵程翁八十寿序》。

建政治势力是其显著特色。他们攀援封建政治势力的途径主要有两条：其一是以“急公议叙”得官；其二是以“读书登第”入仕。正如《歙事闲谭》所云：“商居四民之末，徽殊不然。歙之业鹾于淮南北者，多缙绅巨族。其以急公议叙入仕者固多，而读书登第，入词垣跻膴仕者，更未易卜数，且名贤才士，往往出于其间，则固商而兼士矣。”①

融商人、地主、官僚三种身份于一体，是徽商孜孜以求的主要目标。能达到此目的者，为数也不少。如：

江才，成化、嘉靖间歙县人，“翁生三岁而父卒，依兄奉母吴以居。……翁年十二三，即从兄屠酤里中。稍长，从兄如钱塘。其在钱塘日坐阛阓，售米盐杂物……（后）遂辞其兄，北游青、齐、梁、宋间，逐什一之利。久之复还钱塘，时已挟重赀为大贾。已而财益裕，时时归歙，渐治第宅田园为终老之计。……于时，翁年四十余，有四子，即收余赀，令琇、珮北贾维扬，而身归于歙，教瓘、珍读书学文为举子，遂不复出。……无何，瓘与珍并入学为诸生。嘉靖庚子，珍应应天府乡试，中式。越四年，甲辰，登进士第，乙巳，授江西瑞州府高安县知县”②。

李大鸿，嘉靖万历间婺源人。“公甫三龄，而公父见背。……既长，公就外傅，不几而弃。从贾金陵、龙都间，即囊橐不充，志存远大。尝叩诸父曰：‘人弗克以儒显，复何可以雄视当世？有语云：阳翟其人埒千乘而丑三族。素封之谓，夫非贾也耶！’公于是茹苦啖辛，勤渠商务。……未逾十年，而遂足当上贾矣。……每念幼失怙恃，弗及终为儒……于是以弓冶属伯氏，而令仲氏攻铅椠，日引名儒督课之，且捐结坞之胜，构精舍以资修戢，而仲与诸从咸用成均发迹矣。”③

徽州商人地主阶层的形成，对历史发展的消极作用甚大。

第一，商人地主阶层的形成，进一步促进了徽州地区的土地兼并，强化了封建经济结构。

① 《歙事闲谭》卷18《歙风俗礼教考》。

② 歙县《溪南江氏族谱》。

③ 婺源《三田李氏统宗谱》。

在以商人地主为主的土地兼并热潮中，明清时期的徽州农民“强半贫无卓锥”[①]，“农而无土……何啻什之二三也”[②]。这些失去土地的农民，由于工商业城市无法为他们提供生存的基地，于是为生计所迫，他们不得不佃田于地主，接受地主阶级残酷的剥削和压迫。徽商通过兼并土地剥夺小农，之后又通过拥有土地，把无地的农民重新固定在土地上面，进行一家一户的小农生产。这种变化后的生产方式无任何变革，只不过是生产者由自耕农变成了佃农，他们的生活更加贫困而已。所以徽商大量兼并土地，不仅没有瓦解封建的土地所有制，反而强化了以地主土地所有制为基础的封建经济结构。破产的农民不能成为无产阶级的后备军，反而大都成为连人身都受封建地主控制的佃仆。

第二，商人地主在土地上采用佣奴、佃仆经营，加固了徽州的佃仆制度，阻碍了社会生产力的发展。

马克思说：“在商业资本仍然支配着的地方，腐朽的状态就会支配着。”[③]徽商对土地的经营，就是采取了最落后的生产方式，如：歙县商人阮弼，“少承家末造，躬力贾，起芜湖。……先是，长公（阮弼）将以歙为菟裘，芜湖为丰沛，既而业大起，家人产具在芜湖城内，外筑百廛以待僦居，治甫田以待岁，凿洿池以待网罟，灌园以待瓜蔬，腌腊饔飧不外索而足。中外佣奴各千指，部署之悉中刑名”[④]。又如徽商程实，“少客江湖间，尝以木易粟至姑苏贷人，值岁祲，悉弃不取而归。归更事畎亩不复出，力勤孔时，所入恒倍。家居率晨起，呼子弟督佃佣各职其职，无侈以肆”[⑤]。这种“佃佣”肯定不是一般的自由佃户，而是依附性很强的佃仆或佣奴，因为他们都是在主人的督促下进行生产的。

徽商在土地上直接用佃仆来进行生产的更是普遍。如：休宁程维宗，“从事商贾。……家业大兴。……且增置休歙田产四千余亩，佃仆三百七

① 《抱奎楼遗稿》卷1《徽州南米改折议》。

② 万历《休宁县志》卷1《风俗》。

③ 《资本论》第3卷，人民出版社1956年版，第404页。

④ 《太函集》卷35《明赐级阮长公传》。

⑤ 《新安文献志》卷90《百岁程君实墓表》。

十余家”[①]。徽商汪忠富，“拓置田薮……僮仆男女，殆四十人……”[②]。休宁商人程坊，“游商吴浙，勤劳万状。赀颇裕，即厌远游。买山筑庐，日以课仆种树樵采为事”[③]。

这类佣奴、佃佣和佃仆，不仅受地主阶级高额地租和繁重劳役地租的剥削，而且受地主阶级超经济的强制。他们和地主有主仆名分，没有迁移的自由，在法律上他们划归“奴仆类”，在社会地位上属于贱民阶层。他们对主人的人身隶属关系，所受的超经济强制，远比一般的佃户严酷，服劳执役也远为繁苛。他们的身份属于农奴。[④]他们在地主阶级残酷的剥削和压迫下，过着牛马般的生活：“往往有揭其敝衣残襦，暂质升合之米，以为晨炊计者，最为可怜。”[⑤]甚至有“设非知交可藉，亲戚可依，多莫能举火”[⑥]者。他们在贫困的生活中，对生产没有兴趣，无法改善生产条件，更谈不上扩大再生产了，因而也就使生产力无法发展。

第三，徽商资本源源不断地流向故里，为宗族购置土地，使徽州地区的宗族地主土地所有制得到发展，从而强化了徽州地区的封建宗法制度。

明清时期，徽州宗族地主占有土地的数量是十分惊人的。这种土地所有制的存在，一方面更加促进了徽州地区佃仆制的盛行，因为族产（包括祠堂、山场、田地等）大都是由佃仆来经营和管理的。另一方面，大量族产的建立，又为徽州地区宗法制度的发展提供了物质基础。徽州地区的宗族土地，徽商捐资购置是其主要来源。

族产与财务由“族长与族之富者掌之”[⑦]。因此，握有族权的族长，便是这一族内的地主绅士，是这一族内封建势力的代表，因而也是封建政

① 《休宁率东程氏家谱》。

② 《汪氏统宗谱》卷3《行状》。

③ 休宁《率口程氏续编本宗谱》卷6。

④ 叶显恩：《明清徽州农村社会与佃仆制》，第280—281页。

⑤ 《挹奎楼遗稿》卷1《徽州南米改折议》。

⑥ 万历《休宁县志》卷1《风俗》。

⑦ 程一枝：《程典》卷19《宗法志第三》。

权的重要基础。所谓“阖族之人，统于族长”[①]。实际上，族长是协助封建官府以统治一族人民，而封建官府又是族长的靠山，于是政权与族权上下相维，胶合为用，进一步加强了对劳动人民的控制。而族权又给封建政权血淋淋的统治套上了一层“温情脉脉”的面纱，从而使封建统治更加巩固。

第四，徽商资本大量流向基宅地，这反映了商人地主享乐和腐化之风的盛行，消耗了社会财富，影响了资本的积累和社会生产的扩大。

徽商在家乡不惜耗资巨大，购买宅地，建造供自己、家人、家族享受的华丽的园林广厦，其结果，正如马克思所说：“如果剩余劳动中直接表现为奢侈品形式的部分过大，那末，很明显，它一定会妨碍积累和扩大再生产。”[②]所以，徽商购置宅地建造园第的奢侈性消费，所造成的直接后果就是资本的萎缩。

第五，商人地主缙绅化，其所热衷的主要是政治权力，但“在中世纪的封建国家中……政治的权力地位是按照地产来排列的”[③]。因此，缙绅化的商人地主，为了提高自己的政治地位，更加疯狂地兼并土地。

综上所述，徽商的封建性质也就十分明显了。

明清时期，徽商资本流向产业固然有之，但只是个别现象，而流向土地，与封建的地权相结合，才是主流。在徽州地区，也曾出现了卖田宅经商的人，他们经营致富后，仍把商业资本用于购置更多的田宅的现象。如明休宁人李魁，“与祖妣商，觅转输之资，彷徨四顾，狼狈无措。回思只遗卧室一间，不得已出鬻于族人，仅得十金。遂橐往金陵，赁一乡肆，朝夕拮据，不惮烦劳。无几何，稍饶给矣，无几何，买田宅矣”[④]。又如清乾嘉道时期的黟县某姓商人，“不得已弃己产而充店本，早作夜思，兢业二十余载”，“日积月累……较两兄在时计增倍蓰”，至道光九年（1829）

① 《隐龙方氏宗谱》卷1《家规》。

② 马克思：《剩余价值论》第3册，人民出版社1975年版，第269页。

③ 《马克思恩格斯选集》第4卷，第169页。

④ 婺源《三田李氏统宗谱》。

共有田地200亩以上。[①]此类材料，在明清徽州各姓谱牒中，俯拾可得。可见，徽人因经商而卖田宅，并不意味着“田土不重”，而是在于对田产的进一步追求。这种“小土地资本→商业资本→大土地地权拥有者”的演变过程，更进一步说明了徽商资本与土地关系仍然密切。同时也反映了在我国封建社会末期徽商资本的流向仍未改变传统的老路。

## 三、徽商的奢侈性消费及其心理探析

明清时期，徽商的园林第宅，雕梁画栋，穷极奇巧；蓄婢纳妾，锦衣玉食，极欲穷奢；结纳官府，交游文士，千金一掷。奢侈性消费不仅消耗了徽商的大量资本，严重影响了徽商资本的积累，同时对当时的社会经济和社会风气也产生了直接的影响。心理是行为活动的调节器。由社会的全部经济关系和政治制度派生出来的社会心理，在连接经济形态和观念形态中起着不可或缺的中介作用，对社会活动和历史进程产生难以估量的深远影响。

### （一）

徽商的奢侈性消费主要表现在日常生活和结纳官府、交游文士三个方面。

“奢侈生活，是不适当的，不必要的享乐的消费生活，而且这消费生活，是超过了其时其地一般社会生活的水准以上的。”[②]徽商的生活消费有一个由俭到奢逐渐演进的过程。

明中叶以前，是徽商的创业时期。这一时期，以“小本起家”的徽州商人为了在商界站稳脚跟，开辟一块天地，大多勤俭节约，艰苦营运，经商致富后，他们深知创业之艰难，“勤俭不改其初”[③]。如：歙县商人许尚

① 道光九年黟县某姓阄书。转引自章有义：《明清徽州土地关系研究》，第26页。
② 李剑华：《奢侈生活之社会学的观察》，《社会学刊》第2卷第4期（1931年）。
③ 绩溪《西关章氏族谱》卷24《家传》。

质，“负担东走吴门，浮越江南，至于荆，遂西入蜀。……为人淡泊，不竞芬华，归既富厚，犹兢兢力作，衣敝食蔬，强步五六十里如其贫时”[①]。歙县商人黄崇德，“挟资之淮海……不数岁致万金，以资雄于新安淮南间。……公复折节为俭，无以富故矜夸”[②]。歙县商人汪海，“虽服上贾，觳衣食，出无舆，孺人不袨不珍，泊如也”[③]。

明中叶以后，随着出贾人数的不断增加，商业资本的急剧扩大，特别是“称雄”于东南商界后，徽商开始放弃前辈们那种节俭的传统，生活消费逐渐走向奢侈化。正如歙人汪道昆在《太函集》中所说的：“（徽州）纤啬之夫，挟一缗而起巨万，易衣而出，数米而炊，无遗算矣。至其子弟，不知稼穑之艰难，靡不斗鸡走狗，五雉六枭，捐佩外家，拥脂中冓。”[④]此时，徽商“第蒙故资，大都以奢溢而快一逞”[⑤]。使得“天下都会所在，连屋列肆，乘坚策肥，被绮縠，拥赵女，鸣琴跕屣，多新安之人也”[⑥]。这种社会风气在徽商中愈演愈烈，以致“浸淫渐靡”[⑦]。

从明后期到清朝的乾嘉时期，随着徽商财力的进一步扩大，其奢侈性生活消费也达到了登峰造极的地步。如：徽州盐商，“入则击钟，出则连骑，暇则召客高会，侍越女，拥吴姬，四坐尽欢，夜以继日，世所谓芬华盛丽非不足也”[⑧]。在江宁上河的徽州木商，“服食华侈，仿佛淮扬，居然巨室”[⑨]。“徽州灯，皆上新河（徽州）木客所为。岁四月初旬，出都天会三日，必出此灯，旗帜伞盖，人物花卉鳞毛之属，剪灯为之，五色十光，备极奇丽。合城士庶往观，车马填阗，灯火达旦，升平景象，不数笪

① 歙县《许氏世谱·朴翁传》。
② 歙县《竦塘黄氏宗谱》卷5《黄公崇德传》。
③ 《太函集》卷55。
④ 《太函集》卷18。
⑤ 《太函集》卷16。
⑥ 归有光：《震川先生集》卷13《白庵程翁八十寿序》。
⑦ 《重修古歙东门许氏宗谱》卷10《许氏义田宅记》。
⑧ 《太函集》卷2。
⑨ 《歙事闲谭》卷18《歙风俗礼教考》。

桥。”[1]徽州典商许某，歙县人，“家故巨富，启质物之肆四十余所，江浙间多有之……而其子弟中，则有三四辈，以豪侈自喜，浆酒霍肉，奉养逾王侯。家僮百数十人，马数十匹，青骊彤白，无色不具，腹鞅背韅，亦与相称，每出则前后导从，炫耀于闾巷间”[2]。

长江流域和运河沿岸是徽商的聚居或经常往来之地，这里的大小城镇都有徽商夸富斗靡、寻欢作乐、酣歌恒舞的身影。如：“金陵为明之留都，社稷百官皆在……梨园以技鸣者，无论数十辈，而其最著者有二：曰兴化部，曰华林部。一日，新安贾合两部为大会，遍征金陵之贵客文人与夫妖姬静女，莫不毕集，列兴化于东肆，华林于西肆，两肆皆奏鸣凤。”[3]运河沿岸的淮安为南北孔道，程氏徽商在其河下构筑了许多精巧别致、堪称名胜的园亭别墅。山阳人范以煦在《淮壖小记》卷3中写道：“吾邑程氏多园林。风衣之柳衣园、菰蒲曲、籍慎堂、二杞堂也，溉亭之曲江楼、云起阁、白华溪曲、涵清轩也，莼江之晚甘园也，亨诞人（名云龙，字亨衢）之不夜亭也，圣则之斯美堂、箓竹山房、可以园、紫来书屋也，研民之竹石山房也，溶泉之旭经堂也，蔼人之盟砚斋、茶话山房、咏歌吾庐也。曲江楼中有珠湖无尽意山房、三离晶舍、廓其有容之堂。”徽商汪氏侨居清江浦200年，家富百万，列典肆；有广厦千间，俗称为“汪家大门”。“吴门午节后，名优皆歇夏，汪则以重资迓之来，留至八月始归。此数十日之午后，辄布氍毹于广厦中，疏帘清簟，茶瓜四列，座皆不速之客，歌声绕梁，笙簧迭奏，不啻神仙之境也。”[4]扬州是徽州富商大贾最为集中的城市。徽商在此“衣物屋宇，穷极华靡，饮食器具，备求工巧，俳优妓乐，恒舞酣歌，宴会嬉游，殆无虚日，金钱珠贝，视为泥沙。甚至悍仆豪奴，服食起居，同于仕宦”[5]，其穷奢极欲的生活更是无与伦比。

除日常生活的奢侈无度之外，徽商在结纳官府方面也是千金一掷，其

① 《白下琐言》卷3。

② 《歙事闲谭》卷17《唐模许翁》。

③ 《虞初新志》卷3《马伶传》。

④ 《清稗类钞》第24册豪侈类。

⑤ 《清朝文献通考》卷28。

消费十分惊人。徽商的发展与封建势力的支持有密切的关系，特别是徽州盐商之所以能垄断两淮盐业，靠的就是官府的庇护。因此，将利用封建特权攫取的高额利润的一部分消费在进一步密切和官府的关系上，徽商是慷慨不吝的。为了支持政府财政，凡遇军需、河工、赈灾，徽商都踊跃为国捐输。此外，徽商还以形形色色的报效、历年进贡、生辰寿礼等名目，向皇室输纳巨款，以密切与皇室的关系。徽商的一些豪侈之举，连乾隆也感叹说："盐商之财力伟哉！"[①]

作为出自"东南邹鲁"的徽州商人，十分倾心结交文人名士。如：歙县商人郑月川，"其所历吴越江淮齐鲁江右之间，虽以贾行，所至遇文人魁士，往往纳交，多为诗文以赠之"[②]。歙县商人江兆伟，"长佐叔父于姑苏创置店业……燕闲之地，必正衣冠，终日无惰容，尤乐与名流往来"[③]。歙县商人江梅，"弃儒服贾，贸易吴门……重交游，乐与贤士夫款洽。姑苏为冠盖往来地，慕公名者恒造庐以访"[④]。歙县商人吴孔龙，"虽游于贾人，所交皆当世名士"[⑤]。在结交文人名士的过程中，徽商不时举办诗文之会，"故座客常满，樽酒不空"[⑥]；为了迎合文人名士的品性，徽商又往往招来歌妓戏班，陪酒吟唱，极尽放荡豪侈。如：歙县盐商郑超宗在扬州西门外建影园，四方名士食客云集，赋诗饮酒，编成《瑶华集》。影园中有黄牡丹之瑞，郑氏"大宴词人赋诗，且征诗江、楚间……一时传为盛事"[⑦]。歙县盐商江春，"喜吟咏，广结纳，主持淮南风雅"[⑧]，四方词人墨客，奇才之士，座中常满[⑨]，钱陈群、曹仁虎、蒋士铨、金农、方贞观、

① 《清稗类钞》第2册园林类。
② 歙县《郑氏族谱》。
③ 歙县《济阳江氏族谱》卷9。
④ 歙县《济阳江氏族谱》卷9。
⑤ 《丰南志》卷6《从祖孔龙公状》。
⑥ 休宁《程氏宗谱》卷3。
⑦ 《甲申朝事小纪》初编卷12《郑元勋始末》。
⑧ 阮元：《淮海英灵录·戊集》卷4"江春"条。
⑨ 《扬州画舫录》卷12《桥东录》。

郑板桥、戴震、袁枚等文学名流，常与之交往。[①]侨居淮安的徽商程嗣立，以“风流俊望”倾倒一时，“凡文人逸士道出淮阴，必下榻斋中，流连觞咏，历旬月不少倦”[②]。徽商程鉴之子程沅，曾在其淮安河下的别业荻庄中“宴集江南、北名流，拈题刻烛，一时称胜”[③]。

## （二）

徽商为什么要在日常生活和结纳官府、交游文士上如此豪侈呢？

从社会心理学的角度来考察，徽商以上的奢侈性消费行为主要是基于这样的几种原因。

其一是由自卑而导致的自矜心理的作用。明清时期，农本商末、儒尊商卑等传统的价值观念仍然根深蒂固。政府的“抑商”政策和由此导致“贱商”的社会观念，使徽商有一种强烈的自卑感。如婺源木商洪庭梅致富后，就曾慨然说：“今庶几惟所欲为，奚仆仆风尘以商贾自秽。”[④]洪庭梅虽然富到了“惟所欲为”的地步，但对自己作为一个商人仍自惭形秽。徽商汪才生告诫儿子要奋发业儒，“毋效贾竖子为也”[⑤]。自己作为商人，竟然在儿子面前自贬为“贾竖子”，可见其自卑感是何等强烈。

自卑感表明了徽商在传统价值观念面前对自己低微的身份与地位的认知，反映了徽商有一种烦躁苦闷的情感。社会心理学认为，伴随自我认知、自我情感而产生的是自我意向，即各种思想倾向和行为倾向。自我意向常常表现为对于个体思想和行为的发动、支配、维持和定向。具体到徽商来说，由自卑所产生的认知和情感，并由此而导致的自我意向就是希望被人重视，得到尊重。徽商的这种自我意向所表现出来的心理特征和行为方式就是自矜，即自我夸耀、自我表现。

徽商这种由自卑而导致的自矜的心理特征，表现在思想倾向上，就是

① 梁章钜：《浪迹丛谈》卷2。

② 王觐宸：《淮安河下志》卷13《流寓》。

③ 李元庚：《山阳河下园亭记》“菰蒲曲”条。

④ 婺源《墩煌洪氏通宗谱》卷58。

⑤ 《太函集》卷67。

徽商竭力鼓吹“士商异术而同志”。首先，他们认为如果“商名而儒行”，那么商也就是士了。如业贾人数较多的徽州汪氏在其宗谱中就阐述道：“古者四民不分，故傅岩鱼盐中，良弼师保寓焉，贾何后于士哉！世远制殊，不特士贾分也，然士而贾其行，贾哉而修好其行，安知贾之不为士也。故业儒服贾各随其矩，而事道亦相为通。”[①]汪氏商人汪南山说得就更加明确了，他说：“士商异术而同志，以雍行之艺，而崇君子之行，又奚必于缝章而后为士也。”[②]其次，他们认为贾和儒追求的目标是相通的。表面看来，“儒为名高，贾为厚利”，似乎追求的目标不一，实质上却是一致的。如歙人吴长公自幼业儒，父客死异乡后，母令其弃儒继承父业。吴长公“退而深惟三，越宿而后反命，则曰：‘儒者直孜孜为名高，名亦利也。藉令承亲之志，无庸显亲扬名，利亦名也。不顺不可以为子，尚安事儒？乃今自母主计而财择之，敢不唯命’”[③]。吴长公在“名亦利”“利亦名”中取得了心理平衡，欣然从母命去求利以逐名了。徽商这种由自卑而导致的自矜的心理特征，表现在行为倾向上，一方面就是徽商按照儒家的“以诚待人”“以信接物”“以义为利”“仁心为质”等道德规范来经商求利；另一方面，就是徽商根据人们内心深处所固有的对财富和荣华的渴求和羡慕，将经商得来的一部分利润用在衣、食、住、行等生活消费上极尽奢侈，以引起社会的注意，同时又不惜消费巨额钱财，千方百计地攀援政治势力，以显示其身价，其目的都是从中获得心理上的平衡。因此，徽人“其雄者要以射赢牟息，美服食舆马仆妾，营良田华构，侈燕遨，广结纳以明得意”[④]。汤宾尹《睡庵集》卷23云：“徽俗多行贾，矜富壮，子弟裘马庐食，辐辏四方之美好以为奇快。”清人评论说：“若夫翠华莅止，情殷瞻就，供亿丰备，尤为前所未有。至遇大庆典、大军需，淮商捐输或数百万……其余寻常捐输，难以枚举。……故商为四民之末，盐商特邀圣主之

① 《汪氏统宗谱》卷168。

② 《汪氏统宗谱》卷116。

③ 《太函集》卷54。

④ 《重修古歙东门许氏宗谱》卷13《许氏义田宅记》。

知，或召对，或赐宴赏赉，优厚拟于大僚。盖盐商际遇之隆，至此而极矣；盐商奢侈之弊，亦自此而深矣！”[①]早期西方经济史学家费迪南多·加利亚尼（1728—1787）认为：出人头地，在社会上保持优越地位，是仅次于性欲的“最强烈的愿望”，而奢侈是博取荣誉、尊敬等的重要手段。[②]腰缠万贯的徽商之所以在消费上极尽奢侈，其原因之一正是如此。

其二是安全心理和求利、求名心理的支配。明清时期，政治日趋腐败，贪官污吏多如牛毛，横行无忌。他们视商人为俎肉，大肆盘剥勒索，使经商困难重重。弘治十二年（1499），吏部尚书倪岳就曾上疏曰：“近年以来，改委户部官员出理课钞，其间贤否不齐，往往以增课为能事，以严划为风力，筹算至骨，不遗锱铢，常法之外，又行巧立名色，肆意诛求，船只往返过期者，指为罪状，辄加科罚。客商资本稍多者，称为殷富，又行劝借，有本课该银十两，科罚劝借至二十两者，少有不从，轻则痛行笞责，重则坐以他事，连船折毁，客商船只号哭水次，见者兴怜。”[③]明中叶以后，这种情况更为严重。徽商也难逃此等厄运。明万历《休宁县志》说：“逮舟车有算，关市迭征，所息半输之道路，归慰待哺，宁有几何？则蜗涎之为中枯尔！列肆市廛，若稍称逸，自百货俱榷，直日重而息日微。兼邑当孔道，诸邑供亿，时时倚办，奉公之直，十不逾半，而舆隶上下而渔猎之，则市廛重困矣。”[④]歙县江氏族谱中也有这样的披露：“值明末关津丛弊，九江关蠹李光宇等把持关务，盐舟纳料，多方勒索，停泊羁留，屡遭覆溺，莫敢谁何。”[⑤]更有甚者，如明代徽州一位姓汪的富商，“在苏杭收买了几千金绫罗绸缎前往川中去发卖，来到荆州，如例纳税，那班民壮，见货物盛多，要汪商发单银十两。……（汪商）听说要甚发单银十两……说道：‘莫说我做客老了，便是近日从北新、浒墅各税司经过，

① 王守基：《盐法议略·长芦盐务议略》。

② 费迪南多·加利亚尼：《货币论》，A.E.门罗编：《早期经济思想》，商务印书馆1988年版，第245页。

③ 《明经世文编》卷78。

④ 万历《休宁县志》卷1《风俗》。

⑤ 歙县《济阳江氏族谱》卷9《明处士南能公传》。

也从无此例。'……这话一发，激恼了士兵，劈脸就打"。结果，汪商遭毒打，这还不算，监税提举吾爱陶还按自定的规矩没收了汪商一半的货物。[①]无怪乎，康熙《徽州府志》的作者哀叹曰："甚矣，贾道之难也，为人上者又从而病之，民其何以堪命耶！"[②]在恶势力横行的形势下，徽商的财产、生命缺乏保障，这就使他们内心深处有一种强烈地对安全感的需要。在封建时代，保全身家之计只有两条：一是依附于封建政治势力，一是自身成为封建政治势力中的一员。徽商不惜消费巨额钱财，报效政府、取媚皇帝、贿赂权贵、买官买爵，目的之一就是寻求政治势力的保护，以满足其安全心理的需要。明歙商汪士明有一段话可以使我们更加明了地看出徽商消费行为背后的内心世界。万历年间，矿监税使恣意诛求，使许多徽商家破人亡。目睹此景，汪士明十分感慨地说："吾辈守钱虏，不能为官家共缓急，故掾也鱼肉之。与其以是填掾之壑，孰若为太仓增粒米乎！"[③]它反映了徽商深深认识到，无权无势要想保有钱财是不行的，只有报效政府，援例授官才能保全自己，否则即使拥有再多的钱财也都是贪官污吏俎上的"鱼肉"。

徽商奢侈性消费行为的背后，还有求利、求名的心理因素。明清时期，随着商品经济的发展，全国出现了一些大的商帮，流通领域里的竞争日趋剧烈。《太函集》的作者汪道昆就曾指出，"吾乡业贾者什家而七，赢者什家而三"[④]。竞争中的徽州商人"递废递兴，犹潮汐也"[⑤]。求利是商人的目的，是商人共同的心理特征。然而，要想在竞争激烈的流通领域里站稳脚跟，并很快发财，绝非易事。凭借政治权力，偷税漏税，或获得商品的垄断经营权，是封建时代商人快速致富的最捷途径。明清时期，"凡商贾贸易，贱买贵卖，无过盐斤"[⑥]。因此，获得人民生活必需品——食

① 天然痴叟：《石点头》卷8《贪婪汉六院卖风流》。
② 康熙《徽州府志》卷8《蠲赈》。
③ 《太函集》卷55。
④ 《太函集》卷16。
⑤ 《太函集》卷53。
⑥ 《清经世文编》卷50。

盐的垄断经营特权就成了众多商人追逐的最高目标。食盐一直是政府的专卖商品，明清时期，榷盐制度虽有所变革，但实行的也是官商结合、官督商销的形式，商人要经营食盐，必须取得官府的认可和庇护。所以，结好官府就成了商人经营盐业的关键。为了满足求利心理，保持对盐业的垄断经营特权，稳定地攫取垄断利润，徽商当然要进行一系列的奢侈性消费，来结纳官府，“以不利为利”[①]了。

在经商过程中，“名”和“利”是相互联系的，名声的好坏、名气的大小、地位的高低对商业的影响巨大。为了拓展市场，在同行之间或商帮之间的竞争中立于不败之地，徽商又想方设法扩大影响，提高声望，抬高地位。要达到这一目的，除了用“善行”“义举”，讲究商业道德等手段之外，与封建政治势力的交结，也是一个十分有效的办法。明人陈继儒就说：“新安多大贾，贾啖名，喜从贤豪长者游。”[②]歙人汪道昆也说：徽商“游大人而为名高”[③]。徽商通过奢侈性消费，交结官府公卿，提高了知名度，扩大了影响，从而增强了在市场上的竞争力。如徽商方迁曦，“商于吴梁间，所至交纳豪杰，为江湖望，家业益以丕振”[④]。至于两淮盐商歙人江春、郑鉴元、程易等因捐输、接驾有功，“以布衣上交天子”所取得的显赫的地位、名声和利益，就更是令商界欣羡不已了。

其三是崇儒心理的影响。在我国封建社会里，儒家思想长期占统治地位。徽州是南宋大儒朱熹的故里，素称“文献之国”“礼义之邦”，儒家的思想道德在这里占有比别处更崇高的地位。如：歙县“秉礼仗义，自古为然”，“彬彬然东南邹鲁焉”[⑤]。祁门则“士习蒸蒸礼让，讲学不辍，诵说诗书，比户声明文物，盖东南屈指焉”[⑥]。绩溪也是“自朱子而后，为士

① 赵吉士：《寄园寄所寄》卷8。

② 《晚香堂小品》卷13。

③ 《太函集》卷44。

④ 《方氏会宗统谱》卷19。

⑤ 《歙事闲谭》卷18《歙风俗礼教考》。

⑥ 万历《祁门县志》卷4《风俗》。

者多明义理之学”[①]。这种对儒学的尊崇造成了徽州“俗好儒而矜议论”的社会文化氛围，使崇儒重道、“理学第一”[②]成为徽州社会的普遍心理特征。生于斯、长于斯的徽州商人自然不能不受其影响，更何况徽商中有不少人都是由于家境贫寒，或者是在激烈的科场竞争中屡屡败北不得已而弃儒就贾的。这些徽商因为没能完成“崇高”的儒业而有一种深深的失落感。如：休宁商人汪可训因“不得志……遂辍帖括”，涉足江湖。经商致富后，他延名师，课督其子，并教训其子曰：“此余未究之业也，尔小子容一日缓乎？”[③]休宁商人汪昂“愤已弗终儒业，命其仲子廷诰治书曰：‘必以经时务，佐明时，毋徒委靡为也’。”[④]婺源商人李大祈，因家业“百端丛脞，窘不能支”，而“弃儒服，挟策从诸父昆弟为四方游”，经商致富后，“每以幼志未酬，属其子，乃筑环翠书屋于里之坞中，日各督之一经，而叮咛勖之曰：‘予先世躬孝悌而勤本业，攻诗书而治礼义，以至予身犹服贾人服，不获徽命以光显先德，予终无不能无遗憾。然其所恃善继述、励功名、干父蛊者，将在尔诸子。’”[⑤]弃儒服贾的徽州商人除了将业儒的梦寄托在子孙的身上外，许多尚在商海中仍然没有放弃自己先前的业儒雅好，“虽游于贾，然峨冠长剑，褒然儒服，所至挟诗囊，从宾客登临啸咏，翛然若忘世虑者”[⑥]；甚至有“愔愔好儒，罄其资购书五万卷，招致多闻博学之士，与共讨论”[⑦]而不问商务的。由于受崇儒心理的深深影响，许多徽商，尤其是弃儒服贾的徽商，在囊橐充实之后，大多不惜钱财，建园林别墅，招徕各地文人学士，于其中结社吟诗，俨然儒者之气。所以，徽商在交游文士方面的奢侈性消费，其原因在于此。

其四是模仿和攀比心理的影响。人们的消费行为，都不是孤立的，而

① 乾隆《绩溪县志》卷1《风俗》。

② 《歙事闲谭》卷6。

③ 《休宁西门汪氏宗谱》卷6《太学可训公传》。

④ 《汪氏统宗谱·昂号云峰配王合纪传》。

⑤ 婺源《三田李氏统宗谱·环田明处士松峰李公行状》。

⑥ 歙县《双桥郑氏墓地图志·明故徕松郑处士墓志铭》。

⑦ 《啸亭杂录》卷9。

是相互影响，特别是同一群体之间的相互影响就更大。这种相互影响，容易出现模仿和攀比心理。这种心理便是："你想超过我，我更想超过你，我强不过你，我最少要像你，这是奢侈生活的现状。"[①]事实的确如此。清初，徽商在扬州大建园林，争奇斗艳。在原籍徽州，徽商也是大兴土木，雕梁画栋，穷极技巧，互争奢华。这些都是典型的模仿和攀比心理的反映。

### （三）

消费行为受到心理和社会因素的影响，但这种行为一旦形成，它又反过来影响社会，同时影响消费者自身。徽商的奢侈性消费行为的影响主要表现在以下几个方面：

其一，引导社会风气由俭转奢。商人的消费行为，往往是开风气之先的。商人的行为，深刻地影响着社会各个阶层。明中叶以后，社会风气由"敦厚俭朴"一变而为"浮靡奢侈"，这与商人的影响是分不开的。

徽商大多麇集扬州，在他们奢侈性生活消费的影响下，扬州的社会风气日趋侈靡奢淫。据万历《江都志》记载：明初扬州"民朴质务俭……犹存淳朴之风"，但经过以徽商为主体的盐商奢侈生活的影响后，出现了"富者辄饰宫室，蓄姬媵，盛仆御，饮食佩服与王者埒。……妇人无事，居恒修冶容，斗巧妆，镂金玉为首饰，杂以明珠翠羽，被服绮绣，袒衣纯彩，其侈丽极矣"[②]的情形。董伟业《扬州竹枝词》云："谁家年少好儿郎，岸上青骢水上航。犹恐千金挥不尽，又抬飞轿学盐商。"显然，扬州这种奢靡风气的流行是徽州等盐商奢侈生活影响的结果。

又如徽商聚居的淮安地区，明中叶以前，"淮俗俭朴，士大夫夏一葛，冬一裘，徒而行"[③]。此后，由于豪商巨贾相互矜炫，奢侈之习蔚然成风，衣食住行，靡费日盛。到明末"通乘四轿，夏则轻纱为帷，冬则细绒作

① 李剑华：《奢侈生活之社会学的观察》，《社会学刊》第2卷第4期（1931年）。

② 嘉庆《扬州府志》卷60。

③ 乾隆《山阳县志》卷4。

幔，一轿之费，半中人之产”[①]。究其奢侈之原，“淮俗从来俭朴，近则奢侈之习，不在荐绅，而在商贾”[②]。显然，挟资千万的巨商富贾是习俗嬗变的根源之所在。

在商人奢侈性消费的影响下，徽州本土的社会风气也发生了变化。据万历《歙志》记载：“成弘以前，民间椎少文、甘恬退、重土著、勤稿事、敦愿让、崇节俭。而今则家弦户诵、夤缘进取、流寓五方、轻本重末、舞文珥笔、乘坚策肥，世变江河莫测底止。”从成弘以前的“崇节俭”到成弘以后的“乘坚策肥”，徽州的社会风气为之一变。这种变化的主要原因也是受到了在扬州、苏州等地的徽州商人奢侈生活的影响。正如《歙事闲谭》所说：“冠服采章，普天率土，悉遵时制，罔敢或异。而女人服饰，则六邑各有所尚。大概歙近淮扬，休近苏松，婺黟祁近江右，绩近宁国。而歙休较侈，数十年前，虽富贵家妇人，衣裘者绝少，今则比比皆是，而珠翠之饰，亦颇奢矣，大抵由商于苏扬者启其渐也。”[③]

徽州等商人在大江南北和运河两岸的奢侈生活，甚至通过陕商影响到关中地区。明末清初三原人温自知说：“吾里风俗近古人，尚耕读。晚近牵车服贾，贸易江淮，靛服艳妆，稍染吴越之习。”[④]清代的《秦疆治略》三原县条亦云：“人多商贩，惮于农业，有力之家，无不出外经营谋利，以致传染南方风气，竞尚浮华。”

其二，影响了徽商资本的积累。徽商的奢侈性消费，虽然满足了自己的心理需要，但为此付出的代价也是巨大的。《清盐法志》称：“盐商夙号殷富，而两淮尤甲天下。当乾隆盛时，凡有大工大役，靡不输将巨款……加以水旱偏灾，何岁蔑有，几无已时，而商力亦告疲矣。”[⑤]“身系两淮盛衰者垂五十年”的歙县大盐商江春，乾隆中，因“每遇灾赈、河工、军需，百万之费，指顾立办”，再加接驾有功，而得到乾隆的隆遇，但也因

① 乾隆《山阳县志》卷4。

② 乾隆《山阳县志》卷4。

③ 《歙事闲谭》卷18《歙风俗礼教考》。

④ 温自知：《海印楼文集》卷3《重修三原土主庙碑记》。

⑤ 《清盐法志》卷153《杂记门·捐输》。

此陷入“家屡空”的困境，晚年不得不借用帑银以资营运。[①]再如，黟县商人孙志甫，“混迹鱼盐中三致千金”，但为了满足其奢侈性消费的需要，三次都“缘手挥尽”。[②]歙商周广“交结权贵，辄挥金如土”[③]。婺源商人李贤，为了满足“吴士大夫咸与之游”的愿望，“一日而挥千金无吝容”。[④]在各种心理作用下形成的徽商种种奢侈性消费行为，耗去了徽商大量资本，严重影响了徽商资本的积累，不仅使徽商本身的商业经营难以扩大，更使徽商难以向产业发展。

其三，加剧了徽商对生产者和消费者的盘剥，使生产者和消费者的负担日益沉重。为了获取巨额的货币财富，以满足日益增长的奢侈性消费的需要，徽商拼命压低商品的购价，抬高销价，剥削生产者和消费者。以两淮盐商为例，“灶户所卖之食盐、腌盐二百五十斤为一桶，一桶可得大制钱七百文，而盐商向买每桶只给五钱（约合制钱三百五十文），或乘其急需而给四钱（约合制钱二百八十文），仅敷工本，其戥头银水更多克扣”[⑤]。这种严重的不等价交换，使灶户的生活日益贫困，“数口之家，且有不能供馇粥者”[⑥]；生产上也因“各场煎镴口多有破损，贫灶无力置买，致使失业”[⑦]。别说扩大再生产，就连简单的再生产也难以维持。除了加重对食盐生产者的剥削之外，两淮盐商又进一步加剧对食盐消费者的搜刮。他们“贪利无厌，任意居奇”[⑧]，致使盐价飞涨。道光中叶，盐价高达“以稻一石，易盐一包而犹不足”[⑨]。盐价飞涨的原因，正是“商人服食奢靡，积惯成习，身家所著，已无限量……皆增加于盐价之上耳”[⑩]。

① 嘉庆《两淮盐法志》卷44《人物·才略》。

② 嘉庆《黟县志》卷14《茶陵州同晴川孙公志甫墓志铭》。

③ 歙县《泽富王氏宗谱》卷4。

④ 婺源《三田李氏统宗谱》。

⑤ 《黄册》(第一历史档案馆藏)，乾隆六年二月，陕西道监察御史胡定奏。

⑥ 嘉庆《两淮盐法志》卷54。

⑦ 嘉庆《两淮盐法志》卷30。

⑧ 嘉庆《两淮盐法志》卷24。

⑨ 包世臣：《安吴四种》卷4。

⑩ 《清经世文编》卷49。

盐价的大涨，加重了对消费者的剥削，从而加剧了广大劳动农民进行简单再生产的困难。正如乾隆时太仆卿蒋涟所说："两淮运地极大，盐价日昂，小民甚受其累。"[1]由此可见，在盐商富埒王侯的背后，却是一幅幅盐场灶户破产、小农经济萎缩的凄惨图景。所以说，徽商奢侈性消费增长的过程，也就是生产者和消费者被剥削而日益贫困化的过程。

然而，事物都是一分为二的，徽商的奢侈性消费行为对明清时期的社会也曾产生过一些积极的影响。譬如，徽商的奢侈性消费，虽然有败坏社会风气的一面，但在客观上也还有推动商品经济的进一步发展和刺激手工业进步的积极作用。

原载《安徽师大学报》（哲学社会科学版）1988年第4期，题为《论徽商资本流向土地的特点及其规律》；《历史档案》1995年第4期，题为《徽商的奢侈性消费及其心理探析》。后经过补充完善后收入张海鹏、王廷元主编《徽商研究》第八章，题为《徽商资本的出路》，安徽人民出版社1995年版

① 《皇朝掌故汇编》内编卷12。

# 论徽商研究中的几个问题

徽商的专题研究，如果从1946年傅衣凌先生发表的《明代徽商考——中国商业资本集团史初稿之一》算起，截止到2014年已有68年的历史。60多年来，特别是20世纪80年代以来，徽商研究硕果累累，已出版著作十余部、发表相关论文一千余篇；徽商研究的综合性论著，除20世纪50年代日本学者藤井宏的《新安商人的研究》（1953年、1954年）外，主要有张海鹏、王廷元主编的《徽商研究》（1995年），王廷元、王世华的《徽商》（2005年）和冯剑辉的《近代徽商研究》（2009年）等。

通过研究，学界已基本弄清徽商发展的脉络，并就徽商经营的主要行业、主要地域、主要方式、资本积累，以及徽商的特色等，形成了大体一致的意见。但徽商研究中的几个重要问题，如徽商兴起与发展的原因、徽商衰落与近代转型、徽商精神的总结与凝练等等，学界仍然是众说纷纭，未有一致的认识。本文拟就这几个问题进行梳理，并略陈管见。

## 一、关于徽商兴起与发展的原因

徽州“介万山之中”，位于安徽、江西、浙江三省交界处，“逐步形成为一个独立的行政区域……表现出自然境界和分水界这样两个地理特征”[①]。

---

① ［日］斯波义信：《宋代徽州的地域开发》，刘淼辑译：《徽州社会经济史研究译文集》，黄山书社1988年版，第3页。

这样一个相对封闭的府级行政区，明清时期，形成了“十室九商”“足迹几遍禹（宇）内”“比屋素封”，并执商界之牛耳的地域性商帮——徽商。

对徽商兴起与发展原因的认识，有一个逐步加深的过程。

明清徽州的方志以及其他相关文献，都是把地狭人稠、生计所迫看成是徽人经商的唯一原因或根本原因。嘉靖《徽州府志》卷2《风俗》云：“徽之山大抵居十之五，民鲜田畴，以货殖为恒产。”万历《歙志》传卷10《货殖》云：“今邑之人之众几于汉一大郡，所产谷粟不能供百分之一，安得不出而糊其口于四方也。……人人皆欲有生，人人不可无贾矣。”康熙《徽州府志·风俗》、道光《徽州府志·风俗》和明清徽州其他县的县志亦有相近的记述。明人王世贞说：“新安僻居山溪中，土地小狭，民人众，世不中兵革，故其齿日益繁，地瘠薄，不给于耕……大抵徽俗，人十三在邑，十七在天下。”[①]明人归有光说：“歙山郡，地狭薄不足以食，以故多贾。”[②]明人唐顺之说：“新安土硗狭，田蓄少，人庶仰贾而食，即阀阅家不惮为贾。”[③]清初顾炎武在《天下郡国利病书》中转引明代“安徽地志”云：徽郡“田少而直昂，又生齿日益，庐舍坟墓不毛之地日多。……以故中家而下，皆无田可业，徽人多商贾，盖其势然也”[④]。甚至民国八年(1919)，吴日法在《徽商便览·缘起》中亦云：“吾徽居万山环绕中，川谷崎岖，峰峦掩映，山多而地少。……以人口孳乳故，徽地所产之食料，不足供徽地所居之人口，于是经商之事业以起……夫商人离其世守之庐墓，别其亲爱之家庭，奔走四万，靡有定处者，乃因生计所迫。”[⑤]日本学者藤井宏说：“地方志的作者认为，由于徽州土地硗确，不适宜农业，同时因人口增长，这是造成徽人经商的根本原因。这种说法，显然是不正

① 王世贞：《弇州山人四部稿》卷61《赠程君五十叙》，万历五年王氏世经堂刊本。

② 归有光：《震川先生集》卷18《例授昭勇将军成山指挥使李君墓志铭》，四部丛刊本。

③ 唐顺之：《唐荆川文集》卷15《程少君行状》，四部丛刊本。

④ 顾炎武：《天下郡国利病书》卷32《江南二十》，四部丛刊三编本。

⑤ 转引自张海鹏、王廷元主编：《明清徽商资料选编》，黄山书社1985年版，第6—7页。

确的。”[①]

20世纪40年代后，学者们又开始从“社会的因素”来探寻徽商兴起与发展的原因。正如傅衣凌先生所说：“我们固然承认‘人多地少’是徽州多商贾的一个理由，但不把它作为唯一的原因，基本的应认为属于社会的因素。”[②]这“社会的因素”，根据学者们的分析，大致可以归纳为如下数端：其一，徽人经商具有地理优势，“从地理上看，徽州适处东南经济要区的苏浙的中心，交通便利”[③]；其二，“徽州地区物产丰富，尤其是土特产很多，所以可以与各地以通有无，这就提供了商业资本活动的物质条件”[④]；其三，徽州人有从商的经验，“以前徽州人为贩卖自己的手工业品，曾获得不少商业上的经验，现在则为这许多的有利条件，更容易诱导徽人从事于商业的活动”[⑤]；其四，与明中叶的盐法变革有关，“随着银的流通，而在明中期所成立的运司纳银开中制，应是新安商人作为雄飞中国商业界所不可缺少的前提条件”[⑥]；其五，是官商结合，“作为新安商人雄飞中国商业界的重要原因之一，乃在于新安精励的学者和廉洁的官吏辈

① ［日］藤井宏：《明代盐商的一考察——边商、内商、水商的研究》，原连载［日］《史学杂志》第54编第5—7号，1943年5、6、7月出版。转引自刘淼辑译：《徽州社会经济史研究译文集》，黄山书社1988年版，第295页。

② 傅衣凌：《明代徽商考——中国商业资本集团史初稿之一》，《福建省研究院社会科学研究所研究汇报》第2期，1946年12月；后收入傅衣凌《明清时代商人及商业资本》中改名为《明代徽州商人》，人民出版社1956年版。转引自《江淮论坛》编辑部编：《徽商研究论文集》，安徽人民出版社1985年版，第8页。

③ 傅衣凌：《明代徽州商人》，转引自《江淮论坛》编辑部编：《徽商研究论文集》，安徽人民出版社1985年版，第10页。

④ 陈野：《论徽州商业资本的形成及其特色》，《安徽史学通讯》1958年第5期。

⑤ 傅衣凌：《明代徽州商人》，转引自《江淮论坛》编辑部编：《徽商研究论文集》，安徽人民出版社1985年版，第10页。

⑥ ［日］藤井宏：《新安商人的研究》，原连载《东洋学报》第36卷第1—4号，1953年6、9、12月和1954年3月出版；转引自《江淮论坛》编辑部编：《徽商研究论文集》，安徽人民出版社1985年版，第169—170页。

出，他们出游四方，并在所到之处保护和诱导徽州籍的商民”[1]。

20世纪80年代后，有些学者又从文化和观念的角度来分析徽商兴起与发展的原因。唐力行先生认为：“徽商的兴起得力于宗族势力。徽商在商业竞争中的进一步发展，更离不开宗族势力的支持。”[2]王廷元先生认为，徽商恪守儒家的义利观，而儒家的义利观，“它对于封建性的徽州商帮的发展，确曾起到过明显的积极作用”，“儒家义利观对徽商发展的积极作用，首先表现在它提高了徽商的信誉，使他们能在竞争中取得有利地位。……其次儒家义利观，巩固了徽州商帮内部的团结，有利于徽州商帮的发展。……第三，儒家的义利观促进了徽商与封建势力的结合。”[3]栾成显先生认为：“大规模移民活动促成的文化融合，以及独特的山区地理环境，造就了具有特色的徽州文化”，“由上述文化因素所形成的人力资本，即徽商本身所具有的素质，无疑是一种优势，它使徽商在经营活动中更胜一筹。因此不能不说，由富有特色的徽州文化所形成的具有优势的人力资本，是徽商兴起和成功的一个重要原因，在徽商崛起的过程中起了重要作用。”[4]

以上从三个时期就学界对徽商兴起与发展的原因进行了扼要的归纳。的确，徽商兴起与发展的原因是多层次的、多维度的、多样化的，究其一点而不及其余都是片面的、不科学的。我们认为，徽商的兴起与发展是自然地理因素、社会经济因素和文化心理因素综合作用的结果。

自然地理因素，举其要者有二：其一，人地矛盾的加剧是徽人从商的直接动因。明清时期，徽州出现了严重的生存危机，山多地少、土地瘠确

① ［日］藤井宏：《明代盐商的一考察——边商、内商、水商的研究》，原连载《史学杂志》第54编第5—7号，1943年5、6、7月出版；转引自刘淼辑译：《徽州社会经济史研究译文集》，黄山书社1988年版，第295页。

② 唐力行：《论徽商与封建宗族势力》，《历史研究》1986年第2期。

③ 王廷元：《论徽州商人的义利观》，《安徽师大学报》（哲学社会科学版）1998年第4期。

④ 栾成显：《经济与文化互动——徽商兴衰的一个重要启示》，《安徽师范大学学报》（人文社会科学版）2005年第4期。

的徽州此时已不能养活因社会稳定而日益增多的人口。于是，经营商业，力图向外发展就成了徽州人求得生存与发展的最为重要的选择。[①]其二，优越的地理位置为徽人从商提供了便利。徽州毗邻的苏南、浙东、赣北和皖南皆为经济发达之区。崇山峻岭挡住了徽人对外的陆路交通，但境内众多的水系，如新安江水系、阊江水系、乐安江水系、水阳江水系、青弋江水系等等，皆可通舟楫，这为徽人与外界的联系提供了方便。从宋代起，通过水路，徽州以其土特产、手工艺品同邻近的浙江、江西、江南地区交换粮食的贸易往来就已经十分频繁。[②]

社会经济因素，举其要者有三：一是明中叶以后社会分工的进一步扩大、江南商品经济的发展以及赋役折色制度的推行为徽人经商提供了极好的社会条件。明中叶后，农业和手工业的分工、手工业内部地域和行业的分工、农业地域的分工都在进一步扩大，江南市镇勃然兴起，城市日益繁盛，商品经济发展迅速，赋役折色制度正统年间施行，其后“概行天下”。这些都大大促进了商品的流通和市场的繁荣，从而为商人也为徽商提供了广阔的活动空间和极好的经商条件。[③]二是明中后期的盐法变革成为徽商发展的加速剂。张海鹏先生等认为，明中后期，“徽州商人两批涌进两淮，都与封建国家的政治形势和盐法变革有密切的关系”[④]。弘治五年(1492)，户部尚书叶淇将“纳粮开中”改为“折色开中”，于是徽商利用地利优势，成批地进入扬州、仪征、淮安等地从事盐业经营；万历四十五年(1617)，户部尚书李汝华，盐政大臣袁世振、龙遇奇等又率先在两淮实行“纲运制”，即将原来分散运盐的运商组成商纲，结纳行运，“纲运制的实行，又一次吸引了众多的商人聚集于两淮这个全国最大的盐场，尤其

① 参见李琳琦：《传统文化与徽商心理变迁》，《学术月刊》1999年第10期；李琳琦：《徽商与明清徽州教育》，湖北教育出版社2003年版，第40—41页。

② 参见李琳琦：《徽商与明清徽州教育》，湖北教育出版社2003年版，第41—42页。

③ 参见王世华：《富甲一方的徽商》，浙江人民出版社1997年版，第9—12页。

④ 张海鹏、王廷元主编：《徽商研究》，安徽人民出版社1995年版，第159页。

是徽州商人”[①]。“折色开中”的推行和“纲运制”的实施，不仅使徽商占据了两淮盐业经营中的优势，而且获得了垄断两淮盐业运销的世袭特权，从而导致徽商“雄飞中国商界”。三是明中叶后，徽州“科名最盛”，一大批徽州士子通过科举考试进入朝廷，他们成为徽商的政治代言人和利益保护伞。这些在中央和地方任职的徽州子弟对“凡有关乡闾桑梓者，无不图谋筹画，务获万全”[②]，在施政和议事中竭力保护徽商利益。有这些仕宦子弟的保护和关照，徽商的商业贸易活动自然比其他商帮要顺利许多。[③]

文化心理因素，举其要者亦有三：第一，是改造传统价值观，消除徽人从商的心理压力和思想障碍。明中叶后，徽人开始对士（儒）贵商贱、农本商末的传统价值取向进行改造，宣传“贾不负儒”“士商异术而同志”，以及“士农工商，皆为本业”的新的价值观。新的价值观的宣传和接受，减轻了徽人从商的心理压力，这是明清徽州商业社会形成的思想基础。[④]第二，是充分利用血缘和地缘关系，形成商帮内部极强的向力心和凝聚力。徽人经商往往是父子兄弟、亲戚知交结伴而行，或者是同宗同族、同乡同邑合伙经营，并在经营地建会馆、公所作为“互通声气”“互帮互助”之所，形成了颇为明显的行业血缘化和行业地缘化的特点。正如明末歙县人金声所说的：“歙、休两邑民皆无田，而业贾遍于天下……夫两邑人以业贾故，挈其亲戚知交而与共事，以故一家得业，不独一家得食焉而已，其大者能活千家百家，下亦至数十家数家”[⑤]。这是徽州商业社会形成的组织基础。第三，是因为徽商具有“贾而好儒”的特色。绝大多数徽商在经营活动中都能恪守儒家的诚、信、义、仁的道德规范，在社会活动中热心公益和慈善，弘道义、勇担当。从而使徽商赢得了知名度和信誉度，为其发展提供了有利的社会氛围。这是徽州商业社会形成的道德基础。

---

① 参见张海鹏、王廷元主编：《徽商研究》，安徽人民出版社1995年版，第159—162页。

② 《重修古歙东门许氏宗谱·许氏阖族公撰观察籛园公事实》，清乾隆刊本。

③ 参见李琳琦：《徽商与明清徽州教育》，湖北教育出版社2003年版，第276—281页。

④ 参见李琳琦：《传统文化与徽商心理变迁》，《学术月刊》1999年第10期。

⑤ 金声：《金太史集》卷4《与歙令君书》，乾坤正气集。

## 二、关于徽商精神的总结与凝练

精神虽属于社会意识的范畴，但它是在社会存在中产生的，同时它又会作为一种力量、一种导向，指引着人们的社会实践活动的开展。一个民族的精神反映出这个民族的性格，是这个民族生存与发展的根基。同样，一个群体的精神也反映出这个群体的特性，是这个群体生存与发展的基础。徽商之所以能够在明清时期崛起称雄，并执传统商界之牛耳长达三四百年之久，徽商精神的作用毋庸置疑。

学者对徽商精神的系统总结，较早的应属王世华先生，他在其所著的《富甲一方的徽商》中，将徽商精神概括为五个方面：赴国急难、民族自立的爱国精神；不畏艰难、百折不挠的进取精神；审时度势、出奇制胜的竞争精神；同舟共济、以众帮众的和协精神；不辞劳苦、虽富犹朴的勤俭精神。[①]

其后，又有不少学者在其论著中对徽商精神进行了各自的总结和表述。刘伯山先生把徽商精神的内涵诠释为四个方面：不甘穷困，矢志千里，勇于开拓的精神；不怕挫折，执着追求，锐意进取的精神；不辞劳苦，克勤克俭，艰苦奋斗的精神；不作内耗，整体一致，团结协作的精神。[②]

朱万曙等先生把徽商精神总结成十二个方面：徽骆驼——徽商的吃苦精神；山外有山——徽商的开拓精神；诚信的收益——徽商经营的大方略；“贾而好儒”——徽商的文化追求；坚守伦理——徽商对传统的依赖；期望子弟——徽商对教育的重视；一人唱，众人和——徽商的群体意识；赢得社会——徽商的人生价值观；文化投资——徽商的另一种眼光；自卑与自重——徽商的矛盾心理；与天子交——徽商的莫大悲哀；回归田

① 王世华：《富甲一方的徽商》，浙江人民出版社1997年版，第191—216页。

② 刘伯山：《徽商精神》，《安徽日报》1999年5月13日。

园——徽商的人生归宿。[①]

菲元先生把徽商精神概括为七个方面：崇文向善、务实求真的人本精神；勤俭努力、艰苦创业的奋斗精神；敢为人先、开拓进取的创新精神；重义诚信、有道经商的敬业精神；审时度势、出奇制胜的竞争精神；以众帮众、协力同心的团队精神；仁心济世、爱乡爱国的奉献精神。[②]

安徽省人民政府发展研究中心“重振徽商雄风”课题组将徽商精神的本质内涵概括为开放、诚信、进取、创新、和协五方面，具体表述为：眼光向外、经营在外的开放精神；以德治商、讲求信誉的诚信精神；不畏艰难、百折不挠的进取精神；勇于探索、敢为人先的创新精神；同舟共济、相互扶植的和协精神。[③]

以上的列举中，我们至少可以看出两个基本面。其一，几乎都用了这样的几个关键词：开拓、进取、竞争、和协、诚信、爱国，用词上没有特色。其二，都尽可能地扩大、抬升徽商精神的内涵，最后总结出来的与中华民族的精神几无二致，缺乏针对性，没有特点。

徽商是什么？徽商是指明清徽州一府六县形成的商人群体。徽商精神是什么？徽商精神是指徽商这个群体在社会活动中所表现出来的风尚、信念、情怀等意识形态。总结徽商精神，我们认为必须遵循以下三个原则：一是要明确对象。它是指徽商这个特定群体的精神，不能泛化。二是要明确依据。总结徽商精神的依据是徽商生活的自然环境、社会环境和徽商的实践活动。三是要继承发展。前人已总结，并被广泛认可是精当的，我们要继承，在继承的基础上再实事求是地进行当代诠释。

根据以上原则，我们认为，徽商精神可以总结和表述为：“徽骆驼”的进取精神和“贾而儒”的人文精神。简称“徽骆驼”和“贾而儒”。

第一，“徽骆驼”的进取精神。“徽骆驼”是在徽文化的熏陶下成长起

① 朱万曙、谢欣：《徽商精神》，合肥工业大学出版社2005年版。

② 菲元：《徽商精神——徽州文化之精髓》，参见安徽大学徽学研究中心搜集的《徽商论文》，2004年。

③ 吴克明主编：《徽商精神》，中国科学技术大学出版社2005年版。

来的徽州籍著名学者胡适先生总结的。1945年抗日战争胜利后，胡适为江苏溧阳新安同乡会题写了“我们是徽骆驼”的条幅；1953年，胡适又为台湾绩溪同乡会题写“努力做徽骆驼”的条幅。经胡适的宣传，“徽骆驼”一词逐渐深入人心，“骆驼”也就被誉为徽州人、徽商精神的象征。我们认为，胡适用“徽骆驼”来比喻徽州人和徽商是贴切而精当的，它所蕴含的内涵也是丰富而深刻的。“骆驼”首先代表的是一种进取的精神，骆驼只有一直前行，遇到挫折不停顿，才能走向成功。在这种进取的精神里，同时还蕴含着成功的信念，这是生存的信念和发展的信念，骆驼只有走出沙漠才能生存、只有遇到绿洲才能发展；还蕴含着协作的意识，骆驼穿越沙漠一般都是结队而行，这里有人与人的关系、人与骆驼的关系、骆驼与骆驼的关系，只有团结协作，才能战胜困难。而这些，和徽州人、徽商无疑是高度契合的。徽人经商，是在“地狭薄不足以食”情况下的生存和发展的选择，他们不仅要勇于走出丛山，而且要有成功的信念；这种信念，需有“一贾不利再贾，再贾不利三贾，三贾不利犹未厌焉”[①]的百折不挠的进取精神的支撑。但光有成功的信念和进取的精神还不够，因为古代交通不便、社会治安不好、排外观念极强，一人独闯商海、侨寓他乡，无疑不切实际，也很难生存，于是徽人又利用固有的血缘和地缘关系，特别是宗族血缘关系，结成从商群体、团结协作、共求发展，所以顾炎武在《肇域志》第3册中说：“新都（徽州）人……商贾在外，遇乡里之讼，不啻身尝之，醵金出死力，则又以众帮众，无非亦为己身地也。”[②]

第二，“贾而儒”的人文精神。明清文献中，把徽商的“商（或贾）”字与“儒（或士）”字联系在一起的论述很多。如：明休宁商人汪坦，“虽托游于货利之场，然非义弗取。其遇物也咸率其直而济之以文雅，此其商而儒者欤！”[③]明歙县商人郑朝霁，“事贸迁，驰心猗顿，托迹计

① 《祁门倪氏族谱》卷下《诰封淑人胡太淑人行状》。

② 转引自张海鹏、王廷元主编：《明清徽商资料选编》，黄山书社1985年版，第54页。

③ 《汪氏统宗谱》卷168，明刊本。转引自张海鹏、王廷元主编：《明清徽商资料选编》，黄山书社1985年版，第445页。

然……虽商而儒。”[①]明代歙县商人黄长寿，“父老，去之贾。以儒术饬贾事，远近慕悦，不数年赀大起。……翁虽游于贾人，实贾服而儒行”[②]。明歙县商人江世鸾，“恂恂雅饰，贾而儒者也。……名士乐与偕游”[③]。清代休宁商人金鼎和，“躬虽服贾，精洽经史，有儒者风”[④]。清代休宁籍著名学者戴震说：“吾郡（徽州）少平原旷野，依山为居，商贾东西行营于外以就口食……虽为贾者，咸近士风。”[⑤]这种“贾而儒”或“商而儒”，用今天的话来说，其实所表达的就是徽商的人文精神。徽商的这种人文精神，具体表现有三：一是崇文重教的风尚。徽商热爱文化教育，不仅自己喜读书、有文化，而且不吝资财，亟置塾学、广设义学、捐修官学、倡建书院、捐输束脩膏火、捐输科举资费、藏书刻书、兴办雅集，有力地促进了徽州本土和其侨寓之地的文化教育的发展。[⑥]二是恪守儒家的道德。徽商把儒家的伦理道德视为立身行事之本，在经商过程中，大都能按照儒家的道德规范来行事：“以诚待人”“以信接物”“以义为利”。[⑦]三是社会担当的情怀。他们乐善好施，在修桥筑路、赈灾济困、扶危救难等社会公益事业和慈善事业上不遗余力，反映出徽商的社会担当情怀。[⑧]

## 三、关于徽商衰落与近代转型

关于徽商衰落的问题。学术界较早研究徽商和徽学的资深前辈学者，

---

① 歙县《郑氏宗谱·明故晴轩郑君墓志铭》，明嘉靖抄本。

② 歙县《潭渡孝里黄氏族谱》卷9《望云翁传》，清雍正九年刊本。

③ 歙县《济阳江氏族谱》卷9《明处士世鸾公传》，清道光十八年刊本。

④ 康熙《休宁县志》卷6《人物·笃行》。

⑤ 戴震：《戴震集》上编《文集》卷12《戴节妇家传》，上海古籍出版社1980年校点本。

⑥ 参见李琳琦：《徽商与徽州教育》，湖北人民出版社2003年版。

⑦ 参见张海鹏、唐力行：《论徽商“贾而如儒”的特色》，《中国史研究》1984年第4期。

⑧ 参见卞利：《明清徽州社会研究》，安徽大学出版社2004年版，第166—175页。

如藤井宏、叶显恩、张海鹏、王廷元、王世华等的认识几乎是一致的，[①]认为清中叶后，特别是道光以后，随着淮盐由纲改票打破了食盐的垄断销售制度，以及咸、同战乱的破坏和外力冲动下的经济转型等因素的影响，称雄三四百年的徽商到近代无可挽回地衰落下去了。

但20世纪90年代后，有个别的学者开始质疑以上的看法。有学者认为："史学界一般认为徽商在清朝道光年间开始衰落……但如果考察一下民国时期的商界，我们看到徽商在传统的活动区域以及经营行业中（除去盐业），仍然是一支重要的力量。换句话说，徽商在民国时期并未衰落，更未退出历史舞台。"[②]还有学者认为："徽商在近代衰落了，这是学术界共同的看法，但是这种衰落是否意味着解体以至退出商业舞台，需要认真分析。大量的事实证明，近代徽州商帮不仅没有消亡，相反的，无论是在徽州本土还是在经营地，徽州商帮依然存在，并在社会经济生活中发挥着相当重要的作用。""近代徽州商帮'解体''退出商业舞台'之说，值得商榷。近代徽州商帮的存在是不容否定的事实。"[③]

质疑辩难，有助学术发展，值得提倡和鼓励，但质疑辩难以及新观点的提出须建立在对已有观点全面正确的理解的基础之上。如此，上述两位学者对已有的近代徽商衰落观点的质疑无疑也是值得质疑的。首先，认为近代徽商衰落的前辈资深学者们大多没有近代徽商"退出商业舞台"之说[④]，相反，他们中的一些人还明确指出："徽商衰落了，不等于徽州商人消亡了。……'徽商的衰落'是指这个商帮的衰落，或者说这个商帮主体的衰落，并非说徽州商人都衰落了。""近代徽州原来的商帮虽已解体，但

① 参见［日］藤井宏：《新安商人的研究》，《江淮论坛》编辑部编：《徽商研究论文集》，安徽人民出版社1985年版；叶显恩：《徽商的衰落及其历史作用》，《江淮论坛》1982年第3期；张海鹏、王廷元主编：《徽商研究》第十一章《徽商的衰落》，安徽人民出版社1995年版；王廷元、王世华：《徽商》第十二章《徽商的衰落》，安徽人民出版社2005年版。

② 张朝胜：《民国时期的旅沪徽州茶商：兼谈徽商衰落问题》，《安徽史学》1996年第2期。

③ 冯剑辉：《近代徽商研究》，合肥工业大学出版社2009年版，第40、51页。

④ 仅李则刚先生有此说法。见《徽商述略》，《江淮论坛》1982年第1期。

这里从贾之风依旧不减当年。”[①]所以，质疑的学者并没有质疑的事实前提。

其次，明清“徽商”与近代文献中屡屡提到的“徽帮”是不同的概念。正如张海鹏先生所说的：“早在明代，‘徽’‘商’二字在文献上就连在一起使用，表明‘徽商’是一个商人群体，也即是一个商帮的名称”[②]；这个“商帮，是以地域为中心，以血缘、乡谊为纽带，以‘相亲相助’为宗旨，以会馆、公所为其在异乡的联络、计议之所的一种既‘亲密’而又松散的自发形成的商人群体”[③]。即是说，明清徽商是指以徽州地域为中心形成的商人群体。而近代文献中提及的“徽帮”，一是受传统影响的自然表达；二是“近代的徽州商人分散在各地，他们已不是以地域为中心在一起计议结合，相互帮助，而是按行业结成公会借以维护商业中的竞争，于是同行业的商人公所或公会，便代替了原来的同地域的会馆，这样，在近代徽州乃是有‘商’而无‘帮’了。”[④]即是说，近代“徽帮”是按行业结成的商人群体。正如近人刘锦藻所说：“（徽州）地濒新安江之上游，又当黄山之阴，田谷稀少，不敷事畜，于是相率服贾四方。凡典铺、钱庄、茶、漆、菜馆等业，皆名之曰‘徽帮’，敦尚信义，有声商市。”[⑤]也正如质疑者自己所说的：“近代徽商在盐业、木业、典业以至墨业、布业、漆业、酱业、百货业等诸多传统行业中都有相当大的影响，产生过一批著名的商人和商号。这些行业中的徽商也保持了一贯的结帮经营的特性。”[⑥]近代徽商这种行业性的“结帮”与明清徽商按地域“结帮”，其性质是不能等同的。因此，质疑的学者并没有质疑的逻辑基础。

关于徽商近代转型的问题。有研究近代徽商的学者认为：“徽商研究长期关注于明清时期的徽州商帮，对近代徽商的转型问题缺乏关注……这

① 张海鹏：《徽商系列丛书·近代商人·序》，黄山书社1996年版。

② 张海鹏：《徽商系列丛书·近代商人·序》，黄山书社1996年版。

③ 张海鹏、张海瀛主编：《中国十大商帮·前言》，黄山书社1993年版。

④ 张海鹏：《徽商系列丛书·近代商人·序》，黄山书社1996年版。

⑤ 刘锦藻：《清朝续文献通考》卷313《舆地考九》。

⑥ 冯剑辉：《近代徽商研究》，合肥工业大学出版社2009年版，第189页。

个现象的产生除了前述‘近代徽商解体论’这一得到学术界相当认可的结论外，还与‘近代徽商落后论’有关。尽管没有学者公开揭橥‘近代徽商落后’的这样的标题，但这样的意涵在相关的著述中是完全可以体会到的。”[①]继之，这位学者引用了王廷元、王世华《徽商》中的一段话：“当西方商业已被纳入资本主义体系的时候，中国的商业仍然植根于封建生产方式之中。徽商的封建性尤为浓厚，他们继续沿着传统的经营方式运作，但求在流通领域内牟利，而不愿投资生产，这样一个封建性的商人群体，处在国内封建政治势力和西方资本双重压迫之下，不可避免地要走向衰落。”[②]并接着说道：“这段论述是具有代表性的……一个很落后的商人群体，又被公认为处于严重衰落中，其近代的转型问题自然难以引起研究者的兴趣，甚或无人去关注徽商究竟是否有过向近代转型，也是完全可以理解的。”[③]以上论述大致存在这样三个问题：其一，王廷元、王世华在《徽商》一书中的这段论述，是就明清徽商而言的，与“近代徽商落后论”毫无关系。其二，说“徽商研究者长期关注明清时期的徽州商帮，对近代徽商的转型问题缺乏关注”，是不完全符合实际的。早在《徽商》出版的前十年的《徽商研究》中，就明确提到：“虽然徽商作为一个封建性商帮……在清光绪中叶以后已经彻底衰落，但有一部分徽商却跟上了时代步伐而发展了商业资本。从民国初年直至解放前，在江南各大城市中，徽籍商人仍然很活跃。……徽州籍的商人在各地的经济生活中，仍是一支不可忽视的力量，有的竟成为民族资产阶级中的成员。”[④]其三，说“甚或无人去关注徽商是否有过向近代转型”，也是不完全符合事实的。早在1996年，张海鹏先生就对徽商的近代转型问题有过精到的论述：“徽州商人大多能跟上时代的轨迹在近代商潮中搏浪前进。……事实告诉我们，在徽州的近代商人中，有不少人的经营活动已与‘洋’字接缘。……自十九世纪中叶

① 冯剑辉：《近代徽商研究》，合肥工业大学出版社2009年版，第100页。

② 王廷元、王世华：《徽商》，安徽人民出版社2005年版，第496—497页。

③ 冯剑辉：《近代徽商研究》，合肥工业大学出版社2009年版，第100页。

④ 张海鹏、王廷元主编：《徽商研究》，安徽人民出版社1995年版，第663—664页。

以后，徽州商人中已有不少人不是在封建性的商品流通领域里贩进贩出，而是将手中的商业资本投向产业、金融和房地产业。”①

的确，相对于明清徽商而言，近代徽商的研究才刚刚起步，需要进一步加强；但是，近代徽商的研究必须在全面、准确地了解明清徽商研究的基础上进行。如此，我们才能科学地、系统地去认识整个徽商的发展史，才能为徽商研究的深入发展作出积极的贡献。

原载《安徽史学》2014年第2期

① 张海鹏：《徽商系列丛书·近代商人·序》，黄山书社1996年版。

# 晚清徽商合伙经营实态研究

## ——以徽商商业文书为中心的考察

"合伙"是明清徽商普遍采用的经营方式之一。然而，伴随着晚清国内市场和社会环境的变动，徽商合伙经营也随之出现了一些新变化。尽管学术界对于晚清徽商合伙经营有所研究，但就总体而言，尚有不少有待开拓的空间[①]，如合伙商号的股东构成、股权流转、利润流向，以及合伙经营绩效等，均有进一步考察的必要。《徽州文书》第1辑、第2辑收录了大量晚清徽商盘单、合墨等商业文书[②]，为深入研究晚清徽商合伙制提供了翔实的资料。本文即以这些商业文书为中心，试就上述问题进行初步的探讨，敬请指正。

## 一

凡合伙制商号至少有两个，或两个以上合伙股东。股东是商号的所有

① 关于晚清徽商合伙的研究，主要成果有张海鹏、王廷元主编：《徽商研究》，安徽人民出版社1995年版，第二章第五节《徽商资本的组合形式》、第十章《徽商个案研究》；王廷元、王世华：《徽商》，安徽人民出版社2005年版，第六章《徽商的经营方式》；周晓光、李琳琦：《徽商与经营文化》，世界图书出版社公司1998年版，第三章《徽商的经营方式》；刘秋根：《中国古代合伙制初探》，人民出版社2007年版，第七章《明清合伙制的变迁》等。

② 刘伯山主编：《徽州文书》第1辑、第2辑，广西师范大学出版社2005年、2006年版。

者，股东构成不仅反映了股权结构和商号的性质，也影响商号的经营管理。晚清徽商合伙股东的文献记载较为少见，而盘单、合墨等商业文书的记载则较为具体、详细，所见合伙股东主要有普通合伙股东与合股合伙股东两种类型。

盘单文书所见普通合伙股东。所谓盘单，是商号在规定的盘点时间结算上一年度收支后，以盘单形式抄送各投资者，报告盘点结果的商业文书。盘单文书所记类目有存项、该项和利润分配三项。其中，利润分配类目具体记载了股东姓名、股本数量、分配利率、得利数等内容，较为细致地呈现出合伙制商号股东、股本等基本形态。遗存同和、兆成、同顺号三家商号盘单数量众多，系统完整，前后相续道光、咸丰、同治和光绪四个阶段，较为典型地反映出晚清徽商合伙的股东构成和股权结构[①]。

同和号盘单始于道光二十九年（1849），迄于咸丰七年（1857），共9件（收录于《徽州文书》第1辑第3卷）。盘单所见同和号股东、股本构成，如表1。据道光二十九年（1849）盘单记载，王道南、程鸣玉和邱集文等5人于道光二十七年（1847）合伙投入6000元开设同和号[②]，道光二十七年（1847）可能是同和号开业时间。又据咸丰八年（1858）合墨文书记载，同和号经营布匹销售业务，经营地点为安徽黟县碧阳镇[③]。

**表1　同和号股东与股本构成简表**

| 盘单时间 | 总资本 | 股东名称及股本 | | | | | |
|---|---|---|---|---|---|---|---|
| 道光二十九年至咸丰二年 | 6000元 | 王道南 | 王懋修 | 汪培基 | 邱集文 | 程鸣玉 | |
| | | 2000元 | 2000元 | 1000元 | 500元 | 500元 | |
| 咸丰三年至四年 | 8000元 | 王道南 | 王懋修 | 汪培基 | 邱集文 | 程鸣玉 | 王心原 |
| | | 2000元 | 2000元 | 1000元 | 500元 | 500元 | 2000元 |

① 汪崇筼曾从文书的角度，对同和、兆成号盘单、账单、合墨作了一个分析，但未涉及本文所提出的问题。

② 《清道光二十九年正月同和抄照程鸣玉记盘单》，《徽州文书》第1辑第3卷，第54页。

③ 《清咸丰八年二月程鸣玉等立开布店合墨》，《徽州文书》第1辑第3卷，第79页。

续表

| 盘单时间 | 总资本 | 股东名称及股本 | | | | | |
| --- | --- | --- | --- | --- | --- | --- | --- |
| 咸丰八年 | 7000两 | 王道南 | 王懋修 | 邱集文 | 程鸣玉 | 王心原 | |
| | | 2000两 | 2000两 | 500两 | 500两 | 2000两 | |

资料来源：《徽州文书》第1辑第3卷，第54—63页、79页。

同和号首期合伙股东王道南、王懋修、汪培基生平情况不详。据《徽州文书》第1辑第3卷，股东程鸣玉为黟县五都四图人氏，又据光绪十六年（1890）邱集文所立遗嘱记载，股东邱集文家居黟县一都榆村，黟县汇源布号学徒出身①。据表1可以看出，同和号不断追加资本，从起始的6000元，追加到8000元和7000两。王道南、王懋修、汪培基入伙资本是邱集文、程鸣玉的4倍或2倍，反映出股东之间的不等额投资，也说明商号存在主要股东与一般股东的分别。同和号自道光二十七年（1847）至咸丰二年（1852），股东固定为王道南、王懋修、汪培基等5人，咸丰三年（1853）王心原入伙，股东6人。但咸丰八年（1858）汪培基退股，股东又立合墨达成新的合伙协定。

兆成号盘单始于咸丰五年（1855），终于民国初年。其中咸丰五年（1855）至光绪三十四年（1908）盘单共24件（收录于《徽州文书》第1辑第3卷），详细记载24件中股东和股本的变动情况，如表2。根据股东之一邱集文家族分家阄书记载，兆成号经营地点位于安徽休宁县屯溪，也经营布匹销售业务②。

**表2　兆成号股东与股本构成简表**

单位：两

| 盘单时间 | 总资本 | 股东名称及股本 | | | | | | | |
| --- | --- | --- | --- | --- | --- | --- | --- | --- | --- |
| 咸丰五年 | 1000 | 程志记 | 胡蔚记 | 程鸣记 | 邱集记 | | | | |
| | | 150 | 500 | 200 | 150 | | | | |
| 同治五年 | 2000 | 程志记 | 胡蔚记 | 程鸣记 | 邱集记 | 程星记 | 何棣记 | | |
| | | 400 | 400 | 400 | 300 | 100 | 400 | | |
| 同治八年至十二年 | 4200 | 程志记 | 胡蔚记 | 程鸣记 | 邱集记 | 程星记 | 何棣记 | 郭济川 | |
| | | 400 | 500 | 400 | 300 | 100 | 500 | 2000 | |

① 《清光绪十六年孟夏月邱应书立遗嘱》，《徽州文书》第1辑第1卷，第200页。

② 《民国九年季春月立邱集德堂椒字号阄书之二》，《徽州文书》第1辑第1卷，第249页。

续表

| 盘单时间 | 总资本 | 股东名称及股本 | | | | | | | |
|---|---|---|---|---|---|---|---|---|---|
| 光绪十二年至二十七年 | 1100 | | 胡蔚记 | 程鸣记 | 邱集记 | 程星记 | | | |
| | | | 500 | 200 | 300 | 100 | | | |
| 光绪二十八年至三十四年 | 1000 | | 胡蔚记 | 程鸣记 | 邱集记 | | | | 程德记 |
| | | | 500 | 200 | 150 | | | | 150 |

资料来源:《徽州文书》第1辑第3卷，第64—205页。

由表2可见，咸丰五年（1855），兆成号股东共4人。同治五年至十二年（1866—1873），股东人数最多，达六七人。光绪十二年至三十四年（1886—1908）的23年中，股东均为4人。从资本构成看，合伙资本有2000两、500两、400两、300两、200两、150两等，为不等额投资。此外，结合表1和表2，可以发现，程鸣玉、邱集文既是同和号股东，也是兆和号股东。由于同和号开设时间早于兆成号，故而程鸣玉、邱集文投资兆成号的资本可能源自同和号投资收益。据邱集文的遗嘱回忆，邱集文与兆成号股东胡蔚记、程鸣玉等为“旧同事”关系，相邀合伙开店①。从两家商号股东名称中还可以看出，入伙股东全部为商人，其入伙资本应该是来自商业利润。

同顺号经营于光绪年间，其盘单始于光绪十三年（1887），迄于三十三年（1907），共18件（收录于《徽州文书》第2辑第6卷），其股东与资本构成情况如表3。据盘单“九江同顺洋货号盘单”名称，其经营地点为江西九江。从盘单内容可以看出，同顺号以“本染坊”为主要股东，除入伙货币1000两外，其房屋、家伙等均计入入伙资本。据盘单所列销售余存“绸绫洋货”等商品名称的记载，“洋货”应为机制棉纺织品，同顺号似经营布匹业务。又由于同顺号盘单归户于黟县十都宏村汪氏文书，故主要股东“本染坊”主人应为汪姓。

① 《清光绪十六年孟夏月邱应书立遗嘱》，《徽州文书》第1辑第1卷，第200页。

**表3　同顺号股东与股本构成简表**

单位：两

| 股东名称 | 盘单时间及股本结构 | | | | | |
|---|---|---|---|---|---|---|
| | 光绪十三年至十七年 | 光绪十八年至二十二年 | 光绪二十三年至二十六年 | 光绪二十七年至二十九年 | 光绪三十年至三十一年 | 光绪三十二年至三十三年 |
| 本染坊 | 1000 | 1000 | 1000 | （1000） | （1000） | （1000） |
| 同和号 | | 2000 | 3500 | | | |
| 汪焕记 | 900 | 900 | 900 | 500 | 500 | 500 |
| 汪树记 | 900 | 900 | 900 | | | |
| 卢会记 | 600 | 600 | 600 | | | |
| 卢献记 | 600 | 600 | 600 | 2000 | 2000 | 2000 |
| 吴鳌记 | 600 | 600 | 600 | | | |
| 许润记 | 300 | 300 | 300 | | 750 | 750 |
| 胡旭记 | 450 | 450 | 450 | | | |
| 胡葆记 | 450 | 450 | 450 | 1000 | 1000 | 1000 |
| 胡禧记 | | | | 2000 | 2000 | 2000 |
| 洪森吉斋 | | | | 1000 | 1000 | |
| 濂荫堂 | | | | 1000 | | |
| 世厚堂 | | | | 2000 | 2000 | 2000 |
| 汪庭礼 | | | | 1000 | 1000 | 1000 |
| 成大仁记 | | | | 1000 | | |
| 许怡记 | | | | 1500 | | |
| 载福堂 | | | | 1000 | 1000 | 1000 |
| **合计** | 5800 | 7800 | 9300 | 15000 | 12250 | 11250 |

资料来源：《徽州文书》第2辑第6卷，第166—259页。说明：光绪二十七年（1901）至三十三年盘单中“本染坊”股本与正利总额合并记载，表中股本金额为分解后的数据。

据表3，同顺号资本规模逐年增大，其中光绪二十七年（1901）至二十九年15000两，大于兆成、同和号资本规模。合伙股东基本维持在9人以上，从入股资本金看，多者3500两，少者300两，二者相差十倍多，属于不等额投资。从股东名单可知，股东大多为其他商号的商人，似为不同家族成员。但是，濂荫堂、世厚堂、载福堂等均非个人，而是家族堂号名称，其资本属于社会资本，说明同顺号除商人出资外，还吸纳社会资本入伙。

合同、合墨文书所见合股合伙股东。合墨，又称议墨、议墨合同，实为合同。徽商为了达成合股合伙经营的目的，多以合墨文书形式约定股东权利和义务，其中有关股东姓名、股本数量等内容的记载十分具体，勾勒出合股合伙商号股东构成的基本形态，如表4。

**表4　合股合伙商号股东与资本构成简表**

| 立约时间 | 股东姓名 | 股东及股本结构 | 商号名称 | 资料来源 |
| --- | --- | --- | --- | --- |
| 同治二年 | 江施泉、章冠英、章绍丰 | 章冠英、章绍丰各一股，江施泉两股 | 亦盛升号 | 《徽州文书》第1辑第5卷，第269页 |
| 同治十二年 | 江庆芳、江庆华 | 八股之内，芳、华二人各得一股 | 义昌号 | 同上，第261页 |
| 光绪七年 | 邱新发、邱灶立、吴爱孙、郑添龙、方南元 | 邱新发、灶立合一大股，吴爱孙、郑添龙、方南元合一大股。每大股各出洋35元 | | 同上第六卷，第168—169页 |
| 光绪十一年 | 郑丽光、义兴号、黄鲁泉、黄廷卿 | 共四股。每股出本洋18元，共计洋72元 | 义成号 | 王钰泉、周绍泉主编：《徽州千年契约文书》（清·民国编）第3卷，第166页 |
| 光绪十九年 | 程振之、程耀庭、陈傅之、吴紫封、程润宏 | 每股各出英洋200元，五股共计英洋1000元 | 永聚泰记粮食行 | 安徽省博物馆编：《明清徽州社会经济资料丛编》第1集，第580页 |
| 光绪二十二年 | 金春清、祖保、茂松等17人 | 每股洋100元 | 福謦昌茶号 | 《徽州文书》第1辑第10卷，第332页 |

由表4可以看出，上述6家商号为资本合股的合伙商号。其中，永聚泰记、福謦昌茶号、义成号股东均一人一股，为等额资本入伙。而义昌号股本分为八股，“八股之内，芳、华二人各得一股”。亦盛升号股本分为四

股，“章冠英、章绍丰各一股，江施泉两股”。三家商号股东持股数量并不等同，属于不等额投资入伙。但等额与不等额并非绝对，如光绪七年（1881）邱新发、邱灶立等5人合伙“生理石灰”，据其所立《清光绪七年四月邱新发祀等立议合同》记载，商号股本仅分为二股，每大股出资35元，表现为等额入伙的形式，但一大股名下为邱新发、邱灶立二人，另一大股名下为吴爱孙、郑添龙、方南元三人[①]，又是不等额投资。

总之，同和、兆成等徽商合墨、盘单文书详细记载了合伙股东、股本等内容，较为具体地呈现了两类合伙商号合伙经营的实际形态，为晚清徽商合伙研究提供了第一手翔实资料。尤其是上述合伙商号资本多者15000两，少者仅有72元，为中小规模的合伙商号。这些合伙商号多数经营布匹，部分经营茶叶、粮食、杂货等行业，既有合伙经营的行业共性现象，又有一定的行业差异性。因此，以这批合伙商号合墨、盘单为中心，不仅可以考察晚清中小徽商合伙商号的股东构成、股权流转等内容，也可以从不同行业、类型合伙商号经营业绩的比较中，窥见中小徽商合伙经营的赢利状况。

## 二

根据同和、兆成、同顺号盘单及亦盛升、义昌号等合墨文书资料，以下对晚清徽商合伙的股东构成、股权流转与利润走向等进行初步的分析，研究其中的变化和特点。

第一，股东构成的非宗族化趋势。合伙商号的股东构成不仅反映股东的持股比例，同时也反映出股东之间的社会属性。明清徽商多采用家族合伙经营，家族式经营成为徽商的特点之一。其原因在于人们利用宗族关系联合起来，可以互相支持，在竞争中维护自己的利益[②]，抵御投资风险。但晚清时期徽商家族合伙、合股的现象越来越少，上述合伙文书资料中仅

① 《清光绪七年四月邱新发祀等立议合同》，《徽州文书》第1辑第6卷，第168页。

② 张海鹏、王廷元主编：《徽商研究》，第4页。

有光绪二十二年（1896）福謦昌茶号一例，其股东金春清、金祖保、金茂松等17人均为祁门县二十二都金氏家族成员，表现出家族经营的历史遗迹。绝大多数合伙商号股东为异姓成员，例如《清光绪七年四月邱新发祀等立议合同》中明确指出，股东之间为“异姓合伙”。亦盛升号股东章冠英、章绍丰、江施泉3人是在躲避战乱的过程中相识，进而结成合股股东①。兆成、同顺号股东构成也反映出非宗族性的特点，如同治五年（1866）至八年间，兆成号股东人数六七名，而光绪年间同顺号的股东多达8至11名，这些异姓股东之间恐怕难以形成亲属关联。因此，晚清徽商合伙制股东结构中，尽管存在家族合作的遗风，但随着徽商社会活动空间的扩大，股东的地缘关系逐步取代了传统徽商家族的血缘关系，股东之间社会关系的变化，也为商号融资和资本扩张提供了更为广阔的社会空间。

第二，股权流转的自由与限制。上述合伙徽商文书资料显示，普通合伙与合股合伙商号在股东进出、股权转让的要求和制度安排方面完全不同。普通合伙商号中，股东入股与退股相当自由，均没有多少约束。例如同治八年（1869）郭济川加入兆成号，入股资本为商号总资本的47.6%，一举成为兆成号的主要股东。但光绪十二年（1886）郭济川即退出兆和号，此后的盘单均未见关于郭济川的记载。郭济川的入股和退股行为几乎没有限制，较为自由。从同和号程鸣玉、王道南等5人所立合墨的内容看，对于合伙股东也只是提出“自合之后，惟冀协和，永同共济”等笼统的要求，没有具体的约束。据《道光二十九年正月恒生油行立桐油行业合同》记载，道光二十九年（1849）洪律符与胡洪资合伙开设恒生油行②，第二年洪律符即以年老为由退出油行合伙资本，并立下退字文书③。由此看来，兆和号、恒生油行的主要股东和一般股东，不仅拥有随时入伙的权利，也有随时撤资退出的权利，股权流转较为自由。

而合股合伙商号则对股东入股与退出均设定了较多的限制。义成号规定

① 《清光绪五年十一月章绍丰等立合墨》，《徽州文书》第1辑第5卷，第269页。

② 《道光二十九年正月恒生油行立桐油行业合同》，原件藏安徽师范大学图书馆。

③ 《道光三十年十二月洪律符所立并退字》，原件藏安徽师范大学图书馆。

三年时间内，股权不得发生变动，“我辈议定：三年年满之日，四股中有不合者，即顶与愿做者”[①]。永聚泰记则规定，各股东在入股之后，“各股毋得抽动”[②]，限制股东随意退出。福謦昌号甚至对股东提出了严格要求，例如股东“务要将本付齐，不得输（逾）期，倘有至期不齐，售茶返里清算”。对于股东资本“抽出不到者，每股罚洋拾元，毋得异说”。同时又约定退股的股东不得享有固定资产投资的权益，“有不做者，不得说及家伙什物，亦不得论及租金等情”[③]。显然，在福謦昌号中，股权流转受到较多的限制。

《清光绪七年四月邱新发祀等立议合同》对股权可能发生的变动进行了多项限制，“倘生意有不愿合伙者，只准替与原合伙之人，不得受卖他姓。以贰拾年内每窑抽取之洋，照股分派。贰拾年外，有不合伙者，则以金分论，抽取之洋亦无分派，亦不得生端异说。但愿同心贸易，协力经营，获利均分，蚀本均认”。从中可以看出，股东若退股，股份只能在原有股东内交易。即使20年后退股，只能退还原有股份，不能享有“每窑抽取之洋”的利润。20年期限的约定，不仅维持了股权的稳定，也有利于商号的持续经营。

合股商号对股权转让与退出的严格要求，可能与资本规模较小、筹集资金困难有关。表4“合股”的6家商号中，资本规模均不大，例如福謦昌茶号17名股东合计资本1700元，仅相当于同和、同顺号一二位股东的投资。显然，“合股”的目的是便于筹措经营资本，也说明小型商号因融资艰难，不得不限制股权流转。

第三，利润流向商业投资。传统徽商在获得大量的商业利润后，一方面“以末致财，以本守之”，大量购置土地；另一方面用于奢侈性消费，以及建宗祠、置族田、修道路等“义举”[④]，利润大多不再进行扩大投资。

---

① 王钰泉、周绍泉主编：《徽州千年契约文书》（清·民国编）第3卷，花山文艺出版社1991年版，第166页。

② 安徽省博物馆编：《明清徽州社会经济资料丛编》第1集，中国社会科学出版社1988年版，第580页。

③ 《清光绪二十二年六月金春清等立合伙约》，《徽州文书》第1辑第10卷，第332页。

④ 张海鹏、王廷元主编：《徽商研究》，第441页。

商业利润封建化是传统徽商的特点之一，不仅导致市场规模难以扩大，也限制其发生“商业革命”的可能。

根据上述文书资料的记载，晚清徽商利润基本流向商业投资领域。例如，光绪十一年（1885）成立的义成号，其股东之一义兴号必定是独立的经济实体，其投资资本应来自经营利润。同顺号的9名股东中，汪焕记、胡旭记、卢会记等8位股东均是在江西九江从事商业经营的商号，《徽州文书》第2辑第6卷中收录了这些商家的经营账簿，如《光绪十九年吉立升记浔店历年用账》等，从中可以看出其商业经营的基本形态。股东程鸣玉、邱集文等人均为同和号股东，在经营同和号之外，又投资开设兆成号。由于兆成号经营得当，股东获得稳定的收益，几位股东又将利润转向景德镇投资，开设恒足布号。如邱氏家族分家阄书记载，当年“幸兆成经营顺利，又就兆成胡、程、邱三姓原股，分得余资，在景德镇合设恒足布号”[①]。因此，晚清徽商不仅没有退出历史舞台，而且还在经营和投资理念上出现了新变化，追加投资或再投资已经成为晚清徽商的新特点。商业利润的再投资，有利于增加商品流通、扩大市场空间和规模，进一步促进市场的发展和繁荣。

尽管晚清徽商合伙制出现了新的变化，但仍承袭了传统合伙制的部分特点。虽然部分商号因所有权与经营权分离，采用委托经营，如义成号“碓中各事以及账目，概交黄廷卿执管”[②]。黄廷卿负责义成号日常经营管理。但多数商号所有权与经营权联系紧密，如股东江庆芳兄弟常年供职于入股的义昌号，股东洪律符与胡洪资共同管理油行，兆成号股东邱集文之子“国邦在屯理账”[③]，均反映出合伙商号资本所有权与经营权并未分离的状态。

又如，利润分配仍采用传统的分配方式。一是获利均分。如同和号“所获利金照本均分”，义兴号“余者四股公分”，福馨昌茶号“照本均分”。二是官利、余利分配。永聚泰记粮食行“所有官利每年议以八厘提

① 《民国九年季春月立邱集德堂椒字号阄书之二》，《徽州文书》第1辑第1卷，第248页。

② 《光绪十一年祁门郑丽光等合租碓房合同》，王钰泉、周绍泉主编：《徽州千年契约文书》（清·民国编）第3卷，第166页。

③ 《清光绪十六年孟夏月邱应书立遗嘱》，《徽州文书》第1辑第1卷，第200页。

付……每年得有盈余，言定第二年提出照股均分”[①]。恒生油行“其本银每月壹分贰厘行息……得有余利，照本均分”[②]。

再如，债务清偿机制上，继续采用风险共担、债务分摊的制度。如：“倘有不敷，照本均认。”[③]“获利均分，蚀本均认。”[④]永聚泰记除约定按股本承担投资风险外，另有强制性规定，“亏则照股镶足，如有不镶，公照盘账析出无辞”[⑤]。对不履行债务者取消其股东资格。

## 三

凡经营活动都会追逐利润，徽商概莫能外。利润收益不仅反映资金增值能力，也反映经营效益。以下根据同和、兆成、同顺号等合伙商号的盘单、合墨、账簿文书资料，考察晚清合伙商号的经营绩效。

前文已述，部分徽商合伙商号采用收益均分的原则进行利益分配。兆成号采用收益“均分”的方式分配利润，同治五年（1866）至光绪三十四年（1908）盘单记载了历年股东利润分配及收益的基本情况，从中可以看出利润率变动的基本趋势，如图1。

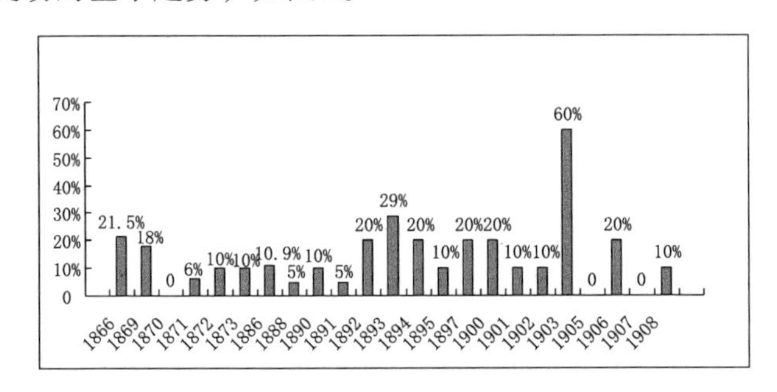


**图1　兆成号历年利润率变化图**

资料来源：《徽州文书》第1辑第3卷，第64—205页。

① 安徽省博物馆编：《明清徽州社会经济资料丛编》第1集，第580页。

② 《道光二十九年正月恒生油行立桐油行业合同》，原件藏安徽师范大学图书馆。

③ 《清咸丰八年二月程鸣玉等立开布店合墨》，《徽州文书》第1辑第3卷，第79页。

④ 《清光绪七年四月邱新发祀等立议合同》，《徽州文书》第1辑第6卷，第168页。

⑤ 安徽省博物馆编：《明清徽州社会经济资料丛编》第1集，第580页。

图1显示的23年中，兆成号利润率以光绪三十一年（1905）为最高年份，达到60%，最差年份无利润。其中60%为特例，仅1次，20%（含20%）以上利润率共8次、10%～20%（不含20%）9次，10%以下利润率的3次，无利3次，平均利润率14%，相当于年息一分四厘的水平。

同和号也采用收益均分的原则进行利益分配，盘单记载历年股东资本收益情况，如表5。

**表5　同和号资本、利润及利润率**

| 时间 | 原本/元 | 利润总额/元 | 利润率 |
| --- | --- | --- | --- |
| 道光二十九年 | 6000 | 360 | 6% |
| 道光三十年 | 6000 | 420 | 7% |
| 咸丰元年 | 6000 | 600 | 10% |
| 咸丰二年 | 6000 | 600 | 10% |
| 咸丰三年 | 8000 | 160 | 2% |
| 咸丰四年 | 8000 | 960 | 12% |

资料来源：《徽州文书》第1辑第3卷，第54—63页。

据表5，同和号利润率最高12%，最低2%，其中10%～12%共3次，6%～7%共2次，2%只有1次，6个年度的平均利润率为7.8%，低于兆成号。由于同和号获利能力相对较低，故而在咸丰八年（1858）进行了资本重组，再次签立合墨。同和号效益不佳的原因在于咸丰年间太平军与湘军战争的影响[①]。由于同和号经营地黟县为两军交战的主战场之一，战争不仅破坏了销售市场，也断绝了布匹进货渠道，商业经营十分艰难，故而7.8%的利润率属于非正常利润率。

恒生油行、永聚泰记粮食行、同顺号等实行正余利制分配方式。正利，又称官利，不论商号盈利情况如何，是股东必须获得的收益。因为正利不是从利润中提分红利，而是先派正利，后结算营业利益。不足，即谓之亏损；有余，则再分余利。如恒生油行“行内账目，年终结算，得有余

① 汪崇筼：《清代徽商合墨及盘、帐单——以〈徽州文书〉第一辑为中心》，《中国社会经济史研究》2006年第4期。

利，照本均分”。即是这种分配方式的具体形态。同顺号盘单及账簿文书所记正利、余利内容十分详细，不仅具体呈现了正利、余利分配形态，而且为进一步研究二者之间的关系和影响提供了第一手资料。例如光绪十九年（1893）同顺号盘单记载的股本结构及正利、余利分配：

> 存本染坊正本　计曹纹一千两。
> 存本染坊官利、租金　计曹纹一百九十两正。
> 存景（德）镇同和栈　计正本（曹）纹二千两正。
> 存同和官利　计曹纹二百正。
> 该汪焕记　正本曹纹九百两正。
> 该汪树记　正本曹纹九百两正。
> 该卢会记　正本曹纹六百两正。
> 该卢献记　正本曹纹六百两正。
> 该吴鳌记　正本曹纹六百两正。
> 该胡葆记　正本曹纹四百五十两正。
> 该胡旭记　正本曹纹四百五十两正。
> 该许润记　正本曹纹三百两正。
> 该八股正本官利曹纹四百八十两正。
> 该堆金　计曹纹四千一百八两二钱三分四。
> 该堆金利　计曹纹四百十两八钱。
> 堆金总共曹纹四千五百十九两三分四。[1]

由于盘单以同顺号为中心，故而盘单所列类目以同顺号“本染坊”及关联股东景德镇同和号为“存项”，其他股东则为“该项”，以体现借贷关系。从中可以看出，同顺、同和号及其他8位股东的官利按照10%利率提取。“堆金”即为商号的余利，不仅当年不予分配，而且作为固定存款每年取息生利，以体现积少成多的“堆金”之意。其“堆金利”418两8钱，显然是“堆金”4180两2钱3分4厘按10%计息的结果。余利积累到一定

①《清光绪十九年九江同顺洋货号盘单》，《徽州文书》第2辑第6卷，第189页。

数量之后，再分配给各位股东，这在同顺号账簿中得到反映。

汪焕记为同顺号股东，遗存同顺号账簿恰好具体记载了光绪十一年（1885）至二十三年拨付股东“焕记”的正利和余利，较为具体地呈现出利润构成和利率，如表6。

**表6 股东焕记正利、余利及利率**

单位：两

| 结算时间 | 正本 | 正利 | 正利率 | 余利 | 余利率 |
| --- | --- | --- | --- | --- | --- |
| 光绪十一年 | 900 | 79.849 | 8.87% | | |
| 光绪十二年 | 900 | 90 | 10% | 987.715 | 27.43% |
| 光绪十三年 | 900 | 90 | 10% | | |
| 光绪十四年 | 900 | 90 | 10% | | |
| 光绪十五年 | 900 | 90 | 10% | | |
| 光绪十六年 | 900 | 90 | 10% | 929.342 | 20.65% |
| 光绪十七年 | 900 | 90 | 10% | | |
| 光绪十八年 | 900 | 90 | 10% | | |
| 光绪十九年 | 900 | 90 | 10% | | |
| 光绪二十年 | 900 | 90 | 10% | | |
| 光绪二十一年 | 900 | 90 | 10% | | |
| 光绪二十二年 | 900 | 90 | 10% | | |
| 光绪二十三年 | 900 | 90 | 10% | | |

资料来源：《徽州文书》第2辑第6卷，第390—391页。

由表6可见，焕记投入股本900两，获正利90两，利率10%，这与盘单记载一致，如上文光绪十九年（1893）的盘单。但余利并不逐年分配，而是在经营一定时间后的第4年或第5年，进行总结算后再分配，9年的平均利率为23.66%。正余利制是明清徽商利润分配的一种经济制度，对于商业经营及优化经营效益能够发挥一定的激励作用。相关研究表明，采用正余利分配体制的合伙商号大多所有权与经营权分离。通过固定正利率的方式，保障了资本所有者获得稳定的收益，降低了资本风险，增加了投资信心；又以余利的形式将经营者本身收益与经营效益联系起来，有利于提高经营者的积极性，使经营效益达到最大化，同时又可增加所有者的收益。因此，合伙商号的正余利制不仅可以兼顾所有者与经营者双方的利益，而且能调动经营者的经营热情，优化经营效益[①]。焕记股本、正余利另册记载，表明其只是投资股东，并不参与具体经营，其正利、余利收益不能不说与这种分配机制的激励作用有关。

商号赢利存在多种因素，诸如当时社会的政治、经济环境，以及经营商品的种类等都会影响商业的利润。其中，政经时局的稳定与否，对合伙商号利润的影响最为明显。从不同阶段的商号利润率可以看出，咸丰年间同和号利润率7.8%，同治十年（1871）亦盛升号利润率20%[②]，咸同之际的兆成号利润率14%，光绪年间同顺号正利、余利合计达到33.67%。显然，咸丰时期商号利润率较低，同光之际利润率略高。导致咸丰年间商号利润率较低的原因，可能与咸丰朝持续多年的战争直接破坏了市场环境有关，说明稳定的社会环境是商业经营获利的基本条件之一。再从合伙商号经营的行业、商品种类看，兆成、同和号经营布匹销售，亦盛升号经营粮食、布匹及杂货，与布匹行业存在一定的共性，而同顺号经营新式机制棉纺织品，也与布匹行业有关。综合比较上述经营布匹的同业商号可以看出，四家同行业商号中，以同顺号利润率最高，原因可能在于同顺号经营的是新式机制纺织品，其价格、质地均优于传统棉纺织品，产品优势自然也有力地促进了销售，增加了利润。

总之，晚清中小徽商的合伙经营均获得了一定的利润收入。不同时期商业利润率的变化表明，稳定的社会环境是商业经营获利重要的外部因素。这些合伙商号或以利润均分，或以固定正利、官利利率的方式确保股东的投资收益，增加股东的投资信心，对于稳定商号经营、扩大资本规模发挥了重要作用，同时又以分配余利的方式，兼顾具体经营者的利益诉求，激发其经营积极性，优化经营效益，也增加了股东的收入。而经营商

① 王裕明：《明代商业经营中的官利制》，《中国经济史研究》2010年第3期。

② 汪崇筼：《清代徽商合墨及盘、帐单——以〈徽州文书〉第一辑为中心》，《中国社会经济史研究》2006年第4期。

品的品种、价格、质地等因素，则影响商号的市场竞争力，是商号增加营业收入、提高利润率的重要手段之一。

综上所述，晚清合伙徽商遗存之盘单、合墨等文书资料内容丰富，详细记载资本组合、股东构成及经营绩效等合伙经营细节，较为具体地呈现出晚清中小徽商合伙经营的真实形态，揭示了晚清商业合伙的新变化。合伙股东逐渐突破家族关系圈，出现了股东构成的非家族化趋势。股东构成社会属性的变化，反映了合伙商号融资范围的扩大。商号资本除少量社会资本外，以本身利润流入的商业资本为主体，说明股东获利后的利润不是走向消费领域，而是再次进入新商号的投资，有利于增加资金流动，扩大流通，也说明晚清商业资本结构出现了新变化。不等额资本入伙的普通合伙商号中，股权流转的频率较大，股东享有较多的自由权。股东的自由进出，虽然有利于资本重组、灵活经营，但不利于规模的扩张和经营的稳定。合股形态的合伙商号不仅股本规模较小，而且股本结构细碎化，股权流转受到严格的限制和约束，反映出小型合伙商号不仅要便于融资，更要维护资金的稳定，一定程度上折射出小型合伙商号融资的困难。合伙经营能够获得一定的利润收入。商号利润率的变化说明，稳定的社会环境是商号赢利的重要社会因素，而经营商品的市场竞争力，以及兼顾股东与经营者双方利益的分配机制，则是影响商号经营绩效的重要内部因素。

原载《安徽师范大学学报》（人文社会科学版）2012年第4期，收入本书有改动。该文的第一作者是马勇虎

# 徽商与清末屯溪地区的疠疫防治

作为明清时期著名的儒商，徽商不仅在经营过程中，大都能按“以诚待人”“以信接物”“以义为利”的道德规范来行事，而且在社会遭到重大灾难时，也能做到乐善好施、赈灾济困、扶危救难。他们设立善堂、善局等组织，捐资捐物，延医送药，成为明清时期地方救灾、疫情防控的一支重要力量。徽商积极参与地方救灾、防治疠疫的事例比比皆是，遗存的文献文书资料也较为丰富。其中，《新安屯溪公济局征信录》即是记载徽商在疠疫面前，主动作为、防治疠疫的珍贵资料。

《新安屯溪公济局征信录》二册，分别为清光绪二十八年（1902）刊本和三十一年（1905）刊本（以下引自这两个刊本的资料，不再加注）。它记载的是光绪年间，徽商在其故里屯溪，为了抗击疠疫，筹设公济局，募集资金，延医送诊送药，救治普通民众的事例，具体地呈现了徽商防治疠疫、抗击疫情的实际情形。

屯溪是明清时期徽州重要水陆码头和商业集散之地。1842年五口通商后，出口外销的绿茶大增，屯溪茶市日渐繁盛。徽州及毗邻地区所产炒青绿茶多在屯溪精制加工为外销绿茶，称之为“屯绿”。光绪年间的屯溪，每逢茶季，茶号林立，制茶工人“男、妇数万人”，遂有“茶务都会”之誉（《清史稿·地理志》）。然而，茶季恰值春夏之交，正是“时疫偏多”时节。“数万”制茶工人都是“远近来就食者”，“多属佣作贫民”，他们的大量涌入，不仅使屯溪的人口骤增，也增加了感染流行性传染病的风险。

“一遇疠疫流行”，患者“疾苦则须臾难忍，一朝去世，尸骸则暴露堪悲”；“病无以医药、殁无以棺殓者所在多有”。急性传染病的发生与传播，往往导致民生苦难，甚至社会危机。

因此，为了防控疠疫，治疗患病人员，徽商主动应对，积极采取措施。仅就《新安屯溪公济局征信录》所见，徽商防疫治病的做法主要表现在如下几个方面。

倡议创办公济局，作为实施医疗救助、防治疠疫的常设机构。基于防控疠疫的需要，孙华梁等14名徽州茶商倡议成立屯溪公济局，并于光绪十五年（1889）四月分别向休宁县厦�分司、休宁县、皖南茶厘总局、徽州府等衙门提交申请报告。随后，上述衙门相继行文，批准成立屯溪公济局，同意其拟定的经费收取办法和章程条规。屯溪公济局的主要工作是：“按年五月起至八月止，延请内外专科，送诊送药，棺则大小悉备，随时给送。”救助对象主要是在屯溪佣工的“四方贫民”，他们一旦患有疾疫，由公济局聘请的内外科医生“送诊送药”，进行医疗救助；一旦因病去世，则由公济局司事人员送去棺木，掩埋安葬，以免“尸骸暴露”。

光绪十八年（1892），徽商又响应上谕，适应民需，在公济局附设育婴堂、养疴所，并为百姓施种牛痘等。施种牛痘，是为了预防天花病毒引起的传染病。所谓“育婴”“保婴”，即对外来佣工家庭遗弃女婴的救助。徽州地区由于“民情素称浑朴”“尚无轻弃骨肉”的现象，然而“自江右客民聚处日繁，溺女之风迩来日炽……乃有将婴置诸道路，犬残鸟啄，惨不堪言”。养疴所的兴办，是因为在屯溪佣工的“客民居多无家，一经疾病颠连，不无可悯，又设养疴所，便其就近调医”。可见，养疴所的作用是收治身患疾病又无安身之处的“客民”，也属于医疗救助。

由上可知，虽然屯溪公济局的救助对象和范围不断扩大，但无论是“送诊送药”、掩埋安葬尸骸，还是育婴、种牛痘，始终都以防控流行性传染病为中心，反映了徽商对疠疫防治与民众救济的重视与努力。

身体力行，多方筹措经费。屯溪公济局采取多渠道的方式筹措经费。在公济局成立初期，其经费来源主要为常捐与劝捐两种。所谓常捐，是指对屯溪茶商，以及在屯溪中转的婺源县茶商收取的茶箱捐，按照每箱茶叶捐钱六文的标准，每年大概可收取六百千文，占可资岁用之半，由茶厘总局统一汇收，永为定例。而劝捐则是由屯溪公济局董事利用其社会影响力，劝说、劝导社会各界人士奉献爱心，随缘乐助，共襄善举。总体而言，以常捐为主，劝捐为辅。

光绪十八年（1892），公济局增设育婴堂与养疴所后，所需日多，经费日益紧张。绅商们又不辞辛苦，积极呼吁，加大经费筹措力度。光绪三十一年（1905），筹措的经费共计洋4909元7分8厘，主要来源于茶业、木业和钱业商人的捐输，官府拨付的津贴，善众个人捐款，以及存款利息的收入。茶、木、钱业商人的捐输占全年经费51%以上，官府拨付的津贴占30.38%，个人捐款占11.79%，利息收入占6.6%。虽然皖南茶厘总局和屯溪厘金局拨付的津贴系政府税收，但其来源则是茶叶厘金和百货厘金，征收对象全部为徽商。因此，尽管筹措的渠道多样，但是公济局的经费主要还是来自徽商，徽商是支撑屯溪公济局经费、保证其正常运转的中坚力量。

建章立制，保证公济局良性运转。首先，明晰职责。屯溪公济局共设有12名董事（局董），其职责为“负责本局劝捐，随时登簿，收捐即付收条”。又从董事中遴选若干司年董事，每年端午到局结算，以昭信实。在董事、司年董事之下，常设“司事”一人，主持日常工作，“司事终日在局，不得远离，有到局领棺者，查明尸身信息即给棺木”。公济局聘请内外科医生各一人，“在局审症开方，每晨八点钟至下午三点钟为则，倘遇急症，不在此例”。

其次，规范程序。病者来局求医，先行挂号，按号诊治。药方需排写号头，并盖本局图章，登簿存局，再至药店免费领取。“外科等症须病人亲至局中，凭医生诊视见症，随时给发药膏。”施棺操作则规定，公济局预备大、小棺木各20具，以便随时送给，免致措办不及。施棺前，须由地保、亲属或各店号报明死者的籍贯、姓字，登记局簿，始行给领棺木；无名尸及忤逆不法者不给，家有父兄在尚可支持者，不准滥给。

再次，公开财务。一是结算过程公开。每年端午节，由司事请司年董事到局结算，财务结算过程的透明，有利于内部监督，以昭信实。二是刊印征信录，以利于社会各界的监督。征信录除登录捐启、禀呈、告示等公济局文书外，还按照年度分立收款、支款账目。收款类目详细登记本年乐输商号的名称、善士姓名，以及所捐钱物数量等内容，支款类目详细记载本年的开支名目、开支的钱物数量等细节。三是对全年收入、支出情况进行汇总计算，若有余款，则交待存息钱号或典当名称及所存数额。

积极作为，医疗及救助成效显著。在疠疫面前，由于徽商积极主动作为，医疗及社会救助颇见成效。例如，施种牛痘，光绪二十八年（1902）施种581名，三十一年（1905）施种940名，对预防天花传染病的流行发挥了较为重要的作用。施棺方面，其中光绪二十八年施大棺138具、小棺302具，全年合计掩埋安葬的死者遗骸440具。收留抚养弃婴，光绪二十八年（1902）共收留男、女弃婴440名，三十一年共收留男、女弃婴260名，自光绪十八年（1892）七月起，共收婴3361名。征信录中虽然对"送诊送药"救治病人的人数没有明确记载，但所支出的药费在一定程度上反映了医治病人的规模。光绪二十八年（1902）施药合计花费洋800元，三十一年（1905）施药花费共计洋850多元，救治的患者应不在少数。

屯溪公济局实施医疗和社会救助之所以取得成效，与官府和屯溪社会各界人士的大力支持密不可分。但是，徽商始终是屯溪地区防治"时疫""疠疫"，对患者施行医疗和社会救助的中坚力量。徽商的作为和表现，既与其儒商的品格密不可分，也与徽商关注茶叶产业发展的现实需要有关。如果不采取措施防控"时疫""疠疫"而导致从事茶叶生产的"男、妇数万人"大面积感染，将会造成屯溪茶叶产业出现灾难性的后果。因此徽商递交给官府的"禀呈"中，一再表明，"环乞局宪大人俯念徽属茶数最多，力筹善举，有裨大局"。这里的"大局"，既是屯溪茶叶产业发展的大局，也是地方经济社会秩序稳定的大局。

原载《光明日报》2020年7月6日"史学"版。该文的第二作者是马勇虎

# 徽商的途程观念

途程是指地理、水陆交通路线方面的知识。途程对古代士、商、行旅的重要性，正如明人在《合刻水陆路程叙》中所说的：“天下中国以至于九夷八蛮之地，莫不由舟车而至，名山大川以至于海隅日出之表，莫不由遵道而行。舟非水不行，车非陆不至，乃水陆莫不有程途。无程途，滔滔天下令人迷津，茫茫山河令人裹足，行必由径，篡人迷途，故差毫厘失千里者也。于是有水陆路程之设，使天下仕者知立于朝，耕者知耕于野，商贾知藏于市，行旅知出于途，自西自东，自南自北，无往不适。使海内仕耕商旅，由天下之达道，登天下之正路，恍然驾轻车，就熟路……”[①]

徽州商人在经商的过程中，十分重视收集全国的地理、道路资料以及各地的民风民俗资料。从明代休宁商人黄汴编著的《明一统路程图记》[②]一书中，我们就可以了解到徽商途程观念之一斑。据作者在《序言》中介绍，他年及弱冠，即随父外出经商，侨居苏州，足迹遍及大江南北、黄河两岸、长城内外，到过南北二京十三布政使司及边疆地区做商业贸易。黄汴在经商生涯中留心考察各地交通途程、民风民俗，并随时记录。后又遍

① 〔明〕黄汴著，杨正泰校注：《天下水陆路程》，山西人民出版社1992年版（以下凡引自本书者不再作注）。

② 此书由于印家不同，校者各异，所以有几个版本，几种名称。如吴岫校，现存复旦大学图书馆的抄本叫《明一统路程图记》，这也是此书的原名；胡文焕校，上海图书馆藏残本叫《新刻水陆路程便览》；《四库全书总目提要》史部地理类目叫《图经水陆路程图》；日本山口大学图书馆藏本叫《天下水陆路程》等。

览《元和郡县志》《太平寰宇记》《大元一统志》《大明一统志》《广舆图》等舆地图志，考其异同，详加校勘，历时二十七载，于隆庆四年（1570）撰成此书。

该书共有八卷。第一、二卷介绍两京至十三布政司的水陆途程，第三卷记两京及十三布政司到所属各府的水陆途程，第四卷记述东起开原卫、西至嘉峪关的各边途程，第五、六卷说江北水陆途程，第七、八卷列江南水陆途程。书中详细介绍了各地道路的起讫分合、距离、行走难易和水陆驿站名称，对食宿条件、物产行情、社会治安、行会特点、船轿价格等，也间有所记。如：

卷二“南京由淮安登莱三府至辽东水陆”目后，记有：“南京由登州府至辽东，有过海之难，由北京、山海关至辽东，途有虏惊，堡墩可防。”

卷三“成都西南至会川卫路”目后，说：“极佳杉枋板，产于建昌卫”。

卷五“南京由漕河至北京路”目后，云：“仪真闸通上江运舡，五坝过客货，须临大江，昼夜无盗，盐商时聚，地无所产。楠木商人聚于对江。自本县至淮安皆平水。邵伯之北，湖荡多，人家少，西高而东卑，水大之年，最怕西北风，巨浪能倒塘岸。舡不能过。贼有盐徒，晚不可行。舡户不良，宜慎。”

卷六“扬州府至山西平阳府路”目后，写道：“清化以西无盗，夜月可行”，“自宿州至汴城，有响马，宜慎”。

书中对江南水陆途程情况的记述尤为具体，这大概是考虑到江南是徽州商人活动的中心区域之故。这里我们仅举三例，以见大概：

卷七“杭州逾路烂溪至常州府水”目后，黄汴告诫道：“烂溪、乌镇无牵路，水荡多，人家少，荒年勿往，早晚勿行。小桥多，虽有顺风，帆桅展舒费力，逆风极难。平望鹰脰湖中，风、盗宜防。……自常州至浙江，牙行须防，价值难听，接客之徒诓诱。阊门市上杂货，不识休买。”

在同卷“大江上水由洞庭湖东路至云贵”目后，他又介绍说：“南京上新河有聚无产，风怕西北，不可久泊，有货当入港……盐船泊此候掣，柴炭至此抽分，木商在此再抽。芜湖泊船虽入港，江口怕风，此港深急，行步宜慎，门摊不税。江通巴蜀、云贵、湖广、江西、两广，南北商人交易于此，有聚无产，牙行诚实，利心轻。长江交易，仪真盐行大而有时，芜湖、上新河、瓜洲多而不绝，木客芜湖抽分。瓜洲小闸，通江水，不通船，坝过下江运船，南北客货牙行诚实。南渡镇江，水面十里，中有金山合浪，风大人多，必不可过。”

卷八“休宁县由几村至扬州水路”目后，黄汴提醒人们：“自呈坝至几村，不可起早，日调包，夜偷摸、打闷棍常有者。冬有强盗，谨慎。”

由于黄汴在书中对途程的叙述翔实具体，从而受到了士商行旅，特别是徽州商人的欢迎。致使《明一统路程图记》一再重印，广为流传。

近年来，我们在收集徽商资料的过程中，在歙县南乡坑口镇芳坑村的一户农家幸运地发现了保存至今的大量江氏茶商资料。这批资料包括信札、札记、契约、账簿以及其他实物，不仅内容丰富，而且详细具体。其中《徽州至广东路程》和《沐雨栉风》两本手写稿[①]就是江氏茶商所记述的途程资料。阅后，我们对徽州商人的途程观念有了进一步的认识。江氏茶商江有科，在道光年间从事贩茶入粤，售给西商，转销外洋的生意。他对茶叶贸易的每一细小环节都十分留心，认真记录，借以积累经验提高自己的经商才能。道光七年（1827），江有科在贩茶入粤时记有《徽州至广东路程》札记一册。札记中详述了旅途所经城镇村庄550余处，对各城镇村庄之间相距若干里，以及何处可乘舟、何处当起早、何处有关卡、何处不安全等等，都作了具体的记录。如在鹅头颈地名下注有“行船小心”数字。在大漳河地名下注有“蚊虫营安船防盗”数字。在大庙峡地名下注有“有娘娘庙，敬神防盗”数字。札记中对途经关卡报关纳税的情形记录尤详。如在赣关报税时，先在储潭开税单挂号，领取税单时要送给开税单的关吏“茶两包，每包约二两之数，叫船老板送去”，另外还要“每船给十文送挂号单。查仓（者）两人，每人送茶一包”。领得税单后，开船赴关

① 这两本手写稿现藏安徽师范大学徽商研究中心（今皖南历史文化研究中心）资料室。

“到桃源滩，如水浅，开驳到关，过回船，每担（茶叶）十五文。如改上关不回本船，每担十八文”。“到关上，持储潭挂号票，到许致和税房报税过关。如要赶紧，即请关，每船给钱一百八十文即放行。”在关上还要送给“查仓（者）小纸包三四个，每个七文。查艇钱，每船给钱十文”。税房纳税情形是“方箱段（六八），长簏（八四）上关不秤。每船外加重箱一百四十斤算，每百斤（纳税银）八分，火耗每两钱七分，平錾每两二分半。船每只纳银钱六分”。札记中对于沿途所遇到的各种需索也都作了详细记录。如“去吉安府，有疯花子、麻风花子、铁棍花子三项，每项（索钱）二十四文”。在万安、赣关等处都有“麻风花子”“铁棍花子”等需索过往行船的情形，必须照例打发。至于沿途每一路段如何通过船行、夫行雇佣船只、挑夫以及船费若干、脚费若干、佣钱若干、使费若干、赏钱若干，都有详尽的记述。

咸丰四年（1854），江有科因病辞世，其子江文缵继续经营茶叶贸易。由于战乱，贩茶入粤的道路已经不通，他便把茶叶运至上海销售。不幸的是，同治元年（1862）江文缵在贩茶途中疾病发作，客死异乡，年仅42岁。其时江文缵的儿子江明恒年仅15岁。江家的茶叶贸易被迫停顿下来，一家人不得不靠变卖田园、抵押土地过日子。江明恒成人后，因家境中落，为生计所迫，到一家茶号里当佣工。当了几年的佣工后，江明恒积攒了少量资本，于是便独立经商，在苏州拙政园附近开了个小茶铺，零销徽州茶叶。后来，江明恒沿着其父的足迹，将徽州茶叶运往上海，从事起茶叶的外销贸易。光绪八年（1882），江明恒在贩茶入沪时记有《沐雨栉风》札记一册。其中详细记述了徽州经杭州到上海的路程、时间及船价等内容。

从以上的介绍中我们可以发现，重视途程在徽商中不是个别现象，而是徽州人在经商中的一种传统习惯，明代徽商黄汴如此，清代徽商江有科及其后继者江明恒亦然。因而，对途程的重视，自然也就属于徽商经营文化的范畴之列了。

徽商之所以有很强的途程观念，究其原因，首先，主要是因为他们大多从事长途贩运活动。而长途贩运活动必须抓季节、赶时间，了解地理知识、交通情况、民风民俗对徽商商业活动的正常开展就显得非常重要了。其次，这种观念的形成，也是徽商对其前辈成功经验进行总结的结果。途程观念，对徽商商业经营发展的促进作用自然是不言而喻的。

原载《历史档案》1997年第2期。该文的第一作者是吴晓萍

# 新发现的《做茶节略》

近年来，我们在收集徽商资料的过程中，幸运地在安徽歙县南乡坑口镇芳坑村的一户农家发现了保存至今的大量江氏茶商的资料，包括信函、札记、商业书、账簿以及其他实物，内容十分丰富，《做茶节略》[①]就是其中之一。《做茶节略》为正楷手写本，每页10行，每行13—14字，全书计77页，1万余字。书中详细介绍了做茶的工序、每道工序的技术要领以及做茶中的有关管理问题。它是徽州茶叶制作经验的总结，是徽州茶商要求其所雇佣的做茶人员必须遵循的技术规范，属于商业书的范畴。它的发现，不仅对徽商的茶叶贸易史研究，乃至对中国茶叶史的研究都具有一定的意义。下面就《做茶节略》编撰的历史背景及其主要内容作一简略介绍。

## 一、作者家世生平及《做茶节略》编撰背景

作者江明恒（1848—1925），字耀华，出生于徽商世家。据歙县《芳坑江氏宗谱》记载，从明后期起，江氏经商者即代不乏人。传至江明恒的祖父江有科（1792—1854），始从事茶叶的外销贸易。他贩茶入粤，转销外洋，用以致富，遂成为当时徽州比较著名的茶商之一。江有科辞世后，其子江文缵（1821—1862）继续经营茶叶贸易。那时，因太平天国起义，贩茶入粤的

① 原件现藏安徽师范大学徽商研究中心（今为皖南历史文化研究中心）资料室。

道路已经不通，他便把茶叶运至上海销售。同治元年（1862），江文缵在押运茶叶至上海的途中病发，客死异乡，年仅42岁。当时，江文缵的儿子江明恒年仅15岁，于是江家经营的茶叶贸易被迫停顿下来，家道也由此中落。

江明恒成人后，因生计所迫，他去一家茶号当佣工。几年后，江明恒积攒起少量资本，于是便离开茶号，自己独资在苏州拙政园附近开了个小茶铺，零售徽州茶叶。后来，通过总督李鸿章的介绍，江明恒和上海谦顺安茶栈老板唐尧卿等拉上了关系。当时，上海的茶栈是介绍茶叶外销的机构，内地箱茶运抵上海后，必须经茶栈作为中介才能售给洋商。上海的外销茶叶中，有很大一部分都是徽州茶叶。谦顺安茶栈为了借助江明恒之力与徽州茶商建立起密切的关系，扩大业务，将其视若上宾。江明恒凭着亲缘与地缘的关系，再加上自己对徽州茶叶贸易情况的了解，在很短的时间内，就将许多徽州茶商笼络到了谦顺安的门下。在谦顺安茶栈利润迅速增长的同时，江明恒也从中得到了丰厚的红利，积累起不少的资本，成了徽州茶商中的显要人物。

有了一定的资金后，江明恒遂在徽州的茶叶集散地屯溪开起了茶号。徽州的茶号是经营茶叶的收购、加工与运销的机构，其规模较大，职员有时多达数百人至千余人不等。其中有管号、茶司、司账、庄秤、看拣、管锅、毛秤架、打印、研靛、保夫、押帮、打杂、司厨等长期雇员，还有大批抖筛工、撼簸工、拣茶工、焙茶工、风扇工等临时工。江明恒的茶号大都采用合资、贷资等经营方式，主要投资者就是上海谦顺安茶栈。江明恒通过茶号收购、加工徽茶，然后运销上海，由谦顺安茶栈销给洋商。由于他和谦顺安等茶栈非同一般的关系，所以他的茶叶在上海销售十分顺利，生意很是红火，为其他茶号所不及。

光绪中叶以后，锡兰、印度、日本等国的茶叶大量进入国际市场，中国茶叶在国际市场上失去了优势地位。再加上中国茶叶的出口贸易被洋商所操纵，洋商借机拼命压价收购中国茶叶，从而使中国茶叶的外销贸易一蹶不振。此时，江明恒的茶叶生意开始亏本。进入民国后，他的生意更是每况愈下，难以支撑。1925年，年逾七旬的江明恒在亏本折利的困境中，带着困惑与惆怅的心情离别了人世。

以上我们可以看出，江氏茶商江有科、江文缵、江明恒祖孙三代都主要是经营徽茶的外销贸易。其实，这也是当时整个徽茶的销售走势。大约从道光初年起，徽茶的销售就逐渐形成了“内销”和“外销”两大体系。经营内销，俗称“京庄”，它是在徽商传统的茶叶经销活动基础上发展而来，销售市场以京、津及北方地区为主，兼及长江流域和东南沿海地区。经营外销，俗称“洋庄”，它是适应中外贸易形势发展而兴盛起来的徽茶重要销售渠道。而且徽茶外销的比例从同治时起就逐渐占据了绝对的优势。光绪年间，徽茶内销只占10%~20%，而外销则高达80%~90%[①]。同治至光绪中叶，徽州茶叶贸易的再度复苏，与其时“洋庄”茶的盛行是分不开的。特别是“五口通商”之后，上海取代广州而成为我国茶叶外销的第一大口岸，这种新的外贸出口格局的形成，为徽州茶商经营“洋庄”茶提供了极大的便利。因为由徽州运茶至上海，远较由徽州运茶至广州便捷，仅运输时间就缩短了1/3以上，运输费用也大为减少。正如《中西纪事》中所说：“自五口既开，则六县之民无不家家蓄艾，户户当垆，嬴者既操三倍之价，绌者亦集众腋之裘，较之壬寅（1842）以前，何翅倍蓰耶！”[②]另据光绪十一年（1885）皖南茶厘总局的详文称：“查道光年间（1821—1850），皖南茶引岁销五六万道（按：当时每引为120斤），自同治年间（1862—1874）洋庄茶盛行，岁始销引十万余道。”[③]这些表明，同治以后，“洋庄”茶的盛行，为徽商茶叶贸易的再度兴盛，提供了广阔的销售市场，经营“洋庄”茶，成为当时徽州茶商发财致富的主要渠道。

在“洋庄”茶兴盛以前，徽州茶商对茶农提供的毛茶没有专门的进一步加工的程序，随着“洋庄”茶的兴盛，为迎合外商的需要，对毛茶再进行加工精制，就成了徽商的茶叶贸易活动中不可或缺的一个重要环节，而在这方面徽州茶商的技术水平是处于领先地位的。实业部国际贸易局所编

① 参见张海鹏、王廷元主编：《徽商研究》，安徽人民出版社1995年版，第245页。

② 《中西纪事》卷23。

③ 参见张海鹏、王廷元主编：《徽商研究》，安徽人民出版社1995年版，第227页。

《中国实业志》就记载了上述情况："制造茶叶，习俗相沿，皆系茶户随采随制，售于茶行，运销国内。至前清中叶，我国茶叶输出日渐增多，为迎合国外顾主心理起见，对于出口茶叶，始加以重制。……光绪二十年（1894）时，永嘉茶商，为扩充洋庄茶之营业起见，先向上海聘请徽帮茶司，分入平阳南北港各产茶地，宣传指导，将毛茶坯改制炒青，运销上海，去路大旺。"①

为了在茶叶的外销贸易中占据优势，徽州茶商十分重视毛茶的进一步精制加工的过程，并将其积累的技术与经验总结成文字，使所雇佣的做茶人员能按章操作，以确保加工后的茶叶质量符合外销的要求。这就是徽州茶商江明恒编撰《做茶节略》的历史背景。

## 二、《做茶节略》的主要内容

徽茶品种繁多，仅"洋庄"绿茶就有芝珠、圆珠、皮珠、生熙、熙春、娥眉、芽雨、生雨、松皮等几十个名目，每个名目又有正、副（次）之分。各品种徽茶制作工艺极其复杂，从毛茶进号到出成品茶，一般要经过焙、筛、撼、扇、拣、拖风、下靛着色、上老伙等工序。每道工序都影响到成品茶的质量和外销价格，所以徽商对此特别重视。《做茶节略》详述了毛茶精制加工过程中的每一道工序的技术要领及操作规范，并指出各种错误做法及其危害，提醒人们防范和纠正。

毛茶购进茶号后的第一道工序是入锅"焙制"。这道工序在婺源谓之"拖潮渗"，休宁和歙县谓之"出小伙"。《做茶节略》在讲到出小伙的操作规范时说："每锅（焙茶）18两松秤三斤或二斤半不等。"焙制时间以燃香计算，每锅点燃"香头二枝半或三枝不等"。"毛茶初下锅，嘱焙伙茶者晾风抖去酸热之气，香至八分或一枝为止，再不可晾风。宜要勤轻之手反档车转摩焙，将火平倒。焙至半枝香，灶头把作摸锅；焙至香头二枝七八

① 《中国实业志·浙江省》第7编，转引自《中国近代手工业史资料（1840—1949）》第2卷，第15章，生活·读书·新知三联书店1957年版。

分，打板摩样起锅。”如此办理，则茶叶“必然颜色漂亮，青绿而且紧结不碎”。《做茶节略》还指出，出小伙必须及时，以防茶叶霉变：“所进庄之毛茶，不可久堆秘盦，恐坏卤门。本来青绿被秘作热，变为红黄之虑，务宜赶快收火装箱秘鐀为主。”

毛茶下锅焙制后，就进入了抖筛、撼簸风扇等工序，以区别茶叶的大小、软硬、轻重，从而形成不同的品种。《做茶节略》对上述各道工序的技术要求有详细地叙述，如“毛茶起锅，用四号筛，或细三号筛，亦可筛去下节，再分号头，自四五六七八九十粗细铁砂（筛）各号分清”。各号筛筛出的毛茶，“再上撼簸撼净，分清正副”。“将软硬撼盘，休歙曰簸米。手法宜乎均匀，撼盘出口略用微力高些。茶宜轻落，免走正货。车转平服、跳滩收撼、滚跌搭夹出户。撼前宜将撼内之正货，又将出口之副货，并撼前地下之次货三项，品看软硬、毛净。此是为撼者心思、眼力、手法酌裁。”经抖筛、撼簸分出的各色毛茶再经风扇以分出更多的品种。《做茶节略》中介绍道：“将各风扇所扇各号筛头之毛货有二样扇法：一曰破肚扇，一曰剥皮扇。其破肚扇大二三四五号，各号毛茶皆要切筛上扇。头遍扇出皮茶、尖片、次松、松萝之类。另放候后，再剥皮扇，脱出皮茶、尖片等项。再将正子口上扇脱出副熙，又将正口上扇脱出正熙，而正口又上扇取毛珠。子口为靠珠生熙，正口即是毛珠坯。其毛珠坯再上扇分出正、副圆珠。”《做茶节略》要求：“风扇茶司，看茶身分，取料手法轻重匀净，不可一时高兴，轻重不一，亦要自己心内主见，看货身分而作准，但把作手法不致参差不一。若心内撩〔缭〕乱，手法即不匀，而正、副之货难分矣。再看子口之货身分，如货硬，手法宜轻扇；如货毛软，宜手重些。”“若取珠之法，宜将风车肚内子口隔界之册板上高些，即手重而不走珠矣。此乃为风扇之人看货取料，见景生情。”

经筛、撼、扇之后形成的各色毛茶还要上板拣择，剔除茶梗、老茶片以及其他杂质，使其品质纯净。《做茶节略》中对如何拣择也述之甚详：“拣场发货拣择，各庄各号各样毛货茶名，看拣先生及发秤之人交兑，嘱咐拣茶之妇女要拣出何样之朴。”“其正熙宜拣出二黄条、黄蒲、扁块、黄朴蒂、黄腿、子梗拣净。”“副熙宜拣出黄蒲、黄腿、黄扁块、老黄条、蒂头、子梗拣净。”

拣净后的各色毛茶即转入拖风和下靛着色的加工工序。“各花色之茶拖风，婺（源）曰打小伙、休（宁）、歙（县）曰拖风。”《做茶节略》中规定茶叶拖风每锅以三斤左右为宜。因各色茶叶要求火工不同，故拖风时间亦长短不一，当时以燃香计时，要求“正熙七八枝香，副熙六七枝香，松皮皆五枝香，正宝珠九枝香，副宝珠、生芝珠皆系八枝香”。拖风时“嘱焙炒茶之人，总宜勤轻双手反摩，茶叶不碎。毋论正、副之货，灶头及副手必宜摸锅看火，冷热合宜。每锅茶要摸锅看火二三遍，方保无焦碎之虞”。负责拖风之人应做到手工火工俱到，避免“有手无火，有火无手”的现象。

伴随拖风的是下靛着色。茶叶花色不同，下靛着色的技术要求也不一样。“正货净配洋靛，但二号货并副货配洋靛、熟石膏或滑石，或二八、或三七，轻重配研，均匀调量，合宜而下。”下靛时要注意，“靛匙畚靛要随锅边弦拖撒下去，不致糊在茶握缝内，吃紧就摩不开，名曰黄雀屎，触眼可厌”。另外，“下靛之时嘱焙茶之人即时自己开火，轻手赶快反摩，如此不致颜色花搭，必然漂亮，亦有绒头光彩之色也”。

拖风下靛后的各品种茶叶还需再筛、撼、扇、拣一次。再一次地筛、撼、扇、拣后，茶叶必然吸有潮气，为去除潮气，必须再行焙制一次，此道工序“婺（源）曰上大伙，休（宁）、歙（县）曰上老伙”。《做茶节略》要求上老伙时，“各均堆之茶下锅，但灶头及副手宜要摸锅冷热，杩板起锅。正货打伙二枝香上箱，副货枝半香”。上老伙后毛茶加工精制的所有工序才最终结束，接下来就是装箱发运了。

茶号在做茶时雇佣的人员很多，为了提高生产效率并保证茶叶加工的质量，《做茶节略》还就加强各个环节的生产管理作出了详细规定。如：“拣场之事，看拣、秤架之人必须正气为主，不可与妇女谈笑搅混，恐生是非口舌。进出之秤必要两处较准，如收秤上少秤欠数，即要上板摩来及地下排来补数；如补不足，即要照数赔偿，计钱若干，批票标点，将钱并票穿挂在秤架上以警将来偷窃之弊。”“若是拣场发来之净货，必须未下锅之先为把作灶头及老伙，风扇并伙锅副手过眼看过。如是净，方可下锅；如是毛，即打回复拣，拣净则拖来下锅，此亦易使之事。若不精细看过，毛净下锅，收伙起锅，再讲拣毛已迟，即与拣场无涉，此系把作、灶头及熟货扇（风）之人不看毛净之过也。”又如：“通号内之茶，毋论生熟、毛净之货，堆放各处过夜，必须要盖好。倘遇有风暴雨天气，务要着打杂、把作及抖筛之人切要细寻看漏，不可大意。所是过夜之茶，不论风扇、拣茶、撼场、筛场、锅场等处，各人经手堆放者，各人收拾盖好，以免推卸，各司其事。”

可见，《做茶节略》可称是徽州茶叶加工技术和生产管理的百科全书。

## 三、结语

通过《做茶节略》编撰的历史背景及其主要内容的介绍，我们至少能产生这样的几点认识：其一，徽州地区不仅有悠久的茶树种植和茶叶生产的历史，而且在茶叶加工方面长期以来也积累了丰富的技术与经验，这是《做茶节略》形成的理论基础。其二，徽商十分重视商业贸易过程中的操作规范化，并注重对所属人员进行规范化操作的宣传和教育。商业书就是徽商进行这方面宣传和教育的重要载体，目前已发现的明清徽商编撰的商业书就有近十种，《做茶节略》只不过是其中较有特色的一种而已。徽商在商业贸易中形成的这种传统，是他们之所以取得成功的重要原因之一。其三，《做茶节略》说明了清中叶以后，随着“洋庄”茶的盛行，茶叶的加工成为徽商的茶叶贸易活动中一个重要而独立的环节，反映了徽州茶商的茶叶贸易与茶叶加工生产的紧密结合。从现有的资料来看，徽商在茶叶加工生产活动中的雇佣人员都是身份自由的农民，徽商按照以日计酬和以量计钱的方式付给他们工资，这种茶叶的加工生产活动已具备了资本主义生产的性质。这些新的现象是尤其值得我们重视的。

原载《历史档案》1999年第3期。该文的第二作者是吴晓萍

# 传统文化与徽商心理变迁

## 一、生存选择与传统价值取向的矛盾·自卑感·新的商业价值观的宣传

明清时期，徽州地区出现了严重的生存危机。山多地少、土地瘠确的徽州此时已不能养活因社会稳定而日益增多的人口。于是经营商业，力图向外发展就成了徽州人求得生存与发展的唯一选择。正如万历《歙志·货殖》所说：

> 吾邑之人不能不贾者，时也，势也，亦情也。……今邑之人之众几于汉一大郡，所产谷粟不能供百分之一，安得不出而糊其口于四方也。谚语以贾为生意。不贾则无望，奈何不亟亟也。以贾为生，则何必子皮其人而后为贾哉。人人皆欲有生，人人不可无贾矣。

然而传统文化对商业、商人的排斥和鄙视却给徽人从商带来了无形的心理压力，使他们内心深处有一种强烈的自卑感。如婺源木商洪庭梅致富后，就曾慨然说："今庶几惟所欲为，奚仆仆风尘以商贾自秽。"[①]徽州盐商汪才生也告诫儿子要奋发业儒，"毋效贾竖子为也"[②]。作为商人，富到了"惟所欲为"的地步，仍自惭形秽，甚至还有在儿子面前自贬为"贾竖

① 婺源《墩煌洪氏通宗谱》（嘉庆刊本）卷58。

② 汪道昆：《太函集》（万历十九年金陵刊本）卷67。

子”的，可见其自卑感是何等的强烈了。自卑感是徽人从商道路上的巨大思想障碍。

经商是徽人在客观环境中的生存选择，而儒（士）贵商贱、农本商末则是传统社会的价值取向，如何平衡徽人的生存选择与社会的传统价值取向之间的矛盾，消除徽人从商的心理压力和思想障碍，为徽人的生存与发展开拓出一片较为宽松的心理空间？摆在徽人面前的唯一办法就是建立自己新的价值观以对抗传统的价值观，并通过宣传和教育使新的价值观成为群体成员行为方式的心理依据和追求目标。明清时期商品经济的发展也为徽人新的价值观的形成提供了一个客观的条件。

否认士（儒）贵商贱、批判农本商末，宣传“士商异术而同志”、农商皆本是明清徽州新的商业价值观教育的主要内容。面对士贵商贱的传统意识，徽州人则鼓起如簧之舌，竭力否认士、商之间的尊卑差异，从不同的角度论证“士商异术而同志”。首先，他们认为儒、贾在“事道”上是相通的。明弘治嘉靖年间的歙商许秩说：“丈夫非锐意经史，即寄情江湖间，各就所志，期无忝所生而已。”[①]明中叶刊刻的休宁《汪氏统宗谱》中云：“古者四民不分，故傅岩鱼盐中，良弼师保寓焉，贾何后于士哉！世远制殊，不特士贾分也，然士而贾其行，贾哉而修好其行，安知贾之不为士也。故业儒服贾各随其矩，而事道亦相为通，人之自律其身亦何艰于业哉？”[②]明正德嘉靖年间的歙商程澧指出：“藉能贾名而儒行，贾何负于儒？”[③]明嘉靖万历间的歙人汪道昆也说：“（徽州）其俗不儒则贾，相代若践更，要之良贾何负闳儒，则其躬行彰彰矣。”[④]徽州人认为，经商、业儒只是各人的志向不同而已，两者并无实质性区别，不论走哪一条路都是“丈夫”所为，都是人生的有为之途。诚然，儒、贾因分属不同的行业，各有其规范，但是它们在“事道”上是“亦相为通”的。重要的是个人的

① 歙县《许氏世谱·平山许公行状》（隆庆抄本）。

② 休宁《汪氏统宗谱》（明刊本）卷168。

③ 《太函集》卷52。

④ 《太函集》卷55。

儒学修行，而不在为儒、为贾。如果贾者能“贾名而儒行”，按儒家的道德规范行事，把儒家思想贯彻到商业经营当中，那么“贾何负于儒”！因此，在儒家的最高标准“道”面前，儒、贾两者是处于平等地位的，并无尊卑贵贱之别。所以徽州人在教育后代时一再强调：“士商异术而同志，以雍行之艺，而崇士君子之行，又奚必缝章而后为士也。”[①]其次，徽州人认为儒、贾在追求的目标上亦是相通的。表面看来，“儒为名高，贾为厚利”，似乎追求的目标不一，而实质上却是一致的。业儒入仕固然可以“拾朱紫以显父母”，光耀门庭，而经商创业以养父母、“垂裕后昆”，亦能“大振其家声”[②]。因而业儒、从贾，为名、为利，其实“名亦利也”“利亦名也”[③]两者亦是相通的。明代歙商吴佩常就曾对其亲属说：“吾家仲季守明经，他日必大我宗事，顾我方事锥刀之末，何以亢宗？诚愿操奇赢，为吾门内治祠事。”[④]至于在儒家伦理面前，为儒、为贾的目标甚至是完全统一的。明代歙商方勉弟，“父贾中州，折阅不能归，伯氏（勉季）为邑诸生矣，仲公（勉弟）顾名思义，蹶然而起曰：‘吾兄以儒教致身显亲扬名，此之谓孝；吾代兄为家督，修父之业，此之谓弟。’乃辍学，从父贾中州”[⑤]。第三，从社会功能的角度来看，徽州人认为商人的作用更是一点也不比儒者逊色。儒者入仕，治国平天下，而商人贸迁有无，“兴废补弊”，亦有益于社会[⑥]。明嘉靖年间的休宁商人汪弘甚至认为，商人“虽终日营营，于公私有济，岂不愈于虚舟悠荡，蜉蝣楚羽哉”[⑦]！从某种程度上说，商人对社会的作用远胜于那些整天纵情山水、无所事事的儒士。

在否认士贵商贱，宣传“士商异术而同志”的同时，徽州人又向传统的本末观进行宣战。明弘治正德年间，歙商许大兴就在这一问题上提出了

① 休宁《汪氏统宗谱》卷116。

② 婺源《三田李氏统宗谱·环田明处士松峰李公行状》（万历刊本）。

③ 《太函集》卷54。

④ 《太函集》卷71。

⑤ 李维桢：《大泌山房集》卷72《方仲公家传》。

⑥ 歙县《许氏世谱·明故青麓许公行状》。

⑦ 《太函集》卷16。

自己独特的见解。他说："予闻本富为上，末富次之，谓贾不若耕也。吾郡保界山谷间，即富者无可耕之田，不贾何待？且耕者什一，贾之廉者亦什一，贾何负于耕！古人非病贾也，病不廉耳。"[①]继之，明代嘉靖、万历时期文坛上的"后五子"之一、其祖父和伯父都是以商贾起家的歙人汪道昆，又著文对传统的本末观进行了公开的批判。他说："窃闻先王重本抑末，故薄农税而重征商，余则以为不然，直壹视而平施之耳。日中为市肇自神农，盖与耒耜并兴，交相重矣。耕者什一，文王不以农故而毕蠲；乃若讥而不征，曾不失为单厚。及夫垄断作俑，则以其贱丈夫也者而征之。然而关市之征，不逾什一，要之各得其所，商何负于农？"[②]在这里，他明确反对传统的"重本抑末"政策，主张"壹视而平施"，农商"交相重"。汪道昆为了进一步说明他的"交相重"思想的正确性，又把商贾对国家的贡献作了具体阐述："今制大司农岁入四百万，取给盐策者什二三。淮海当转毂之枢，输入五之一。诸贾外饷边，内充国，戮力以应度支。"[③]汪道昆的农商"交相重"的思想，比明末黄宗羲提出的"工商皆本"的思想要早约一百年。

必须指出的是，虽然徽州人否认士贵商贱、批判农本商末的传统的价值观，宣传"士商异术而同志"、农商"交相重"的新的价值观，但是我们还不能说他们已经建立起与传统截然不同的新的价值观体系。因为他们的新价值观并未完全摆脱传统思想的藩篱，如他们的立论依据仍然是儒家的理念，他们对商人、商业的地位和作用的认识也还依然是以传统的"士""农"为其参照系等等。尽管如此，但我们不能不承认，徽州人的这种价值观毕竟已与传统有别，是当时传统社会中出现的一股清新之气。

也正因为这种新的价值观没有对传统的价值观采取简单的全盘否定，而是在对传统的价值观进行改造、变通和融合的基础上产生的，所以它就很容易为传统社会中的徽州各阶层所接受。事实的确如此，大量的史料表

① 《新安歙北许氏东支世谱》（嘉靖六年稿本）卷8。

② 《太函集》卷65。

③ 《太函集》卷66。

明，通过广泛的舆论宣传，到明中后期，在徽州地区，传统的价值观已为新的价值观所替代，新的价值观念在徽州地区已深入人心。嘉靖年间学者唐顺之指出，当时徽州“即阀阅家不惮为贾”[①]。文学家归有光说，当时徽州“虽士大夫之家，皆以畜贾游于四方”[②]。新安璜上程氏在宗谱中明确规定：“士农工商，皆为本业。”[③]明中叶歙商许西皋则宣称：“人之处世，不必拘其常业，但随所当为者，士农工贾勇往为先，若我则业贾者也。”[④]这些都表明，“商居四民之末，徽俗殊不然”[⑤]。新的价值观念已替代传统的价值观念成为徽州人行为方式的指南。

新的商业价值观的宣传和接受，减轻了徽人从商的心理压力，这是明清徽州商业社会形成的思想基础。

## 二、财富与社会地位的失衡·渴望尊重·夸富斗靡的行为方式

新的商业价值观的宣传和接受，使徽州地区掀起了经商的热潮，到明中后期，徽州已形成了“人十三在邑，十七在天下”的局面[⑥]。凭借吃苦耐劳的精神和拥有文化知识的优势，徽州商人在商业经营中获得了巨大的成功，许多人成为拥有资本数百万、上千万的富商巨贾，所谓“新安大贾，鱼盐为业，藏镪有至百万者，其他二三十万，则中贾耳”[⑦]。然而在传统社会中，徽州商人却不能获得与其财力相适应的社会尊重和与其财力相匹配的政治地位。这就使得经商致富后的徽商产生了新的心理失衡。于是为了进一步平衡心理，徽州商人又根据人们内心深处所固有的对财富和荣华的渴求和羡慕，将经商得来的一部分利润在衣食住行等生活消费上极

① 唐顺之：《荆川先生文集》卷15《程少君行状》。
② 归有光：《震川先生集》卷13《白庵程翁八十寿序》。
③ 《新安璜上程氏宗谱》（明刊本）卷首《家禁第十》。
④ 歙县《许氏世谱·西皋许公行状》。
⑤ 许承尧：《歙事闲谭》卷18。
⑥ 王世贞：《弇州山人四部稿》卷61《赠程君五十叙》。
⑦ 谢肇淛：《五杂俎》卷4。

尽奢侈，以此向世人证明自己的存在，引起社会的注意；同时他们又不惜消费巨额钱财，千方百计地攀援政治势力、谋求政治身份，以显示其身价。这些都是经商致富后的徽商渴望社会尊重的心理特征在行为倾向上的表现。正如早期西方经济史学家费迪南多·加利亚尼（1728—1787）所说的：出人头地，在社会上保持优越地位，是仅次于性欲的“最强烈的愿望”，而奢侈是博取荣誉、尊重等等的重要手段[①]。

徽商的奢侈性消费是从明中叶开始的，与该地区出贾人数的不断增加、商业资本的急剧扩大相同步。正如嘉靖万历年间歙人汪道昆在其《太函集》中所说的：“（徽州）纤啬之夫，挟一缗而起巨万，易衣而出，数米而炊，无遗算矣。至其子弟，不知稼穑之艰难，靡不斗鸡走狗，五雉六枭，捐佩外家，拥脂中冓。”[②]此时，徽商“第蒙故资，大都以奢溢而快一逞”[③]。使得“天下都会所在，连屋列肆，乘坚策肥，被绮縠，拥赵女，鸣琴跕屣，多新安之人也”[④]。

从明后期到清朝的乾嘉时期，随着徽商财力的进一步扩大，其奢侈性消费也达到了登峰造极的地步。如徽州盐商，“入则击钟，出则连骑，暇则召客高会，侍越女，拥吴姬，四坐尽欢，夜以继日，世所谓芬华盛丽非不足也”[⑤]。南京上新河的徽州木商，“服食华侈，仿佛淮扬，居然巨室”[⑥]。“徽州灯，皆上新河（徽州）木客所为。岁四月初旬，出都天会三日，必出此灯，旗帜伞盖，人物花卉鳞毛之属，剪灯为之，五色十光，备极奇丽。合城士庶往观，车马填阗，灯火达旦，升平景象，不数笪桥。”[⑦]徽州典商许某，歙县人，“家故巨富，启质物之肆四十余所，江浙间多有

① 费迪南多·加利亚尼：《货币论》，A.E.门罗编：《早期经济思想》，商务印书馆1988年版，第245页。

② 《太函集》卷18。

③ 《太函集》卷16。

④ 《震川先生集》卷13《白庵程翁八十寿序》。

⑤ 《太函集》卷2。

⑥ 《歙事闲谭》卷18。

⑦ 甘熙：《白下琐言》。

之……而其子弟中，则有三四辈，以豪侈自喜，浆酒霍肉，奉养逾王侯。家僮百数十人，马数十匹，青骊彤白，无色不具，腹鞅背韅，亦与相称，每出则前后导从，炫耀于闾巷间”[①]。

长江流域和运河沿岸是徽商的聚居或经常往来之地，这里的大小城镇都有徽商夸富斗靡、寻欢作乐、恒舞酣歌的身影。特别是扬州，因是徽州富商大贾最为集中的城市，所以徽商在此“衣物屋宇，穷极华靡，饮食器具，备求工巧，俳优妓乐，恒舞酣歌，宴会嬉游，殆无虚日，金钱珠贝，视为泥沙。甚至悍仆豪奴，服食起居，同于仕宦”[②]，其穷奢极欲的生活更是无与伦比。

徽商在奢侈性生活方面的用度，其数量是十分惊人的。有学者据有关资料估计，徽商商业利润用于“肥家润身”的部分，占其利润总额的50%以上[③]。

徽商在日常生活方面的夸富斗靡，引起了世人的羡慕、惊叹，以致模仿，的确达到了引起社会注意的预期效果。翻开明清方志，披览之余，一个强烈的印象油然而生：明代中叶，是中国社会风尚习俗发生剧烈变化的重要时期，“风俗自淳而趋于薄也，犹江河之走下而不可返也”[④]。那么，究竟是什么因素有以致之？有学者认为，这种嬗变，更加具体和更为直接的原因是以徽商为首的两淮盐商的奢靡生活方式由东南逐渐向四方传播所致[⑤]。正如近人邓之诚在论述此奢风时说：“传之京师及四方，成为风尚，奢风流行，以致世乱，扬州盐商与有责焉。”[⑥]徽州是徽商的桑梓之邦，明成化、弘治以前，这里民间生活崇尚节俭，但是随着明中后期徽商在两淮

① 《歙事闲潭》卷17。

② 《清朝文献通考》卷28。

③ 宋应星：《野议·盐政议》，《宋应星佚著四种》，上海人民出版社1976年版。

④ 范濂：《云间据目钞》卷2。

⑤ 参见王振忠：《明清徽商与淮扬社会变迁》，生活·读书·新知三联书店1996年版，第151页。

⑥ 邓之诚：《中华二千年史》卷5下《明清·生业》。

的暴富，徽州的民间俗尚也一变而为“乘坚策肥”，奢风大盛[①]。这种变化的原因，时人以为“大抵由商于苏、扬者启其渐也”[②]。淮、扬是徽商侨寓集中之地，徽商的大贾巨富多麇集于此，因而他们的生活方式对这一地区的影响就更为直接。时人说，扬州奢靡风气的流行是由于“学盐商”的结果[③]。乾隆《山阳县志》也认为，淮安地区奢侈之习的形成，“不在荐绅，而在商贾”[④]。挟资千万的徽商当是淮俗嬗变的关键因素。徽商奢侈生活方式的流风所及，对北京也产生了巨大的影响。据《歙事闲谭》记载，明朝隆庆年间，单单是徽州歙县一地，“聚都下者已以千、万计。乾隆中则茶行七家，银行业之列名捐册者十七家，茶商各字号共一百六十六家，银楼六家，小茶店数千”。随着康、乾两帝不断南巡，对以徽商为主体的扬州盐商的财力和生活方式多加叹赏，扬州徽商的生活方式对京师的影响逐渐加剧。仅以戏曲为例，乾隆后期，北京舞台已是徽剧一枝独秀[⑤]。京师生活方式在其他方面所受的影响可想而知。徽州等商人在大江南北和运河两岸的奢侈生活方式，甚至通过陕商影响到关中地区。清代的《秦疆治略》说，关中地区“竞尚浮华”，是“传染南方风气”所致。豪侈的生活方式被人羡慕、被人模仿，使徽商认识到财富的巨大魔力，心中自然涌起一股自满自足之感，从而也就自然冲淡了他们作为商人的自卑情结。

作为商人，可以利用财富华其栋宇、玉食锦衣、纳妾招姬，过上和士阶层一样的令人歆羡的生活，那么商人和士相比，唯一缺少的就是政治身份了。而政治身份，在传统社会中，恰恰是获得世人尊重的首要条件。于是，为了获取世人的尊重，徽商又祭起了财富这尊法宝。他们利用财富结纳官府，讨好皇帝，密切与各级官吏的关系。这其中虽然有“以不利为利”，求得更大财路的目的，但更重要的是想“用博一官也”。徽商在这方面消费的钱财是十分惊人的。如明朝万历年间，师征关酋，歙商吴养春一

① 万历《歙志·序》。

② 《歙事闲谭》卷18。

③ 董伟业：《扬州竹枝词》。

④ 乾隆《山阳县志》卷4。

⑤ 参见王振忠：《明清徽商与淮扬社会变迁》，第157页。

人就捐饷银三十万两[1]。清乾隆三十八年（1773），征小金川，徽州盐商江春等人一次捐银就达四百万两之巨[2]。据嘉庆《两淮盐法志》载，从康熙十年（1671）至嘉庆九年（1804）的100多年间，以徽商为主体的两淮盐商在捐输，急公济饷，佐修河工、城工，赈灾，报效等名目下，交给清政府的银达39,302,196两、米215万石、谷32,946万石。对各级官吏，徽州等盐商每年也以所谓“程仪”“规礼”“别敬”等名目孝敬钱财，与之结好，动辄“盈千上万”[3]。康熙、乾隆历次南巡，为了献媚邀宠，以徽商为主体的两淮盐商更是不惜巨额消费。他们修筑了高旻、天宁、金山、焦山等四大行宫，“供奉宸游”；建造了许多别致的人文景观，以备皇帝巡幸观览；凡是一技一艺之长，可以取悦于皇帝者，“莫不重值延至”，其所费不赀。更有甚者，乾隆南巡时，两淮八大总商之一的歙商江春，曾在扬州大虹园，仿照北京北海白塔的式样，于一夜之间也建成了一座白塔，以供皇帝观赏。江春显示出的豪侈之举，连乾隆也感叹说：“盐商之财力伟哉!”[4]徽商在捐输、报效、结纳官府方面的巨额消费，不仅得到了封建官府在经济上的回报，而且还得到了封建官府在政治上的赐予，许多徽商因此获得了官秩，变成了“红顶商人”。如歙县大盐商江春，乾隆中因“每遇灾赈、河工、军需，百万之费，指顾立办”，再加接驾有功，而得到乾隆皇帝的召见，乾隆还对其“特宣温旨，加授布政使衔，荐至一品”[5]。像江春等人这样以“布衣上交天子”所取得的显赫的地位、名声和利益，不仅是一般商人，而且也是大部分士人所无法企及的。

致富后的徽商不仅通过奢靡的生活方式赢得了世人的瞩目，而且通过权钱交易获得了令世人梦寐以求的政治身份。由此，徽商在商业经营中又一次达到了某种程度上的心理平衡。

---

① 《歙事闲谭》卷10。

② 嘉庆《两淮盐法志》卷42。

③ 《李煦奏折》，中华书局1976年版，第196页。

④ 《清稗类钞》第2册《园林类》。

⑤ 《橙阳散志》（嘉庆十四年刊本）卷3。

## 三、终极关怀·崇儒重仕·传统社会心理的完全复归

如果说徽商对新的商业价值观的宣传还稍稍能显露出一点与传统“抗争”的意味（其实不能说“抗争”，只能说是对传统的变通和调和而已），那么接下来他们在生活方式上的奢侈夸耀以及利用财富谋求政治身份的行为则是完全在向传统妥协了，因为他们无非是想通过这些行为方式达到传统“士”的境界，像“士”阶层一样被人羡慕、受人尊重。可见，崇儒重仕的传统价值观念仍然牢牢地吸附在徽商的内心深处。像社会上的其他人一样，业儒入仕也是徽商的终极关怀。关于这一点，我们从弃儒服贾的徽州商人的深深失落感中就可窥见一斑，如休宁商人汪可训，因“不得志……遂辍帖括”，涉足江湖。经商致富后，他延名师，课督其子，并训诫其子曰：“此余未究之业也，尔小子容一日缓乎？”[①]休宁商人汪昂，“愤已弗终儒业，命其仲子廷诰治书曰：‘必以经时务，佐明时，毋徒委靡为也。’”[②]这些商人对未能服儒的遗憾和悔恨正隐含着他们对儒业的追求与向慕。也正因为如此，许多徽商虽然身在商海，但仍然不愿放弃自己先前的儒士身份与习惯，“虽游于贾，然峨冠长剑，褎然儒服，所至挟诗囊，从宾客登临啸咏，翛然若忘世虑者”[③]。另外一些人在囊橐充实之后，不惜钱财，建园林别墅，招徕各地文人学士，于其中揽胜访古，结社吟诗，文酒聚会，歌舞自娱，以续自己的未尽之梦。

崇儒重仕的传统价值观为什么能牢牢吸附于徽商的内心深处呢？首先，这是由于中国封建社会官本位的影响。官本位是一种按官职大小确定地位高低的官僚制度。它是一种特权制度，对人们有着极大的诱惑力。一旦业儒入仕，跻身于官僚士大夫行列，说不尽的好处就会纷至沓来。如可以优免徭役、躲避赋税和以权换钱等等。而商人与之相比，就有天壤之别了。虽然徽商大

① 《休宁西门汪氏宗谱》（顺治十年刊本）卷6《太学可训公传》。

② 《汪氏统宗谱·昂号云峰配王合纪传》。

③ 歙县《双桥郑氏墓地图志·明故徕松郑处士墓志铭》（嘉靖稿本）。

多“以末致富”，但其中的艰辛是常人难以想象的。明清时期，政府对盐、茶及一些金属矿物的禁榷制度很严，商人涉足其间，如临深渊，如履薄冰。同时由于政治的腐败，商税沉重，关卡林立；再加上贪官污吏多如牛毛，他们视商人为俎肉，大肆盘剥勒索，使经商困难重重。明万历《休宁县志·风俗》的作者就曾哀叹说：“逮舟车有算，关市迭征，所息半输之道路，归慰待哺，宁有几何?”“兼邑当孔道，诸邑供亿，时时倚办，奉公之直，十不逾半，而舆隶上下而渔猎之，则市廛重困矣。”[①]在上述情况下，商人只能在夹缝中求生存、图发展，其艰难状况可想而知。业儒与服贾两者在境遇上的巨大反差正是封建社会官本位的反映。所以徽商在内心深处都把业儒入仕看成“大吾门”“亢吾宗”的致远大业。无怪乎，明代歙商汪海虽已为“上贾”，但在命儿子汪体义治经术时却说：“其从叔父入太学，庶几异日者大吾门。”[②]其次，与徽州深厚的传统文化渊源有关。徽州地处万山之中，兵革不到，故东晋南朝的一些士族在社会动荡时为避乱纷纷来此定居。隋末、唐末不少世族地主为了躲避农民起义狂飙的冲击也举宗合族迁居徽州。他们的到来对徽州风俗影响很大。据宋淳熙《新安志》卷1《风俗》载：“其（新安）人自昔特多以材力保捍乡土为称，其后寖有文士。黄巢之乱，中原衣冠避地保于此，后或去或留，俗益向文雅。”宋兴以后，这些留居的世族地主凭借他们的政治地位以及家学渊源，通过科举入仕又在各级封建政权取得一席之地，以致“名臣辈出”。朱熹以后，这里又成了“文公道学”之邦，“彬彬多文学之士，其风埒于邹鲁”[③]。在理学之风的熏陶下，徽州形成了一种业儒入仕的历史传统。名门望族，必有业儒入仕而为朝廷显官者。这样一代教诲一代，一代提携一代，终于造成了徽州“十家之村，不废诵读”“家弦户诵，寅缘进取”的局面。这种传统同样深深扎根于徽商的心理之中，以致成为他们的终极追求。

如果说为了生存，徽商在迫不得已走向商海之际，为了保持心理上的平

① 万历《休宁县志》卷1《风俗》。

② 《太函集》卷55。

③ 乾隆《绩溪县志》卷3。

衡，创业起家，还有点“左儒而右贾，喜厚利而薄名高”[①]，或者说重商轻儒的味道，若我们把这一点权当作徽商否定传统价值观的“新思想”倾向的话，那么，经商致富以后，生存的问题已经解决，徽商的这点“新思想”倾向就荡然无存了，传统的崇儒尊儒、求名入仕的社会心理在他们身上又完全复归。关于这方面，有两点为证：其一，不少徽商致富后，或弃贾业儒，或弃贾入仕。如江登云，清康熙乾隆时人，16岁随兄外出经商，虽大获成功，却殊不自得，决心要“为国家作栋梁材”，终于弃贾业，入武学，考中武进士，“膺殿廷选，侍直禁卫”，官至南赣都督[②]。康熙年间休宁人汪淳涉足商界十余年后，“复习举子业”，一举登第，授中书舍人[③]。其二，徽商在业贾致富后，总是让儿孙们读诗书，“就儒业”，入仕途。明代歙人汪道昆曾回忆说：“（歙）临河程次公昇、槐塘程次公典与先司马并以盐策贾浙东西，命诸子姓悉归儒。”[④]休宁程封用因早年父死家贫，弃儒经商，历尽艰辛，终于致富。弥留之际，他谆谆告诫三子：“问仁（长子）、问学（二子）业已受经，即问策（三子）幼冲，他日必使之就学。凡吾所汲汲者，第欲尔曹明经修行庶几古人。”[⑤]正是出于这种“汲汲”于子弟业儒的强烈愿望，致富后的徽商不惜重金延名师以课子侄成为普遍现象。歙县盐商鲍柏庭在延揽名师，购买书籍教育子弟时曾说了这样一句话：“富而教不可缓也，徒积资财何益乎！”[⑥]鲍柏庭提出的“富而教不可缓也”的思想，在徽商中是具有代表性的。此外，为了让更多的子弟业儒就学，徽商还在城乡各地广设家塾、族塾、义塾、义学，同时大力倡修书院[⑦]。这方面的材料在徽州的方志、谱牒中俯拾可得，兹不赘举。

① 《太函集》卷18。

② 《丰南志》卷5。

③ 康熙《休宁县志》卷6。

④ 《太函集》卷55。

⑤ 《太函集》卷61。

⑥ 《歙县新馆鲍氏著存堂宗谱》（清刊本）卷3。

⑦ 参见李琳琦、王世华：《明清徽商与儒学教育》，《华东师范大学学报》（教育科学版）1997年第3期。

徽商在“家业隆起”之后，对子弟业儒成名的心情是异常迫切的。凌珊，明隆庆时人，“早失父，弃儒就贾”“恒自恨不卒为儒以振家声，殷勤备脯，不远数百里迎师以训子侄。起必侵晨，眠必丙夜，每日外来，闻咿唔声则喜，否则嗔。其训子侄之严如此。”一日，凌珊对其妻说：“儿虽幼，已为有司赏识，吾与尔教子之心当不虚。异日者尔随任就养，必教儿为好官，以不负吾志乃可。”[①]凌珊教子之心如此之切，督子为学如此之严，是希望其子能早日撷取功名，做个“好官”。这不仅是凌珊，同时也是其他徽商的共同心愿。

在父兄的殷殷期望和全力督促下，徽商子弟在科场中大显身手。仅以徽商中的两淮盐商为例，据嘉庆《两淮盐法志》中的《科第表》所列，从顺治二年（1645）到嘉庆十年（1805）这160年间，两淮徽商子弟登科者即有256人，其中进士85人，举人116人，贡生55人。这个数字是在两淮的山西和陕西商人所无法比拟的。同一时期，两淮的陕西商人子弟登科者为45人，其中进士11人，举人25人，贡生9人；山西商人子弟登科者为22人，其中进士6人，举人11人，贡生5人。所以研究徽商的学者们认为：“两淮徽商中的富商之家，经过一两代之后，其子孙大多不是加入儒林，就是荣膺仕宦。他们所追求的不再是‘财源茂盛’，而是显名于时，甚至是扬名后世。”[②]

从以上的分析中，我们可以看出：明清时期，徽州商人所走的道路是以求“利”开始，以求“名”终结；与此相适应的心理特征是由“名亦利”“利亦名”而复归为“名”至高无上。这两种心态的交替与反复，反映了徽州商人在传统面前的软弱和退缩，虽然他们曾经对传统进行过有限的“抗争”，但最终不得不完全融入传统中去。徽商为什么不能成为新型的商人，而只能是封建社会的附庸，由此亦可见一斑。

原载《学术月刊》1999年第10期

① 凌应秋：《沙溪集略》卷4《文行》。

② 张海鹏、王廷元主编：《徽商研究》，安徽人民出版社1995年版，第213页。

# 明清小说与历史文献中的徽商形象之比较

## ——以“贪财吝啬”和“乐施助人”两种典型形象为中心的考察

徽商，作为我国明清时期最重要的地域商帮之一，他们克勤克俭的生活作风、百折不挠的“徽骆驼”精神，以及“贾而好儒”的商帮特质、热心公益的商帮风范，是广为大众所熟知的。然而在明清小说中，文人们塑造的徽商形象，却摆脱了财富和权势带来的光芒，为我们展现了一个个有血有肉、丰满而鲜活的徽商形象。那么，明清小说中的徽商形象与历史文献所载的现实生活中的徽商形象，其区别和联系到底在哪里？其原因何在？笔者仅以明清小说中徽商之“贪财吝啬”与“乐施助人”这两种典型形象为例，结合史料对比，略作分析探讨。

### 一、关于徽商的“贪财吝啬”

言及明清小说中徽商形象之“吝啬”和“贪财”，小说家们常常将两者分开来写，以贪财为主吝啬为辅，而又将其巧妙地结合。而在“贪财”的典型中又常常加之“精于算计、心狠手辣”这样的性格特征，比如《初刻拍案惊奇》卷15《卫朝奉狠心盘贵产　陈秀才巧计赚原房》中的卫朝奉就是这样的典型人物。[1]卫朝奉是寄寓金陵的徽州客商，家就住在秦淮河边，开了间典当铺子，以此营生。小说中的卫朝奉精明贪财，平日里做生

① 凌濛初：《初刻拍案惊奇》卷15，长江出版社2006年版。

意时便是“假如别人将东西去解时，他却把那九六七的银子，充作纹银，又将小小的等子称出，还要欠几分兑头。后来赎时，却把大大的天平兑将进去，又要你找足兑头，又要你补勾成色，少一丝时，他则不发货”。如此刻薄算计、贪人便宜的卫朝奉，自然是被那些与之做过交易的人恨入骨髓，而文中却让他遇到了一个纨绔子弟陈秀才。这个陈秀才虽然家有遗产，生活得闲适清逸，却没有固定的收入来源，而且留恋风月，常常是夜不归宿，只见那白花花的银两都打了水漂。纵使是金山银山也经不起日日只出无进，没过几年陈秀才便手头吃紧，正当此时，早已窥探陈秀才家良房美宅的卫朝奉乘虚而入，借与陈三百两纹银。处心积虑的卫朝奉并不遣人讨债，一直等了三年，等到那本利到了六百两时才派人去陈家，陈秀才自然是拿不出银两还债。几个回合下来身为读书人害怕有辱斯文的陈秀才在万般无奈之下只得将自家的房产庄园抵押给了卫朝奉，而这也正合了卫朝奉的心意。原本价值两千余两的庄园只抵押了六百两的债务，卫朝奉也算是心狠手辣了。然而当陈秀才浪子回头想要重新赎回庄园时，卫朝奉却张开血盆大口硬要一千两银子。估算一下，这一买一卖中卫朝奉净占了那陈秀才近两千两纹银的便宜。如此使尽心机占人便宜的徽州卫朝奉也算是贪财人中的领袖了，读罢这则小说，是谁也不能不对“朝奉嘴脸”鄙夷了。

在《初刻拍案惊奇》卷10中还有一个徽州金朝奉，他虽然没有卫朝奉算计刻薄，却也是一个嫌贫爱富的人物。[①]这个金朝奉祖籍徽州，是寄寓浙江台州府的当铺商人，家中只有一个娇美的小女儿。那一年老皇帝驾崩，民间盛传新皇帝要点绣女，凡是未曾许配的女子便都可能被选去。可是谁家的女儿愿意送去那层层围墙的皇宫，几年都不得一见、生死难测呢？于是家中凡是有未嫁之女的纷纷找人许配，金朝奉也是着急得像热锅上的蚂蚁。台州府有个韩秀才，因家中贫穷未曾娶亲，本来是媒婆们见了都摇头叹息的主儿，这天却被病急乱投医的金朝奉在大街上撞了个正着，

① 凌濛初：《初刻拍案惊奇》卷10，长江出版社2006年版。

抵死也要将家里的小女儿嫁与他。韩秀才好像被天上掉下的金元宝砸着似的，忙与金朝奉纳了聘，换了信物，只等选个良辰吉日迎亲进洞房了。可是没过多长时间，选绣女的风声过了，这个金朝奉，不顾当初韩秀才救急之恩，不但悔婚还与自家舅子联合捏造证据将韩秀才告到了官府，其根本原因就是嫌韩秀才家中一贫如洗。小说的结局是这起官司被英明的地方官裁断清楚，金朝奉只得将女儿嫁出去了，而这样因贪财而失信的徽州客商正是文人们笔下的反面典型。

明清小说常常讲究因果报应，贪财的徽商形象也无法逃脱这一定律。《江湖奇闻杜骗新书》卷2《盗商伙财反丧财》中所说的刘兴正是这样一例。[①]这篇小说讲述了两位同在福建经商的徽州人，分别是营运着数千两的休宁大贾张沛和操着小本买卖的歙县刘兴。本来张、刘二人既是同乡又同住一家客栈，也算是有缘相聚各自高兴的事情。可是那刘兴却贪图张沛卖货的500两银子，趁其不备伙同他人盗走了张沛苦心赚得的利润。同室操戈，包藏祸心，张沛自然不肯放过刘兴，他纠结众人不仅追回了自己的辛苦所得，还让刘兴遭到了一顿痛打并失去了“苦积财本”的70两银子，让其得到了应有的下场。像刘兴这样贪财到了直接盗财的地步，也算是财迷心窍了。

诸如卫朝奉、金朝奉、刘兴这样贪财徽商的人物例子在明清小说中是占有一定数量的，其形象也是深入人心。然而更有一帮徽商，其形象被渲染成酸涩吝啬至极，与其贪财相辅相成。在短篇小说集《雨花香》里有一篇《铁菱角》，专写一个鄙吝至极的徽商。[②]这篇小说中的徽商姓汪，明代万历年间携了“祖遗的本银百余两”寄寓扬州，从事商业。汪商十五岁到扬州，本来只是个小伙计，不到二十年便挣有盐船三只，来往于江西、湖广之地，并有粮食豆船五只，营运于苏杭。此等的家业，吝啬的汪商竟连个帮忙的主管都不肯请，问及缘故，他的回答是：“若是请了主管，便要束脩，每年最少也得十多两银子。又每日三餐供给，他是外人，不好怠慢。吃了几日腐菜，少

① 张应俞著，廖东校注：《江湖奇闻杜骗新书》，中州古籍出版社1994年版。

② 石成金：《雨花香》第二种，太白文艺出版社2006年版。

不得觅些荤腥与他解馋。遇个不会吃酒的还好，若是会吃酒的，过了十日、五日，熬不过，又未免讨杯酒来救渴，极少也得半斤、四两酒奉承他。有这许多费用，所以不敢用人，宁可自己受些劳苦。况且银钱都由自手，我才放心。”原来是舍不得花费薪水酒肉之钱。但是回头思虑，对于一个拥有八只大船营运盐粮的客商来说，些许酒肉和几十两银钱比起一年的利润简直就是九牛一毛，根本算不了什么。汪商不仅在生意上精于算计，在家庭生活中更是一毛不拔。小说中专有一段讲他的穿着饮食：

> 他自戴一顶毡帽，戴了十多年，破烂不堪，亦不买换，身上穿的一件青布素袍，非会客要紧事，亦不肯穿，每日只破布短袄。但是，渐次家里人口众多，每日吃的粥饭，都是粗糙红米，兼下麦粒，至于菜肴，只捡最贱的菜蔬，价值五六厘十斤的老韭菜、老苋菜、老青菜之类下饭。或鱼、或肉，一月尚不得一次。

像汪商这样的家庭至少应该是鱼肉不断的，两三套像样的衣服也是必要的，而他过得却是如此艰辛酸涩。读过这段描述，想必大多数人都会不禁失笑于其真吝啬了！

在《欢喜冤家》的第十二回中描写了一个吝啬贪财的徽商子弟汪监生更是让人忍俊不禁。①这个在官府使了银子才纳了监的汪云生，自父母去世后便对银子只放进不放出，对家人也抠门得很，以至于有人写诗嘲讽他，诗云：

> 终朝不乐眉常皱，忍饥攒得家赀厚。
> 锱铢舍命与人争，人算通时天不凑。

可笑的是这个汪云生不但不以为耻，还回了四句诗一首：

> 生平不肯嫌铜臭，通宵算计牙关斗。
> 扬子江潮翻酒浆，心中只是嫌不够。

① 西湖渔隐主人：《欢喜冤家》，华夏出版社1995年版。

这样一个以吝啬贪财为荣的徽商子弟终因贪财，而被专用女色骗人家财的骗子团伙将其家宅洗劫一空，真是贪小便宜失大财。

在明清小说中，如上所描述之诸多贪财吝啬的徽商人物形象常常作为小说正文中的主角，据笔者统计，在明人凌濛初的《初刻拍案惊奇》及《二刻拍案惊奇》两部书八十卷中，涉及徽商者八例，其中就有四分之一是表现徽商贪财吝啬形象的，这在书中描写其他地方的人物形象中是没有的。[①]

那么，历史文献所记载的现实生活中的徽商是否也是如此“贪财吝啬”呢？据史料记载，整个徽州地区在生活习惯、风俗民情上的确有俭啬的传统。康熙《徽州府志》中说：“然其家居也，为俭啬而务蓄积。贫者日再食，富者日三食，食惟饘粥，客至不为黍，家不畜乘马，不畜鹅鹜。……女人犹能称俭，居乡数月，不占（沾）鱼肉，日挫针织缝纫锭。”[②]根据这段材料的描述，徽州人在吃饭、生活上甚为节俭，稍微富裕的家庭每天才吃三顿饭，家里不养马匹，连鹅这样寻常的家禽也没有，甚至连续几个月都不吃鱼肉。对于这样真实的风俗描述，《歙事闲谭》中也有同样的记述：“家居务为俭约。大富之家，日食不过一脔，贫者盂饭盘蔬而已。城市日鬻仅数猪，乡村尤俭，羊惟大祭用之，鸡非祀先款客罕用食者，鹅鸭则无烹之者矣，较他郡绝无宰割之惨。”[③]明人谢肇淛在《五杂俎》中也说：“新安大贾，鱼盐为业，藏镪有至百万者，其他二三十万，则中贾耳。……然新安人衣食亦甚菲啬，薄糜盐齑，欣然一饱矣。”[④]

徽州这样的节俭风俗，主要是其无法变更的残酷的生存环境所导致的。康熙《休宁县志》曾对徽州的现实环境有过这样的描述：“徽州介万山之中，地狭人稠，耕获三不瞻一。即丰年亦仰食江、楚，十居六七，勿论岁饥也。天下之民，寄命于农，徽民寄命于商。而商之通于徽者取道有二：一从饶州鄱、浮，一从浙省杭、严，皆壤地相邻，溪流一线，小舟如

① 凌濛初：《初刻拍案惊奇　二刻拍案惊奇》，岳麓书社1988年版。

② 康熙《徽州府志》卷2《风俗》。

③ 许承尧：《歙事闲谭》卷18《歙风俗礼教考》，黄山书社2001年版。

④ 谢肇淛：《五杂俎》卷4，上海书店出版社2001年版。

叶，鱼贯尾衔，昼夜不息。一日米船不至，民有饥色，三日不至有饿莩，五日不至有昼夺。”[①]看过这段史料，是谁都无法不感慨徽州的地理环境给居民带来的生存压力了！也自然而然理解了徽州人俭啬的原因：土地的贫瘠、人口的众多、粮食的缺少、四周“万山环绕”而导致的封闭，正是这些使得徽州民众不得不过着俭之又俭的生活。

在这样闭塞贫穷的环境下逐渐成长起来的徽商们，他们创业之始大多小本起家，甚为艰难。如明代婺源的李魁，家境萧条，务农已难以维持生计，遂决定从商，但囊中羞涩。他和妻子彷徨四顾，狼狈无措，环视家中，徒有卧室一间，家具又卖不上几钱银子。于是夫妇俩无可奈何之下，断然将此房卖给族人，仅得十两银子。他就凭这点微薄的资本来到南京，租一乡间破屋栖身，余钱用来经商，夫妻俩朝夕拮据，勤俭持家，不惮烦劳，艰苦创业，几年下来终于买下了不少田宅。[②]像李魁这样艰苦起家的例子在徽商中不在少数。嘉靖年间休宁程锁与本族十人一起集资经商，共同前往吴兴新市。当时程氏宗族中发家者颇多，那些富商子弟个个挥金如土，竞相奢侈，程锁与同伙盟誓一定要艰苦创业。于是他们在三九严寒也不喝酒，盛夏烈日时连草帽也舍不得买，躲在车子后面以挡炙热，大家齐心合力、同舟共济，终于得以发家致富。[③]徽州谱牒向我们展示，不少人走上经商道路，其本钱竟然是妻子的嫁妆；还有些人一无所有，只能靠借贷或依托亲戚朋友的援助。

正是由于残酷的环境而导致的节俭的传统以及徽商自身的创业维艰，他们在生活、生意中的俭啬、惜财也就不足为怪了。徽商们勤俭的例子在史料中也有诸多记载。如“（汪）材，字世用，号东源。……早岁丧父，与兄标营商于亮，历任艰苦，创业于家。不惮勤，观其自律之善，则居安佚而志在辛勤，处盈余而身甘淡泊。”[④]而最能体现徽商俭啬的是寄寓扬州

① 康熙《休宁县志》卷7《艺文志·汪伟奏疏》。

② 婺源《三田李氏统宗谱·休江谭东市魁公夫妇逸绩》

③ 汪道昆：《太函集》卷91。

④ 《汪氏统宗谱》卷31。

的徽商鲍志道。鲍志道身任总商二十余年，拥资巨万，“然其妻妇子女，尚勤中馈箕帚之事，门不容车马，不演剧，淫巧之客，不留于宅。”而在鲍志道的影响之下，扬州“奢靡之风至是大变”。[①]由此看来，明清小说中讲徽商吝啬并非空言。对比史料，虽然有其客观的缘由，但是徽商在生活上的俭啬确有其实。

那么，历史上的徽商是否真的如小说中那般“贪财精明、心狠手辣”呢？关于这一点，为教育后人以示典范的方志、谱牒，绝不会详细记载，但也有指出：“徽歙以富雄江左，而豪商大贾往往挟厚赀、驰千里，播弄黔首，投机渔利，使可致富。”[②]明清时期，徽州人经商以盐业、典当、茶业、木业、粮、茶等行业为主，在当时以小农经济为主的社会里，政府严格控制商品流通，各种商品收税极高，若平买平卖根本无法生存，“播弄黔首，投机渔利”也并非不实之言。但是，是否如小说中的人物那样贪财吝啬至极，暂时并没有确实的依据可证。

## 二、关于徽商的“乐施助人”

然而笔者发现，与深入人心的贪财吝啬的典型徽商文学形象相对，明清小说中还有一类徽商，虽其用笔浅淡甚至无名无姓，但他们所行之举却给人以侠义助人、乐善好施的正面形象。在这些形象中最突出的是《初刻拍案惊奇》卷4《程元玉店肆代偿钱 十一娘云冈纵谭侠》中的程元玉。[③]小说言及程商的性格时，用了“秉性缄默端重，不妄言笑，忠厚老成”的字眼。故事是这样的：程商客于川陕，收货归家途中，路遇忘记带钱无法付银于饭店的韦十一娘，正当众人皆取笑发难于十一娘时，程商挺身而出，帮其付了银钱。十一娘谢过程商并问及姓名，并承诺加倍奉还时，程元玉却说：“些些小事，何足挂齿！还也不消还得，姓名也不消问得。”读

① 李斗：《扬州画舫录》卷6，中华书局1960年版。

② 歙县《许氏世谱》卷6《寿敕封征仕郎叔祖晴川翁八十叙》。

③ 凌濛初：《初刻拍案惊奇》，长江出版社2006年版。

罢此话，一位行侠仗义、乐于助人、见义勇为的徽商形象已然立于人们心中了。而像程商这样以助人为乐的徽商形象出现在明清小说中的也还大有人在。如《警世通言》卷11《苏知县罗衫再合》中的陶公即是一例。[①]陶公只是经商途中泊于闸口的一名普通徽商，遇到了落难于水中的苏知县，不但救其性命还为其找到了立命安身之所。此书卷5《吕大郎还金完骨肉》中的徽州客商陈朝奉也是以助人为乐的。[②]陈朝奉经商途中丢失银两，幸而被吕玉所拾得将其归还。陈朝奉知恩图报不仅帮助吕玉找回了丢失的儿子，还将女儿许配其子，并承担了吕玉父子回家的路费。在《石点头》第十一回《江都市孝妇屠身》中的徽州富商汪朝奉更是菩萨心肠了。[③]汪朝奉当天正经商于襄阳府中，路遇正逢困难身无分文的周迪夫妻，便当即收留了他们，并让他们随其经商。还有在《二刻拍案惊奇》卷15《韩侍郎婢作夫人 顾提控椽居郎署》中的徽商，他在水边见有落难妇人抱婴投水，便急忙拦下，并自愿奉送妇人足色纹银二两，以救其因欠官粮银被监禁在狱中的丈夫。而整个文章连该徽商姓名都没有提及。[④]

明清小说中的这一批徽商人物，不仅侠义助人，还乐善好施。例如小说集《雨花香》第十八种《真菩萨》所写的闵世璋即是如此。[⑤]文中的徽商闵世璋乃寄寓扬州的徽州歙县人，营盐业生意，“每年盐业利息，自奉极俭，余悉施济，全不吝惜”。像这样一位视金钱为粪土，以施济为己任的闵商实在是难能可贵的。在《初刻拍案惊奇》卷24中也有一位这样的徽商，此徽商无名无姓，经商途中路过弘济寺，听说寺中缺钱修缮便毫不犹豫地拿出银两捐助。[⑥]而在《此中人语》中所写的徽商张先生更是一个忠厚良善之人，文中写他路遇乞丐便立即施舍，决不犹豫，为乡里所称颂。[⑦]

① 冯梦龙：《警世通言》，长江出版社2006年版。

② 冯梦龙：《警世通言》，长江出版社2006年版。

③ 天然痴叟：《石点头》，华夏出版社1997年版。

④ 凌濛初：《初刻拍案惊奇　二刻拍案惊奇》，岳麓书社1988年版。

⑤ 石成金：《雨花香》，太白文艺出版社2006年版。

⑥ 凌濛初：《初刻拍案惊奇　二刻拍案惊奇》，岳麓书社1988年版。

⑦ 陆林主编，赵生群选注：《清代笔记小说类编》，黄山书社1994年版。

言及徽商之乐施助人，明清小说虽着墨浅淡，但在历史文献中却是俯拾可得。据史料记载，贾而好儒的徽商们在致富以后大多慷慨支持教育文化事业、社会公益事业以及针对灾荒的慈善事业等等。如明代祁门商人马禄，“长客常州……嘉靖三十七年，县修儒学，禄自投牒输金三百以佐其费”[①]。清代绩溪商人章必泰，“往来吴越间……东山书院鼎建，自备资斧，襄蕆其事，名邀嘉奖；邑建考棚，捐银二百两以助”[②]。清代歙县商人汪应庚，“业鹾于扬……尝出五万余金，建府县学宫，以二千余金制祭器、乐器。又出万三千金，购腴田，归诸学，以所入供岁修。又助乡比试士资斧，至今永著为例，士人称为‘汪项’”[③]。以上三例只是有关捐资助学的，明清时期徽州商人对筑桥修路的支持更是比比皆是，其中清代徽商们合作重修大洪岭道路是最典型的案例。据祁门大洪岭石刻载，包括黟县叶义泰、苏丰裕、万和号、泰昌号、源兴号；歙县广裕号、同德号、同盛号和生源号；休宁义茂号、荣盛号、义兴号和公盛号；祁门开泰号、和丰号、和义号等在内的351家商号和个人捐赠，总计捐钱5306千文、纹银213两2钱和元银123两4分。[④]除此之外，每每荒年灾年，徽商们也倾囊捐助，帮助百姓渡过难关。如明代歙县商人汪泰护，“尝贾毗陵，值岁祲，出谷大赈；后里中饥，输粟六百石，郡守李公申请赐建义坊”[⑤]。清乾隆十六年（1751）徽州府发生旱荒，“商贩不通，米谷腾贵。前郡守济源何公既劝绅士出谷平粜，以纾一时之困，因又驰书淮扬各绅商谋所以为积储经久之计，由是绅士程扬宗等相率乐输银六万两于府”[⑥]。

徽州商人们的乐善好施也是有其源流的。上文我们谈到徽州四面环山，其特殊的地理环境虽然使徽州人面临着严峻的生存压力，但也为他们带来了安定的生活，使其形成了严密的宗族制度和良好的地缘关系。明清时期徽州

① 康熙《徽州府志》卷15《尚义》。

② 绩溪《西关章氏族谱》卷24《家传》。

③ 许承尧：《歙事闲谭》卷13《汪上章事略》，黄山书社2001年版。

④ 转引自卞利：《明清徽州社会研究》，安徽大学出版社2004年版，第168页。

⑤ 康熙《徽州府志》卷15《尚义》。

⑥ 民国《歙县志》卷15《艺文志·惠济堂记》。

宗族制度盛极一时，其宗法也甚为严明。据史料记载，徽州诸多宗族认为救济贫困族人是族中富人义不容辞的责任。如歙县黄氏认为："族人乃一本所生，彼辱则吾辱，当委曲庇覆，勿使所失，切不可视为途人，以忝吾祖。"[①]桂西项氏也认为："睦族敦宗，乡闾是尚，恤茕赈乏，仁义其滋。里中义田之举，所以嘉惠通族之鳏寡孤独废疾者，至优至渥，诚善事也。"[②]在徽州的诸多宗谱中，不仅对扶贫济弱有着宏观上的要求，还有具体的明文规定。如泰塘程氏规定："凡同族者，自十亩百金之家以上，随其财产厚薄，岁出银谷以为积贮，俾族长与族之富人掌之。立簿二本，籍其数，以稽出入，岁量族人所乏而补助之，其赢则为棺椁衣衿，以济不能葬者。"[③]在族规家法的要求、族人们长久以来相互扶持的风尚的耳濡目染之下，徽商们也形成了乐于助人、善于施众的传统。就算是那些出门经商、寄寓外地的徽商们也都保留着这一传统。清代两淮盐务中的"月折"制度就可以证明这一点。"月折"制度就是按月补助财力消乏的盐商及其子孙的制度。这样的制度使那些即使寄寓在外的徽商们也同样担负起了帮亲助友的责任，也使徽商子弟们从小就形成了与亲友同乡同舟共济的思维习惯，久而久之，济贫救弱、乐于施众也就成了徽商群体的自觉行为。

## 三、文学与历史的互动

合上一本本的史书，我们似乎已经拨开了徽商文学形象形成的那一层神秘的面纱：从贪财吝啬的卫朝奉、金朝奉、刘兴、汪商，到一个个历史上生于贫困、创业维艰、俭啬精明的徽州商人们；从侠义助人的程元玉、陶公、陈朝奉，菩萨心肠的汪朝奉、闵世璋、张先生，到一则则严明的族规宗条，一条条齐心协力修出的宽敞大道，一个个灾荒时被救活的贫苦生命。我们看出了不同和差距，也感觉到了更加立体、真实的徽商形象。那

① 雍正《歙县潭渡孝里黄氏族谱》卷4《潭渡孝里黄氏家训·亲睦》。

② 嘉庆《歙县桂溪项氏族谱》卷首《凡例》。

③ 万历《（休宁）程典》卷9《家法志第三》。

么，文学中这些血肉鲜明的徽商人物群体，他们到底对于历史上真正的徽商形象产生了怎样的影响，两者又有怎样的关系呢？

### （一）来源于真实的徽商文学形象

小说作为一种文学形式，它的人物虽然是虚构的，但其原型必然来源于现实，也必然经过作者的加工提炼而超脱于现实。早在明朝《警世通言》序中就曾言："（小说）……其真可以补金匮石室之遗，而赝者亦必有一番激扬劝诱、悲歌感慨之意。事真而理不赝，即事赝而理亦真。"[①]这个道理同样也适用于明清小说中的徽商形象。通过前面的例证我们可以看到，家资巨万的鲍志道生活节俭，他的妻子和孩子还要亲自打扫房间，家中亦无平常富贵人家应有的车马、幕客、演剧等等，这样清苦的生活原本不应是富商家应有的。但是这与《铁菱角》中的汪商与其家人的生活十分相似，明清小说中的汪商也是经营着七八艘商船，操运粮盐的大商贾，与鲍商更相同的是生活用度的节俭，而且汪商甚至节俭到了吝啬的程度。如果说鲍志道与汪商的相似纯属特例，那么明清小说中乐善好施的闵世璋、张先生、无名徽商却是像极了史料中那些济贫救弱的真实人物。由此我们可以证明，明清小说家们在下笔准备塑造徽商这一文学形象时确实参考了真实的历史人物和故事。同时，我们也发现，虽然小说中类似趁火打劫的卫朝奉、嫌贫爱富的金朝奉、分文不舍的汪商这样一群人物形象在文章中被描述成极度的贪财、心狠手辣以及吝啬，类似侠义助人的程元玉、乐善好施的闵世璋、菩萨心肠的汪朝奉也被刻画得完美无瑕、至善至真，但是史料中的真实徽商们则并没有那么极端：在写汪材或鲍志道生活节俭的同时，也有同样捐资助学的马禄、汪应庚，共同修筑大洪岭的351家商号，同时宗谱亦未否认徽商中有"播弄黔首，投机渔利"的人物。看来，虽然明清小说中的徽商形象的确来源于现实，却没有真实人物来得那么圆润，常常是突现其某一方面。而其原因就在于古人所说的："野史尽真乎？曰：

① 冯梦龙：《警世通言·序》，长江出版社2006年版。

不必也。尽赝乎？曰：不必也。然则去其赝而存其真乎？曰：不必也。《六经》《语》《孟》，谭者纷如，归于令人为忠臣、为孝子、为贤牧、为良友、为义夫、为节妇，为树德之士、为积善之家，如是而已矣。经书著其理，史传述其事，其揆一也。……而通俗演义一种，遂足以佐经书史传之穷。……人不必有其事，事不必丽其人”[①]这就告诉我们，明清小说中的故事和人物亦真亦幻，但作者都有一个目的，就是要通过这些故事和人物劝人为忠孝、贤良、义节、德善之辈。为了这样的目的，明清小说家们必在人物形象上下一番功夫，不仅取材于现实，还要将现实中人物形象的某一特点夸张放大、添枝加叶；或尽述其善以便为后人作出一个完美的榜样，或令其形象可恨可笑为世人做一个反面的典型。具体到明清小说中徽商形象上来，就是“贪财吝啬”或“乐施助人”的徽商群体性格特点之一的夸张放大。这些形象的产生是来源于现实中生活节俭、乐善好施、营商精明的徽商，但更是明清小说家们为劝诱世人的写作之需。

### (二)负面的文学形象影响了历史真实

纵观明清小说中描写徽商“贪财吝啬”和“乐施助人”的典型形象，笔者发现，凡是塑造其“贪财吝啬”形象时，小说往往将徽商作为故事的主角，详细描述其吝啬之态，贪财之形。正如那个贪财的卫朝奉，整个一卷都在写他与陈秀才的斗争；那个视钱如命的汪云生，其守财奴的形象也是跃然纸上。但是在塑造徽商“乐施助人”的形象时，小说家们便实在是吝惜笔墨了，在上文笔者所举的八例乐善好施的徽商形象中，只有程元玉和张先生是作为故事的主角出现，剩下的六例不是顺笔带过的小人物就是无名无姓的铺垫人物。通过与史料的对比，我们看到明清徽商其节俭精明和乐善好施的案例是不相上下的，那么小说家们使徽商文学形象更趋于负面的原因何在，这样的文学形象又给历史上的徽商带来了怎样的影响呢？

我们知道中国古代的君王们自汉代以来便推行独尊儒术的思想方针，

---

① 冯梦龙：《警世通言・序》，长江出版社2006年版。

并且在儒家思想的指导下实施重农抑商的政策。自汉至明清，悠悠两千年的时间，商人们一直处于社会的底层，商人这一群体自始至终被戴着“重利轻义”“无商不奸”帽子。即使在商人实力最强大、商人地位最高的明清两朝，他们还是处于“士农工商”四民之末。从这样的历史环境来看，小说家们使明清徽商形象以负面为主用以劝诱惩戒世人是符合当时的社会传统的。其次，明清两朝商品经济迅速发展，中国的商人们尤其是盛极一时的徽商逐渐垄断了高利润的盐业、木业、典当等行业；不仅如此，他们中的一部分人还通过捐输得到了官职成为官商。相对于坐拥金钱与权势的徽商，社会中的士人们却没有那么幸运了。由于家境贫寒、仕途不顺等各种原因，他们中大部分人常常是寒窗十年依旧得不到一官半职。比起此前任何时代，明清两朝的士商关系也是最为密切的，那些仕途不顺的士人们往往为了糊口养家投靠富商门下，作幕作宾，为人犬马。面对有钱有势的商人们，原本应该处于统治阶层的士人其满腹的优越感和尊严自然就受到了沉重的打击。种种如是，使得落泊的士人们将其在社会上的挫折感转化成了对商人们的愤恨、嫉妒。那么，他们在小说中、笔记中将商人的负面形象夸张放大，变本加厉，刻意丑化，也就不足为奇了。

现实社会的传统和由社会现实造成的士人们扭曲的心理使得明清徽商的文学形象以负面为主，而这些负面的文学形象也深刻影响着明清徽商的社会形象。明清小说家们将徽商“贪财吝啬”的文学形象浓墨重彩，使得早期的读者们对徽商的社会形象产生了类别化的刻板印象，这在社会心理学中被称为“偏见”[①]。这种偏见使得读者们对于徽商这一群体及个体成员有了负性的预先判断。通俗地讲就是我们所说的先入为主，当读者们讲到明清徽商时，首先就会联想到“贪财吝啬”四个字。当类似这样的负性的预先判断作用于群体时就会产生从众心理和群体极化现象[②]。按照社会心理学的观点，一个人所掌握的知识信息和实践经验是有限的，总要从他人的知识和经验中获得一些帮助，这时个体就很容易相信他人的判断，这

① ［美］戴维·迈尔斯：《社会心理学》（第8版），人民邮政出版社2006年版。

② 郑雪：《社会心理学》，暨南大学出版社2004年版。

是源于相信他人心理的从众。而在一个群体中，群体成员对别人的观点重复越多，他们就越可能在不断地重复中认同这些观点，并使之强化，这在社会心理学中被称为群体极化现象。根据上述理论，一个观点从负性的预先判断到从众再到群体极化现象应该具备预先判断的观点和群体及群体沟通两个条件。当我们把明清小说中徽商“贪财吝啬”这一负面文学形象作为对于徽商群体的负性预先判断时，很快就找到了群体及群体沟通的证明。据有学者统计，自从中唐白居易创立“香山九老会”之后，文人社团就发展兴盛，明代的文人社团达170余家，在地域分布上以江浙地区为中心，其组织集会的次数及规模远远超过前代[①]。就这样，经过负性预先判断→从众心理→群体极化现象，明清徽商的负面文学形象使得整个徽商群体的社会形象也以负面为主了。也就是说，明清徽商其负面的文学形象经由小说家们的描述，读者们的阅读，文人社团的沟通讨论，从而得到了强化和加深；同时这种通过群体心理作用而强化的徽商的负面文学形象也成为其社会形象的基本模型。关于这一点，《此中人语》中有一段话即可为证：“近来业典当者最多徽人，其掌柜者谓之朝奉。若辈最为势利，观其形容，不啻以官长自居，言之令人痛恨。”[②]像这样的观点在明清士人们的笔记中并不少见。由此看来，明清小说中徽商的负面文学形象确实对于历史上徽商的社会形象有着深远而广泛的影响。

在历史的视野下，通过对明清小说中徽商“贪财吝啬”和“乐施好助”两种典型文学形象的解读，我们逐渐了解到了明清徽商真实形象的侧影，以及徽商的文学形象和历史人物之间的区别与联系。通过这样的对比和解读，我们应该对徽商的了解更为全面了吧！

原载《安徽师范大学学报》（人文社会科学版）2008年第2期。该文的第二作者是孟醒

① 张涛、叶君远：《文学史视野下的中国古代文人社团》，载于郭绍虞主编：《照隅室古典文学论集》，上海古籍出版社1983年版。

② 陆林主编，赵生群选注：《清代笔记小说类编》，黄山书社1994年版。

# 改革开放四十年来国内商帮史研究鸟瞰与寻思

## 一、背景

国内商帮史研究最早可以追溯到20世纪初期，那时一些报刊上就开始发表一些有关山西票号的文章，如20世纪20年代，马寅初先生就为《东方杂志》和《银行杂志》撰写了不少关于山西票号的文章。20世纪三四十年代，陈其田先生的《山西票庄考略》（1937年）和卫聚贤先生的《山西票号史》（1944年）先后出版，这是两部最早的山西票号研究著作；1946年，傅衣凌先生的《明代徽商考——中国商业资本集团史初稿之一》发表。

但国内商帮史研究的实质性展开，则是改革开放以后的事情。这与十一届三中全会以后，我们党实现了思想路线、政治路线、组织路线的拨乱反正，实行改革开放、把全党的工作重点转移到社会主义现代化建设上的时代背景紧密相连。改革开放以后，徽商和晋商研究率先兴起，对商帮史研究起到了引领和推动的作用。1985年《明清徽商资料选编》和1989年《明清晋商资料选编》的出版，具有标志性的意义，促进了商帮研究热的逐渐形成。

1988年，在中国商业史学会第二届年会上，吴慧会长等倡议编写一部明清商帮的历史。1989年，在中国商业史学会第三届年会上，经过协商、讨论，成立了以安徽师范大学校长张海鹏教授和山西省社科院院长张海瀛教授为首的编委会，决定撰写较有影响的十个商帮，并推选了各帮撰稿人。经过大家几年的努力，《中国十大商帮》于1993年由黄山书社正式出版。该书分别就明清时期山西、陕西、宁波、山东、广东、福建、洞庭、江右、龙游、徽州等十个具有代表性的地域商帮的形成、发展、衰落过程及经营行业、经营方式、经营文化、资本流向、历史作用等进行了论述。在《中国十大商帮》“前言”中，张海鹏先生给“商帮”下了一个定义：“商帮，是以地域为中心，以血缘、乡谊为纽带，以‘相亲相助’为宗旨，以会馆、公所为其在异乡联络、计议之所的一种既‘亲密’而又松散的自发形成的商人群体。”这也是迄今最精辟且为绝大多数学者所接受的“商帮”概念界定。《中国十大商帮》的出版，促进了商帮史研究的发展，也标志着商帮研究热的正式形成。

四十年来，国内商帮史研究取得了极其丰硕的成果，同时也推动了经济史、社会史、政治史、文化史、教育史、思想史、文学史研究的发展。

## 二、数据

**表1　在中国知网以“商帮”为主题检索到的文章数量**

（1979年1月1日—2018年9月11日）

| 时间 | 1979—1988年 | 1989—1998年 | 1999—2008年 | 2009—2018年 | 合计 |
|---|---|---|---|---|---|
| 文章数量/篇 | 11 | 63 | 442 | 801 | 1317 |
| 百分比 | 0.84% | 4.78% | 33.56% | 60.82% | 100% |

**表2　在中国知网分别以十大商帮为关键词检索到的文章数量**

（1979年1月1日—2018年9月11日）

| 十大商帮 | 时间 / 文章数量/篇 | 1979—1988年 | 1989—1998年 | 1999—2008年 | 2009—2018年 | 合计 | 百分比 |
|---|---|---|---|---|---|---|---|
| 1 | 徽商/帮（徽州商人/帮） | 74 | 262 | 820 | 919 | 2075 | 37.67% |
| 2 | 晋商（山西商人/帮） | 25 | 156 | 1104 | 960 | 2245 | 40.75% |
| 3 | 龙游商人/帮 | 0 | 2 | 10 | 19 | 31 | 0.56% |
| 4 | 陕西商人/帮（秦商、陕商） | 2 | 16 | 41 | 73 | 132 | 2.40% |
| 5 | 鲁商（山东商人/帮） | 0 | 0 | 18 | 93 | 111 | 2.01% |
| 6 | 宁波商人/帮 | 1 | 8 | 69 | 66 | 144 | 2.61% |
| 7 | 洞庭商人/帮 | 3 | 4 | 11 | 25 | 43 | 0.78% |
| 8 | 江右商人/帮（江右商、江西商人/帮） | 0 | 2 | 14 | 51 | 67 | 1.22% |
| 9 | 闽商（福建商人/帮） | 0 | 2 | 114 | 256 | 372 | 6.75% |
| 10 | 广东商人/帮（粤商） | 4 | 29 | 134 | 122 | 289 | 5.25% |
| 总计 | | 109 | 481 | 2335 | 2584 | 5509 | 100% |
| 百分比 | | 1.98% | 8.73% | 42.39% | 46.91% | | |

**表3　近40年来出版的有关商人商帮史的著作数量**

（1979—2018年上半年）

| 时间 | 1979—1988年 | 1989—1998年 | 1999—2008年 | 2009—2018年 | 合计 |
| --- | --- | --- | --- | --- | --- |
| 著作数量/部 | 4 | 22 | 107 | 171 | 304 |
| 百分比 | 1.32% | 7.24% | 35.20% | 56.25% | 100% |

## 三、认识

对相关数据进行检索和分析，我们可以得出以下粗浅认识：

第一，四十年来，国内商帮史研究成果持续增长，商帮史研究范围不断扩大。无论是以“商帮”为主题进行检索，还是以十大商帮为关键词进行检索，抑或是从已出版的有关商人商帮史著作的数量来看，商帮史的研究成果每十年都呈现出几何级增长的态势，反映出商帮史研究的热度不断增强。同时，除“十大商帮”之外，进入21世纪，湖南、河南、云南、贵州、四川、北京、上海、苏州等地域商帮的研究成果也相继出现。

第二，四十年来，从统计数据和文本分析来看，国内商帮史的研究大致经历了三个阶段。即20世纪80年的兴起①、20世纪90年代的发展②和新

① 20世纪80年代代表性著作有：叶显恩：《明清徽州农村社会与佃仆制》第三章《徽州商业资本》，安徽人民出版社1983年版；张海鹏、王廷元主编：《明清徽商资料选编》，黄山书社1985年版；张正明、薛慧林：《明清晋商资料选编》，山西人民出版社1989年版；等等。

② 20世纪90年代代表性著作有：张海鹏、张海瀛主编：《中国十大商帮》，黄山书社1993年版；唐力行：《商人与中国近世社会》，浙江人民出版社1993年版；张海鹏、王廷元主编：《徽商研究》，安徽人民出版社1995年版；张正明：《晋商兴衰史》，山西古籍出版社1995年版；王振忠：《明清徽商与淮扬社会变迁》，生活·读书·新知三联书店1996年版；李希曾：《晋商史料与研究》，山西人民出版社1996年版；张忠民：《前近代中国社会的商人资本与社会再生产》，上海社会科学院出版社1996年版；陈学文：《明清时期商业书及商人书之研究》，洪叶文化事业有限公司1997年版；李刚：《陕西商帮史》，西北大学出版社1997年版；唐力行：《商人与文化的双重变奏——徽商与宗族社会的历史考察》，华中理工大学出版社1997年版；范金民：《明清江南商业的发展》，南京大学出版社1998年版；张明富：《明清商人文化研究》，西南师范大学出版社1998年版；等等。

世纪的繁荣[①]。这与我们党改革开放的开启、社会主义市场经济体制的确立和社会主义市场经济体制的推进、完善紧密相联。

第三，四十年来，政府、高校和学界，对商帮史研究价值的认可度越来越高。如安徽省早在20世纪90年代就提出了“打好徽字牌，唱响黄梅戏”的口号，并于2005年开始召开年度“中国国际徽商大会”，同时举办“徽商论坛”；全国许多高校和科研机构都成立有商帮研究的专门机构；商帮史专业委员会是中国商业史学会最早成立的专业委员会之一；获得国家社会科学基金立项的有关地域商人商帮研究的课题也呈现出逐年增多的趋势。

① 进入21世纪后的代表性著作有：陶水木：《浙江商帮与上海经济近代化研究（1840—1936）》，上海三联书店2000年版；李瑊：《上海的宁波人》，上海人民出版社2000年版；黄启臣、庞新平：《明清广东商人》，广东经济出版社2001年版；黄鉴晖：《明清山西商人研究》，山西经济出版社2002年版；李琳琦：《徽商与明清徽州教育》，湖北教育出版社2003年版；张正明：《明清晋商及民风》，人民出版社2003年版；王尚义：《晋商商贸活动的历史地理研究》，科学出版社2004年版；王廷元、王世华：《徽商》，安徽人民出版社2005年版；刘建生等：《明清晋商制度变迁研究》，山西人民出版社2005年版；邵毅平：《文学与商人：传统中国商人的文学呈现》，上海古籍出版社2010年版；范金民：《明清商事纠纷与商业诉讼》，南京大学出版社2007年版；刘建生等：《山西典商研究》，山西经济出版社2007年版；汪崇筼：《明清徽商经营淮盐考略》，巴蜀书社2008年版；杜正贞：《浙商与晋商的比较研究》，中国社会科学出版社2008年版；冯剑辉：《近代徽商研究》，合肥工业大学出版社2009年版；王春霞：《近代浙商与慈善公益事业研究》，中国社会科学出版社2009年版；张实龙：《甬商、徽商、晋商文化比较研究》，浙江大学出版社2009年版；姜生：《鲁商文化史》，山东人民出版社2010年版；苏文菁：《闽商文化论》，中华书局2010年版；王裕明：《明清徽州典商研究》，人民出版社2012年版；高春平：《国外珍藏晋商资料汇编》，商务印书馆2013年版；李刚、李薇：《明清陕晋徽三大商帮比较研究》，中国社会科学出版社2014年版；秦宗财：《明清文化传播与商业互动研究：以徽州出版与徽商为中心》，学习出版社2015年版；周智生：《商人与近代中国西南边疆社会》，民族出版社2015年版；李琳琦、梁仁志：《徽商会馆公所征信录汇编》，人民出版社2016年版；马勇虎：《近代徽州布商研究——以商业账簿为中心》，安徽师范大学出版社2017年版；康健：《近代祁门茶业经济研究》，安徽科学技术出版社2017年版；等等。

**表4　国家社会科学基金有关地域商人商帮立项课题年度数量一览表**

（总计：80项）

| 立项时间 | 1991年 | 1992年 | 1994年 | 1999年 | 2001年 | 2002年 | 2003年 | 2004年 |
|---|---|---|---|---|---|---|---|---|
| 立项数量 | 1 | 1 | 1 | 1 | 1 | 3 | 2 | 2 |
| 立项时间 | 2005年 | 2006年 | 2007年 | 2008年 | 2009年 | 2010年 | 2011年 | 2012年 |
| 立项数量 | 1 | 2 | 1 | 5 | 2 | 4 | 6 | 6 |
| 立项时间 | 2013年 | 2014年 | 2015年 | 2016年 | 2017年 | 2018年 | | |
| 立项数量 | 4 | 7 | 5 | 9 | 9 | 7 | | |

第四，四十年来，国内对商帮史进行多学科、多角度研究的趋势日益凸显。从国家社会科学基金立项课题来看，20世纪90年代立项的4项，都是在“中国历史”学科立项；进入21世纪共立项76项，除“中国历史”之外，还涉及哲学、经济学、中国文学、民族学、法学、新闻传播学、社会学、管理学、体育学等众多学科。从研究成果来看，则涉及商帮与教育、商帮与文化、商帮与政治、商帮与管理、商帮与社会治理、商帮与学术思想、商帮与文学、商帮与传统体育等众多领域。

第五，四十年来，国内商帮史研究呈现出明显的不平衡性。徽商与晋商研究并驾齐驱，遥遥领先于其他商帮的研究，从1979年至今，70%～80%的商帮史研究论著都是关于徽商与晋商的。而对“十大商帮”中的其他商帮，以及新开拓的地域商帮的关注明显不够，研究成果相对较少。

## 四、思考

四十年来，国内商帮史研究取得了长足的发展，研究人数不断增加、研究领域不断拓展、研究方法不断创新、研究成果不断增多，其影响力也在持续扩大。作为改革开放以后发展起来的一种学术“潮流”，国内商帮史研究未来尚需在多方面继续深化。

首先，商帮史的理论研究亟需加强。“就明清商帮这个大课题来看，大家还没有把个别研究与整体研究结合起来，没有把‘帮’与‘帮’之间的共同点与差异点找出来，没有揭示出商帮的兴衰原因和活动规律，没有全面地说清商帮的活动与明清社会发展的关系，等等。”这是25年前张海鹏先生在《中国十大商帮》“前言”中所说的一段话。25年来，学术界虽然在以上方面作出了一些探索，但广度和深度不够，仍然任重而道远。

其次，商帮史研究的覆盖面亟需扩大。明清时期的地域商帮众多，远不止“十大商帮”，从这个角度来说，迄今，学者们的注意力，还是仅仅放在少数商帮的研究上，而多数商帮至今仍然受到冷落。所以，我们不仅要继续深化徽商、晋商等大的地域商帮的研究，对其他较小的地域商帮的研究也应进行开拓，以扩大商帮研究的覆盖面。只有这样，才能科学地抽象出明清商帮活动的一般规律。

再次，商帮史研究的对话机制亟需建立。加强明清不同商帮研究之间的对话，以及明清商帮与近代“商帮”之间的对话，形成机制，从而推动商帮研究的持续发展。

最后，商帮通史的编写可以考虑进入议程。正如张海鹏先生在《中国十大商帮》“前言”中所说的：“我们的任务是，对单个商帮进一步深入研究，进而展开对整个商帮的全面研究；否则便是只见‘树木’而不见‘森林’，或者虽见‘森林’而看不清‘树木’，而这都是我们研究中的缺陷。”四十年来，学界对单个商帮和商帮与商帮之间的比较研究都取得了可圈可点的系列成果，因此，编写一部商帮通史的时机基本成熟。

原载《安徽师范大学学报》（人文社会科学版）2018年第6期。该文的第二作者是张萍

# 徽商研究再出发

## ——从徽商会馆公所征信录谈起

## 一

王国维先生指出："古来新学问起，大都由于新发见。"[①]徽商研究的兴起就是以大量新资料的发现为直接导因的。傅衣凌先生于1946年发表的《明代徽商考——中国商业资本集团史初稿之一》[②]一文，即是以方志、文集、笔记中大量徽商资料的发现为基础。日本学者藤井宏的《新安商人の研究》[③]，是国外学者最为系统研究徽商的著作，藤氏在中译本序言写道：

> 1940年，我曾在东京尊经阁文库读书，因另有目的，浏览万历《歙志》，对其中构成新安商人核心的歙商活动状况记载之详明，史料之多，大为惊讶，自是，我遂开始对有关新安商人的研究。不久，就将其成果吸收到《明代盐商之一考察》一文中。……战后不久，我在静嘉堂文库翻阅明代各种文集时，发现汪道昆的《太函集》乃是有关徽州商人史料之宝藏，为之狂喜。拙著《新安商人的研究》就是根据

① 王国维：《最近二三十年中中国新发见之学问》，《王国维文集》第4卷，中国文史出版社1997年版，第33页。

② 原载《福建省研究院社会科学研究所研究汇报》1946年第2期。

③ 原文连载于《东洋学报》第36卷第1—4号（1953年6月、9月、12月，1954年3月）。

《太函集》所提供的大量珍贵史料作为本书的骨架，也只有根据《太函集》各种史料始有可能为立体的、结构最密的掌握新安商人营业状况开辟道路，谅非过言。[①]

上引文字，凸显了新资料对徽商研究兴起的重要意义，也反映出资料对研究本身的重要作用，即史料在一定程度上决定了研究的“骨架”。

20世纪80年代，安徽师范大学张海鹏教授以敏锐的学术眼光，组建团队[②]，作出了开展徽商研究的决策。其率领的安徽师范大学徽商研究团队就是“从积累资料做起”[③]。他们“利用两次的寒暑假，北上合肥、北京，南下徽州各县，遍访图书馆、档案馆、博物馆、科研单位，访求珍藏，广搜博采，埋首于史籍、方志、谱牒、笔记、小说、文集、契约、文书、碑刻、档案之中，爬梳剔抉，索隐钩沉，抄录了百余万字的资料，涉猎各类书籍共230余种，其中徽州各姓的宗谱、家规近百种”[④]，并在此基础上于1985年出版了“迄今为止徽商研究最具代表性和权威性的原始资料汇编”[⑤]——《明清徽商资料选编》[⑥]。张海鹏先生在该书的前言中写道：

大家在实际工作中都深感研究徽商所遇到的一个困难问题，就是材料比较分散。有的学者为了研究一个问题，只得穷年累月，东搜西索，披览摘抄；一些外国学者则是要远涉重洋，其劳神费力更可想见。值此“徽州学热”在国内外刚刚兴起之际，我们想，如能把分散

① ［日］藤井宏：《〈新安商人的研究〉中译本序言》，《中国社会经济史研究》1984年第3期。

② 当时为明清史研究室，后一度改称徽商研究中心、徽学研究所，现为安徽省人文社会科学重点研究基地安徽师范大学皖南历史文化研究中心。

③ 瞿林东：《二十年的功力——评一个徽商研究的学术群体》，《中华读书报》2006年1月6日。

④ 王世华：《张海鹏与徽学研究》，《安徽师范大学学报》（人文社会科学版）2001年第1期。

⑤ 卞利：《20世纪徽学研究回顾》，安徽大学徽学研究中心编：《徽学》第2卷，安徽大学出版社2002年版。

⑥ 张海鹏、王廷元主编：《明清徽商资料选编》，黄山书社1985年版。

> 的有关徽商资料进行摘录，汇集成编，这对大家的研究工作多少可以提供一点方便。为此，我们集研究室全体同人之力，并借“地利”“人和”的有利条件，在最近几年中，利用教学之余，冒寒暑，舍昼夜，到有关图书馆、博物馆、科研单位以及徽州各地，访求珍藏，广搜博采，从史籍、方志、谱牒、笔记、小说、文集、契约、文书、碑刻、档案中，进行爬梳剔取，初步摘录近四十万言，编辑成册，定名为《明清徽商资料选编》。
>
> 这部徽商资料集涉猎各类书籍共二百三十余种，其中徽州各姓的族谱、家规近百种。我们在搜集资料的过程中发现，徽商的事迹，谱牒所载往往比史、志更翔实而具体，有不少是史、志所不载而家谱记述之，正如有的“谱序”所说：“编修家乘，可以补国史之不足。”这是不错的。况且徽州向来“有数十种风俗胜于他邑”，而“千载谱系，丝毫不紊”乃是其中之一。直到现在，这里保存的“家规”“族谱”之多，仍为“他邑”所不能比。我们从所披阅的族谱中，采摘了不少徽商活动的资料，从而也使这部资料集别具特色。当然，族谱中不乏夸张溢美之词，但其史料价值则是必须肯定的。

这段话既表明了《明清徽商资料选编》的“资料”来源，也表达了作者编纂该书的目的，即“对大家的研究工作多少可以提供一点方便”。事实证明，这本书的问世极大地方便了徽学乃至经济史和商业史的研究者。以此为基础，徽商研究迅速升温，国内外徽商研究队伍不断壮大、成果不断涌现。正因如此，叶显恩先生称赞该书“极大地推进了国内外的徽学研究”[①]。

以张海鹏先生为首的安徽师范大学徽商研究团队正是在广泛搜集资料的基础上撰写出了《徽商研究》[②]。“在这部近55万言的徽商研究专著中，作者分别从徽州商帮的形成与发展，徽商的资本积累，徽商在长江流域的

① 叶显恩：《张海鹏与徽学研究》，王世华、李琳琦、周晓光主编：《“纪念张海鹏先生诞辰八十周年暨徽学学术讨论会”文集》，安徽师范大学出版社2013年版。

② 张海鹏、王廷元主编：《徽商研究》，安徽人民出版社1995年版。

经营活动，徽商与两淮盐业，徽商在茶、木、粮、典和棉布业中的经营活动，徽商与封建势力，徽商的贾儒观与商业道德，徽商资本的出路，徽商与徽州文化，徽商个案研究和徽商的衰落等十一个方面，对驰骋明清商业舞台数百年的徽州商帮进行了迄今为止最全面的研究，是徽商研究中的一部创新性著作。”[①]《徽商研究》的成功可以说正是奠基于《明清徽商资料选编》。就如叶显恩先生所言：“《明清徽商资料选编》和《徽商研究》两部著作，是徽商研究的里程碑。前者是一项重大的徽商研究的基础工程，后者则是一部有丰富创获的研究成果。在学界产生了深远的影响。”[②]这两本书的巨大学术影响进一步凸显了新资料对徽商研究的重要意义，也反映出安徽师范大学徽商研究团队重视新资料搜集整理的优良传统。

当前，徽商研究主要依据正史、文集、笔记、小说中的相关资料，同时重视利用徽州“数以万计的文书、数以千计的家谱和数以百计的方志”，并已取得丰硕成果。然而正史、文集、笔记、小说皆成于封建文人之手，往往与事实“失之毫厘”而“谬以千里”；方志、家谱往往扬善隐恶，需要研究者“运用正确的立场、观点去处理这些材料，必须于字里行间发现史料的真正意义，还给他们真正的面目”[③]，常常费力费时且不易发现“真正意义”；文书则往往较为分散，归户性强的文书并不多见，因此整理起来也颇为不易。此外，无论是正史、文集、笔记、小说，还是方志、家谱、文书中的记载，所反映的大多是徽商个体的活动情况，其对徽商群体缺乏整体性观照。由此，目前的徽商研究大多是在对大量个体徽商资料进行归纳的基础上，再得出关于徽商这一商帮群体的整体影像。这种研究固然有其必要性和可取之处，但必然会影响到我们对徽州商帮群体及商帮组织活动的整体而细致地把握。

此外，正如一位从事文学史研究的学者所指出的那样：

① 卞利：《20世纪徽学研究回顾》，安徽大学徽学研究中心编：《徽学》第2卷，安徽大学出版社2002年版。

② 叶显恩：《张海鹏与徽学研究》，王世华、李琳琦、周晓光主编：《“纪念张海鹏先生诞辰八十周年暨徽学学术讨论会”文集》，安徽师范大学出版社2013年版。

③ 陈春声：《走向历史现场》，《读书》2006年第9期。

> 商人的研究，大体上属于经济史研究的对象。但是，经济史的研究较多关注商人的资本来源、经营品种、经营方式、经营地域，往往使用统计学的方法，得出符合历史面貌的认识和结论。对于商人的文化性格，一般停留在他们是否“诚信”的道德层面，面对商人的心灵却很少关注。因此，在历史学者的笔下，商人只是商人，是抽象的商人，而不是有血有肉、有情感的普通人。①

造成这种局面的原因，并非只是历史学者不愿意关注有血有肉的商人那么简单，传统史料对商人记载的过于抽象当是一个极为重要的原因。传统时代特别是明清时期的文学作品中有大量的关于商人的描写，这就为文学史家对商人丰满形象的塑造提供了丰富的素材，但这些素材对史学家而言却只能作为旁证，而难以作为真正史料或全部的史实来源对待。这种“苦恼”却是从事文学史研究的学者所难以理解的。因此，要想让历史学者笔下的徽商有血有肉，对富有生活气息的徽商资料的发掘就显得尤为必要。

2005年开始，我们再次组织安徽师范大学徽商研究团队的同仁及研究生，奔赴上海、北京、南京、江西婺源及安徽合肥、黄山、宣城等地的图书馆、档案馆，复印和手抄了大量未曾面世的由徽商创建或参与建设的会馆、公所类征信录文献，经过整理，最终汇集成180余万言。这些会馆公所类征信录文献不同于正史、文集、笔记、小说和方志、家谱、文书，它更多地反映了徽州商帮群体及商帮组织的活动情况，以及在建设、经营这些会馆、公所等过程中所展现出来的具体、生动、富有生活气息的徽商形象。通过对这些资料进行解读，我们可以直观地感受到徽州商帮这一群体的整体性活动场景，而不再是一个个个体徽商影子的叠加；还可以直观地观察到有血有肉的徽商，而不只是抽象的徽商。从这个意义上说，徽商会馆公所类征信录文献的大量发掘、整理和利用，必将推动徽商研究再出

① 朱万曙：《商人与经济史、文化史及文学史》，《清华大学学报》（哲学社会科学版）2016年第5期。

发，也预示着徽学研究又踏上了新征途。

## 二

会馆、公所是旅外同乡所建立的方便客籍人士“行旅栖止”的公共建筑，更是联乡谊、谋事务、办慈善的公益性社会组织。从现有的资料来看，会馆、公所的共同点多于不同点：其共同点表现在，它们在名称上往往是相通的，它们都是地域性的社会组织，它们的功能性质几乎相同；如果非要寻找其不同点的话，则公所“同业”的色彩相对来说要明显一些，其近代性也更强。

明清时期，徽商足迹几遍天下，重视乡谊和族谊的徽商，在其侨寓集中之地多建有会馆或公所。特别是南京、北京、苏浙、湖广、江右，既是徽商的辐辏之地，也是徽商会馆和公所的集中之区。诚如清人所言：“凡商务繁盛之区，商旅辐辏之地，会馆、公所莫不林立。”[①]也正如徽人所说：“矧吾徽六邑，士农工贾，虽曰咸备，而作客为商者为更盛，是非大丈夫，志在于四方者也。溯思前人敦仁慕义，古朴纯真，凡诸城镇无不有会馆设焉，实乃恭桑与梓之义。”[②]据陈联先生统计，清代的徽商会馆在百所以上。[③]

会馆、公所和义庄、义园、义阡、殡所等善堂、善会组织是“孪生兄妹”。正如明隆庆三年（1569）江西抚州推官黄愿素所云：“今天下一统，歙人辐辏都下，以千万计。嘉靖辛酉年，既捐赀创会馆，以联属之矣。又念邑人贫而病卒，而莫能归榇也，相与为义阡之举，以为瘗旅之所。”[④]前者主要是客籍同乡生者的“联属”之地，后者主要是客籍同乡死者的“瘗

① 《旅常洪都木商创建公所碑记》，常州市木材公司编：《常州市木材志1800—1985》，1986年。

② 光绪《新安怀仁堂征信录·同治六年分募簿启》。

③ 陈联：《徽州商业文献分类及其价值》，安徽大学徽学研究中心编：《徽学》第2卷，安徽大学出版社2002年版。

④ 道光《重续歙县会馆录·节录义庄原编记序》。

旅之所”，践行的是“敦睦之谊，冥明一体，生有所养，死有所葬”[①]的理念。所以，或先有会馆、公所，再建义庄、义园、义阡、殡所等善堂、善会组织，如上述的京都歙县会馆即是；或先有义庄、义园、义阡、殡所等善堂、善会组织，继之再建会馆、公所，如京都绩溪会馆之设，就是“由于先有义地，故同乡得以岁时会集谋复建馆耳”。据《绩溪义冢碑记》载：“乾隆丁巳，同乡诸耆长构地，立绩溪义冢于三义庵，岁时会集省奠。事各就绪，乃谋复建会馆，众议咸协，于壬戌春展墓之次再申前议，遂捐输得数百金，立今会馆。”[②]正因如此，徽商在客籍地所建的善堂、善会亦称会馆，如徽商在浙江杭州塘栖镇所建的新安怀仁堂义所也称“新安会馆”，据史料载：“兹据新安会馆司董蔡子香、洪浩然等禀称：窃生等籍隶安徽，向在塘栖生理者，或有病故之后，其棺木一时未能回里，不免风霜雨雪，殊属堪怜，是以择在塘栖水北德邑该管地方，设立新安会馆，停泊棺木，又在南山设立义冢，掩埋寄存未能归里棺木。”[③]徽商在客籍地所建的这类与会馆功能相辅相成的善堂、善会很多。正是基于以上的联系，我们把徽商善堂、善会征信录纳入汇编之中。

此外，“清末民初在同乡组织的发展史上有了一个很大的变化，便是同乡会的兴起”[④]。而清末民初的许多同乡会就是在原来的会馆公所基础上改革而成，如汉口徽商所建新安六邑同乡会即是在汉口徽州会馆的基础上改名而来；民国十二年（1923）由歙县商人建立的歙县旅沪同乡会也是在歙县会馆的基础之上改组而成。考虑到徽商所创建的同乡会与徽商会馆之间的延续性，本汇编也收录了两种徽商同乡会的资料。

关于徽商会馆公所征信录类文献留存情况的专题性研究或统计尚未及见，但从徽商会馆公所及善堂善会的数量则可推知，这类文献的实际数量

---

① 光绪《京都绩溪馆录》卷4《会馆建修缘起·绩溪义园记》。

② 光绪《京都绩溪馆录》卷4《会馆建修缘起·绩溪义冢碑记》。

③ 光绪《新安怀仁堂征信录·钦加六品衔、署杭州府仁和县塘栖临平分司陈为晓谕事》。

④ 高洪兴：《近代上海的同乡组织》，洪泽主编：《上海研究论丛》第5辑，上海社会科学院出版社1990年版。

当非常可观，留存下来的也应该为数不少，只不过因分藏在各地公、私之手，我们暂时无法准确统计而已。目前，我们所知道的徽商会馆公所类征信录有50余种，能够看到的约30种；收入本汇编的为22种，再加2种同乡会资料，共24种。现将收入本汇编的22种征信录类文献按编排顺序简略介绍如下：

《汉口紫阳书院志略》。又名《紫阳书院志略》，清董桂敷编，嘉庆十一年（1806）刻本。除“卷首”外，凡八卷：图说、道统、建置、崇祀、学规、祀产、艺文、杂志。汉口紫阳书院是书院和会馆的联合体。嘉庆时的翰林院庶吉士、婺源人董桂敷在《汉口重修新安书院碑记》中说：“余维书院之建，一举而三善备焉：尊先贤以明道，立讲舍以劝学，会桑梓以联情。”[①]“会桑梓以联情”，就是指汉口紫阳书院所具有的商人会馆的功能，说明它也是徽商在汉口“敦睦桑梓，声应气求”的联络、计议之所。嘉庆时，徽籍人士、时任湖北汉阳知府的赵玉在《紫阳书院志略序》中云：“盖尝论之，名省之会馆遍天下，此之书院即会馆也，而有异焉。崇祀者道学之宗主，而不惑于释道之无稽；参赞之源流，而不堕于利名之术数。入学有师、育婴有堂、宴射有圃、御藻有楼、藏书有阁，祭仪本家礼、御灾有水龙、通津有义渡，宾至如归、教其不如、恤其不足，皆他处会馆之所无，即有亦不全者。而后知创始诸君之功不朽也。”[②]

《重续歙县会馆录》。明徐世宁、杨熷续录，清徐光文、徐上镛重录，道光十四年（1834）刊本。是录分载会馆录与义庄录两部，每部又分为前集、后集、新集三种，记述了自明嘉靖至清道光间会馆、义庄之缘起、兴革、规章、碑记及历年乡会试邑人中式题名，捐输商号名称等。时任经筵讲官、体仁阁大学士、管理兵部事务的潘世恩在《重续歙县会馆录序》中云：“吾歙会馆原录作于前明徐月洲先生，名曰《歙县会馆录》，而义庄统焉。自乾隆乙未，其裔孙杏池先生续之，乃析会馆、义庄为二编，而分载原录于其前，曰《续修录》。迄今六十年，锓板久失，而事之当增载者又

① 嘉庆《汉口紫阳书院志略》卷7《艺文·汉口重修新安书院碑记》。

② 嘉庆《汉口紫阳书院志略》卷7《艺文·紫阳书院志略序》。

日益多，编校之任，诚后贤之责矣。蓉舫驾部，月洲先生之八世孙也，慨然思所以继其先志者，爰仍旧录之例，录自乾隆四十一年以后者为新集。于是此数十年中，凡馆舍之圮而再新，经费之绌而渐裕，地亩之侵而复归，规条之议而加密者，咸有稽考。既成，将合旧录梓之，名曰《重续歙县会馆录》。"

《（黟县）登善集》。清道光年间（1821—1850）刻本，不分卷。"登善集"是指徽商在徽州本土设立的"杭郡惟善堂载回旅榇暂停之所"，是杭州新安惟善堂的中转机构，"各邑并于邑界水口登岸处设登善集，集有司事如堂"[①]。"登善集"之名，典出《国语·周语》"从善如登"四字："谨摘《国语》'从善如登'四字，为六县分设，一视同仁，统名'登善'。"[②]是集记载有记、募启、公呈、告示、章程、买契、输契、税票、捐输等内容。《（黟县）登善集·募建黟邑渔镇登善集启》中说："夫羁旅之亡人，生不幸暴露之惨，仁者如伤。是以槜李之魏塘、武陵之海月桥里街，俱有六邑厝所之设，任凭停榇，不计久暂，凡以重乡谊、悯羁魂也。渔镇为我黟往来要冲，一年之中自下江扶柩归者指不胜屈。每见抵□□即寄之沙滩，或十日、或半月，俟择吉始迎归葬，不知此十日、半月，□风霜雨雪所伤滋多。况在客地尚有厝所可保之数□□年，一入本乡反置之沙滩不能保其数日，似乎于义□未周，亦情所不忍也。今拟于渔镇择址，购厂屋一间，为我黟归柩暂停之所，庶风霜雨雪可保无虞。"

《陕省安徽会馆录》。清胡肇智辑录，方延禧校雠，同治六年（1867）刻本。除前序、会馆全图，后跋外，正文凡五卷。歙县人方鼎录在《陕西安徽会馆录序》中说："馆建于嘉庆庚辰，迄于今四十有八年矣。昨岁丙寅，乡人复加修葺，焕然一新。适胡季舲先生秉臬关中，更与乡人谋著为录，以志既往而昭将来。首列图，其规模可见也；次列公启、碑记，其缘可知也；次列条规，敬将事也；次列醵资姓氏，旌众力也；次列兴作所用房券、地契，备考核也；次列义地、条约，所以妥旅魂而期遵守。秩然有

① 胡敬：《新安惟善堂前刊征信录序》，光绪七年《新安惟善堂征信全录》。

② 光绪七年《新安惟善堂征信全录·前刊·七月二十二日禀杭嘉湖道宪宋》。

叙，灿然不紊。”以上记载，详细说明了陕省安徽会馆创修和馆录修纂的过程。馆录的辑录者胡肇智、校雠者方鼎录和方延禧均为徽籍人士，所以将此馆录收入汇编中。

《新安怀仁堂征信录》。清光绪间（1875—1908）刊本，不分卷。新安怀仁堂是徽商在浙江杭州塘栖镇设立的会馆善堂，停放一时未能回里的徽人棺木，或掩埋、寄存无法归里棺木。该征信录记载了新安怀仁堂义所的兴建缘起、地方政府的批文、堂规，以及募捐经费和收支账目等。

《闽省安徽会馆全录》。清光绪四年（1878）刊本，不分卷。闽省安徽会馆创建于清同治元年（1862），倡始者为桂丹盟廉访潘茂如观察等皖籍官员。《闽省安徽会馆全录序》中云：“安徽会馆之在福州者，桂丹盟廉访潘茂如观察曩营于九彩园，余赀则于北郭马鞍山置义地，十四年于兹矣。岁丙子，观察以馆舍尚狭，议移爽垲□城南梅枝里旧筑而扩之，既亲董其役，唐俊侯军门复任巨赀为负畚先。越明年落成，就正楹祀朱子，夫皖闽相去远，而闽乘道学实系徽国大贤寄迹海滨荣焉。溯江淮三千里间固有息息相通者，宜足抒桑梓之恭且志萍蓬之聚也。于是考祀义庐馆约及义地之应补葺者，都为一录，而属余弁其端。”全录后附有“唐俊侯军门建造台湾凤山县淮军昭忠祠义冢、置买祭田数目、议定出入额款一切章程”。

《京都绩溪馆录》。清道光十一年（1831）经理协理诸人公同订定、校录、付梓，清光绪间（1875—1908）附刻。前有会馆、义园图各一，正文共分六卷，前四卷为道光十一年（1831）刻印，后二卷是光绪间增刻的。乾隆二十四年（1759），时为内阁中书舍人的绩溪人胡涵在《绩溪会馆碑记》中云：“岁在甲戌，绩人叶、王、胡、汪四姓等谋复同乡会馆，众人皆喜，共捐资二千余金，于宣武门外椿树头条胡同置屋数十间，工作既备，堂宇焕然。己卯夏，请予为记，以勒之碑。”可见京都绩溪会馆创建于乾隆甲戌，即乾隆十九年（1754）。馆录记载有规条、捐输名氏、契据、会馆建修缘起、筹添来京试费缘起、辛卯后历年添造房屋各账等内容。

《新安惟善堂征信全录》三种。一为清光绪七年（1881）刊，一为清光绪十七年（1891）刊，一为清光绪二十九年（1903）刊，皆不分卷。三种《新安惟善堂征信全录》详细记载了新安惟善堂创建、扩建、重建的过程，以及从嘉庆年间到光绪二十七年（1901）的置产、募捐和收支等情况。光绪七年（1881），绩溪胡元洁在《新安惟善堂续刊征信录序》中说："杭州城外海月桥桃花山麓有新安惟善堂权厝所，嘉庆、道光间，歙人余君锦洲创建于前，而其侄若孙及胡君骏誉等复推而广之者也。其经制规条具有成书，胡学士敬序之甚详。咸丰季年毁于兵。同治初，汪君鉴人集资重建，堂之事汪君实司之。既殇，继其事者增高厝所，构新安别墅于其中，建殿祀文、武二帝，又设茶寮以涌暍者。出纳之数既多，惧其久而无稽也，乃续刊征信录。"

《（武汉）新安笃谊堂》。清光绪十三年（1887）续刊，不分卷。是录记载了笃谊堂的缘起、条规及同治光绪年间的捐输和收支账目。笃谊堂位于汉阳，是汉口新安书院附设之善堂。光绪三年（1877），歙人程桓生《序》云："汉镇新安书院建有笃谊堂，在汉阳十里铺义阡之金龙岭地方。良以郡人贸易于斯者盈千累万，疾病死亡在所难免，有义阡以埋葬，有堂屋以停棺，既无暴露之虞，益安亡者之魄，意至善也。"

《嘉庆朝我徽郡在六安创建会馆兴讼底稿》。清光绪十七年（1891）汪家麒手录本，不分卷。嘉庆十四年（1809）、十五年，在六安经营的徽商拟在州治东北儒林岗下创建会馆，"为驻足之地"，而六安地方士绅以"擅自创建，妄行掘挖，伤害来龙……添盖楼台，欺压形势，致害合学风水"为由进行阻挠，以致兴讼。底稿详细记录了双方历时两年的兴讼过程。阅此，可知徽商在侨寓地兴建会馆以及经营商业之不易。

《新安会馆收捐清册》。光绪二十年（1894）刻本，不分卷。新安会馆创建于光绪二十年（1894），是由寓居南京的"茶商及杂货商号、漆铺各业解囊佽助"修建而成。清册除前面插刊有光绪二十一年（1895）《新安会馆公启》外，主要记载了光绪十九年（1893）十月以后至光绪二十年（1894）新安会馆经收的茶商、漆商和药材商的捐款情况。

《新安屯溪公济局征信录》。清光绪二十八年（1902）刊本，不分卷。是录记载了屯溪公济局的创办缘起、条规章程、置产助地，以及光绪二十八年（1902）的收支账目。屯溪公济局创议于光绪十五年（1889），是一个“仿各善堂成规”，为前来屯溪镇觅衣食的“四方穷民”送诊送药、送棺送葬的慈善机构，经费主要由“茶业各商慨然乐助”。正如创议者们在禀呈官府的文稿中所说：“屯镇为休邑之冠，各行业既备且多，四方穷民来觅衣食者踵相接，竭手足之劳，只以谋其口体。一遇疠疫流行，病无以医药、殁无以棺殓者所在多有。职等触目伤心，不忍坐视，爰集同人，仿各善堂成规，于本镇下街地方设立公济局，按年五月起至八月止，延请内外专科，送诊送药，棺则大小悉备，随时给送。所需经费非宽为筹置恐不济事，现经茶业各商慨然乐助，每箱捐钱六文，禀由茶厘总局汇收，永为定例。每年计有六百千文，即以此项为正款经费，其余酌量劝捐，随缘乐助，共襄善举。”光绪十八年（1892），公济局又附设保婴所和养痾所，慈善活动范围进一步扩大。后因“茶商续捐已成弩末”，又通过官府征收木捐“赖以济用”。

《歙县馆录》。即歙县试馆录。清歙县汪廷栋编，光绪三十年（1904）木活字本，不分卷。汪廷栋在《歙县馆录弁言》中记述了馆录的编修过程及内容：“馆录者，吾邑汪聘卿学正创试馆时所手订也。其中钞存之件仅契据、禀牍两目，而卷之首尾多空白章，殆将以备纪载而永流传欤？意至良，法至美，惜有志未竟，遽归道山。继其事者虽不乏人，然均未计及此。光绪癸卯春，予重到金陵，询悉其事，心焉伤之。次年二月，同人有厘订之议，佥以责属予，予不敢违，爰理其旧绪，订以新章，分为五录：曰契据录、公牍录，循其旧也，曰碑记录、馆规录、收支录，补其阙也。既成，仍名之曰《歙县馆录》，用活字板排印成帙。昔之解囊相助者家给一本，以示后人。”歙县试馆坐落于南京江宁县治石坝街，“为吾邑乡试士子而设”。[①]

《九江新安笃谊堂征信录》。清光绪三十二年（1906）刊本，不分卷。是录记载了九江新安笃谊堂的缘起、条规及捐输和收支账目。该堂创建于

① 汪廷栋：《歙县馆录·碑记录·创建江南歙县试馆记》，光绪三十年木活字本。

光绪二十九年（1903），是“仿汉阳新安笃谊堂停柩送榇章程，就地建造殡所义园，为徽属逝者寄厝之地。”[①]

《重建新安会馆征信录》。清汪廷栋等编辑，光绪三十二年（1906）刻本，不分卷。该征信录之内容、结构与《歙县馆录》几同，除前叙后跋外，正文分公牍录、图说录、碑记录、馆规录、器具录和收支录。汪廷栋在《碑记录》中说：“金陵马府街旧有新安会馆，毁于兵，四十年未能兴复。光绪甲辰夏，予因公过其地，惜之，爰集同乡公议重建。本处人少力薄，又借助于他山，幸赖各埠同乡咸念桑梓，解囊相助。经始于甲辰十月，初竣工于乙巳腊月。”

《徽商公所征信录》。清宣统元年（1909）刊本，不分卷。这里的“徽商公所”又称“徽国文公祠”，是由旅居杭州的徽州木商于清乾隆年间创建。宣统元年（1909），婺源木商江城在《征信录序》中记述：“浙之候潮门外徽国文公祠，即徽商木业公所也。乾隆时创自婺源江扬言先生，其子来喜又于江干购置沙地，上至闸口，下至秋涛宫，共计三千六百九十余亩。盖无公所，事无从叙；无沙地，排无以安。而建立公所、购置沙地，其有裨于木业者岂浅鲜哉！……咸同间，发逆犯浙，公所被焚，木业蹉跎，有一败不可再兴之势。而今则栋宇重辉也，而今则规模重整也，盖得后起诸君子实心实力襄赞其间，卒使开创宏规蹶而复振。”之所以要编征信录，江城继之又说：“公所向无征信录，人多疑之。今将紧要底据及每年收支逐笔刊明，条分缕晰，俾后继者率由旧章，永维公益，是则木商之大幸也已。”

《思义堂征信录》。清金文藻辑撰，宣统三年（1911）石印本，不分卷。思义堂是徽商于清嘉庆十八年（1813）在南汇县新场镇东南三十六都建立的公所善堂，“凡徽籍之物故于此，无力扶榇者代为埋葬，有力之棺寄停堂中以待回籍搬迁”[②]。咸丰十一年（1861），堂在战乱中“遭毁圮”；

---

① 《九江新安笃谊堂征信录·笃谊堂落成首士绘图粘契请县盖印词》，光绪三十二年刊本。

② 光绪十一年六月《安徽思义堂公牍》，金文藻：《思义堂征信录》，宣统三年石印本。

“同治纪元，诸同仁又踊跃输将，集捐万缗，重建堂宇”[①]。因为“斯堂重建已后，费用浩繁，皆出同乡善姓捐助，尚未刊行征信”，所以经理者“将光绪十三年至宣统二年逐年收支账籍汇列成册，镌印征信录，禀呈钧座，分送同乡，以示大信而昭慎重。自同治元年起、光绪十三年三月止，账籍概由胡君湄泉掌管，一俟交出，再行续刊。”[②]

《徽宁医治寄宿所征信录》。民国五年（1916）第五刻，不分卷。是录记载了徽宁医治寄宿所开办缘起经过、简章规则、总理协理、乐输芳名、收支账目，以及医治寄宿名额。该医治寄宿所是徽州、宁国两府绅商在上海设立的专为两府贫苦病人医治寄宿的慈善机构，宣统元年（1909）动议、二年始建、三年落成。由于“徽宁人士之旅居沪渎者实繁有徒，其安富尊荣者固多，而劳苦食力者奚啻千百计。（宣统）己酉春，休邑司总吴君韵秋、绩邑司年程君伯埙暨施君维垣、王君云卿等，目击夫乡人中之贫病无依者，良用恻然，而思有以补救之。此议设徽宁医治所之缘起也”。其启动经费来源于“两府绅商捐助戊申徽属水灾项下尚余规元三千有奇”，其开办与经常费则是“由余鲁卿、汪莲石、张子谦、朱汉舲诸董发起……其中尤以茶、丝两帮善士为最热心，茶则每箱捐钱四文，丝则每担捐银五分”[③]。

《徽宁思恭堂征信录》。民国九年（1920）第四十刻，不分卷。徽宁思恭堂又称徽宁会馆，是徽州、宁国两府绅商于乾隆十九年（1754）在上海城南设立的会馆善堂机构。“其初两郡旅沪人无多，先辈见客死他乡者寄棺乏地，于是合群策群力建屋数椽、购地数亩以备寄棺埋葬之用。复经后贤逐渐推广，以次施棺、掩埋、归榇，诸善举迭兴，房屋渐添，规模粗具。……光绪戊子年改建西厅，奉朱文公神位于前，进而以后进为先董祠，旁添内外两三间为办事处，翻造正殿为武圣大殿……殿前建戏台一

① 宣统三年六月《思义堂刊征信录启》，金文藻：《思义堂征信录》，宣统三年石印本。

② 宣统三年六月《思义堂刊征信录启》，金文藻：《思义堂征信录》，宣统三年石印本。

③ 汪洋：《徽宁医治寄宿所序》，民国五年《徽宁医治寄宿所征信录》。

座，金碧辉煌，照耀人目，游廊配以看楼十二间。……丁未春，同人议将殿东空地建东厅两进，为徽国文公专祠……越明年落成，屹然与西厅对峙，前为思恭堂正厅，驻堂办公在是焉。沪上为各帮会馆荟萃之地，大都注重华美，若论工料之坚实、布置之周妥，实为诸会馆冠。”[①]此征信录即是“徽宁两郡人作客是邑，置办义冢、公所册籍也”。

《新安思安堂征信录》。黟县旅休同乡会编，民国九年（1920）第一刻，不分卷。是录记载了思安堂建立的经过、董事姓名、捐输芳名及收支账目。思安堂是旅居上海、休宁的黟籍绅商于民国六年（1917）在休宁县十六都珠塘铺建设的善堂，额曰“思安”，“有丙舍以起停由沪运屯旅榇及为在屯同乡殡所，附设同乡会以为私团研究、进行慈善之会议场，至于殡厝满期，照章掩埋，则于堂之左近山麓置有义冢”[②]。

## 三

“馆之有录，所以纪事实、备考证也。”[③]徽商会馆公所类“征信录”是有关徽商会馆公所、义园善堂兴建过程、经费来源、运行机制、管理体制及相关徽商活动的原始档案材料汇编，内容可靠，史料价值高。它不仅可以帮助我们从整体上系统了解徽商商业慈善组织或机构的具体建立、运营过程，徽商的商业经营状况、商业网络，徽州绅商在建设、经营这些会馆、公所过程中与官府和当地民众的关系，同时还可以帮助我们去认识具体、生动、富有生活气息的徽商形象。因此，这批文献对商业史、慈善史、教育史、政治史、社会史等的研究都具有重要价值，甚至为重写徽商史乃至商帮史提供了可能。

① 《徽宁思恭堂征信录·徽宁会馆全图记》，民国九年第四十刻。
② 《新安思安堂征信录·休宁县公署布告》，民国九年第四十刻。
③ 《重续歙县会馆录·重续歙县会馆录序·徐宝善序》，道光十四年刊本。

## (一)商业史价值

徽商会馆公所类征信录类文献的商业史价值，学界已有专文讨论。[①]但需要进一步指出的是，若从整体的视角来利用这批文献，则其史料价值当更为凸显。如一些学者认为，近代以后徽商就彻底衰落了，甚至“几乎完全退出商业舞台”[②]。但透过这批征信录我们却发现，进入近代，徽商竟掀起了大规模重建或重修会馆公所、善堂善会等商业或慈善机构的高潮。如黟县的登善集倡建于道光二十一年（1841），杭州塘栖镇的新安怀仁堂之重建始于同治四年（1865），西安的安徽会馆于同治五年（1866）由“乡人复加修葺，焕然一新”[③]，福州的安徽会馆改建于光绪三年（1877），“乃择置城南梅枝里屋一区改建安徽会馆，鸠工庀材，卑者崇之、隘者扩之，经始于今春中和节，迄秋仲蒇事，视旧贯闳崇多矣”[④]。新安屯溪公济局在光绪十五年（1889）也得到重建。其他如九江的新安笃谊堂，杭州的徽商公所、南汇的思义堂，上海的徽宁医治寄宿所、徽宁思恭堂，休宁的新安思安堂等之重建或创建也都是近代以后的事情。在这些机构的创建过程中，徽商不只扮演了组织者的角色，更是最主要的经费提供者。如杭州塘栖镇的新安怀仁堂，“创自前人，历有年所。自咸丰庚申遭乱，其屋尽毁于兵燹，斯时露棺暴骨，行者伤之。直至同治乙丑，同人渐集，始得共助堆金，迁葬于南山之麓。爰后于会馆旧址筑垣墙、治屋宇，共造厝所十七间，外起门房七间。是时规模虽云粗具，然较之旧日，尚未得其半，而经费已有所不支矣。不意于庚午春，有同乡江君明德者运茶申江，道出栖镇，见此会馆，慨然动容，旦望此工程浩大，倘非多为捐助，何日得以告竣？于是查访同事，慷慨许助，曰：‘君等欲成此事，吾当为

---

① 具体讨论可参见王振忠：《试论清朝、民国时期徽州会馆征信录的史料价值》，黄浙苏主编：《会馆与地域文化：2013中国会馆保护与发展（宁波）论坛论文集》，文物出版社2014年版。

② 李则纲：《徽商述略》，《江淮论坛》1982年第1期。

③ 方鼎录：《陕西安徽会馆录序》，《陕西安徽会馆录》，同治六年刻本。

④ 潘骏章：《新建闽省花巷安徽会馆记》，《闽省安徽会馆全录》，光绪四年刻本。

将伯。’遂于茶捐内抽捐以成斯善举”[①]。新安屯溪公济局之重建，“所需经费非宽为筹置恐不济事，现经茶业各商慨然乐助，每箱捐钱六文，禀由茶厘总局汇收，永为定例。每年计有六百千文，即以此项为正款经费，其余酌量劝捐，随缘乐助，共襄善举。屯镇以茶业为大宗，此后遇有应办善事，即于此局公议，以归划一”[②]。可以说，近代以后，靠“茶捐内抽捐”或“茶业各商慨然乐助”，几乎成了徽商商业和慈善机构重建或重修所需经费的最重要保障。上述事实清晰地表明：一是近代以后特别是太平天国运动失败之后，随着社会环境的日趋稳定，徽商出现了一个中兴的局面，其社会影响力和经济实力仍不容小觑，故认为近代以后徽商就彻底衰落甚至退出历史舞台的观点，显然不符合客观历史事实；二是中兴以后的徽商已从“首重盐业”[③]转向了“以茶为大宗”[④]，即传统的徽州盐商没落了，代之而起的是茶商成为近代徽商新的中坚力量。

以往的徽商研究往往局限于某一特定区域，这就常常给人造成一种印象：在一地经商之徽商群体除了跟家乡保持密切联系外，跟在其他地方经商之徽商群体似乎没有什么关联。但通过这批征信录的记载我们却发现，不同地区经商的徽商群体之间的互动颇为频繁。

如北京徽州绅商与扬州徽商关系颇为密切，北京歙县会馆之重建更有赖扬州徽商之资助[⑤]。正如日本学者寺田隆信研究后所说：“歙县会馆以扬州盐商那里得到了巨大的经济援助。”[⑥]再如杭州的新安惟善堂之经费来源，除收取杭州徽商的“盐业堆金”“箱茶堆金”“木业堆金”“典业堆金”“面业堆金”等各行各业堆金外，常州、江都、海盐、泰州、南通州、海门、枫桥、南翔、德清等各地徽商或徽州商号也都积极捐输。[⑦]金陵新安

① 《新安怀仁堂征信录·新安怀仁堂征信录缘起》，光绪刊本。
② 《新安屯溪公济局征信录·禀呈》，光绪二十八年刊本。
③ 张海鹏、王廷元主编：《徽商研究》，安徽人民出版社1995年版，第22页。
④ 刘汝骥：《陶甓公牍》卷3，《官箴书集成》第10册，黄山书社1997年版。
⑤ 《重续歙县会馆录·续录后集·附记》，道光十四年刊本。
⑥ 寺田隆信：《关于北京歙县会馆》，《中国社会经济史研究》1991年第1期。
⑦ 光绪七年《新安惟善堂征信全录·前刊·捐输名目》。

会馆在光绪三十年（1904）重建过程中，也是“幸赖各埠同乡咸念桑梓，解囊相助”，除金陵省城外，上海、南通州、扬州、东台、芜湖、汉口、九江、安庆省城的徽商或徽州商号也都积极捐助。[①]据此可以推论，我们对徽商商业网络、关系网络之构建乃至明清商帮之“帮”的意涵等问题仍有进一步认识或讨论之空间和必要。

## （二）慈善史价值

在以往的慈善史书写中，慈善活动和机构的组织者或经营者主要是士绅，商人几乎都是以捐助者的身份出现。但这批徽商会馆公所类征信录文献却完全打破了我们对明清慈善事业的旧有认知，从这批文献中可以清楚地看到，徽商不只是慈善活动和机构的捐助者，也是组织者、经营者，他们所构建起的慈善事业不仅体系庞大、网络完备，而且组织严密、经营有道，可以说丝毫不逊色于士绅主导下的慈善事业的发展。而且，相较于士绅主要是在拥有得天独厚的地利、人和之便的本土即所谓“地方”进行慈善活动，徽商慈善网络的建构则主要是在徽州本土之外的异地，其所面对的困难和承受的风险要大得多，由此，其经验和教训也更值得借鉴。

与此同时，传统的慈善史研究或注重宏观制度层面的考察，或注重对慈善机构的个案研究，但对由不同的慈善机构所构建起来的慈善网络之关注则受制于史料的局限，往往关注甚少或语焉不详。这批文献则为我们揭示了徽商慈善机构之网络化、系统化的特征。这种特征主要表现在两个方面：一是并非每一个善堂善会都是独立运行的，而是与其他善堂善会共同构成了一个完整的慈善链条或网络。如黟县登善集之设就是为了完成杭州新安惟善堂之后续工作，“缘徽郡之在浙省贸易间有贫苦病故而柩难归者，即寄停于徽郡之惟善堂义园中，即在堂中给以川资送柩回徽。以各邑之柩到埠时皆有义所可寄，惟黟邑柩到渔亭向无义所，必先起放于沙滩，方能告知死者之亲属来领，风雨已甚伤心，暴水尤虞漂泊。兹职等在渔亭买受

① 汪廷栋等：《重建新安会馆征信录・碑记录》，光绪三十二年刻本。

汪姓渔山公共山业一片，公建义园，便于柩到即起停其中”[①]。杭州新安惟善堂的规条中也明确规定：“登善集每于船户载到之时，照依惟善堂知照册分别核收，即于通衢四镇填写各柩姓名、住址，以待亲属领回。或虽有亲属，赤贫者，准其到集报明，司事查其的实与路之远近，助给抬费；或自有山地祖坟可以附葬者，又给助葬钱二千文。此为极贫而论，不得视为常规。倘自能扛抬营葬，有意迟延、托词窘乏者，六个月尚不领回，即代葬集中公地。……嘉禾苏松等郡邑各善集将来载到旅榇，堂中专人代为照料一切，俱照杭郡之式以归一致。”[②]二是不同地域的徽商善堂善会之间具有一定的关联性。如位于江西九江的新安笃谊堂，即“仿汉阳新安笃谊堂停柩送榇章程，就地建造殡所义园，为徽属逝者寄厝之地”[③]。再如杭州新安惟善堂除与登善集为合作关系外，与徽商在常州所设公堂也有密切关系，其在道光十八年《七月二十二日禀杭嘉湖道宪宋》所附的条例中就说：“常州公堂亦系新安众商创，捐钱五百千文，仍存公堂营运，周年一分生息，收来专为津贴旅榇载送之费，议定不准提本，以杜挪移，堂中宜勒石垂久。”[④]综上，徽商会馆公所类征信录类文献为我们深入了解明清商人与慈善事业之间的关系提供了丰富的史料，也为我们重新认识明清慈善事业之实际运作提供了宝贵的资料。

### (三)教育史价值

明清商人在经商之地侨寓的现象十分普遍[⑤]，但侨寓商人子弟的教育问题却没有引起学术界应有的重视。究其原因，史料缺乏当是主要障碍。

---

① 《（黟县）登善集·建登善集请示公呈》，道光刊本。

② 光绪七年《新安惟善堂征信全录·前刊·禀呈》。

③ 《九江新安笃谊堂征信录·笃谊堂落成首士绘图粘契请县盖印词》，光绪三十二年刊本。

④ 光绪七年《新安惟善堂征信全录·前刊·禀呈》。

⑤ 关于清代商人侨寓化的状况，可参见龙登高：《从客贩到侨居：传统商人经营方式的变化》，《中国经济史研究》1998年第2期；王日根：《论清代商人经营方式转换的若干趋向》，《浙江学刊》2001年第1期。

为解决侨寓徽商子弟的教育问题，徽商会馆常常附设书院、义学等教育机构，其中最为有名的就是紫阳书院，它既是崇祀朱熹之祭祀机构，也具有一般书院的教育功能。如清康熙四十二年（1703），两浙都转运盐使高熊征为方便侨寓杭州的徽商子弟读书科举，遂应徽商之请建立紫阳书院。该书院在实际的建设和维护过程中，徽商发挥了决定性的作用，其建设及日常所需的巨额费用均由侨寓杭州的徽州盐商汪鸣瑞独立承担，还有徽商吴琦等也每年捐银四百两，以补膏火。关于徽商捐建杭州紫阳书院的动机，孙延钊认为："大抵鹾商多来自徽郡，为朱子故乡，子弟别编商籍，得一体就近考试，即以斯书院为会文及祀朱子处。故其父兄对于院款，皆自愿输将。"[①]可谓实情。无锡也有紫阳书院，"系祖籍新安的盐商创办，从购房至经营、开课经费均由这些盐商独立完成"[②]。本资料汇编所收录的《汉口紫阳书院志略》则为我们了解汉口紫阳书院的建设、经营、教学以及汉口徽商子弟的教育等情况提供了丰富翔实的第一手材料。[③]

齐如山先生曾说：书院"未立之初，当然或者也有官员的提倡，但大都是多数绅士努力，所以书院的基金，都是由地方筹募，多数是由富家捐出，或把原属教官之学田，拨出若干，间乎也有官员捐的廉，总之这笔款，不归官员管理，都由绅士经手"[④]。这就传统书院的一般情况而言，当然大体是准确的，但徽商在侨寓地所设商人书院的具体情况却让我们看到了"不一般"的情况。如前揭杭州紫阳书院、无锡紫阳书院之建设，徽商均发挥了决定性的作用，再如汉口紫阳书院，不仅它的资金主要由徽商筹募，其兴建款项乃至日常经费、教学活动的管理工作等也主要由徽商负责。可以说，在杭州、无锡、汉口等紫阳书院的创建和经营过程中，徽商已经取代士绅而成为真正的主导者。由此可见，《汉口紫阳书院志略》等也为我们认识传统书院以及教育的"另类"状况提供了难能可贵的资料。

① 孙延钊：《浙江紫阳书院掌故征存录》（一），《浙江省通志馆馆刊》第1卷第2期。

② 李国钧主编：《中国书院史》，湖南教育出版社1994年版，第793页。

③ 具体情况可参见李琳琦：《徽商与清代汉口紫阳书院——清代商人书院的个案研究》，《清史研究》2002年第2期。

④ 齐如山：《中国的科名》，辽宁教育出版社2006年版，第207页。

此外值得一提的是，在本资料汇编所收录的《旅溧新安同乡会简章》中有这样一条规定："会员权利……本会将来设立旅溧公学，会员子弟或本身有享受免费之权利。"徽商同乡会组织公学之设当是徽商会馆设立书院、义学等传统的延续。这条材料为我们思考后会馆时代侨寓徽商子弟的教育问题和同乡组织与教育之关系问题提供了重要启示。

### (四)政治史价值

商人与政治之间的关系，是传统商帮史或政治史研究中均无可回避的重要论题。徽商会馆公所类征信录类文献则为我们讨论这些问题提供了最直接最丰富的第一手史料。通过检阅这些文献我们可以清晰地发现：一是无论会馆公所还是善堂善会等机构的设立，都必须得到地方官府的认可甚至支持。最明显的证据就是在创建伊始都必须向各级政府逐级呈送禀文进行备案，有的还同时请求政府给予示禁保护。《重建新安会馆征信录》中收录有《递保甲总局禀一件》，其具体内容兹引如下：

具禀……等，禀为公吁勘验给照管业事。

窃职道等籍隶安徽徽州府，向有新安会馆房屋一所，坐落上元县治东北二段马府街地方，计门面十三号，共四进、天井四方、后院一区，前至官街、后至马府塘沿、东至李姓、西至杨姓屋宇。前遭兵燹，仅遗空基，所有契据均遭遗失。今清出周围老墙脚，凭官尺丈量，计前阔十六丈一尺、后阔十四丈八尺、东边长十六丈、西边长十六丈七尺，理合照章禀认。查东邻李姓业主未回，兹取具西邻杨姓保结，呈请鉴核。公吁饬勘明晰，发给执照，以凭管业，实为公便。上禀。

计呈邻结一纸。

总办金陵保甲总局江苏即补道刘案下施行。

光绪二年五月 日

杭州新安惟善堂在建立时分别向"杭府宪文、钱塘县陆"和"杭嘉湖道宪宋”呈送了具体内容基本一致的禀文，中间还提到：

> 今将捐资捐地并创建原由，先行禀明在案，俟堂楹工竣再妥议章程，禀请申详立案，用垂久远。现当开工之际，地邻山僻，仍恐地匪无知窃取物料，土工匠作分坊把持，阻挠善举，种种窒碍有妨善政，应请宪台大人钧批，行知仁、钱二县出示晓谕，严行禁止，实为公便不朽。[①]

通过呈请地方政府“发给执照，以凭管业”和对一些可能会出现的不法行为提前“出示晓谕，严行禁止”，从而为这些机构的建设、后续管理和正常运作取得了合法性并扫清了各种障碍或隐患。

二是当这些机构的利益遭受侵害时，也通常需要通过政府的力量予以解决。如位于南汇县的新安思义堂“寄棺被刨”，堂内执事就连续向南汇县令祁呈文请求严缉究办。在光绪十一年（1885）六月初四的呈文中提出：“现由职等报知各家属查明殓物，另外开呈外，事关公所寄停棺柩刨窃多具，为开棺柩细号清单赴案呈报。伏乞公祖大人电鉴，俯赐勘缉，获犯严究，沾仁上呈。”随后又在七月二十三日呈文中继续给官府施加压力：“现在各家属以报案多时，日久更难破获，屡来堂中问信，不得不再备情投叩。伏乞公祖大人恩赐，再刻严比勒限，缉获赃贼，按律究办，以肃法纪而靖地方。顶祝上呈。”[②]

三是徽商常常借助徽州籍官员的力量来维护徽商群体的利益。如旅汉徽商在与汉口土著就汉口紫阳书院建设发生的争讼过程中，第一次能够取胜，乃因徽州仕宦在朝者势力强大，“共为排解”[③]之缘故；发生在雍正初年的第二次大规模诉讼能够反败为胜，则因“雍正甲寅（1734），以文公之灵，天假湖南观察许公登瀛，考绩鄂城，爰斋沐、过汉江，瞻谒书院，

① 光绪七年《新安惟善堂征信全录·大清道光十八年五月二十八日为建惟善堂禀杭府宪文、钱塘县陆》。

② 金文藻：《思义堂征信录·安徽思义堂公牍》，宣统三年石印本。

③ 董桂敷：《汉口紫阳书院志略》卷8《杂志·书牍·上姚太史书》，嘉庆十一年刻本。

毅然以成就巨举为己任”。许登瀛乃徽商子弟，在他的周旋下，甫任的湖北巡抚杨馝“饬观察邗江朱公濡，廉得其实，追浮冒，归还祠屋，事始明而祀费有助”[1]。而事实上，徽商无论是建设会馆公所，还是善堂善会，从一开始都会主动与当地的徽州籍官员合作谋划，以寻求他们的支持，这些徽州籍官员通常也会积极配合和支持徽商的行动。可以说，徽州籍官员的支持对徽商在外地的开拓起到了非常重要的作用，而徽商对教育的重视和对徽州籍官员的资助也为徽州籍官员的成长和发展创造了良好的条件。在徽州，“官商互济”，实实在在。

上述三点只是从宏观层面的观察，非常难能可贵的是，这些徽商会馆公所类征信录文献还为我们从微观层面观察商人与政治势力之间的关系提供了线索。如《新安惟善堂征信全录》中就记载了杭州新安惟善堂给当地官吏送礼的情况，如给地保送年规即是一例，《光绪五年支用各款总录》中载：“支钱七千文，阿宝定例年规六千文、地保定例年规一千文”；《同治四年至光绪四年支用总录》中载：“付逐年地保年规送历费，钱六千八百四十文”；《同治十年建茶亭边楼披并装整内外堂支用总录》中载：“付地保年规送历费，钱一千一百四十文”；《同治十一年因外堂患水升高翻造支用总录》中载：“付地保年规送历费，钱一千一百四十文”；《同治十二年建文武二帝殿宇支用总录》中载：“付地保年规并送历，钱一千一百四十文”；《同治十三年建梓荫堂并装整文武帝殿支用总录》中载：“付地保年规送历，钱一千一百四十文”；《光绪元年创建新安别墅并造文武殿阁、龙亭支用总录》载：“付地保年规并送历，钱一千一百四十文”；《光绪二年补装堂宇并加筑墙支用总录》载：“付地保年规并送历，钱一千一百四十文”；《光绪三年修整各堂宇支用总录》载：“付地保年规并送历，钱一千一百四十文”；《光绪四年整旧增新各款支用总录》载：“付地保年规送历费，钱一千一百四十文。”这种情况几乎一直持续。其他徽商会馆公所征信录类文献中也有类似的记载。

① 董桂敷：《汉口紫阳书院志略》卷3《建置 · 纪书院本末》。

综上，本资料汇编为我们从宏观和微观两个层面考察传统社会徽商乃至商人群体与政治势力之间的关系，均提供了非常丰富、细腻、生动的资料，具有重要的政治史价值。

## (五)社会史价值

与传统史学偏好走“上层路线”不同，社会史更喜欢走“群众路线”，关注对底层民众日常的研究。徽商会馆公所类征信录文献正是社会史研究的资料宝库，因为不同于正史、方志、家谱、文集等的记载，它所记录的正是大量普通徽商具体入微的经营史、生活史、奋斗史、交往史，它所揭示的也多半是普通商人群体对社会、生活、生命等问题的基本认知或看法。如在《汉口紫阳书院志略》《嘉庆朝我徽郡在六安创建会馆兴讼底稿》等文献中，就保存了大量反映徽商与经商地土著士民之间矛盾纠葛和诉讼的内容，为我们具体生动地了解明清时代的土客矛盾，以及徽商在外地生活、经营的艰辛提供了丰富的史料。这在其他类型的文献中是很难见到的。

徽商在侨寓之地建有大量的义园、殡所、善堂，并制定有详细的管理制度，“凡旅榇之至，则先告于司事，司事即遣信告于其家，予以迎柩限期。其家人有力者，任其自备资用迎归故里；力不足者，酌助之；极无力者，尽给之。期已过而其家人莫有至焉者，司事将堂中所置公地代为埋葬，仍立石识姓名，俾异时来迁移者毋贻误”[①]。践行的是“奠安旅榇，矜慰游魂”“生有所养，死有所葬”以及“魂归故土”的理念，表现出徽商对死者的尊重和对生命的思考。但其背后反映的则是社会心理和文化心理，正如绩溪人胡元洁在《新安惟善堂续刊征信录序》中所说：“权厝所之有举莫废而死者安，死者安而其一家之人安，家积成邑，邑积成郡，而一邑一郡之人胥安。茔之事一人任之，或数人任之，前之人任之，后之人复任之，纲举目张，无侵无旷，亦各安其所安，则心安而事无不安。”[②]这些也为我们从社会史的角度重

① 光绪七年《新安惟善堂征信全录·前刊·新安惟善堂前刊征信录序》。

② 光绪二十九年《新安惟善堂征信全录·续刊序》。

新理解徽商、认识徽商提供了极为丰富的素材。

最后需要说明一点的是，事实上，早在20世纪30年代初，日本学者根岸佶利就利用《徽宁思恭堂征信录》对上海徽宁思恭堂的沿革、组织、职能和会计等作了初步研究，后陆续有学者利用此类资料进行相关研究。但总体来说，目前对徽商会馆类文献资料的研究利用仍不充分。其中一个重要的原因就是资料之难得，一方面是因为这些资料本身保存就比较分散，不易被学者发现和利用；另一方面是由于史料的人为封锁情况异常严重，这种现象以前多半限于各县级及以下地方的档案馆、图书馆、博物馆等，而近些年来这种情况大有向上蔓延之势。还有一个重要的原因则是研究视角往往仍局限在商业史领域，而忽视了从“人”的角度重新认识、书写出有血有肉的徽商。正是有鉴于此，我们才下定决心继承我们的老师张海鹏先生“对大家的研究工作多少可以提供一点方便”的教诲，决心通过自己的努力来尽可能使这些资料得以面世，从而嘉惠学林，以期推动徽商研究的进一步发展。我们期待着能以这批徽商会馆公所类征信录的出版为契机，实现徽商乃至中国商帮史研究视角和路径的重要革新，促进“徽商研究再出发”。

原载《安徽师范大学学报》(人文社会科学版)2017年第3期。该文的第一作者是梁仁志。本文是《徽商会馆公所征信录汇编》的“代序”，李琳琦、梁仁志整理，人民出版社2016年版

# 徽州教育研究

# 宋元时期徽州的蒙养教育述论

随着西晋末年，特别是唐末和北宋末年中原衣冠的大规模入迁，汉文化取代山越文化，徽州地区崇儒重教的社会风尚逐渐形成。到宋元时期，徽州已是“自井邑田野以至于远山深谷、居民之处，莫不有学、有师、有书史之藏”[①]。本文拟就这一时期徽州地区基础的启蒙教育状况做一大致勾勒，旨在起到抛砖引玉之效。

## 一、官立为辅、私办为主的蒙养教育体系形成

唐代以前，正规的小学教育乃是贵族的特权，直到宋代，这种情形才有较大改观。宋代中央政府曾明令在地方设立小学，并有小学章程的出现。如宋仁宗至和元年（1054）有《京兆府小学规》的颁布。宋神宗熙宁四年（1071），命诸州军设小学教授；宋徽宗崇宁元年（1102），令州县置小学。[②]崇宁五年（1106）又诏：“小学皆隶太学，州合令教授、县合令学长总其事，不可别为一学。”[③]政和四年（1114），再颁小学条例，对地方小学和国子监的内部建置及管理进行了具体规定。[④]元朝政府则在地方推

① 赵汸：《东山存稿》卷4《商山书院学田记》。

② 《玉海·学校》。

③ 《宋会要辑稿·崇儒》二之一一。

④ 《宋会要辑稿·崇儒》二之二七。

行小学和社学之制。如元世祖至元二十三年（1286）规定：“诸县所属村庄，五十家为一社……每社立学校一，择通晓经书者为学师，农隙使子弟入学。”[①]至元二十八年（1291）三月，元朝政府又命“江南诸路学及各县学内设立小学”。[②]

根据现有的材料，可以证明宋、元政府的规定在徽州地区基本得到实施。如程珌（1164—1242）在给休宁人朱权（1155—1232）所写的行状中提到，朱权“六岁入小学。一日偶失所业课册，先生颇有愠色。曰：‘毋多虑，某能尽默记。’乃追写之。他日得故帙，一字不舛”。此处的小学，应该是官立小学。因为在行状的最后，程珌说朱权死后，其著作“藏于家塾”。[③]可见小学和家塾是两种不同的教育机构。休宁人陈栎，也是“五岁入小学”[④]，时为宋理宗宝祐四年（1256）。元朝时，徽州亦有官办小学的设置。如徽州路学，元大德四年（1300）“教授徐拱辰重建讲堂，他如小学，文公祠……”；休宁县学于元大德五年（1301）整葺，其西廊也设有“小学”。[⑤]另外，休宁人汪德懋（1322—1375），六岁左右曾上小学。[⑥]以上罗列的虽然大都是休宁县的事例，但应该说在整个徽州地区具有代表性。至于元代徽州社学的情况，我们目前并不清楚。

宋元时期，徽州地区虽然有官办小学的设置，但初等教育的实施，仍主要依靠民间自己的力量。这一时期，徽州地区出现了一系列私家创办的蒙学教育机构，如家学、塾馆、塾学、家塾、义学、义塾等等。从教育者和受教育者两方面看，这些私家创办的蒙学教育机构可分为三种类型：一类是由家长对子弟实施的教育，我们称之为“家学”。如绩溪胡咸，在北宋熙宁、元丰间（1068—1085）“游太学十余年”，后因“有不乐者，谢病

① 《新元史·食货志》。

② 《新元史·选举志》。

③ 程珌：《洺水集》卷11《朱惠州行状》，文渊阁四库全书本。

④ 陈栎：《定宇集·年表》，文渊阁四库全书本。

⑤ 弘治《徽州府志》卷5《学校》。

⑥ 赵锁：《故县丞汪先生德懋行状》，《新安文献志》卷89。

归。召诸子出其书授之，不数年，其子舜陟、舜举踵相蹑取高第”。[①]又如南宋婺源滕洙（1129—1193），“幼闻家学绪余，长从乡先生俞君宋祐及一二知名士游”，后因科举屡不第，“即弃去不复为，独教诸子为学”[②]。再如南宋歙县方回（1227—1307），自五岁起直到十七岁，皆就学于叔父方瑑，其兄弟及堂兄弟也一度受教于瑑。[③]二类是延师设馆以课子弟，称之为塾馆、塾学、私塾、家塾等。上面提到的朱权，其家即设有家塾。再如南宋程卓（1153—1223）之曾祖，“富而仁，延礼名儒训迪子弟。……由其家塾以成名者甚众”。[④]元末郑玉弟子鲍元康，少时亦“读书家塾”。[⑤]三类是由“好义”之士创办，延师以教贫寒的宗族及乡里子弟，称之为义学、义塾，也有称家塾、书塾的。作为学校的“义学”，通常认为起源于宋代。据记载：

> 义学始于有宋，若衡阳侯氏、建昌洪氏、婺源王氏、莆田林氏则咸有之。而范文正公特建于姑苏之太平山，立斋庙，祀孔子，由是闻风兴起，四方学者归焉。[⑥]

可见宋代徽州即有义学的设置。另一个例子，就更能说明宋代徽州义学的存在。康熙《徽州府志·隐逸传》载：北宋婺源人汪绍“字子传，好义乐施……辟义学教授乡里子弟，名曰四友堂，割田三百亩以充膳费，四方学者踵至”。赵汸在《商山书院学田记》中认为：徽州“四方谓东南邹鲁，其成德达才之出为当世用者，代有人焉。然考其学所由，则在宣、政间，婺源有汪公绍者，始作四友堂于其乡，以居四方学者。其子存遂以明经教授学者，称为四友先生。一时名士若金公安节、胡公伸辈皆出其门。此吾

① 汪藻：《朝散郎致仕胡君（咸）墓志铭》，《新安文献志》卷91。
② 朱熹：《滕君希尹（洙）墓志铭》，《新安文献志》卷91。
③ 方回：《桐江集》卷8《叔父八府君墓志铭》。
④ 傅伯成：《赠特进资政殿大学士程公卓行状》，《新安文献志》卷74。
⑤ 郑玉：《师山集》卷8《鲍仲安墓表》。
⑥ 龚霖：《义学记》，同治《赣州府志》卷26《书院》。

郡义塾之始见也”。[1]至元代，特别是元末，因战乱，官学不修，徽州地区义学的设置更为普遍。如婺源县的遗安义学：元至正七年（1347）里人程本中建，“为屋若干楹，中祀先圣先贤，招延明师以教乡之子弟，割田五百亩，以三百亩之入赡师弟子，以二百亩养族之贫者”；中山书塾：元至正八年（1348）里人祝寿朋建，“为屋若干楹，割田二百亩，设朱子祠，其堂曰进修，斋曰成德、立本，阁曰清源，延师以教宗族及乡之子弟”。[2]再如休宁汪德懋于元末创建的万川家塾亦属于义学性质。汪克宽在《万川家塾记》中说：

> 比年矛戟抢攘，列城兵燹，学者逃难解散，非唯里闾废学，而郡邑学宫悉为丘墟，此家塾之所为作也。予宗友德懋久从予游，而有得者，世居休宁之万川，慨庠序之不兴，而士习日靡，乃以所闻于予者，居家教授，集亲族、闾里之子弟若干人，旦夕修读以自勖。亦古者家塾教民之遗意也，遂名其堂曰万川家塾。[3]

元末歙县名儒唐仲实之家亦设有“义塾”，其义塾之师名范季贤，“季贤温恭慎重，教小学弟子常数十百人，取束脩乘壶之微以养慈亲，庶几能竭其力者”。[4]由上可知，宋元时期徽州的义学、义塾已颇具规模。

## 二、一大批理学名儒热心训蒙事业，同时“择师教子”亦在徽州形成风尚

理学兴起后，徽州地区出现了一大批笃信朱子的理学名儒，这些人除著书立说、讲学书院外，还热心训蒙事业。仅以休宁县为例，庶几可见一斑。如朱权，字圣舆，淳熙十四年（1187）进士，历官知惠州，绍定二年

① 赵汸：《东山存稿》卷4。
② 弘治《徽州府志》卷5《学校》。
③ 《新安文献志》卷16。
④ 赵汸：《东山存稿》卷2《留别范季贤序》。

（1229）致仕回乡后，即开馆授徒，“学者来从，不远千里，率百余人，随材诱掖，后多知名之士”。[①]程卓，字从元，为硕儒程大昌之从子，淳熙十一年（1184）南宫第一，赐进士，历官同知枢密院事，封新安郡侯，为时名臣，“公初第而归，四方学子不远千里，执经席下，一经师承，其所得必粹，其文必有体制可观，门人多达者”。[②]又如陈栎，“私淑朱子，为时硕儒”[③]，他从二十四岁“馆于江潭”起，先后坐馆詹溪程氏、里中毕氏、江潭叶氏、蕖口汪氏、珰溪金氏，以训蒙终其一生。[④]再如倪士毅（1303—1348），字仲弘，所著有《四书辑释》，学者称道川先生。他年轻时从陈栎学，后因家贫，遂授徒以养亲。黟县汪泰初闻其贤，遂聘士毅到黟，为其筑室，俾士毅服侍双亲。泰初并“躬率子弟为邑人问学焉”。由于汪家的礼遇，士毅在黟县教了二十三年，直至去世。[⑤]“理学名贤”朱升，也曾教授塾馆多年，他自己曾说，“去年寓里中程氏馆”“今年受徒于家”[⑥]；方志记载，“朱学士升微时为珰溪蒙师”[⑦]；另外朱升还曾讲书于东倚平义塾。[⑧]名儒硕士热心训蒙事业，从而保证了宋元时期徽州蒙学教育的较高质量。

在名儒硕士热心训蒙的同时，“择师教子”在徽州形成风尚。如前面提到的胡咸，其父胡策“诲其子必千里求师”[⑨]；程卓之曾祖也是“延礼名儒训子弟”。再如歙县士绅洪味卿（1283—1328）亦“聘名师教子斌。闻婺源胡君默之贤，即迎至家，躬率子侄师事之。……斌学之成，胡君力也”。[⑩]在徽州，一些声名卓著的蒙师，往往被人争相延请。陈栎即是一

① 程珌：《洺水集》卷11《朱惠州行状》。
② 傅伯成：《赠特进资政殿大学士程公卓行状》，《新安文献志》卷74。
③ 《新安文献志·先贤事略上》。
④ 陈栎：《定宇集·年表》。
⑤ 赵汸：《倪仲弘先生（士毅）改葬志》，《新安文献志》卷71。
⑥ 朱升：《朱枫林集》卷3《大学中庸旁注序》，黄山书社1992年版。
⑦ 康熙《徽州府志》卷18《杂志下·拾遗》。
⑧ 朱升：《朱枫林集》卷7《东倚平义塾讲书》。
⑨ 汪藻：《朝散郎致仕胡君（咸）墓志铭》，《新安文献志》卷91。
⑩ 程文：《洪府君（味卿）墓志铭》，《新安文献志》卷89。

例。又如婺源的汪会（1280—1348），学问甚著，尤以诗名，于是“里之大家争相延致，使子弟师事焉”。[①]这说明徽州的许多家庭（家族）非常重视子弟的教育，希望通过名师训教，使子弟得以早日成“才”。这种风尚作为一种传统，一直延续到明清时期。

## 三、童蒙教材的大量编写，并形成区域特色

宋元时期，特别是元代，徽州的塾师尤其是一些理学名儒，在训蒙的过程中，逐渐认识到已有蒙学教材的缺陷，于是他们根据自己长期以来的教学实践，并通过对传统教材的变通、改造，编写出一系列适合儿童特点的蒙学教材。譬如陈栎，就在教学实践中认识到：

> 读《四书》之序，必以《大学》为先，然纲三目八，布在十有一章，初学未有许大心胸包罗贯穿也。《论语》或一二句、三数句为一章，照应犹易，启发童蒙宜莫先焉。[②]

然而朱熹的《论语集注》，“浑然犹经，初学亶未易悟”。于是为了使童蒙易学，陈栎以数十年所积之经验，编写出《论语训蒙口义》。正如他自己所说的：

> （栎）沉酣《四书》三十年余，授徒以来，可读（朱子）《集注》者固授之，唯谨遇童生钝者，困于口说，乃顺本文推本意、句释，笔之其于《集注》，涵者发、演者约、略者廓，章旨必揭，务简而明。旬积月累，累以成编，袭名《论语训蒙口义》。自《集注》外……诸儒之讲学可及者咸采之……（栎）一得之愚往往附见，或有发前人未发者。……抑不过施之初学，俾为读《集注》阶梯，非敢为长成言也。[③]

① 程文：《伯会先生汪君（会）行述》，《新安文献志》卷89。
② 陈栎：《定宇集》卷1《〈论语训蒙口义〉自序》。
③ 陈栎：《定宇集》卷1《〈论语训蒙口义〉自序》。

后来，陈栎又编写了《中庸口义》，其原因也是对童蒙“授以朱子之章句或问，往往难入，不得已绌绎朱子之意而句解之，复述读此书之大略于此”[①]。陈栎编写的蒙学教材还有《性理字义》《历代通略》《增广通略》《小学字训注》等多种。

“笃志朱氏之学”的胡炳文，从培养儿童的伦理道德观念出发，仿前代《蒙求》和朱熹《小学・外篇》格式，编成《纯正蒙求》。吴觉在《〈纯正蒙求〉原序》中指出：

> 蒙求之书，先儒为诸凡数家矣。吾邑云峰胡君又集古今嘉言善行为一篇，名曰《纯正蒙求》，仿佛文公《小学》书之遗意。虽其纲不出明伦、立身、接物三者，而搜葺之力勤矣，所以为养蒙做圣之功宏矣。[②]

“理学名贤”朱升对童蒙教材的拣选、改造贡献尤巨，最著名的是他为童蒙编辑的《小四书》。《小四书》是指方逢辰（1221—1291）的《名物蒙求》、程若庸的《性理字训》、陈栎的《历代蒙求》和黄继善的《史学提要》四本小书及朱升为之作的旁注。朱升认为，蒙童读书次第，应以《名物蒙求》为首：“凡将者，急就之传也；名物者，小学之先也。”其次是《性理字训》：“性理学问，天人之道，治教之原也。”再次是《历代蒙求》：“使知古今朝代之略。”最后是《史学提要》：“使知传统事迹之详。”作为蒙学教材，这四本书为什么如此重要呢？朱升进一步解释道：

> 此四书者，四字成言，童幼所便，精熟融会，宇宙在胸中矣。然后循序乎六经之学，归趣乎孔孟之教，究极乎濂洛之说，休日则事笔札而考苍雅，余力则记名教而诵诗文，庶几入门适道，有序有条，本末兼备，终始相成者矣。[③]

① 陈栎：《定宇集》卷1《〈中庸口义〉自序》。

② 胡炳文：《纯正蒙求》，文渊阁四库全书本。

③ 朱升：《朱枫林集》卷4《小四书序》。

为了使童蒙能更好地理解以上四书之意蕴，朱升又为之作旁注。正如他自己所说的：

> 夫读书不可无注解，然注解与本文相离，学者若不能以意相附，则非徒无益，而适滋其惑。故愚于诸经书往往与之旁注，使学者但读本文而览其旁注，一过则了然，无繁复之劳也。今此小四书者，语约而事意多，故旁注不足，则又表注于栏上，使教者有所据依，而学者易于记忆，此区区之至意也。既脱稿，刻之斋舍，题曰《小四书》，以别晦庵《四书》云。[①]

《小四书》在明代曾再度被刊行，直到清代，该书还在流通。[②]

介绍了以上这些，现在的问题是，徽州的士儒对朱熹顶礼膜拜，但朱熹的《小学》并未成为他们普遍使用的童蒙教材，反而是他们自己或编或写适合于己用且合于儿童阅读的本子，原因何在？台湾学者刘祥光对此的解释是："其中原因在于朱熹本人并不是第一线的塾师，因此他编写的启蒙读物虽然被奉为经典，但是不合训蒙之用。……只有真正实际教导初学者的塾师，基于他们丰富的教学经验，才知道什么样的课本适合学生用。"[③]这种解释是合乎实际的。因为《小学》虽然是朱熹专为教育童蒙而写，但就其内容而言，跟《四书集注》一样，初学者并不易读懂，这从明代陈选（1429—1486）专为《小学》作注，名之曰《小学集注》就可知一二。

## 四、余论

元初，休宁名儒陈栎在记述其所居的陈村情况时就曾说道："闻之方

① 朱升：《朱枫林集》卷4《小四书序》。

② 金儒杰编：《〈启蒙读物〉批判》，香港神州图书公司1975年版，第32页。

③ 刘祥光：《中国近世地方教育的发展——徽州文人、塾师与初级教育（1100—1800）》，《近代史研究所集刊》第28期（1997年12月）。

陈氏人物盛时，村无二姓，合族税钱以贯计者一千三百有奇。读书者比屋，各家之老遇风月良夜，杯酒相叙。饮罢，步街上听子弟弦诵声，自村首至尾，声东西相震，以是快惬为乐事。每岁秋赋，终场可读之卷几七十。”[①]如果陈村的情况具有代表性，那么宋元时期徽州地区蒙养教育的繁荣程度的确是非常惊人的。

宋元时期，徽州的蒙养教育为何能如此兴盛？究其原因有三：

其一，与徽州大族崇儒重教的文化传统有关。徽州大族大多来自中原的名门望族或者儒学世家。如胡氏婺源考水派，本出自陇西李唐宗室之后，因“朱温篡位，诸子播迁，曰昌翼者逃于婺源，就考水胡氏以居，遂从其姓。同光乙酉（925），以明经登第，义不仕，子孙世以经学传乡人，习称为明经胡氏”[②]。又如孔氏大族，本出孔子之后，“先圣孔子之四十八世孙曰端朝，宋建炎间为黟县令，遂家歙之城南”[③]。再如韩氏，“出唐昌黎愈公之后，本居上党”[④]。这些“俗好儒”的世家大族，凭借其家学渊源，在徽州发展教育，培养子孙，从而促进了徽州教育，特别是蒙养教育的发展。

其二，与新安理学的兴起紧密相连。南宋以来，随着程朱理学正统地位的确立，徽州地区出现了一大批“笃志朱子之学”的名儒硕士，并形成了颇有影响的新安理学派别。这些新安理学家皆以朱子之学的卫道者自居，他们除对朱子之学悉心探究之外，还纷纷创办书院，热心蒙养教育，以此作为宣传朱子之学、扩大朱子之学影响的重要手段，从而进一步促进了徽州教育，特别是蒙养教育的发展。

其三，由于科举制度的推动。宋代是我国科举制度的发展和完备时期。科举考试已成为朝廷选官的最主要的途径[⑤]。因而通过科举，跃入龙

① 陈栎：《定宇集》卷15《杂识》。

② 《新安名族志》前集。

③ 《新安名族志》后集。

④ 《新安名族志》前集。

⑤ 参阅冯尔康主编：《中国社会结构的演变》，河南人民出版社1994年版，第504—505页。

门，以光大门楣，重现世家大族昔日的辉煌，就成了徽州士人孜孜以求的目标。科举有赖于教育，特别是蒙养教育，这是徽州蒙养教育至宋代得以迅速发展的又一重要原因。教育的发展特别是蒙养教育的发展，使徽州逐利科场的人数大增。史载，至南宋初年，休宁一县，每次应乡贡者“常过八百人”[①]，而整个徽州“毋虑二千人云”[②]。这些带着父辈、宗族殷殷期望的徽州士子，“橐褚笔，起山林，与四方英俊争进趋，往往高捷乡国”[③]。于是徽州出现了“迨圣宋则名臣辈出”[④]的局面。

原载《安徽史学》2001年第1期

① 康熙《休宁县志》卷7《艺文志》。

② 淳熙《新安志》卷8《叙进士题名》。

③ 戴表元：《孝善胡先生（斗元）墓志铭》，《新安文献志》卷92上。

④ 淳熙《新安志》卷6《先达》。

# 明清徽州书院的官学化与科举化

## 一、徽州书院官学化的途径

书院是中国封建社会特有的教育组织形式，形成于唐、五代，发展于宋、元，兴盛于明、清，前后存在了一千多年。书院发端于私学，原属于官学系统之外的教育机构。但在古代专制制度的社会条件下，书院从它建立的时候起，就很难逃脱官学化的命运。徽州书院自然不能幸免。现在的问题是：书院的官学化到底是通过哪些途径实现的？学术界的一般观点是，“官府对书院掌教聘任权的控制”，“官府对书院经济、田产的控制和干涉”是书院官学化的两个主要途径[①]。如果说这是就全国书院官学化的一般情况而言，那么徽州书院却并非如此。宗族型的乡村书院姑且不论，这里着重考察在徽州有较大影响的几个县级书院的情况。如祁门东山书院，系明正德末年郡守留志淑和知县洪晰创建，但东山书院的山长和司事却非官府任命。其山长“由五乡绅士公议敦请，每年以十月为期，订送关书”；“每年司事之人，定以两乡钤管，如今年立事之初当派在城一人，以

① 参见李国钧主编：《中国书院史》，湖南教育出版社1994年版，第803—814页；丁钢、刘琪：《书院与中国文化》，上海教育出版社1992年版，第75—85页；毛礼锐、沈灌群主编：《中国教育通史》第3卷，山东教育出版社1987年版，第317—319页；胡青：《书院的社会功能及其文化特色》，湖北教育出版社1996年版，第59—62页。

北乡一人佐之，如此递推。其人先由本乡文约公举，再由各乡允议，不得滥厕，以致办理不善”[①]。又如黟县碧阳书院，系由知县谢廷杰于明嘉靖四十二年（1563）创建。但自明以来，碧阳书院的章程规定：“山长以邑人公议延请，经费由典商领本生息，官吏俱不为经理……院中司事二人，由公举；司匣，每都一人，各举。”[②]被称为休宁“一邑之学”[③]的海阳书院，系由知县王佐于崇祯八年（1635）创建。但海阳书院也是“请县申详，其山长听邑人公议延聘，膏火支放不经官吏”[④]。清代歙县最有影响的古紫阳书院系由歙人户部尚书曹文埴同歙商鲍志道、程光国等于乾隆五十五年（1790）倡建，其章程亦明确规定：“山长以邑人公议延请，官吏俱不为经理；院中司匣一人、司事二人，皆公举。”[⑤]由此可见，明清徽州书院的掌教聘任权和经济管理权，并非由官府所控制，而是掌握在乡绅之手。换句话说，徽州书院所实行的是民间自主经营管理的模式。

徽州书院官学化的途径不是表现在官府对掌教权和经济权的控制，而是表现在以下两个方面：其一，书院的招生被纳入官学化的轨道，其招生自主权丧失。明清时期，徽州府县级书院肄业生童皆由学政和府县挑送，各书院正额生童（即享有膏火的生童）数量相对固定。如府属紫阳书院，“向取内外课生童六十人给予膏火”，清嘉庆年间，歙商程光国暨其子振申“请府加倍取录，所有膏火俱伊家独立添补，于是紫阳书院内外课膏火生童始取一百二十人”[⑥]。再如歙县古紫阳书院，“肄业正额生监八十人，童生四十人”，“凡肄业者，由学政于六县生童中挑送，有余缺以文高试前列者补”[⑦]；祁门东山书院，“生员膏火拾叁名”“童生膏火拾名”[⑧]；黟县碧

① 唐治编：《东山书院志略·新立条规》，咸丰二年刻本。

② 嘉庆《黟县志》卷10《政事志·书院义学》。

③ 刘大槐：《问政书院记》，民国《歙县志》卷15《艺文志》。

④ 道光《休宁县志》卷3《学校志·书院》。

⑤ 道光《徽州府志》卷3《营建志·学校》。

⑥ 道光《徽州府志》卷3《营建志·学校》。

⑦ 民国《歙县志》卷2《营建志·学校》。

⑧ 唐治编：《东山书院志略·新立条规》，咸丰二年刻本。

阳书院，“正额生监四十人、童生二十人”[①]。政府规定的正额之外，才能“相对公议”[②]。其二，书院生徒管理官学化。主要是参照官学实行严明纪律及按考课成绩优劣的升降赏罚制度，书院生徒的自由权被剥夺。如祁门东山书院规定：“在院生童外出，须告明司事人登注日期，以凭查核。其有私出及每月在院仅止拾余日者则照到课而不住院之例给发膏火一半”；正额生童“若连次三课不到，永远扣除（膏火）”，“递推等第在前者序补”[③]。黟县碧阳书院亦勒石申饬，院中肄业生童，当潜心攻苦，不得出院游荡。如终日游闲及在院不循规矩，“即禀明院长，照会各绅士查明扣除（膏火）”。或因有事回家亦必告知司事，禀明院长告假，每月不得过五日[④]。此外，书院还仿照官学对肄业生童实行按考课成绩优劣的升降赏罚制度。如祁门东山书院规定：“未有膏火之生监，有能连取三次超等前五名者奖给膏火一半，如四次又取超等前五名奖给膏火全数；其本有膏火者，课文接连三次不录扣除膏火一半，四次不录膏火全扣不给。童生仿此。”[⑤]黟县碧阳书院也实行对考课成绩优异者的奖励制度，以便“多士奋兴，蒸蒸日盛”[⑥]。

## 二、徽州书院科举化的程度

书院建立的目的本是传播思想、发明学术，所以聚众讲学、自由研讨是书院教育的优良传统。书院科举化是指书院放弃了自己的传统而围绕科举从事于八股试帖之教。

史料记载：“明代数建书院，诸生肄举子业于其中者实繁有徒，谓之

① 嘉庆《黟县志》卷10《政事志·书院义学》。
② 嘉庆《黟县志》卷10《政事志·书院义学》。
③ 唐治编：《东山书院志略·新立条规》，咸丰二年刻本。
④ 《碧阳书院规条》碑文。
⑤ 《东山书院志略·新立条规》。
⑥ 《碧阳书院规条》碑文。

课艺；其坐皋比主讲席，诸学者环列以听，乃谓之讲会。”[1]可见，明代书院教育的科举化倾向已很浓厚。清初，虽然书院的讲会之风一度颇为盛行，但这种“颇为盛行的讲会制度也因有妨于封建统治者统一人民思想而遭到攻击或受到冷遇……在清政府的引导下，康熙中期以后，讲会制度则渐行废止”[2]。于是清代的绝大多数书院，师儒所教率不出“时文帖括”[3]；“书院专究制艺，不务实学，乃一无足称矣”[4]。课艺、应举成了清代书院的最主要的教学活动，书院特有的讲学与研究风气几至无存。如著名的关中书院，康熙十二年（1673）在李颙的主持下，提倡讲学，一时讲会之风大盛，但不久李颙离开关中书院后，讲会亦烟消云散，书院“讲堂茂草，弦诵阒如，词章俭陋之夫，挟科举速化之术，俨然坐皋比，称大师”[5]，关中书院遂完全成了科举的附庸。虽然随着学风的变化，清代也出现了如颜李学派的漳南书院，乾嘉学派的诂经精舍、学海堂这样的以讲授“实学”、提倡经学而不重举业的书院，但这类书院亦仅“数所而已”[6]，在整个清代书院教育中影响甚微。于是研究者据此认为，明清时期，特别是清代，“与官学一样，书院亦完全成了科举的附庸”[7]。

如果说讲会不行，“所课皆八股试帖之业”[8]，是清代书院教育的基本情形，那么徽州地区的书院又是如何呢？在铨选入仕、学者“舍科第无他途”[9]的情况下，徽州书院自然不能超脱举业的影响，所以同样围绕科举

---

① 施璜等编：《紫阳书院志》卷16，雍正三年刻本。

② 白新良：《中国古代书院发展史》，天津大学出版社1995年版，第151页。

③ 江瀚：《东川书院学规》，转引自李国钧主编：《中国书院史》，第815页。

④ 柴萼：《梵天庐丛录》卷17，转引自李国钧主编：《中国书院史》，第921页。

⑤ 陈康祺：《郎潜纪闻》初笔卷8《北学南学关学》。

⑥ 康有为：《请饬各省改书院淫祠为学堂折》，汤志钧编：《康有为政论集》，中华书局1981年版，第312页。

⑦ 毛礼锐、沈灌群主编：《中国教育通史》第3卷，第427页。另参见丁钢、刘琪：《书院与中国文化》，第99页；胡青：《书院的社会功能及其文化特色》，第58页。

⑧ 康有为：《请饬各省改书院淫祠为学堂折》，汤志钧编：《康有为政论集》，中华书局1981年版，第312页。

⑨ 郑虎文：《重修歙县学宫碑记》，民国《歙县志》卷15《艺文志》。

制订了严格的课艺制度。如祁门东山书院规定："每月生童大课，请邑尊亲临考棚，点名扃门考试，邑尊公出请二位监院轮期代理，永以为例。生监订于每月初二、初三日开课，童生订于每月十六、十七日开课。……每课限申刻交卷，不准给烛，违者概不送阅。"[①]黟县碧阳书院也规定："会艺以月之初五、二十为大课，十三、二十八为小课。"[②]但与全国大多数举业书院不同的是，徽州书院并未完全变成"猎取科名"的场所，亦并未完全变成科举的附庸，而是在课举子业的同时，仍然坚守着传统的讲会制度，将讲会与课艺统一于书院的教学活动之中。据《还古书院志》卷12《会纪》记载，直到乾隆年间徽州书院仍在实行春秋会讲制度，如"（乾隆）四年己未仲秋会讲三日，会友五十五人"；"五年庚申仲秋会讲三日，会友五十八人"；等等。这种讲会与课艺并行、学术与功利并举的办法，既提高了徽州学子的学术水平，又满足了他们应举入仕的现实需要，从而培养出大量各类人才。

## 三、徽州书院的兴盛与官学的关系

明清时期，所建书院数量之多，前朝无法比拟，可谓书院的极盛时期。此时书院为何如此兴盛？流行的观点是，由于官学的衰败而促成了书院的兴盛[③]。这种观点令人费解。官学的衰败如果是指官学的建筑与机构，我想可能过于绝对，官学建筑的残破或倾颓、学官的缺额或不力，在某些时候、某些地区肯定存在，但就全国总体情况、就明清整个时期而言，作为国家教育体系中重要成分的地方官学，可以肯定是基本保持着正常运转的态势，至少徽州地区如此。据道光《徽州府志·学校》记载，从明洪武初年至清嘉庆年间，共重修和扩建徽州府学约20次、歙县学19次、休宁

---

① 《东山书院志略·新立条规》。

② 嘉庆《黟县志》卷10《政事志·书院义学》。

③ 参见毛礼锐、沈灌群主编：《中国教育通史》第3卷，第424页；李国钧主编：《中国书院史》，第548—549页。

县学45次、婺源县学47次、祁门县学24次、黟县学19次、绩溪县学27次。由于不断重修、扩建，徽州官学虽也间有“势见堕落”之时，但大部分时候都是保持着“美轮美奂、壮伟闳丽”之态。如明成化十八年(1482)，提学御史娄谦“见府学损坏，檄郡守王哲等重修”，于是王哲率佐贰“庀材鸠工，以后为戒，而奔走执役之人，亦皆晨夜展力，不以倦告。不数月而徽学大治，且为南畿诸学之冠”[①]。再如休宁县学，“明初重建，万历中复辟地九之一、宫室拓三之一，巨丽甲于他邑。迄于我朝（清朝），岁有增饰，上丁释菜，典章备焉”[②]。徽州其他县学亦大致如此。官学的衰败如果是指官学完全成了科举的附庸，丧失了其应有的教育功能，那么书院又何尝不是这样？书院的科举化，就全国一般情况来看，到清代已与官学不相上下，如此，说官学的衰败促成书院的兴盛，至少与逻辑不符。就明清徽州地区来说，书院的兴盛并非因为官学的衰败，而是因为官学无法满足众多士子的求学需求使然。以徽属六县中人口最少，经济和文化相对落后的黟县为例：

> 自有明来，学校设额取士，黟于徽州为中学。国朝康熙年间定额十六名。雍正元年钦奉恩诏，凡人文最盛之地，大学照府学取入、中学照大学、小学照中学，时黟之应童试者且千人，督学法海视学江左，亟赏黟文入府庠者五人，犹以额满为叹。由是督抚会同学臣遵旨核实题准，安徽所属由大学照府学录取者六州县，各取进二十五名；由中学改为大学者二十州县，各取进二十名；由小学改为中学者九县，各取进十六名。黟邑定额取进二十名，永著为令。[③]

黟县应童试者“且千人”，而黟县县学从中学升为大学后也仅能“取进二十名”，与应试人数相比，录取率仅为1/50。在这种求学士子众多，而官学学额又极少的情况下，徽州士子“学之地，自府县学外”，只能

① 康熙《徽州府志》卷7《学校》。

② 道光《休宁县志·休宁县学校志序》。

③ 嘉庆《黟县志》卷10《政事志·学校》。

“多聚于书院”[1]。明正德末年祁门东山书院的创设，就更直接地说明了这一点。据同治《祁门县志》卷18《邑人李汛东山书院记略》载，祁门“儒学弟子员凡二百，而学舍仅百之十，无所卒业久矣”，于是郡守留志淑与知县洪晰“作学舍五十间、文会所三间、仰止亭一间、庖四间，以居诸生讲肄其中，榜曰东山书院”。

通过以上的分析，可以得出两点认识：其一，在有关书院与官学、科举的关系问题上，对流行的观点有进一步重新审视的必要，而区域性的具体剖析则是深化对这一问题研究的必由之路；其二，在有关书院与官学、科举的关系问题上，徽州既有与全国一致性的地方，同时亦有其自身的特殊性。正是由于这种一致性与特殊性的结合，从而为中国教育史的研究提供了另一类型的区域标本。

原载《历史研究》2001年第6期

① 嘉庆《两淮盐法志》卷55《徽州紫阳书院岁贡资用记》。

# 略论徽州书院与徽州学术思想之演变

徽州一直是我国书院教育最为发达的地区之一。据笔者不完全统计，宋元时期，徽州所建书院即有47所之多。它们是：歙县的紫阳书院、秘阁书院、灵山精舍、江东道院、友山藏书楼、初山精舍、友陶书院、师山书院、风池书院、西畴书院、三峰精舍、枫林书院、南门书院；休宁县的柳溪书院、西山书院、秀山书院、竹洲书院、南轩书院、万川家塾、商山书院、东山精舍、共学斋；婺源县的龙川书院、四友堂、万山书院、醉经堂、心远书院、山屋书院、晦庵书院、明经书院、遗安义学、中山义塾、阆山书院、石丘书院、湖山书院、行易厂；绩溪县的桂枝书院、乐山书院、槐溪书院、云庄书堂、翚阳书院；祁门县的中山书堂、查山书堂、乐安山书舍、竹溪书院、集成书院、遗经楼等。到明清时期，随着徽州学术的进一步繁荣，宗族办学热情的高涨，以及徽商在财力上的资助，徽州的书院教育比前代更为兴盛，明末即有“天下书院最盛者，无过东林、江右、关中、徽州”[①]之说。从现代有的资料来看，明清时期，徽州新建的书院至少有77所（不包括对前代书院的重建和众多的书屋、文会）。它们是：歙县的北园书院、斗山书院、崇正书院、白云书院、友善会馆、南山书院、天都书院、道存书院、问政书院、竹山书院、古紫阳书院、岩溪书院、松鳞别墅、飞布书院、见山庵、岑山书院、崇本书院；休宁县的心远

① 道光《徽州府志·营建志·书院》。

楼、率溪书院、天泉书院、还古书院、海阳书院、新溪书院、明善书院、集贤馆；婺源县的桂岩书院、福山书院、东湖精舍、霞源书院、虹东书院、世贤书院、尊罗书院、明德书院、山雾书院、富教堂、太白精舍、正经堂、双杉书院、桂林书院、道川书院、藻潭书院、词源书院、二峰书院、骐阳书院、开文书院、西乡书院、教忠书院、崇报书院、湖山书院、蒋公书院、天衢书院、玉林书院；祁门县的东山书院、李源书院、少潭书院、钟山书堂、南山书院、神交精舍、石龙精舍、东野书堂、窦山书院、曙戒山房、翼经堂、白石讲堂、蛟潭书院；黟县的碧阳书院、中天书院、淋沥书院、桃源书院、金竹庵、莲塘精舍；绩溪县的颖滨书院、谦如书院、龙峰书院、石丈斋、鹿苹书馆等。如果算上对紫阳书院、西畴书院、明经书院、翚阳书院、查山书堂等的重建、重修，明清时期徽州实际存在书院计82所。①

目前能够确认的徽州创办的最早的书院是北宋景德四年（1007）绩溪人胡忠在龙井建立的桂枝书院。②但整个北宋时期，徽州地区建立的书院数量不多，徽州书院的勃兴是朱熹于南宋淳熙三年（1176）、庆元二年（1196）两次回婺源省墓，并讲学于乡里之后。中国书院的形成和发展，其原因固然是多方面的，但书院研究者一致承认，“书院的兴起和理学发展曾经结下了不解之缘，有着相互推动、互为因果的血肉联系。”③理学家创办书院，或讲学于书院以传播其思想，从而促进了书院的兴盛；而书院的讲学和学术研究活动，又反过来促进了理学的进一步发展和演变。考之徽州书院与徽州学术之关系，其信然哉。

---

① 据吴景贤《安徽书院志》，《学风》1932年2卷第4期至第8期所见，从宋至清，徽州计有书院64所；民国《安徽通志稿·教育考三·书院》载，从宋至清，徽州共有书院61所。笔者124所的统计数字，是对众多的徽州方志进行综合考察后得出的，有关这些书院的设置情况，笔者将另文发表。

② 绩溪《胡氏龙井派宗谱》卷1。

③ 李国钧主编：《中国书院史》，湖南教育出版社1994年版，第38页。

## 一、徽州书院与宋末明初的新安理学

“文公归里，乡先生受正学者甚众，今论定高第弟子十二人。”他们是婺源的程洵（克庵）、滕璘（溪斋）、李季札（明斋）、滕珙（蒙斋）、汪清卿（湛仲），休宁的程先（东隐）、程永奇（格斋）、汪莘（方壶）、许文蔚（衡甫），歙县的祝穆（和甫）、吴昶（友堂）和祁门的谢琎（公玉）。如程洵，为朱熹内弟，朱熹自闽还婺源，“一见爱之甚笃，而所以启迪之者亦甚力”，程洵也“每欲弃去进士业，一意学问，以求进于圣贤之域”。程洵去世后，朱熹悲痛不已，为文祭之曰：“中外兄弟，盖无几人有如允夫（程洵字允夫）尤号同志”。可见对其评价之高。程永奇，在朱熹回婺源省墓时，与其父程先一起“谒请受教”。后又陪伴朱熹回建安，“逾年而返”。返回时，朱熹“手书持敬明义说百余言勉之，遂以‘敬义’名其堂。邑子信从者云集”。再如滕珙“与兄璘修书请教于朱子，朱子嘉之，告以为学之要”。后滕珙在家乡“群居讲学，穷经看史，学者云集”[①]。他们是朱子之学在徽州的早期传播者。随着宋理宗之后朱子学正统地位的确立，徽州缙绅士儒对朱子学更是恪守不渝。自宋末至明初，新安理学“师友渊源，后先辉映，如霞蔚云蒸”[②]，名儒硕士代不乏人。著名的新安理学家，除朱熹及其以上弟子外，尚有休宁县的程大昌、吴儆、程若庸、陈栎、倪士毅、赵汸、朱升，歙县的钱时、唐仲实、曹泾、姚琏、郑玉，婺源县的胡方平、胡一桂、胡炳文、程复心，祁门县的汪克宽、谢复等。他们一方面潜心朱子之学，一方面创办书院，或主持书院讲学，传播朱子思想。如休宁县汪莘讲学于柳溪书院，程大昌创建西山书院，吴儆创建竹洲书院，赵汸建东山精舍并讲学于共学斋，朱升建枫林书院；歙县曹泾曾主讲紫阳书院、西畴书院和初山精舍，郑玉建师山书院，唐仲实曾主讲紫阳书院、三峰精舍、白云书院，姚琏讲学凤池书院；婺源县的胡一桂讲学湖山书院，

① 以上见《紫阳书院志》卷8，《中国历代书院志》，江苏教育出版社1995年影印。
② 《还古书院志》卷7，《中国历代书院志》。

胡炳文讲学著述于龙川书院；祁门县的汪克宽曾在乐安庄书舍讲学，谢复则筑南山书堂，“聚徒讲道”。这些新安理学家，“非仁义道德之说，尝论定于郡先师朱子者，不以教人”[①]；“务在发挥义理，而以辟异端为先务”[②]。从而使徽州书院讲坛全被朱子学所占领，并使朱子学成为宋末明初徽州学术思想的绝对主流。史籍记载，其时“自井邑田野以至于远山深谷、居民之处，莫不有学、有师、有书史之藏。其学所本则一以郡先师朱子为归。凡六经传注、诸子百氏之书，非经朱子论定者，父兄不以为教，子弟不以为学也。是以朱子之学虽行天下，而讲之熟、说之详、守之固，则惟新安之士为然”[③]。由此可见，新安理学家凭借书院进行广泛传播后，朱子学在徽州的地位是何等崇高！然而，这种绝对权威地位的确立，同时也预示着其衰落的必然。明中后期，阳明心学通过书院不断向徽州渗透，最终取代朱子学而成为徽州学术思想的主流，并统治徽州学界达一百余年之久。

## 二、徽州书院与明中后期的阳明心学

唯“朱”是归的新安理学，虽然在维护朱子学纯洁性方面有所贡献，但同时也带来了一些严重后果，譬如，它僵化了徽州学者的思想，使徽州学者难以产生创新意识；同时也容易造成士人的逆反心理，滑向“旁门左道。”事实的确如此，当明中叶陆九渊一脉的王（阳明）、湛（甘泉）两家，各立宗旨，聚众讲学，宣传与程朱理学不同的学术旨趣时，徽州学者即怦然心动，如休宁县程默“负笈千里，以学阳明”；歙县程大宾“受学绪山（王阳明弟子钱德洪）”、郑烛“及东廓（王阳明弟子邹守益）之门”。[④]再如，婺源县洪垣，与同邑方瓘，从学甘泉，“甘泉建仁妙楼居

① 《新安学系录》卷14《倪道川墓志》。
② 《元史》卷190《吴师道传》。
③ 《东山存稿》卷4《商山书院学田记》。
④ 《明儒学案》卷25《南中王门学案一》。

之”，并说，“是可传吾的钓台风月者”[1]；祁门县谢芊、谢显叔侄也“师事湛若水于留都”[2]。嘉靖年间，湛若水亲往新安，先后在斗山、天泉等书院讲学，并为其弟子祁门谢氏所建神交精舍作铭作记；王门高第王艮（心斋）、钱德洪（绪山）、王畿（龙溪）、邹守益（东廓）、刘邦采（师泉）、罗汝芳（近溪）等更是齐集新安，主讲盟会。史载：“嘉靖丁酉（嘉靖十六年，1537年），甘泉湛先生主教于斗山，庚戌（嘉靖二十九年，1550年），东廓邹先生联会于三院。厥后，心斋王、绪山钱、龙溪王、师泉刘诸先生递主齐盟，或主教于歙斗山，或缔盟于休天泉、还古，或振铎于婺福山、虹东，以及祁东山，黟中天诸书院。”[3]心学这种强大的攻势，使恪守程朱、无所创新的新安理学家毫无还手之力，而新安后学则耳目一新，纷纷转向“致良知”一途，“宗尚《传习录》，群目朱子为支离”[4]。因而，“自龙溪、甘泉来主讲席”，徽州“学者阳儒阴释之风日炽”[5]。王、湛心学遂通过徽州书院讲坛而逐渐取代朱子学成为徽州学术思想的主流。明末清初休宁学者汪佑说：“自阳明树帜宇内，其徒驱煽熏炙，侈为心学，狭小宋儒。嗣后新安大会多聘王氏高弟阐教，如心斋、绪山、龙溪、东廓、师泉、复所、近溪诸公，迭主齐盟。自此新安多王氏之学，有非复朱子之旧者矣。”又说：“新安大会自正德乙亥（正德十年，1515年）至天启辛酉（天启元年，1621年），历百有七年，会讲大旨，非良知莫宗；主教诸贤，多姚江高座。”[6]清初学者施璜也承认：“其时人人口说紫阳而足迹不践紫阳之堂，往往于歙则斗山（书院）、汪村、崇文（书院）、向果寺、等觉寺、福田寺，于休则天泉（书院）、建初、汶溪、落石、山斗、还古（书院）、白岳，于婺则福山（书院）、虹东（书院）、雪源、普济寺、天仙观、三贤寺、黄连山房，于黟则中天（书院）、延庆，于祁则东山（书

① 《明儒学案》卷39《甘泉学案三》。

② 同治《祁门县志》卷23《人物志·儒林》。

③ 《紫阳书院志》卷18。

④ 《紫阳书院志》卷16。

⑤ 康熙《休宁县志》卷6《人物志·儒硕》。

⑥ 《紫阳书院志》卷16。

院）、十王山、洞元观、谢氏方氏马氏诸宗祠，于绩则太平山房、许氏家祠，自嘉靖以讫于明末，皆是也。地非紫阳之地，学背紫阳之学。”[①]可见，明中后期，阳明心学不仅统治了徽州书院讲坛，而且深入到民间乡里，主导徽州四百年之久的朱子之学则走向衰落。

## 三、徽州书院与清初的新安朴学

清朝建立后，大力倡导程朱理学。借朝廷倡导之东风，新安理学家杨泗祥（瑞呈）、汪佑（星溪）、吴曰慎（徽仲）、施璜（虹玉）等人决心重振徽州的朱子之学，夺回被阳明心学控制的徽州书院讲坛。为此他们于康熙己酉（康熙八年，1669年）制订了《紫阳讲堂会约》，明确规定："务经明行修，宗尚周程张朱之学，讲论悉符于践履，著述必本乎躬行，德孚闾闬，望重学林者，会长敦请赍院，阐印圣宗，以为后学标准。如侈谈二氏家言，为三教归一之说，及阳儒阴佛者，不得入会。”[②]为了避免“恐有类禅门登坛说法，大乱吾道之真”，他们还约定，书院讲会“宁甘澹泊，不慕势利纷华；宁同志寥寥，不效名场闹势”[③]，一以朱子之学为宗。同时，他们还在明中后期宣传阳明心学最力的休宁还古书院制订了《还古会约》，“一本紫阳会规遗意”，规定“学以孔子为宗”[④]。通过这些新安理学家的同心倡率，徽州书院“春秋集讲，文物衣冠，彬彬一堂，尽去旧习，化为尊孔宗朱坛席”[⑤]。至此，朱子之学又重新占领了徽州书院讲坛。

然而，这只不过是回光返照而已。乾隆后，江（永）、戴（震）的新安朴学兴起，并逐渐占领徽州书院讲坛，成为徽州学术界思想的主流，以朱子为宗的新安理学终于走到了自己的尽头。新安朴学取代新安理学，除了社会原因之外，也与徽州学术发展的逻辑进程有关。明中后期，新安理

① 《紫阳书院志》卷16。
② 《紫阳书院志》卷15。
③ 《紫阳书院志》卷15。
④ 《还古书院志》卷10。
⑤ 《还古书院志》卷12。

学遭遇到阳明心学的严重冲击，迫使清初的徽州学者静心反思，他们感到要开创新安理学的新局面，必须“破末世雷同附和之习”[①]，改元朝以来治经唯“朱”是归，不敢有半点发明创新的死板僵化的学术风气。所以当江永的从训诂以求义理的新的治经方法一经出现，即引起了徽州学者的极大兴趣。乾隆年间，江永讲学紫阳书院，戴震与同邑郑牧、汪肇漋、方矩、程瑶田、金榜等人即从江永受学。这些人后来都成了新安朴学的干城之将，其中以戴震得江永之学最全，成就最大。江永治经，并非是为了反对程朱理学，相反，是为了弥补朱学“阙略”，发明扩充朱学之义理的，如江永治礼即是如此。戴震在《江慎修先生事略状》一文中说：“先生以朱子晚年治礼，为《仪礼经传通解》，书未就。虽黄氏、杨氏相继纂续，犹多阙漏，其书未完，乃为广摭博讨。”《四库全书总目提要》在评价江永的《礼书纲目》时也说：“永引据诸书，厘正发明，实足终朱子未竟之绪，视胡文炳辈务博笃信朱子之名，不问其已定之说未定之说，无不曲为袒护者，识趣相去远矣。”至于戴震后来批判理学之思想，则又有另外一些原因了。乾隆以后，新安朴学家凌廷堪、汪龙等先后主讲紫阳书院，标志着新安朴学正取代新安理学而成为徽州学术思想的主流。

通过上述的简略分析，我们至少可以得出以下两点结论：其一，书院与学术的确血肉关联。为了学术的传播，于是有了书院的繁荣；与此相应的，书院又反过来成为学术发展和改变区域学术旨趣的重要阵地。其二，学术界流行的，而且当作常识的，认为从宋末到清初，徽州地区一直是程朱理学的天下，这一看法是极不准确的。

原载《学术界》1998年第6期

---

① 《还古书院志》卷15

# 清代徽州书院的教学和经营管理特色

书院是中国封建社会特有的教育组织形式。它形成于唐，盛行于宋、元、明、清，前后存在了一千多年。“书院的兴起和理学发展曾经结下了不解之缘，有着相互推动、互为因果的血肉联系。”[①]徽州作为程朱理学的故乡，其书院教育一直十分发达，据笔者不完全统计，宋元时期徽州所建书院即有47所。到明清时期，随着徽州学术的进一步繁荣，宗族办学热情的高涨，以及商人在财力上的支持，徽州的书院教育比前代更为兴盛，明末即有“天下书院最盛者，无过东林、江右、关中、徽州”[②]之说。从目前拥有的资料来看，整个明清时期徽州新建和重建的书院至少有90所。[③]清代，徽州较著名的书院有：歙县的紫阳书院、古紫阳书院、西畴书院、斗山书院、崇正书院、南山书院、天都书院、道存书院、竹山书院、岩溪书院、松鳞别墅、崇本书院；休宁县的率溪书院、还古书院、海阳书院、新溪书院、明善书院、集贤馆；婺源县的紫阳书院、明经书院、桂岩书院、双杉书院、太白精舍、骐阳书院、福山书院、霞源书院、虹东书院、开文书院、西乡书院、教忠书院、崇报书院、湖山书院、蒋公书院、天衢书院、玉林书院；祁门县的集成书院、东山书院、李源书院、窦山书院；

---

① 李国钧主编：《中国书院史》，湖南教育出版社1994年版，第38页。

② 道光《徽州府志》卷3《营建志·学校》。

③ 这一统计数字，是笔者对众多的徽州方志进行综合考察后得出的，有关这些书院的设置情况，笔者将另文发表。

黟县的碧阳书院、中天书院、莲塘精舍；绩溪的颖滨书院、谦如书院、龙峰书院、敬业书院；等等。

清代徽州的书院，不仅数量众多，而且在教学和经营管理上亦形成了自己的特色。这种特色，主要表现在以下三个方面：

## 一、讲会与课艺并行、学术与功利并举

“明代数建书院，诸生肄举子业于其中者实繁有徒，谓之课艺；其坐皋比主讲席，诸学者环列以听，乃谓之讲会。”①讲会“析疑辩难”，发明学术，这是中国书院教育的优良传统，也是书院教育与官学、科举教育在教学方式和教育目的上的重要区别。然而，自明代课艺制度在书院推行，书院教育的官学化、科举化倾向日益浓厚。清初，虽然书院的讲学之风一度颇为盛行，但这种颇为盛行的讲会制度“因有妨于封建统治者统一人民思想而遭到攻击或受到冷遇……在清朝政府的引导下，康熙中期以后，讲会制度渐行废止”②。于是，清代的绝大部分书院，所教者不过“时文试帖”③；所习者“仅以时文帖括猎取科名，而经史之故籍无存也，圣贤之实学无与也。”④课艺、应举成了这些书院的最主要的教学活动，书院特有的学术讨论与学术研究风气几至无存。如著名的关中书院，康熙十二年（1673）在李颙的主持下，提倡讲学，讲会之风大盛，但不久李颙离开关中书院后，讲会亦烟消云散，书院“讲堂茂草，弦诵阒如，词章俭陋之夫，挟科举速化之术，俨然坐皋比，称大师”⑤，关中书院遂完全成了科举的附庸。虽然随着学风的变化，清代也出现了如颜李学派的漳南书院，乾嘉学派的诂经精舍、学海堂这样的以讲授“实学”、提倡经学而不重举

① 《紫阳书院志》卷16，《中国历代书院志》，江苏教育出版社1995年影印。

② 参见白新良：《中国古代书院发展史》第三章第三节《清初书院学风的转变和名师讲学活动》，天津大学出版社1995年版。

③ 江瀚：《东川书院学规》，转自李国钧主编：《中国书院史》，第813页。

④ 《皇朝经世文五编》，转自李国钧主编：《中国书院史》，第918页。

⑤ 陈康祺：《郎潜纪闻》初笔卷8《北学南学关学》。

业的书院，但这类书院亦仅“数所而已”[①]，在整个清代书院教育中影响甚微。

讲会不行，“所课皆八股试帖之业”[②]，这是清代书院教育的大体态势。那么，具体到徽州书院又是如何呢?徽州书院自然不能超脱举业的影响，但是徽州书院也不像其他地区的书院那样完全变成了“猎取科名”的场所，而是在坚守传统的基础上加以变通，将讲会与课艺统一于书院的教学活动之中。

据《还古书院志·会纪》记载，徽州书院讲会，从明中叶至清中叶一直盛行不衰。讲会形式有院会、邑会、郡会和四郡大会等。院会每月两次，“以初八、二十三为期，巳而集申而散。”[③]“邑会季举，郡会岁举，徽（州）、宁（国）、池（州）、饶（州）四郡大会于每岁暮春举于四郡之中。”[④]徽州书院的讲会，已形成一套完整的制度和严密的组织，有明确的宗旨，详尽的规约，隆重的仪式，以及固定的会期、程序等。如紫阳书院讲会就在康熙年间订有《紫阳讲堂会约》《崇实会约》《紫阳规约》等多种。[⑤]《紫阳讲堂会约》计有五则，曰：崇正学、敦实行、谨士趋、严始进、图晚节。《崇实会约》共十二则，现存十一则，曰：会有统、会有期、会有仪、会有图、会有辅、会有指、会有录、会有论、会有程、会有章、会有戒。每则之下皆有详细的说明。以上两种会约“折衷而砥砺之”，以前五则为纲，以后十二则为目。《紫阳规约》是歙县学者洪德常“原本旧规，参之己见，括陈六事，将以自勖并勖同人”的，其纲目为：曰敦伦之学、曰择善之方、曰执礼之本、曰存诚之功、曰寡过之法、曰崇俭之效。后被吸收为紫阳讲会会约之一。休宁的还古书院讲会也在清初订有《还古

① 康有为：《请饬各省改书院淫祠为学堂折》，转自周德昌编：《康南海教育文选》，广东高等教育出版社1989年版，第92页。

② 康有为：《请饬各省改书院淫祠为学堂折》，转自周德昌编：《康南海教育文选》，广东高等教育出版社1989年版，第92页。

③ 《紫阳书院志》卷15。

④ 康熙《徽州府志》卷15《人物志·绩学》。

⑤ 《紫阳书院志》卷15。

会约》《还古会仪》《还古书院规则》等。[①]

徽州书院在保持传统讲会的同时，也根据现实制订了严密的考课制度。如祁门东山书院规定："每月生童大课，请邑尊亲临考棚，点名扃门考试，邑尊公出请二位监院轮期代理，永以为例。生监订于每月初二、初三日开课，童生订于每月十六、十七日开课……每课限申刻交卷，不准给烛，违者概不送阅"；"在院生童小课，订定每月初八日、二十四日为期，逾期毋得续补。"[②]此外还规定了对考课成绩优劣者的奖惩办法。歙县的紫阳书院亦实行"会艺"制度，"以月之初五、二十为大课，大课之外又于初六日考试诗古为小课，命题评定甲乙……"[③]。这种讲会与课艺并行的办法，既保持了传统，又面向了现实；既提高了徽州学子的学术水平，又满足了他们科举入仕的需要，从而为清代的徽州培养出大量的各类人才。

## 二、宗族创办和商人资助是清代徽州书院发展的重要动力

徽州是我国封建社会后期宗族制度最为完备、宗族势力最为强大的地区之一。正如民国《歙县志·风土》所言："邑俗旧重宗法，聚族而居。每村一姓或数姓，姓各有祠，支分派别，复为支祠，堂皇宏丽与居室相间，岁时举祭礼，族中有大事亦于此聚议焉。祠各有规约，族众公守之，推辈行尊而年高者为族长，执行其规约，族长之能称职与否则视乎其人矣。祠之富者，皆有祭田，岁征其租以供祠用，有余则以济族中之孤寡，田皆族中富室捐置。良法美俗，兹其一也。"徽州的强宗大族大都将业儒入仕看作是"亢吾宗""大吾门"的致远大业。如光绪《绩溪东关冯氏宗谱·祖训》强调："子孙才，族将大。族中果有可期造就之子弟，其父兄即须课之读书，倘彼家甚贫，便须加意妥筹培植。"光绪《黟县鹤山李氏宗谱·家典》写道："族中子弟有器宇不凡，资禀聪慧而无力从师者，当

① 《还古书院志》卷10，《中国历代书院志》。

② 《东山书院志略·新立规条》，《中国历代书院志》。

③ 道光《徽州府志》卷3《营建志·学校》。

收而教之，或附之家塾，或助以膏火。培植得一二个好人作将来模楷，此虽族党之望，而实祖宗之光，其关系匪小。”在这种思想指导下，清代徽州宗族创办书院蔚然成风。前面提到的歙县西畴书院、竹山书院、松鳞别墅；休宁县的率溪书院、明善书院；婺源县的明经书院、桂岩书院、太白精舍、双杉书院、骐阳书院、开文书院、西乡书院、玉林书院；祁门县的集成书院、李源书院、窦山书院；黟县的莲塘精舍等均属此类。如率溪书院为休宁县率口“程氏家塾”[①]；明经书院是婺源县考川胡氏“合族重建”[②]；太白精舍为婺源县太白“潘氏合族建，置义田百亩，以资来学”[③]；骐阳书院是婺源县中云“王在文倡族重建，为族人讲学会文所”[④]；集成书院为祁门县黄村“（黄）志廉率族重建”[⑤]；莲塘精舍为清末黟县人胡霖建，并“别营田业，俾后辈可耕可读”[⑥]。至于清代徽州众多的无书院之名、而有书院之实（即有讲学、有藏书）的书屋、文会几乎全是宗族所建。如道光《徽州府志·学校》所记载的黟县的三所书屋：云门书屋，为三都汪氏建，“岁时子弟课文于其中”；西园书屋，“五都南屏村叶氏建，为其族中肄业课文之所”；霭门书屋，一都大宽段众姓建，“为大宽段子弟肄业之所”。

明清徽州又是个商贾之乡，其商人不仅人数众多，而且资本雄厚。生于“朱子阙里”的徽州商人，具有“贾而好儒”特色，他们在经商致富后，大多不惜钱财，资助家乡的文教事业，捐建、倡修书院即是其一。宗族创办的书院，经费来源于徽商，似无疑问，其府设、县设书院的经费，主要靠的亦是商人的资助。这方面的材料，在徽州的方志、谱牒中俯拾皆是。如歙县的古紫阳书院，就是徽州盐商于乾隆五十五年（1790）“先后请于运司转详盐院，动支营运项款银建造”的。同时，他们又于“淮南杂

① 道光《徽州府志》卷3《营建志·学校》。

② 康熙《徽州府志》卷7《营建志·学校》。

③ 道光《徽州府志》卷3《营建志·学校》。

④ 民国《重修婺源县志》卷7《建置五·书舍》。

⑤ 康熙《徽州府志》卷7《营建志·学校》。

⑥ 民国《黟县四志·杂志·文录》。

项活支款下”，每年拨给银3720两以为延请山长及诸生膏火、书院岁修之费。在书院建造的过程中，因经费缺额，诸商又捐银11000两，其中鲍志道一人独力捐3000两，“以助成功”[①]。再如，黟县商人舒大信，修东山书院，又捐银2400两建碧阳书院。[②]婺源县的紫阳书院在嘉庆年间的重建过程中，“合邑绅士俱极踊跃，共捐银三万有奇，内独捐千金者十有八人”[③]。而这十八人几乎全是婺源商人。[④]由此可见，宗族的办学热情和商人在经济上的资助，确为清代徽州书院的发展提供了强大的动力。

## 三、书院经费的商业化经营

清代，徽州无论是官办还是民办的书院，其经费的主要来源都是依靠民间的资助，特别是商人的捐输。由于徽州“山多地少”，俗称“八山一水一分田”，人均耕地面积极少，所以民间对书院的资助，大多是以货币化的形式。而书院在募集到一定的资金后，也不将土地作为主要的投资方向，因为徽州“地隘斗绝，在其中厥土骍刚而不化，高水湍悍，少潴蓄，地寡泽而易枯，十日不雨则仰天而呼，一骤雨过，山涨暴出，其粪壤之苗又荡然矣”[⑤]，土地无稳定的收入保证。另外，山区地块极小，亦不易管理。所以，清代徽州书院拥有的学田数量很少，如徽州最大的书院——紫阳书院，清初仅有田塘七十三亩五分七厘九毫五丝。[⑥]到咸丰、光绪年间，像祁门的东山书院，黟县的碧阳书院，就基本上不置学田了。

在学田很少，或根本无学田的情况下，为了使书院有稳定的收入来源，以维持书院的正常运转，徽州书院大多将募集来的资金进行商业化的操作。这种商业化的操作主要采取两种方式：

① 道光《徽州府志》卷3《营建志·学校》。

② 嘉庆《黟县志》卷7。

③ 道光《徽州府志》卷3《营建志·学校》。

④ 道光《徽州府志》卷12《人物志·义行》。

⑤ 康熙《徽州府志》卷2《舆地志·风俗》。

⑥ 《紫阳书院志》卷17。

一是交商生息，对象是资本雄厚的盐商和典商。如徽州紫阳书院，乾隆五十九年（1794），歙县著名盐商鲍志道“捐银八千两，呈本府转详两淮运宪，由运库饬交淮商按月一分起息，每年应缴息银九百六十两，遇闰月加增八十两，由府学教授按年分两次具文赴司请领。”嘉庆年间，鲍志道之孙鲍均又“捐银五千两，由府转详两淮运宪，仍照原捐章程，按月一分行息。”接着，书院又将黟县绅商所捐余银七千两，“由府饬传歙、休二邑典商给领生息，每年缴息银八百四十两。”[①]至此，紫阳书院“膏火始无亏缺矣”[②]。

二是购置店铺市房，收取租金。如黟县的碧阳书院创于嘉靖年间，咸丰时，因“经兵燹，荡括无遗”，仅存余银九百两。这笔钱，“向来另存生息，特备生童县府岁科试资及修理考棚、添设桌凳之用”。同治十三年（1874），黟县绅商捐赀复兴，“共劝捐银一万九千四百五十四两，已缴银一万四千七百三十八两四钱三分八厘”。书院先是拿此笔捐资的一部分“置本城休邑屯溪市房三处，共兑价银二千二百余两，公举富户具领生息，均划一取息八厘”。后来“又以典商开歇不一，殷户盛衰不常，恐有疏虞，将本款续置市房二十余所，仍以八厘计息取租”[③]。再如祁门东山书院，咸丰年间共收捐银10939.74两，除拿出4669.069两存振林、恒德两典生息外，又陆续购置了桐木岭聚大米店、中埠街立泰米店、十字街义顺烟店、东街口万和店、仁济街大生药店、仁济街德源布店、中埠头恒源烟店、朱紫巷口长茂店、左圈门外街西店六间、下横街新店两间、湖桥头香店、十字街裁缝店等数十处店铺市房，收取租金。东山书院就是以典息和房租来满足书院的日常开支的。[④]徽州书院经费的商业化经营，无疑是受到了清代徽州发达的商业经济的影响，这是徽州书院在经营管理上有别于其他地区书院的一个重要特点。

原载《清史研究》1999年第3期

① 民国《歙县志》卷2《营建志·学校》。

② 道光《徽州府志》卷3《营建志·学校》。

③ 民国《黟县四志·政事志·学校一》。

④ 《东山书院志略·递年额收息钱租金》。

# 明清徽商妇教子述论

“健妇持家身作客，黑头直到白头回。儿孙长大不相识，反问老翁何处来。”[①]这首《新安竹枝词》是明清徽州民间家庭生活的真实写照。史载，徽州“俗重商，商必远出，出恒数载一归，亦时有久客不归者”[②]；徽商“娶妇数月则出外，或数十年，至有父子邂逅而不相认识者”[③]。由于徽州男子大多长年经商在外，无暇顾及家庭，于是徽商妇勇敢地独自承担起照顾老人和教育子女的重任。令人惊叹的是，深居“四塞之地”的徽商妇不仅高度重视对后代的教育，而且，她们还能根据社会现实决定教子内容，并在教子过程中运用高超的教育艺术，表现出非同一般的见识。本文拟就徽商妇的教子问题进行论述，以求正于方家。

## 一、徽商妇高度重视教子

作为程朱阙里，徽州人对“养正于蒙”的道理有极其深刻的认识，故而在族谱、家规中反复宣传和强调蒙养教育的重要性。如绩溪西关章氏就在族谱中告诉族人：“子弟在妙龄时，嗜欲未开，聪明方起，譬之出土之

---

① 许承尧：《歙事闲谭》卷7《新安竹枝词》，黄山书社2001年版，第208页。

② 民国《歙县志》卷1《风土》，民国二十六年铅印本。

③ 顾炎武：《肇域志·江南十一·徽州府》，清抄本。

苗，含华结果，全凭此时栽培。灌溉得宜，以资发荣。”[①]休宁古林黄氏宗族也在祠规中要求：“为父兄者须知子弟之当教，又须知教法之当正，又须知养正之当豫。”[②]徽州汪氏宗族亦向族人指出：“小成若天性，习惯成自然。身为祖父不能教训子孙，贻他日门户之玷，岂是小事！但培养德行当在少时。平居无事，讲明孝弟忠信礼义廉耻的道理，使他日闻善言，又戒放言、戒胡行、戒交匪类，无使体被绸绢、口厌膏粱。”[③]

封建时代的蒙养教育主要是在家庭中实现的，其责在父母。而具体到徽商家庭来说，其蒙养教育就责无旁贷地落到徽商妇的身上。为把后代培养成具有良好的道德品格和较高的文化素养、符合当时社会的需要并能光大门楣的“人才”，徽商妇积极响应宗族号召，高度重视对其子孙的家庭教育。这种高度重视主要体现在以下三个方面：

其一，能够将“养”和“教”有机地结合起来，既重“养”，更重“教”。在徽商妇看来，对子女“食之教之”是一个母亲应尽的双重职责，而且从某种程度上说，“教”比“养”更为重要；如果只重“养”而不重“教”，无疑是对子女的极度不负责任，正如她们自己所说的“逸居无教是弃之耳”[④]。正因为如此，一方面，在日常生活上，徽商妇尽可能为子孙提供较好的条件，如歙商妇朱孺人在两个儿子夜间读书时，总会“篝灯手茶饼劳之”[⑤]；歙商妇郑氏，“诸子就外傅矣，穷年供具无几微厌倦”，如果诸子夜间读书勤奋，她还必“遣赐茶果”[⑥]。另一方面，在教育子孙问题上，徽商妇毫不懈怠，如歙商妇方孺人，“得四男子，食而教之，无为姑息”[⑦]；歙商妇戴氏也是“操诸子唯谨”[⑧]。

① 绩溪《西关章氏族谱》卷36《师说》，宣统刊本。
② 休宁《古林黄氏重修族谱》卷首下《祠规》，乾隆刊本。
③ 绩溪《汪氏宗谱》卷1《家规》，民国十四年木活字本。
④ 李维桢：《大泌山房集》卷101《郑母鲍孺人墓志铭》，四库全书存目丛书本。
⑤ 王世贞：《弇州山人续稿》卷107《朱孺人墓志铭》，文渊阁四库全书本。
⑥ 江瓘：《江山人集》卷7《先妣孺人郑氏行实》，四库全书存目丛书本。
⑦ 李维桢：《大泌山房集》卷99《汪母方孺人墓志铭》，四库全书存目丛书本。
⑧ 汪道昆：《太函集》卷28《郑母戴氏传》，四库全书存目丛书本。

其二，懂得培养后代良好行为习惯和刻苦学习精神的重要性。徽商妇深知，“教妇初来，教子婴孩”[①]的道理，注重从小培养子孙良好的行为习惯。如休宁商人汪和一之妻吴孺人，“教二子以礼法，不为姑息”[②]；歙县商人樊德芳之妻冯孺人，“教子严，务轨于正”[③]。此外，徽商妇还非常注重从小培养子孙刻苦、勤奋的学习精神，对后代文化知识的学习严格督促，不使之有丝毫的懈怠。如黟县吴孺人有子名胡方墉，“方墉总角时，昼则就外傅，归则使执书从己读，宵分课不辍，纺织声、读书声相间也”[④]。歙商妇郑氏，其子“就外傅”，“日归必问所读书几何？夜分使婢见，勤诵则喜……或少懈辄不怿，朝归必切责之”[⑤]。歙县大盐商鲍志道，“少侍母郑太恭人，夜诵所读书必精熟，母色喜，然后敢卧”[⑥]。可见，其母对鲍志道在学习上的要求亦是非常严格的。

其三，深知“子孙才”则家兴、族大的道理。徽商妇认为，“妇人无境外之志，不可无境外之教”[⑦]。她们明确领悟到家教不仅关系到子孙的个人成长，更关系到整个家庭和家族的发展。封建时代，家中一人得势，便可封妻荫子、光宗耀祖，而一人犯法，则殃及全家，甚至株连九族，每个家庭成员的命运对整个家庭和家族的命运都会产生很大的影响，所以一位苦心教育几代儿孙的歙县徽商妇吴孺人在临终时对她儿子说：“吾方待孺子而大吾门，今不逮矣，人之子所夙夜无忝所生，孚而化、翼而飞，生之属也，扶摇而上，庶几乎无忝哉，而母瞑矣。”[⑧]寥寥数语，代表了众多徽商妇的心声，即望子能“扶摇直上”，然后“大吾门”，如此不仅子孙有了好的归宿，家庭的利益也得以维护。

---

① 李维桢:《大泌山房集》卷101《郑母鲍孺人墓志铭》，四库全书存目丛书本。
② 李维桢:《大泌山房集》卷76《吴孺人家传》，四库全书存目丛书本。
③ 李维桢:《大泌山房集》卷96《樊季公冯孺人墓志铭》，四库全书存目丛书本。
④ 同治《黟县三志》卷15《胡节母吴孺人传》，同治九年刊本。
⑤ 江瓘:《江山人集》卷7《先妣孺人郑氏行实》，四库全书存目丛书本。
⑥ 歙县《棠樾鲍氏宣忠堂支谱》卷21《中宪大夫肯园鲍公行状》，嘉庆十年刊本。
⑦ 吴子玉:《大鄣山人集》卷41《吴母金孺人墓志铭》，四库全书存目丛书本。
⑧ 汪道昆:《太函集》卷40《丛睦汪母吴孺人传》，四库全书存目丛书本。

## 二、徽商妇教子的内容

虽然教子的内容主要取决于徽商妇个人的意志，但是若想将子孙培养成当时社会的理想人才，徽商妇不能不从明清时期的徽州社会现实出发来决定教子的内容。明清时期，中国社会仍沿着封建制度这一传统的轨道运行。与前代相比，此时君主专制进一步加强，统治者把尊经崇儒作为基本国策用来控制国民的思想。以《四书》《五经》为考试内容的科举制度发展到极盛，成为非统治阶级跻身士林的最有效途径。此外，明代中期以后商品经济的蓬勃发展，也是一个崭新的时代因素。商品经济的繁荣昌盛，必然冲击自给自足的自然经济，经济形态的变化引起了传统价值观念的嬗变，重商重利的风气在徽州地区逐渐形成。基于这种政治、经济、文教背景，徽商妇制定了务实的教子内容。举其要者，有以下数端：

### （一）劝子自立

徽商妇要求子孙学习一技之长，以为自立之本，反对子孙依赖父母。可是在山多地少、食指浩繁的徽州地区，摆在商人子孙面前的自立之路只有两条，即业儒入仕或服贾赚钱。徽商妇一般能面对现实，为子孙的从儒或从贾问题做出正确的抉择。

“读书登第”，这是封建家庭对子孙的普遍期待，徽商家庭也不例外。如歙县王廷宾，“早能成立，商游吴、越、齐、鲁。且性颖敏，好吟咏，士人多乐与之交，而诗名日起。人谓孺人（廷宾之母）曰：‘业不两成，汝子耽于吟咏，恐将不利于商也。’孺人叹曰：‘吾家世承商贾，吾子能以诗起家，得从士游幸矣，商之不利何足道耶！’”[①]在抑商贱商的时代，经商之路充满艰难险阻，母亲自然不愿儿子再步父祖的后尘；况且经商只能谋生，而业儒则可以名利双收。也正因为如此，所以歙商妇余孺人经常教

① 歙县《泽富王氏宗谱》卷4，明刊本。

诲儿子说："尔父不得已业商，尔辈各宜以经学光汪氏，吾愿也。"[①]子孙踏上习儒之路后，徽商妇仍然程督不倦，以助子孙早日获取功名。如歙商江才"延师授诸子经，安人（江才之妻）终岁供具，日夜程督诸子，望之深"[②]。徽商之子吴椿，年少时刻苦攻读，"（父亲）每晨即命入塾，夜读至鸡鸣未辍，太恭人（吴椿之母）无一毫姑息"。父母的殷切期望、严格监督，最终促使吴椿"屡踬公车，嘉庆己未榜后，留京凡三年。壬戌，成进士，引见改庶吉士"[③]。

虽然读书做官是立身扬名、光宗耀祖最实在、最便捷的途径，但是，科举道路犹如千军万马过独木桥，有幸蟾宫折桂者毕竟属于少数，况且业儒入仕，也需要家庭提供大量的物质支持。针对如此现实，徽商妇们一般不主张子孙死守科考，而是注重培养子孙相机择业、自立自强的意识。在商品经济发展、商人地位逐渐提高的客观形势下，有些徽商妇会规劝子孙从商，作为谋生自立的手段。如歙县程文箴，"君甫受室，母属之商游，遂往来贩易于嘉、湖之间十余年"。到晚年"卒用以饶"。[④]休宁程锁"尝受经文，举能有名"，但父死后，家中"生理日艰"，程锁自己也"病且窭"，于是母亲语重心长地对他说："仰事俯育为生人事，奈何以外物轻身命，堕先业乎？""锁于是承志服贾，起家累巨。"[⑤]与程锁早年境况相同，曹文修在父亲死后，其母也劝他弃儒服贾。"公（曹文修）惧伤母心，遂舍儒而贾以为养"，最终"五年而中（贾），十年而上（贾）矣"[⑥]。教子弃儒服贾，培养子孙树立新型人生价值观，反映了徽商妇的务实精神和适应社会发展要求的思维方式。

---

① 陆深：《俨山续集》卷9《寿汪思云室余孺人七秩序》，文渊阁四库全书本。

② 汪道昆：《太函集》卷41《赠安人江母郑氏行状》，四库全书存目丛书本。

③ 吴吉祜：《丰南志》卷5《皇清例封宜人覃恩诰封太宜人晋封太恭人显妣乔太恭人行状》，民国稿本。

④ 程嘉燧：《松园偈庵集》卷下《明处士方君墓志铭》，风雨楼丛书本。

⑤ 《休宁率东程氏家谱》卷11《程母吴孺人传》，万历元年刊本。

⑥ 汪道昆：《太函集》卷33《赠奉政大夫户部贵州清吏司郎中曹公传》，四库全书存目丛书本。

## (二)勉子立德

为培养后代的完美人格，道德品质教育成为徽商妇教子的重要内容。由于明清统治者大力提倡程朱理学，而徽州又为朱熹的桑梓之邦，所以程朱理学所讲的封建伦理道德成为徽商妇尊崇的道德准则。在程朱理学的指导下，徽商妇以“义方”教子，具体表现有三：其一是教子乐善好施。如徽商程思源之妻“训子以方，不为姑息”，所以其子在“服贾江湖，赀业益雄”后，好为义行，“年岁大饥，郡邑委放饥民而不染分毫，公（程思源之子）出粟以济，受惠者口碑载道”①。其二是教子为官清廉。如歙商妇方孺人，“仲（方孺人之子）成进士，授光化令”，“孺人如光化”，告诫仲子“尺布斗粟，非其义不内”。不仅如此，她还“日问所决狱，如干务持平，例理所出者多，辄用欣然”。在母亲的谆谆训导下，“光化摄两邑（另一邑是穀城）无冤民”，成为封建社会受人称道的清官②。其三是教子慎重交游。如歙县“秉慧质，知大义”的田夫人，“教子（江）春一以义方，绝姑息之爱”，“春下帷攻苦应制科，屡荐，声闻大起，凡四方知名士不介而造庐者无虚日”。田夫人审视这些登门拜访的士子，对江春说：“儿辈接纳宜慎，今所游者皆端正人士，庶可免比匪之伤矣！”③母亲诫子结交端正人士，其目的当然是想使儿子有“同朋相照”之遇，从而受到良好品德的熏陶。总结上述三点可知，徽商妇希望子孙成为当时伦理道德之下的优秀人士，她们也为砥砺子孙的人品做出了不懈的努力。注重熔铸子孙光明伟岸的道德人格，说明了徽商妇具有远见卓识。

## (三)训子勤俭

徽商是典型的以小本起家的商人，在其资本积累的过程中，勤俭的作用最为显著。对此，徽商妇深有体会，因而她们尤为注意培养后代尚勤尚

① 张海鹏、王廷元主编：《明清徽商资料选编》，黄山书社1985年版，第87页。

② 李维桢：《大泌山房集》卷99，四库全书存目丛书本。

③ 歙县《济阳江氏族谱》卷10，道光十八年刻本。

俭的品质。如休宁项孺人，“教育诸子，悉使知学务本，以奢靡为诫”。[①]徽商妇不仅要求后代勤俭，而且教子如何勤俭。如歙县方孺人，“操作惜寸阴以训（子）勤；食不兼味，衣敝补衣，以训（子）俭”。[②]歙县吴孺人在训诸子时说：“男事犹之女红，力则兴，不力则废，尔曹幸有余力，其务兴乎？”女子纯熟的“女红”是勤于操作而得，男子要想成就一番事业，也必由勤力而兴。其事不同，其理则一。吴氏又在训诸子妇时阐发了对“俭”的认识，她说：“而翁席故资，致今日，岂徒一手一足哉？翁以钟釜入之，吾以圭撮出之；翁以钧石入之，吾以毫厘出之。吾无它能，早服重积之义，盖兢兢矣。吾操其一，尔曹析而四焉。乃今所入者或俭于钟釜、钧石，所出者或逾于圭撮、毫厘，何以持久？尔曹勉之。”[③]吴氏认为，俭即用财上的节俭，俭可以致“重积”，俭可以持久家业，俭是吴氏持家之法宝，作为她的儿媳，自然要继承这一法宝，学会合理支配家中财富。勤俭是中华民族的传统美德。徽商妇在教子时将这一美德具体化、形象化，这不仅说明她们具有崇高的道德修养，而且也是她们善于教子的突出表现。

## 三、徽商妇教子的艺术

徽商妇在教子时，不但选择切合实际的教育内容，而且善于运用灵活、恰当的教育方法。她们一般都能教子有方，取得良好的教育效果。

### （一）慈严相济

徽商妇在教子时慈严相济，即严中有慈、慈中显严、严慈有节，体现了教子方式中的“文武之道”的结合。她们特别注意爱教结合，对孩子爱

① 程敏政：《篁墩文集》卷48《项孺人墓碣铭》，文渊阁四库全书本。

② 李维桢：《大泌山房集》卷99《汪母方孺人墓志铭》，四库全书存目丛书本。

③ 汪道昆：《太函集》卷42《明故封太孺人黄母吴氏行状》，四库全书存目丛书本。

而不娇。如歙县汪孺人“虽甚爱诸子，然事事必引于正经”[①]。休宁胡氏“教子女，朝夕起居饮食具有法度，出入护视珍爱逾常”[②]。爱子之心，人皆有之，徽商妇的高明之处在于她们能够理智施爱，这具体表现在两方面：一是对子孙严格要求，不是一味迁就。如歙县槐塘程玉“以童子籍诸生，意扬扬自负，（其母）宜人虑其泛驾，操之严”[③]。儿子骄恣自恃之时，母亲对他的严格约束显得非常必要。再如休宁商人妇金孺人“不能多生，有一子，即利往”。按常情，金氏会非常宠爱这个独子，而事实并非如此。“利往六七岁时颇孱，孺人驱使之就外傅，暮则置之膝，使覆所受书，少不诵，则推下之日摄焉。”严厉的管教引起周围人的异议，有人提醒金氏说：“儿孱，奈何恐之？”金氏回答道：“非不知儿孤注也，骄之则败，辕轾耳！”[④]可见她不是不爱子，而是认为爱子应当以道。从后代的长远利益出发，徽商妇懂得“子患不教不患过严”[⑤]的道理。二是对子女慈而知教，反对只爱不教。如处于“上贾”之家的吴孺人“举二子二女，率身乳之”，“人或不堪其劳，叔母（吴孺人）谢曰：‘子生三年而后免于怀，非是则安用母？’”吴氏虽珍爱子女，但她不忽视对子女的教育，“诸子女有小过，不谯责，独垂涕泣，诸子女闻之，惭自伤亡不悛者”。[⑥]休宁商人妇程孺人爱子甚切，“诸子女各有保母，闻啼声即雪夜必披衣起，或终夕不监寐”。但当子女有过时，她也是“召之前，垂泣而教之”。[⑦]以情动情，这种教育方法极富特色。

“父严母慈”是中国传统的教子之道，而兼父教和母教于一身的徽商妇，没有因慈而废严。她们用正确的方式对子女施爱，既慈祥又严明，这

① 汪道昆：《太函集》卷42《明故程母汪孺人行状》，四库全书存目丛书本。

② 汪由敦：《松泉集》卷10《外姑胡太孺人七十寿序》，文渊阁四库全书本。

③ 汪道昆：《太函集》卷55《诰赠奉直大夫户部员外郎程次公暨赠宜人闵氏合葬墓志铭》，四库全书存目丛书本。

④ 王世贞：《弇州山人续稿》卷116《程处士汝宜暨配金孺人合葬志铭》，文渊阁四库全书本。

⑤ 汪由敦：《松泉集》卷19《先府君行述》，文渊阁四库全书本。

⑥ 汪道昆：《太函集》卷43《从叔母吴孺人状》，四库全书存目丛书本。

⑦ 李维桢：《大泌山房集》卷97《吴次公程孺人墓志铭》，四库全书存目丛书本。

必然会产生良好的教育效果。

### (二)言传身教

徽商妇不仅以言教子，而且注重修身正己，为子女后代做楷模。言传和身教相结合，是徽商妇教子的最基本方法。如歙县吴孺人，丈夫经商致饶，而她“不居其赢，其自奉縠矣，亵服犹衣大布”。丈夫劝她“易以缯”，她却谢绝说：“吾不于其躬之美而美，吾衣是殆断榴衣秀者耳。吾将令后事师吾俭也，宁讵作法于奢！”可见她深知自己的言行举止对后代的影响，以身作则是为了做后代的表率，使其不“作法于奢”。[①]黟县商人妇余宜人有一子名毓元，在“家渐给”之时，“宜人犹携之（毓元）种豆山麓。日哺，毓元饥，求归。宜人曰：‘儿暂饥耳，若吾与而姊昔年常如是也’”。[②]余氏亲自带领儿子参加劳作，让儿子切身体会到劳作的艰辛，生活的不易，这比单纯的说教作用要大得多。黟县商人妇李恭人教子时，也是既身体力行又耳提面命，“汪村路通浮婺，盛暑戒途无苫盖以蔽风日，恭人构亭其间，烹茶饷客，路无病渴者”。同时她又“诫其子以轻财恤困”。[③]首先自己行善举，为儿子树立起有形的榜样，再诫子“轻财恤困”，李恭人用一致的言行教子养成乐善好施的品行。

言传可以“晓之以理”，身教又能在潜移默化之中“导之以行”，徽商妇教子时既言传又身教，这无疑是明智之举。

### (三)寓教于喻

为使子女明白较为深奥的道理，徽商妇还善于运用通俗恰当的比喻来表达自己的观点，从而达到教育效果。如歙商妇闵氏，其仲子“丁年陆沉，其党讽之学贾曰：‘其利速，无宁以于思而希傥来。’”。闵氏不想因为经商“利速”，而让儿子放弃正在攻读的儒业，为劝子克服急功近利的

① 汪道昆：《太函集》卷40《丛睦汪母吴孺人传》，四库全书存目丛书本。

② 民国《黟县四志》卷14《杂志·文录》，民国十二年黟县藜照堂刻本。

③ 民国《黟县四志》卷14《杂志·文录》，民国十二年黟县藜照堂刻本。

心理倾向，她对儿子说："树木者芘非旦夕效也！"[①]她以树木成材为喻，生动形象地说明了耐心等待的重要和锲而不舍追求的必要。又如歙商妇汪孺人，"（儿子）即不偶，长公（汪孺人丈夫）大以为忧，孺人从容进向者言：'翼而飞固有时也。'"[②]一个简单的幼鸟学飞之比拟，既解除了丈夫的忧虑，又稳定了暂时受挫折的儿子的情绪。黟县商人妇吴孺人在劝诫儿子学习应持之以恒时说道："儿之学如吾之织，勤则精、熟则巧，毋有间断心。引伸之，欲其长，毋生卤莽心；经纬之，欲其密。"[③]以自己的纺织来比喻儿子的学习，不仅反映了吴孺人对治学之方有深刻的领悟，同时也表明她善于运用高超的教育艺术。

用类似特点的事物来比拟想要说的事物或道理，这可以深入浅出地讲清道理，往往会产生意想不到的教育效果。徽商妇能够运用这种教育艺术，表明她们具有丰富的生活经验和社会文化知识。

## 四、结语

总而言之，徽商妇在教育后代中发挥了才智，付出了心血，也取得了显著的成效。徽商子弟中的许多人后来成为商界和政界的英才，都与其祖母或母亲的教育大有关系。如歙商鲍志道就常常对人说："吾兹服贾充饶，何一非母之教?"[④]素有"直声清节"之誉，历官道光、咸丰、同治三朝的歙商子弟王茂荫能够一生清贫自守，节操高尚，也是因为他铭记其祖母的告诫："汝宜恪恭尽职，无躁进，无营财贿。吾愿汝毋忝先人，不愿汝跻显位、致多金也。"[⑤]但也毋庸讳言，因受所处时代的限制，徽商妇的教育思想和实践也具有局限性，如她们的家教以儿孙为中心，实行重男轻女的

① 汪道昆：《太函集》卷55《诰赠奉直大夫户部员外郎程公暨赠宜人闵氏合葬墓志铭》，四库全书存目丛书本。

② 汪道昆：《太函集》卷42《明故程母汪孺人行状》，四库全书存目丛书本。

③ 同治《黟县三志》卷15《艺文志·胡节母吴太孺人传》，同治九年刊本。

④ 歙县《棠樾鲍氏宣忠堂支谱》卷21《中宪大夫肯园鲍公行状》，嘉庆十年刊本。

⑤ 闵尔昌：《碑传集补》卷59《王节母赞》，燕京大学国学研究所影印本。

区别教育，在教育中不太考虑孩子的个性和能力，教育方式上缺乏民主等。对于这些局限，我们应从当时的历史条件加以看待，不可苛求古人。更重要的是，我们应从徽商妇的教子中探寻其精华，古为今用，为当今家庭教育提供借鉴。

原载《华东师范大学学报》（教育科学版）2005年第3期。该文的第二作者是宗韵

# 明清徽州的书屋、文会及其教育功能

徽州位于皖、浙、赣三省交界处，明清时期所辖有歙县、休宁、婺源、祁门、绩溪、黟县等六县。因晋、梁、陈、隋、唐时期都在此设置过新安郡，所以“新安”也就成了徽州的别名。作为“朱子桑梓之邦”，宋代以来，徽州就是个“文风昌盛”“名臣辈出”，教育发达之地。迄至明清，由于徽商的崛起，商人在财力上的资助，徽州的教育发展趋于极盛。此时，徽州的官学稳定发展，其府学被誉为“南畿诸学之冠”[①]，其各县县学也大都“巨丽甲于他邑”[②]；至于书院则相望于途，数量“较他郡为多”[③]，明末即有“天下书院最盛者，无过东林、江右、关中、徽州”[④]之说；而义学、塾学等初等教育机构更是高度普及，“自井邑田野以至于远山深谷、居民之处，莫不有学、有师、有书史之藏。”[⑤]除府学、县学、书院、社学、义学、塾学等教育机构外，明清徽州还存在有大量民间创办的书屋和文会。书屋不尽同于义学和塾学、文会也不等同于书院讲会。而这两类教育机构在中国教育史研究中还很少有人专文论及，故而在此以徽州区域为中心略加申述，从中以窥其教育功能之斑。

---

① 康熙《徽州府志》卷7《学校》。

② 道光《休宁县志·休宁县学校志序》。

③ 康熙《徽州府志·凡例》。

④ 道光《徽州府志》卷3《营建志·学校》。

⑤ 赵汸：《东山存稿》卷4《商山书院学田记》。

## 一、书屋及其教育功能

书屋，有的亦称书舍、书室、书堂、书斋、别墅等等（以轩、山房等命名的书屋拟不讨论）。以书屋命名的教育机构在徽州地区的大量出现，当是入明以后的事情。明代，徽州有名的书屋，见于徽人文集和方志的有：休宁县流塘詹氏的竹南书舍、城北汪氏的松萝书屋、安乐乡闵氏的万川书舍、汊口程氏的岐阳书室①，歙县县西吕氏的岩溪书舍、堨田鲍氏的会源书屋②，绩溪县县东胡氏的东园书屋、龙川胡宗宪所建的梅林书屋、浣纱溪郑汝碉所建的浣溪书屋、城中程格所建的怀竹书屋、县北洪源胡昺的慕川书屋、建在新西街的光霁书屋、仁里程铬所建的石泉书屋、大谷程亮工所建的云阶书屋③，等等。到清代，徽州地区书屋的设置更为广泛。如黟县著名的书屋就有：云门书屋、西园书屋、霭门书屋、松山书屋、惟罄书屋、南溪别墅、云梯书屋、双峰书屋、环溪书屋、东山别墅等等。④民国《重修婺源县志》卷七则专列“书舍”一门，所记清代婺源县书屋（不包括精舍）有：川上草堂、正经堂、瑞芝堂、锦屏书屋、松岩书屋、天仓书屋、耕心书屋、环带书屋、云溪书屋、明经书屋、仲闻书屋、翀霄书屋、涧滨书屋、仰山书屋、义塘书舍、青云书屋、天香书舍、湧溪书舍、一浤书舍、龙池书舍、阳春别墅、玉泉别墅、倚南书舍、东山别业、怀古书屋、青云书屋、拱北书屋、乐伊书屋、培桂书屋、拱辰书屋、翰泉书屋、培风书屋、观善别业、登瀛书屋、环溪书屋、醉经堂、玉麟书屋等共37所。其实，清代婺源县的书屋远不止此数，如光绪《婺源县志》卷32《人物志十·义行三》中所提到的积翠书斋、桂苑书斋、镕青书舍，卷33

① 程敏政：《篁墩文集》卷18《竹南书舍记》；《篁墩文集》卷23《双清图寿汪君克敬序》；《篁墩文集》卷45《孝义处士闵君墓志铭》；《篁墩文集》卷45《程用光墓志铭》。

② 唐文凤：《梧冈集》卷6《岩溪书舍记》；民国《歙县志》卷1《舆地志·古迹》。

③ 嘉庆《绩溪县志》卷5《学校志·乡学》。

④ 道光《徽州府志》、嘉庆《黟县志》、道光《黟县续志》、同治《黟县三志》、民国《黟县四志》。

《人物志十·义行五》中所提到的二难斋书舍、吉斋书舍，卷35《人物志十·义行八》中所提到的乐英书屋、凤山书屋等皆未列入上述“书舍”之中。整个徽州，在清代所拥有的书屋之多由此可以想见。

从教育功能上看，明清徽州的书屋大体可划分为三种类型：第一类为私人的藏书读书之所。上文所讲到的休宁竹南书舍、松萝书屋、万川书舍；歙县的岩溪书舍、会源书屋等皆属此种类型。如：竹南书舍为詹存中所建，“为屋数楹”，“购古今图籍以归置斯舍中”；存中在其中时而“展卷而长吟”，时而“掩卷而沉思”。松萝书屋为汪克敬所构，“蓄书数千卷，日咏歌其间”。会源书屋为鲍于撰所筑，毕见素、毕东郊、洪含初、鲍中素、五十岳诸人尝读书于此。再如歙人吕文奎“于岩溪之滨，买地卜筑，为屋六楹，乃于宴休之所扁曰岩溪书屋”。文奎将“经史子集庋置其中，法书名画陈列于前。暇日则授徒训子，从容乎礼法，沉潜乎仁义，明周孔颜孟之统，寻濂洛关闽之绪，探性命道德之奥，穷天人事物之理，究古今治乱之原”。可见这类书屋中亦时有教学和同仁间的切磋活动。

第二类书屋聘有专职教师进行经常性的教学活动，属于塾学和义学性质。这类书屋在徽州所占的比例较大。如：明绩溪城南人余珦，“晚建月山书屋，课其孙”；清婺源臧坑人臧天生，“起孟善书屋，延师课读诸孙”；清婺源桂潭人董世登，“建培桂书屋，以课子侄”[①]。以上书屋即是塾学。此外，还有许多书屋是属于宗族乡里义学性质。如同治《黟县三志》卷10《政事志·义学》所列的就是两所书屋：松山书屋，“二都白干汤嘉益建，子永懿成之，为汤族子弟肄业处”；南溪别墅，道光二十六年（1846）九都紫阳里朱镜蓉造，“俾子弟肄业其间，同族之能文者得会友之益”。再如清婺源延村人金文谱，“尝输地捐费创建书屋，颜曰吉斋，延师课里中子弟。”[②]等等。

第三类书屋则是为宗族、乡里的文人士子提供的会文之所。如：清黟县黄陂人汪世熺，“乾隆四十七年倡捐银三千四百余金纠族人造文峰，即其下

① 嘉庆《绩溪县志》卷10《人物志·乡善》；光绪《婺源县志》卷32《人物志十·义行四》；光绪《婺源县志》卷33《人物志十·义行五》。

② 光绪《婺源县志》卷33《人物志十·义行五》。

作云门书屋，为汪氏文会所”[①]。清绩溪宅坦人胡大绵，“建惹云书屋，集乡俊校艺其中。”[②]等等，都属于此类。此类书屋，下文中再作介绍。

## 二、文会及其教育功能

文会，又称文社（纯粹娱乐性质的诗社拟不讨论）。文会之名来源于《论语・颜渊》中的“君子以文会友”一语。中国的文人聚会历史悠久，如《南史・顾越传》说：顾越“以世路未平，无心仕进，因归乡，栖隐于武丘山，与吴兴沈炯、同郡张钟、会稽孔奂等，每为文会”。但文会作为一种制度化的特殊的教育组织形式，并在城乡各地广为设立，则始于明中后期。

徽州，是明清时期全国文会最为发达的地区之一。明正德嘉靖间，歙县即设有斗山、杲山、玉泉、南山诸文会，而且“均开讲席，立讲师，彬雅之宗，自放坛坫矣”[③]。民国《歙县志》的作者认为，这是歙县后来文会兴盛之“滥觞”。歙县为徽州府首邑，总是开风气之先的，因而亦可以说明中叶歙县所立之文会是整个徽州后来文会兴盛之滥觞。明中叶后，直至清末，徽州的文会一直保持着繁盛的局面，如“歙城市乡镇，各立文会”；徽州府属六县中经济文化较为落后的黟县，也是“乡村多有斯文之会”[④]。

明清徽州的文会皆拥有固定的场所，所谓“文会以会文事也，正其名，宜有其地”[⑤]。徽州许多书院设有文会堂，作为院中士子的会文之所：如紫阳书院，中间为堂，旁为求忘，怀德两斋，其后为文会堂；环谷书院，“中构堂三楹，以祀环谷先生，右构一堂为名宦祠，其左则文会堂及

① 嘉庆《黟县志》卷7《人物志・尚义》。
② 嘉庆《绩溪县志》卷10《人物志・乡善》。
③ 民国《歙县志》卷16《杂记・拾遗》。
④ 江登云：《橙阳散志》卷11《艺文志下》；民国《黟县四志》卷3《风俗》。
⑤ 凌应秋：《沙溪集略》卷7《艺文》。

膳堂，以资诸生讲业”[①]。乡里文会的会所有的是以书屋等形式命名：如前面提到的云门书屋，为黟县黄陂汪氏文会所；惹云书屋，为绩溪宅坦胡氏文会所。再如，歙县唐模许氏文会馆称“檀干园”，歙县岩镇的“明经胄监会业之所”称“友善会馆”、祁门太学生公建的文会所称“集贤馆”等[②]。更多的文会所则直接以某某文会（社）冠之，著名的如：绩溪县的云谷文会、萃升文会，黟县的雉山文会、集益文社、萃英文社、集成文会，婺源县的毓英文会、炳蔚文社、志成文社、登瀛文社，歙县江村的聚星文社、蟾扶文社等。

除有固定的会所之外，明清徽州的文会还制定有“会例”“会规”“规条”等，以保证文会的正常运作。文会的日常事务设有专人管理，这种管理一般采取两种方式：一是轮班制。如歙县沙溪文会，“每岁轮三人班值焉，周而复始，如环之无端”[③]。一是专人负责制。如黟县江光裕，“经理文会多年”；婺源县詹振瑚倡兴毓英文会，“经理弗懈”[④]。文会规定有会期。各文会的会期不尽相同，如歙县的友善会馆，“每岁三月二十日祭文帝于其中，即为课期”，即每年聚会一次；歙县江村的聚星文社，“每岁按季六举”，即每年聚会六次；绩溪的云谷文会，“按月课士”，则是一月一次；婺源的毓英文会，“朔望会课”，即一月会课两次。[⑤]一些文会还规定有入会资格，如南山文会“会例”规定，“凡本籍新文学入会，则用彩旗鼓吹前导至南山亭，祝史执香作乐迎于道左，国学不与焉”；建于万历之季的友善会馆，则为“明经胄监会业之所”，“而文学不与也”[⑥]。

从整体上看，明清徽州文会的主要教育功能是集一乡、一族之士“偕

① 嘉靖《徽州府志》卷9《学校》；道光《祁门县志》卷18《学校》。

② 民国《歙县志》卷1《舆地志·古迹》；《岩镇志草》贞集《逸事》；康熙《休宁县志》卷2《学校》。

③ 《沙溪集略》卷7《艺文》。

④ 同治《黟县三志》卷7《人物志·尚义传》；光绪《婺源县志》卷33《人物志十·义行五》。

⑤ 《岩镇志草》贞集《逸事》；《橙阳散志》卷11《艺文志下》；嘉庆《绩溪县志》卷5《学校志·乡学》；光绪《婺源县志》卷33《人物志十·义行五》。

⑥ 《岩镇志草》贞集《逸事》。

攻制义”，通过“同类相求、同朋相照、同美相成”[①]，共同提高，以增强在科举考试中的竞争力。崇祯八年（1635）歙县江村人江道振在《聚星会馆告成序》中对此讲得非常清楚：

明兴，沿赵宋贡举法，以文取士。生斯世，匪借制义为羔雁，即欲颉颃青云，道无由也。吾乡先哲应运而起者，代不乏人，文章经济彪炳宇内，至今犹可考见。然学多独证。嘉（靖）隆（庆）以上，萃一乡之彦而课制艺者未之前闻，聚星文社肇自万历癸未（万历十一年），则程中宪、江大中丞二公共创之，以兴起斯文者也。[②]

清初杨如绪在黟县《聚奎文会序》中说：“盖地近则友易集，而会数则文日工，此通经能文之士所由设文会也。”[③]也指出文会是为作文而设。因而，请“斯文主”命题作文，然后评论文章就成为文会的主要教学活动。如聚星文社于明万历十一年（1583）冬建成后，以“佥、宗二老为斯文主，二老慨然以造就来学为己任，命题秉笔，寒燠靡倦”，学子们“欣欣乐就正焉”[④]。清嘉庆五年（1800）黟县五都所建的集诚文会，也是“月逢孟春日诹望，八礼馔陈帛致奠先贤，标题作文”[⑤]。为激励后学，文会不仅对会员“岁、科、乡、会等试咸量给资斧，以示优祟”[⑥]，而且还对科举成绩优异者进行褒奖。如“黟俗各大族有祠会，其支裔大小试获俊者，会以金为奖，谓之喜庆银”[⑦]。清歙人凌应秋也记载道：“本里科、岁二考，新进学生员送学日，公备旗帐羊酒（兼设果酒），迎入文会特敬；本里乡试中试举人，填亲供面日，公备旗帐羊酒，并设果酒，迎入文会特

① 《橙阳散志》卷11《艺文志下》。
② 《橙阳散志》卷11《艺文志下》。
③ 同治《黟县三志》卷15《艺文志·政事类》。
④ 《橙阳散志》卷11《艺文志下》。
⑤ 邹杰：《集诚文会序》，同治《黟县三志》卷末《艺文志·补遗》。
⑥ 邹杰：《集诚文会序》，同治《黟县三志》卷末《艺文志·补遗》。
⑦ 同治《黟县三志》卷7《人物志·文苑》。

敬。”[①]文会是为应付科举而设，无怪乎徽州人将科举成果之多少归因于文会之兴废。如明天启元年（1621）歙人江学海说，江村聚星文社创设后，“一时人心鼓舞，争自淬磨，（万历）乙酉（万历十三年）之役，社中荐贤书者两人，廪学宫者若而人、入胶庠者若而人，文社之益彰彰矣。频年来，士之获俊者稍不及昔，则以文社翫愒，徒修故事也”；崇祯八年（1635）江道振也认为近些年来江村“甲第无闻，求其所以，缘会馆未建而会事萃涣无常也”。[②]凌应秋也说：“吾宗道义文章，虽不因文会而始兴，然自文会之建，风轨愈振。”[③]从文会的主要教学活动上看，有理由认为，明清时期徽州科举人才的兴盛与其文会的广泛设立存在某种程度的因果关联。这也是文会与书院讲会在教育方法和教育目的上的最大不同点。

徽州文会原为各类学子校艺应举而设，后来，一些缙绅士大夫亦参与其间，即“不尽党庠之人”[④]。随着参加人员范围的扩大，文会的功能亦随之拓展。从比较单纯的科举教育机构，逐渐演变成集教育、教化、仲裁功能于一体的综合性乡村组织。歙人江永治在康熙元年（1662）夏所作的《重修聚星会馆序》中指出：“（文会）昔惟造就人才，今则并崇祀典，而礼文于以植其基；昔仅课举业于艺林，今则萃一乡之俊彦，讲信修睦，教让敦仁，而风化于以端其本。”[⑤]康熙十三年（1674）黟县训导黄本骐在《南屏叶氏文会序》中也说：“今年春，族中起文会，按季月一集，赡其供给，聚则言孝言慈，以余力攻举子业，分曹角艺，一以雅正为宗，期于言文行远。”[⑥]说明康熙年间，文会已成为重要的乡村教化组织，具有了科举教育和儒家伦理教化双重功能。由于文会成员为“一乡之俊彦”，他们读书明理，在一般民众的心目中无疑是名教的化身，代表着公正和公平，所以清中叶后，徽州文会又成了解决乡里纠纷的重要的仲裁机构，演变成凌

① 《沙溪集略》卷2《里甲》。

② 《橙阳散志》卷11《艺文志下》。

③ 《沙溪集略》卷7《艺文》。

④ 民国《黟县四志》卷3《风俗》。

⑤ 《橙阳散志》卷11《艺文志下》。

⑥ 嘉庆《黟县志》卷15《艺文》。

驾于宗族和约保之上的具有很大社会影响的乡村自治组织。乾隆时歙人方西畴在《新安竹枝词》中描绘道；“雀角何须强斗争，是非曲直有乡评；不投保长投文会，省却官差免下城。”[①]清末民初歙人许承尧在《歙事闲谭》第七册中亦说：

> 乡有争竞，始则鸣族，不能决，则诉于文会，听约束焉；再不决，然后讼于官。比经文会公论者，而官借以得其款要过半矣，故其讼易解。若里约坊保，绝无权焉，不若他处之把持唆使之纷纷也。

## 三、结语

通过以上简略介绍，我们至少可以得出这样的两点结论：其一，书屋和文会是明清徽州社会中十分重要的教育组织形式，它们不仅具有普及教育的功能，与官学、书院、义学、塾学等相辅相成，而且还具有增强士子科举竞争力的功效，特别是文会，为士子应考前研讨、切磋制艺提供了极好的条件。其二，书屋和文会的普遍设立，进一步表明了明清徽州这个“商贾之乡”对文化教育的高度重视，以及商人对其子弟应科入仕、折桂蟾宫的强烈渴求；反映了徽州商人渴望通过教育改变其社会身份——由商贾之家转为耕读之第、仕宦之门的社会心理。

原载《华东师范大学学报》（教育科学版）2000年第4期。该文的第一作者是施兴和

① 欧阳发、洪钢编：《新安竹枝词》，黄山书社1993年版。

# 明清徽州宗族与徽州教育发展

明清时期的徽州，不仅是个“十室九商”的商贾之乡，同时也是个教育发达、文风昌盛、人才辈出之地。如果说徽商为明清徽州教育发展提供了厚实的经济基础，那么宗族则为明清徽州教育发展提供了坚强的组织保障。近些年来，学者们对明清宗族教育的研究，特别是对明清南方宗族教育的研究，已发表了一些颇有分量的成果[①]，但对明清徽州这个典型区域的宗族与教育关系的具体论述则尚未有成果问世。本文试图就明清徽州区域的宗族与教育关系的相关问题略作探讨，以就教于方家。

## 一、徽州宗族对教育重要性的认识

徽州是中国封建社会后期宗族制度最为强固的地区之一，并“堪称为正统宗族制传承的典型”[②]。正如清代徽人赵吉士在其《寄园寄所寄》卷11《泛叶寄·故老杂记》中所说的：

---

① 如陈支平：《近500年来福建的家族社会与文化》第十二章，上海三联书店1991年版；冯尔康、常建华等：《中国宗族社会》第四章第四节，浙江人民出版社1994年版；吴霓：《明清南方地区家族教育考察》，《中国史研究》1997年第3期；常建华：《试论宋代以降的宗族之学》，《中国社会历史评论》第1卷，天津古籍出版社1999年版；韩凝春：《清代江浙族学研究》，《中国社会历史评论》第1卷，天津古籍出版社1999年版；等等。

② 叶显恩：《徽州和珠江三角洲宗法制比较研究》，《’95国际徽学学术讨论会论文集》，安徽大学出版社1997年版。

> 新安各姓聚族而居，绝无一杂姓搀入者，其风最为近古。出入齿让，姓各有宗祠统之，岁时伏腊，一姓村中千丁皆集，祭用文公家礼，彬彬合度。父老尝谓新安有数种风俗胜于他邑：千年之冢，不动一抔；千丁之族，未尝散处；千载之谱系，丝毫不紊；主仆之严，数十世不改，而宵小不敢肆焉。

徽州宗族大多来源于中原的显宦之第或儒学世家，具有深厚的传统文化渊源，一向重视文化教育。进入明清时期，由于商业发展所导致的经济力量的雄厚，徽州宗族在文化教育上的追求更为强烈。许多宗族都将“悉力扶植”族内子弟业儒，注重挑选那些所谓“器宇不凡”的族内子弟着力加以培养作为宗族内的重大事务，并将其作为宗族规范书之于族规家训之中、张贴于祠堂祖屋之上，让其子孙时刻谨记、世世遵守。如歙县潭渡孝里黄氏家训中写道：“子姓十五以上，资质颖敏，苦志读书者，众加奖劝，量佐其笔札膏火之费。另设义学，以教宗党贫乏子弟。”[①]休宁《茗洲吴氏家典》指出：“族内子弟有器宇不凡，资禀聪慧而无力从师者，当收而教之。或附之家塾、或助以膏火。培植得一个两个好人作将来楷模，此是族党之望，实祖宗之光，其关系匪小。”[②]徽州《明经胡氏龙井派宗谱·祠规》亦强调：“为父兄者幸有可选子弟，毋令轻易废弃，盖四民之中士居其首，读书立身胜于他务也。”徽州宗族之所以如此重视教育，是因为他们对教育在宗族生存、发展和强盛过程中的重要意义有极为深刻的认识。

其一，教育是“亢宗”“大族”的重要基础。宗族要发展壮大、强盛不衰，要想在社会上享有威望，光靠经济的力量是不够的，更重要的是确立宗族在政治上和学术上的地位。所谓“巨室强宗之所以绍隆而不绝者，有世禄尔”[③]；所谓“子孙才，族将大”[④]；所谓“族之有仕进，犹人之有衣冠，身之有眉目

① 歙县《潭渡孝里黄氏族谱》卷4《家训》。

② 休宁《茗洲吴氏家典》卷1。

③ 胡寅：《斐然集》卷20《企竦堂记》。

④ 光绪《绩溪东关冯氏家谱》卷首上《祖训》。

也"[①]；等等，即是指此。而要确立宗族的政治和学术地位，保持科名不绝，只有通过发展儒学教育才能够实现。正如明歙人江才生对其子弟所说的："吾先世夷编户久矣，非儒术无以亢吾宗，孺子勉之，毋效贾竖子为也。"[②]也正如光绪《绩溪东关冯氏家谱》卷上《冯氏家训十条》中"兴文教"一条所言："一族之中，文教大兴，便是兴旺气象。古来经济文章无不从读书中出。草野有英才，即以储异日从政服官之选，其足以为前人光、遗后人休者。"

其二，教育是培养德行、"资性"的重要途径。"人之立身本于孝弟。孝弟克全则礼义自生，而忠信廉耻悉举之矣。夫孝弟由于天性，自生而即全者上也，否则唯读书明理，斯可由人以合天。是以读书为要也。"[③]所以徽州人一再告诫其子孙："读书非徒以取科名，当知做人为本。"[④]"儒者所学何事，欲变化气质，以希圣贤耳。此正学津梁，所宜加意者。"[⑤]教育除能培养人良好的"德行"之外，还能增强自身及其后代的"资性"。正如明休宁人张习孔在《家训》中所说的：

> 书香不可绝。书香一绝，则家声渐垮于卑贱，则出入渐鄙陋。人既鄙陋，则上无君子之交，下无治生之智。……猛念及此，安可不教子读书。读书存乎资性。资性昏鲁者，实不能读，然勤苦读之，纵身不能成，其生子必资质稍优于父矣。盖己之资性昏鲁者，由于父不读书也。[⑥]

而子孙具有良好的"德行"和"资性"，则是宗族昌盛的希望所在。

其三，教育还是保护宗族免遭侵害的重要手段。明清时期，"世风不古，外患易生，横逆之来，时所常有"，特别是"官民异体，力不能抗，

① 休宁《茗洲吴氏家典》卷6。

② 汪道昆：《太函集》卷67《明赠承德郎南京兵部车驾司署员外郎事主事江公暨安人郑氏合葬墓碑》。

③ 张习孔：《家训》，《檀几丛书》卷18，清康熙新安张氏霞举堂本。

④ 民国《黟县四志》卷14《胡在乾先生传》。

⑤ 光绪《婺源县志》卷36《人物十一・质行二》。

⑥ 张习孔：《家训》，《檀几丛书》卷18。

未有不遭其鱼肉者”。但是，“苟能身列青衿，尚可据理陈词，少当其锋。若在齐民，畏惧刑拷，有屈无伸，唯有择祸从轻一说耳”。所以，仅从改善生存环境考虑，徽州的宗族之人“是以谆谆望子孙之读书也”[①]。

## 二、徽州宗族兴学重教的具体措施

徽州宗族为了保证宗族教育能顺利实施，并获得成功，采取了一系列具体的措施。这些具体措施主要表现在以下几个方面：

### (一)积极兴办各类宗族性的教育机构,为子弟业儒就学提供条件

明清时期，徽州的宗族几乎都设有义学、义塾、书屋等公共教育机构，许多经济实力雄厚的宗族还兴建有书院、文会（文社）等教育场所，其宗族教育十分发达。如清代黟县南屏叶氏宗族就建有梅园家塾、南屏书屋、西园书屋、应奎堂书屋等多所教育机构。[②]婺源王氏宗族（包括同一始祖的双杉王氏、武口王氏、云川王氏三个分支），在明清时期创建的各类教育机构计有双杉书院、词源书院、二峰书院、骐阳书院、明经书屋、西瀛精舍、海泉精舍、龙池书舍、积绩山房、丽泽山房、桂林书馆、深柳居、桂苑书斋、东壁书斋等十余所。[③]明清时期，徽州的书院众多，但这些书院大多是宗族性的，如歙县的西畴书院、竹山书院、飞布书院，休宁的率溪书院、新溪书院、明善书院，婺源的桂岩书院、太白精舍、开文书院、西乡书院，祁门的李源书院、窦山书院、集成书院，绩溪的翚阳书院等等即是其中的典型[④]。至于书屋、文会（文社）等则几乎全是宗族性的。如道光《徽州府志·学校》所载的黟县三所书屋即是如此：云门书屋，为

① 张习孔：《家训》，《檀几丛书》卷18。

② 黟县《南屏叶氏族谱》卷1《书馆》。

③ 陈爱中：《婺源王氏聚落说略》，《徽学研究论文集》（一），黄山市社会科学界联合会、《徽州社会科学》编辑部1994年编印。

④ 参见李琳琦：《徽商与明清徽州教育》，湖北教育出版社2003年版，第48—56页。

三都汪氏建，“岁时子弟课文于其中”；西园书屋，五都南屏叶氏建，“为其族中肄业课文之所”；霭门书屋，一都大宽段众姓建，“为大宽段子弟肄业之所”。再如，歙县江村江氏宗族，除建有飞布书院“为合村士子考试肄业公所”外，还设有聚星文社、蟾扶文社“为士子讲学所”[①]。明清徽州地区，除府学、县学以及几所我们称之为官办的书院外，可以说，其他各类教育机构的创设无不和宗族有关。

## （二）重视家庭早期教育和宗族蒙学教育的规范化，力图使子弟“养正于蒙”

“子弟在妙龄时，嗜欲未开，聪明方起。譬之出土之苗，含华结果，全凭此时栽培。灌溉得宜，以资发荣。”[②]徽州宗族对早期教育的这种重要作用有深刻的认识，所以非常重视早期教育的实施。如休宁古林黄氏宗族就谆谆告诫族人：“古人有胎教、有能言之教，又有小学之教、大学之教，是以子弟易于裁就，彬彬蔚起有由然也。为父兄者须知子弟之当教，又须知教法之当正，又须知养正之当豫。七岁便宜入乡塾，随其资禀学艺、学书，渐长有知觉时便择端悫师儒日加训迪，使其德行和顺，自不失为醇谨。”[③]绩溪东关冯氏宗族亦要求族人，其家中子弟“稍识字义，即宜以《小学》《呻吟语》《五总遗规》及先哲格言等书常常于之观看，弹词、小说最坏心术，切勿令其入目，见即立刻焚毁，勿留祸根”[④]。徽州汪氏宗族亦向族人指出：“小成若天性，习惯成自然。身为祖父不能教训子孙，贻他日门户之玷，岂是小事！但培养德行当在少时。平居无事，讲明孝弟忠信礼义廉耻的道理，使他日闻善言，又戒放言、戒胡行、戒交匪类，无使体被绸绢、口厌膏粱。”[⑤]

由于徽州男子大多经商于外，许多妇女在家庭早期教育中就充当了极为重要的角色。她们唯勤唯谨，以严父和慈母的双重角色，教育和督促其

① 江登云：《橙阳散志》卷8《舍宇志》。
② 绩溪《西关章氏族谱》卷36《师说》。
③ 休宁《古林黄氏重修族谱》卷首下《祠规》。
④ 绩溪《东关冯氏家谱》卷首上《冯氏祖训十条》。
⑤ 民国《汪氏宗谱》卷1《家规》。

子弟一心向学。如明休宁项孺人，其夫“治外，孺人治内”，“教育诸子悉使知学务本”。[①]又如明休宁金孺人，其夫程汝宜业贾于淮扬，家有一子名利往，“利往六七岁时颇孱，孺人驱使之就外傅，暮则置之膝使覆所受书，少不诵则推下之，目摄焉。或曰：‘儿孱，奈何恐之?’孺人谢曰：‘非不知儿孤注也，骄之则败，辕轾耳!’”[②]清黟县吴孺人为使其子胡方墉能够成才，对其教育更是煞费苦心。“方墉总角时，昼则就外傅，归则使执书从己读。宵分课不辍，纺织声、读书声相间也。”又尝训诫其子曰：“儿之学如吾之织，勤则精、熟则巧，毋有间断心；引伸之，欲其长，勿生卤莽心；经纬之，欲其密。”[③]

“家之兴，由于子弟贤；子弟贤，由于蒙养裕。”[④]蒙养教育既然如此重要，因而徽州的一些宗族还依据朱熹的小学之教制定有详细的“蒙规”，力图使宗族的蒙学教育走上规范化的轨道，以期真正达到“养正于蒙”的目的。如“江氏蒙规”即包括有对童蒙日常行为规范的要求、对童蒙伦理道德训练的方法，以及如何指导童蒙进行基本知识技能的学习等三部分内容。[⑤]关于日常行为规范，要求童蒙：“头容直”“手容恭”“足容重”“貌必肃”“容必庄”“气必舒”“色必温”“视必端”“听必谨”“言必慎”“功必畏”“坐必正”“立必卓”“行必安”“寝必恪”。关于伦理道德，要求训练童蒙养成孝亲、悌长、尊师、敬友的习惯；此外还就如何指导童蒙“诵读”“字画”“咏歌”“习礼”的方式方法等作了详细地阐述。蒙规要求从小灌输和训练封建伦理道德，是其糟粕；但要求从小培养良好的生活习惯、学习态度和打好基础，则是可取之处。

① 程敏政：《篁墩文集》卷48《项孺人墓碣铭》，文渊阁四库全书本。

② 王世贞：《弇州山人续稿》卷116《程处士汝宜暨配金孺人合葬志铭》，文渊阁四库全书本。

③ 同治《黟县三志》卷15《艺文志·胡节母吴太孺人传》。

④ 乾隆《济阳江氏金鳌派宗谱》卷首《江氏蒙规》。

⑤ 乾隆《济阳江氏金鳌派宗谱》卷首《江氏蒙规》。

### (三)对宗族子弟的学业进行严格的考核并予以奖惩,以激励其学习积极性

为了保证学习效果，督促族中子弟认真完成学业，一些宗族还制定了严格的考核制度，并给以相应的奖励或处罚。如徽州《明经胡氏龙井派宗谱·祠规》中规定:“凡攻举子业者，岁四月请齐集会馆会课，祠内供给赴会。无文者罚银二钱，当日不交卷者罚一钱，祠内托人批阅。其学名成立者，赏入泮贺银一两，补廪贺银一两，出贡贺银五两。”黟县《环山余氏宗谱》卷1《家规》中甚至规定:“凡子弟年十六已上许行冠礼”，但“须能谙记《四书》、一经，通晓大义方许行之，否则直至廿一岁。弟若先能则先冠，以愧之”。

### (四)慎择教师,为子弟学习创造良好的教学环境

徽州的宗族普遍认识到教师在宗族教育中的重要作用，所以对教师的选择尤其重视。婺源《武口王氏统宗谱·宗规》“重家学”条指出:“天下之本在国，国之本在家，家之本在身。格物致知，诚意正心，皆所以修身也。《易》曰:蒙以养正，圣功也。家学之师，必择严毅方正可为师法者。教苟非其人，则童蒙何以养正哉!”休宁《古林黄氏重修族谱·宗规》亦专设“隆师傅”一条，教导族人:“天生蒸民，作之君以镇抚之，即作之师以训迪之，所以觉世牖民而使之就范也。故建官分职，首重太师，兼立保傅，自有深意。自后世师道不尊，而人始无所忌惮，欲使之端品行而励廉隅，岂可得哉。人无论贵贱、质无论智愚，皆当择师傅以为之训迪，俾知入事父兄、出事长上，庶有造有德，相与有成，不得姑息养骄，贻悔日后。”

绩溪《西关章氏族谱》卷36还特载族人所作的《师说》一篇，详细论述了“良师”和“庸师”的区别以及对童蒙的不同影响，以加强族人的择师意识。“良师”:“秉慈惠之心”，能够对童蒙“迎机开导，多术提撕，造就因材，宽严交尽，务使养成圣资之基，蔚为硕辅之器。德行足以昭垂，文章堪以寿世。有始有卒，渊渊乎与造物同功，斯为无忝今也”。而“庸

师”：则“教之无术，师范先亏；受人之托，不思忠人之事。管束不严，且曲庇以市恩；习课不勤，更弥缝以避怨。冒滥时名者，聚谈拜客之事多；经营俗务者，离家进馆之日少；其株守者，复勤于自课而懒于教人。既鲜日就之功，焉有月将之效？……更有居恒代作课艺，使欺瞒其父兄；临考怂恿请托以自饬其声誉。虚糜东家馆谷，厥罪犹小；错过后生光阴，损德甚大”。所以《师说》的作者得出结论说：“子弟坏于父兄之不教者十之二三，而坏于先生之贻误者十之八九。”因此，“若要读书，务求古道照人，爱徒如子，蓄心观成者为之师”。

正因为教师作用如此之重要，所以在徽州，族人延请名师，以教子弟，蔚为风尚。如明休宁吴次公，“就冯山筑精舍，延诸荐绅学士，礼以上宾，命诸子弟师事之，供具唯谨”[①]；清歙县江廷祥，见“秀水大中丞范公讳灿，为诸生时，甘贫守困，公识其不凡，礼请于家，课其子侄，待之忠且敬焉”[②]；清婺源李文英，“念光前裕后，无过读书者，乃开家塾，延名师训子若孙，兼励其乡人”[③]；等等。

## 三、徽州宗族教育的经费来源

明清时期，徽州宗族几乎是“族必有产”。族产包括族田、山场、塘陂、房屋、水碓碾房等，因属于宗族的公有财产，通称族产。其中以族田和山场为大宗。许多强宗大族的族产颇为丰裕，如绩溪《上川明经胡氏宗谱·拾遗》记载说：“吾族祀产最多，自宗祠、支祠、下逮近代各家，无不毕有。”绩溪《金紫胡氏祠产册序》也说：“金紫家庙，产业颇丰。”族产不允许析分和典卖，只进不出，如果发生盗卖等情况，宗族要给以严厉惩罚，除责令当事人取赎外，“仍照祖墨以不孝论罪”，严重者并“削支，不许入祠”。由于不准析分和典卖，只进不出，徽州的族产愈积愈多，到

① 汪道昆：《太函集》卷56《吴田义庄吴次公墓志铭》。

② 歙县《济阳江族谱》卷9《清候选州司马廷祥公传》。

③ 光绪《婺源县志》卷31《人物志十·义行二》。

清末，“徽州约百分之六十以上的土地山林都成了族产，其中尤以山林占的比重更大”[①]。这在全国范围内也是少见的。

族产的收入除用于祭祀祖先、修葺祠堂、增修族谱、赡济贫族、修桥补路之外，还有一部分就是用来开办义塾、书院，补助贫寒子弟入学所需的笔墨膏火之资及应试路费的。如歙县潭渡孝里黄氏宗族，从族产中“开支脩脯，敦请明师，开设蒙学，教育各堂无力读书子弟”[②]。歙县东门许氏宗族也在家规中明确规定：“今后凡遇族人子弟肄习举业，其聪明俊伟而迫于贫者，厚加作兴。”从族产收入中“每月给以灯油、笔札之类，量力而助之……庶其人之有成，亦且有光于祖也”[③]。

为了保证宗族教育具有稳定的经费来源，徽州的许多宗族还专设有学田，或称右文田，其收入专门用于资助族内子弟教育及科举之用。如休宁古林黄氏宗族，“课子孙，隆师友，建书舍为砥砺之地，置学田为膏火之资”[④]。婺源太白潘氏，“合族建置义田（学田）百亩，以资来学”[⑤]。徽州宗族对学田的设置非常重视，许多宗族都在其族谱、家典中就置学田的重要意义进行了详尽的阐述。如黟县《鹤山李氏宗谱》卷末《家典·置学田议》就论述道：

> 族之兴也，必有贤子孙为之纲纪。子孙之贤，必先纳之党塾之中，俾读圣贤之书，明义理之归，授之成法，宽之岁月，涵育熏陶，而后人才有所成就。然方其入学也，有修脯执贽之仪、有礼傅膳供之费；及其长而能文也，则有笔札之资、图籍之用、膏火之需；其出而应试也，则有行李往来之供；其从师访友也，则有旦夕薪水之给、朋友庆吊酬酢之情。故欲教之使之有所成就，尤必先有以资其养，使之

① 陈柯云：《明清徽州族产的发展》，《安徽大学学报》（哲学社会科学版）1996年第2期。

② 歙县《潭渡孝里黄氏族谱》卷6《祠祀》。

③ 《古歙城东许氏世谱》卷7《许氏家规》。

④ 休宁《古林黄氏重修族谱·太学奕山汝极公行状》。

⑤ 康熙《徽州府志》卷10《学校》。

有所借赖而率其业。是故，得所养则所谓修脯执贽、礼傅膳供、笔札膏火、行李往来、旦夕薪水、庆吊酬酢之费皆有所出，其暴弃者不足道，有志之士则莫不诗书风雅，大之观光上国、作宾王家，次亦侧身庠序、不失为识理之君子。不得所养，则费无所出，其昏愚者不足论，聪明才俊之子，埋没于贫窭之中者，不知凡几矣。……人有养而后定志于学也。今欲其定志于学而无以资之，亦殊非祖宗所以培植人才之至意也。……而在善体祖宗之意以教育一族之人才，自宜创立学田，垂之永久，使世世子孙有所凭借而为善。

徽州宗族的族产、学田大多数是由富商和仕宦捐输的，即方志、族谱中所说的“田皆族中富室捐置”[①]；由“贾有余财，或仕有余资，量力多寡输人”[②]。其中尤以商贾捐输为多。赵华富先生在《论徽州宗族繁荣的原因》一文中列举了明清时期徽州的仕宦和富商捐输族田、义田、祭田、学田百亩以上的事例34个。[③]通过检阅其身份，我们发现他们差不多都是商人。

## 四、宗族的教育追求及其规范在徽商与教育结合中的作用

明清徽州地区，除府学、县学以及几所我们称之为官办的书院外，可以说，其他各类教育机构的创设无不和宗族有关。而徽州与宗族有关的各类教育机构又无不和徽商紧密相连，因为其经费来源大多出之于徽商，其倡始者亦不少是徽州商人[④]。徽商的行为和宗族的规范为何保持如此高度的一致？其中的原因是作为宗族群体的一员，徽商已将宗族对教育的追求及其规范进行了自觉“内化”。宗族的教育追求及其规范在徽商与教育的结合中实际上起到了一种心理媒介的作用。正是因为这种心理媒介作用，

① 民国《歙县志》卷1《舆地志·风土》。

② 黟县《鹤山李氏宗谱》卷末《家训》。

③ 《民俗研究》1993年第1期。

④ 参阅李琳琦：《徽商与明清徽州教育》，湖北教育出版社2003年版，第96—158页。

使“非儒术无以亢吾宗”[①]“非诗书无以显亲”[②]，也成了徽州商人的共识。在保存完好的明清徽商的宅第中，我们今天还可以看到许多诸如这样的楹联：“几百年人家无非积善，第一等好事只是读书”（黟县西递村）；“万世家风惟孝弟，百年世业在读书”（黟县宏村）；“欲高门第须为善，要好儿孙必读书”（黟县官路村）；等等。

作为商人，经商既然不能直接“亢宗”，那么他该如何去为宗族的强盛作出自己的贡献？歙县商人汪佩常的话就具有代表性，他说：“吾家仲季守明经，他日必大我宗事，顾我方事锥刀之末，何以亢宗？诚愿操奇赢，为吾门内治祠事。”[③]所谓“治祠事”，就是用自己经商所得的“奇赢”为族内其他子弟业儒入仕创造条件，从而达到“亢宗”的目的。所以徽商致富后，热衷于兴学立教，“俾后嗣相聚相观以振儒业”[④]，一个重要的原因就是为了“亢吾宗”“大吾族”。因而宗族的教育追求及其规范在其中所起的作用是显而易见的。

关于宗族的教育追求及其规范在徽商与教育结合中的心理媒介作用，我们还可以从与徽商齐名的晋商对教育的不同态度中得到印证。山西人及晋商对教育极不重视，雍正二年（1724）九月，山西巡抚刘于义奏称：“山右积习，重利之念，甚于重名。子弟俊秀者多入贸易一途，至中材以下，方使之读书应试。”雍正皇帝对此朱批道：“山右大约商贾居首，其次者尤肯力农，再次者谋入营伍，最下者方令读书，朕所悉知。”[⑤]这种观念和风气一直延续到清末。清末山西人刘大鹏说：

> 近来吾乡（太谷县）风气大坏，视读书甚轻、视为商甚重，才华秀美之子弟，率皆出门为商，而读书者寥寥无几，甚且有既游庠序，竞弃儒而就商者。亦谓读书之士，多受饥寒，曷若为商之多得银钱，

---

① 汪道昆：《太函集》卷67。

② 《丰南志》卷5。

③ 汪道昆：《太函集》卷71。

④ 歙县《方氏会宗统谱》卷19。

⑤ 《雍正朱批谕旨》卷47。

俾家道之丰裕也。[①]

在这种情况下，山西甚至出现过应试之童不敷额数的现象。刘大鹏云："当此之时，凡有子弟者，不令读书、往往俾学商贾，谓读书而多困穷，不若商贾之能致富也。是以应考之童不敷额数之县，晋省居多。他省不知也。"[②]现代学者经过研究后也指出："遍检正史方志，山西商人解囊捐资、创立义塾与书院的，寥若晨星。更绝少见到富商巨贾之家弃商从儒者。一句话，只有由士而商的单向演变，而无双向的交流。"[③]是什么原因造成了晋商与徽商在对教育问题上如此之大的反差？除不同的文化背景之外，正如有关学者所说的，其与北方宗族势力较为薄弱关系甚大。[④]"与南方的宗族势力相比，北方的宗族显得微不足道。"[⑤]正因为缺乏强宗大族的扶植与提倡，所以北方的"宗族成员中不能连绵不断地出现有功名者"。[⑥]与此相应的，晋商也就不像徽商那样自觉地将经商得来的财富投资到发展家乡的教育事业当中。

总之，徽州宗族的高度重视，以及全力倡导、精心组织等，是明清徽州区域教育发达的重要原因。而教育的发达，又为明清徽州人才的辈出和文化的繁荣打下了坚实的基础。因而，要探讨明清徽州这个典型区域的社会发展和文化昌盛的根源，就不能不研究徽州宗族及其与教育发展的关系。

原载《安徽师范大学学报》（人文社会科学版）2003年第5期

① 刘大鹏：《退想斋日记》，山西人民出版社1990年版，第17页。

② 刘大鹏：《退想斋日记》，第78页。

③ 宋元强：《清朝的状元》，吉林文史出版社1992年版，第145页。

④ 宋元强：《清朝的状元》，第130页。

⑤ 转引自［美］杜赞奇：《文化、权力与国家》，江苏人民出版社1996年版，第81页。

⑥ ［美］苏耀昌：《华南丝区：地方历史的变迁与世界体系理论》，中州古籍出版社1987年版，第58页。

# 明清徽州进士数量、分布特点及其原因分析

明清时期，徽州的科举人才十分兴盛，考中进士者人数之多，为他郡所不及。正如清初徽州人赵吉士所言：“自胜朝重科目之选，而吾乡之以甲乙科显者，比肩接翼而起，一时立朝至有数尚书。呜呼，可谓盛矣！”[①] 本文拟就明清时期徽州进士数量、分布特点及其原因作一初步探讨，希望有助于对徽州区域这一突出的人文现象研究的深入。

## 一

明清时期，徽州到底有多少名进士？由于府志记载不甚完整，再加上明清徽州人“多客游于外，往往即寄其地之籍以登第仕宦者”[②]，因而，明清徽州进士总数迄今尚未有一个统一的说法。笔者根据徽州各县县志进行了粗略地统计（包括部分占籍或寄籍外地中试的徽州士子），得出明代徽州中文进士者计有452人、武进士56人；清代徽州中文进士者计有684人、武进士111人。下面就将明清徽属六县的进士数及相关比例制成一表：

① 康熙《徽州府志》卷9《选举志上·科第》。

② 黄崇惺：《徽州府志辨证》，道光活字本。

**表1　明清徽州六县进士数及相关比例一览表**

| 县名 | 明 | | | | 清 | | | | 明清通计 | | | |
|---|---|---|---|---|---|---|---|---|---|---|---|---|
| | 文进士数 | 占全府百分比 | 武进士数 | 占全府百分比 | 文进士数 | 占全府百分比 | 武进士数 | 占全府百分比 | 文进士数 | 占全府百分比 | 武进士数 | 占全府百分比 |
| 歙县 | 188 | 41.59 | 21 | 37.50 | 347 | 50.73 | 66 | 59.46 | 535 | 47.10 | 87 | 52.10 |
| 休宁 | 68 | 15.04 | 17 | 30.34 | 192 | 28.07 | 24 | 21.62 | 260 | 22.89 | 41 | 24.55 |
| 婺源 | 110 | 24.34 | 6 | 10.71 | 85 | 12.43 | 1 | 0.90 | 195 | 17.17 | 7 | 4.19 |
| 祁门 | 52 | 11.50 | 4 | 7.14 | 12 | 1.75 | 1 | 0.90 | 64 | 5.63 | 5 | 2.99 |
| 绩溪 | 21 | 4.65 | 7 | 12.50 | 29 | 4.24 | 15 | 13.51 | 50 | 4.40 | 22 | 13.17 |
| 黟县 | 13 | 2.88 | 1 | 1.79 | 19 | 2.78 | 4 | 3.60 | 32 | 2.82 | 5 | 2.99 |
| 合计 | 452 | 100 | 56 | 100 | 684 | 100 | 111 | 100 | 1136 | 100 | 167 | 100 |

资料来源：民国《歙县志》卷4《选举志》；道光《休宁县志》卷9《选举志》；民国《重修婺源县志》卷15《选举志》；同治《祁门县志》卷22《选举志》；《绩溪县志》，黄山书社1998年版；嘉庆《黟县志》、道光《黟县续志》、同治《黟县三志》、民国《黟县四志》卷5《选举志》。

根据朱保炯、谢沛霖编《明清进士题名碑录索引》统计，明清两代自洪武四年（1371）首科到清光绪三十年（1904）末科，共举行文科殿试201科，外加博学鸿词科，不计翻译科、满洲进士科，共录取进士51681人，其中明代24866人、清代26815人。[①]徽州明清文进士数占全国2.2%，其中明代占全国的1.82%、清代占全国的2.55%。明清徽州进士不但总数位居全国各府前列，而且状元人数则更为显赫。如清代在258年间共举行112科，除顺治九年（1652）、十二年满汉分榜会试，各得状元2人，余皆满汉合榜，共取中状元114人。如果不计2名满状元，清代共有状元112名。而在这112名状元中，徽州本籍和寄籍考中的状元就有19名，占17%。其中，徽州本籍状元4人：黄轩（乾隆辛卯科）、金榜（乾隆壬辰

① 范金民：《明清江南进士数量、地域分布及其特色分析》，《南京大学学报》（哲学人文社会科学版）1997年第2期。

科)、吴锡龄(乾隆乙未科)、洪莹(嘉庆己巳科)。寄籍状元15人:寄江苏籍者9人,徐元文(顺治己亥科)、戴有祺(康熙辛未科)、汪绎(康熙庚辰科)、汪应铨(康熙戊戌科)、毕沅(乾隆庚辰科)、潘世恩(乾隆癸丑科)、吴信中(嘉庆戊辰科)、洪钧(同治戊辰科)、黄思永(光绪庚辰科);寄浙江籍者3人,金德瑛(乾隆丙辰科)、汪如洋(乾隆庚子科)、王以衔(乾隆乙卯科);寄江西籍者2人,戴衢亨(乾隆戊戌科)、汪鸣相(道光癸巳科);[①]寄安徽天长籍者1人,戴兰芬(道光壬午科)。以府计,清代苏州府状元最多(不包括太仓州),有24人,如果去掉其中6名具有徽州籍的状元,苏州府实有状元18人,比徽州府尚少1人。

由于"科名最盛",明清徽州的科举佳话很多。如清代徽州有"连科三殿撰,十里四翰林"之说:"三殿撰者,合歙、休二县言之。乾隆三十六年辛卯,状元黄轩,休宁人;乾隆三十七年壬辰,状元金榜,歙县人;乾隆四十年乙未,状元吴锡龄,休宁人。四翰林者,同治十年辛未梁耀枢榜,洪镔,岩镇人;郑成章,郑村人;黄崇惺,潭渡人;汪运铃,西溪人。皆四乡,沿丰乐溪滨,所居相距十里,以同科得庶吉士,亦希有事也"。[②]还有如"兄弟九进士、四尚书者,一榜十九进士者"[③];"一科同郡两元"[④]者;"同胞翰林"[⑤]者;等等。

## 二

明清徽州府的进士总数虽然高居全国各府前列,但其内部进士人数的地域分布却极不均衡。这是明清徽州进士分布的显著特点之一。歙县、休宁两县,明清时期的文进士数就占到全府的70%、武进士数占全府的76.65%;其中又以歙县为最著,一县的进士数就占到全府的一半。而祁

① 参见宋元强:《清朝的状元》,吉林文史出版社1992年版,第136页。

② 许承尧:《歙事闲谭》卷11《科举故事一》,黄山书社2001年版,第355—356页。

③ 赵吉士:《寄园寄所寄》卷11《泛叶寄》。

④ 徐卓:《休宁碎事》卷1《万青阁偶谈》。

⑤ 许承尧:《歙事闲谭》卷11《科举故事二》,第356页。

门、绩溪、黟县三县的进士人数则较少，三县中试的总数尚不敌歙县和休宁一县的人数。自然环境和人文传统相差不多的徽属六县，为什么明清时期拥有进士数的差别是如此之大呢？我们认为，商业经济发展的不平衡是导致徽属六县进士数极不均衡的主要原因。

“功名兴盛，原因复杂……但经济条件是基础。科举考试，要以经济实力为后盾。”[①]事实的确如此。明清时期，科举考试的用度颇为不菲，据明嘉靖万历时人王世贞在其《觚不觚录》中介绍：

> 余举进士，不能攻苦食俭，初岁费将三百金，同年中有费不能百金者。今遂过六七百金，无不取贷于人。盖贽见大小座主，会同年及乡里，官长酬酢，公私宴醵，赏劳座主仆从与内阁吏部之舆人，比旧往往数倍。

这是指明后期的情况。“清代物价持续上涨，各项费用大增，科考支出大概非千金不办。”[②]如此高昂的费用，如果没有一定的经济支持，一般的寒门士子是无法承受的。

明清时期，徽州由于人多地少、田地瘠薄，农业收入极其有限，故教育和科举经费的来源“是不可以力耕得之也”[③]。那么，来源于何处？答曰：有赖于“以贾代耕”者的资助。明后期歙人汪道昆所说的，“夫养者非贾不饶，学者非饶不给”[④]，就道出了商业经济作为徽州教育和科举发展基础的实际情况。

然而，明清时期，徽属六县商业经济的发展是不平衡的。歙县、休宁县的出贾之风，早在明成化、弘治年间既已形成；到明末，两邑之民，不仅“业贾遍于天下”[⑤]，而且大多从事易获取高额利润的盐、典二业，故

① 范金民：《明清江南商业的发展》，南京大学出版社1998年版，第342页。
② 范金民：《明清江南商业的发展》，第343页。
③ 嘉庆《两淮盐法志》卷55《徽州紫阳书院岁贡资用记》。
④ 汪道昆：《太函集》卷42《明故程母汪孺人行状》。
⑤ 金声：《金太史集》卷4《与歙令书》。

富商大贾极多，所谓“商贾之最大者举鹾，次则权母子轻重而修息之”[1]、所谓“千金之子比比而是，上之而巨万矣，又上之而十万百万矣”[2]等等，即是指此。与歙县、休宁县相比，婺源、祁门县的出贾之风稍迟，而绩溪、黟县的从商风习则形成最晚。据方志记载：明代的黟县人还是“重离土，一闻挟薄赀，游都会，相戒摇手”，入清以后才“始学远游，亦知权低昂、时取予，岁收贾息”；[3]而绩溪县，到清康熙初年还是“鲜挟赀之游人”[4]，虽然康熙以后从商人数逐渐增多，但直到乾隆年间仍然是“贸迁不逮歙（县）、休（宁）”[5]。此外，婺源、祁门、黟县、绩溪四县，不仅从商风习的形成较晚，而且大多是从事茶业、木业、瓷器业、饮食业的中小商人，富商大贾不多，其经济实力十分有限。

从我们接触到的资料中，可以看出，“豪于财”的歙县、休宁县的富商大贾为本邑应举士子捐输科举经费，不仅人数多，而且数额巨大。以休宁县为例，据方志记载：清康熙十四年（1675）商人程子谦“捐银一千两，置学田取租为诸生科举费”[6]。嘉庆初，商人汪国柱见“本邑士子乡试艰于资斧，捐金五千二百有奇，呈请申详，定立规条，存典生息，以为试资”；商人徐名进，得知汪国柱的善举后，“亦乐输五千以继其美”[7]。歙县商人对资助本邑士子的科举经费更为踊跃，仅道光年间以“乡试卷烛费”名义捐输的就有：汪坤祖，“于道光二年遵父仁晟遗命捐银一千两为乡试卷烛费”；程崧生，“于道光五年遵伯父绍允、父绍兖遗命捐银二千两”；潘弈星，“遵母吴氏命捐银一千两”；鲍树艺，“遵父致远遗命捐银一千两”；潘弈綮，“遵父大鉴遗命于道光十六年捐银八百五十两以增乡试卷

① 万历《休宁县志》卷1《风俗》。
② 万历《歙志》传卷10《货殖》。
③ 康熙《黟县志》卷1《风俗》。
④ 康熙《绩溪县志·曹有光序》。
⑤ 乾隆《绩溪县志》卷1《风俗》。
⑥ 道光《徽州府志》卷3《营建志·学校》。
⑦ 道光《徽州府志》卷12《人物志》。

烛费，呈县备案，发典生息，分给乡试诸生”；[①]等等。而婺源、祁门、黟县、绩溪四县的商人，虽也时有为本邑应举士子捐输科举经费之举，但其数额则不可与歙县、休宁县的商人同日而语。如绩溪县，道光初年，户部主事胡培翚乞假归里，仿歙、休公捐科举经费之法，号召阖邑商绅仗义捐输时，虽然“通邑翕然从之”，但终因商绅财力有限，三个月后，总计才得捐银五千余两，最高者才捐银二百三十六两。[②]

商业发展的不平衡，使徽属六县的经济基础有强弱之别。正是因为这种强弱之别，导致了六县之间教育和科举发展程度上的差异，正如清乾隆间任徽州知府的何达善所云：“歙（县）、休（宁）多巨贾，豪于财，好言礼文，以富相耀”，“故文风科第绝胜他邑”；而“婺源则朴遬纤啬，颇多务本”，故“文风科第逊于歙、休”。[③]至于黟县和绩溪县，由于商业发展比婺源县还要落后，相比较而言，其教育和科举的发展水平又比歙县和休宁县更逊一筹了。对此，清道光初年任绩溪知县的王日新就说得非常清楚：

> 宾兴之岁，大江南北两省之士皆试于金陵，而水陆兼程、道里之远，徽州为最。徽属如歙县、休宁富甲通省，又有公捐乡试经费，赴举者最多，科名亦最盛。绩溪于府属独为硗瘠，士多寒素，艰于行走，就试者最少，非无积学宿儒，往往兀守里闾、老于牖下，或遂谓地本无才，非通论也。[④]

可见，商业经济的发达与否决定着徽属各县应举士子的多寡，而应举士子的多寡又必然与中举人数的多寡紧密相连。

---

① 民国《歙县志》卷9《人物志》。

② 《绩溪捐助宾兴盘费规条》，清刊本。

③ 民国《重修婺源县志》卷1《旧志序》。

④ 道光《徽州府志》卷3《营建志·学校》。

## 三

除各县的进士人数极不均衡之外，明清徽州进士分布的第二个显著特点是集中在少数几个大姓大族之中。道光《徽州府志·选举志》记载了从明洪武四年（1371）到清道光六年（1826）考中的956名徽州进士名录，而汪、程、吴、胡、方、王、江、戴、黄、洪等十大姓的进士就有586名，占到全府进士总数的61.3%；其中又以汪、程、吴三大姓的进士人数最多，汪姓有158人、程姓有106人、吴姓有91人，分别占到全府进士总数的16.5%、11%和9.5%。

**表2 徽州十大姓明清进士人数及百分比一览表**

| 姓氏 | 汪 | 程 | 吴 | 胡 | 方 | 王 | 江 | 戴 | 黄 | 洪 |
|---|---|---|---|---|---|---|---|---|---|---|
| 明朝 | 80 | 50 | 30 | 23 | 27 | 17 | 10 | 8 | 10 | 13 |
| 清朝 | 78 | 56 | 61 | 18 | 13 | 17 | 21 | 22 | 19 | 13 |
| 合计 | 158 | 106 | 91 | 41 | 40 | 34 | 31 | 30 | 29 | 26 |
| 占全府百分比 | 16.5 | 11 | 9.5 | 4.3 | 4.2 | 3.6 | 3.2 | 3.1 | 3.0 | 2.7 |

这些大姓，不仅整体进士人数众多，其散处在一乡一村也是“登高第，跻上乡者代不绝书”①。如绩溪龙川村金紫胡氏，明清时期考中进士者即有19名。②歙县江村江氏从明初到清乾隆中叶，本籍和寄籍考中进士者即有15人。③

明清徽州进士集中于少数几个大姓之中，这种现象并非偶然，究其原因，除这些大姓在徽州地区分布广泛、人数众多之外，更重要的是这些大姓宗族拥有优越的文化教育环境和雄厚的经济实力，从而使其子弟具备了

① 歙县《济阳江氏族谱》卷10《皇清奉政大夫两晋资政大夫承瑜公暨熊夫人田夫人墓志铭》。

② 胡承业：《人杰地灵“进士村”——龙川纪略》，《绩溪文史》第四辑，第230—231页，内刊，1996年11月。

③ 江登云：《橙阳散志》卷2《选举志》。

较强的科举竞争力。

上述大姓，原都是中原的簪缨望族，后因战乱，或为官新安，而迁居徽州的。他们具有深厚的文化底蕴和兴学立教的传统。入明以后，因生存的压力，这些大姓宗族又“以贾代耕”，并依靠群体的力量，结帮经营、“以众帮众”，很快在商业经营上取得了极大的成功，成为资本雄厚的“素封”之家。如嘉庆《江都县续志》卷一二说：“明中盐法行……歙之程、汪、方、吴诸大姓，累世居扬（州）而终贯本籍者，尤不可胜数”。近人陈去病在《五石脂》中亦云：“徽人在扬州最早，考其时代，当在明中叶。故扬州之盛，实徽商开之，扬盖徽商殖民地也。故徽郡大姓，如：汪、程、江、洪、潘、郑、黄、许诸氏，扬州莫不有之。”致富后的这些宗族商人，在“崇儒重仕”的宗族传统和规范的影响下，在“亢宗”“大族”的宗法思想和观念的指导下，纷纷慷慨解囊，建书院、设义学、捐考费，从而为宗族教育和科举业的发展提供了雄厚的物质基础。如明休宁吴氏商人吴继良，“尝构义屋数百楹、买义田百亩”，为宗族建明善书院；清黟县黄氏商人黄志廉，“尝倡修集成书院，以教诫族之子弟焉”。[①]清歙县吴氏商人吴景松，“以茶业起家。晚年归里创崇文义塾，斥万金购市屋七所，收其租直以资族中子弟读书”[②]。清休宁程氏商人程子谦，除为县诸生捐输科举费外，又“买腴田为祖祠公业，积其息以给族子之赴试者”。[③]由于有宗族商人的巨额资助，这些大姓宗族子弟，不仅可以免费接受教育，其“学成名立后”，应科入试的费用，亦大多可以得到宗族的补贴。徽州《明经胡氏龙井派宗谱·祠规》中还详细规定了对宗族科举士子的具体资助办法：“至若省试盘费颇繁，贫士或艰于资斧，每当宾兴之年，各名给元银二两，仍设酌为饯荣行。有科举者全给，录遗者先给一半，俟入棘闱，然后补足。会试者每人给盘费十两”。

优越的文化教育环境、雄厚的物质支持，使徽州的大姓宗族士子几乎

① 康熙《徽州府志》卷15《人物志·尚义》。

② 民国《歙县志》卷9《人物志·义行》。

③ 康熙《徽州府志》卷15《人物志·尚义》。

没有后顾之忧，可以一心向学，攀登科举高峰。这是明清徽州进士之所以大多集中于少数几个大姓之中的最重要的原因。正如宋元强先生所指出的，“宗族组织与文化教育、科举功名的关系是相当直接而密切的”，而“徽商的雄厚资本”则在其中“发挥了重要作用”。[①]因此，可以说，明清徽州进士之所以集中于少数几个大姓之中，是这些大姓宗族“崇儒重仕”的传统与其雄厚的商业资本完美结合的结晶。

原载《安徽师范大学学报》（人文社会科学版）2001年第1期

① 宋元强：《徽商与清代状元》，《中国社会科学院研究生院学报》1993年第3期。

# 简论徽州传统教育发达的原因

徽州是中国古代传统教育最为发达的地区之一。宋元以来，特别是明清时期，除府学、县学之外，这里书院林立、讲会盛行，塾学、义学遍布城乡各地，书屋、文会所在多有，“自井邑田野，以至于远山深谷、民居之处，莫不有学、有师、有书史之藏”[①]，形成了“十家之村，不废诵读”[②]和“户诵家弦”[③]的繁荣景象。因而，无论从历史学研究角度，还是从学术史研究角度，探讨其发展繁荣的原因，都是十分有意义的一件事情。

徽州传统教育的繁荣与发展，无疑是多种因素综合作用的结果。究其要者，有以下数端：第一，与徽州崇儒重教的文化传统有关。从汉代起直至元代，外地名族从各地特别是北方各省不断迁入徽州定居。这些迁徽的大族，不是出于显宦门第，就是出于儒学世家，他们继承了“崇儒尚教的优良传统，特别重视文化教育，走读书仕进、科甲起家之路。……由于世家大族的影响，随之也带来了徽州整个地区文化教育的繁荣兴盛。”[④]正如淳熙《新安志·风俗》所言：唐代以前，徽州“特多以材力保捍乡土为称”，故“武劲之风”较盛；唐末“黄巢之乱，中原衣冠避地保于此，后

① 赵汸：《东山存稿》卷4《商山书院学田记》。

② 民国《重修婺源县志》卷4《风俗》。

③ 康熙《祁门县志》卷1《风俗》。

④ 栾成显：《元末明初祁门谢氏家族及其遗存文书》，周绍泉、赵华富主编：《'95国际徽学学术讨论会论文集》，安徽大学出版社1997年版，第48页。

或去或留，俗益向文雅”。南宋以后，随着程朱理学被奉为官方哲学，朱熹的思想在徽州的影响不断加深，这种崇儒重教的传统也在不断加强。

第二，徽商为徽州教育的发展提供了厚实的经济基础。经济是教育尤其是形式化教育存在和发展的基础，离开了经济的支持，教育的发展只能是空中楼阁。“贾而好儒”的徽商，对家乡子弟的教育和培养可谓情有独钟，他们凭借其财力的优势，多方位、多层次地资助和发展教育事业。徽州各级各类教育机构的创立和维护，无不和徽商结下不解之缘。所以，张海鹏先生说：“在徽州，是教育造就了一支‘儒商’，而这支‘儒商’在‘家业隆起’之后，又以他们的巨额利润反过来资助教育、发展教育。……可以说，没有徽商便没有发达的徽州教育，更没有那斑斓璀璨的徽州文化。”①

第三，宗族为徽州教育的发展提供了坚强的组织保证。徽州是中国封建社会后期宗族制度最为强固的地区之一，“堪称为正统宗族制度传承的典型”。这些具有深厚传统文化渊源的徽州宗族深知，宗族要发展壮大、强盛不衰，光靠经济的力量是不够的，更重要的是确立宗族在政治上和学术上的地位。而要确立这种地位，保持科名不绝，只有通过发展儒学教育才能实现。所以，徽州的强宗巨族都有强烈的教育追求，许多宗族都将创设教育机构，“悉力扶植”族内子弟业儒，作为宗族内的重大事务，并将其作为宗族规范书之于族规家训之中，张贴于祠堂祖屋之上，让子孙时刻谨记、世世遵守。徽州的各级各类传统教育机构，大多是由宗族主持创办、由宗族来组织管理的。

第四，一大批名儒硕士热衷于教育事业，从而为徽州教育的发展提供了质量上的保证。徽州有一大批名儒硕士，如宋元时期的程大昌、吴儆、程逢午、胡一桂、胡炳文、陈定宇、倪士毅、郑玉、赵汸，明清时期的朱升、汪佑、吴曰慎、施璜、戴震、程瑶田、凌廷堪等等，他们除著书立说外，不是讲学书院，就是潜心训蒙事业，许多人甚至在书院或蒙养教育的

① 张海鹏：《〈徽商与明清徽州地区教育发展〉序》，《安徽师范大学学报》（人文社会科学版）2001年第1期。

岗位上“终其一生”。这批名儒硕士，还在教材和讲义的编写、教学方法的改进、教学内容的选择等方面积极探索、不断创新，积累起丰富的教学经验，形成了颇具特色的教育思想，从而保证了徽州教育的较高质量。

上述诸种原因造就了徽州传统教育的繁盛，这也在无形中凸显了徽州传统教育研究的意义。首先，从徽学研究的角度来看，徽州传统教育研究有助于我们全面、科学地认识徽州社会文化繁荣、发展的内在动因，有助于徽学研究的进一步深入。如果说，徽商为徽州社会文化的繁荣、发展提供了厚实的经济基础，那么徽州教育就为徽州社会文化的繁荣、发展提供了丰富的智力资源和连绵不绝的文化传承。宋代以来，徽州传统教育为徽州社会培养出两千多名进士和数不清的各类人才，使徽州的学术、绘画、书法、篆刻、医学、戏剧、建筑等都极为繁盛，从而形成了新安理学、徽派朴学、新安医学、新安画派、新安篆刻、徽州版画、徽剧、徽州建筑等斑斓璀璨的“徽州文化”。徽商也是在徽州传统教育的熏陶下才具有了“贾而好儒”的特色，从而成就了中国封建社会后期一代“儒商”。宋元以来，徽州传统社会结构的稳定、秉礼仗义社会风尚的形成，以及“相亲相爱、尚如一家”[①]的和谐等等，也无不与徽州传统教育教化的影响有关。

其次，从中国教育史研究的角度来看，徽州区域传统教育研究，有助于开拓中国教育史的研究领域，有助于“重构教育史”的学科体系，也有助于中国教育史研究的深化。正如张海鹏先生所说的，研究区域教育史，“只是在近些年来的区域经济、文化研究的推动下，学者们才开始尝试的新课题。它不仅可以使研究的问题深入下去，更重要的是它适应了我国的地域辽阔、地区之间教育发展不平衡——这一‘国情’特色的需要”[②]。然而20世纪80年代中期以来出版的区域教育史研究成果，大都是基于现今行政区划的地方教育史的考察，有别于严格意义上的区域教育史。而徽州区域则是完全意义上的“学术概念”，所以徽州传统教育研究就成为真

① 同治《黟县三志》卷15。

② 张海鹏：《〈徽商与明清徽州地区教育发展〉序》，《安徽师范大学学报》（人文社会科学版）2001年第1期。

正意义的、典型的区域教育史研究。对于具有典型意义的徽州传统教育的研究，不仅可以为中国区域教育史的研究提供一个可资借鉴的范本，而且还可以为“重构教育史”提供理论和现实的资源。

原载《光明日报》2009年3月3日“史学版”。该文的第二作者是储常连

# 民国初年社会转型中的地方教育发展

## ——以徽州教育档案为中心的考察

辛亥革命及民国成立后，地方教育因社会转型出现了新的变化。揆诸民国地方教育史研究论著，利用地方教育档案，以不同教育组织形态为切入点的综合研究不多，尤其是对民国政府、地方民众、民间教育组织与地方教育发展关系的研究则更为少见。遗存民国初年徽州教育档案类型多样，内容丰富，详细记载了师范、小学和民间教育组织不同形态的教育活动[①]。档案所及的1910—1920年代，正是中国近代社会转型时期，也是民国教育制度创设、改革和发展的新阶段，这批档案真实记录了这一时期地方教育发展的基本形态。本文即以这批教育档案为基础，考察师范学校与师范学区制、小学教育的县域和城乡不均衡发展、民间教育组织与地方教育发展等问题，从中揭示民国教育制度在基层社会的实施和变迁。

### 一、师范学校与师范学区制

民国伊始，为建设与民国政权相适应的新式地方师范教育，安徽省政府依据“壬子癸丑学制”，在全省开设六所中等师范学校。民国二年

---

① 这批教育档案共28册，其中安徽省立第二师范学校档案12册，致中小学等小学档案9册，全徽教育协进社档案1册，歙县教育会文书2件，其他教育档案4册。原件分别收藏于安徽师范大学、黄山学院图书馆。

（1913）成立的“安徽省立第二师范学校”即是其中之一所[①]。学校以胡晋接为校长，办学地点初设歙县紫阳书院，后迁休宁县屯溪荷花池，再迁休宁县新棠村。根据教育部师范学校规定，第二师范学校招收预科、本科学生，以培养小学教师为职责，根据民国七年（1918）的统计，第二师范学校教职员工、学生数量在全省五所师范学校中位列第二，如表1。

**表1　安徽省师范学校一览表（1918年）**

| 校名 | 地点 | 教职员 | | 现有学生 | | 毕业学生/人 | 经费/元 | 立案年月 |
|---|---|---|---|---|---|---|---|---|
| | | 职员/人 | 教员/人 | 班数/个 | 人数/人 | | | |
| 安徽省立第一师范学校 | 省垣 | 11 | 22 | 7 | 372 | 41 | 24660 | 1915年11月 |
| 安徽省立第二师范学校 | 休宁 | 14 | 13 | 5 | 169 | | 6760 | 1914年9月 |
| 安徽省立第三师范学校 | 阜阳 | 5 | 12 | 2 | 122 | | 10700 | 1914年11月 |
| 安徽省立第四师范学校 | 宣城 | 8 | 8 | 2 | 168 | | 12910 | 1914年12月 |
| 安徽省立第五师范学校 | 凤阳 | 6 | 8 | 2 | 104 | | 12700 | 1916年2月 |

资料来源：朱有瓛主编：《中国近代学制史料》第三辑下册，华东师范大学出版社1992年版，第570页。

学校先后培养了10届本科毕业生和2届普通科毕业生[②]。1914年，著名教育家黄炎培曾视察该校，称赞“所见师范，此其第一”[③]。但1922年壬戌学制（又称新学制）取消了师范教育独立地位，安徽省自1927年开始

① 安徽省立第二师范学校原名安徽省立第五师范学校，民国三年改为现名。民国三年九月《安徽省立第二师范学校杂志》第一期，“本校第一年之概况”。

② 民国十六年《黄山钟》第六、七期合订本。

③ 安徽省地方志编纂委员会编：《安徽省志·教育志》，方志出版社1997年版，第398页。

实施中等学校改造方案，师范学校并入或改为省立中学[①]。民国十七年（1928），第二师范学校与省立第三中学合并，易名为省立第二中学[②]。

第二师范学校1912年因壬子癸丑学制而开办，1928年又因壬戌学制而撤销，师范学校地位的变动不仅反映了民国教育制度的变迁，同时也折射出中国教育在近代化过程中的迷惑与选择。19世纪末20世纪初，在中国人的视野中，欧美国家是西方的代表、现代化的体现，中国只要和这些国家一样，有了西方的科学技术、政治制度、教育制度，中国就能富强。但是他们没有意识到他们所面对的西方国家实际上并非一个整体，而是多样和多面的，是一直处于变化之中的。在引入西方教育模式的思潮下，法国、德国、英国、美国、日本等各种西方教育理论流行中国，并被付诸教育实践。而当他们感到一种西方体系没解决中国的问题时，马上就换另一种再做尝试。1912年壬子癸丑学制模仿日本模式，1928年壬戌学制又模仿美国模式[③]，这正是中国教育近代化在迷惑中选择的结果。故而这种"近代化"就成为一种没有确定方向的，处于不断试验中的，甚至是各种不同"西方"模式互相否定的过程[④]。第二师范学校的兴革即是这种近代化的生动案例。

此外，在近代社会转型、民族国家建立的过程中，民国政府通过师范学校布局和"师范学区"规划等制度安排，赋予师范学校以师范学区行政管理职能，使之成为政府与学区社会联系的桥梁、渠道。

据第二师范学校档案记载，"中华民国元年，由安徽民政长划分全省师范学校为六学区，本校属第五区"[⑤]。"民政长"即一省最高行政长官，

① 安徽省地方志编纂委员会编：《安徽省志·教育志》，方志出版社1997年版，第376—377页。

② 休宁县地方志编纂委员会编：《休宁县志》，安徽教育出版社1990年版，第433页。

③ 李国钧、王炳照总主编：《中国教育制度通史》第7卷，山东教育出版社2000年版，第3页。

④ 丛小平：《师范院校与中国的现代化：1897～1937》，《开发时代》2010年第1期。

⑤ 民国三年九月《安徽省立第二师范学校杂志》第一期，"本校第一年之概况"。

说明安徽省师范学校布局和师范学区划分源自省政府的设定。追溯安徽省政府设立师范学区的法律依据，乃是1912年9月29日《教育部公布师范教育令》，该法令规定“师范学校定为省立，由省行政长官规定地点及校数”①。由文献记载可知，安徽省师范学区范围与行政区划完全等同，“民国初年，安徽依原府、州治的范围划分为六个师范区”②。第二师范学校属“第五区”，“本师范学区区域为，歙、休宁、婺源、祁门、黟、绩溪六县”③，即原徽州府辖地。因此，学区实为地方社会。

在“师范学区”体系中，师范学校负有管理、指导师范学区的职责。因为教育是国家统一稳定、达到思想一致的重要基石，师范学校又是国家的“根本之根本”④，“师范为国民教育之母”⑤。基于此种考虑，全国被划分为六个师范区，每区设一高等师范学校，管理并指导各区的教育。每个师范区下属的省又被划分为多个小师范区，每个小师范区又各设一所中等师范学校，指导本区教育事务⑥。安徽省长公署给第二师范等学校下达的训令，明确指出了师范学校在师范学区中的地位和职责，“各师范校长对于该区教育责任綦重，宜于整理校务以外，随时视察各该地方教育状况，以为改良计划之实施”⑦。

但第二师范学校试图摆脱师范学校与师范学区的架构，率先向安徽省政府提出设立学区教育联合部的建议。其理由是“无学区教育联合……则

① 《教育部公布师范教育令》（1912年9月29日），陈学恂主编：《中国近代教育史教学参考资料》中册，人民教育出版社1987年版，第195页。

② 安徽省地方志编纂委员会编：《安徽省志·教育志》，方志出版社1997年版，第376页。

③ 民国三年九月《安徽省立第二师范学校杂志》第一期，“校舍”。

④ 《教育总长具呈大总统拟暂设高等师范六校统一教育办法》，璩鑫圭、童富勇、张守智编：《中国近代教育史资料汇编 实业教育 师范教育》，上海教育出版社1994年版，第798—799页。

⑤ 参见《教育部通咨师范学校应行报告条目》，璩鑫圭、童富勇、张守智编：《中国近代教育史资料汇编 实业教育 师范教育》，上海教育出版社1994年版，第805页。

⑥ 马啸风主编：《中国师范教育史》，首都师范大学出版社2003年版，第18页。

⑦ 民国八年八月《安徽省立第二师范学校杂志》第六期。

终无以发展本学区之地方教育”；“师范学区之教育，当然以师范学校为中心，但非特设一学区教育联合部以专司其事，则职务各有攸属，即精神难以兼营”。显然，第二师范学校所谓学区教育联合部，实为与师范学校剥离的独立机构。安徽省教育厅虽批准成立学区教育联合部，拨付经费二千元，同时要求“第一、第三两师范学校一致筹办，徐图推行全省”，但要求部主任由学校校长兼任，二者不许分离①，从而以学区联合部形式进一步明确了师范学校对学区的管理职责。

民国八年（1919）二月十七日第五学区教育联合部成立②，“所司职务，为调查、视察、劝导、参观、巡回试教、发行教育月报、举行学区教育联合会议等一切事务”。这些职能与地方教育行政部门劝学、调查等部分职能基本相同，反映出学区教育联合部具有官方职能。联合部下设普通教育部、职业教育部、社会教育部等部门，“皆置主任以专责成”③。其组织架构也与行政部门几乎一致。主任、视察兼劝导员名单中所列人员，全部为第二师范学校教职人员④，表明学区教育联合部的职责实为第二师范学校所承担，师范学校拥有一定的政府职能。民国九年（1920）第二师范学校提交《学区教育联合部第一次概况报告》，报告一年来学区调查、出版教育月报等活动内容⑤，印证了第二师范学校已经行使了行政职能。

师范学校的行政职能和师范学区职责表明，在近代社会转型、民族国家建设的过程中，民国政权为了强化对地方社会的控制，试图利用教育系统，从文化、意识形态和政治上将其影响力渗透到地方社会，以建立起国家政权的有效管制。故而师范学校在近代社会转型中扮演着一定的政治角色。忽视了这一点，师范学校的特质就被抹杀了⑥。第二师范学校历年档案“文牍”资料也进一步印证了师范学校的这一政治角色。“文牍”呈送

① 民国八年八月《安徽省立第二师范学校杂志》第六期。
② 民国九年九月《安徽省立第二师范学校杂志》第七期，“报告”。
③ 民国八年八月《安徽省立第二师范学校杂志》第六期，“报告”。
④ 民国九年九月《安徽省立第二师范学校杂志》第七期，“报告”。
⑤ 民国九年九月《安徽省立第二师范学校杂志》第七期，“报告”。
⑥ 从小平：《师范院校与中国的现代化：1897～1937》，《开发时代》2010年第1期。

的对象，均为第二师范学校的上级政府首长，如安徽省教育司长、科长和内务司长等。从呈文内容看，无论是学校发展、建设等内部事务，还是学区对外各项活动，均需要向上一级政府报告，例如民国八年（1919）八月第二师范学校呈送的报告，涉及筹办学区联合运动会、申请学区教育联合部经费和组织全徽教育协进社等事项。这些事项不仅需要得到上级政府部门的批准，还需将各种会议记录、会议过程情况上交省教育司。可以看出，上级政府抓住师范学校这个中心环节，就可以实现对学区教育的控制。从这个角度看，师范学校成为国家权力延伸至地方的最好渠道。

## 二、小学教育的不均衡发展

上文已述，在师范学区制度下，第二师范学校负有管理本学区教育的职责。基于学区职责，第二师范学校每年组织教师赴歙县、休宁、祁门、婺源、黟县和绩溪六县进行调查，并将调查报告登载于学校档案汇编杂志中。调查报告及有关数据，具体呈现了民国初年徽州小学教育发展的基本状况，如表2。

**表2　民国三年（1914）至十一年（1922）徽州学区小学统计表**

| 学年度 | 学校数/所 | | | 学生数/人 | | 经费数/元 | |
|---|---|---|---|---|---|---|---|
| | 国民 | 高小 | 国民高小合 | 国民 | 高小 | 公私费 | 学费 |
| 1914年3月 | 169 | 60 | | | | | |
| 1915年8月至1916年7月 | 112 | 14 | 37 | 4049 | 1043 | 31549 | 13649 |
| 1916年8月至1917年7月 | 125 | 13 | 34 | 5015 | 1085 | 35555 | 13969 |
| 1917年8月至1918年7月 | 162 | 19 | 21 | 5947 | 1045 | 37369 | 16348 |
| 1918年8月至1919年7月 | 176 | 25 | 20 | 5624 | 1057 | 39674 | 12950 |

续表

| 学年度 | 学校数/所 | | | 学生数/人 | | 经费数/元 | |
|---|---|---|---|---|---|---|---|
| | 国民 | 高小 | 国民高小合 | 国民 | 高小 | 公私费 | 学费 |
| 1919年8月至1920年7月 | 188 | 16 | 33 | 7530 | 1280 | 33614 | 25020 |
| 1920年8月至1921年7月 | 205 | 18 | 26 | 7899 | 1194 | 41439 | 15554 |
| 1921年8月至1922年7月 | 259 | 22 | 33 | 10353 | 1440 | 53970 | 14899 |

资料来源：1.《安徽省立第二师范学校杂志》民国三年九月第一期至九年九月第七期。
2.民国十一年安徽省立第二师范学校《黄山钟》第二期。

由表2可见，自民国三年（1914）开始，第二师范学校即进行了学区小学教育发展状况的调查。这与教育部民国三年（1914）颁布的《教育部整理教育方案》有关。《方案》鉴于“师范学校教员，闭户而谈外国教育学理，于其本国或本区域内教育之情形，暗然无所闻知”的通病，规定“凡师范学校校长暨担任教育科目之教员，每年课余有视察本区内教育情况之义务，归时有提出报告开会研究之义务，其旅行费由学校支出之”[①]。因此，民国三年（1914）以来学区小学状况调查，是学校执行教育部政令的结果，故而刊登于学校杂志中，以备考核。

据表2，徽州各类小学中，以国民小学数量增加最快，从民国四年（1915）的112所到十一年（1922）的259所，增长约131%；学生数量从4049人增加到10353人，增长约156%。

**表3 安徽省小学统计表（1916年8月—1917年7月）**

| 学校类别 | 学校数/所 | 学生数/人 | 每学生平均费/元 |
|---|---|---|---|
| 国民学校 | 1253 | 64014 | 3.885 |
| 高等小学 | 257 | 11207 | 19.272 |

资料来源：朱有瓛主编：《中国近代学制史料》第三辑上册，华东师范大学出版社1990年版，第312—313页。

① 转引自熊明安：《中华民国教育史》，重庆出版社1997年版，第49—50页。

表3为民国五至六年安徽省小学统计数据。据表2、表3，同时期徽州国民学校和高等小学的总和是全省的11.4%，国民学校、高等小学学生数量分别为全省的7.83%和9.68%，学生平均经费则高于全省平均数。考虑到徽州是全省人口最少地区①，徽州小学发展规模实际高于全省平均水平。

虽然徽州小学教育发展总体呈现较好的态势，但各县小学校发展并不平衡，主要表现在县域、城乡的不平衡，如表4。

**表4　民国徽州各县小学数量统计**

| 截止时间 | 歙县 | | 休宁 | | 婺源 | | 祁门 | | 黟县 | | 绩溪 | |
|---|---|---|---|---|---|---|---|---|---|---|---|---|
| | 学校数/所 | 学生数/人 | 学校数/所 | 学生数/人 | 学校数/所 | 学生数/人 | 学校数/所 | 学生数/人 | 学校数/所 | 学生数/人 | 学校数/所 | 学生数/人 |
| 1914年3月 | 60 | | 31 | | 54 | | 25 | | 30 | | 29 | |
| 1919年7月 | 62 | 1311 | 32 | 917 | 36 | 1139 | 26 | 746 | 25 | 910 | 40 | 1658 |
| 1920年7月 | 80 | 3034 | 41 | 1200 | 34 | 1218 | 23 | 679 | 26 | 984 | 33 | 1695 |
| 1922年7月 | 117 | 4317 | 58 | 1803 | 45 | 1694 | 23 | 713 | 25 | 985 | 46 | 2281 |

资料来源：1.《安徽省立第二师范学校杂志》民国三年九月第一期至九年九月第七期。
2.民国十一年安徽省立第二师范学校《黄山钟》第二期。

据表4，大多数年份中，各县小学发展以歙县为最，其次为绩溪、婺源、休宁县，而祁门县学校和学生数量均最少。显然，各县小学教育发展存在一定程度的不平衡。人口数量与学校规模虽然存在一定的关联，但不是教育发展不平衡的唯一因素。据民国八年（1919）的人口统计，歙县424982人、休宁136084人、婺源245465人、祁门130437人、黟县85032人、绩溪111083人。②尽管歙县人口居六县之首，小学发展规模较快，但祁门和绩溪县的人口基本相当，而绩溪县小学生、学校数量则是祁门的二倍左右。即使是人口少于祁门的黟县，其学生数也比祁门县多出二三

① 安徽省地方志编纂委员会编：《安徽省志·人口志》，安徽人民出版社1995年版，第37—38页。

② 安徽省地方志编纂委员会编：《安徽省志·人口志》，安徽人民出版社1995年版，第37页。

百人。

一县之内，城乡教育发展也不平衡。休宁县小学教育发展速度较快，一度被评为教育先进县，但全县城乡小学发展极不平衡。根据民国九年（1920）调查数据，该县小学共39所[①]，其中县城小学2所，以屯溪镇为中心的隆阜、黎阳、阳湖等周边地区11所，其他乡村小学总共25所。[②]由此可以看出，在学校分布的地理空间上，休宁县以县城和商业重镇屯溪镇为中心，城镇小学占全县小学数量的33%，城乡小学布局极不平衡。此外，小学的规模也反映出城乡教育发展的差异。调查数据显示，在教员、学生数量上，以县城海阳小学规模最大，教师7人，学生138人。而普通乡村一所小学的教师最多2—3人，最少1人，学生数量大多维持在20—30名的水平。休宁县小学教育发展的状态，十分典型地反映了城乡教育发展的不平衡，中心市镇与偏僻乡村教育发展的不平衡。

徽州六县小学发展的快慢、不平衡，与地方民众对教育的支持密切相关。例如发展较快的绩溪、休宁县，社会各界民众对于教育发展倾注了极大的热情和支持。绩溪县“民国成立，邑人对于小学教育，尤为重视，城乡学校之创设，风起云涌，盛极一时”[③]。休宁县“私人办学之风盛行，许多开明士绅、商人及社会贤达，纷纷捐资兴学，少者上百元，多者达万元。从民国七至十一年，本县捐资兴学受奖者有15人，其中3人捐资金额达千元以上”[④]。歙县小学教育规模最大，也是得到了各界人士的支持。据档案记载，一是徽商的支持。歙县南源口镇致中小学就是本村徽商出资创办的。据该小学成立时编印的《皖歙县南源口镇致中小学校成立纪念大

① 据民国八年八月《安徽省立第二师范学校杂志》第六期“本年度小学校一览表（自民国八年八月至民国九年七月）”，休宁县共39所小学；又据其“本年度小学统计表（自民国八年八月至民国九年七月）”，全县小学41所，如表4。数据差异的原因不明。

② 民国九年九月《安徽省立第二师范学校杂志》第七期，“调查”。

③ 《绩溪县教育志》编委会编：《绩溪县教育志》，方志出版社2005年版，第381—382页。

④ 休宁县地方志编纂委员会编：《休宁县志》，安徽教育出版社1990年版，第438页。

会汇编》记载，致中小学校长汪延龄，其父是“本里汪鉴甫老先生，商界中的巨办。他早几年想开办学校”。汪延龄为实现父亲的愿望，从上海回到家乡“志父之志，创办学校”①。显然若没有徽商汪氏父子的支持，致中小学难以成立。二是普通村民的支持。歙县私立定山初级小学校从筹划到成立，村民扮演着主导的角色。依据定山初级小学董事会记录，该校的成立源自张翰飞等22名张姓村民的提议，反映了普通村民对兴办乡村小学的热情。由村民推选而产生的学校董事会，在筹措学校经费的过程中，积极与本村张世德祠堂、嘉乐堂祭祀会协调，通过收取谷租、鱼租等方式筹集办学经费。为了推动新式学校教育，董事会讨论了取缔私塾的议案，决定“由董事会推选干员会同保甲长劝导停办，如顽固不从，呈明官所依法取缔之”②。不难看出，若没有村民和徽商的积极支持，不仅小学经费难以筹措，而且小学教育也难以持续发展。

## 三、地方教育组织与地方教育发展

1915年新文化运动至1927年南京民国政府成立前的十余年间，是中国思想界最为活跃的时期。在此期间，新教育思潮奔腾翻涌，民间教育组织脱颖而出，对基层教育界产生了极大的影响。“全徽教育协进社”（后改称全徽教育联合会）即是此时期成立的徽州民间教育组织，积极参与和推动地方教育的改革、发展，表现了五四时期民间组织关注社会改革的特点，但其向行政权力扩张的趋势又有别于其他民间团体组织。

全徽教育协进社成立于民国八年（1919）五月十八日，为徽州地区成立时间最早、规模最大的民间教育组织，其性质定位于“地方教育联络机关……社会自动事业”。宗旨有三：“一曰改良普通教育，二曰提倡职业教育，三曰推行社会教育。”③表达了徽州教育界改革、发展地方教育事业的目标和愿望，

① 民国十四年《皖歙县南源口镇致中小学校成立纪念大会汇编》。

② 《中华民国念七年春月之吉立歙县私立定山初级小学校订董事会记录底稿簿》。

③ 民国八年八月《安徽省立第二师范学校杂志》第六期，“全徽教育协进社宣言”。

也反映出五四时期教育思潮的广泛传播，在地方社会引起共鸣和认同。

第二师范学校与全徽教育协进社关系密切。根据档案记载，第二师范学校是全徽教育协进社的发起、筹办单位，宣言书的发布、组织章程的起草，以及向安徽省教育厅提交申请报告，均由第二师范学校操作。同时，协进社主任由第二师范学校校长胡晋接担任，协进社召开的历次会议及议案等情况均由第二师范学校上报教育厅审查、备案①，因此第二师范学校不仅与全徽教育协进社关系密切，而且在该组织中居于领导的地位。

全徽教育协进社的成立吸引了徽州教育界众多人士，入社会员多达166人，成为科举停废之后徽州教育界最大规模的聚会，“尤可令人愉快者，徽属自科举停止之后，学界中人，颇不易于集合。此次六邑人士，或相距百数十里，或相距二三百里，皆不辞跋涉之劳……共谋进步。此会可谓极一时之盛，而于教育前途实有裨益”②。

全徽教育协进社“极一时之盛”，与徽州及安徽教育界面临的严峻形势有关。一是学校数量急剧下降，如表2所见，相较于民国三年，民国四、五年徽州六县国民小学和初等小学数量减少近30%。二是经费的困难。据文献记载，安徽省教育经费被挪作军用，故而被削减53%，甚至民国五年（1916）五月六日，安徽巡抚使倪嗣冲通令各县官立学校一律停办，将办学经费移作地方办理团防之用③。安徽教育地位由此落居于全国倒数第二位④。在此形势下，教育界希望通过组建教育团体，成立联络机关，表达自己的诉求，解决教育发展环境问题。此外，地方办学过程中出现的各种具体问题，也需要有统一的协调、处理机构来帮助解决。据《全徽教育协进社议案》记载，各县、学校所提交的请求处理的议题，如教材选择、国语推广、女子教育、私塾取缔等问题，几乎涉及教育发展的所有方面，这

① 民国八年八月《安徽省立第二师范学校杂志》第六期，“文牍”“纪事”。

② 民国八年八月《安徽省立第二师范学校杂志》第六期，“公牍”。

③ 转引自王世杰主编：《安徽省教育大事记1896～1995》，安徽教育出版社1999年版，第28—29页。

④ 转引自王世杰主编：《安徽省教育大事记1896～1995》，安徽教育出版社1999年版，第24页。

是各级学校无力、无法解决，又与学校自身发展密切相关的问题。尽管民国初年县级教育行政设有劝学所机构，处理教育行政事宜。但劝学所独立性差，结构及人员组成也十分简单，[①]且权限仅于劝学、调查等事务，不可能协调、处理各级学校面临的问题。因此县级教育行政权力的缺位，为全徽教育协进社民间教育组织的活动提供了广阔的空间。

地方政府教育行政权力的缺位，也为全徽教育协进社从民间组织向行政领域扩张提供了可能。民国十一年（1922）五月，婺源第四届会议决定，全徽教育协进社改称全徽教育联合会。理由是“协进社原属私人组织，以共同研究地方教育为职志，然其范围不能及于教育行政，故对于教育上仍不能圆满之效果，故建议改本社为全徽教育联合会，建设于各县法定机构之上，以便将来关于全徽教育行政上之一切提议，亦得有正当之解决”[②]。从全徽教育协进社到全徽教育联合会，显示出徽州民间教育组织向行政领域扩张的趋势。

全徽教育协进社运作方式是由会员或学校提出议案，经会议讨论形成处理意见，最后交付处理。《全徽教育协进社议案》具体记载了民国十、十一、十二年歙县、婺源、休宁会议提案名称、内容和提案人，以及议案处理情况。如民国十一年（1922）五月婺源第四届会议议案41条，“关于社务改进案三，关于学校教育实施案十六，关于通俗教育案三，关于女子教育案三，关于教育经费案七，关于教育其他案九”[③]。这些议案广泛涉及学校建设、女子教育、职业教育、乡土教材及职业和戏剧调查等方面，显示出全徽教育协进社对地方教育发展的高度关注。从档案记载看，全徽教育协进社议案的处理，均得到落实，能够发挥一定的作用，产生积极的影响，主要表现在：

其一，解决了小学建设中的具体问题。例如“请根据新定教育方针组织全徽小学校教材审查委员会以次审定适用之小学教材案”，事涉废除晚清教

① 李国钧、王炳照总主编：《中国教育制度通史》第7卷，山东教育出版社2000年版，第17页。

② 《全徽教育协进社议案》，“请本社为全徽联合会案”。

③ 《全徽教育协进社议案》，“民国十一年五月全徽教育协进社在婺源开第四届常年会议”。

材之后的新教材选择问题，经审议后“议决：由本会函请第二师范联合各县教育界组织小学教材审查会。”[①]又如“请各县教育机关组织不常见儿童特别学校案”“劝各校兼收贫苦学生案”“请推广女子教育案”等，涉及徽州小学教育发展的诸多问题。这些议案基本得以落实，如“议决：如议实行”或“议决：由本会函请各县劝学所设法奖励已改良之私塾以资激劝”。

其二，促进了小学经费补贴办法的修改。民国初年，小学教育制度尚处于初创阶段，小学经费补贴办法存在一定的缺陷。民国八年（1919）三月歙县教育会出台小学资质等级及经费补贴办法，在学校资质等级的认定上只是简单地列出“教授管理训练合法”“曾办毕业一次者”等评判标准[②]。学校资质评判标准的粗糙，引起各校不满。经费补贴关系到学校发展，全徽教育协进社在民国八年（1919）五月十八日第一次会议上，提出“教育厅酌定视察学校评判等第之标准案”议案，[③]具体细化甲、乙、丙、丁四级资质小学的教师、学生等的评判标准，最后“申告各县教育会、劝学所”执行，改进了小学经费补贴办法。

其三，处理、解决了学校腐败案件。民国十一年（1922）五月婺源第四届会议，代理校长江慊提交《新安公立甲种商业学校学款经理员书案》议案，反映该校腐败问题。全徽教育联合会收到议案后，迅速做出反应，“议决：由本会另举经理员接理，当即全体公推江铁纯先生为新安公立甲种商业学校学款经理员，又由各县公推清理员清查前经理耿少安君账款”。要求公推的6名“清理员向耿经理追回各项证据、账款，交付接理”[④]。着手该案件的调查。

会后，清理人员赴甲种商业学校核查经费问题，并将调查结果《清理新安公立甲种商业学校学款之经过报告书》报告民国十二年（1923）五月全徽教育联合会。报告除文字叙述外，还编列《新安公立甲种商业学校学

① 《全徽教育协进社议案》，“（乙）关于学校教育实施案”。

② 《民国八年三月县教育会审查报告》。

③ 民国八年八月《安徽省立第二师范学校杂志》第六期，“公牍”。

④ 《全徽教育协进社议案》，“民国十一年五月全徽教育协进社在婺源开第四届常年会议”。

款经理员耿少安君交来紫阳资产契据卷宗清单》和《前任甲商校长江慊交来租息金征收誊清单》，详细介绍了贪腐案件的来龙去脉。随后该校校长沈钰向全徽教育联合会提交《报告甲商学款收支状况并请议清理经理两案》，报告学校案件处理及财务收支的具体情况，表明案件调查和处理结束。从这起案件的调查和处理的过程看，全徽教育联合会发挥了主导作用，在清查人员的配备和调查权的使用上，一定程度上反映出该组织承担了部分教育行政的职能。

综上所述，民国初年徽州教育档案内容丰富，具体记载了民国社会转型条件下，徽州师范、小学教育和民间教育组织建设与发展的真实形态。民国徽州教育的发展历程，既呈现出民国教育制度在基层社会演进和变迁的历史，又表现出徽州教育发展的地域特性。第一，综观徽州不同类型的教育活动，第二师范学校在民国初年徽州教育发展的进程中，发挥了主导作用。依据师范学区制的安排，第二师范学校不仅履行了为地方培养小学教师的职责，还积极组织了本学区的小学教育调查，筹办和领导了地方教育组织——“全徽教育协进社”，在徽州教育近代化的过程中扮演了主要角色。第二，尽管民国社会制度的转型推动了徽州小学教育的总体发展，但县域、城乡教育发展的不平衡现象较为突出。徽州小学发展的案例表明，教育的发展始终离不开地方民众的支持。社会各界支持和发展近代教育的热情，是决定基础教育发展的主要因素。第三，“全徽教育协进社”以民间教育组织的形式参与地方教育改革，推动了徽州教育的发展。地方教育行政领域的缺位，不仅为“全徽教育协进社”提供了活动的社会空间，也为其向行政领域扩张提供了可能。总之，民国徽州教育的发展，表明制度转型是教育发展的根本，社会各界的支持是教育进一步发展的动力。而政府对学校的严格控制、教育的不平衡发展，以及民间教育组织的行政化趋向，既揭示出民国教育发展的基本特点，也暴露出地方教育发展中存在的问题。

原载《华东师范大学学报》（教育科学版）2011年第4期。该文的第一作者是马勇虎

# 农民须“在场”：近代乡村教育改革的镜鉴

“乡村”是“农村”的代名词。作为一个以农立国的社会，乡村和农民是中国传统社会的主体，农民子弟自然是乡村教育的主体，这是不言自明的。然而，在近代中国乡村教育改革中，农民却缺席了，而且这种情况延续了很长时间。前不久召开的中央全面深化改革领导小组第三十五次会议审议通过了《关于深化教育体制机制改革的意见》，这是我国教育史上的一件大事。我们要以此为契机，充分调动农民的积极性，使之为中国的乡村教育改革贡献力量。

近代中国的乡村教育改革是对传统教育的一次全面反省。鸦片战争特别是到了甲午战败之后，文化和制度自卑便左右了很多中国精英的心态。当时不少人将中国之败归因于中国的传统教育，进而提出了创建新式教育的必要性。庚子事变以后，再一次的惨败让中国人“中不如外”之感愈发强烈，进一步影响了近代中国教育改革的取向，时人就言：“考泰西各国，人才之所以胜于中国者，取士之法不同也。西人事事务实，无一毫虚饰，无论何项人才，皆须由学堂出身，限以毕业之期，予以及格之照，故人皆发奋鼓舞，不敢存滥竽之心。今中国宜仿其法，人才概取诸学堂，方可用世。”[①]如此，另起炉灶建立西方式的新式教育便成为改革的最重要内容，而以私塾等为代表的中国传统乡村教育组织或机构便被取缔或改造。

① 《阅报纪力扶新学系之以论》，《申报》1902年8月12日，第1版。

然而，与中国传统教育具有较强依存关系的农民显然不会轻易改变和认同这种改革思路。在传统的乡村私塾里既可以识字，又可以学会写信、算账、对对子等最基本的技能，学会这些，对农民子弟来说就是掌握了谋生的本领；加之在传统中国做个读书人是一件颇为体面的事情，且不需要付出太多的时间和经济成本，农民们自然十分乐意。何况，农民对传统的私塾先生具有一种特殊感情。塾师们在乡间除了教书，还往往兼营“阳宅阴宅及写契纸、排八字、算命、开药方子，一切中国大半民众所信仰着的东西、日常应用的东西，私塾先生他们都会。”①这无形中加深了农民对塾师和私塾的依赖感和信任感。与此相对应，农民对西式的新式学堂的信赖感却并没有建立。毛泽东在《湖南农民运动考察报告》中就说：“‘洋学堂’，农民是一向看不惯的。我从前做学生时，回乡看见农民反对‘洋学堂’，也和一般‘洋学生’‘洋教习’一鼻孔出气，站在洋学堂的利益上面，总觉得农民未免有些不对。民国十四年（1925）在乡下住了半年，这时我是一个共产党员，有了马克思主义的观点，方才明白我是错了，农民的道理是对的。乡村小学校的教材，完全说些城里的东西，不合农村的需要。小学教师对待农民的态度又非常之不好，不但不是农民的帮助者，反而变成了农民所讨厌的人。故农民宁欢迎私塾（他们叫‘汉学’），不欢迎学校（他们叫‘洋学’），宁欢迎私塾老师，不欢迎小学教员。”其结果是，在近代中国的乡村教育改革中，精英和农民便分道扬镳了，这直接导致了农民在当时乡村教育改革中的缺席。

近代中国乡村教育改革中农民的缺席，不可避免地产生了消极后果：一方面，由于乡村教育改革缺乏农民的理解和支持，改革变得困难重重；另一方面，农民的“缺场”，使得农村教育改革缺少了应有的针对性和实效性。近代以后，随着教育改革的如火如荼，新式学堂如雨后春笋般纷纷建立，改良或取缔私塾的改革也在同步进行。然而无法回避的事实是：普通民众对新式学堂的信任并未很好建立，许多地方甚至频繁发生毁学事

① 单维藩：《北平私塾的研究》，《新北辰》1936年第10期。

件；私塾的改良或取缔也效果不佳，私塾仍在乡村拥有重要影响力，在有些地方甚至居于主导地位。

以1904年在无锡发生的毁学事件为开端，捣毁新式学堂的事件在各地乡村层出不穷。据田正平先生研究，从1904年7月到1911年7月的短短7年间，在当时全国22个省中，除新疆、甘肃、东北三省等少数内陆及边远省份外，其余17个省均发生过针对新式学堂的毁学事件，总数多达170起。而且这些统计仅以“是否对新式学堂造成实际损害为选取标准，如果考虑到针对办学人员及其家庭的攻击，这一数字将会成倍增加”。[①]民国以后毁学事件仍不断发生。毁学事件主要是由乡间农民发起，他们的目的就是要摧毁以新式学堂为代表的西式教育。

与新式学堂和西式教育不受农民欢迎相对应的是，作为精英们革命对象的私塾却仍旧为农民所信赖和拥护。1935年是近代新式学堂发展的高峰期，但就在这一年，据不完全统计，传统私塾仍多达101027所，塾师有101813名，学生则有1757014名[②]。甚至到1949年新中国成立后，江苏的吴县尚有私塾124所，学生1264人[③]；湖北的江陵县也有私塾1470多所，占全县初等学校总数的98.13%，学生15876人，占当时小学生总数的64.75%[④]。

以上事实表明，教育是民众生活的重要组成部分，教育要成为鲜活的教育，就必须植根于自己的土壤。近代中国乡村教育的土壤就是农村和农民，如果离开了农村和农民谈中国的乡村教育改革，无论改革的主观愿望多么美好，改革的路径设计多么科学严密，都不可避免地要走上弯路。这也警醒我们，任何改革都必须充分尊重改革利益攸关方的意愿和利益，否则改革的挫折便不可避免，甚至可能事与愿违。令人欣慰的是，党的十八大以来，我们的改革都以人民的利益为根本出发点和最终归宿，取得了前所未有的巨大成就。我们要以此为借鉴，将今天的有益经验和以往的历史

① 田正平：《清末毁学风潮与乡村教育早期现代化的受挫》，《教育研究》2007年第5期。

② 教育部教育年鉴编纂委员会编：《第二次中国教育年鉴》，商务印书馆1948年版，第231页。

③ 吴江市地方志编纂委员会编：《吴江县志》，江苏科学技术出版社1994年版，第641页。

④ 江陵县教育志编委会编印：《江陵县教育志》，1985年，第99页。

教训很好地融入乡村教育改革，既充分发挥农民的地位和作用，又让改革成果最大程度惠及广大农民，使我们的乡村教育改革取得实实在在的预期成效。

原载《光明日报》2017年6月21日“国家社科基金”版。该文的第二作者是梁仁志

# 略论郑玉的教育思想

郑玉（1298—1358），字子美，号师山，徽州歙县人，“幼敏悟嗜学，既长，覃思《六经》，尤邃于《春秋》，绝意仕进，而勤于教。学者门人受业者众，所居至不能容。学者相与即其地构师山书院以处焉”[①]。郑玉“应进士举不利”后，即绝意仕进，朝廷曾征召其为翰林待制、奉议大夫，他亦称疾不赴，一生只以著述讲学为乐。他在《上鼎珠丞相》中说：“某自幼知非用世之才，又乏过人之识，故弃干禄之学，绝进取之心，投迹山林，躬耕垅亩，自食其力，无求于人。暇则诵诗读书，以著述为乐”[②]。郑玉一生的教育活动主要是在师山书院进行的。师山书院位于歙县城西十里的师山之中，是由郑玉弟子鲍元康等捐资兴建的。史载：郑玉“讲道师山，从游翕集，咸捐田助费。里人鲍元康为之大起精庐、夫子燕居殿及讲堂、亭台，咸极严整，山木蓊郁，西北数百里诸山咸俯伏其下，先生顾而乐之，遂著《易》《春秋》，日与诸生谈论仁义道德之奥而通其大用。由是学者号曰师山先生”[③]。元至正十八年（1358），红巾军攻陷徽州，主帅欲征聘任用，郑玉坚辞不从，被“羁留郡城”。在郡城“羁留”期间，郑玉“闭户高卧，不食七日”后自缢而亡，“从容就义，以全节义”。[④]

① 《元史》卷196《郑玉传》，中华书局1976年点校本。

② 郑玉：《师山集》卷1《上鼎珠丞相》，文渊阁四库全书本。

③ 周原诚：《哀辞》，《师山遗文》附录，文渊阁四库全书本。

④ 汪克宽：《师山先生郑公行状》，《师山遗文》附录。

郑玉是元末著名的理学家和教育家，他在教育上提出的一系列思想和主张，对后世产生了较大影响。

## 一、论教育目的与教育作用

郑玉认为教育的最高目的就是培养摒弃私欲，“静”“动”相依相合，心中唯存“天理”，行动合乎“天德”的圣人。他说：“圣人之所以异于人者，以其无欲也。无欲则静虚而动直矣。静虚故明而通，动直故公而溥。此圣人之所以合天德，而学者之所以当学也”[①]。又说：“古之学者，忧道而不忧贫，正谊而不谋利。苟其心俯仰无所愧怍，达则推以及人，穷则独善于己，所谓天地万物皆吾一体，以之参赞化育可也，以之垂世立教可也。”而教育者的任务就是要培养这样的学者，即“参赞化育、垂世立教，皆吾分内事也”[②]。正因为如此，郑玉反对秦汉晋唐以来的训诂词章之学、反对近世的科举之学，认为其学违背了学道、明道的宗旨，违背了学为圣贤的目的，所以其学并非“圣学”，其学者并非“真儒”。他说：学者“溺于训诂词章之习，故虽专门名家而不足以为学，皓首穷经而不足以知道，儒者之罪人耳”[③]。又说：“近世科举之士，用心得失之间，得之则沾沾以喜，失之则戚戚以悲，至于皓首穷经，终不得闻道，甚者丧心失志亦有之矣”[④]。

郑玉继承了孟子的性善说，认为“吾性本善”。正因为人生下来就具有“善性”“善质”，所以人人都具有成圣成贤的先天基础。但事实却是“众人去之而圣人独存尔”，成圣成贤的只是极少数。究其原因，是因为圣人通过后天的学习和修养不断扩充善性，“虽同于人而心则纯乎天也”，达到了人心与天理合一、唯存“天道”而无私无欲的境界。[⑤]这里就涉及教

① 郑玉：《师山集》卷4《静虚斋记》。

② 郑玉：《师山集》卷4《肯肯堂记》。

③ 郑玉：《师山遗文》卷1《王居敬字序》。

④ 郑玉：《师山遗文》卷1《送王伯恂序》。

⑤ 郑玉：《师山遗文》卷1《王居敬字序》。

育的作用问题。郑玉曾用生动形象的比喻论述了教育在成圣成贤过程中的重要作用。他说："《记》曰：'甘受和，白受采，忠信之人可以学礼'。夫欲学礼者，必先有忠信之质，则礼不虚道。绘画必先布粉素，而后可以施五采；调羹者必先有甘甜，而后可以加五味。故甘非和也，而可以受和；白非采也，而可以受采。虽然甘，而不加之味，吾见其日流于漓而已，未见其能和也；白，而不加之色，吾见其日入于缁而已，未见其能采也。忠信之人之于礼，虽有其质矣，其可恃其质之美而不加之学乎？采之本白，生固有其质矣；白之能采，岂不有待于生之学乎？"[①]可见，郑玉认为后天的学习和修养是一个人成圣成贤的必要环节和必要条件。

## 二、论教育原则

郑玉教育思想中最具特色的部分，是他从理论和实践中所总结出来的一系列教育原则。这些教育原则，举其要者有以下几点：

主张"和会朱陆"的原则。元代，崇信朱熹和陆九渊的两派学者各执一端，相互攻击，势若水火。对此，郑玉非常忧虑和不满，他说："近时学者，未知本领所在，先立异同，宗朱子则肆毁象山，党陆则非议朱子，此等皆是学术风俗之坏，殊非好气象也"[②]。郑玉认为，朱、陆二家之学，虽"所入之途有不同"，但其为学的目的则是一致的，另外二家之学，各有利弊。[③]所以，作为后学来说，不应囿于学派之见，"先立异同"，而应去短取长，和平相处，共同提高。正因为如此，在学术思想上，郑玉虽"右朱"，但从不排陆。他说："陆子静高明不及明道，缜密不及晦庵，然其简易光明之说亦未始为无见之言也，故其徒传之久远。施于政事，卓然可观，而无颓堕不振之习；但其教，尽是略下功夫，而无先后之序；而其所见，又不免有知者过之之失。故以之自修虽有余，而学之者恐有画虎不

① 郑玉：《师山遗文》卷2《洪元白字说》。

② 郑玉：《师山遗文》卷3《与汪真卿书》。

③ 郑玉：《师山集》卷3《送葛子熙之武昌学录序》。

成之弊。是学者自当学朱子之学，然亦不必谤象山也”[①]。所以，《四库全书·〈师山文集〉提要》说：郑玉“其言皆辨别真伪，洞见症结，无讲学家门户之见”。

主张耕读相兼的原则。郑玉对古时耕读相兼，学者知稼穑之艰难、农者知礼义所从出的现象非常向往；而对秦汉以后耕读分离，学者不知稼穑之艰难、农者不知礼义所从出的现象则极为不满。认为前者是古代“人情自厚、风俗自淳”的原因所在，而后者则是秦汉以后人情日薄、风俗日下的根源。为了“复淳古之风”，郑玉主张当世学者亦应走古时的耕读相兼之路。他在为自己的一个姓鲍的学生所写的《耕读堂记》中说：“夫古之时，一夫受田百亩，无不耕之士，家有塾、党有庠、术有序，无不学之人。秦废井田、开阡陌、焚诗书、坑学士，先王之道灭矣。汉兴，虽致隆平之治，卒不能以复淳古之风，而士农分矣。于是，从事于学者则不知稼穑之艰难，从事于农者则不知礼义之所从出。后世有能昼耕夜读以尽人道之常者，人至以为异而称之，其去古道益远矣。鲍生从予游，粗知好古人之道，故能耕田以养其亲，读书以修其身。使比屋之人皆如鲍生，皆尽耕田之力、皆有读书之功，则人情自厚、风俗自淳，虽复三代之制不难矣”[②]。郑玉自己即是这种耕读相兼的具体实践者，他“躬耕垅亩，留情著述”[③]“自食其力，无求于人”[④]。郑玉幻想将这种耕读相兼的思想向全社会普遍推广，这在“劳心者治人、劳力者治于人”的泾渭分明的阶级对立的社会里，是不可能实现的。但是耕读相兼作为一种教育原则、作为一张改良社会的药方，无疑具有历史的进步意义。

主张读书与游历相结合的原则。郑玉从小即“深爱山林之趣”[⑤]，成年后更是“雅好登临，酷嗜山川、泉石、佳致，搜奇选胜，极峻穷幽”[⑥]。

① 郑玉：《师山遗文》卷3《与汪真卿书》。

② 郑玉：《师山集》卷4《耕读堂记》。

③ 郑玉：《师山集》卷1《让官表》。

④ 郑玉：《师山集》卷1《上鼎珠丞相》。

⑤ 郑玉：《师山集》卷1《让官表》。

⑥ 汪克宽：《师山郑先生行状》，《师山遗文》附录。

他曾“南游浙左右，北上燕蓟，跨齐鲁之墟，瞻岱宗、凫峄、碣石、居庸之秀。如石门、金华、西山、南山佳处，尝一再往焉。登天目山，宿狮子寺，盘桓玉立亭，上睹云海之奇观。郡南覆船山邃深险异，为吾郡之甲，先生甚爱之，每夏携书避暑山中，门人洪斌为构招隐草堂于眠云石下。尝偕程君文、湖南佥宪郑君潜、前进士胡君南华同游，赋诗以咏歌之。……尝喜休宁庙岭，溪山环拱，扶舆清淑之气凝粹于是，属弟琏曰：‘吾没则葬于是焉！’”[①]郑玉对大自然的喜爱可谓至深至纯。郑玉在漫游山林胜境时，常携讲友、弟子同行，他在给朋友的信中记述一次游黄山的经历时写道：“二月游黄山，从行者三四十人，二童子抱琴持纶，歌诗前导，玉黄冠野服，出入山水之间，真若神仙之临乎人世。……留寺中十余日，题名刻石而还，此黄山前古所未有也”[②]。郑玉认为，游历对一个学者来说具有非常重要的意义，通过游历，不仅可以广其闻见，更重要的是可以开阔胸襟、陶冶情操、净化心灵、养浩然之气。他在《送画者邵思善远游序》中说：“远游四方，以广其见”[③]。在《送张伯玉北上序》中，郑玉对游历的重要意义讲得更为透彻，他说：“夫人之生也，岂徒然哉！必有异闻而后可以为耳，有异见而后可以为目，操笔弄墨而后可以为手，跋涉道途而后可以为足。不见王公大人则异见何由而广，不闻高谈阔论则异闻何由而至；不能咏歌当世之事，议论古今之得失作为文章，传之后世，则虽操笔弄墨，所书者不过闺门柴米之数而已；不登名山大川，以尽天下之奇观，虽跋涉道途，不过经营钱谷之利而已。……渡淮而北，泛黄河，足以发吾深远之思；登太华，足以启吾高明之见；历汉唐之遗迹，足以激吾悲歌感慨之怀；见帝城之雄壮，足以成吾博大弘远之器识。然后见朝之王公贵人、两院之学士大夫，与之议论当世之事、铺陈古人之得失，得志而归，当不与碌碌者比”[④]。

① 汪克宽：《师山郑先生行状》，《师山遗文》附录。

② 郑玉：《师山遗文》卷3《与程以文帖》。

③ 郑玉：《师山遗文》卷1。

④ 郑玉：《师山遗文》卷1。

## 三、论学习方法与修养方法

关于学习方法，郑玉特别强调四个方面的结合，亦即：小处着手与大处着眼的结合、学与用的结合、文与理的结合、释疑与阙疑的结合。

小处着手与大处着眼的结合。郑玉说："但自学者而言，不因其近且小者教之，而使之识其端倪而推广之，以求进夫是域，而遽以全体语之，则将浩瀚无涯而不知所适从矣，是教人法也"[①]。也就是说教人的基本方法，或者说学习的基本方法，应该是先从小处着手，即先从"近且小者教之"，然后通过循序渐进、日积月累，最终进入圣贤之域。但郑玉同时又说："为学之道，用心于枝流余裔，而不知大本大原之所在者，吾见其能造道者鲜矣"[②]。这里，他告诫学者，从小处着手，但不能在"枝流余裔"里打转转，而应该从大处着眼，知其"大本大原之所在"，只有这样才能有所收获。

学与用的结合。郑玉认为学的目的是为了用，学而不用则不足以为学。他说："幼而学焉，壮而行焉。盖幼而不学，则无以穷天下之理而致其知；及其壮也，不究之用，则亦何以为学哉！未有用而不本之学，学而不究于用者"[③]。又说：学者应"读书见大意。……要当真体实认，见之日用常行间耳"[④]。郑玉还将学与用的结合上升到圣人之道的高度，以唤起学者的高度重视。他说："夫静者体也，动者用也，岂有有其体而无其用者乎？在学者推而行之耳！若夫能静而不能动，有其体而无其用者，非吾圣人之所谓道，又何必告以圣人之学乎？"[⑤]可见，学与用，或者说静与动、体与用的结合是郑玉非常重视的学习方法。

文与理的结合。郑玉说："至吾新安朱夫子集诸儒之大成，论道理则

① 郑玉：《师山遗文》卷2《李进诚字说》。
② 郑玉：《师山遗文》卷3《跋太极图西铭解后》。
③ 郑玉：《师山集》卷5《养晦山房记》。
④ 郑玉：《师山集》卷7《处士王君墓志铭》。
⑤ 郑玉：《师山集》卷4《静虚斋记》。

必著之文章，作文章则必本于道理，昔之尼者、行障者明矣。信乎有德之必有言。文章为贯道之器，而非虚言之谓也”[①]。又说：“道外无文，外圣贤之道而为文，非吾所谓文；文外无道，外《六经》之文而求道，非吾所谓道”[②]。作为一种学习方法，文与理的结合在郑玉那里包含有两层意思：一是“文外无道”，“道理则必著之文章”，而载道之文唯有《六经》，因而学者应研读“《六经》之文而求道”；二是“道外无文”，“文章为贯道之器”，而此“道”即是“圣贤之道”，因而学者“作文章则必本于道理”，应以“圣贤之道而为文”。

释疑与阙疑的结合。释疑纠谬，“发明圣人之旨”，是为学的目的，但释疑纠谬必须建立在博闻和稽考的基础上，以事实为依据；如果“无从质证”“无所考据”，那么宁可“阙疑”，而“不可先立一说，横于胸中，立为己见，而使私意得以横起”。[③]这既是郑玉告诫学者们的为学之方，亦是他自己为学时所遵循的准则。他在解释自己编纂《春秋经传阙疑》一书的目的和方法时写道：“（春秋）三家之传，左氏实若详于事，其失也夸；公、谷虽或明于理，其失也鄙；及观其著作之意，则若故为异同之辞，而非有一定不可易之说。两汉专门名家之学，则又泥于灾祥征应而不知经之大用；唐宋诸儒，人自为说，家自为书，纷如聚讼，互有得失。程子虽得经之本旨，惜无全书；朱子间论事之是非，又无著述。为今之计，宜博采诸儒之论，发明圣人之旨，经有残阙则考诸传以补其遗，传有舛讹则稽诸经以证其谬，使经之大旨粲然复明于世，昭百王之大法，开万世之太平。……其或经有脱误无从质证，则宁阙之以俟知者，而不敢强为训解；传有不同，无所考据，则宁两存之，而不敢妄为去取。……圣人之经，辞简义奥，固非浅见臆说所能窥测，重以岁月滋久，残阙惟多，又岂悬空想象所能补缀！与其强通其所不可通，以取讥于当世，孰若阙其所当阙以俟

① 郑玉：《师山集·余力稿序》。

② 郑玉：《师山集·余力稿序》。

③ 郑玉：《师山集》卷3《与汪真卿书》。

知于后人”[①]。所以当时学者即对郑玉的《春秋经传阙疑》予以高度评价，认为郑玉“著述之意甚公且平如此，只‘阙疑’二字所见，已自过人。世儒说《春秋》，其病皆在乎不能阙疑，而欲凿空杜撰，是以说愈巧而圣人之心愈不可见也”[②]。

关于修养方法，郑玉着重强调的则是两点，即：居敬存善和自诚不欺。

居敬存善。郑玉说：“三代以下学者，惟不知居敬以存善，故学废而性远。……居敬也，不徒曰主一无适而已，必求其所为主一无适者于存善也；不徒曰吾性本善而已，必求去其恶以存善也”[③]。郑玉认为“居敬”不只是指“主一无适而已”，还必须与“存善”结合在一起，即“必求其所为主一无适者于存善也”，只有这样，才能“去其恶以存善”，不断提高自己的道德修养的水平。

自诚不欺。郑玉说：“盈天地间，皆诚也，而不见其所以为诚者。惟不见其所以为诚者，故无往而非诚也。今夫昭昭者天也，而四时之行无不诚，故春生而秋杀。灵于物者人也，而四端万善莫非诚有，故恻隐、羞恶、辞让、是非之心，孝弟、忠信之行，发而不可遏也。自是而推之，一草一木之生长，一动一静之消息，亦莫不诚。况学者之为学，其可有一毫之自欺而不诚乎？不诚无物，诚则实有诸已，而乐莫大焉”[④]。郑玉认为，天地万物生生不息，皆出于一个“诚”字；人的道德的发展和完善，亦“莫非诚有”。一个人只有自诚不欺，才能存天理灭人欲，最终达到人心与天理合二为一的境界。

原载《安徽师范大学学报》（人文社会科学版）2005年第1期

① 郑玉：《师山集》卷3《春秋经传阙疑序》。

② 徐大年：《与郑子美先生论春秋阙疑书》，《师山遗文》附录。

③ 郑玉：《师山遗文》卷1《王居敬字序》。

④ 郑玉：《师山遗文》卷2《李进诚字说》。

# 徽商与徽州教育关系研究

# 明清徽商与儒学教育

明清时期，徽州府所属的歙、休宁、祁门、婺源、绩溪、黟六县是商贾之乡，其商人统称为徽商或徽州商帮（因唐时在此设置新安郡，故又称新安商人）。徽商人数之众多、活动范围之广阔、拥有资本之雄厚都居当时全国十余个大商帮之冠。这样一个执当时商界之牛耳的著名商帮，却对儒学教育情有独钟。明嘉靖、万历时期文坛上的“后五子”之一，曾官至兵部右侍郎的歙人汪道昆回忆说：“（歙县）临河程次公昇、槐塘程次公典与先司马并以盐策贾浙东西，命诸子姓悉归儒”。[①]明休宁人程封因早年父死家贫，弃儒就贾，历尽艰辛，终于致富。弥留之际，他谆谆告诫三子：“吾故业中废，碌碌无所成名，生平慕王烈、陶潜为人，今已矣。尔问仁（长子）、问学（二子）业已受经，即问策（三子）幼冲，他日必使之就学。凡吾所汲汲者，第欲尔曹明经修行庶几古人……”[②]经商致富后的徽州商人是如何发展儒学教育的？他们为何对儒学教育如此情有独钟？儒学教育又在徽州文化及徽州商业发展过程中起了什么作用？本文试图对这些问题进行简略地论述，不当之处，敬请学者们教正。

---

① 汪道昆：《太函集》卷55。

② 汪道昆：《太函集》卷61。

## 一

高度重视儒学教育是徽商区别于其他商帮的一个重要特点。他们凭借财力的优势，殚思竭虑，多方位、多层次地资助和发展儒学教育，其具体做法主要表现在以下五个方面：

其一是延名师以课子侄。出于“汲汲”于子弟业儒的强烈愿望，致富后的徽商大多把延师课子列在头等重要的地位。歙县许晴川经商致富后，“五子咸延名师以训”①。休宁商人汪可训，“有子五人，岁延名师督之学，曰：‘此余未究之业也，尔小子容一日缓乎？’尽出所订习经书古文词，严程课督”②。鲍柏庭，“世居歙东新馆。……家初以贫，奉亲未能隆，后以业浙鹾，家颇饶裕。其教子也以义方，延名师购书籍不惜多金。尝曰：‘富而教不可缓也，徒积资财何益乎！’”③鲍柏庭提出的“富而教不可缓也”的思想，在徽商中是具有代表性的。

徽商对其子弟儒业日进的心情是异常迫切的。明代徽商凌珊，“早失父，弃儒就贾。……恒自恨不卒为儒，以振家声。殷勤备脯，不远数百里迎师以训子侄。起必侵晨，眠必丙夜，时亲自督课之。每日外来，闻咿唔声则喜，否则嗔”④。清代徽商吴鉟，不仅为其子“延名师家塾，谆谆以陶侃惜分阴之义相警”，而且见其子“所业进，则加一饭；所业退，则减一饭。每呈阅课艺，必为掎摭利病，期当于应科法程”。⑤

其二是广设义塾、义学。明清时期，徽州的家塾、族塾、义塾、义学等遍布城乡各地，而这些大多是徽商出资兴建的，其目的是为宗族和邑里的贫困子弟提供接受儒学教育的机会。这方面的材料在徽州的谱牒、方志中可谓俯拾可得。这里仅将道光《徽州府志》卷12《人物志·义行》中的

① 歙县《许氏世谱》（隆庆抄本）卷6。

② 《休宁西门汪氏宗谱》（顺治十年刊本）卷6。

③ 《歙县新馆鲍氏著存堂宗谱》（清刊本）卷3。

④ 凌应秋：《沙溪集略》卷4《文行》。

⑤ 吴吉祜：《丰南志》卷5。

材料抽选几例，让读者窥其一斑。明歙人范信，业贾于仪征，“性慷慨，轻财好义。……建义学，族中子弟俊秀者加以培植，俾读书成立”。明歙人洪光彭，“贾于吴越间，家稍裕，遂承先志于族党中，捐赀二千金入宗祠，以其息设义塾二堂”。清婺源汪思孝，“十岁失恃，艰苦备尝。迨长，痛兄不禄，抚孤侄、事继母，樵渔贾贩，拮据以供俯仰。逾四旬，家稍裕，遂慷慨仗义……置十五亩开义塾，延师以训贫子弟之不能教者”。清婺源程世杰，“早岁由儒就商，往来吴楚，稍赢余，推以济众。……又念远祖本中曾建遗安义塾、置租五百亩，久废，杰独力重建，岁以平粜所入延师，使合族子弟入学，并给考费。有余，即增置田。二举经费不下万余金”。

其三是资助府学、县学。对官办的府学、县学，徽商也不吝资财，不时倡修。明清时期，徽州的府学、县学一直保持着稳定繁荣的局面，其与徽商的财力资助大有关系。如徽州府学，乾隆三十四年（1769）众绅商捐资重修；嘉庆十二年（1807）歙县盐商鲍漱芳等又加以重修，用去白银一万四千余两；嘉庆十六年（1811）鲍漱芳之子鲍均又捐资重建府学尊经阁及教授、训导两衙署。[①]徽属六邑的县学亦是如此。如歙县县学，嘉庆十九年（1814），盐商鲍均呈请重修，“自大成殿以下无处不加修整，所费不赀。自来重修学宫者未有若斯之美盛也”。[②]婺源县学“棂灵门圮”，康熙八年（1669），商人李公艺“捐千金独建之”[③]；康熙五十二年（1713）商人汪应熊等重建明伦堂。嘉庆七年（1802）合邑绅商又捐建文昌庙。[④]休宁县学，明代商人吴继良曾为其置学田八十七亩[⑤]；清代商人汪国柱为其“捐金五千二百有奇，呈请申详，定立规条，存典生息”，以为本邑士子乡试资斧；商人徐名进，得知汪国柱的善举后，“亦乐输五千以继其美”。[⑥]

① 道光《徽州府志》卷3《营建志·学校》。
② 道光《徽州府志》卷3《营建志·学校》。
③ 道光《徽州府志》卷12《人物志·义行》。
④ 道光《徽州府志》卷3《营建志·学校》。
⑤ 道光《徽州府志》卷12《人物志·义行》。
⑥ 道光《徽州府志》卷12《人物志·义行》。

又如祁门县学，嘉靖三十七年（1558）修葺，商人马禄“自投牒输金三百以佐其费”[①]；万历六年（1578）祁门县学“明伦堂就朽”，商人李琇等“先众输助”。[②]

其四是大力倡建书院。为了让更多的子弟业儒就学，徽商又积极捐资，广建书院。明清两代，“天下书院最盛者，无过东林、江右、关中、徽州”。[③]据康熙《徽州府志》记载，清初徽属六县共有书院五十四所，其中歙县十四所、休宁十一所、婺源十二所、祁门四所、黟县五所、绩溪八所。到道光年间，徽州的书院总数达六十余所。[④]据叶显恩先生分析，这些书院可分为三种类型[⑤]：第一类是生员、士绅际会读书之所。如歙县的紫阳书院即是如此。“每年正、八、九月，衣冠毕集，自当事以暨齐民，群然听讲。”[⑥]徽属六县众多士子来此学习，乾隆时期，“师儒弘诵，常数百人”[⑦]。第二类着重选拔“乡之俊秀者”，聘请名师加以教诲。第三类书院和宗族组织密切结合，专收族中子弟。如婺源的太白精舍系由潘氏合族置义田百亩而建；黟县的云门书院为汪氏所建，“岁时子弟课文于其中”。[⑧]在教育内容上，第一类书院层次较高，实际上是供已有相当儒学根底的人讨论理学中的一些理论问题，也就科举制艺进行切磋。第二类和第三类书院则侧重于对俊秀子弟进行初级、中级的儒学和科举教育。

徽州书院的建置大多有徽商参与，其经费来源也多由徽商提供。《两淮盐政全德记》云及徽州府治所在地的歙县情况：“歙在山谷中，垦田盖寡，处者以学，行者以商，学之地自府、县学外，多聚于书院。书院凡数十，以紫阳为大；商之地海外无不至，以业盐于两淮者为著，其大较

① 道光《徽州府志》卷12《人物志·义行》。

② 道光《徽州府志》卷3《营建志·学校》。

③ 道光《徽州府志》卷3《营建志·学校》。

④ 道光《徽州府志》卷3《营建志·学校》。

⑤ 参阅叶显恩：《明清徽州农村社会与佃仆制》，安徽人民出版社1983年版，第189—190页。

⑥ 歙县《棠樾鲍氏宣忠堂支谱》（嘉庆十年刊本）卷22。

⑦ 歙县《棠樾鲍氏宣忠堂支谱》（嘉庆十年刊本）卷22。

⑧ 道光《徽州府志》卷3《营建志·学校》。

也。……大之郡邑，小之乡曲，非学，俗何以成；非财，人何以聚。既立之师，则必葺其舍宇，具其廪粮，及夫释菜之祭，束脩之礼，是不可以力耕得之也。”[①]书院的经费来源既然不能靠“力耕”得来，那只有赖“以贾代耕”者的资助了。事实的确如此。据道光《徽州府志》的材料统计，乾、嘉数十年间，歙盐商为修复歙县的山间书院和紫阳书院，共捐输银计七万余两，其中两淮总商鲍肯园两次独捐银一万一千两。纪晓岚在《鲍肯园先生小传》中云：“肯园捐金三千复紫阳书院，捐金八千复山间书院，功在名教。”[②]歙县的西畴书院，也由盐商鲍漱芳于嘉庆八年（1803）加以重修。[③]

徽州其他各邑，商人助修书院的事例，亦所在多有：黟县舒大信，经商江右，乾隆间，“修东山道院，旁置屋十余楹，为族人读书地。邑人议建（碧阳）书院，大信捐二千四百金助之”[④]。绩溪章必泰，经商“吴越间……（绩溪）东山书院鼎建，（必泰）自备资斧，襄蒇其事，名邀嘉奖。邑建考棚，捐银二百两以助”[⑤]。婺源的紫阳书院在嘉庆年间的复兴过程中，“合邑绅士俱极踊跃，共捐银三万有奇，内独捐千金者十有八人”[⑥]。而这十八人中绝大部分都是婺源商人。[⑦]

徽商不仅热心于原籍建书院、修官学，同时在一些寄籍之地，也同样如此。如侨居扬州的歙商汪应庚，乾隆元年（1736）见扬州江甘学宫“岁久倾颓，出五万金亟为重建，辉煌轮奂，焕然维新。又以二千金制祭祀乐器，无不周到，以待岁修及助乡试资斧”[⑧]。清代祁门商人马曰琯亦于扬州修建梅花书院，延名儒主讲其中。

① 道光《徽州府志》卷3《营建志·学校》。
② 歙县《棠樾鲍氏宣忠堂支谱》卷21。
③ 道光《徽州府志》卷3《营建志·学校》。
④ 嘉庆《黟县志》卷7。
⑤ 绩溪《西关章氏族谱》（宣统刊本）卷24。
⑥ 道光《徽州府志》卷3《营建志·学校》。
⑦ 道光《徽州府志》卷12《人物志·义行》。
⑧ 歙县《汪氏谱乘·光禄少卿汪公事实》（乾隆抄本）。

其五是收藏刊刻儒家典籍，传播儒家思想。徽州商人对收藏典籍兴趣浓厚，许多徽商同时也是藏书家。如明代休宁商人吴琼，年老还乡后，“筑室舍旁，聚书万卷”[①]。清代歙人程晋芳，“治盐于淮……罄其资以购书，庋阁之富，至五六万卷，论一时藏书者莫不首屈一指”[②]。绩溪商人章策，“虽不为帖括之学，然积书至万卷”[③]。至于乾隆时歙县大盐商鲍廷博、祁门大盐商马曰琯因藏书之丰，被誉为清代著名藏书家，已是人所共知的了。

徽商藏书不只是为了“暇则披览于其中”，以供玩味，更重要的是为了“多刊善本，公诸海内，使承学之士，得所观摩”[④]，通过收藏、校刊，然后刻印行世，传播儒家思想。正因为如此，明清时期徽州的刻书业十分兴盛。明人谢肇淛说：“宋时刻本，以杭州为上，蜀本次之，福建最下，今杭州不足称矣。金陵、新安（即徽州）、吴兴三地，剞劂之精者，不下宋版。”[⑤]此时，徽商中出现了一大批藏书家兼刻书家，所刻之书，多为珍贵的儒家经、史、舆地等文献，旁及剧本、画册和医书等。如明末歙商吴勉学，刻坊名曰师古斋。他“搜古今典籍，并为梓之，刻资费及十万”[⑥]。所刻之书有：《毛诗》《仪礼》《周礼》《春秋左传》《资治通鉴》《性理大全》《二十子》《楚辞集注》《习对发蒙格式》《唐乐府》等等。清代歙商鲍廷博，致力于藏书刻书，取《大戴礼记》中“学然后知不足”之意以名其斋，曰“知不足斋”。藏书甚富，乾隆三十七年（1772）应诏献书六百余种。乾隆三十四年（1769）开始，尽其所收珍本、善本，刻印《知不足斋丛书》，到嘉庆十九年（1814）鲍廷博去世为止，出了二十七集。子士恭承其志，继续刻印，到道光初又刻了五集，共三十二集。[⑦]这是一部以精

① 汪道昆：《太函集》卷61。
② 徐珂：《清稗类钞》第20册《义侠类》。
③ 绩溪《西关章氏族谱》卷26。
④ 许承尧：《歙事闲谭》卷9。
⑤ 谢肇淛：《五杂俎》卷13。
⑥ 赵吉士：《寄园寄所寄》卷11。
⑦ 许承尧：《歙事闲谭》卷9。

善著称的综合性丛书，“海内皆推崇”[①]。清祁门商人马曰琯，生平酷爱典籍，家有藏书楼，藏书甲天下，乾隆三十七年（1772），诏征天下精善图书，曰琯子裕捐献七百七十六种，为当时献书最多之人。马曰琯不惜钱财，刊刻有价值的图书。如朱彝尊《经义考》三百卷，完成后，鉴于篇幅太大，无人敢承印，马曰琯不惜千金付梓。另校刻有《说文》《玉篇》《困学纪闻》《广韵鉴》及《字鉴》等。其弟曰璐也是嗜书之人，其藏书楼名为“小玲珑山馆”，刊有《小玲珑山馆丛书》六种。[②]徽商的藏书刻书对推动儒学教育的发展和儒家思想的传播自然起到了积极的作用。

在徽商的高度重视和财力资助下，明清徽州地区出现了“虽十家村落，亦有讽诵之声”[③]“远山深谷，居民之处，莫不有学有师”[④]的“儒风独茂”[⑤]的局面，儒学教育得到了广泛的普及。

## 二

徽商为何如此热衷于儒学教育呢？这里有社会、历史和心理等多方面的原因。

第一，是受中国封建社会官本位的影响。官本位是一种按官职大小确定地位高低的官僚制度。它是一种特权制度，对人们有着极大的诱惑力。一旦跻身官僚士大夫行列，说不尽的好处就会纷至沓来。就拿经济方面来说，首先可以优免徭役。明代徭役很重，但明代建立伊始就制定了优免官员徭役的政策，在编派徭役时“止编民户，不及官甲”[⑥]。就连举监生员之类也享有这类特权，明初就规定，府州县学生员“免其家徭役二丁”[⑦]。

① 李调元：《函海·总序》。

② 参阅翟屯建：《明清时期徽州刻书简述》，《文献》1988年第4期。

③ 光绪《婺源乡土志·婺源风俗》。

④ 道光《休宁县志》卷2。

⑤ 康熙《绩溪县志续编》卷3。

⑥ 《皇明制书》下卷。

⑦ 《明会典》卷78《学校·儒学·选补生员》。

其次，可以躲避赋税。有田纳粮，本属当然。但明清官僚士大夫总是凭借自己的身份和地位，千方百计地逃避赋税。甚至生员也是如此："贫生无力完粮，奏销豁免。诸生中不安分者，每月朔望赴县恳准词十张，名曰乞恩。又揽府户钱粮，立于自名下隐吞，故生员有坐一百走三百之语。"[①]明末有人这样总结业儒的好处："尝见青衿子，朝不谋夕，一叨乡荐便无穷举人，及登甲科，遂钟鸣鼎食，肥马轻裘，非数百万则数十万，诚思比胡为乎来哉？……彼且身无赋、产无徭、田无粮、物无税，且庇护奸民之赋、徭、粮、税，其入之正未艾也。"[②]除此之外，他们还可享受到其他种种特权。

而商人与之相比，就有天壤之别了。虽然徽商大多"以末致富"，但其中的艰辛是常人难以想象的。明清时期，政府对盐、茶及一些金属矿物的禁榷制度很严，商人涉足其间，如临深渊，如履薄冰。同时，由于政治的腐败，商税沉重，关卡林立；再加上贪官污吏多如牛毛，他们视商人为俎肉，大肆盘剥勒索，使经商困难重重。明弘治十二年（1499）吏部尚书倪岳就曾上疏曰："近年以来，改委户部官员出理课钞，其间贤否不齐，往往以增课为能事，以严划为风力，筹算至骨，不遗锱铢，常法之外，又行巧立名色，肆意诛求。船只往返过期者，指为罪状，辄加科罚。商客资本稍多者，称为殷富，又行劝借。有本课该银十两，科罚劝借至二十两者，少有不从，轻则痛行笞责，重则坐以他事，连船折毁，客商船只号哭水次，见者兴怜。"[③]明中叶以后，这种情况更为严重。徽商也难逃此等厄运。明万历《休宁县志·风俗》说："逮舟车有算，关市迭征，所息半输之道路，归慰待哺，宁有几何？则蜗涎之为中枯尔！列肆市廛，若稍称逸，自百货俱榷，直日重而息日微。兼邑当孔道，诸邑供亿，时时倚办，奉公之直，十不逾半，而舆隶上下而渔猎之，则市廛重困矣。"无怪乎，康熙《徽州府志》的作者哀叹曰："甚矣，贾道之难也，为人上者又从而

---

① 《消夏闲记摘抄》卷中。

② 《明季北略》卷12。

③ 《明经世文编》卷78。

病之，民其何以堪命耶！”[①]在上述情况下，商人只能在夹缝中求生存、图发展，其艰难状况可想而知。业儒与服贾两者在境遇上的巨大反差正是封建社会官本位的反映。徽商之所以热衷于儒学教育，就是为了使自己或其子弟跻身于官僚或准官僚阶层，攫取商人得不到的利益。徽商黄蛟峰的一段话很能说明问题。黄蛟峰经商在外，一次回家，“值里胥催租，辞色凌厉。先生曰：‘予岂不能为士以免役哉！’即下帷数月，诵制举义……明年补邑弟子员”[②]。黄蛟峰弃贾服儒正是为了享受免役减赋的特权，不受里胥凌辱。

第二，是中国封建社会价值观念的作用。尊儒重士、崇本抑末是中国封建社会的基本国策，直到明清时期依然如此。如明朝初年，朱元璋就“加意重本抑末，下令农民之家，许穿䌷衫绢布；商贾之家，止许穿布。农民之家，但有一人为商贾者，亦不许穿䌷纱”[③]。虽然这一规定后来有所突破，但抑商政策没有改变。清朝的雍正皇帝就明确指出：“四民以士为长，农次之，工商其下”[④]。《大清会典》也明载：“崇本抑末，载诸会典，若为常经，由来已久”[⑤]。天子的诏谕、朝廷的法典如此贱商，商和农工的平等地位尚不可得，和高踞于四民之“长”的士就更是不可同日而语了。在这种基本国策的影响下，明清时期，虽然商品经济有了长足的发展，但“商贱”“商轻”的传统价值观念在人们的思想中仍然根深蒂固。

在政府的“抑商”政策和由此导致的“商贱”的社会评价面前，徽州商人的内心深处有一种强烈的自卑感。如婺源木商洪庭梅致富后，就曾慨然说：“今庶几惟所欲为，奚仆仆风尘以商贾自秽”[⑥]。洪庭梅虽然富到了“惟所欲为”的地步，但对自己作为一个商人仍自惭形秽。徽商汪才生则

---

① 康熙《徽州府志》卷8。
② 歙县《潭渡孝里黄氏族谱》（雍正九年刊本）卷9。
③ 《农政全书》卷3。
④ 雍正《东华录》卷5。
⑤ 光绪《大清会典》卷237。
⑥ 婺源《墩煌洪氏统宗谱》（嘉庆刊本）卷58。

告诫儿子要奋发业儒，“毋效贾竖子为也”[①]。自己作为商人，竟然在儿子面前自贬为“贾竖子”，可见其自卑感是何等强烈。

自卑感表明了徽商在传统价值观念面前对自己低微的身份与地位的认知，反映了徽商有一种烦躁苦闷的情感体验。社会心理学认为，伴随自我认知、自我情感而产生的是自我意向，即各种思想倾向和行为倾向。自我意向常常表现于个体思想和行为的发动、支配、维持和定向。具体到徽商来说，由自卑所产生的认知和情感，并由此而导致的自我意向就是希望被人重视，得到尊重。在传统价值观仍然根深蒂固的时代，徽商要想得到社会的重视和尊重，唯一的办法就是改变商人的身份，由商而儒、由商而仕，从商贾之家转变为耕读之家、仕宦之第。而儒学教育则是这个转变过程中的重要手段。所以明休宁商人汪镗，在临终之前，“罗诸孤嘱曰：‘吾家世着田父冠，吾为儒不卒，然簏书未尽蠹，欲大吾门，是在若等’”[②]。也难怪清代歙商程文傅在临终之前谆谆告诫其子“继志莫如读书”了。[③]

第三，与徽州社会深厚的儒学渊源有关。徽州地处万山之中，兵革不到，故东晋南朝的一些士族在社会动荡时为避乱纷纷来此定居。隋末、唐末不少世族地主为了躲避农民起义狂飙的冲击也举宗合族迁居徽州。这些具有古老的历史和深厚的传统文化渊源的世家大族的到来对徽州风俗影响很大。据宋淳熙《新安志》卷1《风俗》载：“其（新安）人自昔特多以材力保捍乡土为称，其后浸有文士。黄巢之乱，中原衣冠避地保于此，后或去或留，俗益向文雅。”宋兴以后，这些留居的世族地主凭借他们的政治地位以及家学渊源，通过科举入仕又在各级封建政权中取得一席之地，以致“名臣辈出”[④]。朱熹以后，这里又成了“文公道学”之邦，“彬彬然东南邹鲁焉”[⑤]。随着朱子学作为官方正统儒学地位的确立，徽州人“读朱子之书，取朱子之教，秉朱子之礼，以邹鲁之风自待，而以邹鲁之风传之

① 汪道昆：《太函集》卷67。

② 《休宁西门汪氏宗谱》卷6。

③ 民国《歙县志》卷8。

④ 弘治《徽州府志》卷1。

⑤ 许承尧：《歙事闲谭》卷18。

子若孙也”[1]，蔚为风尚，从而造成了徽州人“理学第一”[2]的心理定势。明清时期，由于山多地少、人口激增所造成的严重的生存危机，使徽州人不得不向外发展，“以贾代耕”，但儒学在这些从商的徽州人的心目中仍然居有至高无上的地位。所以致富后的徽州商人大都把发展儒学作为自己的最高追求，希望子弟能业儒入仕，光显祖宗之业。如歙县商人江羲龄就曾对其子说：“吾家中丞公、侍御公以来，世守一经，策名清时，苟不事诗书而徒工货殖，非所以承先志也”[3]。歙商江才也语重心长地告诫儿子：“吾先世奕业，衣冠久替矣，其引之勿替，是在汝，勉之哉”[4]。婺源商人李大祈，“每以幼志未酬，属其子，乃筑环翠书屋于里之坞中，日各督一经，而叮咛勖之曰：‘予先世躬孝悌，而勤本业，攻诗书而治礼义，以至予身犹服贾人服，不获徼一命以光显先德，予终天不能无遗憾。然其所恃善继述、励功名、干父蛊者，将在尔诸子’”[5]。由此可见，徽州地区深厚的传统文化底蕴和由此带来的徽州人崇儒重道的心理特征是徽商致力于发展儒学教育的一个重要原因。

第四，是出于强宗固族的需要。“新安各姓，聚族而居，绝无一杂姓搀入者，其风最为近古。出入齿让，姓各有宗祠统之。岁时伏腊，一姓村中千丁皆集，祭用文公家礼，彬彬合度。父老尝谓，新安有数种风俗胜于他邑：千年之冢，不动一抔；千丁之族，未尝散处；千载之谱系，丝毫不紊。”[6]宗族制度的完备和宗族观念的强固是徽州地区一个颇为特殊的社会现象。这种以尊祖、敬宗、睦族为基本特征的宗族制度，造成了徽州“重宗义，讲世好，上下六亲之施，无不秩然有序”[7]以及族人之间“相亲相

① 休宁《茗洲吴氏家典·序》。
② 许承尧：《歙事闲谭》卷6。
③ 歙县《济阳江氏族谱》（道光十八刊本）卷9。
④ 歙县《溪南江氏族谱·终慕江公墓表》（隆庆刊本）。
⑤ 婺源《三田李氏统宗谱·环田明处士松峰李公行状》（万历刊本）。
⑥ 赵吉士：《寄园寄所寄》卷11。
⑦ 嘉靖《徽州府志·风俗》。

爱，尚如一家”[①]的社会风尚。在这种社会风尚中成长起来的徽州商人，具有强烈的宗族归属感，把自己的命运与宗族的命运紧紧地联系在一起，将强宗固族看成自己应尽的职责和义务，并渴望在宗族中获得地位和尊重。

而宗族要发展壮大，要想在社会上占有一席之地，光靠经济的力量是不够的，更重要的是确立宗族在政治上和学术上的权威。而这一点也只有通过发展儒学教育才能够实现。所以徽州的各个宗族都将“悉力扶植”族内子弟业儒，注重挑选那些所谓“器宇不凡”的族内子弟加以培养作为宗族内的重大事务，并形成文字书之于族规家训之中。如歙县潭渡孝里黄氏家训写道：“子姓十五以上，资质颖敏，苦志读书者，众加奖劝，量佐其笔札膏火之费。另设义学，以教宗党贫乏子弟。”[②]休宁《茗洲吴氏家典》也写道：“族内子弟有器宇不凡，资禀聪慧而无力从师者，当收而教之，或附之家塾，或助以膏火，培植得一个两个好人作将来楷模，此是族党之望，实祖宗之光，其关系匪小”[③]。《明经胡氏龙井派宗谱·祠规》强调：“为父兄者幸有可选子弟，毋令轻易废弃，盖四民之中士居其首，读书立身胜于他务也”。在宗族的大力倡导下，“非儒术无以亢吾宗”[④]“非诗书无以显亲”[⑤]，就成了徽州商人的共识。正如“以服贾起家”的歙人汪珮常对妻子说的，“吾家仲季守明经，他日必大我宗事”[⑥]。徽商致富以后，热衷于建学堂、修书院、请名师，为子弟业儒入仕创造条件，其原因之一就是“俾后嗣相聚相观以振儒业”[⑦]，从而达到强宗固族的目的。

① 同治《黟县三志》卷15。

② 歙县《潭渡孝里黄氏族谱》卷4。

③ 休宁《茗洲吴氏家典》卷1。

④ 汪道昆：《太函集》卷67。

⑤ 吴吉祜：《丰南志》卷5。

⑥ 汪道昆：《太函集》卷71。

⑦ 歙县《方氏会宗统谱》（乾隆十八年刊本）卷19。

## 三

徽商重视和资助儒学教育，对培养徽州的封建人才、提高徽州人的文化素质、形成别具一格的徽州文化以及对促进徽州商业自身的发展都起到了巨大的积极作用。

明清时期，徽商“振兴文教”，收到了“人才”辈出之效。仅以科举人才为例，据统计：明代徽州有进士392名、举人298名，清代徽州有进士226名、举人698名。[①]朱彭寿《旧典备征》记载，有清一代（自顺治至光绪）各省状元人数，安徽居第三位，计有9人。安徽有八府五州，其中仅徽州一府便占4人，他们是休宁黄轩（乾隆辛卯）、歙县金榜（乾隆壬辰）、休宁吴锡龄（乾隆乙未）、歙县洪莹（嘉庆己巳）。徽州一府的状元人数与广西、直隶相同，比江西、湖北、湖南、河南、陕西、福建、四川、广东、贵州、山西、甘肃、云南各省均多。在徽州六邑中，歙县人多经营盐业，富商巨贾最多，儒学教育也最为发达。据有关资料统计，歙县的进士数，在明代为164人，占明代徽州进士数的41.8%；清代为109人，占清代徽州进士数的48.2%。[②]以一邑而几乎占全府进士数的一半，这就进一步说明了商业经济的发达以及商人重视儒学教育是徽州地区“人才”辈出的重要原因。徽州登科者中，取得高官厚禄的也不在少数。清代单是歙县一县就有大学士4人、尚书7人、侍郎21人、都察院都御史7人、内阁学士15人。[③]整个徽州就更为可观了。

徽商重视儒学教育，不仅体现于徽州产生了一大批进士、举人和官僚，更重要的是提高了徽州人的整体文化素质。明清时期，徽州文风之盛甲于天下，著述之多在全国亦名列前茅。据道光《徽州府志·艺文志》统计，明代徽州人的著述有经162部，史185部，子337部，集514部；清代

① 参阅叶显恩：《明清徽州农村社会与佃仆制》，第192页。

② 参阅叶显恩：《明清徽州农村社会与佃仆制》，第192页。

③ 许承尧：《歙事闲谭》卷1。

计有经310部，史121部，子278部，集579部。两朝著述总数为2486部。其中不少的作者就是商人本身及其子弟。另据乾隆四十年（1775）刊刻的歙县江村村志《橙阳散志》载，仅该村就有作者78位，著作155种。在徽州地区不仅男子能文，风雅之习也传于闺房之内。如江村江闿之妻吴氏“幼承家学，工诗，著《香台集》，一时闺秀酬唱成帙”，其父还“为序而行之”；江昱之妻陈佩所著的《闺秀集》也被选入沈氏别裁集。[①]

发达的儒学教育和深厚的文化根底使明清徽州的儒学、绘画、书法、篆刻、医学、建筑都极为繁盛，从而形成了新安学派、新安画派、新安医派、徽派建筑、徽剧等等别具一格的“徽州文化”。讲新安学派有朱升、唐仲实、江永、戴震、俞正燮等大儒。讲新安画派有渐江、查士标、孙逸、汪之瑞等“新安四家”，以及被列入“扬州八怪”的汪士慎和声名卓著的近代画家黄宾虹。明清两代的新安医家更是不胜枚举，据不完全统计，这两代徽州计有名医693人，医著619种。[②]张杲的《医说》为我国现存最早的医史传记；江瓘的《名医类案》为我国第一部总结历代医案的专著，吴昆的《医方考》为我国第一部注释医方的著作。徽派建筑、园林更是以其独特的价值被现时的建筑学界列为“国宝”。如此博大精深的“徽州文化”离不开徽商资助的儒学教育的奠基作用。所以有学者认为徽商是徽州文化的“酵母”[③]，可谓至言。

徽商重视儒学教育对徽商商业本身的发展也是有益的。首先，儒学教育培养出来的一大批徽州仕宦成了徽商在朝廷中的代言人和政治保护伞。他们对“凡有关乡闾桑梓者，无不图谋筹画，务获万全”[④]，在施政和议事中极力保护徽商利益，充当徽商的政治代言人。如康熙时，官至工部给事中的歙商子弟许承宣，针对当时“扬州五塘关政滋弊”，损害了徽商的利益，上疏提出：“请禁赋外之赋，差外之差，关外之关，税外之税，以

① 许承尧：《歙事闲谭》卷18。

② 张海鹏、王廷元主编：《徽商研究》，安徽人民出版社1995年版，第525页。

③ 张海鹏：《徽商与徽州文化》，《中国典籍与文化》1993年第4期。

④ 《重修古歙东门许氏宗谱·许氏阖族公撰观察蘧园公事实》（乾隆刊本）。

苏农困，以拯商病。”[1]在许承宣的“慷慨力陈”下，终于革除了关政弊端，使“一方赖之”。[2]又如乾隆年间，歙人许登瀛任衡、永、郴、桂四郡观察使时，捐输15000两银子，强买汉口新安会馆附近的店房，扩大会馆出入的路径，镌新安巷额，开新安码头，方便徽州行商坐贾出入往来，要不是他的力量，汉口人是断不会让方便于徽商的。[3]生活于晚清的王茂荫，更被人们称之为徽商利益的忠实代言人。他的祖父王槐康、父亲王应钜均是大商人，他自己也曾于道光十年（1830）北上通州经营茶叶贸易。后考中进士，清咸丰年间，官至户部右侍郎兼管钱法堂事务。他曾在给咸丰皇帝的奏折中说：“必得商贾流通，百货云集，方足民生”。为了维护商人的利益，他呼吁地方政府抚恤商民，甚至不止一次地直接上疏皇帝，揭露贪官污吏对商人的盘剥。他还从“利于商”出发，提出了钞币发行办法，陈述他的经济思想。结果竟惹得咸丰帝恼怒，斥责他“只知专利商贾之词，率行渎奏，竟置国事于不问，殊属不知大体”[4]。有这些仕宦子弟的保护和关照，徽商的商业贸易活动自然比其他商帮顺利许多。

其次，一大批受过儒学教育的徽州学子，因种种原因未能中举入仕而投入商界，成为有文化的商人。他们熟悉儒家的待人接物之道，了解历史上商人的兴衰成败之理，故能精于筹算，审时度势，把生意越做越活。如明歙商黄镛，少时“绩学业举，志存经世”，后来弃儒从商，转贩于闽、越、齐、鲁之间。他“克洞于天人盈虚之数，进退存亡之道”，所以获利甚多，“赀大丰裕”[5]。清代绩溪章策，幼时“习举子业”，后父殁，遂弃儒业贾，他因“精管（仲）刘（晏）术，所亿辄中，家日以裕”。[6]还有一些有文化的徽商，因善于操持生财之道，而成为众商赖以经营的智囊。万历时，在两淮经营盐业的歙商吴彦先，有暇辄浏览史书，以博学精思而获

① 《清朝经世文编》卷28。

② 民国《歙县志》卷6。

③ 《重修古歙东门许氏宗谱·许氏阖族公撰观察蘧园公事实》。

④ 《东华续录》咸丰卷26。

⑤ 歙县《潭渡孝里黄氏族谱》卷9。

⑥ 绩溪《西关章氏族谱》卷26。

群商的拥戴，一切营运必奉其筹画，他既膺众望，便能“权货物之轻重，揣四方之缓急，察天时之消长，而又知人善任，故受指而出贾者利必倍”[①]。再如汪尚信，早年“刻意经史”，后因科场失意而弃儒从商，“有商于四方者亦奉公筹画，为时良贾，以是家益振”。[②]这些有文化的商人是徽商的中坚力量，也是徽州商业发展的主要动力。

原载《华东师范大学学报》（教育科学版）1997年第3期。该文的第二作者是王世华

① 吴吉祜:《丰南志》卷5。

② 歙县《汪氏统宗谱》（明刊本）卷31。

# 从谱牒和商业书看明清徽州的商业教育

徽州“居万山环绕中，川谷崎岖，峰峦掩映，山多而地少。……以人口孳乳故，徽地所产之食料，不足供徽地所居之人口，于是经商之事业以起”[①]。随着人口压力的不断增大，徽州经商者愈来愈多，到明朝中期，徽州人已经是“十三在邑，十七在天下”[②]了。从商是明清徽州人的安身立命之本，是他们求得生存与发展的最主要的选择，因而重视商业教育也就成了明清徽州社会的一个重要特点。现存的明清商业书有十余种，其中绝大部分都是徽商编撰的[③]，它们是徽商行商经验的总结，同时也是向后继者进行商业职业教育的教科书。商业书的内容涉及商业贸易的基本知识、技能，商业经营的原则，商业道德伦理观等许多方面，是我们研究徽州商业教育的重要资料。作为明清时期宗法社会的典型区域，徽州地区保

① 吴日法：《徽商便览·缘起》。

② 王世贞：《弇州山人四部稿》卷61《赠程君五十叙》。

③ 据笔者所知，现存的由明清徽商编撰的“商业书”主要有以下数种：《一统路程图记》（八卷，明黄汴撰，隆庆四年刊。今人杨正泰的校点本收在上海古籍出版社1994年版《明代驿站考》一书的“附录”中）；《士商类要》（四卷，明程春宇撰，天启六年刊。杨正泰校点本收在《明代驿站考》的“附录”中）；《江湖绘画路程》（清休宁商人编，手抄本）；两种商业书手抄本（无书名，无编者，但肯定为明清徽商所作。一藏中国社会科学院经济研究所图书馆，一藏安徽省图书馆）；《商贾要览》（清吴中孚自序，乾隆五十七年刊）；《士商要览》（三卷，清憺漪子编，清刊）；《徽州至广东路程》（清江有科撰，手抄本，现藏安徽师范大学徽商研究中心资料室）；《沐雨栉风》（清江明恒撰，手抄本，现藏安徽师范大学徽商研究中心资料室）。

存下来的谱牒为数众多，这些谱牒中也有大量的商业教育的内容。商业教育对徽州商业的兴盛，对徽商势力的发展与壮大起到了非常重要的作用，同时也是徽州区域文化的重要特色之一，而这一点迄今还未引起徽学研究者的足够重视。本文拟就徽州谱牒和徽商所编撰的商业书的有关资料，对明清徽州商业教育的问题作一浅略论述，并求正于学界。

## 一、新的商业价值观的宣传

尊儒重仕、崇农抑商是中国封建社会的基本国策，直到明清时期依然如此。在封建政府抑商政策的长期影响下，商贱、商轻的传统价值观念在人们的头脑中根深蒂固，商业被认为是市井小人之事，为人所不屑。这种传统的价值观念给徽人从商带来了无形的心理压力，是他们生存与发展道路上的巨大思想障碍。要消除这种心理压力和思想障碍，求得生存与发展，摆在徽州人面前的唯一办法就是建立自己新的价值观以对抗传统的价值观，并通过宣传和教育使新的价值观作为群体成员行为方式的心理依据和追求目标。明清时期商品经济的发展也为徽州人新的价值观的形成提供了一个客观的条件。

否认士（儒）贵商贱、批判农本商末，宣传“士商异术而同志”、农商皆本是明清徽州新的商业价值观教育的主要内容。面对士贵商贱的传统意识，徽州人则竭力否认士、商之间的尊卑差异，从不同的角度论证“士商异术而同志”。首先，他们认为儒、贾在“事道”上是相通的。明弘治嘉靖年间的歙商许秩说：“丈夫非锐意经史，即寄情江湖间，各就所志，期无忝所生而已。”[①]明中叶刊刻的休宁《汪氏统宗谱》中云：“古者四民不分，故傅岩鱼盐中，良弼师保寓焉。贾何后于士哉！世远制殊，不特士贾分也，然士而贾其行，贾哉而修好其行，安知贾之不为士也。故业儒服贾各随其矩，而事道亦相为通，人之自律其身亦何艰于业哉？”[②]明正德嘉

① 歙县《许氏世谱·平山许公行状》。

② 《汪氏统宗谱》卷168。

靖年间的歙商程澧指出："藉能贾名而儒行，贾何负于儒？"[①]明嘉靖万历年间的歙人汪道昆也说："（徽州）其俗不儒则贾，相代若践更，要之良贾何负闳儒，则其躬行彰彰矣。"[②]徽州人认为，经商、业儒只是各人的志向不同而已，二者并无实质性区别，不论走哪一条路都是"丈夫"所为，都是人生的有为之途。诚然，儒、贾因分属不同的行业，各有其规范，但是它们在"事道"上是"亦相为通"的。重要的是个人的儒学修行，而不在为儒、为贾。如果贾者能"贾名而儒行"，按儒家的道德规范行事，把儒家思想贯彻到商业经营当中，那么"贾何负于儒"！因此，在儒家的最高标准"道"面前，儒、贾二者是处于平等地位的，并无尊贵卑贱之别。所以徽州人在教育后代时一再强调："士商异术而同志，以雍行之艺，而崇士君子之行，又奚必缝章而后为士也。"[③]其次，徽州人认为儒、贾在追求的目标上亦是相通的。表面看来，"儒为名高，贾为厚利"，似乎追求的目标不一，而实质上却是一致的。业儒入仕固然可以"拾朱紫以显父母"，光耀门庭，而经商创业以养父母、"垂裕后昆"，亦能"大振其家声"。[④]因而业儒、从贾，为名、为利，其实"名亦利也""利亦名也"[⑤]，二者亦是相通的。明代歙商吴佩常就曾对其家属说："吾家仲季守明经，他日必大我宗事，顾我方事锥刀之末，何以亢宗？诚愿操奇赢，为吾门内治祠事。"[⑥]至于在儒家伦理面前，为儒、为贾的目标甚至是完全统一的。明代歙商方勉弟，"父贾中州，折阅不能归，伯氏（勉季）为邑诸生矣，仲公（勉弟）顾名思义，蹶然而起曰：'吾兄以儒教致身显亲扬名，此之谓孝；吾代兄为家督，修父之业，此之谓弟。'乃辍家，从父贾中州"[⑦]。第三，

① 汪道昆：《太函集》卷52。

② 汪道昆：《太函集》卷55。

③ 《汪氏统宗谱》卷116。

④ 婺源《三田李氏统宗谱·环田明处士松峰李公行状》、吴吉祜《丰南志》卷4《寿季常老侄七秩序》。

⑤ 汪道昆：《太函集》卷54。

⑥ 汪道昆：《太函集》卷71。

⑦ 李维桢：《大泌山房集》卷72《方仲公家传》。

从社会功能的角度来看，徽州人认为商人的作用更是一点也不比儒者逊色。儒者入仕，治国平天下，而商人贸迁有无，“兴废补弊”，亦有益于社会[①]。明嘉靖年间的休宁商人汪弘甚至认为，商人“虽终日营营，于公私有济，岂不愈于虚舟悠荡，蜉蝣楚羽哉！”[②]从某种程度上说，商人对社会的作用远胜于那些整天纵情山水、无所事事的儒士。

在否认士贵商贱，宣传“士商异术而同志”的同时，徽州人又向传统的本末观进行宣战。明弘治正德年间，歙商许大兴就在这一问题上提出了自己独特的见解。他说：“予闻本富为上，末富次之，谓贾不若耕也。吾郡保界山谷间，即富者无可耕之田，不贾何待？且耕者什一，贾之廉者亦什一，贾何负于耕！古人非病贾也，病不廉耳。”[③]继之，明嘉靖、万历时期文坛上的“后五子”之一，其祖父和伯父都是以商贾起家的歙人汪道昆又著文对传统的本末观进行了公开的批判。他说：“窃闻先王重本抑末，故薄农税而重征商，余则以为不然，直壹视而平施之耳。日中为市肇自神农，盖与耒耜并兴，交相重矣。耕者什一，文王不以农故而毕蠲；乃若讥而不征，曾不失为单厚。及夫垄断作俑，则以其贱丈夫也者而征之。然而关市之征，不逾什一，要之各得其所，商何负于农？”[④]在这里，他明确反对传统的“重本抑末”政策，主张“壹视而平施”，农商“交相重”。汪道昆为了进一步说明他的“交相重”思想的正确性，又把商贾对国家的贡献作了具体的阐述：“今制大司农岁入四百万，取给盐𥂁者什二三。淮海当转毂之枢，输五之一。诸贾外饷边，内充国，戮力以应度支。”[⑤]汪道昆的农商“交相重”的思想，比明末黄宗羲提出的“工商皆本”的思想要早约一百年。

必须指出的是，虽然徽州人否认士贵商贱、批判农本商末的传统的价值观，宣传“士商异术而同志”、农商“交相重”的新的价值观，但是我

① 歙县《许氏世谱·明故青麓许公行实》。

② 《汪氏统宗谱》卷16。

③ 《新安歙北许氏东支世谱》卷8。

④ 汪道昆：《太函集》卷65。

⑤ 汪道昆：《太函集》卷66。

们还不能说他们已经建立起与传统截然不同的新的价值观体系。因为他们的新价值观并未完全摆脱传统思想的藩篱，如他们的立论依据仍然是儒家的理念，他们对商人、商业的地位和作用的认识也还仍然是以传统的“士”“农”为其参照系，等等。尽管如此，但我们不能不承认，徽州人的这种价值观毕竟已与传统有别，是当时传统社会中出现的一股清新之气。

也正因为这种新的价值观没有对传统的价值观采取简单的全盘否定，而是在对传统的价值观进行改造、变通和融合的基础上产生的，所以它很容易为传统社会中的徽州各阶层所接受。事实的确如此，大量的史料表明，通过广泛的舆论宣传，到明中后期，在徽州地区，传统的价值观已为新的价值观所替代，新的价值观念在徽州地区已深入人心。嘉靖年间学者唐顺之指出，当时徽州“即阀阅家不惮为贾”[①]。文学家归有光说，当时徽州“虽士大夫之家，皆以畜贾游于四方”[②]。新安璜上程氏在宗谱中明确规定：“士农工商皆为本业。”[③]明中叶歙商许西皋则宣称：“人之处世，不必拘其常业，但随所当为者，士农工贾勇往为先，若我则业贾者也”[④]。这些都表明，“商居四民之末，徽俗殊不然”[⑤]了。新的价值观念已代替传统的价值观念成为徽州人行为方式的指南。

新的商业价值观的宣传和接受，减轻了徽州人从商的心理压力，这是明清徽州商业社会形成的思想基础。

## 二、途程观念的形成与途程知识的普及

途程是指地理、水陆交通路线方面的知识。途程知识对士、商、行旅的重要性，正如明代人在《合刻水陆路程叙》中所说的：“天下中国以至于九夷八蛮之地，莫不由舟车而至，名山大川以至于海隅日出之表，莫不

① 唐顺之：《荆川先生文集》卷15《程少君行状》。

② 归有光：《震川先生集》卷13《白庵程翁八十寿序》。

③ 新安《璜上程氏宗谱》卷之首《家禁第十》。

④ 歙县《许氏世谱·西皋许公行状》。

⑤ 许承尧：《歙事闲谭》卷18《歙风俗礼教考》。

由遵道而行。舟非水不行，车非陆不至，乃水陆莫不有程途。无程途，滔滔天下令人迷津，茫茫山河令人裹足，行必由径，篡人迷途，故差毫厘失千里者也。”[①]

明清时期，徽州“商贾四出，滇、黔、闽、粤、豫、晋、燕、秦，贸迁无弗至焉，淮、浙、楚、汉，其迩焉者矣”[②]。他们奔走于全国各地，主要是“行商”，从事长距离的商品贩运贸易。长途贩运贸易不了解有关的地理、交通、关津、民俗以及物产行情等常识是不可想象的。因此掌握一定的途程知识就成了徽商商业活动顺利进行的首要条件。

徽商最初的途程知识是由前辈商人传授的，后来在行走四方的过程中，他们也熟谙了这些知识，并亲身感受到这些知识在经营活动中的重要意义，从而在头脑中逐渐树立起牢固的途程观念。在这种观念的指导下，徽州商人从自发地留心，转而自觉地记录，收集这方面的资料，并进而将其编成商旅路程图书，或广为刊刻、或留传子孙，以此作为经商行路的指南。现留存下来的明清徽商编纂的商业书中，专门记述商旅途程的就有：《一统路程图记》《江湖绘画路程》《徽州至广东路程》《沐雨栉风》（记徽州至上海路程）等。其他商业书中也大多有途程的记述。

明中叶休宁大贾黄汴编纂的《一统路程图记》是当时最有影响的一种路程图书。据作者在《序》中介绍，他年及弱冠即“随父兄自洪都及长沙，览洞庭之胜，泛大江，溯淮、扬，薄戾燕都……后侨居吴会，与二京十三省暨边方商贾贸易”。在贸易的过程中，因常常“前路渺茫，苦于询问，乃惕然兴感，恐天下之人如余之厄于崎路者多也”。于是黄汴便留心考察各地交通途程、民风民俗，并随时记录，后又遍览各种舆地图志，“穷其见闻，考其异同，反复校勘，积二十七年始成帙”，于隆庆四年（1570）撰成此书。该书共有八卷。书中不仅详细介绍了各地道路的起讫分合、距离、行走难易和水陆驿站名称，而且如食宿条件、物产行情、社会治安、行会特点、船轿价格、名胜古迹等，也间有所记。有这样一本路

① 杨正泰校注：《天下水陆路程》，山西人民出版社1992年版，第266页。

② 许承尧：《歙事闲谭》卷18《歙风俗礼教考》。

程图书，“而道路之远近，山川之险夷，及风波盗贼之有无，靡不洞其纤悉，九州地域在指掌间矣”[①]。也正如他的好友吴岫在《后序》中所言：“是书也……商贾得之，可知风俗利害。入境知禁，涉方审直，万里在一目中，大为天下利益，实世有用之书。”正因为这部书对人们在江湖行走有切实的指南作用，从而受到士商行旅，特别是徽州商人的欢迎，致使《一统路程图记》一再重印，广为流传。清末以后，火车、轮船、汽车相继使用，国内交通路线发生重大变革，黄汴的《一统路程图记》才失去了原先的社会效用。

明天启年间，徽商程春宇撰有《士商类要》四卷，其前二卷中介绍了江南北100条水陆路引。由于他自幼服贾，对足迹所至之地非常熟悉，所录路引，是“取生平睹记，总汇成编”[②]的，所以非常客观、准确，从而为在江南北地区从事贸易的徽州商人提供了便利，使徽商“携之以游都邑，即姬公之指南、魏生之宝母在是，又奚事停骖问渡，而难取素封之富者乎”[③]！为了便于商人记忆，普及途程知识，程春宇还在卷一编了一首从南京至北京的《水驿捷要歌》。

清代一位休宁商人编了一本《江湖绘画路程》，载有《扬子江直上洞庭湖至衡州府、永州府等处路程图》33帧，记徽郡通往各地商埠路线11条。书中对每一路程的途径地名、河汉港湾、寺观庙宇、传闻典故、名物特产等都一一注明，至于钞关、纳料、报税诸事也别有记述。也是为了普及途程知识，这位商人在书中自编了两首7字韵行路歌：一是《镇江盐船上楚水路歌》，一是《湘潭至镇江路程歌》。

安徽省图书馆藏有一明清徽州商业书抄本，无书名。书中最后一部分为“行路图及行路歌”，详细记叙了从武汉到上海的水路运行图，以及太湖流域和杭州湾等地的地名。图中标示了每两地之间的距离。每一地名边

① 《一统路程图记·序》。
② 《士商类要·叙》。
③ 《士商类要·叙》。

配有诗一首，说明该地的风景物产。[①]

我们在收集徽商资料的过程中，在歙县南乡坑口镇芳坑村的一户农家幸运地发现了保存至今的大量江氏茶商资料。其中《徽州至广东路程》《沐雨栉风》两本手写稿就是江氏茶商所记述的途程资料。道光七年(1827)，江氏茶商江有科在贩茶入粤时记有《徽州至广东路程》札记一册。札记中详述了旅途所经城镇村庄550余处，对各城镇村庄之间的距离以及何处可乘舟、何处当起旱、何处有关卡、何处不安全等等都作了具体的记录。

至于沿途每一段如何通过船行、夫行雇佣船只、挑夫以及船费若干、脚费若干、佣钱若干、使费若干、赏钱若干也有详细的记载。光绪八年(1882)，江有科的孙子江明恒在贩茶入沪时也记有《沐雨栉风》札记一册，其中详细记述了徽州经杭州到上海的路程、时间以及船价等内容。

徽商在经营过程中所树立起来的牢固的途程观念，以及在这种观念指导下收集、整理、编纂路程图书，广泛普及途程知识，这对他们商业贸易活动的顺利进行起到了十分重要的作用。途程知识的普及，首先使徽商熟知交通路线，在商品运输过程中可寻找到捷径，从而缩短了运输时间，减少了运输费用；其次，使徽商了解商品运输路途中何处有险滩急流、何处有响马盗贼等自然的和人为的危险，从而有可能避免这些危险，确保人身和货物的安全；再次，使徽商通晓各地的物产行情和民风民俗，避免购销过程中的盲目性和被动性以及与客户相互沟通的困难，从而做到有的放矢，无往不胜。对商旅途程知识的重视和普及，确是徽商商业经营中的一条成功之道。

## 三、商业贸易具体运作过程中的实用知识与技能的传承

徽州商人获得具体商业操作的实用知识与技能，主要有两种途径：一

---

① 参见桑良至：《安徽省图书馆藏抄本〈客商规略〉考评》，《文献》1994年第3期。

是通过在宗族性商人团体中师徒式的身教言传以及自身在商场中的体悟，二是从有关的商业书中学习。

徽州习俗，一个人长到十六岁，如果举业无望的话，就要出门做生意。徽州子弟开始进入商界，大多必须经过一个学生意的阶段，一般为三年时间。有些拥有相当资本的商人，也往往先把子弟送到店中当学徒，目的是使子弟熟悉商业基层情况，受到一定的锻炼。如清代歙县著名盐商鲍尚志，就是先将其子鲍绍翔送往杭州“习贾”，卒业后，才将其调往身边辅佐自己经营盐业[①]。徽人学生意，不是跟父兄闯荡江湖，就是随宗族商人行走四方，因为徽州有“重宗义，讲世好”[②]以及族人之间“相亲相爱，尚如一家”[③]的社会风尚，成功的商人有对宗族从商子弟“左提右挈”的义务。在徽州，父带其子、长携其幼，宗族成员合伙经商、联袂经商的现象十分普遍，商业实用知识与技能就是在这种宗族血缘结成的商人团体中进行传承的。学徒生涯结束后，如果不离开商人团体的话，即上升为“伙计”。伙计是雇佣者的通称，其上者为“掌计”（相当于后来的经理）。经营得好，伙计和掌计可分得一部分利润。有了资本便可自立门户。所以徽商中的许多人都是先为学徒、伙计，经过数年或数十年的实践锻炼，熟悉了商界情况，并积累了一定的资本，而后自立门户，成为中贾、大贾的。清乾隆间歙县大盐商鲍志道，就是先为人当“伙计”，后卒成大贾的[④]。

明中叶以降，徽州人从商者愈来愈多，商业知识的积累也愈来愈丰厚，于是一批有相当文化素养的徽商开始用文字的形式总结自己和前辈商人的行商经验，编成商业书刊刻行世。除专门的商旅路程图书外，其他的商业书大多对商业具体运作过程中的方方面面的知识进行了详细介绍，从而也就使这类商业书成为徽州社会商业实用知识与技能传承的重要载体。下面我们就简略介绍一下新安原版《士商类要》中涉及的商业实用知识与

① 《歙县新馆鲍氏著存堂宗谱》卷2《中议大夫大父凤占行状》。

② 嘉靖《徽州府志·风俗》。

③ 同治《黟县三志》卷15《艺文志》。

④ 歙县《棠樾鲍氏宣忠堂支谱》卷21《中宪大夫肯园鲍公行状》。

技术的内容。《士商类要》是一部综合性的商业图书，其卷二的《客商规略》《杂粮统论》《船脚总论》《为客十要》《买卖机关》《贸易赋》《经营说》等篇目都是谈经营过程中的一些实用知识与技术的。如商人出门时，应注意两个方面的问题：其一“凡出外，先告路引为凭，关津不敢阻滞”（《为客十要》）。这说的是明及清初施行路引制度时行商的经验。雍正时，关津律中取消了必须查验路引的规定以后，这一条就没有实践意义了。其二，安全问题。“夫人之于生意也，身携万金，必以安顿为生，资囊些小，当以疾趋为先。……未出门户，虽仆妾不可通言；既离家庭，奔程途而贵乎神速。若搭人载小船，不可出头露面，尤恐船夫相识，认是买货客人。陆路而行，切休奢侈。囊沉箧重，亦要留心，下跳上鞍，必须自挈，岂宜相托舟子车家。早歇迟行，逢市可住，车前桅后，最要关防。半路逢花，慎勿沾惹，中途搭伴，切记提防，小心为本，用度休狂……”（《客商规略》）

鉴别商品的优劣是行商必须具备的一项基本技能。《经营说》中讲到了鉴别一些商品的总原则：“黄豆买精神，圆稳无灰干可粜。芝麻估油汁，黄尖有串润休贪。米无水脚方宜积，麦有空头莫买他。子花算衣重，无黄囊姜瓣者可置。棉花要白净，看子眼紧密者为良。油若昏沉终有假，饼多砂土不为佳。板炭木柴，干燥起灰熬火力。水鱼干鲞，鱼鳞齐整不须尝。夏布怕风吹褪色，蒲鞋见日晒干藏。段匹纱罗清水者，分两尺头寸估价。木头杉板节疤者，朽烂破损要搜寻。”《杂粮统论》中又对芝麻、菜子、糙米、糯米、绿豆、黄豆等商品的具体鉴别方法与技术作了详细介绍。

明清时期，全国各地的市场上都充斥着官府指定的牙人，从事贸易的居间活动。凡民间大宗交易都必须通过牙行才能进行，不通过牙行私相贸易者历有严禁。所以选择牙人就成了商人交易成败赢亏的关键。徽商十分重视牙人的作用，《买卖机关》中说：“买货无牙，称轻物假。卖货无牙，银伪价盲。所谓牙者，权贵贱，别精粗，衡重轻，革伪妄也。”如何才能选择到合适的牙人？《买卖机关》中介绍了审择牙人的两条经验：“投牙三相：相物，相宅，相人。入座试言：言直，言公，言诈。”即通过对牙人的住家物件、宅第标准、衣着打扮等的观察和通过交谈，对牙人的言语、表情等的观察来判断牙人的品德及经济状况。具体的观察方法，《买卖机关》中还有详细的说明。

选定牙人以后，就进入了具体的交易阶段，商人在进行具体交易的时候，《买卖机关》提醒商人要掌握以下知识：一是“好歹莫瞒牙侩，交易要自酌量”。二是“货若相同，任知己不言实价。来同一路，虽厚处意亦参差”。三是要慎择交易对象。因为如果择人不当，“财入贫手，虽健讼亦难追。货放非人，纵势威而莫取”。四是“卖货勿听人拗，买物须与众观”。五是“交易之时，即要讲明价钱银水，若含糊图成，齿下不明，至会账必然混赖”。

此外，《船脚总论》中还详细介绍了商人在运输商品时应如何雇佣船夫、脚夫以及如何防止货物在运输途中的失盗、失窃的经验。

通过以上的介绍，我们可以看出，商业书对商业运作过程中所应掌握的基本知识和技能的记述可谓全面、丰富而具体，其文字也是平实易懂、朗朗上口，确是普及商业实用知识与技能的难得的教科书。如果我们再考虑到人们天生对文字知识的崇敬心理，那么就可以说，商业书在商业实用知识与技能的传承过程中比传统的师徒式的言传身教更具影响力。

## 四、商业经营原则与商业道德伦理观的教育

明清时期，随着商品经济的发展，商业贸易空前繁荣，商人队伍迅速壮大，商业竞争也因此趋向激烈。当时的商界正像万历《歙志·风土》所言的那样：“操资交捷，起落不常。能者方成，拙者乃毁。东家已富，西家自贫。高下失均，锱铢共竞。互相凌夺，各自张皇。”竞争的残酷是显而易见的。如何在激烈的市场竞争中求得生存与发展？仅仅普及途程知识、向从商者传授和灌输商业贸易中具体操作的知识与技能是远远不够的，必须从更高的层次上来提高商人适应市场和占有市场的能力，而在这方面，商业经营原则与商业道德伦理观的教育就显得非常重要了。

通过吸取历史上成功商人的经验，加上自身经商的实践，徽州商人总结出了一整套的商业经营理论，举其大者、要者有以下三点：其一是出奇制胜的原则。商场如战场，商人要想在对手如林的竞争中占有优势，立于不败之地，也要“犹孙吴用兵”一样，通权变，讲智谋，以出其不意的竞争策略与方法去制胜取赢。这方面，中国历史上有许多经验被总结在方册之中，有许多典型事例被记录在史籍之上。这些就成为徽商取之不尽、用之不竭的思想源泉。徽商不仅将治生之祖范蠡的“旱则资舟，水则资车”、白圭的“人弃我取，人取我予”之术奉为圭臬，而且将其灵活运用于自己的经营决策之中，以出奇制胜。徽州谱牒中记述了大量的出奇制胜的徽商资料。如明末歙商程致和，“行白圭治生之学……趋时观变若猛兽鸷鸟之发。以生以息，凡廿年而业振”[①]。明末休宁商人查杰也从实践中深深认识到商业成功的关键“要在变化有术耳”，于是他在运筹决策时采用计然、白圭的“奇胜”之术，结果“业果骎起”[②]。清初绩溪商人章绪毓也是“师端木，法计然，贸易徽浙，持筹屡中，不十数年遂起其家”[③]的。出奇制胜并非通过凭空想象，因巧合而成功，而是建立在对市场规律的充分把握，并“参之以筹画，将之以果敢”[④]的基础之上的。

其二是知人、得地、顺时的原则。知人善任、选择好的经营地点以及顺应市场变化的规律是商业成功的三大要素。对此徽商十分重视。所以《士商类要·贸易赋》中说：“贸易之道……察天时之顺逆，格物理之精微。得人则四海春风，得地如九天时雨。……贵莫贵于顺天，大莫大于得地，重莫重于知人，神莫神于识物，巧莫巧于投机，妙莫妙于遇时。”许多徽商就是按照这一原则而取得成功的。如歙商黄崇德，“善治生，不惟任时，且惟择地”[⑤]；祁门商人倪本高，“独持三百缗去，择人而任事，二

---

① 歙县《褒嘉里程氏世谱·奉贺致和程老先生六十荣寿序》。

② 《休宁西门查氏祠记·查灵川公暨配汪孺人行状》。

③ 绩溪《西关章氏族谱》卷26《国子监生章公绪毓墓表》。

④ 歙县《潭渡孝里黄氏族谱》卷9《黄东泉处士行状》。

⑤ 歙县《竦塘黄氏宗谱》卷5《黄公崇德传》。

十年，所起业累巨万”[①]。在人、地、时三要素中，“人”是第一位的，因为商业竞争，说到底就是人才的竞争。人的素质，直接关系到商业经营的成败。所以出身于徽州商贾世家，曾在清朝咸丰年间任户部右侍郎兼管钱法堂事务的我国著名理财家、经济思想家王茂荫在总结徽商的经营之道时就说：“以商贾之道言之，大抵能创一肆、守一业者，其人必工心计，习俭勤，旦夕以身入其中，而又知人而善任。非是则败。”[②]同时他又说，一个商人业主纵然“有资本巨万，偶用非人，不数年而全覆者矣”[③]。

其三是市场变动的一般规律及日常购销原则。这方面，商业书中用质朴的语言进行了很好的总结。如《客商规略》中说：“堆垛粮食，须在收割之时。换买布匹，莫向农忙之际。须识迟中有快，当穷好处藏低，再看紧慢，决断不可狐疑。凡货贱极者，终须转贵；快极者，决然有迟，迎头快者可买，迎头贱者可停。……价高者，只宜疾赶，不宜久守，虽有利而不多，一跌便重。价轻者，方可熬长，却宜本多，行情一起，而得利不少，纵折却轻。……买要随时，卖毋固执。如逢货贵，买处不可慌张。若遇行迟，脱处暂须宁耐。”《经营说》中也有类似的说教。

商人自古就分为两种类型：一是廉贾，又称诚贾、良贾、良商；一是贪贾，又称任商、佞商、奸商、奸贾。二者之间的区别就在于讲不讲商业道德。徽州商人则是中国历史上前一类商人的典型代表。这不仅是当时人的评价，而且也是现代研究徽商的学者们的共识。清代著名学者戴震说：“徽人虽为贾者，亦近士风。”[④]张海鹏先生在《论徽商“贾而好儒”的特色》[⑤]一文中将徽商的商业道德归纳为三点，即“以诚待人”“以信接物”“以义为利”。后来在他主编的《中国十大商帮》[⑥]一书中，又加上了“仁心为质”一条。明清徽商身上所拥有的这些以儒家思想为其核心的商业道

① 《祁门倪氏族谱》续卷。

② 《王侍郎奏议》卷3，黄山书社1991年版。

③ 《王侍郎奏议》卷3，黄山书社1991年版。

④ 《戴震集》上编《文集》卷12《戴节妇家传》，上海古籍出版社1980年校点本。

⑤ 《中国史研究》1984年第4期。

⑥ 黄山书社1993年版。

德究竟是如何形成的呢？其中的原因自然是多方面的。从客观上说，这是徽州深厚的儒学文化传统以及徽商“贾而好儒”的特色在经营活动上的表现。从主观上说则是徽商注重对其子弟进行商业道德伦理观教育的结果。商业贸易是以“信用”为基础的人与人之间的交换关系。从长期的实践经验中，徽商深深认识到经营中“以诚待人，人自怀服；任术御物，物终不亲”[①]的道理，从许多前辈商人的成功事实中，徽商更是直观地明了到“以忠诚立质，长厚摄心，以礼接人，以义应事”与“业日隆隆起”之间的关系[②]。所以许多徽商不仅自己恪遵廉贾之道，还用以教育他人及其子弟，热心提倡商业道德。这方面的材料徽州谱牒中比比皆是，兹不赘述。

徽商不但忠实地实践儒家道德、自觉地推行儒家道德，而且还将其上升为理论形态，使其更具有教育意义。这方面道光年间黟县商人舒遵刚可谓其典型。他说：“圣人言，生财有大道，以义为利，不以利为利。国且如此，况身家乎！”并设喻说：“钱，泉也，如流泉然。有源斯有流，今之以狡诈求生财者，自塞其源也。今之吝惜而不肯用财者，与夫奢侈而滥用财者，皆自竭其流也。人但知奢侈者之过，而不知吝惜者之为过，皆不明于源流之说也。圣人言，以义为利，又言见义不为无勇。则因义而用财，岂徒不竭其流而已，抑且有以裕其源，即所谓大道也。”[③]

除身教言传之外，徽商所编纂的商业书中也有大量的商业道德与伦理的说教，如《士商类要》中的《醒迷论》《立身持己》《省心法言》《思虑醒言》《养心穷理》《孝顺父母》《敬兄爱弟》《和睦宗族》《勤读书史》《禁作无益》等篇均是。这对徽商以儒家思想为核心的商业道德与伦理观的形成也有很大的影响。

商业经营原则与商业道德伦理观的教育，为徽商如何正确地进行商业决策和赢得商业信誉提供了理论和方法论上的指导，从而大大提高了徽商适应市场和占有市场的能力。

---

① 《新安歙北许氏东支世谱》卷5。

② 《新安休宁名族志》卷1。

③ 同治《黟县三志》卷15《舒君遵刚传》。

## 五、结语

通过上述简略的分析，我们可以看出明清徽州的商业教育具有这样的几个特色：其一是注重对传统商业价值观的改造。徽州人通过对传统价值观的改造所形成的新的商业价值观不仅与明清社会转型期的时代要求相契合，而且满足了徽州从商者的心理需要，因而具有其进步性。其二是商业教育内容的实用性和可操作性。途程知识、商业贸易具体运作过程中的知识与技能、商业经营原则等教育内容都是徽商长期实践经验的结晶，因而具有很强的实用性和可操作性，这就为徽州从商者能很快适应市场和占有市场提供了可靠的保证。其三是商业教育方式的多样化。传统的商业职业教育大都是通过师徒式的言传身教来实现的，因而具有很大的局限性，而明清徽商在传统方式之外又发明了“商业书”的教育手段，从而大大拓展了商业教育的内容、途径和范围。其四是重视商业道德与伦理观的教育。通过这种教育，使徽商大多能履行商业道德伦理规范，从而赢得了廉贾、儒商的美名，提高了知名度和信誉度。

总之，重视商业教育是明清徽州区域社会和区域文化的重要特点之一，也是徽州商业兴盛和徽商势力得以很快发展壮大的一个重要原因，这方面以前是不大为人所注意的。本文就此试图为徽商和徽学研究者提供一个新的视角。

原载《中国文化研究》1998年秋之卷

# 略论徽商对家乡士子科举的扶持与资助

封建社会，读书是为了入仕，而明清时期，入仕须经过科举考试。因此，折桂蟾宫就成了士人梦寐以求的理想。为使家乡士子的理想变成现实，徽商在大规模兴学立教的同时，又围绕科举考试对士子进行多方面的扶持与资助。

## 一、竭力兴办文会，为士子应考前研讨、切磋制艺提供条件

文会，又称文社。文会之名来源于《论语·颜渊》中的“君子以文会友”一语，但文会作为一种制度化的教育组织形式，并在城乡各地广为设立，则始于明中后期。

徽州，是明清时期全国文会最为发达的地区之一。明正德嘉靖年间，歙县即设有斗山、杲山、玉泉、南山诸文会，而且“均开讲席，立讲师，彬雅之宗，自成坛坫矣”[①]。明中叶后，直至清末，徽州的文会一直保持着繁盛的局面，如“歙城市乡镇，各立文会”[②]；徽州府属六县中经济文化较为落后的黟县，也是“乡村多有斯文之会”[③]。明清徽州的文会皆拥

① 民国《歙县志》卷16《杂记·拾遗》。

② 江登云：《橙阳散志》卷11《艺文志下》。

③ 民国《黟县四志》卷3《风俗》。

有固定的场所，所谓“文会以会文事也，正其名，宜有其地”[①]。除有固定的会所之外，明清徽州的文会还制定有“会例”“会规”“规条”等，以保证文会的正常运作[②]。

从整体上看，明清徽州文会的主要教育功能，是集一乡、一族之士“偕攻制义”，通过“同类相求、同朋相照、同美相成”[③]，共同提高，以增强在科举考试中的竞争力。崇祯八年（1635）歙县江村人江道振在《聚星会馆告成序》中对此讲得非常清楚：“明兴，沿赵宋贡举法，以文取士。生斯世，匪借制义为羔雁，即欲颉颃青云，道无由也。吾乡先哲应运而起者，代不乏人，文章经济彪炳宇内，至今犹可考见。然学多独证。嘉【靖】隆【庆】以上，萃一乡之彦而课制艺者未之前闻，聚星文社肇自万历癸未（万历十一年），则程中宪、江大中丞二公共创之，以兴起斯文者也。”[④]清初杨如绪在黟县《聚奎文会序》中说：“盖地近则友易集，而会数则文日工，此通经能文之士所由设文会也。”[⑤]也指出文会是为作文而设。因而，请“斯文主”命题作文，然后评论文章，就成为文会的主要教学活动。如聚星文社于明万历十一年（1583）冬建成，以“佥、宗二老为斯文主，二老慨然以造就来学为己任，命题秉笔，寒燠靡倦”，学子们“欣欣乐就正焉”[⑥]。清嘉庆五年（1800）黟县五都所建的集诚文会，也是“月逢孟春日诹望，八礼馔陈帛致奠先贤，标题作文”[⑦]。为激励后学，文会不仅对会员“岁、科、乡、会等试咸量给资斧，以示优崇”[⑧]，而且还对科举成绩优异者进行褒奖。如“黟俗各大族有祠会，其支裔大小试获俊者，会以金为奖，谓之喜庆银”[⑨]。清歙人凌应秋也记载道：“本里科、岁

① 凌应秋：《沙溪集略》卷7《艺文》。

② 葛庆华：《徽州文会初探》，《江淮论坛》1997年第4期。

③ 江登云：《橙阳散志》卷11《艺文志下》。

④ 江登云：《橙阳散志》卷11《艺文志下》。

⑤ 同治《黟县三志》卷15《艺文志·政事类》。

⑥ 江登云：《橙阳散志》卷11《艺文志下》。

⑦ 邹杰：《集诚文会序》，同治《黟县三志》卷末《艺文类·补遗》。

⑧ 邹杰：《集诚文会序》，同治《黟县三志》卷末《艺文类·补遗》。

⑨ 同治《黟县三志》卷7《人物志·文苑》。

二考，新进学生员送学日，公备旗帐羊酒（兼设果酒），迎入文会特敬；本里乡试中试举人，填亲供面目，公备旗帐羊酒，并设果酒，迎入文会特敬。”[①]文会是为应付科举而设，无怪乎徽州人将科举成果之多少归于文会之兴废。如明天启元年（1621）歙人江学海说，江村聚星文社创设后，“一时人心鼓舞，争自淬磨，乙酉（万历十三年）之役，社中荐贤书者两人，廪学宫者若而人，入胶庠者若而人，文社之益彰彰矣。频年来，士之获俊者稍不及昔，则以文社玩愒，徒修故事也”。崇祯八年（1635）江道振也认为近些年来江村“甲第无闻，求其所以，缘会馆未建而会事萃涣无常也”[②]。凌应秋也说：“吾宗道义文章，虽不因文会而始兴，然自文会之建，风轨愈振。”[③]从文会的主要教学活动上看，有理由认为，明清时期徽州科举人才的兴盛与其文会的广泛设立存在某种程度上的因果关联。

明清时期，徽州地区以研讨八股、切磋制艺为目的的文会组织遍布城乡各地，而这些绝大多数都是由徽商独力创设，或是主要由徽商出资兴办的。如清代歙县商人张明侗，“立飞霞文会，延师以教里中子弟”；清婺源商人余章锦，“输租立文社，以振文风”[④]。又如清绩溪曹雅苑，“兴萃升文会，捐腴田”；胡元龄，“倡建文会于崇山，凡有文誉者招集之”[⑤]。这方面的事例很多，下面我们就将光绪《婺源县志》中“义行”“质行”两类传记记载的有关清代婺源商人兴办文会的材料制成一表，使读者从中以窥整个徽州情况之一斑。

**表1　光绪《婺源县志》中有关清代婺源商人兴办文会材料一览**

| 编号 | 姓名 | 事实 | 资料来源 |
| --- | --- | --- | --- |
| 1 | 王拱斗 | “葺义圣阁，为族子弟讲学会文之所。” | 卷31《人物志·义行一》 |
| 2 | 潘元旷 | “创起元文会，振兴后学，自是人文蔚起。” | 卷32《人物志·义行三》 |
| 3 | 詹振湖 | “倡兴毓英文会，朔望会课，经理弗懈。” | 卷33《人物志·义行五》 |

① 凌应秋：《沙溪集略》卷2《里甲》。

② 江登云：《橙阳散志》卷11《艺文志下》。

③ 凌应秋：《沙溪集略》卷7《艺文》。

④ 民国《歙县志》卷9《人物志·义行》，光绪《婺源县志》卷34《人物志·义行七》。

⑤ 嘉庆《绩溪县志》卷10《人物志·孝友》。

续表

| 编号 | 姓名 | 事实 | 资料来源 |
| --- | --- | --- | --- |
| 4 | 洪孔彰 | “兴文会，以课后学。” | 同上 |
| 5 | 李从钲 | “里兴紫阳文社，不吝捐输。” | 卷33《人物志·义行六》 |
| 6 | 俞仁 | “本村炳蔚、志成二文社，购田数十亩，资给程费。” | 卷34《人物志·义行七》 |
| 7 | 胡德墉 | “置圭田，倡文社，宗族咸利赖之。” | 同上 |
| 8 | 俞杰 | “培植文社……踊跃输将。” | 同上 |
| 9 | 洪杏芳 | “振兴文社，输租培植。” | 同上 |
| 10 | 潘宝元 | “文社输租二百秤。” | 同上 |
| 11 | 张文明 | “倡立毓秀文社，培植后进，士林嘉美。” | 同上 |
| 12 | 余章锦 | “输租立文社，以振文风。” | 同上 |
| 13 | 程云孙 | “置圭田，兴文社……。” | 卷35《人物十·义行八》 |
| 14 | 洪国桥 | “立文社。” | 同上 |
| 15 | 戴逢原 | “倡立登瀛文社，培植后进，乡人嘉之。” | 同上 |
| 16 | 詹世鸾 | “立文社。” | 同上 |
| 17 | 程世德 | “族中创立文会，输租数十秤资助。” | 同上 |
| 18 | 孙有爔 | “置租兴社课文……” | 同上 |
| 19 | 余源开 | “文社废弛，输田振兴。” | 同上 |
| 20 | 李广璧 | “里中义仓、文社，均输赀不吝。” | 同上 |
| 21 | 孙洪瓛 | “兴文社，给送卷赀，所费不下数百金。” | 同上 |
| 22 | 俞友仁 | “倡输五百金兴炳蔚文社，酌赀奖励，悉有规条。” | 同上 |
| 23 | 程耀廷 | “输田若干亩，文社借以克振焉。” | 同上 |
| 24 | 程应鹊 | “集兄弟兴文会，给膏火，以培后学……” | 卷37《人物志·质行四》 |
| 25 | 潘重炘 | “乡有文会，日就衰靡，炘助膏火、办课卷，按月朔率行之……” | 卷38《人物志·质行六》 |
| 26 | 戴邦任 | “倡立登瀛文社，鼓励后进。” | 卷39《人物志·质行七》 |

## 二、慷慨捐输科举资费，为应考士子提供经济保障

明清时期，科举考试的用度颇为不菲，据明嘉靖万历时人王世贞在其《觚不觚录》中介绍："余举进士，不能攻苦食俭，初岁费将三百金，同年中有费不能百金者。今遂过六七百金，无不取贷于人。盖贽见大小座主，会同年及乡里官长，酬酢公私宴醵，赏劳座主仆从与内阁吏部之舆人，比旧往往数倍。"及至清代，"读书断不能不多费钱"[①]。明清时期，徽州院试在郡城，乡试在金陵（今南京），会试则集中于京师。且不说应酬之用，就是参加乡试、会试的旅食之费、试卷之资亦为一般士子所不能承担。清道光初年任绩溪知县的王日新说："宾兴之岁，大江南北两省之士皆试于金陵，而水陆兼程、道里之远，徽州为最。徽属如歙县、休宁富甲通省，又有公捐乡试经费，赴举者最多，科名亦最盛。绩溪于府属独为硗瘠，士多寒素，艰于行李，就试者最少，非无积学宿儒，往往兀守里闾、老于牖下，或遂谓地本无才，非通论也。"[②]可见商业经济的发达与否决定着徽属各县应举士子的多寡。换言之，徽州士子的科举费用大多依赖于商人的资助。事实的确如此。明清时期，徽商为应举士子捐输费用十分积极。

以休宁县为例，据方志记载：清康熙十四年（1675），商人程子谦"捐银一千两，置学田取租为诸生科举费"[③]。嘉庆初，商人汪国柱见"本邑士子乡试艰于资斧，捐金五千二百有奇，呈请申详，定立规条，存典生息，以为试资"。商人徐名进，得知汪国柱的善举后，"亦乐输五千以继其美"[④]。由上可知，休宁县商人对本邑科举士子的盘费资助已形成一套完整的制度和发放办法，其资助对象主要是经过正规的学校升迁而又贫寒的士子，即"不足之人"。除盘费之外，休宁商人还为应考士子提供"卷

① 沈垚：《落帆楼文集》卷9《外集三·与许海樵》。

② 道光《徽州府志》卷3《营建志·学校》。

③ 道光《徽州府志》卷3《营建志·学校》。

④ 道光《徽州府志》卷12《人物志·义行》。

资”，如清邑商人吴立志“倡同余启铿、汪永绥、吴日鑫捐赀取息，以为县、府、院童子试卷并县复试卷及乡试卷资”[①]。

歙县商人对资助本邑士子的科举经费更为踊跃，仅道光年间以“乡试卷烛费”名义捐输的就有：汪坤祖，“于道光二年尊父仁晟遗命捐银一千两为乡试卷烛费”；程嵩生，“于道光五年遵伯父绍允、父绍兖遗命捐银二千两”；潘弈星，“遵母吴氏命捐银一千两”；鲍树艺，“遵父致远遗命捐银一千两”；潘弈綮，“遵父大鉴遗命于道光十六年捐银八百五十两以增乡试卷烛费，呈县备案，发典生息，分给乡试诸生”[②]；等等。

又如祁门商人郑世昌，“道光间独捐钱二千缗入书院生息，津贴阖邑乡试卷费”。更令人感动的是郑世昌的店伙计江茂星，“每岁辛资余赢，积铢累寸数十年，得钱二百缗，当昌之捐助乡试卷费也，心窃慕之，遂将所积倾囊附焉”[③]。

连素称“瘠薄”、商业远逊歙县、休宁的绩溪县，道光初年，在户部主事、邑人胡培翚乞假归里，“仿休宁公捐经费”之法，而向绅商劝捐时，“通邑翕然从之，不数月得捐银五千余两”。于是“请于太守及邑宰立案，其银发典生息，每科以息银分给应试者旅费。一切规条，刻于石，以垂久远”。此次劝捐的成功，使绩溪县令兴奋不已，遂撰文宣称：“绩溪之人文自此其日起矣乎！寒畯之士得其资斧，应举者必多，其科名之盛讵出歙县、休宁下哉！”[④]从绩溪县令的兴奋之情中，我们可以更进一步感受到商人的资助对士子的应举是何等的重要。

除捐输本邑、本府的科举经费外，许多商人还对宗族应试士子另行资助，如清歙县曹景宸，“置义田五百余亩于休宁，以给族人寡妇并助族中乡会试考费”[⑤]。清婺源程世杰，“延师使合族子弟入学，并给考费”；李焯春，“贾金陵……凡里中乡试者，均往其家，旅费不敷，量力资助”；潘

① 道光《徽州府志》卷3《营建志·学校》。

② 民国《歙县志》卷9《人物志·义行》。

③ 同治《祁门县志》卷30《人物志八·义行》。

④ 道光《徽州府志》卷3《营建志·学校》。

⑤ 民国《歙县志》卷9《人物志·义行》。

重炘，对宗族“贫不能赴郡院试者予资斧”①。清休宁商人程子谦，除为县诸生捐输科举费外，又“尝买腴田为祖祠公业，积其息以给族子之赴试者”②。等等。

## 三、积极捐建考棚、试院和试馆、会馆，为应考士子提供舒适的考场与寓所

为了给童试的士子提供一个较为舒适的考试场所，徽商对捐建县考棚、府试院极其热心。清道光初年黟县知县吕子珏在《（黟县）新建考棚碑记》中说：“国朝之制，学使者按郡试士，皆有试院，而县令则各于其署扃门试之，无特院，间亦有为邑人捐建者，然以天下之大、千数百县之多，不数数见也。”③而徽属各县就是这“不数数”中的几个。究其原因是有徽商在财力方面的资助。清嘉庆、道光年间，徽属各县，除歙县因是府治所在地，其县试借府试院进行，无须考棚外，其他专为县试而设的考棚相继建立。

休宁县考棚在“海阳书院西首”，嘉庆十二年（1807）邑绅商刘启伦营造，其规模：“前照墙、左右鼓吹亭，头门内左右班房、二门内左右门房，甬道左右设东西文场直接大堂，堂后房二进各三间，东厅西厨房。墙外西偏楼房四进，赁租以为岁修之费。”④

黟县考棚，建于道光五年（1825）：“正中为重门、为甬道、为阶、为堂，两廊为童子列坐号；堂之西为县令退食之所；其东为庖湢、井溷，上皆有楼墙；左右环以缭垣为巡风巷。凡措置一椽、一石总不离乎整肃者。”⑤在黔县考棚建造的过程中，合邑绅商共捐资银三万余两，其中输银

① 光绪《婺源县志》卷33《人物志·义行五》；卷35《人物志·义行八》；卷38《人物志·质行六》。

② 康熙《徽州府志》卷15《人物志四·尚义》。

③ 同治《黟县三志》卷15《艺文志·政事类》。

④ 道光《徽州府志》卷3《营建志·学校》。

⑤ 同治《黟县三志》卷15《艺文志·政事类》。

一千两以上的有商人舒德舆、胡士良、汪彦济、余荫甫、汪葵、王宁、胡应鸿、朱作楹等8人[①]。

道光六年（1826），婺源县建考棚，“弃儒就贾渐饶”的孙有爔“倡输千金。工告竣，费缺，复捐五百金”[②]。同时，以“业茶起家”的俞澄辉、以“业木豫章家始裕”的毕启泮等亦“皆慷慨捐助”[③]。

再如祁门县考棚，道光十年（1830）由知县王让同邑绅商洪炯“邀集四乡劝捐购地，在学宫之左创建”：“中为水鉴堂，两旁号舍八百余坐，右为花厅，左为书房，后为庖厨，前为大门，门东西为鼓吹楼，共屋数十间，计费逾万金，期年乃成。”[④]绩溪县考棚的建造，我们虽没有掌握详细的材料，但据绩溪《西关章氏族谱》卷24《家传》载：章必泰，“性嗜学，喜吟咏，隐于贾，往来吴越间。……邑建考棚，捐银二百两以助”。可以想见，其得到商人的资助肯定不少。徽属各县考棚的建立，使县试有了专有考场，童生于是拥有了较为宽敞舒适的应试场所。

除捐建县试考棚外，徽商对府试、院试试院的重建、葺修亦鼎力资助。雍正年间，徽州府试院“岁久倾颓”，“尝贾于台州”的歙商汪涛“独力更新，费不下万金”[⑤]。时人郑江在《重建徽州府试院记》中说：“（试院）历稔淹纪，浸以圮垝，扉枢朽落，宎瘤悬危，外观弗耀，子衿永慨。有司方谋维新，事未有会。时则郡人汪君激昂高义，喟然而兴，不贷众赀，奂然启宇。缭以周垣，蔽以崇闳，中为厅事，后为燕居之堂，堂后有楼，庖湢廊舍，左右咸秩。经始于雍正十一年十二月，讫工于乾隆元年六月。”[⑥]

为了给远赴南京、北京参加乡试、会试的士子提供一个较为舒适的寓所，使他们在外有“宾至如归”之感，得以从容应考，徽商又煞费苦心，

① 同治《黟县三志》卷10《政事志・考棚》。
② 光绪《婺源县志》卷35《人物志・义行八》。
③ 光绪《婺源县志》卷34《人物志・义行七》。
④ 同治《祁门县志》卷18《学校志・试院》。
⑤ 民国《歙县志》卷9《人物志・义行》。
⑥ 民国《歙县志》卷15《艺文志》。

积极捐建试馆、会馆。如同治年间，歙县商人就曾以12300余缗的巨资，在南京建造歙县试馆，作为士子乡试住宿之所[1]。与此同时，婺源县绅商亦购地买房建“金陵婺源试馆”。[2]

明清时期，徽州在北京设立的会馆为数众多，据不完全统计有近十所，它们是：徽州会馆，在鹞儿胡同；徽州全馆，在三里河大街；休宁馆，在丞相胡同路西；休宁东馆，在长巷上四条胡同中间路东；歙县会馆，在宣外大街达智桥；黟县会馆，在南半截胡同路西；婺源会馆，在石猴街中间路西；婺源新馆，在大耳胡同东头路南；绩溪会馆，在椿树头条路北[3]。这些会馆，大多规模宏大，设施齐全，环境优美。如休宁会馆原是明代相国许维桢的宅第，屋宇宏敞，廊房幽雅。内有三大套院和一个花园。套院里有专门悬挂写有本邑中试者姓名匾额的文聚堂，有祭祀朱熹和历代名臣的神楼，有戏台，还有碧玲珑馆、奎光阁、思敬堂、藤间吟屋等。花园里有云烟收放亭、子山亭、假山、池水，总面积达九千多平方米[4]。歙县会馆不仅有屋百楹，而且还在永定门外附设有面积甚大的义庄。位于宣武门外南半截胡同的黟县会馆也是“有堂有庭，前荣后塾，接通衢而临爽”[5]。

会馆作为“公车下榻之所”[6]，其主要目的就是为本邑、本府的士子入京参加科举服务。如歙县会馆章程规定：“创立之意，专为公车及应试京兆而设，其贸易客商自有行寓，不得于会馆居住以及停顿货物。”“初授京官与未带眷属或暂居者……科场数月前，务即迁移，不得久居。”[7]

会馆由本邑或本府入仕官员和商人捐资创设，但以商人出资为多。如

① 《南京歙县试馆账簿》，藏歙县博物馆。

② 民国《重修婺源县志》卷6《建置三·学校》。

③ 王日根：《乡土之链：明清会馆与社会变迁》，天津人民出版社1996年版，第64—65页。

④ 李慈铭：《桃花圣解庵日记》卷3。

⑤ 嘉庆《黟县志》卷15《艺文志》。

⑥ 光绪《婺源县志》卷59《艺文三》。

⑦ ［日］寺田隆信：《关于北京歙县会馆》，《中国社会经济史研究》1991年第1期。

北京歙县会馆，在明嘉靖四十一年（1562）创建时的36人全部都是商人，会馆"择在京殷实老成有店业者分班公管，每年二人轮流复始"。正如日本学者寺田隆信先生研究后所说："歙县会馆从扬州盐商那里得到了巨大的经济援助，而居住在北京的茶商也参加了会馆的管理，负担了一部分经费……但是，会馆是专门用于科举应试者（偶尔也有官僚们）的设施，禁止商人使用。"①商人自己创建的会馆却规定不准商人使用，专为科举服务，徽商对科举士子的无限关怀，对他们所寄托的殷殷期望由此可见。

会馆的设立，在某种程度上对士子科举的成功起到了重要作用。正如清歙县人程景伊在《增置京都歙县会馆南院舍记》中所言："会馆之设……非独桑梓聚集联情谊、讲任恤、便羁旅而已，其大者人材科第实由此而出。国家辟门吁俊，设乡、会两试以登进天下之士，四方英髦云集于京师，顾或千里担簦而一廛莫借，有苦于长安居之不易而裹足不前者，然则翘材之薮莫急于此，纵或就试者少，犹将多其舍宇以招之。矧科名之盛如吾歙近年者乎！吾邑甲乙两科，岁常不乏人，而自会馆既立，壬戌（嘉靖四十一年）以后观光者日盛，入彀者尤多，此固黄山、练水秀灵淑清之气蜿蜒扶舆，磅礴郁积，迟之久而后兴，以上应菁莪棫朴之化，初不系会馆之有无，然而多士奋兴，适在近岁，则亦不可谓无助也。"②

通过以上的分析，可以看出，徽商对家乡士子科举的扶持与资助，不仅力度大，而且具体周全，从中我们至少可以得出两点结论：其一，参加科举，须有一定的经济条件作为后盾。明清时期，徽州科举人才之所以能位居全国各府前列，号称极盛，是与徽商在财力上的资助分不开的。其二，反映出徽商对其子弟应科入仕、折桂蟾宫的强烈期冀，渴望由此改变其社会身份——由商贾之家转为仕宦之门的社会心理。

原载《历史档案》2001年第2期

① ［日］寺田隆信：《关于北京歙县会馆》，《中国社会经济史研究》1991年第1期。

② 民国《歙县志》卷15《艺文志》。

# “儒术”与“贾事”的会通

## ——“儒术”对徽商商业发展的工具性作用剖析

徽商是明清时期全国最大的地域性商人群体，其所具有的“贾而好儒”的特色已为学界广泛接受。而在我们收集到的资料中，发现这样一种现象，即徽州的富商大贾，从商能快速致富的大多是“弃儒业贾”者，这些人大多经过一定的儒家正规教育的训练，具有相当的文化素养。如：元末明初休宁程维宗，“早有大志，潜心于学，年才十九，常一赴乡试，不捷而归。由是发愤请业于郑师山、赵东山二先生之门。既而遭时革运，无复荣念，从事商贾。货利之获，多出望外，以一获十者常有之，若有神助……由是家业大兴”[①]。此外，歙县的黄文茂，明代祁门的张元涣，清代婺源的金玉成等[②]，也都是“因弃儒就商”而“累巨赀”的。

“弃儒业贾”的徽商为何能“不数年赀大起”？其中的原因当然并非“神助”，而是正如徽州人自己所说的，是因为这些商人能“以儒术饰贾事”的结果[③]。这里的“儒术”，并非只指“儒家的道德”，而是主要指“儒学中‘治人’、‘治事’以至‘治国’的道理或知识。……换句话说，士人如何运用他们从儒家教育中所得来的知识以治理国家，商人便运用同样的知识来经营他们的商业”[④]。中国几千年的文明史，留下了无数的文

① 《休宁率东程氏家谱》，万历元年刊本。

② 歙县《竦塘黄氏宗谱》卷5《黄公文茂传》；祁门《张氏统宗谱》卷3《张元涣传》；光绪《婺源县志》卷29《人物志·孝友》。

③ 歙县《潭渡孝里黄氏族谱》卷9《望云翁传》。

④ 余英时：《士与中国文化》，上海人民出版社1987年版，第545页。

化典籍，诸子百家、四书五经以及历代书史中蕴藏着极其丰富的政治、经济、人才管理、谋略、运筹、伦理等思想精髓，这就成为“弃儒业贾”，具有较高文化素养的徽商取之不尽、用之不竭的思想源泉。

## 一、“儒术”为徽商提供了致富的经验和进行商业决策的方法论

明清时期，由于商品经济的发展，商人队伍空前壮大，商业竞争也因此趋向激烈。当时的商界正像万历《歙志·风土》所言的那样：“操资交楗，起落不常；能者方成，拙者乃毁；东家已富，西家自贫；高下失均，锱铢共竞；互相凌夺，各自张皇。”竞争的残酷是显而易见的。俗话说：“商场如战场。”因此要想在对手如林的商业竞争中占有优势，立于不败之地，就要“犹伊尹、吕尚之谋，孙、吴用兵”，通权变、讲智谋，以出其不意的竞争策略与方法去制胜取赢。这方面，中国历史上有许多经验被总结在方册之中，有许多典型事例被记录在史籍之上。如治生之祖计然、范蠡、白圭等人就是出奇制胜的行家里手。计然、范蠡的制胜策略是“旱则资舟，水则资车”“贵出如粪土，贱取如珠玉”；白圭所用的则是“人弃我取，人取我予”之术。他们正是用这些看似有悖常理，为一般人所不能为的做法，出奇制胜取得了成功。通经博史的徽商对司马迁在《史记·货殖列传》中所总结的这些古人的治生之策熟记于心，并从中吸取了不少有益的经验。许多徽商就是依靠和总结计然、范蠡、白圭等人的“奇胜”之术，在竞争中取得胜利的。如：明歙商黄莹，“少读书，通大义，观太史公《货殖列传》，至计然之言，曰：知斗则修备，时用则知物，两者形则万货之情可得而观矣。故论其有余不足则知贵贱，贵上极则反贱，贱下极则反贵。贵出如粪土，贱取如珠玉。又见倚（猗）顿以盐起，与王者埒富，大悟若旨，不效世用一切徂诈术，惟静观盈缩大较，揣摩低昂，恒若执左契。诚一所致，业饶声起”[1]。

---

[1] 歙县《竦塘黄氏宗谱》卷5《黄公莹传》。

明休宁商人汪可训因业儒屡不售而从贾，他两次“发《货殖传》读之”，均有所获，于是“积五年，择人人得、任时时成、饰智智治，隆著拟封君矣”；明歙商程致和也是“行白圭治生之术，以美恶占岁，以弃取伺人。……趋时观变若猛兽鸷鸟之发，以生以息，凡廿年而业振”的[①]。

明休宁商人查杰，少时“读书敏捷，不为章寻句摘，涉猎悉通大义”，从而认识到“试观贫富之原，宁有予夺哉！要在变化有术耳”。弃儒服贾后，他行计然、白圭之术，“借其囊资，观时变……独往来吴、越、扬、楚间三十余年，业果骎骎起。向所共事，瞻望弗及”[②]。

清歙县盐商鲍直润的事例最为典型。他初期因轻信于人，致使商业失利，后来运用白圭的“人弃我取”之术，终于大获成功。时浙江江山县食盐销路不畅，众商折本，相继退出，而鲍直润则决定“尽质其田”，筹集资金，以江山作为自己的食盐销售地。“家人咸忧相谏阻”，竭力反对，鲍直润则向他们解释说：“今江山口岸，众商星散，势将食淡，所谓人弃则我取。譬如逐鹿，他人角之，我踣其后，时不可失，吾意决矣。”后来的事实证明，鲍直润的决策是正确的，到道光末年，他终于成了腰缠万贯的大盐商，并“以盐务报效海疆军需，议叙盐课提举司提举衔，例授奉直大夫”[③]。

## 二、“儒术”为徽商提供了选人、用人、待人之道

徽商在初入商海时，大多以小本起家、独力经营，当其资本增殖、经营范围逐渐扩大后，多是选择若干人为己所用。顾炎武的《肇域志·江南十一·徽州府》说：“新都（徽州）……大贾辄数十万，则有副手，而助耳目者数人。”副手又称掌计，他和若干“助耳目者”都是徽商雇佣的“伙计”。如歙商程君，“门下受计出子钱者恒数十人”；歙商汪治，手下亦

① 歙县《褒嘉里程氏世谱·奉贺致和程老先生六十荣寿序》。

② 《休宁西门查氏祠记·查灵川公暨配汪孺人行状》。

③ 《歙县新馆鲍氏著存堂宗谱》卷2《中议大夫大父凤占公行状》。

有“诸昆弟子姓十余曹”[①]。虽然徽商所用之人大抵以亲族子弟为多，或者是自家的佃仆僮奴，但这中间也存在着一个如何选人、用人和待人的问题。商业竞争，说到底就是人才的竞争。人才的素质如何，关系到商业经营的成败。所以，出生于徽州商贾世家，其自身也曾经营过茶业的清咸丰朝户部右侍郎兼管钱法堂事务等要职的我国著名理财家、经济思想家王茂荫在总结徽商的经营之道时就说：“以商贾之道言之，大抵能创一肆守一业者，其人必工心计，习俭勤，旦夕以身入其中，而又知人而善任。非是则败。”同时他又指出，一个商人业主纵然“有资本巨万，偶用非人，不数年而全覆者矣”[②]。从王茂荫的论述中我们可以得知，徽商之所以能执明清商界之牛耳三百余年，正是与他们拥有正确的商业人才观分不开的。而徽商的商业人才观，究其来源，则是取材于儒家的“德才兼备”“知人善任”“各尽其才”“宽厚待人”等思想。

徽商选人以德、才为本。在德、才两方面，徽商首先看重的是“德”。如：歙人闵世章，“少孤贫……遂走扬州，赤手为乡人掌计簿，以忠信见倚重”；歙人江明生因“诚笃谙练”而被本族的一个大盐商聘去管理扬州盐务；黟县孙廷泰也因“必诚必信，数十年如一日”而被同邑盐商汪承器“延为上宾”，后汪承器将其家业“公私填委”予孙廷泰[③]。徽商之所以重“德”，主要是因为有“德”之人，能在经营中“铢两不私”；能与人坦诚相处，建立起和谐融洽的人际关系；能上下同心，“主宾倚重，相与有成”[④]。徽商选人，在讲究“德”的同时，也很重视一个人的能力，特别是在一些需要技术的行业，为了在竞争中获胜，徽商往往不惜重金将一些能工巧匠聘到自己的麾下。如清末徽州最负盛名的“胡开文”墨业即是如此。“胡开文”墨业的创始人胡天注在承顶其岳父濒临倒闭的“汪启茂墨室”之初，并没有急于扩大生产规模，而是将资金用来购买上等原料、聘

① 《弇州山人四部稿》卷61《赠程君五十叙》；《太函副墨》卷43《先大父状》。

② 《王侍郎奏议》卷3，黄山书社1991年版，第37—38页。

③ 《歙事闲谭》卷28；歙县《济阳江氏族谱》卷9；同治《黟县三志》卷15。

④ 歙县《济阳江氏族谱》卷9。

请能工巧匠制模做墨，努力创制名牌产品，打开市场销路。在“汪启茂墨室”改名为“胡开文墨庄”之后，胡天注及其后继者们也都将招贤纳才一事摆在墨业经营的首位。当时徽州著名的墨模雕刻家王绥之、刘体泉，著名的墨工曹观禄等人都曾在“胡开文墨庄”效力。他们精心制作的“圆明园”“黄山图”“西湖十景图”“十二生肖”墨以及荣获1915年巴拿马万国博览会金质奖章和南洋劝业会优等奖章的“地球墨”等，为“胡开文墨庄”赢得了广泛的声誉，使“胡开文”墨畅销海内外。

徽商用人，则遵循“放手使用、各尽其才”的原则。徽商，尤其是富商大贾，往往并不直接从事经营活动，而是聘请代理人或副手来代替自己经营。如歙商许翁，在江、浙、皖三省设有典肆四十余所，每所典肆均聘有管事经理，许翁自己却长年住在家乡；休宁典商汪可训，也“不亲执管库，权子母息”，而是“出入各有司存，年终受成”[①]。有些徽商只管大的经营策略的制订，或坐镇总店，其余分店则择人分而治之。如休宁商人孙从理在浙江吴兴经营典业，因经营得法，生意非常兴隆，于是他又陆续在吴兴周围地区设立了许多分店，“慎择掌计若干曹分部而治”[②]。受聘于徽商，为其主持经营的代理人或副手只负有资本保值或增值的责任，在具体经营活动上不受店主限制，有着较充分的商业经营自主权。无论行商还是坐贾，大多如此。行商方面，如徽人胡孔昭，因家境贫寒，受聘于徽商鲍某。他接受重资，远涉施南、黔江等地经商。胡孔昭时而做粮食生意，时而做布业生意，完全自主应时而变[③]。坐贾方面，如黟县人余蔼三，虽有志于商，但念老母健在，不忍远离。适逢亲戚中有人在渔亭镇经营盐业，距黟县不远，要聘其为经理，蔼三即赴任。他虽按店主旨意专营盐业，但他在购销货物的数量、时间和价格等方面，有着充分的自主权[④]。由此可见，徽商在用人方面，是放手、放权，使之各施其能、各尽其才的。

① 《歙事闲谭》卷17；《休宁西门汪氏宗谱》卷6。

② 《太函集》卷52《南石孙处士墓志铭》。

③ 光绪《婺源县志・义行》。

④ 黟县《环山余氏宗谱》卷21《余蔼三公传赞》。

徽商不仅按“儒术”选人、用人，而且在待人方面亦恪守儒家的方针，即“宽厚”两字。为了使雇佣者能尽心效力，徽商往往对他们“推心置腹，体恤无不周”。如前面提及的徽商程君，他对手下之人，经营中偶有蚀亏的，也不予责罚，而是“宽之以务究其材”，让其吸取经验教训，在下一次的经营中再设法弥补；对经营获利者，程君则“廉取之而归其赢”，让其分得丰厚的红利，以鼓励其经营的积极性。其结果是“以故人乐为程君用”；徽商王子承对其属下的“诸弟子诸子”也是“左提右挈”，宽厚以待[①]。正因为徽商待人诚挚宽厚，人乐为之用，故能在商业组织内部形成一种合力，从而不断推动商业的发展。

## 三、“儒术”为徽商与官府结合的“黏结剂”

在中国封建社会里，权力主宰一切，因此徽商要想在商界站稳脚跟，并求得进一步发展，就必须与权势结缘。而要与权势结缘，除了金钱之外，最重要的就是“儒术”了。因为儒与官通，官僚为了附会风雅，自然对“儒术”存有浓厚的兴趣。如明休宁商人汪可训，曾就学于南京国子监，博学多才，名噪南都，一时名士缙绅各得与语为快。后弃儒服贾于芜湖，周旋于官僚士大夫之间，并与前来摄芜湖关事的西蜀雷公及继任者潘二岳两人结成莫逆之交。“余如罗柱史、张铨部、程观察诸大老曲席折节，指不胜屈。”[②]再如歙商黄长寿，“翁虽游于贾人，实贾服而儒行，尝挟资流览未尝置。性喜吟咏，所交皆海内名公，如徐正卿、叶司徒，相与往来赓和，积诗成帙，题曰《江湖览胜》并《壬辰集》，前太史景公赐为之引，梓成藏为家宝”[③]。显然，官与商之间形成这种亲密无间的关系，正是“儒术”在发挥着媒介作用。

① 《弇州山人四部稿》卷61《赠程君五十叙》；《太函集》卷17《为长者王封君寿》。

② 《休宁西门汪氏宗谱》卷6《太学可训公传》。

③ 歙县《潭渡孝里黄氏族谱》卷9《望云翁传》。

这方面，在盐商与盐官的结交中表现得更为明显。徽商活动的内容多种多样，所谓“其货无所不居”，但其中以盐业为大宗。徽商中最富者为两淮盐商，诚如万历《歙志·货殖》所云：徽商“举其大者，莫如以盐策之业贾维扬之者而已”。扬州的徽籍盐商，既是明清两淮盐商中的主要势力，也是整个徽商的中坚力量。在明清众多的商帮中，为什么唯独徽商能在两淮盐业经营中取得优势地位？究其原因自是多方面的，但其中一个重要因素就是徽商善于利用“儒术”作为与官府的黏结剂，从而受到官府的特别宠遇，而这一手段则是其他商帮所望尘莫及的。徽州盐商，因为文化知识水平较高，且又熟悉盐务，所以盐政衙门有关因革损益事宜，常常请他们参与决策。如弃儒从商的明歙县江人龙，“谙于盐务，利弊周知。督运观察使朱公闻公贤，一切有关盐政事，必礼请面商”①。明歙商黄崇德，因“博览多通，上自《春秋》《管子》之书，东汉盐铁之论，唐宋食货之志，明兴《大明会典》，讲求周悉”而得到盐政官员的赏识。盐政监司有事，往往向其垂询，而黄崇德“则条陈利害，言论侃侃，监司辄可其议，下其法于淮之南北”②。清康熙年间，两淮盐场开始设立总商。总商在诸商中居于首领地位，是两淮盐业的垄断者。总商对盐政衙门来说，是诸商的代表，有关盐法中的种种规定和措施，官府要通过他们去贯彻；对于附于名下的散商来说，总商又有督征盐课以及杜禁夹带之职，代行了盐政衙门的部分职权。总商的特殊地位，使他们具有半官半商的性质。而“两淮八总商，邑（歙县）人恒占其四”。歙籍盐商之所以在两淮占了半数之多的总商席位，除他们家道殷实外，再就是他们大多是“亦贾亦儒”，具有良好的儒学修养和办事能力。如任两淮总商四十年的歙人江春，就是因为“少攻制举业……练达明敏，熟悉盐法，司鹾政者咸引重推为总商”的③。歙县鲍志道，幼时家贫，但“夜诵所读书必精熟，母喜，然后敢卧。”后来“总司两淮盐策日”，还不忘披览百家之篇。据载，“公少废书，老而勤

① 歙县《济阳江氏族谱》卷9。

② 歙县《竦塘黄氏宗谱》卷5。

③ 民国《歙县志》卷9《人物志·义行》。

学，好接文人著作，颉颃于作者”[①]。可见鲍志道也是凭借自己的文化知识和经商才能，方能出入于盐政衙门，并被委任为总商达二十年之久的。任两淮总商数十年的歙人黄莹亦如此。黄莹因“读书，通大义”，又能悟计然之术而博得了盐官的器重和同曹的爱戴[②]。由上可知，正是通过“儒术”这个中间环节，徽州盐商才得以与封建政治势力相结合，从而既取得了较高的社会地位，又获得了较多的经济利益。

此外，精通“儒术”，还使徽商能自觉地以儒家的道德来规范自己的经商行为，如：弃儒从商的张光祖，在商务活动中，“时或值大利害者，每引经义自断，受益圣贤心法最多”；“喜读书”的歙商鲍雯，“虽混迹廛市，一以书生之道行之，一切治生家智巧机利悉屏不用，惟以至诚待人”；“少潜心举业，蜚声成均，数奇弗偶，抱玉未售”而“挟资游禹航”的休宁张洲，也是“以忠诚立质，长厚摄心，以礼接人，以义应事”[③]。这种以“圣人之言”力行“贾事”的作风，这种“虽为贾者，咸近士风”的儒家风范[④]，为徽商赢得了极好的名声，从而提高了他们的知名度和信誉度。

明末戏剧家李渔在谈到“学技”与“学文”的关系时说：

> 学技必先学文，非曰先难后易，正欲先易而后难也。天下万事万物，尽有开门之锁钥。锁钥维何？文理二字是也。寻常锁钥，一钥止开一锁，一锁止管一门；而文理二字之为锁钥，其所管者不止千门万户。盖合天上地下，万国九州，其大至于无外，其小至于无内，一切当行当学之事，无不握其枢纽，而司其出入者也。……通天下之士农工贾、三教九流、百工技艺皆当如是观。……明理之人学技与不明理之人学技，其难易判若天渊。然不读书不识字，何由明理？故学技必先学文。[⑤]

① 《鲍氏诵先录》卷5。

② 歙县《竦塘黄氏宗谱》卷5《黄公莹传》。

③ 《张氏统宗谱》卷8《毅斋翁传》；《歙县新馆鲍氏著存堂宗谱》卷2《鲍解占先生墓志铭》；《新安休宁名族志》卷1。

④ 《戴震集》上编《文集》卷12《戴节妇家传》。

⑤ 李渔：《闲情偶寄》卷7。

经商不仅要通筹算之术，而且要明积著之理、盈缩之道，所谓“非深于学者不能辨也”[1]。因而，“商”作为“技”的一种，是其中的复杂者，对“文”的要求似比其他“技”为高。特别是明清时期，我国封建商品经济已发展到高峰阶段，即将与近代市场经济接轨。在这一转型时期，市场进一步扩大，交易更为复杂，因此，商人更需要有较高的文化知识水平。正如美籍华人学者余英时所说：

> 不但明清时期“弃儒就贾”的普遍趋势造成了大批士人沉滞在商人阶层的现象，而且，更重要的是商业本身必须要求一定程度的知识水平。商业经济的规模愈大则知识水平的要求也愈高。[2]

通过儒学教育，其上者能中举入仕，亢宗大族；其下者亦可以养成商界俊才，资雄一方，这对“寄命于商”的徽州人来说也算得上是学有所用。[3]所以徽商热衷于儒学及儒学教育，除业儒入仕的终极关怀外，亦有“以儒术饰贾事”，为现实商业服务的意图。

原载《学术月刊》2001年第6期

① 吴伟业：《梅村家藏稿》卷50《卓海幢墓表》。

② 余英时：《士与中国文化》，第540页。

③ 康熙《休宁县志》卷7《汪伟奏疏》。

# 徽商与清代汉口紫阳书院

## ——清代商人书院的个案研究

明中叶后，徽州人“十三在邑，十七在天下”，外出经商者人数之多，海内罕匹，而长江中下游的各商业市镇则是他们的侨寓集中之地，以致当时有“无徽不成镇”之谚。徽商在“贾为厚利，儒为名高”的思想指导下，除致力于徽州本土的文教事业外，还纷纷在侨寓之地创办书院[①]，以为相从旅邸的子孙就学成名计。这些书院通常冠以“紫阳”“文公”“新安”之名，以示为“朱子阙里”之人而创，虽侨寓经商，但未尝忘“新安之教”。其中以清代汉口紫阳书院最为典型。正如乾隆时徽州学者王恩注所说：“我徽士侨寄远方，所在建祠以祀朱子。而唯汉镇最巨。”[②]也正如清嘉庆间徽商程健学所云：

> 健（学）偕计北上，往来吴越间，见所在皆有紫阳书院，侧闻吾乡前贤之请建于汉皋者并有义学、义渡、有藏书阁、有先儒讲堂，非

---

① 如清康熙年间，徽州盐商等在扬州创设敬亭书院；雍正年间，祁门盐商马曰琯重建扬州梅花书院，并延名儒主讲其中（李斗：《扬州画舫录》卷3《新城北录上》）。又如清婺源詹隆梓，“随父营昌江瓷务……经理新安书院”（光绪《婺源县志》卷34《人物十·义行七》）；黟县商人舒遵刚，“在饶州倡修朱文公书院”（同治《黟县三志》卷6《人物志·质行》）；黟县孙天庆，“商于浙江湖州，浙江江头向有新安书院。毁于兵，天庆创义集赀重建，数载工竣，旅浙同乡嘉其劳”（民国《黟县四志》卷6《人物志·孝友》）。等等。

② 董桂敷编：《汉口紫阳书院志略》卷7《新安通衢记》，嘉庆十一年刻本。

裒书院名而有其实，规模尤为宏远。[①]

本文就汉口紫阳书院的创建、汉口紫阳书院的功能、汉口紫阳书院的经费及其经营等三个问题进行简略的论述，希望对学界认识我国封建社会后期商人书院之特点有所帮助。

## 一、汉口紫阳书院之创建

汉口“地隶汉阳，延袤四十余里，阛阓绣错，帆樯林立，雄踞吴越上游，南瞰滇黔，西通秦蜀，北达幽燕，四方之食货集焉，而去汴洛最近，盖亦适当地利之中云。自李唐时即已艳称于诗，所谓‘居杂商徒遍富庶，地多词客足风流’是已。国（清）朝以来，繁盛称最”[②]。作为“七省通衢”的商业巨镇，清代的汉口可谓“士商云集”，百货俱聚，而在云集汉口的全国各地的商人当中，以徽州商人的人数最多、势力最大，所谓“第新安土薄田少，计其地产不足以共（供）生齿之繁，不能无仰给他方，故汉镇列肆万家，而新安人居其半”[③]。

汉口紫阳书院，又名新安书院、汉江书院，位于清汉口循礼坊境内。清初，侨寓汉口的徽商即先后买下准提庵和三元殿，“以为同乡公事聚会之地”[④]。他们“于乡里聚会之余，共敦孝友睦姻任恤之谊，思有所托以行之永久，乃议创建书院，将待其成，与父兄子弟朋友日讲习于其中，本朱子之德行为仪，述其所以教人者以为乡之后进式”[⑤]。但苦于无合适的营建场所。康熙三十三年（1694），徽商终于用重金购得了“适当汉脉中区”的若干丈基地，于是“募徽地工师，一遵（徽）郡世族祠堂规制，庀

① 《汉口紫阳书院志略》卷7《重修紫阳书院后序》。

② 《汉口紫阳书院志略》卷1《汉口徽国文公祠堂总图记》。

③ 《汉口紫阳书院志略》卷7《尊道堂记》。

④ 《汉口紫阳书院志略》卷3《建置》。

⑤ 《汉口紫阳书院志略·增订汉口紫阳书院志略序》。

材鬫吉，百役齐兴”[1]，此为书院建造之肇始。“汉口之有新安书院也，自康熙甲戌（康熙三十三年）吴公蕴予、汪公文仪等创始之，阅十二年而成；至乾隆乙卯岁（乾隆六十年），毕秋帆（毕沅）制军以祠宇寝久，恐就倾颓，建议重修，汪君衡士等实经理之，亦阅十年而后成。”[2]经过不断扩建、重修后的汉口紫阳书院“明宫斋庐，宏廓静深，觐飨式时，严严翼翼，自门阈堂阶以达寝室，复庙重檐，莫不餍饮心目”[3]。清代汉口紫阳书院确是一个宏伟壮丽的庞大建筑群，蔚为汉镇巨观。其主体建筑及主要附属设施有：尊道堂，康熙三十三年建，嘉庆二年（1797）重造；寝室，康熙三十三年建，嘉庆元年（1796）重造；戟门，康熙三十三年建，嘉庆二年重建；报功祠、始建祠，乾隆六十年（1795）建；半亩池，康熙三十三年建，嘉庆元年重建；御书楼，康熙三十三年建，嘉庆元年重造；藏书阁，康熙三十三年建，嘉庆八年（1803）重建；文昌阁，乾隆六十年（1795）建；魁星阁，雍正十二年（1734）建；燕射轩，嘉庆八年建；近圣居，嘉庆九年（1804）建；启秀书屋，嘉庆八年建；六水讲堂，嘉庆四年（1799）建；主敬堂，康熙三十三年建，嘉庆四年重造；愿学轩，康熙三十三年建，嘉庆四年重造；致一斋，嘉庆五年（1800）建；兼山丽泽，康熙五十六年（1717）建，嘉庆二年重建。此外还有厨房、义路、新安街、义埠（新安码头）、义学、义舍等等。[4]

汉口紫阳书院的建造，经历了一个艰难而曲折的过程。由于工程浩繁，耗资巨大，所集经费旋集旋散，执事之徽商不得不为筹资奔走呼号，焦心劳瘁。《汉口紫阳书院志略》中收集了数篇“劝输文”“劝输启”，从中即可窥见当时艰难状况之一斑。康熙三十七年（1698），书院经过五载经营，规模虽已“巍然大观”，但“涂垩丹雘，所需尚繁”，而此时经费却即将告罄，于是执事者不得已颁布《再劝乐输文》。文中曰：

① 《汉口紫阳书院志略》卷3《纪书院本末》。

② 《汉口紫阳书院志略》卷7《汉口重修新安书院碑记》。

③ 《汉口紫阳书院志略》卷7《新安通衢记》。

④ 《汉口紫阳书院志略》卷3《建置》。

有志者事成，力倦者终辍。今紫阳书院之举，志亦坚矣，而终未成，则非倦于力也，辍于力之不能继也。辍于力之不能继则非一人之责，凡我同郡力可有为而未经为，或为之而未竟其力者之责也。[①]

呼吁同郡有力者再行捐输，免使书院之业中途而废。书院经营到第十个年头，即康熙四十二年（1703），由于“岁序迁流，力疲心瘁，资斧既不充囊，朋辈又皆星散”，再一次陷入经济危机。据同年颁布的《再劝乐输启》介绍，“今门堂楼室巍然可观，惟涂垩丹臒、一切阶壁傍庑尚未完备……用是分项计赀约略三千余金，今除已注承认外，仍缺千金”。因为“势不能停工辍作，任一篑之终亏”，执事诸徽商不得不又一次号召：“诸乡台先生以如云如雪之襟期，遂希圣希贤之盛举，各随愿力，署簿慨输，将芳名与贞珉并垂，而胜事同汉江俱永。”[②]经过又一次的募捐，书院的主体建筑才得以完工。往后到“（康熙）丁酉（康熙五十六年）有西厅之举，辛丑（康熙六十年）有义学、讲堂之设，至乾隆乙未（乾隆四十年）复开康衢以通商旅，并置市屋十余椽取给租赁，以足春秋二祀之需，固井井有条”[③]。书院建设走上了正常并逐步发展的道路。然而，又十余年后，由于书院“历年久远，风雨飘摇，栋梁剥落，且地形坎洼，积水漫溢。岁次（乾隆）戊申（乾隆五十三年），遭汉镇水患，水积数月后，檐墙又复颓塌”，因而，“若不及今修葺，难免前功堕毁”[④]。对损坏如此严重的紫阳书院，旅汉徽商虽也早有议修之举，但终因“筑室道谋不成，且以物力维艰，又各因他故，未暇”[⑤]。此时，恰逢“世家新安，而通籍于吴”的兵部尚书兼都察院右都御史毕沅持节来楚，任总督湖广等处地方军务，于是徽商汪衡士等集同人恳请毕沅“赐一言弁首”，倡议众士商共谋修葺之举。毕沅慨然应允，并于乾隆六十年（1795）亲撰《募修汉镇新安书院序》，

① 《汉口紫阳书院志略》卷8《再劝乐输文》。
② 《汉口紫阳书院志略》卷8《再劝乐输启》。
③ 《汉口紫阳书院志略》卷8《募修汉镇新安书院序》。
④ 《汉口紫阳书院志略》卷8《募修汉镇新安书院序》。
⑤ 《汉口紫阳书院志略》卷8《募修汉镇新安书院序》。

希望“同乡诸老体昔贤缔造之难，为后起观型之劝，交相乐助，共破悭囊，鸠工庀材，刻期告竣，俾馆舍如旧，规式一新”[1]。在毕沅的倡始下，书院的修葺、扩建工作终于在嘉庆初年告竣。

除资金筹措的不易之外，汉口土著的无端阻挠，使书院在创建过程中一直伴随着争讼，从而加剧了书院创建过程的艰难和曲折。其较大规模的争讼就有两次：

第一次是“方营造之初，不足于地，乃售民房以益之，既付价而仍令暂栖以俟迁移。人苦不知足，既获厚值又不费铢黍雇屋资得暂依止，乃至营构毁拆，久假之后，反生溪壑，好事者遂凭之作竞，鼓动浮言，几兴大讼”[2]。从这里的介绍中可知，此次争讼是由于土著居民不愿按原定协议搬迁而引发的。土著为能在争讼中获胜，先行联络楚省在京仕宦，即“谋之有力者”，“欲沮书院之举”。旅汉的徽商得知后，其主事者吴蕴予、汪文仪等人亦“急飞尺一遍，告同乡先达”。因徽州仕宦在朝者势力强大，“共为排解”，于是，争讼结果，遂以土著之失败而告终[3]。正如《纪书院本末》一文中所言，书院经始不久，“蜩螗复沸，（土著）欲赴部讦告，已而通籍诸先达觉其谋，事寻寝”[4]。

第二次大规模的争讼发生在雍正初年。这次争讼是因为徽商早年所购的位于书院前面的新安巷地产，“岁久，为某姓侵隐”，当徽商准备拓展新安巷，开辟新安码头，以便坐贾行商出入时，“土人阻之”而引发的。这次争讼持续的时间更长，耗费的人力和物力更大。史载：“兴讼六载，破赀巨万，不能成事，以致力竭资耗，而祭典缺然。”[5]就在徽商为这一争讼感到绝望之时，雍正十二年（1734），徽商子弟，“湖南观察许公登瀛考绩鄂城，爰斋沐，过汉江，瞻谒书院，毅然以成就巨举为己任”[6]。在许登

① 《汉口紫阳书院志略》卷8《募修汉镇新安书院序》。

② 《汉口紫阳书院志略》卷7《尊道堂记》。

③ 《汉口紫阳书院志略》卷8《书牍》。

④ 《汉口紫阳书院志略》卷3《纪书院本末》。

⑤ 《重修古歙东门许氏宗族·观察蘧园公事实》，乾隆二年刊本。

⑥ 《汉口紫阳书院志略》卷3《纪书院本末》。

瀛的周旋下，甫任的湖北巡抚杨馝饬令武昌守道朱濡据实究明，结果，通过“溯本穷源，踞占之屋宇既归于祠，而侵渔之租息亦偿于公，赵璧复还”[①]。旅汉徽商在与土著的争讼中又一次获得了胜利。

在汉口紫阳书院创建的过程中，旅汉徽商，特别是其中的执事者们的事迹至为感人。他们中的一些人因操劳过度而积劳成疾，如汪文仪，“自任事以来，目萦心算，惟矢真诚，骨瘁神枯，了无退悔”[②]。一些人因呕心沥血而撒手人寰，如：吴蕴予，“身入书院之中，家置浮云之外。一呼四应，工师来自故乡，九鼎片言，木石聚于江岸。经权有道，出入无私。正当大举之时，忽有外氛之集，披肝沥胆，沐雨栉风。爰是九载工程，托钵之金钱无济，屡书告急，太仓之粒粟难分，遂罄橐而输工，呕心以下世”[③]；余南宜，“志切匡时，心存卫道……天不憖遗，伤于劳瘁”[④]；吴润苍，“向任书院事最久，勤慎明敏，为诸君所推服，以嘉庆壬戌年（嘉庆七年）卒于督工之次”[⑤]。更多的是因一心为公而致使私业中落，正如时人所言：“大抵新安人在汉各有生业，不难于捐赀急公，而难于出身任事。盖奉公者必废私，故创造书院之人，生业多致中落。”[⑥]如：余本立，因“协力承肩，同心任事，迨至三君（指汪文仪、吴蕴予、余南宜）继没，犹能双手完工”，结果是自身“穷渐不支”[⑦]；戴良玉，总理书院西厅之建，“慷慨任事”，然而“西厅成戴君之业败”[⑧]。这些主持创建汉口紫阳书院的徽商，的确谱写了一首首公而忘私的动人之歌。

通过以上的介绍，我们至少可以产生这样的几点认识：其一，徽商为创建汉口紫阳书院，可谓同心竭力，志坚意诚，反映出深厚的新安传统文

---

① 《汉口紫阳书院志略》卷8《复新安巷碑记》。

② 《汉口紫阳书院志略》卷7《始建祠记》。

③ 《汉口紫阳书院志略》卷7《始建祠记》。

④ 《汉口紫阳书院志略》卷7《始建祠记》。

⑤ 《汉口紫阳书院志略》卷8《重修书院首事纪绩》。

⑥ 《汉口紫阳书院志略》卷7《西厅记》。

⑦ 《汉口紫阳书院志略》卷7《始建祠记》。

⑧ 《汉口紫阳书院志略》卷7《西厅记》。

化所孕育出来的徽商“贾而好儒”的特点。其二，在与汉口土著的屡屡争讼中，徽商之所以最终皆能取胜，主要凭借的是朝中仕宦子弟之助。这种活生生的事实，必然使徽商更加深切地认识到，没有政治势力作为靠山，商人要想维护自身利益是十分困难的，从而势必使“贾而好儒”的徽商进一步加强其兴学立教的自觉性。

## 二、汉口紫阳书院之功能

汉口紫阳书院是我国封建社会后期商业经济发展和徽商“贾而好儒”的产物，其功能既与传统书院有别，又与商人会馆有异，是书院和会馆的联合体。嘉庆时的翰林院庶吉士、婺源人董桂敷在《汉口重修新安书院碑记》中说：“余维书院之建，一举而三善备焉：尊先贤以明道，立讲舍以劝学，会桑梓以联情。”[①]可谓是对汉口紫阳书院功能的精辟概括。

“尊先贤以明道”，即崇祀功能。崇祀是传统书院的重要功能之一。“书院祭祀活动的目的主要在两个方面，一是树立楷模，感发志向和信念，使学者‘入其堂俨然若见其人’。二是标榜学派学风特点和旨趣，激励后学继承发扬学派特色，是一种形象化的教育手段。”[②]汉口紫阳书院崇祀的是徽国文公朱子。旅居汉口的徽商就是想通过书院祀典，“岁率同乡父老子弟修祀事，陈俎豆，列管弦，相与升降周折，诵歌蹈舞，使之专乎耳目，束乎筋骨，以畅其烦郁而（防）其淫越，四方之士观者如市，登其堂靡不啧啧奋兴而道心生焉。以故吾乡无贵贱老少咸知循礼守义，不肯自弃于四方之末而不与闻君子之大道也”。同时，他们还想通过崇祀朱子，使汉口“阛阓贸易之人，咸知尊道乐义”，“必也从事于伦常日用之间，不悖孝弟忠恕之道”[③]。

汉口紫阳书院对朱子的祀典庄严而隆重。据《汉口紫阳书院志略》卷

① 《汉口紫阳书院志略》卷7《汉口重修新安书院碑记》。

② 李国钧主编：《中国书院史》，湖南教育出版社1994年版，第164页。

③ 《汉口紫阳书院志略》卷7《尊道堂序》。

4《崇祀》介绍：正祭分春秋二次，分别于三月十五日和九月十五日举行。主祭之人，或为同乡仕宦道此经过者，或为同乡有官湖北者。具体办事人员由当年年首二十人和上年年首二十人共四十人为之，另选执事人员二十八名和奉祀生四人协祭。正祭时，祭器必洁，祭品必丰，并有具体而详细的仪注和仪节规定。除两次正祭之外，"三月初九日为文公梦奠之辰，设筵席祭于寝室。或同乡官主之、或老成主之、或司年首者主之……仪物略如正祭之礼"。此外，还有"仕宦往来、官长莅任，必谒书院"的随时之祭。

汉口紫阳书院附设有文昌阁和魁星阁，于是又有"文昌之祭"和"魁星之祭"。文昌之祭以二月初三日设奠于文昌阁，魁星之祭以八月初三日设果茗于魁星阁。

"春秋二祭，每祭一切使费约用五百数十两，两祭共用一千余两；文昌会，费用约百两；魁星会，费用约五十两。"①可见，汉口紫阳书院每年祀事需用银约一千一百五十余两，其数量甚为不菲。

"立讲舍以劝学"，即肄业讲学功能。肄业讲学是书院之所以成为书院的本质特征。汉口紫阳书院设有义学、六水讲堂、兼山丽泽、主敬堂、启秀书屋等，以为生徒肄业讲学之所，形成了由小学到大学的完整的教学体系。如启秀书屋是"取陆士衡文赋'启夕秀于未振'之语"，为小学教育机构。其启之之法，强调"正学术，勤功课，择师儒，厚培养。四者备而后可以言善"②。而六水讲堂、兼山丽泽、主敬堂等则是为经师弟子及徽属六邑士人提供的"朝夕讲肄之所"，以讲明性理、发明朱子之学为本旨，可视为大学教育。

其讲学也，师坐于上，子弟执业立于下。长者进受业，有问之，应唯敬对请益而后退；诸弟子进请业，皆以齿，勤者诱掖之，惰者警戒之，有不率教者则夏楚以收其威。日课不毕不敢即安，月试无功不

① 《汉口紫阳书院志略》卷6《禋产》。

② 《汉口紫阳书院志略》卷7《启秀书屋记》。

敢与勤勉者齿。[①]

强调尊师重道、年齿有序、奖优惩劣。旅居汉口的徽商就是希望通过这种肄业讲学活动，使其子弟“从此熏蒸陶淑，敬业乐群，庶无负乡先生德泽之流传，久而弥耀也”[②]。

在汉口紫阳书院讲学的，有徽籍学者、仕宦，以及当地官员。如“潜心理学，驰誉儒林，著书立说，门多问字之侯芭，阐幽发微，座有谈经之匡鼎”[③]的徽籍著名学者汪默庵，康熙时就经常在书院讲学，“六邑之人至今耳其训不敢忘，即汉口四方杂处之人，亦无不沐浴熏陶，感发兴起”[④]。雍正末乾隆初，徽籍学者许象纪又被书院首事诸君委以主讲之任。他“自入讲堂以来，小心祇惧，无怠无荒。日与诸子弟敦诗说礼，一本吾夫子（朱子）之所以教人者为法”[⑤]。雍正十三年（1735），任湖北巡抚的吴应棻，“甫下车，即渡江至书院，宣讲圣谕，凡孝弟农桑、讲信修睦，皆一一为父老子弟亲加劝勉”[⑥]。至于徽商仕宦，凡过汉口者，无不拜谒书院，并行讲学之举，《汉口紫阳书院志略》中记载的大量题咏即是佐证。

为使肄业讲学有章可循、有矩可依，汉口紫阳书院以朱子的《白鹿洞书院揭示》《玉山讲义》《读书之要》《童蒙须知》和《性理大全》所载“读书法”、《吕氏乡约》“训条”等作为肄业讲学之规及为学之要，与此同时，书院还谆谆告诫学子：

学非弋取功名之具，圣贤之绪言具在，将以体诸躬而见诸行，非严之于蒙养之先、非积之以涵孺之久不为功。[⑦]

① 《汉口紫阳书院志略》卷7《主敬堂记》。
② 《汉口紫阳书院志略》卷7《兼山丽泽记》。
③ 《汉口紫阳书院志略》卷7《始建祠记》。
④ 《汉口紫阳书院志略》卷7《六水讲堂记》。
⑤ 《汉口紫阳书院志略》卷7《义学记》。
⑥ 《汉口紫阳书院志略》卷7《义学记》。
⑦ 《汉口紫阳书院志略》卷5《学规》。

并要求学子：

> 先器识而后文章，先学问而后功名，一遵吾紫阳夫子分年读书法，浸淫乎经史而纳躬于轨物，藏焉修焉息焉游焉，或以道德、或以文章，务为有用之学。[①]

为使书院的肄业讲学功能得以充分施展，并将书院建成为旅汉徽人乃至全汉口的文化教育中心，汉口紫阳书院还建有御书楼、藏书阁，所藏经、史、子、集甚丰。正如徽人查景璠在《（汉口）紫阳书院藏书阁序》中所说的：

> 一登斯阁，见夫玉轴牙签、青箱缥帙，煌煌乎大观也。迨徘徊其中，抽甲乙之编，检丙丁之籍，循循乎伊然与圣贤相酬酢，即俨与夫子相晤对，谁谓积简成编不足以启人之奋发而可弁髦视之哉！夫吾乡不乏奇俊之士，尚冀于斯阁之书，口不绝吟、手不停披。经则穷夫圣贤道德之蕴、史则推夫是非得失之实、子集百家则寻求其辅经赞史之意，津津焉、娓娓焉，酝酿而粹精焉，则采其华而撷其实，于以深究夫格物致知、诚意正心、修身齐家、治国平天下之旨，达为名臣，处为鸿儒。则是书也，不第为束诸高阁之载籍；是阁也，不第为庋藏奇秘之渊薮，而直作良士之菑畬也矣。[②]

“会桑梓以联情”，是指汉口紫阳书院所具有的商人会馆的功能，说明它又是徽商在汉口为“敦睦桑梓，声应气求”的联络、计议之所。事实正是如此。清代汉口紫阳书院还经理为旅汉徽人服务的慈善事业。如书院附设有义学，为旅汉的贫困徽人子弟提供免费教育；书院还建有义舍，“造楼屋十楹，专为桑梓过客暂时栖息之所”[③]。此外，书院还在乾隆、嘉庆年间用重金陆续购置义阡五处，以为不幸去世的旅汉徽人的公共墓地，并

① 《汉口紫阳书院志略》卷5《学规》。

② 《汉口紫阳书院志略》卷7《紫阳书院藏书阁序》。

③ 《汉口紫阳书院志略》卷8《义舍示禁》。

规定有详细的“扦葬之规”[①]。这种功能，是传统书院所不具备的。

嘉庆时，徽籍人士、时任湖北汉阳知府的赵玉在《（汉口）紫阳书院志略序》中云：

> 盖尝论之，各省之会馆遍天下，此之书院即会馆也，而有异焉：崇祀者道学之宗主，而不惑于释道之无稽；参赞之源流，而不堕于利名之术数；入学有师、育婴有堂、燕射有圃、御藻有楼、藏书有阁、祭仪本《家礼》、御灾有水龙、通津有义渡，宾至如归，教其不知、恤其不足，皆他处会馆之所无，即有，亦不全者。[②]

可见，汉口紫阳书院是书院和会馆的完备结合。这种结合，是我国封建社会后期商人书院的重要特色之一。

## 三、汉口紫阳书院之经费及其经营

汉口紫阳书院是由旅汉徽商独立创建和管理的，集书院和会馆功能于一体的机构。因而其经费来源及其经营亦与传统书院有别，这是中国封建社会后期商人书院的又一重要特色。

汉口紫阳书院创建过程中的经费，主要靠的是旅汉徽商的捐输，间或有徽属仕宦的资助，而“不假公橐”。《汉口紫阳书院志略》卷8《杂志》中就记载了书院建造过程中的主要捐输者和执事者的徽商名单，兹录如下：

**表1　主要捐输者和执事者名单**

| | |
|---|---|
| 始建书院姓氏 | 吴积隆、江璲、余尚煜、余宗经、吴定邦、余应非、汪大中、金生、汪映涛、余祖仪、黄云生、余延埙、朱之贵、程祥、余绍基、徐如珍、汪亦遐、金成兆、张继曾、汪均、金启桢、汪振伦、方君英、吴江 |

① 《汉口紫阳书院志略》卷3《建置》、卷8《新安义阡弁言》。

② 《汉口紫阳书院志略》卷7《紫阳书院志略序》。

续表

| | |
|---|---|
| 开建马(码)头姓氏 | 程璋、吴宗熟、汪朝录、汪涵苍、吴元度、吴元伦、吴浣、吴任文、吴继敦、汪会进、程兆凤、宋兆权 |
| 开建新街姓氏 | 汪掌明、汪衡士、汪天吉、姚勋臣、吴敏珍、程右献、程东书、余毓辉、吴洪茂、余用宾、方位存、汪孚远、舒圣功、汪宏济、金育存、许耀文、吴广明、余毓华、毕坤成、汪万候、汪赓虞、徐秀升、黄积堂、江韶九、余正宗、汪文宗、吴允成、汪廷显、汪萃中、吴涵远、孙士融、余允康、汪文济 |
| 重修书院姓氏 | 汪衡士、江岱川、程东书、汪秉衡、余汉临、余允康、吴润苍、余晓新、李益三、汪嘉会、胡克能、李殿鳌、汪耀廷、余晓江、吴涌川、余阓望、汪鼎大、余祥茂、姚保合、余超宗、黄仁泰、詹肇村、黄方至、汪旭江、吴维尧、余子美 |

正是依赖广大徽商的慷慨捐输，汉口紫阳书院才能“宫墙堂奥，规划宏壮”[①]并成为汉镇一大景观。

书院创建依赖捐输，但书院在生存和发展的过程中，如果还完全依赖捐输，则是非常危险的。稳定的经费来源，才是书院得以长存的重要保证，而要做到这一点，书院就必须有经营意识。传统书院之经营，主要是购置田产（称学田、院田、祀田、祀产等名目），收取地租（钱和粮），以维持书院的日常开支，所以说“书院不可无田，无田是无院也”[②]。而汉口紫阳书院之经营则与此不同，它不购置田产，而是从事纯商业化的操作。这种纯商业化的操作其主要表现就是购置市屋，进行出租，以租金作为膏火修葺之费，以盈余作为再行增置之资。正如《汉口紫阳书院志》卷6《禋产》所云：

> 禋产者何？市屋也。市屋曷云祠产也，曰以屋之所入供祠之所出，终岁沛然而有余，创于昔、增于今、扩充于后，犹子舆氏所谓“恒产”也……初，乡之善士醵金购东隅之屋改置市屋若干椽，续又

① 《汉口紫阳书院志略》卷7《尊道堂记》。

② 毛德琦：《白鹿洞书院志》卷19。

> 赎还西廛改置若干椽，今复开基展地、达巷开津，总计较旧置加倍。要之六邑之人心一，一则坚，坚则久而不懈，故综其岁入岁出之规，著之于册，绳绳相续。自今已往，以岁息之盈衷而益产，无论市廛、田亩，岁月递增，即黍稷馨香、粢盛丰洁，以及膏火修葺，均有所出，可百祀相仍也，宁仅目睫之见哉。

至嘉庆时，汉口紫阳书院共置有市屋九处，总计数百间，出租给经商之家，"岁收市屋租银共计四千四百零四两"。而当时书院祭祀、工役、门摊、钱粮等各项费用支出，"岁用数共计银约一千八百三十两"[①]。可见，汉口紫阳书院每年尚盈余银2500两左右。这就为书院的继续发展和从事主要为桑梓服务的慈善事业提供了重要的经济保证。

正因为书院的日常经费尚有盈余，所以，嘉庆年间，为开通书院东面道路工程需费银15000两时，徽商没有再用募捐的手段，而是以此余银为基础，进行了商业化操作，实行认股集资、分期还本付息的办法。具体做法是：

> 倡为集会之举，每百金为一筹，凡作一百五十筹，随人度力受筹。每筹岁给还十六金，以十年为率，十年之后，各筹已得百六十金矣，除母金百数外，尚得子金六十，亦不为无所赢余。自是而后，不复给。计每年书院所给凡二千四百金，岁取屋租之入给焉，即有不足，所乏无几。十年之后，以有余补不足，补之而有余，则皆书院之余矣。如是，而书院乃可久远无亏乏。

为使集资之举能顺利成功，又规定了对认股集资者的散胙奖励，即"入会者，每祭颁胙肉二斤，传之子孙，永远勿坠"。这使认股集资者"既收岁给于前，又绵胙肉于后，则莫不相为鼓舞，而事克举矣"[②]。

汉口紫阳书院的日常经费管理与经营主要由司年者负责。"司年，从

① 《汉口紫阳书院志略》卷6《禋产》。

② 《汉口紫阳书院志略》卷8《集会颁胙议》。

前只十二人，后增至十四人，今（指嘉庆年间）增至二十人，以祀产渐增、祠务綦繁，不如是不能董理周密也。”[1]司年中，设司总若干。书院规定：

岁入正项，除一切支用外，有余项在司年公举妥处生殖，不必希图多利，致有亏欠，俱于祭后交盘之期归齐现银，公交下首。遇有业产，公商即置。司总不得私行挪移，假名借领。如有存匣者，公设三锁三钥，司总互相稽察，庶觊覦之心不生，而侵渔之弊永杜矣。[2]

对祀产租息的收取，书院还特别规定：

凡祀产租金，司匣者按季发折，著祠丁收取，如有过期不能全清者，定于春秋祭期通知值年司事诸公一同坐索，否则锁门另召，不得徇情有误公事。[3]

从以上的介绍中我们可以看出，汉口紫阳书院的经费经营灵活得当，管理精细周密，这是书院得以保持长期不坠的重要原因。

原载《清史研究》2002年第2期

---

① 《汉口紫阳书院志略》卷4《崇祀》。

② 《汉口紫阳书院志略》卷4《崇祀》。

③ 《汉口紫阳书院志略》卷8《旧规六十条》。

# 明清徽州商业社会中的教育特色

明清时期，徽州“业贾者什七八”[①]“以货殖为恒产”[②]，是个典型的商贾之乡。经商是徽州人求得生存的最主要的选择，而商业利润则是徽州社会发展的最重要的经济基础。明清徽州教育的发展，依靠的就是徽商及其商业利润的支撑[③]。在徽商和徽州商业经济发展的影响下，明清时期的徽州教育也呈现出一些不同于自然经济时代的特色。本文就此予以简略论述，希望得到方家的指正。

## 一

新的教育观念的萌生是明清徽州教育的特色之一。儒家理想的教育目的是培养“正谊”“明道”的志士和君子。虽然儒家并不讳言仕途利禄，但是儒家强调仕途利禄应建立在“学而优”的基础上。士子只有先安贫乐道，修身、齐家，然后才能考虑治国、平天下之事。但是随着唐宋以后科举制度的实施和统治阶级的诱导，士子则逐渐弃“乐道”“明道”为敝屣，而以功名利禄的追逐为目的。宋真宗的“书中自有千钟粟”“书中自有黄

① 汪道昆：《太函集》卷17《阜成篇》，万历十九年金陵刊本。

② 康熙《徽州府志》卷2《风俗》。

③ 参阅李琳琦、王世华：《明清徽商与儒学教育》，《华东师范大学学报》（教育科学版）1997年第3期。

金屋”“书中有女颜如玉”“书中车马多如簇”①，成为士子恪守不渝的箴言。到明清时期，在铨选入仕“舍科第无他途”的情况下，“士子所为汲汲皇皇者，惟是之求，而未尝有志于圣贤之道”②。读书入仕几乎成了教育唯一的目的。徽州是个“商贾之乡”，而商贾在传统社会中是处于“四民”之末的，因而为了改换门庭、提高社会地位，徽州人对子弟业儒入仕的愿望就显得更为迫切。如清休宁人汪起英，前辈治盐策于淮扬，“家世饶裕”。后因其父汪新长期卧病，“困顿医药十年，竟堕业”。一日，起英叔父眼看家业难以为继，就对起英父亲说：“家道替矣，孺子治经不如治生。”起英父亲坚决不同意，并回答说：“儿读书宁不一试？试不遇，弃之未晚也。”③可见，即使在家道中落、家业难以为继的情况下，“望子成龙”仍是徽商的终极关怀。正如陈其南先生在对徽商的职业观与家族主义进行研究后所指出的：

> 家族的荣耀只能透过读书仕宦才能获得，即使从商以致巨富而无名秩……仍然不算显祖扬名。这个终极的价值观念逼使大部分人投身于科举之业，但……如果没有经济基础，那么读书仕宦之途也将为之堵塞。因此又使得大多数的读书人非得弃儒就商不可。经商致富之后，方可经由己身或其族裔专心获取功名，进而完成“光宗耀祖”之人生理想。④

然而，读书最终能折桂蟾宫者毕竟是少数，“而苦志读书又不可多得”⑤者则是多数。于是从现实状况和实际需要出发，徽州的宗族家规指出：“凡我子孙，能读书作文而取青紫者，固贤矣。苟有不能者，毋讵置之不肖，尤当从容化诲，择师取友，以俟其成，庶子弟有所赖而不至于暴

① 《绘图解人颐》卷1。

② 《大清会典事例》卷1099《国子监·六堂课士规则·课程》。

③ 《休宁西门汪氏宗谱》卷6《司寇起英公传》。

④ 陈其南：《明清徽州商人的职业观与家族主义》，《江淮论坛》1992年第2期。

⑤ 婺源《墩煌洪氏宗谱》卷59。

弃。虽不能为显公卿，亦不失为才子弟也。”[1]这里，徽人表达了教育目的的主次和多元的问题，即：读书的主要目的是“取青紫”“为显公卿”，假若不能，通过读书亦可以造就“才子弟”。所谓“才子弟”：一是指通过读书，使子弟能够自立、自保，而“不至于暴弃”。在徽州，要自立、自保，除入仕外，主要就是经商。可见，为商业发展提供知识背景亦是徽人重视教育的目的之一。正如清代婺源人程执中对其子弟所说的：“读圣贤书，非徒学文章掇科名已也。”县志在记述程执中的这句话后，接着又写道：“故门下多端士。诸弟及期功子弟虽营商业者，亦有儒风。”[2]县志的记述中无疑也表达了儒学可以为商业服务的意蕴。二是指通过教育的熏陶，使子弟“所以变化气质，讲明礼义，以成就为人之道”[3]，成为能自觉履行封建纲常伦理的合格“良民”。

与上述一尊多元的教育目的相应的，是徽人对传统教育价值观——义利观的变通和调和。在中国古代社会，义利观不仅是一般的道德伦理观，而且是主要的教育价值观。如程颢说：“大凡出义则入利，出利则入义。天下之事，惟义利而已。”[4]朱熹说：“义利之说，乃儒者第一义。”[5]陆九渊也说：“凡欲为学，当先识义利公私之辨。”[6]儒家的传统一直是重义轻利、贵义贱利的，到宋明理学时期，又将义利之辨发展为理欲之辨，更在理论上将义利截然对立为两途。于是教育的理想价值就是教人扬义弃利，或者说是“教人明天理，灭人欲”[7]。从职业的层面来说，教育的价值就是要培养重义的士和仕，即所谓的“君子”，同时教人远离工、商，免做求利的“小人”。如果弃儒服贾，那么显然是弃“君子”而做“小人”，是

① 歙县《仙源吴氏家谱·家规》。

② 《婺源县志稿》，转引自张海鹏、王廷元主编：《明清徽商资料选编》，黄山书社1985年版，第455页。

③ 歙县《仙源吴氏家谱·家规》。

④ 《河南程氏遗书》卷11，《二程集》第1册，中华书局1981年点校本，第124页。

⑤ 《朱熹文集》卷24《与延平李先生书》，四部丛刊本。

⑥ 《陆九渊集》卷36《年谱》，中华书局1980年点校本，第495页。

⑦ 《朱子语类》卷12《学六·持守》，中华书局1986年点校本，第207页。

对教育价值观的背叛。这种传统的义利观对徽州商业发展，特别是对那些不得不弃儒服贾的徽州子弟产生非常不利的影响。为了使经商谋利成为正当，视弃儒服贾为正常，徽人对传统义利观进行了必要的变通和调和。他们认为，义和利并非是截然对立的，如果“以义获利”“义中取利”“利缘义取”“取与有义”[①]，那么义和利即是统一的，“即所谓大道也”[②]。因此，经商虽然是为了“利”，但是如果目的是为“义”，经商的过程又是“因义生财”，获利后又能“因义而用财”，那么商人同士与仕一样，亦是“君子”，而非“小人”。即徽人所说的“服贾而仁义存焉，贾何负也！”[③]所以，“弃儒服贾”仅仅是职业的转换而已，并不存在什么教育价值观的蜕变。这种对传统义利观的变通，不仅赋予传统教育价值观以新的内涵，而且是徽州商业及其他实用教育得以推行的思想基础。

## 二

商业实用教育的推行是明清徽州教育的特色之二。中国的传统教育是以道德人伦为归旨，重在纲常之道，而不屑于一技一艺。明清时期的徽州教育，虽然没有摆脱传统教育以伦理为核心的范式，但由于商业经济发展的影响和作用，其商业实用教育却得到了长足的发展。

中国是个以农立国的社会，为了稳固其小农经济的基础，历代封建王朝都实行“重农抑商”的政策，因而，明中叶以前，商业实用知识的传播主要是靠师徒式的身教言传，从未出现过社会化的，更谈不上专门化的商业教育形式。但是，随着明中后期商品经济的发展，国内市场的扩大，商业交易过程的渐趋复杂以及商业竞争的日渐剧烈，这种传统的师徒式的商业教育方式已不适应时代的需要，特别是对“以商为命”，在商场中只能

① 绩溪《西关章氏族谱》卷24、歙县《济阳江氏族谱》卷9、婺源《三田李氏统宗谱·环田明处士李公行状》、歙县《竦塘黄氏宗谱》卷5。

② 同治《默县三志》卷15《舒君遵刚传》。

③ 汪道昆：《太函集》卷29。

成功、不能失败的徽州人来说更是如此。于是为了普及商业实用知识，一批具有较高文化素养的徽商开始用文字的形式总结自己和前辈商人的经商经验，并以书籍的形式刊刻行世。这类书籍就是人们常说的“商业书”。商业书是徽商将感性经验进行理性思考的成果，其内容涉及商业贸易的各个方面，是徽商为后继者提供的商业教科书。目前所发现的明清商业书有数十种，而其中绝大部分都是徽商编纂的。

徽商编纂的商业书，大体分为三种类型：一种是专门记载水陆行程的图记，《一统路程图记》是其代表；一种是专门记载经营知识和经商经验的，《三台万用正宗·商旅门》是其代表；还有一种是兼有两种内容的汇编，《士商类要》则是其代表。[①]商业书的大量编纂和广为流传，标志着徽州的商业实用教育发展到了一个新的阶段——商业实用教育的社会化阶段。

地理、水陆交通路线方面的路程知识的记述是徽州商业书中的重要内容。路程知识对士、商、行旅的重要性，正如明代人在《合刻水陆路程叙》中所说的：“天下中国以至于九夷八蛮之地，莫不由舟车而至，名山大川以至于海隅日出之表，莫不由遵道而行。舟非水不行，车非陆不至，乃水陆莫不有程途。无程途，滔滔天下令人迷津，茫茫山河令人裹足，行必由径，篡人迷途，故差毫厘失千里者也。”[②]

明清时期，徽州商人“走吴、越、楚、蜀、闽、粤、燕、齐之郊，甚则逖而边陲，险而海岛，足迹几遍禹（宇）内”[③]。他们奔走于全国各地，主要是“行商”，从事长距离的商品贩运贸易。长途贩运贸易不了解有关的地理、交通、关津、民俗以及物产行情等常识是不可想象的。因此掌握一定的路程知识就成了徽商商业活动顺利进行的首要条件。

徽商最初的路程知识是由前辈商人传授的。后来在行走四方的过程

① 杨正泰：《明代驿站考》附录《士商类要·前言》，上海古籍出版社1994年版，第232页。

② 黄汴著，杨正泰校注：《天下水陆路程》，山西人民出版社1992年版，第266页。

③ 康熙《休宁县志》卷1《风俗》。

中，他们也熟谙了这些知识，并亲自感受到这些知识在经营活动中的重要意义，从而在头脑中逐渐树立起牢固的路程观念。在这种观念的指导下，徽州商人从自发地留心，转而自觉地记录、收集这方面的资料，并进而将其编成商旅路程图书，或广为刊刻，或留传子孙，以此作为经商行路的指南。现留存下来的明清徽商编纂的商业书中，专门记述商旅路程的就有：《一统路程图记》《江湖绘画路程》《徽州至广东路程》《沐雨栉风》（记徽州至上海路程）等。其它的综合性商业书，如《士商类要》《士商要览》等，也有丰富的路程记述。

这些路程图书，不仅详细介绍了各地道路的起讫分合、距离、行走难易和水陆驿站名称，它如食宿条件、物产行情、社会治安、行会特点、船轿价格、名胜古迹等，也间有所记。因而，有这样的路程图书，“而道路之远近，山川之险夷，及风波盗贼之有无，靡不洞其纤悉，九州地域在指掌间矣”[①]；“而旅客携之以游都邑，即姬公之指南、魏生之宝母在是，又奚事停骖问渡，而难取素封之富者乎！”[②]

徽商在经营过程中所树立起来的牢固的路程观念，以及在这种观念指导下收集、整理、编纂路程图书，广泛普及路程知识，这对他们商业贸易活动的顺利进行起到了十分重要的作用。路程知识的普及，首先，使徽商熟知交通路线，在商品运输过程中可寻找到捷径，从而缩短了运输时间，减少了运输费用；其次，使徽商了解到商品运输路途中何处有险滩急流，何处有响马盗贼等自然的和人为的危险，从而及早防范并规避这些危险，确保人身和货物的安全；再次，使徽商通晓各地的物产行情和民风民俗，避免了购销过程中的盲目性和被动性以及与客户沟通的困难，从而做到有的放矢，无往不胜。对商旅路程知识的重视和普及，确是徽商商业教育中的一大特色，同时也是徽商商业经营中的一条成功之道。

明中叶以降，徽州人从商者愈来愈多，商业知识的积累也愈来愈丰厚，于是，除路程图书之外，总结经营知识和经商经验的商业书亦大量刊

① 黄汴：《一统路程图记·序》。

② 程春宇：《士商类要·序》。

刻行世，如《三台万用正宗·商旅门》《士商类要》《士商要览》《典业须知》等。这类商业书对商业贸易具体运作过程中的方方面面的知识进行了详细介绍，从而成为徽州社会商业实用知识与技能传承的重要载体。如《士商类要》中不仅提到了商旅出行时的注意事项、鉴别各类商品优劣的方法与技术，以及审择牙人的经验，而且还用质朴的语言总结出市场变动的一般规律及日常购销原则，如其《客商规略》篇中说：

> 堆垛粮食，须在收割之时。换买布匹，莫向农忙之际。须识迟中有快，当穷好处藏低，再看紧慢，决断不可狐疑。凡货贱极者，终须转贵；快极者，决然有迟，迎头快者可买，迎头贱者可停。……价高者，只宜疾赶，不宜久守，虽有利而不多，一跌便重。价轻者，方可熬长，却宜本多，行情一起，而得利不少，纵折却轻。……如逢货贵，买处不可慌张。若遇行迟，脱处暂须宁耐。

其《经营说》中也有类似的说教。

此外，徽州的商业书中也包括有商业数学、自我保健、天气预测等为商业服务的知识。其内容可谓全面、丰富、具体。商业书的文字也是平实易懂、朗朗上口，确是普及商业实用知识的难得的教科书。如果我们再考虑到人们天生对文字知识的崇尚心理，那么就可以说，商业书在商业实用知识的传承过程中要比传统师徒式的言传身教更具影响力。

## 三

书院与官学经费的商业化经营是明清徽州教育的特色之三。拥有稳定的经费来源是书院得以长存的重要保证，所谓“经费志养源也”“必经费有余而后事可经久”。[①]纵观整个明清时期，书院的经费来源有三：官府赐拨、官僚资助、民众捐输。而它们的主要表现形式则是“学田”，所谓

① 史致昌：《彝山书院志序》，《中国历代书院志》，江苏教育出版社1995年影印。

“书院不可无田，无田是无院也”“院有田则士集，而讲道者千载一时；院无田则士难以集，院随以废”。[1]而所谓经营，就是出租学田，收取地租（钱或粮）。当然，随着商品经济的发展，一些地方也出现了将书院经费存典生息，或购置店业收取租金等新的现象，但这种新的经营方式所用的经费占这些地区书院的全部经费的比例很小。正如有学者在对明清书院经营进行研究后所指出的：“购买田产仍然是清代大多数书院的投资选择……他们利用各种渠道获得了钱财，却又把盈余投向了最稳当的农业之中”。[2]

徽州地区的情况则与全国不同。徽州书院经费的主渠道是民间捐输，特别是商人的资助，而商人的资助，往往是采取货币化的形式。徽州书院在收到这些货币化的捐输后，并没有将土地作为主要的投资方向，所以明清时期，特别是清朝，徽州书院拥有的学田数量很少。如徽州最大的书院——府属紫阳书院，到清初仅有田塘七十三亩五分七厘九毫五丝[3]；清末婺源县紫阳书院总计“会田一百亩零三分六厘九毫八丝八忽”[4]；道光年间，休宁的海阳书院仅有山税十四亩六分八厘、地税十一分四厘四毫[5]。清中叶后，像歙县的古紫阳书院、祁门的东山书院、黟县的碧阳书院等就基本上不置学田了。这与全国其他地区的书院，如江西新建西昌书院在嘉庆十一年（1806）有田429亩、丰城龙山书院在康熙三年（1664）有田1522亩、宜春昌黎书院在同治十一年（1872）有田1219亩、临川汝阳书院在道光五年（1825）有田700亩、白鹿洞书院在康熙十三年（1674）有田3850亩等[6]相比，简直不能同日而语。

在学田很少，或根本无学田的情况下，为使书院有稳定的收入保证，以维持正常运转，徽州书院大多将募集来的资金进行商业化的操作。这种商业化的操作主要采取两种方式：

① 毛德琦：《白鹿洞书院志》卷19，《中国历代书院志》。

② 胡青：《书院的社会功能及其文化特色》，湖北教育出版社1996年版，第252页。

③ 施璜等编：《紫阳书院志》卷17，《中国历代书院志》。

④ 民国《重修婺源县志》卷6《建置三·学校》。

⑤ 道光《休宁县志》卷3《学校志·书院》。

⑥ 转引自胡青：《书院的社会功能及其文化特色》，第240页。

一是交商生息。对象是资本雄厚的盐商和典商。如徽州府属紫阳书院：乾隆五十九年（1794），歙县著名盐商鲍志道“捐银八千两，呈本府转详两淮运宪，由运库饬交淮商，按月一分行息，每年应缴息银九百六十两，遇闰月加增八十两。由府学教授按年分两次具文赴司请领”；嘉庆年间，鲍志道之孙鲍均又“捐银五千两，由府转详两淮运宪，仍照原捐章程按月一分行息，每年缴息银六百两，闰月加增五十两，由本府教授两次具文赴运库请领”；道光初年，“又复劝黟邑绅士捐输，黟绅将存建考棚银一万一千两内拨出银六千两公同捐输，以资膏火，又据黟绅胡尚熷、胡元熙、胡积成再捐银五千两，共计银一万一千两。除将银四千两归府垫项，余银七千两由府饬传歙、休二邑典商给领生息，每年缴息银八百四十两”。[①]至此，紫阳书院“膏火始无亏缺矣”[②]。道光年间，休宁的海阳书院也是将“书院经费存银七千两由城乡各典领本生息”[③]。又如黟县碧阳书院，嘉庆十六年（1811）由县令吴甸华“谋于邑中人士裒费建成，并以余银六万两分发盐、典商生息，计岁入息金三千六百以为延请山长脩金、生童住院膏火，而邑中之应乡会试者于此中给以资斧。其他诸用亦各条分缕析，预防流弊，盖吴君与邑人共相商榷，请于上官而后刻石示后，其法至善也”[④]。

二是购置店铺市房，收取租金。如碧阳书院，在嘉庆年间重建后，至咸丰朝，因经兵燹，“富户遭劫”，其六万两存典生息之银“荡括无遗”，仅剩余银九百两。同治十三年（1874），“由本邑人等捐赀兴复，遵照旧规，就地劝捐，不请拨给公项，共劝捐银一万九千四百五十四两，已缴银一万四千七百三十八两四钱三分零八厘，其余未缴之款多系阖邑各捐零星尾欠，积少成多，致有如此巨数”。劝捐的这笔款项，“前经公举富户具领生息本银九千八百两；近置本城休邑屯（溪）镇市房三处，共兑典价银二

① 民国《歙县志》卷2《营建志·学校》。

② 道光《徽州府志》卷3《营建志·学校》。

③ 道光《休宁县志》卷3《学校志·书院》。

④ 吕子珏：《碧阳书院复旧章记》，道光《黟县续志》卷15《艺文志》。

千九百两。均划一取息八厘”。后来“又以典商开歇不一，殷户盛衰不常，恐有疏虞，将本款续置市房二十余所，仍以八厘计息取租”。[①]再如祁门东山书院，咸丰初共收捐银一万九百三十九两七钱四分，除拿出四千六百六十九两六分九厘存振林、恒德两典生息外，余款陆续购置了桐木岭聚大米店、中埠街立泰米店、十字街义顺烟店、东街口万和店、仁济街大生药店、仁济街德源布店、中埠头恒源烟店、朱紫巷口长茂店（后进）、左圈门外街西店六间、下横街新店两间、湖桥头香店、十字街裁缝店（一半）等数十处店铺市房，收取租金。[②]东山书院就是靠典息和房租来满足书院的日常开支的。

徽州书院经费的经营不是购置田地，而是几乎完全进行商业化的操作，其中自然与该地区山多田少、土地瘠确，无稳定的收入保证，再加山区地块极小，不易管理等因素有关，但最主要的原因则是受到了明清徽州发达的商业经济的影响，这是徽州书院在经费经营上有别于其他地区书院的一个重要特色。

徽州官学的学田亦不多。我们先来看看徽州府学的情况。据道光《徽州府志·学校》记载：

> 旧志府学学田一百六十亩，不知何年入于歙县收租开销，各项并无分文入学。今历年各家捐入学产计二十户，每岁教授、训导收租以为薪水之费。道光二年教授朱龙、训导夏銮将此项尽行充公以为本学岁修之用，详府立案。

这二十户田产每年的收入是多少呢？经统计为：银十二两六钱五分九厘、钱一千七百五十二文、米十七斗五升，除去每年“纳正则粮钱一两五钱五分、南米五斗”，剩下可供府学支配的仅有银十二两四厘、钱一千七百五十二文、米七十斗。可谓少得可怜。县学的情况似乎略好于府学，如

① 民国《黟县四志》卷10《政事志·学校一》。

② 唐治编：《东山书院志略》，《中国历代书院志》。

婺源县学，从明万历至清末，官府赐拨和官民捐输学田计325亩9分9毫、另租34秤；[①]至清末，休宁县学，“通稽实在学田三百五十亩二分九厘一毫三丝六忽”[②]；歙县县学有学田390亩3分6厘1微1丝4毫；[③]绩溪县学实有学田37亩4分5厘、地90步。[④]各县学学田虽最多也有三四百亩，但因“其田瘠薄，散在四乡，征收折色，租少价轻”[⑤]，根本不敷开销。在学田收入有限的情况下，徽州官学也在不同程度上将募集来的经费纳入商业化的经营轨道，如休宁县学就置有“学产店屋六所”，它们是：嘉庆五年（1800）十二月“契置西街坐南朝北店屋一所”，同年又“契置西街坐南朝北店屋一所”，又于“道冠古今门外北首空地新造平屋前后进计十二间”；嘉庆七年（1802）十二月“契买上北街坐东朝西店屋二所”，同年又“契置陪郭头坐南朝北店屋二间”，嘉庆八年（1803）闰二月“契置西街坐北朝南店屋三间”“按年取租”[⑥]。此外，祁门县学也在城内置有“店房九间”[⑦]，绩溪县学也置有“店屋三间”[⑧]等。

## 四

教育的相对平等性和相对开放性，是明清徽州教育的特色之四。中国的传统教育，一开始是贵族的专利，后来，教育虽然走进了民间，但也只是富人的特权。穷人衣食尚不保，何谈接受教育！因而，封建社会的教育就是不平等的教育。但是，这种教育的不平等状况在明清时期的徽州地区则有较大的改变。重族谊和乡谊的徽商，为了强宗固族和有功名教，不仅

① 民国《重修婺源县志》卷6《建置三・学校》。
② 道光《休宁县志》卷3《学校志・学田》。
③ 民国《歙县志》卷2《营建志・学校》。
④ 嘉庆《绩溪县志》卷5《学校志・学产》。
⑤ 民国《重修婺源县志》卷6《建置三・学校》。
⑥ 道光《休宁县志》卷3《学校志・学田》。
⑦ 同治《祁门县志》卷17《学校志・学产》。
⑧ 嘉庆《绩溪县志》卷5《学校志・学产》。

广置义学、书院以诲贫宗、以教乡里子弟，同时还不吝资财向各级各类学校大量捐输束脩膏火以及应试斧资，这就在无形当中保证了几乎所有的徽州子弟大体拥有较为均等的接受教育的机会。这方面的材料在徽州的方志、谱牒中可谓俯拾可得。这里仅就道光《徽州府志》卷12《人物志·义行》中的记载抽选几例，以窥一斑：明歙县范信，"尝贾于扬之仪征""性慷慨，轻财好义………建义学，族中子弟俊秀者加意培植，俾读书成立"；清歙县商人鲍漱芳，不仅独立重建鲍氏西畴书院，"以资族姓肄业"，而且还"别建义学，以课童蒙"；清休宁商人汪国柱，见邑中重建海阳书院，"捐千金以助膏火"，见"本邑士子乡试艰于资斧"，"捐金五千二百有奇，呈请申详，定立规条，存典生息，以为试资"；清婺源商人程世杰，"建遗安义塾，置租五百亩……以平粜所入延师，使合族子弟入学，并给考费"；等等。明清时期，徽州出现的虽"远山深谷，居民之处，莫不有学有师"[①]的教育高度普及的局面，就是这种教育平等性的重要体现。

除教育的相对平等性之外，明清徽州教育还具有相对的开放性，突破了我国封建教育的封闭状态。由于徽商经营四出，从而使徽州社会具有开放性，开放性的社会又带来了徽州开放性的教育。这种教育的开放性，一则表现为学者及其学术交流的频繁性。如明中后期，陈献章、湛若水、王艮、钱德洪、王畿、邹守益、刘邦采、罗汝芳等著名学者都曾先后来到徽州，主讲盟会。明绩溪学者周绅说："近代讲学，倡自陈白沙。先生躬诣紫阳，聚六邑人士每岁一会，定有规条。后龙溪、近溪两先生扩而远之为四府大会，每县轮司，罔敢逾期"[②]。《紫阳书院志》卷18也记载："嘉靖丁酉（嘉靖十六年），甘泉湛先生主教于斗山；庚戌（嘉靖二十九年），东廓邹先生联会于三院。厥后，心斋王、绪山钱、龙溪王、师泉刘诸先生递主齐盟，或主教于歙斗山，或缔盟于休天泉、还古，或振铎婺福山、虹东，以及祁东山、黟中天诸书院"。清代宣城大儒施闰章，桐城派古文宗师刘大櫆等也曾在徽州进行讲学活动。徽州本籍学者也纷纷随徽商而走出

① 道光《休宁县志》卷1《风俗》。

② 周绅：《颖滨书院讲会会序》，嘉庆《绩溪县志》卷11《艺文志》。

家门，到外地从事学术交流。如曾讲学紫阳、还古两书院的明末休宁学者汪学圣，因“发明孔孟程朱之理，必求躬行实践，梁溪高汇旃特重之，延请东林讲学”；“毕力于紫阳、还古两书院者几三十年”的休宁学者汪佑，明末曾“就杨维斗先生讲学吴门”；主管紫阳书院讲会事凡四十余年的休宁学者施璜，在明后期“闻四方有贤，徒步千里考论同异。过梁溪访高汇旃，主东林讲席；过语溪诣吕晚村诘对，累日夜；应聘金陵，与孝感相国熊文端公论学，尤相契”[①]。清代学者戴震也是靠徽商的资助才得以在扬州前后住了七八年的时间，从事著述与讲学活动的。[②]类似的情况尚有程瑶田、俞正燮、凌廷堪等。这种教育的开放性，二则表现为徽州学子接受教育方式的多样性。“徽州的情况一般是父兄在外、子弟在家，当子弟在家完成塾庠阶段的启蒙后常进入父兄侨寓地的府县之学；或者在外地启蒙，回家乡深造。”[③]前者如绩溪胡适，幼时在家乡就学，十三岁由兄长带往上海读书。后者如同治间黟县孙垣，“少随父兄寓青州，读书攻苦，回黟后肄业金竹庵”[④]。再如歙县黄宾虹，二十岁前随父亲在侨寓地浙东就学，后回家乡师从汪仲伊。徽州教育的这种开放性，必然扩大了徽州学者的视野，增强了传统教育的活力，正如胡适曾说的：

> 我乡人这种离家外出，历尽艰苦，冒险经商的传统，也有其文化上的意义。由于长住大城市，我们徽州人在文化上和教育上，每能得一个时代的风气之先。……因此在中古以后，有些徽州学者——如十二世纪的朱熹和他以后的，尤其是十八九世纪的学者像江永、戴震、俞正燮、凌廷堪等等——他们之所以能在中国学术界占据较高的位置，都不是偶然的。[⑤]

---

① 《紫阳书院志》卷12。

② 周兆茂：《戴震与徽商》，《徽学研究论文集》（一），黄山市社会科学联合会、《徽州社会科学》编辑部1994年编。

③ 张海鹏、王廷元主编：《徽商研究》，安徽人民出版社1995年版，第508页。

④ 同治《黟县三志》卷7《人物·文苑》。

⑤ 胡适：《胡适自传》，江苏文艺出版社1995年版，第136—137页。

在影响教育发展的诸多因素中，经济对教育的影响是最为重要的。经济除直接作为教育存在、发展的支柱之外，新的经济观念的产生、新的经济格局的形成，都会在不同程度上改变教育的外部发展环境与内部的组织形式和内容。综上所述，我们可以看出，在徽商和徽州商业经济发展的影响下，明清时期的徽州教育的确已出现了一些新的特色。这些新的特色与当时徽州的社会经济形态相适应。但是，由于徽商属于封建性的商帮，因而依靠徽商及其商业经济发展起来的明清徽州教育，从总体上看，仍是浓厚的封建性教育，其近代性是非常微弱的。

原载《华东师范大学学报》（教育科学版）2003年第1期，略有改动

# 明中后期心学在徽州的流布及其原因分析

徽州是程朱理学的故乡。南宋以来，徽州的士人，“其学所本则一以郡先师子朱子为归。凡六经传注、诸子百氏之书，非经朱子论定者，父兄不以为教、子弟不以为学。是以朱子之学虽行天下，而讲之熟、说之详、守之固，则惟新安之士为然”[①]；徽州的普通百姓，也是“读朱子之书，取朱子之教，秉朱子之礼，以邹鲁之风自待，而以邹鲁之风传之子若孙也”[②]。朱子学对徽州社会的影响可谓广泛、持久而深远，徽州亦可谓是固守程朱理学的顽固堡垒。然而，徽州这个程朱理学的顽固堡垒，却在明中后期王（守仁）、湛（若水）心学的强大攻势下猝然崩溃。心学是如何冲破徽州这个程朱理学的顽固堡垒，并逐渐取代朱子学而成为徽州学术思想的主流的？长期受朱学熏陶、数百年以来“唯尊朱子之教”的徽州人为何迅速接纳了“显与朱子背驰”[③]的阳明心学的？这是一个很值得探讨的问题。

## 一、明中后期心学在徽州的流布

明中叶，陈献章远承陆学余绪，提出“君子一心，万理完具”[④]“为

① 赵汸：《东山存稿》卷4《商山书院学田记》，文渊阁四库全书本。

② 休宁《茗洲吴氏家典·序》。

③ 《明史》卷282《儒林传序》，中华书局1994年版。

④ 陈献章：《陈献章集》卷1《论前辈言铢视轩冕尘视金玉》，中华书局1987年点校本。

学须从静中坐养出端倪”[①]的思想，反对朱子的“格物穷理”之学。这标志着明初朱学统一局面的结束，也是明代心学思潮的开始。[②]献章而后，明代心学分“王、湛两家”：王守仁“宗旨致良知”、湛若水“宗旨随处体认天理”，“学者遂以良知之学，各立门户”。[③]但由于两派在理论上并无什么根本的不同，只不过是在心学修养方法的侧重点上有所差异，所以两派并无尖锐激烈的冲突，而是相互融通、互为唱和，正如黄宗羲所说的：“当时学于湛者，或卒业于王，学于王者，或卒业于湛，亦犹朱陆之门下，递相出入也”[④]。就门庭兴旺和影响广大而言，甘泉学派远不及阳明学派。心学兴起后，特别是王守仁“致良知”学说的出现，迅速传播全国，“学其学者遍天下”[⑤]，以致“嘉（靖）、隆（庆）而后，笃信程、朱，不迁异说者，无复几人矣”[⑥]。心学遂取代程朱理学而成为明中后期占全国主导地位的学术思潮。

心学兴起后，随即影响到徽州地区，嘉靖以后，徽州这个程朱理学的故乡，就成了心学肆意流布的地域。为了攻破徽州这个程朱理学的顽固堡垒，王、湛学派采取了内外夹击的双重策略：一是接纳徽籍学者为弟子，培养徽州学术界的离心力量，从而为心学进入徽州打开缺口；二是以徽籍心学弟子为内应，纷纷前往徽州主讲席、兴讲会，扩大心学在徽州的影响，直至完全主宰徽州的学术思潮。

成化、弘治以后，徽州外出经商者人数之多，为他处所不及；其经商足迹无远不至，“几遍禹内”。在徽商走出家门的同时，徽商子弟及徽州学者往往随之，他们或在父兄经商所在的侨寓之地接受教育，或在父兄经商所在的侨寓之地进行学术交流。他们，正如胡适所说的，是徽州“每能得

① 陈献章：《陈献章集》卷2《与贺克恭黄门》。

② 侯外庐等主编：《宋明理学史》下卷，人民出版社1997年版，第156页。

③ 黄宗羲：《明儒学案》卷37《甘泉学案一》，中华书局1985年点校本。

④ 《明儒学案》卷37《甘泉学案一》。

⑤ 黄宗羲：《南雷文定五集》卷1《答恽仲升论子刘子节要书》，藜照庐丛书本。

⑥ 《明史》卷282《儒林传序》。

一个时代的风气之先”的人物[1]。这些徽商子弟及徽州学者在江右、南中、浙中等心学广为流传之地首先与闻同程朱理学旨趣有别的王、湛心学，许多人在“求新”欲望的驱使下，投身于王、湛之门。下面即是笔者搜罗到的部分从学阳明、甘泉学派的徽州学者名录：

洪启蒙，歙县人，郡诸生，“潜心阳明之学，恍然有遂，屏卮得辞，默存解悟，凡所论说大都发东越微旨而不诡于考亭。……讲业紫阳书院，学者称源泉先生”。

毕珊，歙县人，邑庠生，“正德间，闻王阳明讲学南都，徒步往受业。久之，有得，告归。阳明赠诗云：‘紫阳山下多豪俊，应有吟风弄月人。’读书穷理训子弟，率之以身，至老不怠”。

郑烛，歙县人，“郡弟子员，贡入成均，游邹东廓、湛甘泉之门……”

程嗣光，歙县人，邑诸生，“从邹东廓、王龙溪，得闻王文成之学……”

吕海，歙县人，邑诸生，“究心性之旨，湛甘泉、王龙溪、洪觉山、凌斗城讲学斗山（书院），每多质问，为一时领袖”。

吕林，歙县人，庠生，“师事湛甘泉、耿楚侗、钱绪山，潜心良知之学……”

程宏忠，歙县人，“师事泰州王心斋，明格物致知之旨，复往从王龙溪、罗近溪、耿楚侗、胡庐山以就正焉”[2]。

程大宾，歙县人，“受学绪山（钱德洪）”[3]。

程默，休宁人，“负笈千里，从学阳明”[4]。

洪垣，字峻之，号觉山，婺源人，“其后执贽甘泉，甘泉曰：‘是可传吾钓台风月者。’”[5]。

方瓘，字时素，号明谷，婺源人，“初从甘泉于南都，甘泉即令其为

① 胡适：《胡适自传》，江苏文艺出版社1995年版，第136页。

② 以上见民国《歙县志》卷10《士林》。

③ 《明儒学案》卷25《南中王门学案一》。

④ 《明儒学案》卷25《南中王门学案一》。

⑤ 《明儒学案》卷39《甘泉学案三》。

诸生向导。甘泉北上及归家，皆从之而往。以学为急，遂不复仕”[1]。

余时英，婺源人，“稍长，笃志读书，不设枕席，慕邹守益之学，往师之”。

游再得，婺源人，“从学湛若水、罗洪先、邹守益之门”[2]。

董高，婺源人，“师泰州王艮，究心主静之学”。

王元德，婺源人，“与乡贤方瓘往学甘泉湛先生门，经历七载，领略心传，日益亲切。”

李熙，婺源人，“师事甘泉先生，孝友笃至……”

潘温，婺源人，“少留心理学，尝从伦白石、吕泾野、湛甘泉游”[3]。

谢芊，祁门人，“时从侄显师事湛若水于留都，芊慕其学，同往事之，若水称芊学真确归。与东南人士讲道，从者益众，自号凤山子，学者称凤山先生”。

谢显，祁门人，“尝从湛若水讲学南都……”

王讽，祁门人，“嘉靖丁酉（嘉靖十六年）领乡荐第一，与湛若水论学，若水善之……”

陈履祥，贡生，祁门人，“少喜负笈访道，闻盱江罗汝芳讲学南都，往从之……称罗门高足”[4]。

方敏，祁门人，“嘉靖癸丑（嘉靖三十二年）进士，尝从邹守益讲学”。

洪章，祁门人，“从学湛若水、邹守益之门”[5]。

李希士，黟县人，邑庠生，“少年见先儒语录，云学问须心上做始得，即负笈入张公山……默坐观心。后与邹守益、湛若水创兴中天书院讲学。……晚年创书院于桃源，以馆四方学者”[6]。

“阳明学话语的建立、扩展及在明中后期对整个社会文化的笼罩，正

① 《明儒学案》卷39《甘泉学案三》。

② 以上见康熙《徽州府志》卷15《绩学》。

③ 以上见光绪《婺源县志》卷26《质行一》。

④ 以上见同治《祁门县志》卷23《儒林》。

⑤ 以上见同治《祁门县志》卷25《宦绩》。

⑥ 康熙《徽州府志》卷15《绩学》。

是通过推行会讲、讲会的形式得以实现的。”[1]上述从学阳明、甘泉学派的徽州学者，学成归来后，即在徽州推行会讲、讲会，传播心学思想。如祁门谢显，“归构神交馆（全交馆），与从叔芊、婺源方瓘等阐明性理”[2]；又与同志“复定邑中之会，春秋在范山书屋，夏冬在全交馆，相与拜圣像、宣圣谕，劝善规过，期以笃实辉光，共明斯学”[3]。讲会兴起后，湛若水及王门高第即受邀或主动前往徽州升堂主讲，明末邵庶在《还古书院碑记》中说：“嘉靖中，南海、东越、西江言学六七君子结辙而入新都，过海阳，递式阙里，六邑之士多就之者。紫阳讲诵之风，视洙泗、河汾埒矣。”[4]嘉靖中，湛若水不仅亲自为其弟子祁门谢氏所建的讲会之所——神交馆（全交馆）作铭作记[5]，而且还亲往新安，先后在斗山、天泉、中天等书院讲学；王门高第邹守益（东廓）、王艮（心斋）、钱德洪（绪山）、王畿（龙溪）、刘邦采（师泉）、罗汝芳（近溪）等亦先后前往徽州，主讲盟会。《紫阳书院志》卷18载：“嘉靖丁酉（嘉靖十六年），甘泉湛先生主教于斗山，庚戌（嘉靖二十九年）东廓邹先生联会于三院；厥后，心斋王、绪山钱、龙溪王、师泉刘诸先生递主齐盟，或主教于歙斗山，或缔盟于休天泉、还古，或振铎婺福山、虹东，以及祁东山、黟中天诸书院”。

在湛若水及王门高第的推动下，明中后期徽州讲会纷行，并形成了网络化和制度化的特点。讲会形式有院会（书院讲会）、坊乡之会（乡村及宗族讲会）、邑会（一县讲会）、郡会（六邑大会）、四郡大会等，客观上形成了网络化的讲会体系。讲会还订有制度作为保证，如规定院会月举，“邑会季举，郡会岁举，徽（州）、宁（国）、池（州）、饶（州）四郡大会

① 陈来：《明嘉靖时期王学知识人的会讲活动》，《中国学术》第4辑，商务印书馆2000年版。

② 同治《祁门县志》卷23《儒林》。

③ 《东廓邹先生文集》卷7《书祁门同志会约》，四库全书存目丛书本，齐鲁书社1997年版。

④ 康熙《休宁县志》卷7《艺文志》。

⑤ 同治《祁门县志》卷11《舆地志·古迹》。

于每岁暮春举于四郡之中”[①]；并“置有会田，岁会首二人掌之”[②]。

“新安大会自正德乙亥（正德十年）至天启辛酉（天启元年），历百有七年，会讲大旨，非良知莫宗；主教诸贤，多姚江高座。”[③]王门高第不仅轮流主教“新安大会”，所谓“更年莅会，以致交修之益”[④]，而且对徽州的邑会、院会，甚至坊乡之会亦倍加关注，频繁参与。如嘉靖二十八年（1549）前后，邹守益，“游齐云，以谒紫阳”，在祁门心学弟子王讽、方汝修的邀请下，“升东山（书院）讲座，相与剖富贵利达之关”；又“携王甥一峰、朱甥震，及二儿美、善，与师泉刘子”讲学歙县斗山书院。[⑤]而王畿对徽州各种讲会的参与更为积极，据《龙溪王先生全集》的记载，仅在嘉靖后期到万历初年，他亲往徽州主持大小讲会就有七次之多。如卷2《斗山会语》记载：

> 慨惟离索之久，思求助于四方，乃者千里远涉，历钓台、登齐云、涉紫阳，止于斗山精庐，得与新安诸同志为数日之会。

卷2《书婺源同志会约》记载：

> 嘉靖丁巳（嘉靖三十六年）五月端阳，予从齐云趋会星源（婺源），觉山洪子偕诸同志馆予普济山房，聚处凡数十人。晨夕相观，因述先师遗旨及区区鄙见，以相订绎，颇有所发明；同志互相参伍，亦颇有所证悟。

同年夏，王畿又赴新安福田之会。会后，又接受莲峰叶氏之邀，在叶氏宗族主办的“进修会”中宣教。《龙溪王先生全集》卷3《书进修会籍》记载：

---

① 康熙《徽州府志》卷15《绩学》。

② 周绅：《颖滨书院讲会会序》，嘉庆《绩溪县志》卷11《艺文志》。

③ 施璜编，吴瞻泰、吴瞻淇补：《紫阳书院志》卷16，《中国历代书院志》，江苏教育出版社1995年影印。

④ 《龙溪王先生全集》卷2《建初山房会籍申约》，四库全书存目丛书本。

⑤ 《东廓邹先生文集》卷7《书祁门同志会约》《斗山书院题六邑会簿》。

> 莲峰叶君……素抱经世之志，而化始于家。尝欲示法和亲，以敦睦为己任，限于年未就。公既殁，二子茂芝、献芝乃作见一堂于云庄之麓，谋于父兄子侄，倡为“进修会”，以会一族之人，相与考德而问业，以兴敦睦之化，承先志也。岁丁巳夏，予赴新安福田之会，二子既从予游，复邀入云庄，集其会中长幼若干人，肃于堂下而听教焉。举族兴义好礼，颙颙若是，可谓盛矣。

王门高第频繁出入徽州主讲盟会，“其意固不在山水间也”，而是想通过这种讲会、会讲的形式来改变徽州的学术旨趣，“以求归于一是之地”[①]，使徽州成为王学的天下。

明中后期，徽州的王学讲会，规模之大、听讲的人数之多，实在是令人难以相信。据清道光二十三年（1843）刊刻的《还古书院志》卷11《新安大会讲学还古会纪》记载：明万历二十五年（1597）十月大会，“听讲者数百人”；万历三十一年（1603）十月大会，“听讲者几千人”；万历四十三年（1615）九月大会，“诸友各邑共百五十余人，外府外省共三十余人，司事程熙明、程又新共二十七人”；天启元年（1621）大会，听讲者外郡共27人、本郡共178人。可见当时徽州讲会的盛况。

在王、湛心学的强大攻势下，恪守程朱、无所创新的新安理学家却毫无还手之力，而新安后学则为之耳目一新，于是纷纷转向“致良知”一途，“崇尚《传习录》，群目朱子为支离”[②]。因而，“自龙溪、甘泉来主讲席”，徽州“学者阳儒阴释之风日炽”[③]。王、湛心学遂逐渐取代朱子学而成为徽州学术思想的主流。清初休宁学者汪佑说：“自阳明树帜宇内，其徒驱煽熏炙，侈为心学，狭小宋儒。嗣后新安大会多聘王氏高第阐教，如心斋、绪山、龙溪、东廓、师泉、复所、近溪诸公，迭主齐盟。自此新安多王氏之学，有非复朱子之旧者矣。”[④]清初休宁学者施璜也承认：

① 《龙溪王先生全集》卷2《斗山会语》。

② 《紫阳书院志》卷16。

③ 康熙《休宁县志》卷6《硕儒》。

④ 《紫阳书院志》卷16。

> 其时人人口说紫阳而足迹不践紫阳之堂，往往于歙则斗山（书院）、汪村、崇文（书院）、向杲寺、等觉寺、福田寺，于休则天泉（书院）、建初、汶溪、落石、山斗、还古（书院）、白岳，于婺则福山（书院）、虹东（书院）、雪源、普济寺、天仙观、三贤寺、黄连山房，于黟则中天（书院）、延庆，于祁则东山（书院）、十王山、洞元观、谢氏方氏马氏诸宗祠，于绩则太平山房、许氏家祠，自嘉靖以讫于明末，皆是也。地非紫阳之地，学背紫阳之学。[①]

可见，明中后期的一百多年间，阳明心学不仅统治了徽州学术讲坛，而且深入徽州的民间乡里，主导徽州学术思想近三百年的朱子学则走向衰落。

## 二、明中后期心学在徽州流布的原因分析

明中后期，心学为何迅速攻破了徽州这个程朱理学的顽固堡垒？换句话说，长期恪守朱子之教的徽州人为何很快就接受了与朱子旨趣有别的心学思想的？究其原因有二：其一是与徽州学术演变的逻辑进程有关，其二是因为心学思想适应了当时徽州商业社会发展的需要。

南宋以来，唯“朱”是归、唯“朱”是真的徽州学术，虽然在维护朱子学纯洁性方面有所贡献，但同时却僵化了徽州学者的思想，使他们“朱”云亦云，难以产生创新意识。元末明初，以朱升、郑玉、赵汸等为代表的新安理学家，针对徽州学界这种一味墨守门户、死抱师门成说的状况深感忧虑和不满。朱升说：“濂、洛既兴，考亭继作，而道学大明于世。然后学者往往循途守辙，不复致思其已明者。既不求其真知，而未明者遂卒不可知。”其结果是“圣学名明而实晦”[②]。郑玉认为：“近时学者，未知本领所在，先立异同，宗朱则毁陆，党陆则非朱，此等则是学术风俗之

① 《紫阳书院志》卷16。

② 朱同：《朱学士传》，《新安学系录》卷14，安徽丛书本。

坏，殊非好气象也。”[①]为了发扬光大朱子之学，他们提出了求“真知”、求“本领”、求“实理”的治经主张。[②]在这种思想指导下，朱升走上了“旁注诸经”之路，而郑玉、赵汸则道向“和会朱陆”之途。

朱升，字允升，号枫林，休宁人，曾创枫林书院。朱升有感于“先儒传注之意，所以求经之明也，而近世科举业往往混诵经注，既不能体味乎传注，而反断裂其经文，使之血脉不通，首尾不应”[③]的弊端，开创了以“旁注诸经”为主、“栏上表注”为辅的注经新法。从而使“学者讲本文而览旁注，不见意义不足也”。[④]《紫阳书院志》卷16《会纪》记载：元顺帝至正二十二年（1362）春，朱升“讲学读书于紫阳祠（书院），与郑师山（玉）、倪道川（士毅）、金元忠（居敬）、汪蓉峰（鋆）等相与讨论，始作《尚书》旁注，寻命诸生用义例成《六经》《四书》旁注”。朱升的经注，一改新安理学家专主朱子一家的做法，而是“网罗百家，驰骋千古”[⑤]，融会了诸家之说，然后形成一己之见。

在朱升开创经注新法的同时，郑玉则在教学和学术研究中高举起“和会朱陆”之大旗。郑玉，字子美，号师山，歙县人，曾筑师山书院。郑玉说：

> （朱陆）二先生相望而起也，以倡明道学为己任。陆氏之称朱氏曰“江东之学”，朱氏之称陆氏曰“江西之学”。两家学者，各尊所闻，各行所知，今二百余年卒未能有同之者。以予观之，陆子之质高明，故好简易；朱子之质笃实，故好邃密；盖各因其质之所近而为学，故所入之途有不同尔。及其至也，三纲五常、仁义道德，岂有不同者哉。况同是尧、舜，同非桀、纣，同尊周、孔，同排释、老，同以天理为公，同以人欲为私。大本达道，无有不同者乎？后之学者，

① 《宋元学案》卷94《师山学案》，中华书局1986年点校本。

② 参阅周晓光：《新安理学源流考》，《中国文化研究》1997年夏之卷。

③ 《还古书院志》卷7，《中国历代书院志》。

④ 《朱枫林集》卷3《易经旁注前图序》，黄山书社1992年校注本。

⑤ 《朱枫林集》卷3《大学中庸旁注序》。

不求其所以同，惟求其所以异。江东之指江西，则曰此怪诞之行也；江西之指江东，则曰此支离之说也，而其异益甚矣。此岂善学圣贤者哉？朱子之说，教人为学之常也；陆子之说，高才独得之妙也。二家之学，亦各不能无弊焉。陆氏之学，其流弊也，如释子之谈空说妙，至于卤莽灭裂，而不能尽夫致知之功；朱氏之学，其流弊也，如俗儒之寻行数墨，至于颓惰委靡，而无以收其力行之效。然岂二先生立言垂教之罪哉！盖后之学者之流弊云尔。[①]

郑玉认为朱、陆之学的基本立场与观点，所要达到的最终目的都是相同的，所不同的仅是因为两人的气质有别而导致的治学方法和途径的差异而已。郑玉还指出，朱、陆两家“各不能无弊”，所以两家唯有摒弃门户之见，才可以避免各自的不足。

与郑玉同道的，还有另一位大家赵汸。赵汸，字子常，休宁人，曾建东山精舍，学者称东山先生。赵汸于朱、陆两家学说均用力很深，虞集说：“子常生朱子之乡而得陆氏之说，于二家之所以成己教人，反复究竟明白。盖索用力斯事者，非缀辑传会之比也。”[②]

虽然朱升的“旁注诸经”，郑玉、赵汸的“和会朱陆”，其目的均是发扬光大朱子之学，最终仍属于“右朱”一派[③]，但他们的学术主张却在无意中松动了徽州长期以来唯“朱”是归、唯“朱”是真的学术宗旨，同时也为后来徽州学者彻底抛弃门户之见做了无形的铺垫。事实正是如此，弘治初年休宁学者程敏政在郑玉、赵汸“和会朱陆”的基础上，又更进一步提出了朱、陆“早异而晚同”“始异而终同”之说。

弘治二年（1489），程敏政于“斋居之暇”，选取朱、陆之言，编成《道一编》，竭力否认朱、陆相异之论，宣扬朱、陆“早异而晚同”“始异而终同”之说。他在《道一编·目录后记》中指出：

① 郑玉：《师山集》卷3《送葛子熙之武昌学录序》，文渊阁四库全书本。

② 《新安学系录》卷15。

③ 参阅周晓光：《新安理学源流考》，《中国文化研究》1997年夏之卷。

朱、陆两先生出于洛学销蚀之后，并以其说讲授于江之东、西，天下之士靡然从之。然两先生之说不能不异于早年而卒同于晚岁，学者独未之有考焉，至谓朱子偏于道问学、陆子偏于尊德性，盖终身不能相一也。呜呼，是岂善言德行者哉！夫朱子之道问学固以尊德性为本，岂若后之讲析编缀者毕力于陈言？陆子之尊德性固以道问学为辅，岂若后之忘言绝物者悉心于块坐？①

在《道一编·序》中，程敏政又进一步说道：

朱、陆二氏之学始异而终同，见于书者可考也。不知者往往尊朱而斥陆，岂非以其早年未定之论而致夫终身不同之决，惑于门人记录之手而不取正于朱子亲笔之书邪！以今考之，志同道合之语著于奠文、反身入德之言见于义跋，又屡自咎夫支离之失而盛称其为己之功，于其高第弟子杨简、沈焕、舒璘、袁燮之流拳拳敬服，俾学者往资之廓大公无我之心，而未尝有芥蒂异同之嫌。兹其为朱子，而后学所不能测识者与。②

可见，程敏政的朱、陆“早异而晚同”“始异而终同”之说，不仅彻底抛弃了朱、陆门户之见，而且似有了“右陆”的倾向。后来王阳明的《朱子晚年定论》与程敏政的《道一编》何其相似乃尔。

与程敏政同时的休宁学者程曈在看到《道一编》之后，叹曰：“今日以朱子为同，他日必有斥朱子为异者。”③可谓有先见之明。的确，朱、陆“早异而晚同”“始异而终同”之说的提出，更使徽州学者解除了禁锢，激起了他们一种强烈的求新“欲望”。所以，当随后王守仁与湛若水相唱和，以“致良知”和“随处体认天理”的学说，取代朱熹的“格物穷理”，“学其学者遍天下时”，徽州学者亦翕然响应。

明中后期，心学之所以能在徽州迅速流布，除与徽州学术演变的逻辑

① 程敏政：《篁墩文集》卷16，文渊阁四库全书本。

② 《篁墩文集》卷28。

③ 康熙《徽州府志》卷15《隐逸》。

进程有关外，还因为心学思想适应了当时徽州商业社会发展的需要。

入明以后，徽州人多地少的矛盾愈来愈突出，于是，经营商业，力图向外发展就成了徽州人求得生存与发展的唯一选择。正如万历《歙志·货殖》所言：

> 吾邑之人不能不贾者，时也，势也，亦情也。……今邑之人之众几于汉一大郡，所产谷粟不能供百分之一，安得不出而糊其口于四方也。谚语以贾为生意。不贾则无望，奈何不亟亟也。……人人皆欲有生，人人不可无贾矣。

然而，传统文化对商业、商人的排斥和鄙视却给徽人从商带来了无形的心理压力，特别是朱熹的“格物穷理”之论、“成人之道”之说，以及义利、天理人欲、君子小人之辨，更是使“弃儒就贾”的徽州人的内心深处有一种强烈的自卑感。[①]如何平衡这种生存选择与传统价值取向的矛盾，使自己的生存与发展有一片较为宽松的心理空间？这是摆在徽州人面前一个亟待解决的问题。徽州人盼望着贤人的指点、渴望着有一种新思想的指导。而这种贤人和新思想终于在明中叶徽州人急需的时候出现了，这就是王守仁和他的“致良知”学说。

王守仁认为，“良知（即天理）”是人人生来就有的，“不虑而知，不学而能”[②]，而且“良知之在人心，不但圣贤，虽常人亦无不如此”[③]，也就是说“愚夫愚妇与圣人同”[④]。正因为良知存在于人的心中，所以“致良知”“亦不假外求”，不必像朱熹所说的“即物穷理”——“徒弊精竭力，从册子上钻研，名物上考索，形迹上比拟”[⑤]，而只需“正心”“格心”，让本有的“良知”“充塞流行”、澄明无蔽就行了。“良知”人人皆

① 参见拙作：《传统文化与徽商心理变迁》，《学术月刊》1999年第10期。
② 《王阳明全集》第1册，红旗出版社1996年版，第81页。
③ 《王阳明全集》第1册，第71页。
④ 《王阳明全集》第1册，第52页。
⑤ 《王阳明全集》第1册，第29页。

有，“致良知”人人可行，所以人人做得“圣人”。[①]王守仁把“良知”这种“惟圣人能致”的“圣物”下降到“愚夫愚妇与圣人同”的普及地位，并让“致良知”这种“圣贤功夫”从庙堂、书斋走向市井、村落，这自然为普通民众所乐于接受。

既然“良知”人人皆有，“致良知”人人可行，那么只要能“致良知”，就不存在什么职业上的高下贵贱之别。所以，王守仁认为“治生亦是讲学中事”，“但言学者治生上，尽有工夫则可”，“果能于此处调停得心体无累，虽终日做买卖，不害其为圣为贤。何妨于学？学何贰于治生？”[②]可见，在王守仁看来，治生也是学问，做学问与治生并不是对立的，因为治生中也存在着“良知”“天理”，如果治生时能“致良知”，虽身为商贾，也“不害其为圣为贤”。王守仁甚至认为“良知”中包含有“声色货利”，他曾说：“良知只在声色货利上用功，能致得良知，精精明明，毫发无蔽，则声色货利之交，无非天则流行矣。”[③]也就是说，“良知不排除声色货利，但声色货利不一定符合良知，关键在于是否能致得良知。如良知无毫发的遮蔽，也即是说动机是好的，那么，这种声色货利的追求，就是合乎天则的，就是自然的”。[④]王守仁的高第弟子王畿则视“良知”被私欲所蔽的儒为贾、为假儒，而视能“致良知”的贾为隐儒、为真儒。他在《赠南山黄君归休序》中明确指出：

> 世有沾沾挟策，猥云经史之儒，而中无特操，甚或窃饾饤以媒青紫，及践膴华辄干没于铢两，举生平而弁髦之。谓经术何率使士人以此相诋訾，耻吾儒之无当于实用而却走不前矣？夫其人之不敢步趾儒也，岂诚儒足耻哉！亦谓心不纯夫儒耳。若迹与射赢牟息者伍，而其心皭然不淄于出入、不悖于人伦，若南山黄君斯非赤帜夫儒林者耶！黄自晋太守公居新安，世业儒。君少业之，试于衡文者弗售，辄去而

① 《王阳明全集》第1册，第29页。

② 《王阳明全集》第3册，红旗出版社1996年版，第1134页。

③ 《王阳明全集》第1册，第127页。

④ 赵靖主编：《中国经济思想通史》第4卷，北京大学出版社1998年版，第68页。

行游江淮间。君虽用刀布起，不操利权……晚又拳拳以收族为念……若黄君者宁可与射赢牟息者例耶！噫嘻，此诚伪之辨也。昔有儒而隐于屠者、渔者、耕牧者，要其质行较然与古为徒，其骨迄于今不朽，黄君盖辨此矣。慕义植伦，咸儒者之实蹈也。然则君之托迹称质，安知不犹夫屠耶、渔耶、耕牧耶！彼沾沾以儒自名，媒青紫而干没铢两者，黄君且臣虏之矣。计今束装归新安，是将并融其贾之迹。后有传黄君者，即谓其以儒终始焉可也。①

阳明心学所持的“致良知”之说，以及由此引申的儒、贾之论，无疑适合了徽州人的心理需要，为徽州商业社会发展所急需。正因为如此，当邹守益前往徽州宣教时，即得到了徽州的经商大族“若鲍氏、程氏、潘氏、胡氏、戴氏、谢氏、李氏、吴氏、方氏、洪氏、余氏、王氏”的欢迎，并积极与之“切磋”②；当王畿赴“新安六邑大会”时，“绩溪葛生文韶、张生懋、李生逢春”等追谒于歙县斗山书院，并叩首曰：“某等深信阳明夫子良知之学，誓同此心，以此学为终始。惟先生独得晚年密传，窃愿有以请也。”③这种需要，就为阳明心学在徽州的流布提供了广阔的社会基础。

受阳明学派理论思想的启发，明中后期徽州出现了“士商异术而同志”、儒贾相通的新的价值观念。④这种新的价值观的出现，表明徽州人从阳明心学那里寻找到了平衡其生存选择与传统价值取向矛盾的理论武器。这无疑减轻了他们从商的精神压力，从而获得了一片较为宽松的心理空间。

① 《龙溪王先生全集》卷13。

② 《东廓邹先生文集》卷1《赠郑景明归徽》。

③ 《龙溪王先生全集》卷13《颖滨书院会纪》。

④ 参见拙作：《传统文化与徽商心理变迁》，《学术月刊》1999年第10期。

## 三、结语

徽州这个程朱理学的故乡，并非一直都是程朱理学的天下，在明中后期王守仁心学兴起，“天下尊王子也甚于尊孔子”[①]的社会潮流冲击下，徽州也成了王学肆意流布的区域。因而，学术界通行的，认为明中后期“在思想界中如飙风飘雨的心学在一般徽州人的心底没有掀起任何波澜”[②]，徽州仍然“完全是程朱的一统天下”的观点，是不符合历史实际的。

心学在徽州的流布，也是通过“推行讲会、会讲的形式得以实现的”。以讲会的形式辨明学术，可追溯到南宋时朱熹和陆九渊的鹅湖之会，但把讲会作为一种传播思想的主要手段，并将其发展成制度化、组织化和网络化的形式，则始于王阳明的姚江学派。会讲、讲会这种面对面的交流，不仅简明、通俗、易晓，而且传播快速、影响广泛。这是王学在明中后期之所以很快风行天下的秘诀之一。

徽州的学术思潮从宋至明，有一个明显的逻辑演变过程：宋元时期的“宗朱斥陆”→元末明初的“和会朱陆”→明中叶的朱陆“始异而终同”→明中后期的“弃朱入陆（王）”。可见，明中后期心学得以在徽州广泛流布，并非空穴来风，而是徽州自身早已为其做了思想的铺垫。

入明以后，特别是到明中后期，徽州社会的变迁剧烈，即以农耕为主的小农社会向以求利为主的商业社会转变。这种急剧的变迁，虽主要是生存的需要使然，但徽州人却在思想上感到惶然、在精神上感到困惑，他们渴望有一种新理论能解决他们在生存选择上的深深苦恼。而阳明心学则适应了他们的这种需要，正是这种需要，才使阳明心学在徽州的流布有了广泛的社会基础。

原载《学术月刊》2004年第5期

① 顾宪成：《日新书院记》，《泾皋藏稿》卷11，见《顾文端公遗书》，光绪三年刻本。
② 高寿仙：《徽州文化》，辽宁教育出版社1998年版，第138页。

# 徽商与徽州的学术思想

明清时期的徽州，不仅以“十室九商”的商贾之乡而闻名遐迩，还以“人文辈出”、学术思想发达而著称于世。徽州是执明清商界之牛耳的徽商的桑梓之邦，同时也是中国封建社会后期的主流学术思想——新安理学和徽派朴学的故乡。“人们的观念、观点和概念，一句话，人们的意识，随着人们的生活条件、人们的社会关系、人们的社会存在的改变而改变。”[①] 明清徽商，作为徽州的“社会存在”，与明清徽州学术思想的发展和演变，即徽籍学者的“意识”，两者之间到底有何种关系？本文试就这一问题略作论述。

## 一

徽州是个学术繁盛之地，也是中国封建社会后期学术思想发展和演变的区域“范本”。徽州是理学的集大成者朱熹的故里。朱熹对故乡徽州充满了感情，他自称是“新安朱熹”“紫阳朱熹”，并曾作《对月思故乡》诗，诗中有“此夕情无限，故园何日归”之语[②]。朱熹曾两次回徽州省墓、探亲，第一次是绍兴二十年（1150），第二次是淳熙三年（1176）。特别是

---

① 马克思、恩格斯：《共产党宣言》，《马克思恩格斯选集》第1卷，人民出版社1972年版，第270页。

② 《朱子文集》卷98。

第二次，朱熹于“春二月归婺源省墓……日与乡人子弟讲学于汪氏之敬斋，随其资禀循诱不倦，至六月初旬乃去”[1]。返闽后，朱熹与徽州子弟答问信件不断，一些弟子还入闽向朱熹继续问学，如婺源的滕璘、滕珙、李季札，休宁的程永奇，歙县的祝穆、祝癸，等等[2]。《紫阳书院志》卷八说：“文公归里，乡先生受正学者甚众，今论定高第弟子十二人。”他们是：婺源的程洵（克庵）、滕璘（溪斋）、李季札（明斋）、滕珙（蒙斋）、汪清卿（湛仲），休宁的程先（东隐）、程永奇（格斋）、汪莘（方壶）、许文蔚（衡甫），歙县的祝穆（和甫）、吴昶（友堂）和祁门的谢琎（公玉）。这些朱熹的及门弟子是朱子学在徽州的早期传播者和践履者。随着南宋理宗之后朱子学正统地位的确立，特别是元代统治者正式将朱熹的《四书集注》列为科举考试的法定教材，作为“朱子阙里”家人，徽州学者更是视朱子为独得孔孟真传之圣人，莫不顶礼膜拜。此后，徽州“理学阐明，道系相传，如世次可缀”[3]“师友渊源，后先辉映，如霞蔚云蒸”[4]，形成了颇具影响的新安理学派别。宋元之交至元末明初，笃信朱子的著名新安理学家有：休宁的程若庸（徽庵）、吴锡畴（兰皋）、陈栎（定宇）、倪士毅（仲弘）、赵汸（东山）、朱升（枫林），歙县的唐仲实（桂芳）、曹泾（弘斋）、姚琏（廷用）、郑玉（师山），婺源的许月卿（山屋）、胡方平（潜斋）、胡一桂（廷芳）、胡炳文（云峰）、程复心（林隐），祁门的汪克宽（环谷）等。他们是朱熹的再传、三传或私淑弟子。以上朱熹的及门及世适弟子们，笃信朱子之学，大都以发挥朱学义理，并以维护朱学的纯洁性为己任。总之，新安理学学派“以朱熹为中心，学术以朱子学为宗旨”，是朱子学的重要分支之一。“该学派崛起于南宋、发展于元代、全盛于明初、衰落于清中叶，对12世纪以后中国哲学史和学术思想史的发展演变，产生了巨大的影响。”[5]

---

① 民国《婺源县志》卷20《人物志·朱子世家》。

② 方彦寿：《朱嘉书院与门人考》，华东师范大学出版社2000年版。

③ 康熙《祁门县志》卷1《风俗》。

④ 《还古书院志》卷7，《中国历代书院志》，江苏教育出版社1995年影印本。

⑤ 参阅周晓光：《新安理学源流考》，《中国文化研究》1997年夏之卷。

明中后期，随着社会经济、文化变迁的加速，再加程朱理学走向僵化，阳明心学兴起，并迅速传播全国，“学其学者遍天下”[①]，以致“嘉（靖）隆（庆）而后，笃信程朱，不迁异说者，无复几人矣”[②]。心学遂取代程朱理学而成为明中后期占全国主导地位的学术思潮。徽州学者在其父兄经商所在的江右、南中、浙中等心学广为流传之地与闻同程朱理学旨趣有别的王（阳明）、湛（甘泉）心学，许多人在“求新”欲望的驱使下，投身于王、湛之门。笔者仅从徽州方志和《明儒学案》里就搜罗到了从学阳明、甘泉学派的徽籍学者共计24人[③]。其中较为有名的有歙县的郑烛、吕林、程宏忠、程大宾，婺源的洪垣、方瓘、游再得、王元德，祁门的谢芊、谢显、王讽、陈履祥、洪章等。这些从学阳明、甘泉学派的徽州学者，学成归来后，即在徽州推行会讲、讲会，传播心学思想，同时邀请湛若水及王门高第前来徽州升堂主讲。《紫阳书院志》卷18载：“嘉靖丁酉（嘉靖十六年），甘泉湛先生主教于斗山，庚戌（嘉靖二十九年）东廓邹先生联会于三院；厥后，心斋王、绪山钱、龙溪王、师泉刘诸先生递主齐盟，或主教于歙斗山，或缔盟于休天泉、还古，或振铎婺福山、虹东，以及祁东山、黟中天诸书院。”随着心学在徽州影响的逐渐深入，徽州学者纷纷转向“致良知”一途，“崇尚《传习录》，群目朱子为支离”[④]。清初休宁学者汪佑说：“自阳明树帜宇内，其徒驱煽熏炙，侈为心学，狭小宋儒，嗣后新安大会多聘王氏高第阐教，如心斋、绪山、龙溪、东廓、师泉、复所、近溪诸公，迭主齐盟。自此新安多王氏之学，有非复朱子之旧者矣。”[⑤]清初休宁学者施璜也承认，“自嘉靖以讫于明末”，徽州“地非紫阳之地，学背紫阳之学”[⑥]。可见，明中后期，王、湛心学取代朱子学而成为徽州学术思想的主流，主导徽州学术思想近300年的朱子学则走向

① 黄宗羲：《南雷文定五集》卷1《答恽仲升论子刘子节要书》。

② 《明史》卷282《儒林传序》。

③ 参阅拙作：《徽商与明清徽州教育》，湖北教育出版社2003年版，第60—61页。

④ 《紫阳书院志》卷16，《中国历代书院志》。

⑤ 《紫阳书院志》卷16，《中国历代书院志》。

⑥ 《紫阳书院志》卷16，《中国历代书院志》。

衰落。

入清以后，学术思想开始转型，朴学经世思潮逐渐发展，并于乾隆、嘉庆年间达到极盛。而清代的朴学思潮，徽州既是它的发祥地之一，也是将其引向兴盛的重镇。歙人黄生被支伟成列为“清代朴学先导大师”之一。婺源人江永是徽派朴学的创始人。他一生从事教育与著述，学问渊博，“凡古今制度又钟律声韵舆地，无不探赜索隐，测其本始；而于天文地理之术尤精”[①]。而戴震则是清代朴学的集大成者。他“长于分析条理，而裁断严密，每护一义，及参互考之，往往确不可易。又其治经，以识故字为始，谓‘由识字以通词，由词以通道。’立段、王小学之基础。且凡天文、算术、舆地莫不精究”。时人汪中说：“千余年不传之绝学及戴氏出而集其成焉。”近人支伟成认为，正是由于戴震的卓越成就，“自此清学始能卓然自立，成一全盛学派也”[②]。清中叶，徽州“朴学经师，魁硕迭起”[③]。除江、戴而外，著名的徽派朴学家尚有金榜、程瑶田、洪榜、汪龙、凌廷堪、胡匡衷、胡培翚、俞正燮等。徽派朴学对中国学术思想的影响可谓至深至远，“自戴震崛起安徽，皖派经师，头角崭露。顾其同学及弟子，率长于礼，独程瑶田兼通水地声律工艺谷食之学。及戴氏施教京师，而传者愈众。声音诂训传于王念孙、段玉裁，典章制度传于任大椿。既凌廷堪以歙人居扬州，与焦循友善；阮元问教于焦、凌，遂别创扬州学派。故浙、粤诂经、学海之士，大都不惑于陈言，以知新为主，虽宗阮而实祧戴焉。若大兴二朱、河间纪昀，又均服膺戴说；后洊高位，莫不汲引朴学，皖派因益光大。曲阜诸孔，复传其学于山左。武进张惠言久游徽、歙，主金榜家，乃取所得，流衍南方。晚近尚有俞樾、孙诒让、章炳麟丕振坠绪。人才之盛，诚远迈他派矣！”[④]

① 支伟成：《清代朴学大师列传·皖派经学大师列传第五·江永》，岳麓书社1998年版，第69页。

② 支伟成：《清代朴学大师列传·皖派经学大师列传第五·叙目》，第69页。

③ 民国《歙县志》卷7《人物志·儒林》。

④ 支伟成：《清代朴学大师列传·皖派经学大师列传第五·叙目》，第76页。

## 二

明清时期，徽州学术思想的发展与演变，固然有其自身的理路，而徽商的兴盛、徽州商业经济的繁荣则为其提供了基础和条件。

学术的发展有赖于教育的发展，特别是书院教育的发展。宋代以后，书院数量的多少成为衡量一个区域学术发展水平的重要指标。究其原因，是因为书院及其讲会、会讲是传播学术、发展学术的重要阵地。正如有学者经过研究后所指出的："阳明学话语的建立、扩展及在明中后期对整个社会文化的笼罩，正是通过推行会讲、讲会的形式得以实现的。"[①]徽州是明清时期全国书院最为发达的区域之一，所谓"天下书院最盛者，无过东林、江右、关中、徽州"[②]。民国《重修婺源县志·学林传赞》说："闻诸故老，婺在昔四郊书院常相望，乡先正集徒讲学声相闻。"其实，不只婺源一县如此，徽属其他各县亦然，故康熙《徽州府志·凡例》云："新安讲学书院较他郡为多。"据笔者初步统计，明清时期，徽州共有各级各类书院93所：歙县21所、休宁9所、婺源34所、祁门13所、黟县8所、绩溪8所[③]。其中徽属紫阳书院、古紫阳书院，歙县的师山书院、斗山书院、崇文书院，休宁的还古书院、海阳书院，婺源的紫阳书院、福山书院，祁门的东山书院，黟县的碧阳书院，绩溪的颖滨书院等都是在全省或全国具有影响的书院。与书院发达相应的是讲会的纷行。明清时期，徽州的讲会形成了体系化、制度化和延续时间长等三个特点。讲会形式有院会、坊乡之会、邑会、郡会（六邑大会）、四郡大会等，客观上形成了由小到大的讲会体系。院会月举，"邑会季举，郡会岁举，徽（州）、宁（国）、池

① 陈来：《明嘉靖时期王学知识人的会讲活动》，《中国学术》第4辑，商务印书馆2000年版。

② 道光《徽州府志》卷3《营建志·学校》。

③ 参阅拙作：《徽州区域教育发展研究》，南京大学历史学博士后出站报告，2001年12月，第27—36页。

(州)、饶(州)四郡大会于每岁暮春举于四郡之中"[①]。同时讲会定有规条、置有会田、设有管理人员。如绩溪学者周绅在嘉靖四十五年(1566)所撰的《颖滨书院讲会会序》中说:"近代讲学,倡自陈白沙,先生躬诣紫阳,聚六邑人士每岁一会,定有规条。后龙溪、近溪两先生扩而远之为四郡大会,每县轮司,罔敢逾期。我邑……每月一会,每季坊乡俱会,置有会田,岁会首二人掌之。"[②]此外,徽州的讲会还有延续时间长的特点。研究中国书院史的学者认为,康熙中期以后,讲会制度渐行废止[③]。这大约是就全国一般情况而言的,具体到徽州来说,并非如此。据休宁《还古书院志》卷12《还古递年讲学会纪》记载,直到乾隆年间,还古书院仍在实行春秋会讲制度。而明清时期的徽州,作为学术发展舞台的书院和讲会的兴盛发达,其所依赖的正是徽商财力的支撑。徽州书院和讲会的创设、维护与经营,徽商和徽州的商业经济在其中起到了关键性的作用[④]。

学术的发展还有赖于学者的对外交流和通过这种交流对新思想的吸收。而在这方面,也是徽商为徽州学者提供了极大的便利。明中叶后,徽人四出经商,而经济文化发达的淮扬之域、东南诸镇及京师首善之区则是他们的侨寓集中之地。随着徽商在这些地区的成功经营,徽州本籍学者也纷纷走出家门,频繁往来于这些地区求学、讲学、著述,从事学术交流活动。如明末休宁学者汪学圣被高汇旃"延请东林讲学",汪佑曾"就杨维斗先生讲学吴门"。施璜"闻四方有贤,徒步千里考论同异。过梁溪访高汇旃,主东林讲席;过语溪诣吕晚村诘对,累日夜;应聘金陵,与孝感相国熊文端公论学,尤相契"[⑤]。清代休宁学者戴震的学术思想是在其北上京师及南下扬州的过程中不断发展和完备的。其间得到徽商的帮助尤多,在京师他曾住在歙县会馆和新安会馆,在扬州他成为徽商的"座上客"[⑥]。

① 康熙《徽州府志》卷15《人物志四·绩学》。

② 嘉庆《绩溪县志》卷11《艺文志》。

③ 白新良:《中国古代书院发展史》第三章第三节,天津大学出版社1995年版。

④ 参阅拙作:《徽商与明清徽州教育》,湖北教育出版社2003年版,第96—123页。

⑤ 《紫阳书院志》卷12,《中国历代书院志》。

⑥ 参阅周兆茂:《戴震哲学新探》,安徽人民出版社1997年版,第4—9页。

歙县学者凌廷堪也曾“客扬州”[①]。这种学术交流，必然扩大了徽州学者的视野，为徽州学术发展提供了新鲜的血液。徽州人“这种离家外出，历尽艰苦，冒险经商的传统，也有其文化上的意义。由于长住大城市，我们徽州人在文化上和教育上，每能得一个时代的风气之先。……因此在中古以后，有些徽州学者——如十二世纪的朱熹和他以后的，尤其是十八九世纪的学者像江永、戴震、俞正燮、凌廷堪等等——他们之所以能在中国学术界占据较高的位置，都不是偶然的”[②]。

学术的发展还有赖于一个社会对学者的尊重、对学识的崇敬，并要求社会能为学者提供一个良好的读书问学、研究学术以及无忧于生活的条件。正如梁启超所言：“欲一国文化进展，必也社会对于学者有相当之敬礼；学者恃其学足以自养，无忧饥寒，然后能有余裕以从事于更深的研究，而学乃日新焉。”[③]一国文化进展如此，一个地区的文化进展亦然。明清时期，“贾而好儒”的徽商就为徽州学者提供了这种良好的条件。徽商在鼎力办学的同时，又不吝资财，对求学士子从束脩膏火，直至家庭生活，进行全方位资助，使其无后顾之忧，一心向学。徽州的“以商养学”“以商助学”之举贯穿一家、一族、一县、一府，形成了系统化和网络化的特点[④]。此外，许多雄于资财的徽商还“竞蓄书画图器”，广购书籍，延请学者至其家，“丰馆谷以待”，为他们更深入的研究提供条件。如清代歙县大商人汪梧凤（1725—1771），家中辟不疏园，广置书籍，延请四方士子在此读书问学。前有郑虎文、汪中、黄仲则等人聚集于此，后有江永、戴震、郑牧、程瑶田、金榜、方希原、汪肇龙等人“诵习讲贯其中”。尤其是江永、戴震二人，“皆自奋于末流，常为乡俗所怪，又孤介少所合，而地僻陋无从得书。汪君独礼而致诸其家，饮食供具惟所欲。又斥千金置书，益招好学之士日夜诵习讲贯其中。久者十数年，近者七八年、四五

① 蔡冠洛：《清代七百名人传》下册，中国书店1984年版，第1556页。

② 胡适：《胡适自传》，江苏文艺出版社1995年版，第136—137页。

③ 梁启超：《清代学术概论》，上海古籍出版社1998年版，第66页。

④ 参阅拙作：《徽商与明清徽州教育》，湖北教育出版社2003年版，第105—108页。

年，业成散去”[①]。从而使不疏园一时成了徽派朴学家活动的中心。两淮的徽州盐商亦是如此，他们“既穷极奢欲，亦趋时尚，思自附于风雅，竞蓄书画图器，邀名士鉴定，洁亭舍、丰馆谷以待。其时刻书之风甚盛，若黄丕烈、鲍廷博辈固能别择雠校，其余则多有力者欲假此自显，聘名流董其事”[②]。徽商虽然是“思自附风雅”，但这种自附风雅所导致的对学者的“敬礼”，无疑有助于徽州学术的发展。

## 三

徽商为明清徽州学术思想的发展提供了基础和条件，与此相应，徽州学术思想的发展也适应了当时徽商在商业发展过程中对新思想的需求。

入明以后，随着人多地少的矛盾愈来愈突出，经营商业，力图向外发展就成了徽州人求得生存与发展的唯一选择，正所谓“吾邑之人不能不贾者，时也，势也，亦情也”[③]。然而，传统文化对商业、商人的排斥和鄙视却给徽人从商带来了无形的心理压力，特别是朱熹的“格物穷理”之论，“成人之道”之说，以及义利、天理人欲、君子小人之辨，更是使“弃儒就贾”的徽州人的内心深处有一种强烈的自卑感。如何平衡这种生存选择与传统价值取向的矛盾，使自己的生存与发展有一片较为宽松的心理空间？这是摆在徽商面前的一个亟待解决的问题。徽商盼望着贤人的指点，渴望着有一种新思想的指导。而这种贤人和新思想终于在明中叶徽商急需的时候出现了，这就是王阳明和他的“致良知”之说。王阳明认为，“良知（即天理）”是人人生来就有的，“不虑而知，不学而能”[④]，而且“良知之在人心，不但圣贤，虽常人亦无不如此”[⑤]，也就是说“愚夫愚妇

① 汪中：《古贡生汪君墓志铭》，转引自周兆茂：《戴震哲学新探》，第4页。

② 梁启超：《清代学术概论》，上海古籍出版社1998年版，第66页。

③ 万历《歙志·货殖》。

④ 王守仁：《王阳明全集》第1册，红旗出版社1996年版，第81页。

⑤ 王守仁：《王阳明全集》第1册，第71页。

与圣人同”[①]。既然“良知”人人皆有，“致良知”人人可行，那么只要能“致良知”，就不存在什么职业上的高下贵贱之别。所以，王阳明认为“治生亦是讲学中事”，“但言学者治生上，尽在工夫则可”，“果能于此处调停得心体无累，虽终日做买卖，不害其为圣为贤。何妨于学？学何贰于治生？”[②]王阳明的高第弟子王畿则视“良知”被私欲所蔽的儒为贾、为假儒，而视能“致良知”的贾为隐儒、为真儒[③]。阳明学派所持的“致良知”之说，以及由此引申的儒、贾之论，无疑适合了徽商的心理需要，为徽州商业社会发展所急需。正因为如此，当邹守益前往徽州宣教时，即得到了徽州的经商大族“若鲍氏、程氏、潘氏、胡氏、戴氏、谢氏、李氏、吴氏、方氏、洪氏、余氏、王氏”的欢迎，并积极与之“切磋”[④]；当王畿赴“新安六邑大会”时，“绩溪葛生文韶、张生懋、李生逢春”等追谒于歙县斗山书院，并叩首曰“某等深信阳明夫子良知之学，誓同此心，以此学为终始。惟先生独得晚年密传，窃愿有以请也”[⑤]。这种需要是导致阳明心学取代程朱理学，得以在徽州广为流布的社会基础。

清代的徽派朴学家们更是和徽商结下了不解之缘，他们或为徽商子弟，或被徽商延为上宾、受其资助。如清代朴学的集大成者戴震即出生于徽商家庭，其父戴弁以贩布营生，18至20岁时，戴震曾随父“客南丰，课学堂于邵武”；27岁至32岁戴震与江永、程瑶田等共学于歙县大商人汪梧凤的不疏园中；35岁至50岁期间，又先后在徽商大贾集中的扬州住有五六年之久，与扬州徽商广泛交往，成为他们的“座上客”，并曾一度坐馆于徽商兼大藏书家马曰琯的府第[⑥]。再如徽派朴学家凌廷堪，其父经商于江苏海州板浦。父亲去世后，家庭生活难以为继，廷堪不得不于十二三岁时

① 王守仁：《王阳明全集》第1册，第52页。

② 王守仁：《王阳明全集》第3册，红旗出版社1996年版，第1134页。

③ 王畿：《龙溪王先生全集》卷13《赠南山黄君归休序》，四库全书存目丛书本，齐鲁书社1997年版。

④ 邹守益：《东廓邹先生文集》卷1《赠郑景明归徽》，四库全书存目丛书本。

⑤ 王畿：《龙溪王先生全集》卷13《赠南山黄君归休序》，四库全书存目丛书本。

⑥ 参阅周兆茂：《戴震哲学新探》，第2—9页。

辍学经商。正因为徽派朴学家们大多生长在徽商家庭，许多人还曾亲身涉足商海，后来又长期与徽商有着千丝万缕的联系，“具知民生隐曲”[①]，而在他们的思想中不能不体现出徽商的愿望和要求。正如有学者所指出的，戴震在经济上提出的“富民为本”“好货好色”；在哲学上对程朱理学的唯心主义理一元论的猛烈批判以及提出“以情挈情”“体民之情，遂民之欲”等等，正是徽商要求在戴震思想上的曲折反映[②]。也正如侯外庐先生所说的：戴震对封建专制制度及对“以理杀人”的批判，“反映了市民阶级的要求……在这一点上，他复活了十七世纪清初大儒的人文主义的统绪，启导了十九世纪的一线曙光”；“戴震所谓‘人等于我’的社会哲学思想和他借用商业资本活动中的术语‘权衡轻重’的方法，都是近代资本主义的议题”[③]。

原载《历史档案》2005年第2期

① 章太炎：《释戴》。

② 参阅周兆茂：《戴震哲学新探》，第9—10页。

③ 侯外庐：《中国思想通史》第5卷，人民出版社1956年版，第455页。

# 徽商与明清徽州科举业的发达

明清时期的徽州，既是个“十室九商”“以货殖为恒产”的商贾之乡，又是个“科甲蝉联，海内宗风，官居上爵，代不乏人”的科举兴盛之地。商人、商业和儒学、科举的关系，在徽州人那里是“贾为厚利，儒为名高……一弛一张，迭相为用，不万钟则千驷，犹之转毂相巡”[①]。正如有学者所说：“科举仕宦与商业致富，对于徽州犹如车之两轮、鸟之双翼，‘相若践更’，相互为用。这是徽州在历史上能够全面发展，取得辉煌成就的两个支点。”[②]因此，分析徽商与明清徽州科举业发展之间的关系，无疑是徽学研究的重要基础性工作，同时也是科举学中典型区域研究的重要课题。

## 徽州是明清时期中国科举业最发达的地区之一

说一个地区科举业发达，中举人数自然是最重要也是最基本的指标。一个地区的中举人数众多与该地区的科举理念、围绕科举所采取的各种教育措施以及所形成的社会风尚等息息相关。

明清徽州科举业的发达主要表现在四个方面：

其一，徽州人将科举入仕视为最高的价值追求。徽州大族大多来源于

① 汪道昆：《太函集》卷52《海阳处士金仲翁配戴氏合葬墓志铭》。

② 叶显恩：《徽州文化全书·总序》，安徽人民出版社2005年版。

中原的儒学之家或显宦之第。迁徽以后，他们不仅仍保持原有的宗族体系，而且也继承“崇儒尚教的优良传统，特别重视文化教育，走读书仕进、科甲起家之路”。所以到南宋初年，仅休宁一县，每次应乡贡者“常过八百人”[①]，而整个徽州则“毋虑二千人”[②]。这些带着父辈、宗族殷殷期望的徽州士子，“橐楮笔，起山林，与四方英俊争进趋，往往高捷乡国”[③]。中举人数的众多，使徽州“迨圣宋则名臣辈出”。到明清时期，由于商业上的成功造就的雄厚经济基础，使徽州人对科举入仕的追求更为强烈。据记载，明中后期，休宁县“即就试有司，动至数千人”[④]；就连在徽州地区经济文化相对比较落后的黟县，清初也是“应童试者且千人”[⑤]。之所以如此，是因为徽州人深刻认识到“族之有仕进，犹人之有衣冠，身之有眉目也”[⑥]的道理，特别强调科举仕进的人生价值。

其二，徽州人广泛创设各级各类教育机构，为子孙科举入仕创造条件。除官学外，徽州民间创设的塾学、义学、书院、书屋、文会等各级各类教育机构遍布城乡各地，形成了“十家之村，不废诵读”，“新安讲学书院较他郡为多”，以及“城市乡镇，各立文会”的局面。这些教育机构的创设虽然各自具有多重意义，但为科举服务无疑是它们最重要的功能之一。

在这里，我们特别要指出的是“文会”。明清时期，徽州“乡村多有斯文之会”，是全国文会最为发达的地区之一。从整体上看，明清徽州文会的主要功能就是“萃一乡之彦而课制艺”，通过“同类相求、同朋相照、同美相成”，共同提高，以提高在科举考试中的竞争力。因而，请“斯文主”命题作文，然后评论文章，就成为文会的主要教育教学活动。因此，明清徽州科举人才的兴盛与文会的广泛设立存在某种程度上的相关性。正

① 洪适：《休宁县建学记》，康熙《休宁县志》卷7《艺文志》。

② 淳熙《新安志》卷8《叙进士题名》。

③ 戴元表：《孝善胡先生（斗元）墓志铭》，《新安文献志》卷92上。

④ 万历《休宁县志》卷1《风俗》。

⑤ 嘉庆《黟县志》卷1《政事志·学校》。

⑥ 休宁《茗洲吴氏家典》卷6。

如明天启元年（1621）歙县人江学海所说的，江村聚星文会创设后，“一时人心鼓舞，争自淬磨，（万历）乙酉（万历十三年）之役，社中荐贤书者两人，廪学宫者若而人，入胶庠者若而人，文社之益彰彰矣”[①]。

其三，徽州人对科举入仕者建牌立坊，营造出浓郁的崇儒重仕的社会氛围。徽州是中国的牌坊之乡。明清时期，徽州的城乡到处耸立着大小不一、形状各异的牌坊和牌坊群。据方志记载，康熙年间，休宁县有牌坊145座；嘉庆年间，绩溪县有牌坊91座；清末，婺源县有牌坊155座；歙县，现保存下来的牌坊仍有近百座。明清时期，徽属六县的牌坊数当在千座以上[②]。在这些众多的牌坊中，又以“高爵甲科居大半”，即大多是“世科坊”“进士坊”“状元坊”等科举功名坊。这些牌坊，实际上是一座座科举功名的纪念碑。徽州人给中举入仕者“树坊表于其乡”，其目的是“俾称道勿绝，夫亦励人积学立名之心欤”[③]，营造出浓郁的崇儒重仕的社会氛围。

其四，徽州是明清时期考中进士最多的府级行政区之一。笔者根据徽州方志进行了粗略的统计（包括部分占籍或寄籍外地中式的徽州士子），得出明代徽州中文进士者计有452人、武进士者56人；清代徽州中文进士者计有684人、武进士者111人。徽州明清文进士数占全国2.2%，其中明代占全国的1.82%、清代占全国的2.55%。明清徽州进士不但总数位居全国各府前列，而且状元人数更为显赫。据统计，清代徽州本籍和寄籍考中的状元就有19名，占全国的17%。以府计，清代苏州府状元最多（不包括太仓州），有24名，如果去掉其中6名具有徽州籍的状元，苏州府实有状元18人，比徽州府尚少1人[④]。

① 江登云：《橙阳散志》卷11《艺文志》下。

② 参阅李琳琦：《徽商与明清徽州教育》，湖北教育出版社2003年版，第179—189页。

③ 民国《婺源县志》卷7《坊表赞》。

④ 参阅李琳琦：《徽州教育》，安徽人民出版社2005年版，第159—160页。

## 徽商为明清徽州科举业的发达提供了思想基础和物质条件

在浓厚的徽州传统文化和传统价值观念的影响下，经商谋利只是徽州人为解决生存和发展的一种手段，而用经商所得之厚利让子弟业儒入仕、显亲扬名才是徽商的终极关怀。正如明中叶的著名学者王世贞所说："徽地四塞多山，土狭民众，耕不能给食，故多转贾四方。而其俗亦不讳贾。贾之中有执礼行谊者，然多隐约不著，而至其后人始，往往修诗书之业以谋不朽。"[①]如明休宁人汪可训，因"不得志……遂辍帖括"。经商致富后，他延名师，课督其子，并训诫其子曰："此余未究之业也，尔小子容一日缓乎！"[②]在保存完好的明清徽商的宅第中，我们今天还可以看到许多诸如这样的楹联："几百年人家无非积善，第一等好事只是读书"（黟县西递村）、"万世家风惟孝悌，百年世业在读书"（黟县宏村）、"欲高门第须为善，要好儿孙必读书"（黟县官路村），等等。

正因为徽商的终极关怀是让子孙习儒业、入仕途，为了实现这一目标，经商致富后，他们不吝资财，为家乡士子的读书业儒、科举入仕创造条件。首先是多方位、多层次地资助和发展家乡的教育事业，如亟置塾学、广设义学、倡建书院、兴办文会等等。徽州各级各类教育机构的建立和维护，都与徽商的积极参与分不开。其次是对求学士子从束脩膏火，直至家庭生活，进行全方位资助，使其无后顾之忧，一心向学。徽州的"以商养学""以商助学"之举贯穿一家、一族、一县、一府，形成了系统化和网络化的特点。再次是积极捐建县考棚、府试院，并在南京建试馆、在北京建会馆，为士子应考提供全方位服务。最后是大力捐输科举试资，为远赴南京和北京参加乡试与会试的家乡士子提供经费支持。

---

① 王世贞：《弇州山人续稿》卷116《处士程有功暨配吴孺人合葬志铭》。

② 《休宁西门汪氏家谱》卷6《太学可训公传》。

## 明清徽州科举业的发达促进了徽商的兴盛和徽州文化的繁荣

发达的明清徽州科举业也促进了徽州商业的发展。首先，通过科举培养出来的一大批徽州仕宦在某种程度上成了徽商在朝廷中的代言人和政治保护伞。这些徽州仕宦对“凡有关乡闾桑梓者，无不图谋筹画，务获万全”[①]，在施政和议事中竭力保护徽商利益。明清时期，徽商之所以能在两淮、两浙盐业、茶叶运销、皇木采购等官府控制的行业中独占鳌头，其所具有的坚强的政治后盾实是其中最主要的原因。其次，一大批受过儒学科举教育的徽州学子，因种种原因未能中举入仕而投入商界，成为有文化的商人。他们熟悉儒家的待人接物之道，了解历史上商人的兴衰成败之理，故能精于筹算、审时度势，把生意越做越活，最终成为富商巨贾。

明清徽州科举业的发达，不仅为封建国家培养了一大批“官居上爵”的仕宦、为徽州地区培养出一个有文化的商人群体，而且通过科举教育大大提高了徽州人的整体文化素质，培养出各类人才，形成了“人文辈出，鼎盛辐臻，理学经儒，在野不乏”[②]的盛况。单以歙县为例，居科名之先者，如中状元的有唐皋、金榜、洪莹、洪钧等，居相国之隆者有许国、程国祥等，阐理学之微者有朱升、唐仲实等，兴经济之业者有唐文凤、杨宁等，宏政治之才者有唐相、吴湜等，擅文章之誉者有汪道昆、郑桓等，副师武之用者有汪宏宗、王应桢等。而徽州的朱熹、戴震和胡适则是不同历史时期的学界巨擘，也是思想史上的三座丰碑。这些人才在学术、绘画、书法、篆刻、医学、建筑、戏剧等领域各领风骚，从而形成了新安理学、徽派朴学、新安医学、新安画派、徽派建筑、徽派刻书、徽派版画、徽剧等斑斓璀璨而又独树一帜的“徽州文化”。

原载《光明日报》2008年1月1日“史学”版

① 《重修古歙东门许氏宗谱·许氏阖族公撰观察遽园公事实》。

② 道光《重修徽州府志·序》。

# 徽学其他问题研究

# 清代徽州契约文书所见“中人”报酬

在频繁的商业经营活动中，徽州孕育出强烈的契约意识。作为契约的第三方，“中人”成为契约成立不可或缺的重要组成部分。遗存丰富的徽州文书中，亦充分体现出传统徽州社会“无中不契约”的现象。梁治平在其著作《清代习惯法：社会与国家》中说：“就清代而言，中人在整个社会经济生活中扮演的角色极其重要，而且在习惯法上，他们的活动也已经充分地制度化，以至于我们无法设想一种没有中人的社会、经济秩序。”[①]学术界对“中人”问题多有探讨，如陈明光、毛蕾《驵侩、牙人、经纪、掮客——中国古代交易中介人主要称谓演变试说》[②]，李祝环《中国传统民事契约中的中人现象》[③]，李桃、陈胜强《中人在清代私契中功能之基

① 中国政法大学出版社1996年版，第121页。

② 《中国社会经济史研究》1998年第4期。

③ 《法学研究》1997年第6期。

因分析》[①]等，对于“中人”称谓的历史沿革进行了梳理[②]；叶显恩、杜赞奇、梁治平、吴欣、滋贺秀三和岸本美绪等，对于中人身份问题表达了不同见解[③]；蔡志祥《从土地契约看乡村社会关系》[④]、赵思渊《19世纪徽州乡村的土地市场、信用机制与关系网络》[⑤]、吴欣《明清时期的“中人”及其法律作用与意义——以明清徽州地方契约为例》[⑥]等，对契约双方与中人的关系进行了分析。对于中人作用与职责的探讨，学者们大致趋同于

① 《河南社会科学》2008年第5期。

② 在“中人”称谓历史沿革的问题上，学者们普遍认为：第三方参与签订契约的较早记载出现在周共王时期的青铜器五祀卫鼎的铭文中，裘卫用五田来交换邦君厉的四田，并请有关官员证人参加。《吕氏春秋》中有“段干木，晋国之大驵也”的记载（参见［战国］吕不韦撰，［汉］高诱注：《吕氏春秋》卷4《孟夏纪·尊师》，《四部丛刊初编缩本》第95册，上海商务印书馆1936年影印本）。根据张传玺考证，“驵”可能最早就是说合牛马交易的中人（参见张传玺：《秦汉问题研究》，北京大学出版社1995年版，第202页）。秦汉时期，类似的称谓有“任者”“任知者”“时任知者”“时在旁”“旁人”“时旁人”等。魏晋南北朝时期，除上述称谓之外，又出现了“时见”“时人”“临坐”等称谓。唐朝出现了职业化的中人，即“牙人”，或称“牙侩”，其大多经官府批准，代客买卖，抽取佣金。唐宋时期，非职业化中人的称谓有“见人”“邻见人”“同院人”“知见人”“证见人”“同保人”等。至明清时期，契约中的中人称谓有“见人”“中见人”“见中人”“中证人”“中保人”等，或直接写为“中人”。

③ 参见叶显恩：《明清徽州农村社会与佃仆制》，安徽人民出版社1983年版，第64页；［美］杜赞奇著，王福明译：《文化、权力与国家——1900—1942年的华北农村》，江苏人民出版社1996年版，第168—178页；梁治平：《清代习惯法：社会与国家》，中国政法大学出版社1996年版，第161页；吴欣：《明清时期的“中人”及其法律作用与意义——以明清徽州地方契约为例》，《南京大学法律评论》2004年第1期；［日］滋贺秀三等著，王亚新、梁治平编：《明清时期的民事审判与民间契约》，法律出版社1998年版，第312页。

④ 蔡志祥编：『許舒博士所蔵商業及土地契約文書 乾泰隆文書』（『東洋学文献センター叢刊：第65輯』），東京大学東洋文化研究所附属東洋学文献センター，1995年10月，第246—273页。

⑤ 《近代史研究》2015年第4期。

⑥ 《南京大学法律评论》2004年第1期。

中介、见证、保证和调解四个方面。[①]至于中人的报酬，管见所及，学术界对此虽有关注，但现有研究成果多以土地买卖及典当等契约研究的附属而存在，并非以主体身份出现，故缺乏全面和深入的系统性探究。[②]本文将主要利用清代徽州的相关契约文书，试图对徽州中人作中是否获取报酬以及报酬类型、报酬占交易额的比重、报酬的支付方和中人作中的动因等问题予以澄清。不当之处，敬请方家指正。

## 一、“中人”是否获取报酬

“唐宋以后，契约上一般不写对中保人致酬事；但致酬事一直是存在的，有用宴请的形式，也有送银钱的。送给中人的叫做‘中礼银’，送给代书人的叫做‘笔资银’。”[③]目前所见清代徽州文书中，关于中人报酬的记录不是特别多，但致酬事的习俗应该是广泛而普遍存在的。及至民国，黟县知事调查中仍有债权人出中资的记录。[④]需要说明的是，所谓“广泛而普遍存在”，并非指每场交易都会对中人致酬事，且每份契约文书均有相关记录，而是指这种现象作为一种习俗，在民间社会广泛而长久地存在着。

① 参见梁治平：《清代习惯法：社会与国家》，第120—126页；李祝环：《中国传统民事契约成立的要件》，《政法论坛》1997年第6期；［美］杜赞奇著，王福明译：《文化、权力与国家——1900—1942年的华北农村》，第168—178页；胡谦：《中人调处与清代民事纠纷解决》，《烟台大学学报》（哲学社会科学版）2008年第3期。

② 参见张传玺：《秦汉问题研究》，北京大学出版社1995年版；史建云：《近代华北土地买卖的几个问题》，“华北乡村史学术研讨会”论文，山西太原，2001年；李金铮：《20世纪上半期中国乡村交易的中保人》，《近代史研究》2003年第6期；刘道胜：《明清徽州宗族文书研究》，安徽人民出版社2008年版；俞如先：《民间典当的中人问题——以清至民国福建闽西为视点》，《福建论坛》（人文社会科学版）2009年第5期。为方便观点的阐述，各位学者具体观点在下文涉及时进行详细列举。

③ 张传玺：《秦汉问题研究》，第204页。

④ 前南京国民政府司法行政部编，胡旭晟等点校：《民事习惯调查报告录》（下），中国政法大学出版社2000年版，第549页。

笔者从《徽州千年契约文书》（清·民国编）[1]，《徽州文书》第1辑卷1—卷5[2]，（新安）《遗爱堂征信录》[3]、（新安）《惟善堂征信全录》[4]、（新安）《笃谊堂征信录》[5]、《歙县馆录》[6]、（新安）《思义堂征信录》[7]中，整理出关于中人报酬的明确记录共187条。其中，有28条出自《徽州千年契约文书》（清·民国编）卷11。该卷所载《合同文约誊契簿》和《嘉庆祁门凌氏誊契簿》的首页分别注有："嘉庆二十二年岁在丁丑正月，凌荣春抄誊合同、分单、拚约，各行立号，订上于后，立旦。计开各行题号于左，再查验明"[8]、"嘉庆二十四年四月凌荣春誊录众契于上，日后详明查契，其真契天春公收，系长子宗富收领"[9]。这两份誊契簿包含了数量可观的中资和酒酬记录[10]，其内容如下：

契一：立兑换契在城汪赤山祠、秩下经首人龙文等。原有承祖买受三四都八保，土名小塘坞口，月字七百八十一号，计田八十步零四分，折实租贰秤。其田系在明华、明富、记鸾等屋旁边，猪鸡耗散，因佃辞田不种。经管首人向凌姓理论，凭中劝谕，凌姓自愿将自己买受八保土名牌丘，月字八百六十二号，计丈田一百二十步，折实租叁秤整，两姓自愿兑换。其小塘坞口凌姓管业，其牌（丘）汪祠管业，

① 中国社会科学院历史研究所收藏整理，王钰欣、周绍泉主编：《徽州千年契约文书》（清·民国编），花山文艺出版社1993年版。

② 刘伯山主编：《徽州文书》第1辑，广西师范大学出版社2005年版。

③ 清道光年间刊本。

④ 清光绪十七年刊本。

⑤ 清光绪十三年刊本。

⑥ 清光绪三十年刊本。

⑦ 清宣统三年刊本。

⑧ 中国社会科学院历史研究所收藏整理，王钰欣、周绍泉主编：《徽州千年契约文书》（清·民国编）卷11，第193页。

⑨ 中国社会科学院历史研究所收藏整理，王钰欣、周绍泉主编：《徽州千年契约文书》（清·民国编）卷11，第383页。

⑩ 誊契簿，即对原契的誊写。誊契者在誊写过程中，会做很多批注，中资和酒酬记录就出现在这些批注中。

各无异说，各收各推。今欲有凭，立此兑换契存照。

乾隆三十九年十二月初八日立兑换契汪赤山祠等

秩下经首人：汪龙文

汪圣表

汪又兆

中见：汪上临 代书

汪尧万

江德章

真契明笔收。外贴银六两付汪又兆、上临、圣表、来仪、摇万五人收领照派。又外去银五两汪圣表、汪又兆、汪摇万三人私得，此银亦不公。又去银一两德章中资。又去银二钱德云中资。又用银七钱五分酒酌。共用银二十三两，各派银七两六钱六分六厘。又四十年二月二十六日同汪姓扒小塘坞口与牌丘二处税，三人当即用去钱一千五百文，其汪姓扒税之钱未出一文。[1]

契二：立兑换田皮契人凌记旺，今有承祖阄分田皮一丘，坐落八保，土名小塘坞口，计田三分。因叔祖房弟迁居做造屋宇在于旁边，猪鸡耗散，自愿将田凭中面出兑与叔祖明华、明富、房弟记窎三人名下，前去做屋管业。明华将自己买受土名合丘靠山田皮一丘，计田六分，明富将自己承父阄分土名晏坑口田皮六分，记窎将自己买受土名黄家坞口田皮八分，三人共田三号，出兑与记旺名下前去耕种、交租管业。自兑之后，无得增减反悔，仍依此契为准。今欲有凭，立此兑换契永远存照。

乾隆四十六年三月二十日

立兑换田皮契人：凌记旺

代笔中见：房兄记龙

其兑换契明华收去，又去中资钱一百八十文，各派出钱六

① 中国社会科学院历史研究所收藏整理，王钰欣、周绍泉主编：《徽州千年契约文书》（清·民国编）卷11，第207—208页。

十文。[①]

可以看出，这两份文书后的批注对原契所在地，中资、酒酬等各项钱两以及各项支出情况进行了记录。另有46条记录出现在《康熙黟县李氏抄契簿》《乾隆休宁黄氏置产簿》《乾隆休宁黄氏抄契簿》和《胡廷卿立〈收支总登〉》这些契约抄本中，42条出现在各年《分置产契价中资过户印契总登》中，其余71条以“再批”“又批”的形式出现在《徽州文书》各归户文书中。这表明，一般情况下会为中人提供报酬，只是习惯上不在原合同契约中注明，而是由契约人在誊契、账簿中予以记录，或者在契约签订后以批注的形式说明。《清道光二十六年卢加兆立加典茶山约》显示，卢加兆因急用无措，以九九大钱4000文将茶山加典给吴，契约后注明“再批：无中无酒”。[②]之所以批注“无中无酒”，恰恰也表明中人和酒酬已是约定俗成的定式，当出现特殊情况时，反而需要特意标明。

## 二、报酬的类型及其占交易总额的比例

目前，文书所见的中人报酬主要有银两、宴请、物品三种类型。其中，以银两形式出现的报酬，一般被称为“中金”“中礼”“中资”；常见的物品则主要包括土布、亥、粮食等。《康熙六年李有功等卖屋契》载：“谢中人每位银四钱、亥三斤，外送邦快兄土布五丈价五钱，茂良五钱。”[③]《康熙十五年李邦庸卖屋契》载：“二十六又付佳生伯粮四砠，又付粒谷二砠；同日付惟馨兄粮四砠，又付粒谷二砠。二十八付喜九叔粮四砠，又付粒谷二砠。九月二十八付耕求二砠，付长寿叔大谷四砠、又付粒

① 中国社会科学院历史研究所收藏整理，王钰欣、周绍泉主编：《徽州千年契约文书》（清·民国编）卷11，第208—209页。

② 刘伯山主编：《徽州文书》第1辑卷1，第336页。

③ 中国社会科学院历史研究所收藏整理，王钰欣、周绍泉主编：《徽州千年契约文书》（清·民国编）卷5，第141页。

谷四砠。”[①]此外，文书中的“酒酬”即宴请，其不仅是答谢中人的一种方式，对于契约双方来说也很有必要。毋庸置疑，在传统社会里，国家民法系统不完备且效率低下，契约履行更多依靠于当事人自身的诚信道德，而保障契约的履行就要依靠社会的看法与公众的舆论压力。在公开场合进行酒酬，无疑会给契约双方带来一种隐形约束力，促使其认真估量违约行为所导致的舆论谴责和社会看法。

酬金占交易总额的比例是多少？福建地区“清至民国中人酬金占典价的比值一般维持在2%的比率上”[②]；华北地区“付给中人的佣金按照田价的百分比定，清前期佣金较低，约为田价的2%～3%，到清末，华北地区佣金习惯上为地价的5%或6%。民国时期，政府规定的佣金为6%。各类中人中，官牙纪、监证人等都按政府规定收地价之6%作佣金……亲邻作中人者……所收佣金高者同样为地价的6%，低者可以分文不取，或由买方招待一餐饭而已”[③]。清代徽州的中人酬金在文书中虽然记载不多，但正式给付的中人酬金应当有一定规制。笔者从众多文书中整理出关于中人报酬的记录，并据此计算得出中资占交易总额的比例：

**表1　中资占交易总额比例**

| 年代 | 契约名称 | 交易额 | 中资、酒酬 | 中资占交易总额比例 |
|---|---|---|---|---|
| 康熙六年(1667) | 李有功等卖屋契 | 35两整 | 16钱 | 4.6% |
| 康熙三十五年 | 置产契目 | 1两 | 中2钱 | 20% |
| 康熙三十六年 | 置产契目 | 9两5钱 | 中5钱 | 5.3% |
| 康熙四十七年 | 黄阿戴卖田契 | 九五色银14两整 | 9分4厘 | 2.8% |
| 康熙四十七年 | 黄卖地契 | 2两8钱 | 中金2钱 | 10.7% |

① 中国社会科学院历史研究所收藏整理，王钰欣、周绍泉主编：《徽州千年契约文书》（清·民国编）卷5，第298页。

② 俞如先：《民间典当的中人问题——以清至民国福建闽西为视点》，《福建论坛》（人文社会科学版）2009年第5期。

③ 史建云：《近代华北土地买卖的几个问题》，“华北乡村史学术研讨会”论文，山西太原，2001年。

续 表

| 年代 | 契约名称 | 交易额 | 中资、酒酬 | 中资占交易总额比例 |
|---|---|---|---|---|
| 康熙五十八年 | 黄找臣卖田契 | 6两整 | 中金2钱5分 | 4.2% |
| 雍正十三年(1735) | 黄阿程找价 | 价银29两整 | 中礼1两 | 3.5% |
| 乾隆三十八年(1773) | 凌明华等分单合同 | 10两 | 中资钱400文 | 3% |
| 乾隆四十六年 | 徐永成承拚契 | 3两整 | 酒酌银2钱5分、中资银2两1钱 | 70% |
| 乾隆四十六年 | 凌明华等清白分单合同 | 3300文 | 300文合同酒酌 | 9.1% |
| 乾隆四十七年 | 诸天仁等承拚契 | 4100文 | 钱300文酒酌 | 7.3% |
| 乾隆四十七年 | 诸天仁出拚契 | 4500文 | 钱325文 | 7.2% |
| 乾隆四十八年 | 王承诱立典田约 | 九五色价银14两7钱 | 酒水银8钱8分 | 6% |
| 乾隆四十九年 | 记龙等出拚契 | 大钱2400文 | 200文 | 8.3% |
| 乾隆五十五年 | 牛荣先分价单 | 九七银8两5钱整 | 银3钱中资 | 3.5% |
| 乾隆五十五年 | 凌氏出拚契 | 大钱7820文 | 钱100中资 | 1.3% |
| 乾隆五十七年 | 凌明富等清白合文 | 55两整 | 2两中资 | 3.6% |
| 乾隆六十年 | 林云彩立典田约 | 九七色价银15两 | 中酒银6钱 | 4% |
| 嘉庆元年(1796) | 汪兆恭祠等出拚契 | 4000文整 | 钱150文发客酒 | 3.8% |
| 嘉庆元年 | 凌记龙等出拚契 | 大钱3000文整 | 150文酒酌 | 5% |
| 嘉庆元年 | 胡杞年祠等出拚契 | 大钱4000文整 | 钱200文中资 | 5% |
| 嘉庆三年 | 廖大有承拚契 | 9两整 | 2钱2分中资 | 2.4% |
| 嘉庆六年 | 陈敦仁等承租契 | 8100文,又收银1两 | 银1两中资 | 9% |
| 嘉庆六年 | 陈敦仁等承租契 | 40两 | 2两5钱中资差费、1两3分酒酌 | 6.3% |

续 表

| 年代 | 契约名称 | 交易额 | 中资、酒酬 | 中资占交易总额比例 |
| --- | --- | --- | --- | --- |
| 嘉庆六年 | 江、凌、汪等出租文约 | 5两 | 银1两1钱1分 | 22% |
| 嘉庆十一年 | 凌启义祀拚契 | 2两4钱出水 | 钱2钱4分中资 | 10% |
| 嘉庆十一年 | 凌启义祀等拚契 | 4两2钱 | 银4钱中资 | 9.5% |
| 嘉庆十一年 | 凌大俊叔侄出拚契 | 5两5钱 | 银2钱5分 | 4.5% |
| 嘉庆二十年 | 凌出拚契 | 49两5钱 | 银2两1钱酒酌 | 4.2% |
| 道光十三年(1833) | 金胡氏等立杜断卖田契 | 大钞4000文 | 中资价钱204 | 6% |
| 道光二十一年 | 汪素和立当田契 | 九七色河平价银31两 | 中酒银1两8钱6分 | 5.8% |
| 咸丰二年(1852) | 金大达等立典屋约 | 光洋2元 | 中资光洋2元4角 | 12% |
| 咸丰四年 | 汪兆基等立杜断典田约 | 九九钱3500文 | 中资钱150文 | 4.2% |
| 咸丰八年 | 金宋氏等立杜断卖茶山契 | 九九价钱3000文 | 中资钱300文 | 10% |
| 咸丰十年 | 程让庆立典屋约 | 光洋钱3元 | 中资洋钱1钱8分 | 8.3% |
| 光绪九年(1883) | 项坤玦立当田契 | 九九大钱18000文 | 中资钱1000文 | 5.6% |
| 光绪十一年 | 程翼如等立典屋约 | 曹平宝纹50两 | 中资曹纹3两 | 6% |
| 光绪三十二年 | 邱百福立典田约 | 英洋14元 | 中六洋1元零8分 | 7.9% |
| 光绪三十三年 | 邱百福立押田契 | 英洋40元 | 中酒资英洋2元4钱 | 5% |
| 光绪三十□年 | 舒礼仪立当田字契 | 70元 | 中资3元5角 | 5% |

资料来源：表中契约内容整理自《徽州文书》第1辑卷1《邱氏文书》，卷2《汪氏文书》，卷3《程氏文书》，卷4《金氏文书》《吴氏文书》，卷5《江氏文书》《余氏文书》；《徽州千年契约文书》（清·民国编）卷5《康熙黟县李氏抄契簿》，卷7《乾隆休宁黄氏置产簿》，卷10《乾隆休宁黄氏抄契簿》，卷11《嘉庆祁门凌氏誊契簿》。

说明：表中银钱比例换算，依据彭信威《中国货币史》，群联出版社1954年版，第529、530、538、539、548页，"清代制钱市价表"所列银钱比价换算，"清代制钱市价表"中未列之年份与省份，则参照最邻近年份与省份比值换算。

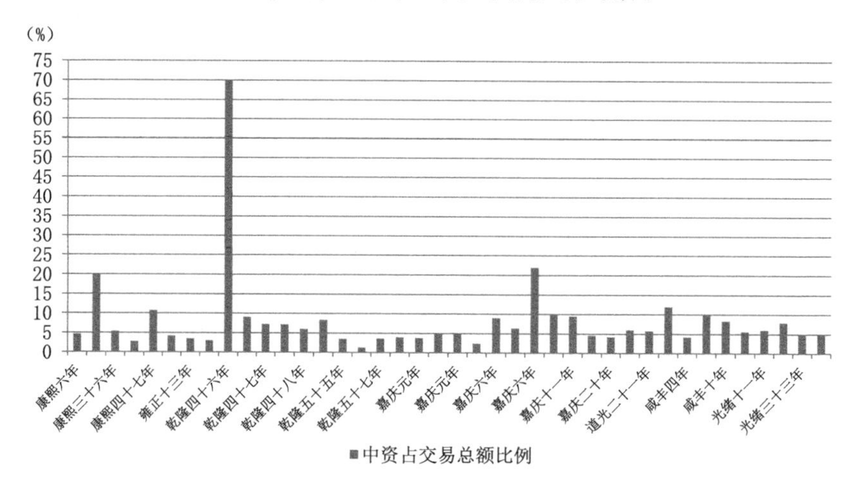


**图1　中资占交易总额比例数据柱状图**

表1数据显示，中资一般不低于交易总额的2%，不超过交易总额的10%，以5%左右的居多，清前期比值略低于清中晚期。这与上述清代华北地区以及民国时期比值出入不大。需要关注的是，《乾隆四十六年徐永成承拚契》的中资比例高达70%，《乾隆五十五年凌氏出拚契》的中资比例则仅为1.3%。因此，需要对这两份契约进行详细分析。

立承拚契人青邑徐永成。今拚到汪、黄、凌、江四姓名下山一号，系三四都八保，名株枫坑头，律字五百七十九号，东至降、西至胡张贵地、南北至山。四至之内在山杂柴是身拚砍斫做货出水。三面议定价纹银三两整。其银当即兑足付讫。其山来历不明，出拚人承当，不干承拚人之事。自成之后，两无增减反悔。今欲有凭，立此拚契存照。

乾隆四十六年三月十二日
立承拚契人：青邑徐永成
中见人：黄圣旺、凌义顺
代笔：汪景儒

其山价银，因山与胡姓毗连，其程村碣胡兆万同胡村磋胡君信将坟山出拚，以致毗连砍斫过界。今汪、黄、凌、江四姓人查契，托中黄圣旺、凌义顺、汪景儒向姓理论。蒙中劝息，胡姓自愿退出价银三两，客人复另立承拚。客人又出酒酌银贰钱五分。其山价银俱系托中，酒酌劳谢，中资一并用银二两一钱。仍剩银九钱，黄圣茂、汪见义二人收处，未情分价。其情不合，再日后出拚言知。[①]

在文书誊契者批注中，我们知晓因出拚之山与胡姓毗连，胡姓砍斫过界产生了纠纷。黄圣旺、凌义顺、汪景儒3位中人查明契约，在中间劝息，得到了大家都较为满意的结果：“胡姓自愿退出价银三两，客人复另立承拚。”誊契者写道：“其山价银俱系托中。”因此，正价的70%是用于酒酬、中资。在《嘉庆六年江、凌、汪等出租文约》中，誊契者也写道：“江该银一两一钱一分，因山分不清，契书不真，此银谢中。”[②]其中资比例也高达22%。一般来说，中人在交易始末发挥的作用越大，付出的精力越多，所获中资占交易总额的比值就会越高。上两例都是因为中人在事后发挥了查契和调解作用，故获得了较高的中资。

在《乾隆五十五年凌氏出拚契》中，誊契者写道：“支钱一百中资；支钱卅百廿文明富掌养力；支钱一百廿文游牌禁土。”[③]可以看出，在这次交易中，除中资外，还有其他杂项支出，因此在给予中人中资时，会考虑

① 中国社会科学院历史研究所收藏整理，王钰欣、周绍泉主编：《徽州千年契约文书》（清·民国编）卷11《乾隆四十六年徐永成承拚契》，第220—221页。

② 中国社会科学院历史研究所收藏整理，王钰欣、周绍泉主编：《徽州千年契约文书》（清·民国编）卷11《嘉庆六年江、凌、汪等出租文约》，第334页。

③ 中国社会科学院历史研究所收藏整理，王钰欣、周绍泉主编：《徽州千年契约文书》（清·民国编）卷11《乾隆五十五年凌氏出拚契》，第246页。

到减少此项支出，中资比例为1.3%也在情理之中。

在中资比例低于5%的契约文书中，《咸丰四年汪兆基等立杜断典田约》注明其中人是“祖伯父汪灶勇、祖伯母汪门胡氏、代笔伯汪起芳”[1]。作为中人，相较于一般族众，这3人与契约人关系更为亲密，且立契人汪兆基同伯汪起芳以及契约方“汪”应是同宗族，彼此熟识，中人在此可能只是一种见证，无须说合，且未出现后续的纠纷调解。在这种情况下，作中报酬相对也不会过高。因此，在约定俗成的基础上，中资占交易额的比值会根据中人与契约双方的关系及其发挥的作用等现实因素做出相应调整。

## 三、报酬的支付情况

中资、酒酬等由谁来承担？学术界对此尚未形成较有说服力的结论[2]，对于徽州的情况，也还涉及不多。刘道胜认为，徽州典当契约的“中人”报酬主要由当主支付。[3]俞如先则以清至民国福建闽西为视点，指出中人报酬一般先由承典人代垫，出典人回赎之日除了将典价归还外，还须将

① 刘伯山主编：《徽州文书》第1辑卷2，第255页。

② 史建云认为，佣金由交易双方共同支付，且支付比例有双方均摊和“成三破二”两种。“成”指置产之家，“破”指弃产之家，“成三破二”即买主支付佣金的3/5，卖主支付2/5，在近代华北，这种支付比例比双方均摊更为普遍（参见《近代华北土地买卖的几个问题》，“华北乡村史学术研讨会”论文，山西太原，2001年）。李金铮指出，交易双方所出中保人佣金的比例不一致。除了少数为均分之外，多数是买方支付的比例比卖方要大。具体到买人、典人方与卖出、典出方各自承担佣金的比例，最常见者分别为交易额的3%、2%，即俗语所谓“成三破二”（参见《20世纪上半期中国乡村交易的中保人》，《近代史研究》2003年第6期）。俞如先认为，清至民国闽西民间典当中“中人”礼费一般先由承典人代垫，出典人回赎之日除了将典价归还外，还须将“中人”礼费一并奉还给承典人［参见《民间典当的中人问题——以清至民国福建闽西为视点》，《福建论坛》（人文社会科学版）2009年第5期］。

③ 从所举当契契尾加批之“年份未满取赎认还，年份已满不认”，“年份未满取赎之日认还使用钱”来看，这些开支主要由当主支付（参见刘道胜：《明清徽州宗族文书研究》，第73—74页）。

“中人”报酬一并还给承典人。[①]笔者从《徽州文书》第1辑1—5卷中整理出10户文书，分别为：《邱氏文书》《胡氏文书》《查村江氏文书》《汪氏文书》《程氏文书》《查氏文书》《金氏文书》《吴氏文书》《丰登江氏文书》《余氏文书》。这些文书均为归户文书，时间跨度大，地域范围广，数量种类多，内容丰富。其中，显示中人参与内容的有637份，明确标注中资支付情况的有62份。具体支付情况列表如下：

**表2　中资支付情况一览**

<table>
<tr><th>契约类型</th><th>时限</th><th>中资支付</th><th>契约名称</th></tr>
<tr><td rowspan="2">典约、押契</td><td>期满</td><td>/</td><td rowspan="2">《清道光十年四月方观林立典坦约》<br>《清道光十一年十一月江成章立典坦约》<br>《清道光十四年十一月江冬至会支丁江茂年等立当田约》<br>《清道光二十一年三月汪素和立当田契》<br>《清道光二十一年十月汪希圣立当田契》<br>《清道光二十一年十月汪如树立当田契》<br>《清道光二十一年十二月江成章立典豆坦约》<br>《清道光二十一年十二月方元兴立典坦约》<br>《清道光二十九年七月汪巽孚等立典坦契》<br>《清道光二十九年十一月江卢氏等立当田契》<br>《清咸丰元年十月汪榆邦等立典坦契》<br>《清咸丰元年十一月江汪氏等立转典坦契》<br>《清咸丰二年四月江阿汪氏等立典屋约》<br>《清咸丰三年二月西华立典房屋约》<br>《清咸丰三年十二月方步高立典坦契》<br>《清咸丰四年五月江阿汪氏立典菜园地约》<br>《清咸丰四年又七月江门汪氏等立杜断等田约》<br>《清咸丰四年九月汪达云立典坦约》<br>《清咸丰五年十二月胡鹏云立典坦约》<br>《清咸丰六年五月方爱惜立当田契》<br>《清咸丰六年九月江耀宗等立典田契》</td></tr>
<tr><td>未满</td><td>出典(押)人</td></tr>
</table>

① 俞如先：《民间典当的中人问题——以清至民国福建闽西为视点》，《福建论坛》（人文社会科学版）2009年第5期。

续表

<table>
<tr><th>契约类型</th><th>时限</th><th>中资支付</th><th>契约名称</th></tr>
<tr><td rowspan="9">典约、押契</td><td>未满</td><td>出典(押)人</td><td>《清咸丰六年十一月方爱惜立当田契》<br>《清咸丰九年十二月江阿卢氏等立典茶柯山约》<br>《清咸丰十年八月程康林立押坦字》<br>《清咸丰十一年五月汪焕卿立典田约》<br>《清同治元年十月江汤室氏立典田约》<br>《清同治二年二月方六庆立典田约》<br>《清同治四年正月方焌阳立典茶柯契》<br>《清同治七年十二月胡锡麟立典茶山地并柜木约》<br>《清光绪十五年七月胡灶发等立典田坦茶柯约》<br>《清光绪二十四年十二月汪吴氏等立典茶柯柜子树约》<br>《清光绪三十一年四月江王氏立典田约》<br>《清光绪三十四年腊月邱百福立典田约》<br>《清宣统元年九月韩长信立典田约》</td></tr>
<tr><td>期满</td><td>两家</td><td rowspan="2">《清乾隆六十年八月林云彩立典田约》</td></tr>
<tr><td>未满</td><td>/</td></tr>
<tr><td>期满</td><td>受典(押)人</td><td rowspan="2">《清光绪十一年二月程翼如等立典屋约》<br>《清道光七年七月金项氏等立典屋约》</td></tr>
<tr><td>未满</td><td>/</td></tr>
<tr><td>期满</td><td>受典(押)人</td><td rowspan="2">《清道光二十一年十二月江成章立典豆坦约》<br>《清咸丰二年七月金大达等立典屋约》<br>《清同治十一年十月妇项门汪氏立典屋约》<br>《清光绪三十二年十月邱百福立典坦契》<br>《清宣统元年六月胡庆贵等立典田约》</td></tr>
<tr><td>未满</td><td>出典(押)人</td></tr>
<tr><td>期满</td><td>两家</td><td rowspan="2">《清咸丰八年三月项卫氏等立押田契》<br>《清咸丰十年又三月程让庆立典屋约》</td></tr>
<tr><td>未满</td><td>出典(押)人</td></tr>
<tr><td rowspan="2">杜断典约</td><td>期满</td><td>/</td><td rowspan="2">《清咸丰四年正月汪兆基等立杜断典田约》</td></tr>
<tr><td>超期</td><td>出典人</td></tr>
<tr><td rowspan="4">当契</td><td>期满</td><td>受当人</td><td rowspan="2">《清光绪九年十二月项坤玦立当田契》<br>《清光绪三十□年四月舒礼仪立当田字契》</td></tr>
<tr><td>超期</td><td>出当人</td></tr>
<tr><td>期满</td><td>/</td><td rowspan="2">《清嘉庆二十二年十一月江殿梁立当田契》<br>《清道光二十一年十月汪如树立当田契》<br>《清咸丰六年十一月方爱惜立当田契》</td></tr>
<tr><td>未满</td><td>出当人</td></tr>
</table>

续表

| 契约类型 | 时限 | 中资支付 | 契约名称 |
|---|---|---|---|
| 杜断卖契 | 期限内 | 卖人 | 《清光绪八年十一月江庆松等立杜断卖田契》 |
| | 期限外 | 买人 | |
| | 期限内 | 卖人 | 《清道光十三年正月金胡氏等立杜断卖田契》 |
| | 期限外 | / | |
| | 期限内 | 两家 | 《清道光十三年十月查尚泽立杜断卖坦契》 |
| | 期限外 | / | |
| | 未满 | 卖人 | 《清咸丰四年又七月江门汪氏等立杜断等田约》<br>《清光绪十八年七月金观元立杜断卖田契》 |
| | 期满 | / | |
| | 未满 | 卖人 | 《清咸丰八年十二月金宋氏等立杜断卖茶山契》<br>《清同治元年九月上母金汪氏等立杜断卖田契》<br>《清光绪三十三年四月朱春发等立杜断卖田契》 |
| | 期满 | 两家 | |
| 卖契 | 期限内 | 卖人 | 《清道光三十年十二月金启福立卖茶柯山契》 |
| | 期限外 | 买人 | |
| 抵断契 | 期限内 | 当业人 | 《清光绪二十八年腊月吴门胡氏等立抵断田字》 |
| | 期限外 | 受业人 | |

从表2可见，不论是典约、押契、当契，还是杜断典契、抵断契中，中人报酬并非由固定一方支付。在实际操作中，报酬由哪一方支付是带有不固定和可变动性的。其主要依据两点：一是“成破”双方的经济地位；二是对契约合同的遵守情况。

立当契人项坤玦，缘双凤姐病故，灶荫外贸不家，代办衣衾棺椁无措，将伊祖遗押土名乌土干田一处，计租十二砠。托凭中立契出当与王廷漠兄名下，谷租九砠，自收三砠，计当价九九大钱十八千文正。其钱当日收足，其谷递年八月交出不得短少。三面言定五年满取赎中资钱一千文受当人认，五年外取赎中资钱一千文出当人认，无得异说。恐口无凭，立此当契为处。

光绪九年十二月 日

立当契人：项坤玦

中见：项裕顺

项理时

项连升

项李氏

项灶云

王并春

汪灶龙

代笔 项坤潞[①]

该文书中，项坤玦因代办双凤姐衣衾棺椁，将双凤姐乌土干田当与王廷漠，“三面言定五年满取赎中资钱一千文受当人认，五年外取赎中资钱一千文出当人认”。此外，《清光绪三十二年十月邱百福立典坦契》中也批注：“以五年为期，如未满五年取赎中钱当出业人承知，自当五年已满中钱不归出业人之事。”[②]《清咸丰八年三月项卫氏等立押田契》批有：“十年已满听凭原价赎回，其中资两家认，未满中资钱出押全认。”[③]由此可见，如果出当（典/押/卖）人违反了契约约定，中资就由出当（典/押/卖）人认；如果出当（典/押/卖）人遵守契约约定，中资一般由受当（典/押/买）人认或者是契约双方均认。文书的批注显示，徽州契约双方承担中资时，存在平摊的现象。诸如：“十年满取赎对认，未满十年取赎中资出典

① 刘伯山主编：《徽州文书》第1辑卷1《清光绪九年十二月项坤玦立当田契》，第198页。

② 刘伯山主编：《徽州文书》第1辑卷1，第209页。

③ 刘伯山主编：《徽州文书》第1辑卷1，第122页。类似批注还有很多，诸如刘伯山主编《徽州文书》第1辑卷3中的《清咸丰十年又三月程让庆立典屋约》，第90页；《清道光十三年十月查尚泽立杜断卖坦契》，第454页；《清光绪元年十月查国桢等立典屋契》，第474页。以及《徽州文书》第1辑卷4中的《清光绪十八年七月金观元立杜断卖田契》，第263页；《清光绪二十三年九月胡允明等立合墨》，第278页；《清光绪三十□年四月舒礼仪立当田契字》，第359页；等等。

人全认”[①]，“十五年未满中资两家均认”[②]，“十五年前取赎两半对认”[③]。至于先前学者所言“成三破二”之情况，笔者尚未在徽州文书中有所发现。虽然不能就此否定“成三破二”的结论，但可以确定该结论是片面的，或者说至少在徽州并非如此。

除“对认”现象外，“认还”多次出现在文书中也引起了笔者的注意。[④]《清宣统元年六月胡庆贵等立典田约》中再批：“十年已满原价赎回，十年未满认还中资酒水。”[⑤]《清道光十三年二月金项氏等立典屋约》言定：“二十年满不认中资酒水，二十年未满，屋东还认中资。”[⑥]事实上，在契约合同订立时，人们总是希望契约合同的约定能够得到遵守，契约双方也以契约能够得到遵守为前提，因此，中资一般会由受当（典/押/买）人先支付。若日后出当（典/押/卖）人遵守立契时限约定，按时取赎，那么中资就确定由受当（典/押/买）人支付；若出当（典/押/卖）人未遵守契约时限约定，就要“认还”中资。契约双方对认时，也同样适用，如《清咸丰十年又三月程让庆立典屋约》中再批：“中资洋钱一钱八分，十年满取赎对认，未满十年取赎中资出典人全。”[⑦]

“成”——置产之家，不管是经济上还是心理上，都优于“破”——

① 刘伯山主编：《徽州文书》第1辑卷3《清咸丰十年又三月程让庆立典屋约》，第90页。

② 刘伯山主编：《徽州文书》第1辑卷3《清道光十三年十月查尚泽立杜断卖坦契》，第454页。

③ 刘伯山主编：《徽州文书》第1辑卷3《清光绪元年十月查国桢等立典屋约》，第474页。

④ 刘伯山主编：《徽州文书》第1辑卷1《清宣统元年六月胡庆贵等立典田约》；卷4《清道光三十年十二月金启福立卖茶柯山契》《清光绪三十三年四月朱春发等立杜断卖田契》；卷5《清道光十年四月方观林立典坦约》《清道光十四年十一月江冬至会支丁江茂年等立当田约》《清咸丰二年四月江阿汪氏等立典屋约》《清咸丰四年五月江阿汪氏立典菜园地约》《清咸丰四年又七月江门汪氏等立杜断等田约》《清同治四年正月方焌阳立典茶柯约》。

⑤ 刘伯山主编：《徽州文书》第1辑卷1，第404页。

⑥ 刘伯山主编：《徽州文书》第1辑卷4，第70页。

⑦ 刘伯山主编：《徽州文书》第1辑卷3，第90页。

弃产之家。契约合同订立时，人们也总是希望契约合同的约定能得到遵守，因此，在合同得到遵守的预设前提下，考虑到经济地位以及契约双方心理，“成”方往往承担中资，或契约双方均分。当然，契约合同中，也常常对违约情况出现时的中资支付方进行规定，这无形中会对“破”方形成一种约束，使其尽可能遵守约定时限。

## 四、余论

获取报酬是否是中人作中的动因和目的，学术界目前没有定论。[①]笔者认为在大多数情况下，获取报酬并不是中人作中的动因和目的。在契约中，“中人”注明为“族人”“保长”“里长”等，是其作为中人在现实生活中的身份。一般来说，这些“中人”在其社会交往圈内是有一定信誉、威望和社会地位的，其作中当某种程度上是为了继续赢得社会尊重，以及得到对自身价值的一种肯定，也是行使其对契约习惯的遵守和履行的监督。一般的亲族参与到契约合同中，大多也并非以逐利为目的。其作为差序格局中最近的一圈[②]，彼此息息相关，生存相依，具有超越经济利益的

① 李祝环认为：从广义上讲，非职业性的中证人参加契约的成立，其目的并不完全为了得到酬礼，而在习惯中，可能更为看重的是对自我身份及信誉的肯定（参见《中国传统民事契约成立的要件》，《政法论坛》1997年第6期）。陈胜强指出，是否收取中资可能与中人的社会来源有关。一般乡民可能会因其付出的辛劳而要求一定的经济利益，而有一定经济基础的乡民或乡间领袖则可能会对经济利益不甚看重而追求好名誉等其他隐性的政治或社会利益。尽管在很多情况下，中人作中并不收取中资或仅是象征性地收取一点礼物，但大多数情况下，中人还是会因其辛劳和承担的责任的原因而收取中资（参见《论清代土地绝卖契约中的中人现象》，《民间法》2011年第1期）。

② “我们的格局不是一捆一捆扎清楚的柴，而是好像把一块石头丢在水面上所发生的一圈圈推出去的波纹。每个人都是他社会影响所推出去的圈子的中心。被圈子的波纹所推及的就发生联系……以‘己’为中心，像石子一般投入水中，和别人所联系成的社会关系，不像团体中的分子一般大家立在一个平面上的，而是像水的波纹一般，一圈圈推出去，愈推愈远，也愈推愈薄。”（参见费孝通：《乡土中国　生育制度　乡土重建》，商务印书馆2011年版，第27—28页）

伦理和地缘联系。“亲族作为中人，只是出于亲邻关系而具有的伦理道义为内在驱动的，而在外在的也就自然形成互相帮助的集体本位的伦理生活状态和秩序。”[①]当然，我们也不能否认存在为得到一定报酬而作中的情况，这种不确定性、多样性正是乡土社会生活丰富鲜活的表现。

清代徽州乡村社会中是否出现了职业化中人？这里所说的职业化中人不是传统意义上的牙人，而是乡村社会中以作中为职业，以作中取得的报酬作为其主要经济来源的人。目前，笔者所见对此问题进行讨论的文章仅有1篇。唐红林在《中国传统民事契约格式研究》中认为：“正是诸多领域需要中人参与这一实践需求，促使中人不可能以一种职业化的形式渗入到农业社会中，而寻求一种极为简便、经济的公证资源，并且具有较高威望的人予以充任。”[②]由于资料缺乏，笔者目前对徽州乡土社会是否出现职业化中人这一问题还没有一个确切的结论。清代中晚期，尤其是到清晚期，乡土社会日渐发生改变，一部分农民失去土地，促使部分无地无业的村民成为地主的居间代理人。居间代理人的社会来源、职业、收入以及居间代理人是否就是职业化中人等问题值得学术界更多关注与探讨。

中人在契约双方之间说合、见证、调解，其在契约签订过程中展示了基层民众的行为方式，通过这种方式我们看到其中所展示出的一种民间社会秩序，一种鲜活的、生动的、多彩的乡土社会生活图景。在徽州中人的报酬以及相关问题上，还需更多资料去完善和论证，以得到更真切的答案，还原最真实的中人面貌。

原载《中国经济史研究》2016年第6期。该文的第一作者是郭睿君

① 唐红林：《中国传统民事契约格式研究》，博士学位论文，华东政法大学，2008年，第152页。

② 唐红林：《中国传统民事契约格式研究》，博士学位论文，华东政法大学，2008年，第149页。

# 清代祁门县王鼎盛户实征册研究

实征册，又称实征文册、白册、推收实征册，系地方官府每年为编徭征税而编制的一种赋役文书。清代，每年一造的实征册成为地方官府赋役征收的实际依据。[①]实征册所登载的业户田土税亩以及土地推收等信息，较为具体地呈现了乡村土地占有与土地买卖的实际形态，为地权分配研究提供了第一手资料。新近整理的清代祁门县二十二都二图四甲王鼎盛户实征册，详细地记载了该户雍正六年（1728）至咸丰九年（1859）土地税亩及推收等内容，是研究清代乡村地权分配十分珍贵的文书档案资料。本文以该实征册为基础，依据二图四甲的土地统计数据，对该甲土地分配实态进行具体考察，以期研究土地所有与土地占有、地权流转与土地分配周期等问题。

## 一、王鼎盛户实征册文书概述

安徽师范大学图书馆藏祁门县二十二都二图第四甲王鼎盛户实征册共6册：

第一，《雍正六年、七年、十年、十一年、十二年、十三年王鼎盛户实征册底》。该册封面题："雍正六年、七年、十年、十一年、十二年、十

① 严桂夫、王国键：《徽州文书档案》，安徽人民出版社2005年版，第100、226页。

三年止王鼎盛户实征册底”，另有一行说明性文字，“八九年本外户均无推收，故无册”。该册正文计201页，按上述6个年度，逐年分别登载王鼎盛户所属子户的田土推收税亩。墨迹抄本，保存完好。

第二，《乾隆元年起至三十年王鼎盛户各位便查清册》。该册封面残缺。正文自一至一百六十一编码，计322页。首行题“乾隆元年起至三十年止王鼎盛户各位便查清册”，其次以户为单位，分别登载各户乾隆元年（1736）至乾隆三十年（1765）不同年度的田产推收。墨迹抄本，保存基本完好。

第三，《嘉庆元年起至二十五年二十二都二图四甲王鼎盛户归位总册》。该册封面题：“嘉庆元年起至二十五年止王鼎盛户归（笔者注：位总册）”。正文自一至一百零五编码，计210页。正文首题“二十二都二图四甲王鼎盛户归位总册”，其次按户分别登载嘉庆元年（1796）至二十五年不同年度的田土推收税亩。墨迹抄本，保存完好。

第四，《道光元年起至十六年二十二都二图四甲王鼎盛户各位一贯底册》。该册封面残缺。扉页题“道光十七年暮春中浣王申甫抄”。王申甫其人不详。该册正文实为2次抄录而成：一是“二十二都二图四甲王鼎盛户道光元年起至十六年各位一贯底册”，按一至五十三编码；二是“二十二都二图四甲王鼎盛户道光十三年起至十六年各位底册”，又按一至二十编码，在抄本一的基础上略有补充。正文内容亦以各子户为单位，分别登载上述年度的田土推收税亩。墨迹抄本，保存基本完好。

第五，《咸丰元年起至二年二十二都二图四甲王鼎盛户实征册》。该册封面题：“二十二都二图四甲王鼎盛户咸丰元年起至二年止实征册”。正文70页，按户登录咸丰元年（1851）、二年田土推收税亩。墨迹抄本，保存完好。

第六，《咸丰三年起至九年二十二都二图四甲王鼎盛户实征底册》。该册封面题：“二十二都二图四甲王鼎盛户咸丰三年起至九年止实征底册”。该册应为核对、誊清之后的抄本，故而封面题有“对清”字样。正文72页，按户分别登载咸丰三年（1853）至九年的田土推收税亩。墨迹抄本，保存完好。

此外，中国社会科学院经济研究所亦藏有乾隆七年（1742）至二十八年二图四甲《王鼎盛户实征底册》1册。据江太新介绍，该实征册以户为单位，以旧管、新收、开除、实在为格式，分别记载各户的土地变化情况。[①]从其文中所列各户户名、土地税亩等内容可以看出，该实征册所记内容与安徽师范大学图书馆藏《乾隆元年起至三十年王鼎盛户各位便查清册》内容基本一致，只是登录的格式略有不同。因此，该实征册应是王鼎盛户遗存的系列文册之一。

可以看出，上述文书均为王鼎盛户归户实征册。众所周知，赋税和徭役是封建国家存在的经济基础，为历代王朝命脉之所系。因此，作为赋税和徭役征纳文书，实征册有关人丁、土地的记载十分详尽。雍正五年（1727），赋役制度出现重大变革，将人丁税摊入地亩，按地亩之多少定纳税之数目；地多者多纳，地少者少纳，无地者不纳，是为“摊丁入亩”。在此背景下，署两江总督范时绎奏称：“请以雍正六年为始，将江苏、安徽各州县应征丁银，均摊入地亩内征收”。[②]所请得允，安徽省遂于雍正六年（1728）全面推行摊丁入亩。王鼎盛户所在的祁门县“自雍正六年始，丁随地办，于本县成熟田内摊征”，[③]故始于雍正六年（1728）的王鼎盛户实征册正是地方基层政权落实摊丁入亩政策的原始记录，较为生动地反映了国家政策在地方社会运行的实态。此外，王鼎盛户实征册迄于咸丰九年（1859），较为详细地记录了摊丁入亩之后长达130多年间的钱粮摊征及土地推收等，不仅为考察清代乡村土地买卖、土地集中与分散等问题提供了详实的资料，也为长时段观察中国封建社会后期一般地主之具体经济形态的变动情况提供了宝贵素材。

---

① 江太新：《论清代前期土地买卖的周期》，《中国经济史研究》2000年第4期。

② 《清世宗实录》卷64，雍正五年十二月辛丑，中华书局1985年影印本，第988页。

③ 祁门县地方志编纂委员会办公室编：《祁门县志》，安徽人民出版社1990年版，第372页。

## 二、王鼎盛户基本情况考

嘉庆、道光、咸丰实征册正文开头均题写“二十二都二图四甲王鼎盛户”字样，再据相关文献记载，可知这批文书所属地点当为祁门县二十二都第二图第四甲。上海图书馆藏有道光二十三年（1843）《鼎元文会同志录》1册。据其记载，鼎元文会系祁门县二十二都士绅为筹措应童子试经费而设立的文会组织，其田产分布及税粮缴纳的记载中，即有部分田产及税粮寄于王鼎盛户名下：

> 一钱粮分寄三约，俱立鼎元文会名。一在新安约二图五甲洪显邦户；一在龙溪约一图八甲陈宗虞户；一在高塘约二图四甲王鼎盛户。递年上限以四月初十日为限，下限以十月初十日为限。①

从中可以看出，二图四甲王鼎盛户所在地点为祁门县二十二都高塘约。约，又称乡约，是明清时期徽州地区以御敌卫乡、劝善惩恶、厉行教化或应付差役为目的的民间组织。②据《鼎元文会同志录》记载，每个乡约均由若干村庄所组成，如：高塘约之下的村庄有鸿溪、许村、查源等；龙溪约之下的村庄有下湾、李源、上湾、长滩、赵家、周家山等；新安约之下有新田南门、叶源、李村、西村等。③查阅道光《祁门县志》，上述新安、龙溪、高塘约及村落小地名等，均见诸祁门县二十二都。④又，上述二图五甲洪显邦户、一图八甲陈宗虞户也是王鼎盛户土地推收的对象，故而实征册中记载有不少王氏成员与洪显邦户、陈宗虞户子户的土地交易信息，详见表1。从上述资料记载基本可以确定，王鼎盛户所属地点为徽州府祁门县二十二都第二图第四甲。

① 《鼎元文会同志录·公议规则》，清刊本，上海图书馆藏。

② 卞利：《明清徽州社会研究》，安徽大学出版社2004年版，第73页。

③ 《鼎元文会同志录·鼎元文会各村乐输人名租数》，清刊本，上海图书馆藏。

④ 道光《祁门县志》卷3《舆地志·疆域》。

据光绪五年（1879）《祁门户口环户册》载："二十二都二图第四甲第　排，小地名高塘"①，亦可确认二图四甲王鼎盛户所在村庄为祁门县高塘村。高塘村，又称鸿村、鸿溪村，居民以王姓为主。②又据《高塘鸿溪王氏族谱》记载，高塘王氏以叔振公为始迁祖，后因子孙繁衍，王氏分为存一房、存二房两大房门。传至第二十六世，存一房无传，仅余存二房一门。存二房又分为长房模支、中房麒支、中房麟支、中房琏支、中房哲支、幼房蒋支、幼房位支、幼房济支。③对照《高塘鸿溪王氏族谱》，王鼎盛户实征册登录的子户均分属高塘鸿溪王氏长房、中房和幼房各支。例如，雍正六年（1728）实征册所登进贤、廷训、廷谏、千寿、五六、琥璟、廷珍、廷琳等，属于存二长房模支；茂春、夏龙、士龙、金龙、周龙、喜春、和春等，属于存二幼房蒋支；振元、傹九，为存二幼房位支；廷倬、道经、道绎、道辑、道纯、道续、道绥、道缩、廷位等，为存二幼房济支。可以看出，第四甲王鼎盛户所有子户均为高塘王氏家族各房成员。

从实征册相关记载可以看出，王鼎盛户为二图四甲的纳税户籍名称。雍正、道光、咸丰年间实征册的最后几行均对王鼎盛户土地数量进行了汇总，例如雍正六年（1728）实征册最后四行记载：

> 四甲总
>
> 旧管田一千七百六十九亩三分四厘三毛九系（丝）。
>
> 一推田二亩四分八厘八毛六系一勿（忽）。
>
> 实田一千七百六十六亩八分五厘五毛二系九勿，外加甲下新收田九分六系。④

---

① 光绪《祁门户口环户册》，安徽中国徽州文化博物馆陈琪收藏。

② 王曾正：《锦绣祁门·鸿村胜景仙桂乡》，黄山市政协编：《徽州乡村纪事》，安徽人民出版社2014年版，第203页。

③ 《高塘鸿溪王氏族谱》，乾隆五十七年刊本。

④ 《雍正六年、七年、十年、十一年、十二年、十三年王鼎盛户实征册底》雍正六年。

又如道光年间王鼎盛户实征册最后一行记“通甲共田壹千叁佰叁拾亩三分六厘柒毛肆丝壹勿”。不难看出，第四甲土地总数即王鼎盛户土地总数，因此“王鼎盛户”应是二图四甲王氏家族纳税户籍的名称。王鼎盛为该户户长，其生平及何时充任户长等均不明。在实征册中，王鼎盛也作为子户名出现，并有田地推收，如道光年间实征册记载：

> 鼎盛田一亩六分二厘八丝五勿。
>
> …………
>
> 十年，收田九分五厘二丝二勿五。系道光二年收学玮松杉会田，学玮未推，故归入户众。十二年，收田七分四厘八丝六勿。系嘉庆八年师讽总位错多，今查明，扒入户众。
>
> 十六年，收士菜田六分九厘九丝五。系道光五年［士］菜推九亩丘入守祀，守祀已收，［士］菜未往推。今查明，扒入户众。[1]

从上述记载来看，王鼎盛虽然也作为子户出现，但其田产权益属于“户众”，田地收益可能用于户众的税亩登记、钱粮催收等事务性开支。因此，王鼎盛其人当时应已去世，仅是名义上的户长而已。此外，实征册从雍正六年（1728）一直延续至咸丰九年（1859），王鼎盛一直充任该户户长，时间长达130多年，也能说明王鼎盛仅是作为户长的名义而存在。

户长名长期不变，非王鼎盛户个别现象。历年实征册均有王鼎盛户子户的土地推收记录，详细记载土地推收的户长姓名及子户姓名，其中二十二都第一、二图户长如表1。

**表1　雍正六年至咸丰九年祁门县二十二都第一、二图户长简表**

| 一图 | | 二图 | |
|---|---|---|---|
| 一甲 | 王永盛户 | 一甲 | 王发祥户 |
| 二甲 | 王际盛户 | 二甲 | 王鼎兴户 |

① 《道光元年起至十六年二十二都二图四甲王鼎盛户各位一贯底册》“鼎盛”。

续 表

| 一图 | | 二图 | |
|---|---|---|---|
| 三甲 | 赵永兴户 | 三甲 | 王道新户 |
| 四甲 | 汪惟大户 | 四甲 | 王鼎盛户 |
| 五甲 | 汪德茂户 | 五甲 | 洪显邦户 |
| 六甲 | 金复盛户 | 六甲 | 金德辉户 |
| 七甲 | 王光士户 | 七甲 | 金万钟户 |
| 八甲 | 陈宗虞户 | 八甲 | 王道成户 |
| 九甲 | 王都户 | 九甲 | 王思学户 |
| 十甲 | 金大进户 | 十甲 | 王大成户 |

表1所见二十二都仅设一、二图，与县志记载的图数相吻合。[①]一、二图之下各有十甲，也与清政府的里甲制（图甲制）要求一致，“凡里百有十户，推丁多者十人为长，余百户为十甲”[②]。另外，自雍正六年（1728）至咸丰九年（1859），祁门县二十二都第一、二图各户的户长始终没有变化。据栾成显研究，休宁县二十七都第五图三甲朱学源，自万历二十年（1592）至康熙四十年（1701）一直为该户户长，时间长达109年，最后只是作为户长的名义而存在，[③]这说明户长继承并非个案现象。之所以出现户长继承，与里甲制的破坏有关。郑振满认为，明朝中后期，全国一些地区的里甲户籍因为里甲制的破坏而开始固定化和世袭化，民间不再分析户籍，也就不再重新调整里甲户籍。[④]

雍正六年（1728）实征册在各子户之后，另有“甲户”一目，登录吴应芳、毕旺祖等6户的田地数量，而其他年份的实征册则将这些子户归为

① 道光《祁门县志》卷3《舆地志·疆域》。

② 赵尔巽等：《清史稿》卷121《食货二·役法》，中华书局1976年版，第3543页。

③ 栾成显：《明清庶民地主经济形态剖析》，《中国社会科学》1996年第4期；栾成显：《明代黄册研究》，中国社会科学出版社1998年版，第399页。

④ 郑振满：《明清福建的里甲户籍与家族组织》，《中国社会经济史研究》1989年第2期。

“甲下户”或“甲下寄”。“甲下户”似应为第四甲下等户。清初户籍之法规定：“其户之别，曰军、曰民、曰匠、曰灶。”另外，“凡军、民、匠、灶四籍，各分上中下三等”[①]。嘉庆年间实征册有关“头户”的记载，也证实了子户之间的户等差别，如：

甲下寄

…………

查才保　元年收田一亩八分五厘八毛三丝……收头户朝栋。

查宗理　十一年收地折田一分六厘四毛四丝七勿四六四……收头户廷本。

余圣迁　元年收田三分三厘……收头户旦祀。

…………[②]

“头户”和“下户”的记载表明，第四甲各子户之间存在户等差别。从甲下户的户名可以看出，这些子户均不是高塘王氏家族成员，当属代管畸零户，故而又称“甲下寄”。

总之，王鼎盛户名下存在不同类型的子户。依据子户名单统计，雍正六年（1728）王鼎盛户共有子户141户，十年、十一年137户，十二年138户，十三年139户，至咸丰元年（1851）时已多达188户。按平均每户2—3人推算，二图四甲的人口数字当在300—400人。

## 三、土地所有与土地占有

由于摊丁入亩后土地成为政府征收税粮的唯一依据，故而实征册详细记载王鼎盛户子户所有土地的税亩面积、地名以及土地推收等信息。从这些记载中，可以具体了解到二图四甲的土地所有与占有情况，参见表2。

---

① 赵尔巽等：《清史稿》卷120《食货一·户口》，第3480、3485页。

② 《嘉庆元年起至二十五年二十二都二图四甲王鼎盛户归位总册》。

**表2　雍正六年至咸丰九年二图四甲土地面积统计表**

单位：税亩

| 时间 | 面积 | 时间 | 面积 |
|---|---|---|---|
| 雍正六年 | 1769.1107091 | 嘉庆六年 | 1797.667373 |
| 雍正七年 | 1824.18123507 | 嘉庆七年 | 1778.490456 |
| 雍正十年 | 1785.943326 | 嘉庆八年 | 1787.033003 |
| 雍正十一年 | 1886.70405807 | 嘉庆九年 | 1779.138755 |
| 雍正十二年 | 1939.20407757 | 嘉庆十年 | 1758.783746 |
| 雍正十三年 | 1949.70643557 | 嘉庆十一年 | 1697.215003 |
| 乾隆元年 | 1956.795307 | 嘉庆十二年 | 1648.450208 |
| 乾隆二年 | 1990.767739 | 嘉庆十三年 | 1585.829184 |
| 乾隆三年 | 2002.853371 | 嘉庆十四年 | 1559.865489 |
| 乾隆四年 | 2019.685525 | 嘉庆十五年 | 1501.280888 |
| 乾隆五年 | 2018.633494 | 嘉庆十六年 | 1492.232484 |
| 乾隆六年 | 2043.746287 | 嘉庆十七年 | 1462.93608 |
| 乾隆七年 | 1980.745658 | 嘉庆十八年 | 1449.992362 |
| 乾隆八年 | 1997.279508 | 嘉庆十九年 | 1455.693766 |
| 乾隆九年 | 2009.452695 | 嘉庆二十年 | 1452.139908 |
| 乾隆十年 | 2024.697529 | 嘉庆二十一年 | 1437.809045 |
| 乾隆十一年 | 2038.869547 | 嘉庆二十二年 | 1446.123279 |
| 乾隆十二年 | 2038.869547 | 嘉庆二十三年 | 1487.256521 |
| 乾隆十三年 | 2090.622527 | 嘉庆二十四年 | 1473.995478 |
| 乾隆十四年 | 2140.139557 | 嘉庆二十五年 | 1485.599938 |
| 乾隆十五年 | 2145.598941 | 道光元年 | 1482.432202 |
| 乾隆十六年 | 2219.331972 | 道光二年 | 1445.15995 |
| 乾隆十七年 | 2213.94056 | 道光三年 | 1439.612543 |
| 乾隆十八年 | 2214.719641 | 道光四年 | 1478.989421 |
| 乾隆十九年 | 2223.262782 | 道光五年 | 1479.303751 |
| 乾隆二十年 | 2211.977407 | 道光六年 | 1416.962109 |
| 乾隆二十一年 | 2197.809006 | 道光七年 | 1416.215312 |
| 乾隆二十二年 | 2205.497872 | 道光八年 | 1419.918142 |

续 表

| 时间 | 面积 | 时间 | 面积 |
|---|---|---|---|
| 乾隆二十三年 | 2191.813337 | 道光九年 | 1414.928122 |
| 乾隆二十四年 | 2174.369452 | 道光十年 | 1430.395155 |
| 乾隆二十五年 | 2159.738758 | 道光十一年 | 1429.567865 |
| 乾隆二十六年 | 2155.719681 | 道光十二年 | 1417.456478 |
| 乾隆二十七年 | 2166.848679 | 道光十三年 | 1416.166965 |
| 乾隆二十八年 | 2169.24744 | 道光十四年 | 1387.277782 |
| 乾隆二十九年 | 2183.041726 | 道光十五年 | 1383.256272 |
| 乾隆三十年 | 2182.843476 | 道光十六年 | 1338.049405 |
| 嘉庆元年 | 1958.249771 | 咸丰元年 | 1245.8346 |
| 嘉庆二年 | 1864.985178 | 咸丰二年 | 1239.3142 |
| 嘉庆三年 | 1881.376625 | 咸丰三年 | 1237.1689 |
| 嘉庆四年 | 1845.301615 | 咸丰九年 | 1216.73935 |
| 嘉庆五年 | 1812.779982 | | |

注：册中登载的土地面积1767.75589亩，与统计数据有异。原登载数据恐有误。

从表2可以看出，二图四甲田土数呈现出明显的阶段性变化。自雍正六年（1728）始至乾隆三十年（1765）止，该甲田土数量呈现总体增长态势：乾隆十九年（1754）为最高点，土地总数达2223.262782税亩（以下简称“亩”）；嘉庆之后，田土数量逐年减少；至咸丰九年（1859），仅有1216.73935亩，为历史最低。土地数量的变化与土地买卖有关。毫无疑问，购进土地是二图四甲王鼎盛户增加田土的主要手段，例如乾隆七年（1742）至乾隆二十八年（1763）的21年中，陆续买进土地862.2亩，卖出648.74亩，[①]土地数量增加了213.46亩。就土地买卖而言，既有本户子户之间的土地买卖，也有本户子户与本图他甲、本都他图和其他都图子户的土地买卖。而本户子户与他图、他甲等子户的土地买卖，则是导致二图四甲田土数量变化的直接因素。如雍正七年（1729）买进土地55.6417428亩，卖出土地5.69818亩，净增土地49.9435628亩。这些净增的土地，并不是

① 江太新：《论清代前期土地买卖的周期》，《中国经济史研究》2000年第4期。

购自本户子户的土地，而是由本图一、三、五、七、八、九、十甲和一图一、二、三、七、八、九、十甲，以及二十一都一图五甲、城都二图一甲等子户购买而来。

嘉庆之后，二图四甲土地总数逐年减少，嘉庆元年（1796）拥有1958.249771亩，道光元年（1821）降为1482.432202亩，至咸丰九年（1859）时只有1216.73935亩，其原因与土地买卖、交易对象的变化有关。如道光十六年（1836），共买进土地50.2076566亩，卖出土地73.7629877亩，出售土地的数量多于购进土地的数量。其中，从本户子户购进的土地38.6658666亩，约占77%，而从他甲、他图购买的土地11.54179亩，约占23%，说明收购的土地主要来自户内的子户土地，本户之外的土地购买较为有限。而出售的土地中，售给他甲、他图的土地20.33055亩，与收进的他甲、他图土地相比，净流出8.78876亩。可以看出，购进他甲、他图的土地数量较少，而流入他甲、他图的土地增多，是清中期后二图四甲土地总量减少的主要原因。

购买土地需要资金，而二图四甲业户购买土地的资金来源，有关文书中并无明确记载。但在《嘉庆元年起至二十五年二十二都二图四甲王鼎盛户归位总册》最后一页，有王师性、王祖成、王尊篚3户人口和从事的职业等记载，其中“户民人王尊篚，年二十七岁，贸易，妻一口”，可以看出王尊篚是商人。其实，高塘王氏家族成员经商并非个案。据相关文献记载，高塘村前的鸿溪河下注江西杨春河，直至江西鄱阳湖，高塘王氏商人利用水路运输便利，将本地所产茶叶等土特产用船只和木筏运送到江西景德镇等地，再从当地带回粮食、布匹等，高塘遂成为一个小商品集散地。清末民初时，高塘沿街有商铺40余家、茶庄13座。[①]购买土地是明清乃至近代徽商资本的主要去向之一，因此，该甲购买土地的资金来源，当与其子户中有人从事商业经营有关。

上文已述，二图四甲的土地多从本图他甲和其他都图购买而来。而嘉

① 王曾正：《锦绣祁门·鸿村胜景仙桂乡》，黄山市政协编：《徽州乡村纪事》，第204页。

庆、道光、咸丰时期的王鼎盛户实征册，在具体记载土地买卖的税亩之外，还详细记载土地的土名及地籍分布的各保，如《嘉庆元年起至二十五年二十二都二图四甲王鼎盛户归位总册》记载：

一保：丁公坞、水府庙后、坛石坑、冷水坞、松术坞央田里……
二保：长坞口、泥湾合源、南坪下、冯家坡、爤庄坑……
四保：全坑店前、曹家坞、沙培、横丘、株术下、鲍村坦……
五保：田坞、小家坞、九尾丘、叶坑口、枫杨水丘、罗坑口……
六保：黄连角、布袋丘、沿山脚、洪西坑、大南坑篱笆丘……
上七保：上七坞口、膝外、团丘、牛栏丘、王家店基、胡稍尾……
下七保：湖丘、墩下、车坦湖稍尾桃术下、过水丘、汪家困下……
八保：郑坞坑夹颈里、塘坞口基……
九保：仓坞口、南冲口、豆坦坞、李庄坞、塘里竹园丘……

上述各“保”属于以经界地域为主的都保制，属鱼鳞图册系统，始于明初。[①]从遗存的文书资料可以看出，清代祁门县土地的地籍仍按都保制划分，如前所述祁门县二十二都鼎元文会置有田产全部分布于二十二都各保。在《鼎元文会同志录》中，还另列“鼎元文会各保租税”条目，详细记载一、二、四、五、六、上七、八、下七、九保各保内地块的土名、租额及税额。这些记载表明，二十二都在都保制下划分为上述9个保。从相互比对中可以看出，这9个保与《嘉庆元年起至二十五年二十二都二图四甲王鼎盛户归位总册》所记各保的名称及数量完全一致。据此判断，二图四甲王鼎盛户拥有的土地主要分布于二十二都范围之内。

从表2可以看出，二图四甲王鼎盛户在雍正六年（1728）已有土地约1769亩。通过土地买卖，至乾隆年间土地数量达到2000亩左右，其中乾隆十九年（1754）最高，达到2223.262782亩。道光、咸丰年间土地数量虽有减少，但基本保持在1200亩以上。据遗存的二十二都二图六甲金德辉户

① 栾成显：《明代黄册研究》，中国社会科学出版社1998年版，第296页。

文书资料显示，该户与王鼎盛户同在二十二都二图，但其土地数量在康熙四十八年（1709）至六十一年，最多时达304.1648962亩，最少为285.8266287亩；雍正元年（1723）至十一年，基本维持在300亩左右，最多时305.6856225亩；嘉庆三年（1798）至道光五年（1825），土地总数也在300亩左右，但最多也只有339.43999亩。[①]不难看出，二图四甲王鼎盛户的土地数量在雍正、乾隆年间是二图六甲金德辉户的5—7倍，嘉庆以后虽然土地数量减少，但仍是金德辉户土地数量的4倍左右。

土地买卖及分家析产等因素，必然导致子户在土地占有上出现差异，而土地占有差别则是测量地权分配均衡程度的重要指标。王鼎盛户子户土地占有分类情况，详见表3。

**表3　王鼎盛户子户土地占有分类表**

| 时间 \ 占有土地类别 | | 无产户 | 0—5亩以下 | 5—10亩以下 | 10—20亩以下 | 20—30亩以下 | 30—50亩以下 | 50—100亩以下 | 100亩及以上 | 合计 |
|---|---|---|---|---|---|---|---|---|---|---|
| 雍正六年 | 户数 | 7 | 81 | 18 | 9 | 5 | 13 | 7 | 1 | 141 |
| | % | 4.96 | 57.45 | 12.77 | 6.38 | 3.55 | 9.22 | 4.96 | 0.71 | 100 |
| | 面积/亩 | 0 | 142.327 | 127.303 | 136.499 | 124.820 | 496.913 | 492.273 | 248.975 | 1769.11 |
| | % | 0 | 8.05 | 7.20 | 7.72 | 7.06 | 28.09 | 27.83 | 14.07 | 100 |
| 雍正十年 | 户数 | 3 | 79 | 22 | 8 | 4 | 13 | 7 | 1 | 137 |
| | % | 2.19 | 57.66 | 16.06 | 5.84 | 2.92 | 9.49 | 5.11 | 0.73 | 100 |
| | 面积/亩 | 0 | 142.672 | 165.297 | 116.221 | 97.273 | 513.771 | 466.504 | 284.206 | 1785.944 |
| | % | 0 | 7.99 | 9.26 | 6.51 | 5.45 | 28.77 | 26.12 | 15.91 | 100 |

① 刘伯山主编：《徽州文书》第1辑第10卷，广西师范大学出版社2005年版，第112—160页。

续　表

| 时间 \ 占有土地类别 | | 无产户 | 0—5亩以下 | 5—10亩以下 | 10—20亩以下 | 20—30亩以下 | 30—50亩以下 | 50—100亩以下 | 100亩及以上 | 合计 |
|---|---|---|---|---|---|---|---|---|---|---|
| 乾隆元年 | 户数 | 6 | 63 | 23 | 9 | 8 | 13 | 8 | 2 | 132 |
| | % | 4.55 | 47.73 | 17.42 | 6.82 | 6.06 | 9.85 | 6.06 | 1.52 | 100 |
| | 面积/亩 | 0 | 127.524 | 164.342 | 126.728 | 191.065 | 520.837 | 522.108 | 304.191 | 1956.795 |
| | % | 0 | 6.52 | 8.40 | 6.48 | 9.76 | 26.62 | 26.68 | 15.55 | 100 |
| 乾隆八年 | 户数 | 0 | 68 | 24 | 17 | 3 | 13 | 8 | 2 | 135 |
| | % | 0 | 50.37 | 17.78 | 12.59 | 2.22 | 9.63 | 5.93 | 1.48 | 100 |
| | 面积/亩 | 0 | 146.136 | 174.939 | 240.723 | 75.765 | 523.673 | 557.414 | 278.629 | 1997.279 |
| | % | 0 | 7.32 | 8.76 | 12.05 | 3.79 | 26.22 | 27.91 | 13.95 | 100 |
| 乾隆十三年 | 户数 | 6 | 70 | 24 | 17 | 5 | 8 | 11 | 2 | 143 |
| | % | 4.20 | 48.95 | 16.78 | 11.89 | 3.50 | 5.59 | 7.69 | 1.40 | 100 |
| | 面积/亩 | 0 | 134.399 | 165.274 | 237.019 | 123.120 | 287.809 | 797.592 | 345.410 | 2090.623 |
| | % | 0 | 6.43 | 7.91 | 11.34 | 5.89 | 13.77 | 38.15 | 16.52 | 100 |
| 乾隆十九年 | 户数 | 0 | 80 | 25 | 23 | 10 | 3 | 8 | 4 | 153 |
| | % | 0 | 52.29 | 16.34 | 15.03 | 6.54 | 1.96 | 5.23 | 2.61 | 100 |
| | 面积/亩 | 0 | 160.698 | 173.085 | 308.454 | 239.488 | 114.502 | 608.575 | 618.460 | 2223.262 |
| | % | 0 | 7.23 | 7.79 | 13.87 | 10.77 | 5.15 | 27.37 | 27.82 | 100 |
| 乾隆二十九年 | 户数 | 0 | 69 | 20 | 19 | 10 | 6 | 3 | 7 | 134 |
| | % | 0 | 51.49 | 14.93 | 14.18 | 7.46 | 4.48 | 2.24 | 5.22 | 100 |
| | 面积/亩 | 0 | 102.370 | 144.595 | 248.974 | 240.120 | 227.233 | 199.679 | 1020.071 | 2183.042 |
| | % | 0 | 4.69 | 6.62 | 11.40 | 11.00 | 10.41 | 9.15 | 46.73 | 100 |

续　表

| 时间 \ 占有土地类别 | | 无产户 | 0—5亩以下 | 5—10亩以下 | 10—20亩以下 | 20—30亩以下 | 30—50亩以下 | 50—100亩以下 | 100亩及以上 | 合计 |
|---|---|---|---|---|---|---|---|---|---|---|
| 嘉庆元年 | 户数 | 7 | 73 | 15 | 18 | 5 | 15 | 10 | 1 | 144 |
| | % | 4.86 | 50.69 | 10.42 | 12.50 | 3.47 | 10.42 | 6.94 | 0.69 | 100 |
| | 面积/亩 | 0 | 136.024 | 105.234 | 277.836 | 123.288 | 595.755 | 581.995 | 138.118 | 1958.250 |
| | % | 0 | 6.95 | 5.37 | 14.19 | 6.30 | 30.42 | 29.72 | 7.05 | 100 |
| 嘉庆五年 | 户数 | 3 | 75 | 23 | 23 | 6 | 12 | 8 | 1 | 151 |
| | % | 1.99 | 49.67 | 15.23 | 15.23 | 3.97 | 7.95 | 5.30 | 0.66 | 100 |
| | 面积/亩 | 0 | 126.652 | 155.948 | 318.591 | 153.935 | 497.103 | 454.861 | 105.691 | 1812.781 |
| | % | 0 | 6.99 | 8.60 | 17.57 | 8.49 | 27.42 | 25.09 | 5.83 | 100 |
| 嘉庆十年 | 户数 | 1 | 74 | 24 | 20 | 7 | 14 | 7 | 0 | 147 |
| | % | 0.68 | 50.34 | 16.33 | 13.61 | 4.76 | 9.52 | 4.76 | 0 | 100 |
| | 面积/亩 | 0 | 125.384 | 171.388 | 274.953 | 169.115 | 589.573 | 428.371 | 0 | 1758.784 |
| | % | 0 | 7.13 | 9.74 | 15.63 | 9.62 | 33.52 | 24.36 | 0 | 100 |
| 嘉庆十五年 | 户数 | 0 | 73 | 25 | 17 | 6 | 12 | 6 | 0 | 139 |
| | % | 0 | 52.52 | 17.99 | 12.23 | 4.32 | 8.63 | 4.32 | 0 | 100 |
| | 面积/亩 | 0 | 135.297 | 175.552 | 236.680 | 136.390 | 467.532 | 349.830 | 0 | 1501.281 |
| | % | 0 | 9.01 | 11.69 | 15.77 | 9.08 | 31.14 | 23.30 | 0 | 100 |
| 嘉庆二十年 | 户数 | 0 | 84 | 23 | 18 | 6 | 11 | 4 | 0 | 146 |
| | % | 0 | 57.53 | 15.75 | 12.33 | 4.11 | 7.53 | 2.74 | 0 | 100 |
| | 面积/亩 | 0 | 171.586 | 154.957 | 258.723 | 146.021 | 436.757 | 284.095 | 0 | 1452.139 |
| | % | 0 | 11.82 | 10.67 | 17.82 | 10.06 | 30.08 | 19.56 | 0 | 100 |

续　表

| 时间 \ 占有土地类别 | | 无产户 | 0—5亩以下 | 5—10亩以下 | 10—20亩以下 | 20—30亩以下 | 30—50亩以下 | 50—100亩以下 | 100亩及以上 | 合计 |
|---|---|---|---|---|---|---|---|---|---|---|
| 道光元年 | 户数 | 0 | 97 | 27 | 19 | 7 | 12 | 2 | 0 | 164 |
| | % | 0 | 59.15 | 16.46 | 11.59 | 4.27 | 7.32 | 1.22 | 0 | 100 |
| | 面积/亩 | 0 | 201.755 | 188.283 | 278.722 | 178.543 | 484.155 | 150.975 | 0 | 1482.433 |
| | % | 0 | 13.61 | 12.70 | 18.80 | 12.04 | 32.66 | 10.18 | 0 | 100 |
| 道光六年 | 户数 | 3 | 93 | 33 | 18 | 5 | 11 | 4 | 0 | 167 |
| | % | 1.80 | 55.69 | 19.76 | 10.78 | 2.99 | 6.59 | 2.39 | 0 | 100 |
| | 面积/亩 | 0 | 184.774 | 233.846 | 252.733 | 113.317 | 425.998 | 206.296 | 0 | 1416.964 |
| | % | 0 | 13.04 | 16.50 | 17.84 | 8.00 | 30.06 | 14.56 | 0 | 100 |
| 道光十年 | 户数 | 8 | 87 | 33 | 20 | 7 | 10 | 4 | 0 | 169 |
| | % | 4.73 | 51.48 | 19.53 | 11.83 | 4.14 | 5.92 | 2.37 | 0 | 100 |
| | 面积/亩 | 0 | 159.855 | 228.452 | 276.577 | 172.310 | 387.601 | 205.600 | 0 | 1430.395 |
| | % | 0 | 11.18 | 15.97 | 19.34 | 12.05 | 27.10 | 14.37 | 0 | 100 |
| 道光十六年 | 户数 | 5 | 103 | 29 | 20 | 7 | 9 | 3 | 0 | 176 |
| | % | 2.84 | 58.52 | 16.48 | 11.36 | 3.98 | 5.11 | 1.70 | 0 | 100 |
| | 面积/亩 | 0 | 195.530 | 207.832 | 265.223 | 164.242 | 346.132 | 159.091 | 0 | 1338.050 |
| | % | 0 | 14.61 | 15.53 | 19.82 | 12.27 | 25.87 | 11.89 | 0 | 100 |
| 咸丰元年 | 户数 | 0 | 121 | 29 | 20 | 8 | 8 | 2 | 0 | 188 |
| | % | 0 | 64.36 | 15.43 | 10.64 | 4.26 | 4.26 | 1.06 | 0 | 100 |
| | 面积/亩 | 0 | 197.651 | 182.205 | 265.952 | 194.131 | 300.624 | 105.271 | 0 | 1245.8343 |
| | % | 0 | 15.86 | 14.63 | 21.35 | 15.58 | 24.13 | 8.45 | 0 | 100 |

注：因涉及保留小数点后位数不同，此表部分数据与表2略微不一致，特此说明。

从表3统计可以看出，雍正至咸丰年间二图四甲子户占有的土地大致分为如下类别：

第一，在二十二都二图四甲中存在户数较少，却占有100亩以上土地的业户。例如，雍正六年（1728）占地100亩以上的地主1户，约占全甲户数的0.71%，所占土地248.975亩，约为全甲土地总数的14.07%。不过，自雍正六年（1728）至乾隆二十九年（1764），占地100亩以上的业户呈现出增长势头，从1户增加到2、4、7户。乾隆二十九年（1764）的7户，共占有土地1020.071亩，约为四甲土地总面积的46.73%。这类少数占有土地最多的业户，多属于以出租土地为生的地主阶层。例如，雍正六年占有248.975亩土地的王廷清，据《高塘鸿溪王氏族谱》记载，其身份为“邑庠生”，当为绅衿地主。而乾隆元年（1736）占地104.678亩的王廷位，族谱未见其功名等身份的记载，可能属于经商或商人兼高利贷等行业。此外，嘉庆之后占有100亩以上的业户逐渐减少，道光、咸丰年间则完全没有占地100亩以上的业户，土地流向及原因详见下文。

第二，在二十二都二图四甲中存在占地50—100亩（不含）的业户。雍正六年（1728）共7户，约占全甲总户数的4.96%，计占有土地492.273亩，约占全甲业户占有土地总面积的27.83%，平均每户约占70.325亩。至乾隆十三年（1748），这类业户共11户，计占有土地797.592亩，约占全甲业户占有土地总面积的38.15%，平均每户约占72.508亩。此后，这类业户呈现衰减之势，道光六年（1826）至咸丰元年（1851），减少为4、3、2户，平均每户占有51、53、52亩。单从拥有土地的数量来看，这类业户已是该甲中少数占有土地较多的业户，当属于靠出租土地或主要靠出租土地为生的人户，即地主或富农。

第三，在二十二都二图四甲中还有一些占有30—50亩（不含）土地的业户。自雍正六年（1728）至咸丰元年（1851），除乾隆十九、二十九年等个别年份外，这类业户数量大体在8—15户，占全甲总户数的6%—10%，所占土地是全甲业户占有土地总面积的24%—30%，平均每户占35—40亩。

第四，二十二都二图四甲中占有10—20亩（不含）土地的业户数量，自雍正六年（1728）至咸丰元年（1851）呈现增长之势。雍正六年（1728）仅有9户，约占全甲户数的6.38%，计占有136.499亩，约占全甲业户占有土地总面积的7.72%，平均每户约占15.167亩。乾隆八年（1743）之后，该类业户数量几乎增加1倍，最少年份为17户，最多年份达23户，平均每户占有土地13—15亩。而占有20—30亩（不含）土地的业户数量，始终处于变化之中。雍正年间分别为5、4户，乾隆年间变为8、3、5、10户，嘉庆、道光和咸丰年间则变为5、6、7、8户。虽然业户数量不断变化，但户均占有土地基本维持在23—25亩之间。

第五，土地不满10亩的业户。首先，在二十二都二图四甲，占有5—10亩（不含）的业户数量呈现增长之势，从雍正六年（1728）的18户，至道光、咸丰年间增为33、29户，所占土地面积在全甲总面积的比例大约由7.2%上升到14.63%以上，平均每户占有土地6—7亩。其次，是占有5亩以下的业户，其户数及所占土地面积则表现出阶段性的变化。雍正至乾隆八年（1743），业户数量整体上呈现下降趋势，从81户降到79、63、68户，户均占有土地1.75—2亩之间。嘉庆后期至道光、咸丰年间，则变为84、97、93、87、103、121户，所占土地面积在全甲土地总面积大约由11.82%上升到15.86%，其原因恐与这类农户的户数增加有关。但是，这类农户户均占地面积1.63—2.08亩，因此这类农户户数的增加以及所占土地比例的上升，应是失去土地农户的增加和农户经济地位下降的反映。

第六，在二十二都二图四甲中，还有一定数量的无产户。不过，这些无产户需要具体分析。雍正六年（1728），7户无产户中只有2户为农户，其他5户为俨公、盘公等祀会和中秋会。而雍正十年（1732）只有3户无产户，约占全甲户数的2.19%，这些田产全无的人户无疑多是完全依靠租种他人土地为生的佃户。

综合来看，在二十二都二图四甲中，占地10亩以下的业户数量最多，但其占有的土地最少，如：雍正六年（1728）共106户，约占全甲业户的75.18%，所占土地面积269.63亩，约占全甲土地面积的15.25%；乾隆元年

（1736）共92户，占全甲业户的69.70%，所占土地面积291.866亩，约占全甲土地面积的14.92%；道光元年（1821）共124户，占全甲业户的75.61%，所占土地面积390.038亩，约占全甲土地面积的26.31%。占地10—50亩的业户在上述时期分别为27、28、38户，约占全甲业户的19.15%、22.73%、23.18%；所占土地面积分别为758.232、838.63、941.42亩，约占全甲土地面积的42.86%、42.86%、63.50%。而上述时期占地50亩以上的业户分别为8、10、2户，约占全甲业户的5.67%、7.58%、1.22%，所占土地面积分别为741.248、826.299、150.975亩，约占全甲土地面积的41.90%、42.23%、10.18%。这类业户在清初是人户最少而占地最多的地主，至清中后期则人户和土地数量均显著下降，已不占主导地位。

总之，与他图、他甲的土地买卖是王鼎盛户土地总量变化的主要因素，而户内、户外的土地买卖以及随后的分家析产，导致了子户土地占有的不均衡。如上所述，在二十二都二图四甲中，占有土地10亩以下的人户数量最多，而其占有土地最少。占地100亩以上的地主在清中期以后逐渐消失，仅有占地50亩左右且人户数量不多的地主。而占地10—50亩的中等业户则日渐突出，无论人户数量，还是所占土地比重，均呈现增长态势，成为该甲主要经济成分之一。这类业户的增加，一方面是由分家析产所造成，下文所述王廷清、王廷倬的第三、四代子孙，即大多成为此类业户；另一方面则与地主去世之后的土地流向有关，地主身故后的土地多流向家族祀会，导致祀会地主大量增加，其土地多在10—48亩，详见表4。章有义认为，徽州农户一般耕地面积不到10亩，自有地如超过10亩，就要使用一些短工或长工，要么出租一部分；有地20亩左右，即可算殷实之户；有地30亩以上，那就可以肯定是以地租收入为主的地主了。[①]因此，这些10—50亩的人户多以自耕农和小土地出租者为主。从土地分配的长期趋势看，二十二都二图四甲从以清初的地主制经济为主体，自耕农经济占有一定比重的经济结构，逐渐向晚清时期自耕农经济与土地出租经济结合

① 章有义：《明清徽州土地关系研究》，中国社会科学出版社1984年版，第2页。

的经济结构过渡、演变。

## 四、分家析产与地权转移

在诸子均分的原则下，土地等财产被分割，遂导致地权的分散。此一现象，分家阄书等已有不少揭示。但是，分家阄书所揭示的只是土地等财产分割之后的静态结果，分家过程及之后地权的变化则无从考察。王鼎盛户实征册有关分家析产的记载十分丰富，尤其是关于占地100亩以上子户的相关记载更为详尽、具体，展示了分家析产与地权转移的动态过程。

王鼎盛户实征册所见占地100亩以上的地主之家，其分家析产为系列过程，至少经历2次的财产分割才能宣告分家析产的完成。例如，王廷清自雍正六年（1728）始，每年都在收购土地，至乾隆元年（1736）时占有298.1609亩土地。[①]据族谱记载，王廷清出生于康熙癸酉年（1693），乾隆庚辰年（1760）去世，育有道霖、道露、道霄三子。据《乾隆元年起至三十年王鼎盛户各位便查清册》载，乾隆元年（1736），王廷清进行第一次分家析产，“分田五十五亩五分五厘五毛一丝三勿，入道霖”，另“分田五十五亩五分五厘五毛一丝三勿，入道露”。长子道霖及第二子道露各分得土地55.55513亩。同时，两人作为新立子户均登记于实征册中，如“道霖元年新立”“道露元年新立”。从道霖、道露条目还可看出，祖父宗先所遗祖产田在分家析产时也被均分，如两人名下均记录有“分祖宗先分田二十五亩六分二厘五毛八丝七勿”。至此，第一次分家析产使道霖、道露实际各分得81.181亩土地。而第三子道霄至乾隆七年（1742）时才与父亲廷清分家，亦分得与兄长同额土地。王廷清虽然分家析产，但其个人持有的土地仍有165.2487151亩。从中可以看出，第一次分家析产时，虽然诸子均分，但仅是均分父亲的部分土地财产。

但是，乾隆十六年（1751），王廷清将已分给道霖、道露、道霄三子

① 《乾隆元年起至三十年王鼎盛户各位便查清册》“廷清”。

的土地全部收回，簿册记载：

> 收田八十一亩一分八厘一毛，收本户道霖。
>
> 收田八十一亩一分八厘一毛，收［本户］道露。
>
> 收田八十一亩一分八厘一毛，收［本户］道雷。
>
> 实田四百六十四亩一分七厘七丝四忽一。

至此，王廷清拥有土地多达464.170741亩，无疑属于大地主。从王廷清收回均分三子土地的行为看，虽然儿子们在分家析产后分得了土地，但父亲仍然拥有处置这些土地财产的权力。王廷清此举当是为第二次分家析产做准备。因为在第一次分家析产后，王廷清仍余存165.2487151亩土地。为了便于将余存土地平均分配给儿子们，故而需将先前所分土地全部收回，重新调配，以实现诸子均分。此一推测在王廷倬与其子分家析产中得到印证。雍正六年（1728），王廷倬将其274亩多的土地分给其子，册中载：

> 扒田三十二亩六分三厘七毛九系五忽，分入道经。
>
> 扒田三十三亩三分八厘六系九忽四，分入道绎。
>
> 扒田三十五亩二分二厘六毛三系三忽五，分入道缉。
>
> …………
>
> 以上各位粮税仍有外户未收，今暂扒，以便造册入官，若多寡不一，候大分扒补定位。[①]

从中可以看出，王廷倬第一次与其子分家析产时，已预见到可能存在分配不均的情况，故而需要在“大分”（即第二次正式分家）时，再行补均。基于此，王廷清果然于乾隆十七年（1752）进行第二次分家析产，土

① 《雍正六年、七年、十年、十一年、十二年、十三年王鼎盛户实征册底》雍正六年“廷倬”。

地分配情况如下：

> 推田一百二十八亩二分三厘九丝八勿七，推地折田四分三厘二毛一勿三，两共计租一千四百零七秤十一斤半，分入道霖。
>
> 推地折田三亩五分五厘四毛，计地六亩六分六厘，分入道霖。
>
> 推田五亩一分二厘九毛二丝，计租六十秤零六斤半，贴入道霖。
>
> 推田一百二十八亩七分三厘五毛九勿二三，推地折田六分三厘一毛七丝八勿四，两共计租一千四百零七秤二斤半，分入［道］露。
>
> 推田一亩二分九厘三丝九勿，推地折田二亩四分七厘九丝四勿三，计六亩五分地，分入［道］露。
>
> 推田一亩七分三厘八毛二丝一勿，计租廿秤六斤半，贴入学珍寄［道］露位。
>
> 推田一百二十二亩三分七厘零二丝九勿六，推地折田一亩六分一厘三毛零一勿，两共计租一千四百零七秤，分入道霄。
>
> 推田八分四厘七毛五丝，分入道霄。
>
> 推地折田三亩零一厘三毛六丝四勿，计地六亩五分，分入道甘。
>
> 推田二亩六分八厘二毛七丝，计租卅秤六斤半，贴入道霄。①

第二次分家后，王廷清仅剩28.7421536亩土地，作为自己及妻子的养老田。儿子们所分得的土地包括“分入”“贴入”两部分。在“分入”土地中，道霖“分入”土地共3项，合计132.217亩，道露“分入”133.1282093亩，道霄“分入”127.844446亩。由于儿子们“分入”土地不一，故而需以“贴入”来弥补。其中，长子道霖得到5.1292亩的补贴，第三子道霄得到2.6827亩的补贴。第二子道露则没有得到此项补贴，可能其所“分入”的土地数量在三兄弟中最为标准。不过，道露却得到另一项补“贴入”，即“贴入学珍”的1.73821亩土地。从“道露”条目可知，这项

① 《乾隆元年起至三十年王鼎盛户各位便查清册》“廷清”。

补贴"系父瑞（笔者注：廷清）贴长孙学珍，寄解于此"[①]。据《高塘鸿溪王氏族谱》记载，学珍出生于乾隆七年（1742），而道霖之子学琦、学玮、学瑄分别出生于乾隆十一、十四、十七年，虽然在分家析产时均已出生，但并未得到祖父王廷清的补贴。从中可以看出，长孙在财产继承中享有优先权。这种优先权在相当多的地区都以民间习惯形式存在。[②]

由上可知，道霖、道露、道霄三兄弟在乾隆十七年（1752）时，从父亲王廷清手中各分得130多亩的土地。据王氏族谱记载，道霖、道露分别于乾隆四十八、四十七年去世，其间似已进行了分家析产。由于实征册缺乏乾隆三十年（1765）至乾隆六十年（1795）的记载，故而道霖、道露分家析产情况不明。从嘉庆实征册可见，嘉庆元年，道霖、道露的土地遗产最后一次被儿子们析分，两人名下所余12.96825228亩和6.83949288亩土地当属祭田。而三弟道霄则在嘉庆元年（1796）拥有多达198.2296047亩土地。[③]可以看出，三兄弟家庭及土地数量的变化颇大。据实征册记载，道霄于嘉庆元年（1796）、十七年先后2次将其土地分给儿子学理、学塘、听涛（学瑄），仅余存32.309776亩土地。[④]至此，道霖、道露、道霄作为王廷清的第二代，也完成了分家析产。

王廷清第三代、第四代子孙的分化明显加快，原因与参与分家析产的人数有关。从王道露一房看，王道露育有学珍、学璠、学班、学珣、学琏五子，即王廷清第三代。嘉庆元年（1796），学班、学琏实有土地仅3.65001209、6.8473676亩，[⑤]说明第三代在诸子均分后，已有部分沦为自耕农兼佃农。学珍在嘉庆元年（1796）时实有土地14.01372645亩，其子

① 《乾隆元年起至三十年王鼎盛户各位便查清册》"道露"。

② 张佩国：《近代江南乡村地权的历史人类学研究》，上海人民出版社2002年版，第172页。

③ 《嘉庆元年起至二十五年二十二都二图四甲王鼎盛户归位总册》"道霄"。

④ 《嘉庆元年起至二十五年二十二都二图四甲王鼎盛户归位总册》"道霄"。

⑤ 《嘉庆元年起至二十五年二十二都二图四甲王鼎盛户归位总册》"学班""学琏"。

仕梁、仕材在嘉庆十二年（1807）、十年时均“实田无存”，[①]即第四代已成无田户。学璠在嘉庆元年（1796）时，实有土地24.1274816亩，其子仕樽、仕相、仕榜在嘉庆二十三年（1818）实有土地分别为2.746543、6.115015、3.335075亩，[②]第四代已降为自耕农兼佃农或佃农。嘉庆元年（1796），学珦实有18.66197345亩，嘉庆十八年（1813）其子仕棻仅分得2.31329亩土地，也沦为自耕农兼佃农或佃农。可以看出，王道露一支，第三代部分成员沦为自耕农兼佃农，而第四代则全部成为自耕农兼佃农或佃农。

再看王道霖一房。王道霖育有学琦、学玮、学瑄、学琮四子，嘉庆元年（1796）时，其所占有土地分别为41.1503、12.9634、22.1421、7.9413亩。[③]学琮仅有7.9413亩，说明已降为自耕农兼佃农，可见第三代的兄弟四人已产生分化。嘉庆二十五年（1820），学玮仅剩2.9413亩土地，已是自耕农或佃农。[④]道光十六年（1836），学琦、学瑄分别占有土地为22.7351、17.50698亩。[⑤]咸丰二年（1852），学琦（嘉谟）仅余土地12.15912亩，其孙师炘、师熺、师熠（即王廷清第五代）各分得3.1656亩土地，[⑥]也沦为自耕农或佃农。学瑄一直未见分家析产的记载，不过，咸丰九年（1859）时也仅有4.8682亩。[⑦]从王道霖一房可以看出，由于其子数量少于王道露，故而土地分散的进度略慢于后者，一直延续到第五代才

① 《嘉庆元年起至二十五年二十二都二图四甲王鼎盛户归位总册》“学珍”“仕梁”“仕材”。

② 《嘉庆元年起至二十五年二十二都二图四甲王鼎盛户归位总册》“学璠”“仕樽”“仕相”“仕榜”。

③ 《嘉庆元年起至二十五年二十二都二图四甲王鼎盛户归位总册》“学琦”“学玮”“学瑄”“学琮”。

④ 《道光元年起至十六年二十二都二图四甲王鼎盛户各位一贯底册》“学琮”条目记载：道光十六年，其子仕棠、仕棣，从父亲学琮手中各分得1.65427675亩土地。

⑤ 《道光元年起至十六年二十二都二图四甲王鼎盛户各位一贯底册》“学琦”“学瑄”。

⑥ 《咸丰元年起至二年二十二都二图四甲王鼎盛户实征册》“嘉谟”“师炘”“师熺”“师熠”。

⑦ 《咸丰三年起至九年二十二都二图四甲王鼎盛户实征粮册》“学瑄”。

全部沦为自耕农或佃农。

道霄之子学理、学塘、听涛（学瑄）三人，嘉庆元年（1796）时从父亲道霄手中各分得54亩多土地，不过，听涛及其子慎修似早夭，所分土地又全部归于道霄名下。道光元年（1821），学理与仕欐、仕榕、仕桌分家，三人各分得10.6046、9.72687、9.8385亩。至咸丰二年（1852），三人仅余2.35764、12.001、3.30531亩，即第四代在分家析产后成为自耕农或佃农。学塘于嘉庆元年（1796）分得54.1301213亩土地，加上嘉庆十七年（1812）再次分家，其土地多达102.836681837亩，嘉庆二十四年（1819）时仍有99.176211837亩。道光二年（1822），学塘将44.141亩土地分与其子锡畴，尚余56.2011亩。咸丰元年（1851），锡畴又将其所分之地分与仕桢、仕杲，二人各分得22.070525亩，即第五代已成为自耕农。可以看出，道霄由于子孙数量少于兄长，故而第四代才出现明显的分化，及至第五代子孙仍能保持22亩以上的土地。

总之，王道露一房因子孙数量较多，第三、四代即出现了自耕农或“实田无存”的佃农。而王道霖子孙数量少于前者，至第四、五代才分化为自耕农或佃农。王道霄一房则因子孙较少，第四、五代仍有部分土地，处于自耕农的状态。实征册所载其他百亩以上土地的家庭，其土地分散也基本如此。例如，王廷位育有道绿、道彩、道绣、道绍、道缘五子。乾隆元年（1736），王廷位实有土地104.677706亩，乾隆二年（1737）分家析产，五子分别从父亲手中分得17、18、17、13、13亩土地，乾隆二十八年（1763）又各分得1.1亩。至其第三代学洁、学洋、学滨等人时，大多沦为5亩以下的自耕农或佃农。又如王廷倬，共育有道经、道绎、道缉、道纯、道续、道绥、道绾七子。雍正六年（1728），王廷倬实有土地274.075474亩。七子均分后，至嘉庆二十三年（1818）时，第五代师宥、师宙、师宷、师容等人，实有土地全部在10亩以下，成为自耕农或佃农。

从王廷清、王廷倬、王廷位等家庭土地分散的过程可以看出，诸子均分制是地权分散的主要原因，而参与均分的子孙数量则是影响土地分散速度的关键因素。赵冈的研究也证实了这一判断，他认为中国传统的诸子均分继承制是分散富户田产的内在机制，而分散田产的速度则由平均每户参加析产的人数所决定。因此，出现了所谓“中国式地权再分配周期循环”现象。第一代创业地主在累积了田产，富裕之后，其本人及后人的生育行为发生重大变化，每房平均有3个男婴，成年后参加了分家析产，分家后富农变成中农，中农变成小农。经过75年3次析产分家，就有子孙变为无地的贫农，中国式的农地周期循环便完成了。[①]

的确，从王廷清、王廷倬、王廷位等家庭土地分散的过程可以看出，分家析产后，其第三代确有部分子孙变成了土地不足10亩的自耕农或佃农，但“实田无存”现象的出现则是在第四代，因此赵冈所谓“经过75年3次析产分家，就有子孙变为无地的贫农”的结论似乎又过于绝对。不过，即使3次析产分家后，有子孙变为无地贫农，是否一定意味着“中国式的农地周期循环便完成了”呢？王鼎盛户实征文册显示，事实不一定如此。

前文已述，诸子均分并不是诸子均分父亲的所有土地财产，地主在分家析产后，仍余留一定数量的土地，作为自己的养老田，死后变成专门的祭田。这些田产多以地主的名、号命名。例如，王廷倬去世后名下的土地称“廷倬公”田，王道露故世后名下的土地称“露祀”田；又如王廷清字胜瑞、王道霖名采风、王道雷号静斋，故而身故后名下的土地分别称“瑞祀”“采风”“静斋祀”田等。这些祖田祀产由其子孙共同经营，属于本门、本房子孙的共同财产，即所谓“众存产业”的族产。“众存产业”有多种存在形态，如雍正十三年（1735）实征册记载：“让公并廷铉共田二亩五分一厘七毛七丝二匆。议作四股承，进良兄弟二股、升良一股、同太一股，分讫”[②]。

由王氏族谱可知，让公，即民让，生于万历丙辰年（1616），卒于康熙戊寅年（1698）。其子廷铉生于崇祯丁丑年（1637），卒于康熙丙戌年

① 赵冈：《传统农村社会的地权分散过程》，《南京农业大学学报》（社会科学版）2002年第2期。

② 《雍正六年、七年、十年、十一年、十二年、十三年王鼎盛户实征册底》雍正十三年“让公并廷铉”。

(1706)，而进良、升良、同太则是民让的第四代孙。显然，这里的2.51772亩土地属于合祭民让和廷铉父子二人的祭祀田。可以看出，这些尚未析分的族产被分成4股，其中进良兄弟2股、升良1股、同太1股，采用了共业分股的形式。这些祀田、族产不仅持续经营，甚至累积了数量较为可观的土地，由其子孙按照诸子均分的原则分配。例如，之策公名下土地的分配：

之策二十一亩九分八厘一毛七丝七匆。
元年。一、推山折田六厘六毛六丝……分入宗元。
一、推山折田六厘六毛六丝……分入廷清。
一、推山折田六厘六毛六丝……分入道雯，转入廷清。
一、推地折田五厘二毛三丝六匆七……分入廷清。
一、推地折田二厘六毛一丝八匆三五二……分入道雯。
一、推地折田二厘六毛一丝八匆三五二……分入宗元。
（以上三项）转入廷海。

七年。一、推田一亩三分三厘九毛一丝九匆……分入廷瑞。
一、推田一亩三分三厘九毛一丝九匆……分入道雯。
一、推田一亩三分三厘九毛一丝九匆……分入宗元。
一、推田一亩二分九厘三丝九匆……
一、推田四分九厘五毛一丝二匆……
一、推田六厘二毛五丝九匆……
（以上三项）分入宗元、廷瑞、道雯共。
实田八亩七分七厘四毛九丝六匆。①

据王氏族谱，之策出生于明崇祯庚午年（1630），卒于康熙壬辰年（1712），育有宗先、宗光、宗元三子。其中，廷瑞、道雯分别为宗先之子、宗光之孙。由上可知，乾隆元年（1736），宗元、廷瑞、道雯分别代表三房子孙，按诸子均分的原则，各分得同等数额的土地。乾隆七年

① 《乾隆元年起至三十年王鼎盛户各位便查清册》“之策”。

(1742)，三房子孙不仅平均分得1.33919亩土地，还得到合计5.05431467亩的“共”业土地。诸子（房）均分后，之策田仍余土地8.77496亩。不难看出，之策去世24年和30年之后，其名下的土地仍在循环，说明土地循环周期并没有结束。

通观雍正六年（1728）至咸丰元年（1851）王鼎盛户实征册，祖产、祀田大多持续运转，参见表4。

**表4　王鼎盛户部分祀田简表**

单位：税亩

| 祀田名称 | 时间 | | | | |
|---|---|---|---|---|---|
| | 雍正十年 | 乾隆元年 | 嘉庆元年 | 道光元年 | 咸丰元年 |
| 旦公 | 7.966 | 7.966 | | 8.95477 | 10.42597 |
| 宜四公 | 4.44 | 7.29868 | 11.79852 | 11.79852 | 11.79852 |
| 昆公 | 6.072 | 5.493516 | 14.95099 | 15.29746 | 14.59196 |
| 训祀 | | | | 0.288505 | 0.28851 |
| 兆六祀 | 5.0982 | 5.0982 | | 7.088203 | 7.69635 |
| 钱祀 | 0.10148 | 0.0148 | | | |
| 佐公 | 7.370634 | 7.110634 | 20.782115 | 6.69377558 | 6.33378 |
| 济祀 | — | — | 53.96347 | 49.62496 | 48.11933 |
| 寻常祀 | 8.31502 | 8.51805 | 32.85994 | 29.71172 | 30.07587 |
| 三召祀 | 3.041 | 3.041 | 30.052961 | 33.53954 | 33.40533 |
| 琛祀 | 3.15374 | 3.15374 | 12.40054 | 10.90346 | 11.43372 |
| 模祀 | 4.64115 | 4.64115 | 38.98446 | 39.406725 | 44.96363 |
| 廷倬公 | — | 60.70742 | 15.367712 | 19.41901 | 24.26409 |
| 仲祀 | — | — | 8 | 8 | 8.0143 |
| 俨公 | | | 5.945979 | 5.94598 | 5.94598 |
| 颐祀 | 1.04018 | 1.04018 | 2.30798 | 2.636796 | 4.30094 |

续 表

| 祀田名称 | 时间 | | | | |
|---|---|---|---|---|---|
| | 雍正十年 | 乾隆元年 | 嘉庆元年 | 道光元年 | 咸丰元年 |
| 三语公 | 4.73383 | 4.73383 | 4.22318 | | 14.58914 |
| 俊公 | 8.13555 | 8.86155 | | | |
| 策公 | 20.43564 | 22.450486 | 15.966674 | 8.668139 | 10.25397 |
| 瑞祀 | — | — | 18.429234 | 22.90204 | 21.51287 |
| 德予祀 | 3.6101725 | | | | 1.21789 |

表4显示，自雍正六年（1728）至咸丰元年（1851）的124年内，上述祭祀田地的数量始终处于变化之中，说明土地买卖、兼并等活动较为频繁，反映出地权交易的活跃。因此，王鼎盛户祀产、祭田的存在及其地权交易的频繁发生，表明地主在分家析产后土地“周期循环”并未完成。

地主遗产除部分土地转移为祀田之外，另一部分土地则以捐献、划拨的方式流向了祠堂、文会等会社组织，用以支持宗族的祭祀、教育、文化等事业。众所周知，祠堂是家族成员祭祀祖先，商议、处理族内重大事务的重要场所。祠堂举办祭祖仪式、戏曲表演等活动，均需相应的财力支持。乡村祠堂多以田租收入为主要经费来源，故而购买土地，或者接受地主无偿捐献的土地，成为祠堂累积祠田、族田的主要形式。祁门高塘王氏家族的总祠称正伦堂，[①]因此《高塘鸿溪王氏族谱》的切口处即印有“正伦堂”字样。正伦堂于道光年间接受地主无偿捐献的土地，例如：

寻常祀：六年推地折田八分六厘四毛九丝四勿六五，输入本户正伦。

学泽：七年推地折田九厘九丝一五，一保斗山顶来龙降，输入本户正伦。

师陛：[十二年] 推山折田一分，一保斗山顶，输入 [本户] 正伦。

① 王曾正：《锦绣祁门·鸿村胜景仙桂乡》，黄山市政协编：《徽州乡村纪事》，第205—206页。

得时：[十二年] 推山折田一分，一保斗山顶，输入 [本户] 正伦。[1]

地主无偿捐献的土地加上正伦堂购买的土地，使祠田数量逐渐增加。自雍正六年（1728）的40.3亩始[2]，至道光十二年（1832）已达50.3720715亩[3]，到咸丰九年（1859）时仍保持不变，成为高塘村主要地主之一。

明清徽州文风昌盛，教育发达，有谚语云："十户之村，不废诵读"。高塘村也不例外，尤其是村中拥有一定社会声望或具有科举功名身份的绅衿地主，更是主动提取部分土地用于支持乡村文化教育事业。据《高塘鸿溪王氏族谱》记载，王氏家族部分成员拥有科举功名，例如王廷清、王道霖父子同为"邑庠生"，王学扶为"郡庠生"，王道霄则为"国学生"。[4]从实征册可知，他们同时又是占地100亩或50亩以上的地主，有能力将其部分土地无偿捐献给家族文会。嘉庆三年（1798），王氏家族文会组织正文会正式成立，其土地主要来自道霄、廷倬、道霖、学扶等人的无偿捐献，册中载：

道霄：三年，推田九分四毛八丝一勿三，楮术坞口，输入本户正文。

廷倬：三年，推田九分四厘五毛，上七保上七坞口，输入本户正文。

道霖：三年，扒田六分九厘二毛一丝八勿，海宝坟前，册名竹科下，输入本户正文。

---

① 参见《道光元年起至十六年二十二都二图四甲王鼎盛户各位一贯底册》"寻常祀""学泽""师陛""得时"。

② 《雍正六年、七年、十年、十一年、十二年、十三年王鼎盛户实征册底》雍正六年"正伦"。

③ 《道光元年起至十六年二十二都二图四甲王鼎盛户各位一贯底册》"正伦"。

④ 族谱仅记载王道霄为"国学生"，未见其获取功名的途径等信息。何炳棣、余英时认为，此类功名多系捐纳而来。参见何炳棣著，徐泓译注：《明清社会史论》，台北联经出版事业股份有限公司2013年版，第95页；余英时：《士商互动与儒学转向》，《余英时文集》第3卷《儒家伦理与商人精神》，广西师范大学出版社2014年版，第204页。

学扶：三年，推田五分四厘，陈家坦下山坞，输入本户正文。[①]

正文当是正伦文会的简称。例如，咸丰二年（1852）正伦献会新立，并收到学利、尚鉴二人捐献的4分5厘8毛土地，[②]而咸丰三年（1853）实征册则将正伦献会简称为正献。需要注意的是，上述地主将土地“输入”正文会与正伦堂，虽然同是无偿捐献行为，但是地权流转的形态不同。将土地捐献给正伦堂，意味着土地的所有权、管理权和收益权全部“输入”家族总祠正伦堂，祠堂亦不得出卖、典当祠田。[③]而将土地“输入”正伦文会，仅是让渡、转移所捐土地的管理权、收益权等，即正伦文会只享有该部分土地的日常管理权和地租收益权等，土地所有权仍归属原地主所有。源于此，文会组织一旦发生变动，这些土地仍将回归原地主。例如，道光十年（1830），正伦文会似已停止活动，故而将受捐土地全部退回给原地主，册中记载了退回土地的数额、土名和地主姓名：

一、推田九分四厘五毛，上七坞口，入廷倬。

一、推田六分九厘二毛一丝八勿，海宝坟前，入露祀。

一、推田九分四毛八丝一勿三，楮术坞口，入道霅。

一、推田五分四厘，陈家坦下山坞，入学扶。

…………

实田无存。[④]

正伦文会“实田无存”，表明该会似已停止运作，自然也就丧失了继续享有这些土地收益的资格，必须要将受捐土地退回给原所有人。从退回

① 参见《嘉庆元年起至二十五年二十二都二图四甲王鼎盛户归位总册》“道霅”“廷倬”“道霖”“学扶”。需要说明的是，册中记载“正文（笔者注：嘉庆）三年新立”，并收道霖田0.69218亩，土名为海宝坟前，册名竹科下。而“道霖”条目所记时间则为嘉庆元年，似有误。

② 《咸丰元年起至二年二十二都二图四甲王鼎盛户实征册》“正伦献会”。

③ 刘和惠、汪庆元：《徽州土地关系》，安徽人民出版社2005年版，第66页。

④ 《道光元年起至十六年二十二都二图四甲王鼎盛户各位一贯底册》“正伦”。

土地的数额、土名和地主姓名等记载看，与上述捐输土地的记载完全一致，可以证实地主捐献给正伦文会的土地仅是地权的部分让渡。此地权流转现象在道光年间鼎元文会的运作中再次出现。

据《鼎元文会同志录》记载，鼎元文会为祁门县二十二都的文会组织，其设立缘起于道光二十年（1840）祁门“邑侯金华方公谕城乡凡五百二十甲，期以五稔，每甲必出一人应童子试”的指令，该都绅耆鉴于本都“距城较远……山多田少，地瘠民贫，以故习举子业者甚少”的状况，“于是都之绅耆有创兴文会之议，询谋佥同，乐输恐后，得田百亩有奇，立文会公所于新安洲上”[①]。鼎元文会“田百亩有奇”，均来自二十二都各村的乐输。其中，高塘鸿溪村有王淡园文会、王兆文会、王师禧祀、王义建会、王济祀、王瑞祀等17户参与了乐输，每户均立有输田契约，收录于《鼎元文会同志录》。例如，王宗元祀所立输田契：

> 立输田契。高塘鸿溪王宗元祀经手人学揄等，缘合都兴立鼎元文会，为培养人才，合众商议，将上七保土名闵家门前屎缸丘大租十秤计田二丘，分该本祀合得租六秤三斛四两，迭年断交谷六秤，尽数输入鼎元文会为业，今欲有凭，立此输契，永远存照。
>
> 内批前田计税五分九厘一毛五丝，照数推入鼎元文会供解无辞，只此。
>
> 大清道光二十二年六月初六日输契人王宗元祀
>
> 经手人学揄　押
>
> 仕位　书　　惠　押[②]

输田契所见王宗元祀输入鼎元文会的财产乃是土名闵家门前屎缸丘“迭年断交谷六秤”，即大、小租共计6秤。显然，王宗元祀输入鼎元文会的是土地地租的收益权，土地的产权并未转移，仍为王宗元祀所有。鼎元

① 《鼎元文会同志录·鼎元文会记》。

② 《鼎元文会同志录》。

文会的档案也印证了受让地租收益权的事实，“文会之兴，籍诸君子乐输田租而成”[①]。据实征册记载，咸丰六年（1856），鼎元文会似停止运转，其名下土地也被退回给原土地所有人，即原地主，最后仅余实田0.166亩[②]，几乎无存。王宗元祀作为乐输者之一，同年也收到了鼎元文会退回的土地，册中记载：

> 宗元：六年，收田五分九厘一毛五丝，上七保土名闵家门前屎缸丘，收陈宗虞户鼎元文会。[③]

可以看出，王宗元祀所收回土地的税亩数量以及土名均与输田契一致。同样，依据《鼎元文会同志录》所录王淡园文会、王兆文会、王师禧祀、王义建会、王济祀、王瑞祀等其余16户的输田契，对照实征册所记咸丰六年（1856）16户收地的税亩数量和土名，二者完全一致，表明16户所捐土地已全部收回，再次证明所捐土地的所有权并没有转移。

王氏地主除了将土地收益捐献给家族文会或二十二都区域性文会之外，也将其名下土地用于创建本门、本房的文会，以支持本门、本房子孙的教育事业。其中，王廷倬、王廷清二人生前均是占地200亩以上的地主，晚年或身故后，其本人或后人提取部分土地用于创建本门、本房的文会，表现最为典型。王廷倬，字汉章，号淡园，生于康熙三年（1664），乾隆四年（1739）去世。族谱未见王廷倬科举等身份的记载，但显示“顶戴乡宾邑朱公赠额曰‘望隆惇史’”，且载其妻为“邑庠生陈儒仲女”。[④]综合来看，王廷倬应是地方上具有一定社会身份和地位的人士。乾隆十三年（1748），王廷倬名下的14.74989亩土地被用于创建以其号淡园命名的淡园文会。

① 《鼎元文会同志录·凡例》。
② 《咸丰三年起至九年二十二都二图四甲王鼎盛户实征粮册》“鼎元文会”。
③ 《咸丰三年起至九年二十二都二图四甲王鼎盛户实征粮册》“宗元”。
④ 《高塘鸿溪王氏族谱》“廷倬”。

淡园文会十三年新立，收倬祀扒来田列后：

一、收田二分六厘四毛六丝五勿，降目岭下。

一、收田一亩一分一厘六毛，大干坦。

一、收田四分八厘三毛九丝五勿，大干坦。

…………

实田十四亩七分四毛九丝八勿九。[①]

由于正文、正伦献属于家族性文会，故而在所有的实征册中，均登载于首页，并且位列首行正伦堂之后的第二行，而淡园文会在实征册中仅列于“廷倬公”之后，似应属于本门、本房的文会。“扒来田”14.74989亩，也即无偿馈赠之田，以其田租收入用于本门、本房子孙的教育支出。

前文已述，王廷清为邑庠生。族谱载其出生于康熙三十二年（1693），乾隆十七年（1752）“公年六十，儒学吉老师撰有寿序”，乾隆二十五年（1760）去世，“事实见吴邑尊像赞”。[②]可以看出，王廷清亦为地方享有一定社会声望的人士。乾隆十七年（1752），年已六十的王廷清不仅与其子分家析产，同时将其名下部分土地用于创建“琢云轩”，册中记载：

琢云轩十七年新立，收瑞祀田开后：

一、收田九亩六分九厘三毛三丝三勿……

一、收地折田八分六厘八毛五丝一勿四三……

一、收山折田二亩六分六厘四毛……

…………

实田廿五亩五分二厘二毛一丝八勿六。[③]

琢云轩的名目不详，从实征册的登录方式看，仅登载于“瑞祀”之后，似与“淡园文会”一样，属于本门、本房的文会组织。除此之外，王

① 《乾隆元年起至三十年王鼎盛户各位便查清册》“淡园文会”。

② 《高塘鸿溪王氏族谱》“廷清”。

③ 《乾隆元年起至三十年王鼎盛户各位便查清册》“琢云轩”。

廷清名下的土地也有部分直接转变为学田，例如嘉庆“三年，推田一亩二厘一毛四丝……输入本户潜云［庵］”①。据相关记载，潜云庵即私塾教学之场所。②显然，1.214亩土地的地租收入专门用于支付私塾费用。不难看出，王廷倬、王廷清名下的土地虽然流入淡园文会、琢云轩和潜云庵，但因这些会社组织属于本门、本房私有，故其所有权仍属于私有，其产权为本门、本房子孙所共享。

总之，由于地权的变动、流转，地主之部分土地流入祠堂、祀会、会社等民间组织，演化为祠田、祀田和会田等。祠堂、祀会、会社等民间组织，以这些田地为基础，通过买卖等形式，不断累积土地。随着时间延续，累积的土地数量甚为可观，甚至超过中小地主，成为乡村社会占有土地较多的地主之一。祠田、祀田、墓田、学田、义田及会田等，统称族田。③明清徽州族产、族田呈现出多层次、多分支的内部结构。④王鼎盛户实征册所见王氏家族的族田、族产，既有家族祠堂正伦堂的祠田，也有祭祀始迁祖的“万一公”祀田，以及祭祀本支、本门、本房祖先的祀田，如“存二公”祀田等；不仅存在如正文会、淡园文会等以文化教育事业为核心的文会会田，也有以神灵祭拜为目的的关公会、潜麟社关会、三元会等会社会田。随着时间的推移，这些祠田、祀田和会田逐渐增多，至晚清时期在王鼎盛户中占有较大比重，详见道光、咸丰年间若干年份的统计。

**表5　道光、咸丰初年族田统计表**

| 时间 | 全甲土地总数 | 族田总数 | 族田比例 |
|---|---|---|---|
| 道光元年 | 1482.432202 | 526.0005 | 35.48% |
| 道光十年 | 1430.395155 | 556.4967 | 38.91% |

① 《嘉庆元年起至二十五年二十二都二图四甲王鼎盛户归位总册》“瑞祀”。

② 王曾正：《锦绣祁门 · 鸿村胜景仙桂乡》，黄山市政协编：《徽州乡村纪事》，第207页。

③ 刘和惠、汪庆元：《徽州土地关系》，第57页。

④ 周绍泉：《明清徽州祁门善和程氏仁山门族产研究》，中国谱牒学研究会编：《谱牒学研究》第2辑，文化艺术出版社1991年版，第7页。

续 表

| 时间 | 全甲土地总数 | 族田总数 | 族田比例 |
| --- | --- | --- | --- |
| 道光十六年 | 1338.049405 | 585.0472 | 43.72% |
| 咸丰元年 | 1245.8346 | 728.1566 | 58.45% |
| 咸丰二年 | 1239.3142 | 748.6286 | 60.41% |
| 咸丰三年 | 1237.1689 | 748.6286 | 60.51% |

表5显示，随着时间推移，祠田、祀田和会田等族田的数量呈现出逐年上升的趋势，接近或超过全甲土地总数的1/2左右，及至20世纪50年代土改前夕，族田在祁门县内仍占有较高的比例。[①]

总之，诸子均分的财产继承制度，不仅使王鼎盛户形成了经济上各自独立的众多子户，也导致了大户地权的分散；诸子均分之余的部分地主土地遗产，又以祠田、祀田和会田等方式持续经营，参与土地买卖，逐渐形成了王氏家族土地多层次、多分支的宗族所有制。

综上所述，王鼎盛户实征册系统完整，内容丰富，较为具体地呈现了清代祁门县二十二都二图四甲地主制经济的变迁实态，为研究乡村地权分配及其变化提供了生动个案。从中可以窥出，土地买卖是二图四甲土地总量变化的主要因素。清初的土地购买和累积，导致了土地集中，从而使该甲集中了千亩以上的土地，其面积甚至数倍于同在本图的金德辉户，当属徽州，乃至江南地区占有土地较多的大甲之一。在此基础上，形成了以地主制经济为主体、自耕农经济为辅的经济结构。

如论者所言，诸子均分制是地权集中的“反力量”。[②]诸子均分地主田产导致了二图四甲地权的分散。但是，诸子均分原则下，大户地主地权分散的复杂程度明显不同于小户地主。分家析产后，地主土地遗产并未结束“周期循环”，而是以祀会为名目，以子孙共业的形式继续活跃于乡村土地市场，从事土地买卖等经营活动，遂演变成为祀会地主。祀会地主虽有土地捐输、捐献等行为，但其大多为土地部分权益的让渡，土地所有权仍属

① 祁门县地方志编纂委员会办公室编：《祁门县志》，第106页。

② 赵冈：《中国传统农村的地权分配》，新星出版社2006年版，第134页。

祀会地主，也为子孙所共享。这些祀会地主在晚清时期徽州乡村土地构成中占有较大比重，成为土地出租经济的主要来源之一。

诸子均分田产的结果，不仅导致了二图四甲的土地分散，也形成了经济上各自独立的众多子户。但是，这些经济上各自独立的众多子户，在官府册籍上仅以王鼎盛一户登记在册，出现了所谓析产而未分户的现象，类似现象在明清时期相当普遍。[①]正因为析产而未分户，王鼎盛作为该户的户长，自雍正六年（1728）一直延续到咸丰九年（1859），说明世袭户长现象至晚清时期仍然存在。在130多年中，伴随着地权分配的变化，二图四甲王鼎盛户逐渐从清初以地主制经济为主体、自耕农经济占有一定比重的经济结构，向晚清时期自耕农经济与小土地出租经济结合的经济结构过渡和演变。王鼎盛户经济结构演变的过程，一定程度上也是清代中国乡村社会经济变迁的缩影。

原载《中国经济史研究》2017年第2期。该文的第一作者是马勇虎

① 栾成显：《明清庶民地主经济形态剖析》，《中国社会科学》1996年第4期。

# 晚清乡村秀才的多重角色与多样收入

## ——清光绪年间徽州乡村秀才胡廷卿收支账簿研究

秀才属于乡村中的下层士绅。晚清乡村社会活跃着为数众多的这样的下层士绅，他们亦绅亦商，既为地方社会提供教学、法律和其它公共服务，又从事商业经营、金融借贷等活动，并从中获取相应的经济收入。揆诸近代士绅研究论著，士绅收入研究仅有张仲礼《中国绅士的收入》[①]等少数成果，且多以方志资料为主的宏观描述，利用文书档案对近代士绅活动及其收入的个案研究尚未及见。遗存光绪年间徽州秀才胡廷卿的收支账簿多达28册[②]，详细记录了其乡居期间教学、行医、祀会管理，以及生产、销售红茶，投资茶号从事茶叶贸易等经营活动，较为细致地呈现了晚清乡村士绅谋生方式及其收入变化的实际形态，为晚清士绅研究提供了第一手

① 张仲礼著，费成康、王寅通译：《中国绅士的收入》，上海社会科学院出版社2001年版。

② 胡廷卿收支账簿原件藏于中国社会科学院历史研究所，收录于中国社会科学院历史研究所编：《徽州千年契约文书》（清·民国编）第14至18卷，花山文艺出版社1991年版。其中，光绪七、九、十一至三十四年间所立《收支总登》《进出流水》《进出总登》等收支账簿22册，光绪十一、十七、二十二、二十七、三十一年所立《春茶总登》《采售茶总登》等采售茶叶账簿5册，另有《光绪二十六年祁门胡氏祠会〈收支总登〉》1册，合计28册。以上收录在《徽州千年契约文书》（清·民国编）的账簿，下文为行文方便只出现账簿名和卷数、页码。需要说明的是，王玉坤的论文《近代徽州塾师胡廷卿的家庭生计》［《安庆师范学院学报》（社会科学版）2015年第3期］和《清末徽州塾师胡廷卿的乡居生活考察——以〈祁门胡廷卿家用收支账簿〉为中心》（《贵州师范学院学报》2015年第5期）只是研究了塾师胡廷卿的收支情况，并未从本文的角度研究相关问题。

珍贵资料。本文即以这批收支账簿为依据，试从一个乡村秀才多样的收入构成中，展现下层士绅在乡村社会生活中的复杂多面性，对于管窥晚清士绅的生活图像，进而透视乡村社会变迁，具有一定价值。

## 一、作为士绅的胡廷卿从事教学及公共服务的收入

士绅是通过科举考试的功名获得者。胡廷卿虽有秀才功名，但因学衔较低，只能属于下层士绅。士绅地位不仅意味着社会身份，也是一种谋生之道。[①]

### （一）士绅胡廷卿的教学收入

据光绪十四年（1888）《祁门胡氏族谱》[②]记载，胡廷卿名“兆祥，字廷卿，号和轩，邑增生。生道光乙巳（1845）”。家居安徽省祁门县十二都贵溪村。账簿多处记载有胡廷卿参加科举考试等信息，其中光绪十四年（1888）账簿记载了胡廷卿启程参加乡试前，亲友族人设宴“乡试饯行”、赠送程仪，以及试后回家的日程等内容。[③]光绪十四年（1888）参加乡试的经历表明，胡廷卿至少应有秀才的功名。又据民国十三年（1924）《胡氏支谱》记载，民国癸亥年（1923）胡廷卿寿登八秩，暨泮水重游，县长徐公赠“泮水耆英”匾额[④]，也印证了胡廷卿秀才身份。

“对绅士来说，教学是出仕外唯一能令人满意的出路。”[⑤]胡廷卿仅有秀才功名，难以出仕，塾师职业也就自然地成为其首选。他初在秀峰书舍任教[⑥]，后受聘白杨院。[⑦]白杨院在村北五里，为村中高级学府，“历代科

① 张仲礼著，费成康、王寅通译：《中国绅士的收入》，第5页。
② 光绪十四年《祁门胡氏族谱》，胡廷琛纂修。原件藏黄山学院图书馆。
③ 《光绪十四年祁门胡廷卿立〈进出总登〉》，第15卷，第26—29页。
④ 民国十三年《胡氏支谱》，胡承祚纂修。原件藏黄山学院图书馆。
⑤ 张仲礼著，费成康、王寅通译：《中国绅士的收入》，第84页。
⑥ 《光绪九年祁门胡廷卿立〈收支总登〉》，第14卷，第114页。
⑦ 《光绪十五年祁门胡廷卿立〈进出总登〉》，第15卷，第125页。

甲，尽出于此”[①]。账簿存在多处送达关书（聘书）的记载，如光绪二十六年（1900）“正月十八日，建民、景和送关书来”。[②]显然，胡廷卿受到了贵溪村胡氏族学的正式聘请。胡廷卿教学效果颇佳，门下多名学生科考取得佳绩，并送来“谢金”酬谢。例如，光绪九年（1883）腊月二十七日，“收日华先（生）令侄宽林入泮谢金，洋捌元。”[③]光绪十二年（1886）十一月“廿七日冬至，承霭庭先（生）令郎入泮，送来谢金洋拾元”[④]。光绪十六年（1890）“腊月念四，收王泽湘先（生）送来本洋四元，令郎入泮”[⑤]。光绪二十七年（1901）十一月初二，祁门红茶创制人胡元龙“令郎入泮送亦洋贰元，又盒六种”[⑥]。可以看出，胡廷卿的教学效果在地方享有一定的美誉。

塾师当以束脩为主要收入，胡廷卿自不例外，历年账簿详细记载了每位学生交费时间及金额，甚至摘要登录关书中学生姓名及学费金额，如癸卯年关书、甲辰年关书等。[⑦]其中，光绪二十六年（1900）至民国四年（1915）胡廷卿束脩收入如表1。

**表1　光绪二十六年至民国四年胡廷卿束脩收入简表**

| 时间 | 学生数（人） | 束脩金（元） |
|---|---|---|
| 光绪二十六年（1900） | 9 | 37 |
| 光绪二十七年（1901） | 10 | 38 |
| 光绪二十八年（1902） | 8 | 24 |
| 光绪二十九年（1903） | 15 | 48 |
| 光绪三十年（1904） | 8 | 33 |
| 光绪三十一年（1905） | 11 | 42 |
| 光绪三十二年（1906） | 13 | 52 |

① 胡景宪：《寻源轩文存》，皖内部资料图书2007年，第18页。
② 《光绪二十六年祁门胡廷卿立〈收支总登〉》，第17卷，第40页。
③ 《光绪九年祁门胡廷卿立〈收支总登〉》，第14卷，第118页。
④ 《光绪十二年祁门胡廷卿立〈进出流水〉》，第14卷，第373页。
⑤ 《光绪十六年祁门胡廷卿立〈进出总登〉》，第15卷，第229页。
⑥ 《光绪二十四年祁门胡廷卿立〈收支洋蚨总〉》，第16卷，第381页。
⑦ 《光绪二十八年祁门胡廷卿立〈各项謄清〉》，第17卷，第349页。

续 表

| 时间 | 学生数(人) | 束脩金(元) |
|---|---|---|
| 光绪三十三年(1907) | 12 | 50 |
| 光绪三十四年(1908) | 14 | 64 |
| 宣统元年(1909) |  | 61.5 |
| 宣统二年(1910) | 13 | 68 |
| 宣统三年(1911) | 12 | 60 |
| 民国元年(1912) |  | 62 |
| 民国二年(1913) |  | 46.5 |
| 民国三年(1914) |  | 45 |
| 民国四年(1915) |  | 24 |

资料来源：《徽州千年契约文书》（清・民国编）第18编，第18页。需要说明的是，王玉坤《清末徽州塾师胡廷卿的乡居生活考察——以〈祁门胡廷卿家用收支账簿〉为中心》将宣统二年（1910）束脩金68元误记为58元。

张仲礼认为，塾师分为有绅士身份塾师和普通塾师两类。其中，绅士身份塾师年收入平均100两银子，而普通塾师平均不足50两。[①]胡廷卿拥有秀才功名，属于有绅士身份的塾师。表1可见，胡廷卿塾师收入最高68元，最低24元，年平均收入47.18元，约等于43.25两银子。[②]仔细统计光绪七年（1881）至二十五年历年胡廷卿的束脩收入，最高年份为光绪九年（1883）51.2元[③]，其他年份均在30—50元。壬子、癸丑、甲寅、乙卯为民国元年（1912）至四年，束脩金虽有下降，但仍处24—62元，与前述束脩金收入水平基本相同。账簿束脩收入的记载表明，胡廷卿束脩年收入略好于张仲礼所言普通塾师的收入，但达不到绅士身份塾师年收入平均100两的水准。

事实上，胡廷卿教学收入较低并非个案，而是晚清塾师的普遍现象，

① 张仲礼著，费成康、王寅通译：《中国绅士的收入》，第102页。

② 按60000文约等于50两银子标准（张仲礼著，费成康、王寅通译：《中国绅士的收入》，第100页），洋钱47.18元折算为43.25两银子。

③ 《光绪九年祁门胡廷卿立〈收支总登〉》，第14卷，第183—184页。

其收入仅仅能解决温饱问题。[①]因此，一旦家庭出现重大开支时，例如长子、幼子的结婚开支，胡廷卿塾师收入明显不敷。其中，长子阳开光绪十年（1884）五月初三定亲，仅“聘金”一项即达32元，[②]而本年胡廷卿束脩收入47元；[③]幼子云鹄光绪二十四年（1898）的婚礼及采仪、聘金等开销多达96.665元，[④]而胡廷卿束脩收入仅有区区27.5元。[⑤]显然，教学收入不足以“维持士绅的体面生活”，必然迫使胡廷卿借助其他手段开辟财源，谋取收入。

### （二）士绅胡廷卿的喜包钱收入

胡廷卿在教学之余，为村民提供合八字、合婚、择期及治病等服务，并收取一定的喜包钱。据账簿记载，胡廷卿自光绪七年（1881）以后的历年中均有喜包钱收入，尤其光绪三十年（1904）后，年过六旬的胡廷卿喜包钱收入大增，成为束脩之外又一经济收入来源，如表2。

**表2　胡廷卿晚年“喜包钱”收入简表**

<table>
<tr><th>时间</th><th>金额</th><th>事由</th><th>收受红包次数</th></tr>
<tr><td rowspan="2">光绪三十年(1904)</td><td>洋7元</td><td>中资等项</td><td rowspan="2">治病10,合八字7,择期4,中资1,回书1</td></tr>
<tr><td>钱3100文</td><td>治病、合婚、回书等</td></tr>
<tr><td rowspan="2">光绪三十一年(1905)</td><td>洋2元</td><td>中资等项</td><td rowspan="2">治病7,合婚3,择期2,回书1,中资1</td></tr>
<tr><td>钱5100文</td><td>治病、合婚、回书等</td></tr>
<tr><td rowspan="2">光绪三十二年(1906)</td><td>洋10元</td><td>中资等项</td><td rowspan="2">治病11,合婚1,回书2,择期4,中资2</td></tr>
<tr><td>钱5100</td><td>合婚、看日子、回书、治病</td></tr>
</table>

① 李国钧、王炳照总主编：《中国教育制度通史》第6卷，山东教育出版社2000年版，第25页。

② 《光绪九年祁门胡廷卿立〈收支总登〉》，第14卷，第132页。

③ 《光绪九年祁门胡廷卿立〈收支总登〉》，第14卷，第165页。

④ 《光绪二十四年祁门胡廷卿立〈收支洋蚨总〉》，第16卷，第438页。

⑤ 据《光绪二十四年祁门胡廷卿立〈收支洋蚨总〉》统计。

续 表

| 时间 | 金额 | 事由 | 收受红包次数 |
|---|---|---|---|
| 光绪三十三年(1907) | 洋12.5元 | 中资、择期等项 | 治病14,择期6,合婚4,回书3,中资1 |
| | 钱13120文 | 合婚、择期、治病 | |
| 光绪三十四年(1908) | 洋11元 | 学俸外等项 | 治病37,合婚13,择期10,回书3,查八字1 |
| | 钱20000文 | 择期、合婚、治病并节礼钱在内 | |
| 宣统元年(1909) | 钱27700文 | 治病、合婚、择期、中资 | 治病55,合婚20,择期4,中资1 |
| | 洋8.5元 | | |
| 宣统二年(1910) | 洋11元 | 治病、合婚、择期、回书 | 治病31,合婚15,择期5,回书4 |
| | 钱25000文 | | |
| 宣统三年(1911) | 洋7.5元 | 治病、合婚、择期、中资 | 治病24,合婚3,择期2,中资1 |
| | 钱34600文 | | |
| 民国元年(1912) | 洋11元 | 治病、合婚、择期、中资 | 治病8,合婚2,择期2,中资1 |
| | 钱17000文 | | |
| 民国三年(1914) | 洋5元 | | |
| | 钱19600文 | | |
| 民国四年(1915) | 洋4元 | | |
| | 钱12400文 | | |

资料来源:《徽州千年契约文书》(清·民国编)第17卷,第414、431—432、456—457、472—478、494—499页;第18卷,第5—6页。

表2可见,收受“喜包”事由为合八字、合婚、择期、回书及治病、中资等。各类喜包中,为村民治病而收受喜包的频次最高。据民国《胡氏支谱》记载,胡廷卿精通医学。因此,治病喜包频次较高,可能与贵溪村

缺少专门医生，胡廷卿能够满足村民求医治病的需要有关。喜包频次最少的为中资。据账簿记载，中资主要是胡廷卿为茶号书写招牌，或者为村民间土地买卖充当中间人而获得的酬劳等收入，反映了知识精英在乡村社会的文化能力和一定的社会地位。

然而，推算八字、看日子、择期、合婚等，属于历史人类学所谓的职业礼生行为。[①]王振忠认为，在徽州，无论是称呼还是实际所为，都尚未看到那种职业性的礼生，而最为活跃的则是识文断字的“先生”（或曰“斯文”）。因为“先生”或“斯文”的文化资源，可以满足村落或宗族日常生活中诸多应酬的需要。[②]因此，胡廷卿的上述行为实为塾师先生满足村民精神生活需要的表现。然而，胡廷卿为村民合八字、合婚、回书、择期等，不仅收取报酬，如表2，而且存在一定的价格标准，例如光绪三十年（1904）账簿记载：

> 正月十四，收田坑海林弟喜包钱200（文），为合八字。
>
> 四月□□，收板溪送喜包钱200（文），为择期。
>
> …………
>
> 五月廿二，收三余送喜包钱200（文），为择婚期。
>
> 中秋后，收喜包钱200（文），为合婚。
>
> …………[③]

众所周知，行医、合八字、择期等行为，均需要一定的专业知识，因此喜包钱是胡廷卿凭借其文化知识谋取的收入，仍属于士绅收入。

不过，对照光绪三十年（1904）前后的喜包收入，还是可以发现，两个阶段存在明显变化。例如，光绪十一年（1885）收喜包仅有1次，钱100

① 刘永华：《亦礼亦俗：晚清至民国闽西四保礼生的初步分析》，《历史人类学学刊》第2卷第2期，2004年10月。

② 王振忠：《明清以来徽州村落社会史研究：以新发现的民间珍稀文献为中心》，上海人民出版社2011年版，第163、180页。

③ 《光绪二十九年祁门胡廷卿立〈各项謄清〉》，第17卷，第432页。

文；十二年2次，钱200文及鸭蛋等物；十三年3次，钱300文和猪肉等礼物；十四年2次，钱200文及猪肉、鲞鱼等礼物。可以看出，前期阶段不仅收受喜包频次较低，而且以食品为主，说明胡廷卿并不以此为谋生手段。而光绪三十年后喜包钱收入不仅频次较高，且以现金为主，成为胡廷卿主要经济收入之一。其原因与胡廷卿分家析产有关。光绪三十年（1904），胡廷卿以长子去世和自己年过六旬为由决定分家。[①]分家析产后，茶园地均分子孙，胡廷卿失去了茶叶经济来源，仅依靠束脩和喜包钱生活。如前所述，束脩收入不丰，喜包钱自然成为胡廷卿经济生活主要来源之一。不难看出，胡廷卿谋生方式及收入来源，随着家庭结构、财产构成的变动，出现了相应的调整和变化。

### （三）士绅胡廷卿经理家族事务的收入

士绅大多经理地方或宗族事务，胡廷卿作为居乡士绅，也经理家族事务。不过，其服务方式及其所获报酬，与文献资料记载大为不同。

从账簿记载来看，胡廷卿经理的家族事务主要表现为家族祀会管理。据“祥记所管各祀会”条目，光绪十五年（1889）至民国四年（1915），胡廷卿所管的祀会分别是庆余粮局、久公祀、杞年公祀、德祀、懋祀、贞一会、宗祠、普济会、地王会、观音会、常丰粮局等。[②]这些祀会大体可分为三类。一是以神灵、佛道为祭祀对象的祀会。文献记载，祁门县“最重神道，岳帝、祖师、地藏、五显、土地莫不有会”，[③]神灵祭祀在祁门各地较为普遍。显然，普济会、地王会、观音会、贞一会等是祭祀地藏菩萨、观世音菩萨、玄武大帝、土地神等神灵的祀会组织。二是以始迁祖、支祖为祭祀对象的祀会，如宅祀、杞年公祀、德祀、懋祀、机祀等为胡氏家族祭祀本宗、本支、本门祖先的祭祀组织。[④]三是社仓、义仓、义学性

① 《光绪三十年祁门胡廷卿立〈收支账簿〉》，第17卷，第442页。

② 《光绪三十年祁门胡廷卿立〈收支账簿〉》，第18卷，第10—11页。

③ ［清］刘汝骥：《陶甓公牍》卷12，《官箴书集成》第10册，黄山书社1997年版。

④ 胡景宪：《寻源轩文存》，第6页。

质的常丰粮局、庆余粮局、义田粮局、约会、文会等，其主要职能为代纳粮赋、粮食救济、助学和奖励科考等。①

士绅胡廷卿能从祀会获得两种津贴，一是祀会对胡廷卿父子参加科考的津贴。例如，光绪十四年（1888）胡廷卿参加乡试，“收常丰粮局乡试钱六千文。收庆余粮局乡试费，洋拾壹元。”②胡廷卿长子阳开，自光绪十二年（1886）至二十九年一直参加科举考试，也得到了家族祀会的津贴，如光绪十五年（1889）常丰粮局发放的考费：

新正月初五，付钱300文，阳开县考。

二月初三，付钱300文，阳开府考。

二月十八，付钱800文，阳开、柳根院考。③

二是祀会对本门学童学费的津贴，如光绪二十五年（1899）账簿的记载：

菊月廿七，收庆余粮局发学俸亦洋九元，计九名：元海、金海、义开、壬开、神开、云胜、荣根、禾上、开炜。

众共发十三名。夏开、莲、新喜、厚根。④

此外，胡廷卿以士绅身份在祀会祭祀中充当“礼生”，并获得“礼生亥（猪）”收入。历年“礼生亥”收入如表3。

**表3　胡廷卿礼生活动简表**

| 时间 | 内容 | 页码 |
| --- | --- | --- |
| 光绪七年正月廿一 | 三元会礼生亥二斤 | 14卷，第19页 |
| 光绪九年正月十八 | 五福会礼生亥二斤 | 14卷，第100页 |
| 光绪十年正月十七 | 三元会礼生亥二斤 | 14卷，第123页 |

① 胡景宪：《寻源轩文存》，第6、9页。

② 《光绪十四年祁门胡廷卿立〈进出总登〉》，第15卷，第26—29页。

③ 《光绪十五年祁门胡廷卿立〈进出总登〉》，第15卷，第143页。

④ 《光绪二十五年祁门胡廷卿立〈收支总登〉》，第17卷，第9页。

续　表

| 时间 | 内容 | 页码 |
| --- | --- | --- |
| 光绪十一年正月十八 | 五福会礼生亥二斤 | 14卷,第193页 |
| 光绪十一年二月廿四 | 宅祀礼生亥一斤 | 14卷,第195页 |
| 光绪十二年十二月初六 | 承纶堂酬礼生亥四斤,并菓子、鲞鱼、礼饼等 | 14卷,第375页 |
| 光绪十三年正月十六 | 收五福会礼生亥二斤 | 14卷,第412页 |
| 光绪十四年正月十八 | 收三元会礼生亥二斤 | 14卷,第497页 |
| 光绪十五年正月十三 | 收五福会礼生亥二斤 | 15卷,第75页 |
| 光绪十六年正月十八 | 收三元会礼生亥二斤 | 15卷,第157页 |
| 光绪十七年正月十二 | 收五福会礼生亥二斤 | 15卷,第256页 |
| 光绪十九年正月十五 | 收五福会礼生亥二斤 | 15卷,第459页 |
| 光绪十九年杏月 | 补宅祀礼生亥一斤 | 15卷,第464页 |
| 光绪二十年三月初七 | 收宅祀礼生亥一斤 | 16卷,第27页 |
| 光绪二十二年正月十八 | 收三元会礼生亥二斤 | 16卷,第185页 |
| 光绪二十四年正月十九 | 收三元会礼生亥二斤 | 16卷,第305页 |
| 光绪二十五年三月初一 | 收宅四公祀送礼生亥一斤 | 16卷,第478页 |
| 光绪二十六年正月十八 | 收三元会送礼生亥二斤 | 17卷,第40页 |
| 光绪三十二年正月十八 | 收三元会送礼生亥二斤 | 18卷,第87页 |
| 光绪三十二年桃月十九 | 收宗祠送礼生亥一斤 | 18卷,第93页 |

据相关研究，徽州祠祭、墓祭、会祭、丧葬、冠礼、婚礼以及迎神赛会等各种场合，都要用到礼生。[①]礼生，又称赞礼生、奉祀生、主礼生，他们参与神明崇拜、祖先祭祀、婚嫁丧葬等礼仪实践，其中尤在祭祀中最为突出，承担赞相礼仪的职能。[②]表3中，宅祀、宅四公祀、宗祠及承纶堂为胡氏家族祭祀始迁祖及支祖的会祭组织，属于祠祭，而“三元会”“五

① 王振忠：《明清以来徽州村落社会史研究：以新发现的民间珍稀文献为中心》，第161页。

② 刘永华：《明清时期的礼生与王朝礼仪》，《中国社会历史评论》第9卷，天津古籍出版社2008年版，第245页。

福会”则是胡氏家族祭祀越国公汪华的会祭组织[1]，属于会祭。显然，胡廷卿主要在祠祭和会祭中充当礼生。

从表3可以看出，充当礼生的胡廷卿参与分胙，并有一定数量胙肉祭品回赠。但是，祭祀中的礼生多属临时性质，一年仅有一次，此时的胡廷卿可谓“非职业性礼生”。就“礼生亥”的经济价值而言，一斤猪肉时价100文[2]，一年收入仅约百文。显然，“礼生亥”的象征意义大于经济价值。由于民间礼仪是中国王朝礼仪复制、模仿的结果，充当祭祀的礼生必须知礼，熟悉王朝礼仪规范。因此，“礼生亥”的回赠，实际上反映了地方社会对胡廷卿熟悉祭祀礼仪，以及其在乡村仪式中领袖地位的确认。

但是，祀会运行、管理中，胡廷卿等士绅并不以经济收入为首要目标，反而以公匣制度加强对祀产的监督、管理，树立士绅清正廉洁的道德形象。公匣，又有祠匣、祀匣、契匣等不同称呼。[3]明清以来的徽州家族为加强祀会公有财产的管理、监督，多配置公匣以保存结余资金和契约凭证。据账簿记载，祀会上、下首人在交盘之际，需交接公匣，如胡廷卿接手善祀祀会之时，所见祀会“契匣二个，契匣锁匙二个，在云智家”[4]。说明匣与匣锁分离。祀会运行中，需提取匣内资金时，必须多人在场，账簿记载“六月廿七，收开匣挡出英洋八元。柳根、应麒、海林眼同，封皮应麒写”[5]。待第二年交接时，胡廷卿在“辛丑廷卿所点善祀器皿”清单中记录“契匣在应麒，铁锁匙家收，加铁锁一把”[6]。由此可以看出，祀会公匣从接手、打开，到交予下首，均极为谨慎，表明胡廷卿等士绅在处理祀会公有财产时，各环节中均以公开、透明为原则，以突显士绅清正廉明的道德形象，树立士绅在乡村社会的道德权威。

概而言之，胡廷卿因科考功名而获得士绅身份，并以此为村民提供教

① 胡景宪：《寻源轩文存》，第13页。

② 《光绪十一年祁门胡廷卿立〈收支总登〉》，第14卷，第219页。

③ 刘道胜：《明清徽州宗族文书研究》，安徽人民出版社2008年版，第338页。

④ 《光绪二十六年祁门胡氏祠会〈收支账簿〉》，第17卷，第206页。

⑤ 《光绪二十六年祁门胡氏祠会〈收支账簿〉》，第17卷，第139页。

⑥ 《光绪二十六年祁门胡氏祠会〈收支账簿〉》，第17卷，第207页。

学、医疗、合八字、择期及祀会管理等服务，满足了村民教育、医疗和文化等需求，既获得了经济收入，又收获了士绅知礼、清正廉明的道德形象。前者保证了士绅的基本生活，后者既维护了士绅地位，也为其获得稳定收入提供了可能，两者相辅相成。

## 二、作为绅商的胡廷卿从事商业经营的收入

士绅从事商业经营活动，又称之为商绅。胡廷卿在教学之余又从事茶叶种植、生产、销售，并投资入股茶号成为茶号股东，属于典型的亦绅亦商的绅商。账簿详细记载历年茶园管理、采摘、销售等细节，完整地呈现了茶叶种植、生产、销售等所有环节，从中可以看出近代绅商商业经营的若干特点。

### （一）胡廷卿购置茶园与生产、销售红茶

据账簿记载，胡廷卿在本村不断购买茶棵园地，历年购地及继承祖业的茶棵园地如表4。

**表4　胡廷卿茶棵园地构成简表**

| 地名 | 购买时间 | 来源 | 地价 |
|---|---|---|---|
| 汪郎冲茶棵一号 | 光绪十一年 | 买受五松兄弟业 | 本洋八元 |
| 徐家坞茶棵一号 | 光绪十二年 | 买受云耕业 | 本洋三元五角 |
| 蒋家坞茶棵一号 | 光绪十七年 | 买受汪新喜（记能）业 | 本洋七元 |
| 山枣弯茶棵一号 | | 买受用夫业 | 亦洋八元 |
| 枫树坦茶棵一坦 | 光绪二十四年 | 买受金和 | 本洋一元五角 |
| 东岸园地一号 | 光绪二十五年 | 买受云澄业 | 亦洋六元五角 |
| 祠背后 | | 承祖业阄得 | |
| 小弯、黄土块 | | 承祖业阄得 | |

资料来源：《徽州千年契约文书》（清・民国编）第16卷，第431页；第17卷，第282—283、292、353、443—444页。

由表4可知，胡廷卿自光绪十一年（1885）始，相继购买了汪郎冲、徐家坞等六处茶棵园地，加上承祖阄分的祠背后、小弯等二处，共有八处茶棵地之多，是为小型地主。

胡廷卿每年均需雇佣本村农民为其茶园地耕锄、采摘鲜茶叶，并雇佣制茶工人为其生产红茶，如账簿记载制茶工的工钱开支：

> （光绪二十三年）做红茶工钱1440文。[①]
>
> （光绪二十四年）支洋二元，新根做茶工并前母子五工，仍存钱200（文）。[②]
>
> （光绪二十五年）支洋二元，秋福做红茶工钱，仍存钱280（文）。[③]
>
> （光绪二十七年）做红茶工钱2100文。[④]

胡廷卿生产的红茶为光绪初年新创的茶叶品种。据文献记载，祁门县向为传统茶区之一，但以枝茶为主要品种。枝茶，又名安茶、软枝茶，属于绿茶品种之一，畅销于两广和东南亚地区。[⑤]由于枝茶只限于两广和东南亚地区，市场空间狭小、单一，茶叶产量受销量限制，难以有较大的发展，一年少则500担，多则2000担即可满足市场需求。此外，枝茶生产存在周期漫长的缺陷，茶叶制成后需要存放三年以上的时间才可上市销售，生产周期的漫长增加了资金成本，也不利于茶叶的销售。[⑥]

销售市场的局限和生产周期较长的缺陷，迫使贵溪茶商改制新品种，

---

① 《光绪二十二年祁门胡廷卿立〈春茶总登〉》，第16卷，第291页。

② 《光绪二十四年祁门胡廷卿立〈收支总登〉》，第16卷，第317页。

③ 《光绪二十四年祁门胡廷卿立〈收支洋蚨总〉》，第16卷，第383页。

④ 《光绪二十七年祁门胡廷卿立〈采售茶总登〉》，第17卷，第234页。

⑤ 祁门县地方志编纂委员会办公室编：《祁门县志》，安徽人民出版社1990年版，第183页。

⑥ 倪群：《安茶漫谈》，政协祁门县委员会编：《祁门文史》第5辑（茶叶专辑），2002年2月，第56页。

以取代枝茶。由于枝茶生产与红茶制作工艺有相似之处，经贵溪茶商胡元龙的改制，终在光绪初年获得成功，祁门红茶遂成为中国著名茶叶品牌。祁门红茶创制人“胡元龙（1835—1924），字仰儒，南乡贵溪人。清咸丰年间，元龙在贵溪垦山千余亩，兴植茶树，建培桂山房，自制干茶，年产50担。后因绿茶滞销，特考察红茶制造之法。光绪元、二年，筹建日顺茶厂，雇宁州（今江西修水）茶工舒基立，按宁红制法改制红茶，获得成功”[①]。胡元龙为胡廷卿叔父，账簿中多处记载二人的经济往来，故而族谱有关胡元龙的记载更为具体，“元龙原名昌期，字仰儒，号云谷，生道光丙申。咸丰初，贼纷扰境，随邑侯唐公防堵。同治二年（1863）皖南道叶公委带民团，奖给六品顶戴，旋保尽先拔补把总”[②]。同治《祁门县志》的记载也证实了胡元龙的官职身份，“胡元龙居贵溪，以团防保举把总，加六品顶戴”[③]。胡元龙因军功而获得官职，又从事茶叶生产经营，显然也是一名绅商。

在胡元龙的示范下，贵溪村茶叶生产逐渐红茶化，村中开设有太和丰、胡日隆、永兴祥、源利祥、胡日兴、胡怡丰、永昌栈等多家茶号，收购毛茶、精制红茶。[④]说明绅商不仅在祁门红茶新品种的创设中发挥了重要作用，同时也带动了乡村经济的发展。

在此市场背景下，胡廷卿亦雇佣制茶工人，生产红茶，所制红茶全部进入市场销售，历年的红茶销售及收入如表5。

**表5　胡廷卿历年茶叶产量及销售收入表**

| 时间 | 红茶销量及销售收入 | | | 全年茶叶产量（斤） |
|---|---|---|---|---|
| | 数量（斤） | 金额（元） | 均价（元/斤） | |
| 光绪八年 | 12.11 | 2.887 | 0.24 | 15.26 |
| 光绪十一年 | 36.04 | 8.0 | 0.22 | 41.0 |

① 祁门县地方志编纂委员会办公室：《祁门县志》，第702页。

② 光绪十四年《祁门胡氏族谱》。

③ 同治《祁门县志》卷22《选举志·荐辟》。

④ 胡景宪：《寻源轩文存》，第33页。

续 表

| 时间 | 红茶销量及销售收入 | | | 全年茶叶产量(斤) |
| --- | --- | --- | --- | --- |
| | 数量(斤) | 金额(元) | 均价(元/斤) | |
| 光绪十二年 | 41.0 | 11.2 | 0.27 | 41.0 |
| 光绪十三年 | 51.0 | 8.20 | 0.16 | 61.0 |
| 光绪十四年 | 30.0 | 5.31 | 0.18 | 39.12 |
| 光绪十五年 | 47.08 | 11.72 | 0.25 | 47.875 |
| 光绪十六年 | 45.10 | 8.34 | 0.18 | 61.14 |
| 光绪十七年 | 43.08 | 9.131 | 0.21 | 53.0 |
| 光绪十八年 | 67.08 | 9.848 | 0.15 | 84.0 |
| 光绪十九年 | 36.0 | 12.019 | 0.33 | 59.12 |
| 光绪二十年 | 48.0 | 8.013 | 0.17 | 65.08 |
| 光绪二十一年 | 75.02 | 15.65 | 0.21 | 91.0 |
| 光绪二十二年 | 93.05 | 17.116 | 0.18 | 110.0 |
| 光绪二十三年 | 72.11 | 16.951 | 0.24 | |
| 光绪二十四年 | 92.13 | 24.588 | 0.27 | |
| 光绪二十五年 | 114.04 | 32.689 | 0.29 | 134.08 |
| 光绪二十六年 | 109.13 | 25.205 | 0.23 | 125.1 |
| 光绪二十七年 | 105.12 | 25.83 | 0.25 | 124.4 |
| 光绪二十八年 | 95.12 | 23.051 | 0.24 | 117.12 |
| 光绪二十九年 | 93.11 | 30.11 | 0.32 | 110.4 |
| 光绪三十年 | 90.04 | 24.283 | 0.27 | 108.12 |

资料来源:《徽州千年契约文书》(清·民国编)第14卷,第56—57页;第16卷,第294—295页、第317页;第17卷,第284—285页。说明:1斤=16两

表5所见,在胡廷卿21年的红茶销售历史中,光绪八年(1882)至二十三年,产量始终不高,尽管光绪十九年(1893)红茶单价达到历史最高的3角3分,但售茶收入却在20元以下。结合表4可以看出,产量不高、

收入较低可能与茶园面积不大有关。光绪二十四、二十五年胡廷卿相继购买了枫树坦、东岸园地等几处茶棵地，茶园面积进一步得以扩大，茶叶产量自然有所增加，所以光绪二十五年（1899）产量、收成均最高。与此同时，光绪二十三年至三十年的茶叶售价基本维持在每斤2角3分至3角2分之间，茶价大体稳定，没有出现价格大起大落，或者低于2角以下的现象。因此，产量增加，加之价格基本稳定，势必带来茶叶销售收入的增长。

表5还反映出胡廷卿家庭茶园所产红茶几乎全部进入市场销售，这与国内外茶叶市场价格走势有关。19世纪中叶以前，中国是世界上唯一出口茶叶的国家，而茶叶又是唯一不与西方工业品竞争的产品，所以随着西方各国饮茶之风的盛行，它们从中国购买的茶叶也越来越多。太平天国战争平息之后，茶叶市场逐渐得以恢复，西方国家对中国茶叶商品的强烈需求，再次刺激了中国茶叶市场的复兴，导致同治、光绪年间外销茶叶“洋庄”茶十分盛行，出口大增。[①]

外销“洋庄”茶的销售旺势，也给祁门贵溪红茶销售创造了历史机遇。光绪八年（1882），祁门红茶新品种首次在汉口销售，即受到海外茶商的青睐。[②]光绪十年（1884），祁红每担售价34两[③]；光绪十二年（1886），每担40—44两[④]；光绪十四年（1888），每担45—52两[⑤]；光绪二十一年（1895）每担茶价50余两至60两[⑥]；到了光绪二十九年（1903），汉口祁红，“初闻开盘时，每担价值约须银六十两，不意数日来，忽骤涨至七十五两。”[⑦]祁红售价达到了历史的最高点。尤其是光绪二十一年（1895）后，俄商打破英国商人对祁红的垄断局面，直接采购祁红，“俄商采办祁门茶，价码略高于昔”，推高了红茶价格。在此背景下，徽州茶商

① 王廷元、王世华：《徽商》，安徽人民出版社2005年版，第96页。

② 祁门县地方志编纂委员会办公室：《祁门县志》，第197页。

③ 《九江茶市头盘行情》，《申报》光绪十年四月十七日。

④ 《汉江茶市》，《申报》光绪十二年四月初九日。

⑤ 《汉皋茗话》，《申报》光绪十四年四月初六日。

⑥ 《汉皋茶市》，《申报》光绪二十一年四月二十四日。

⑦ 《茶市开盘》，《申报》光绪二十九年四月二十七日。

进一步改进制茶技术，对红茶进行了深加工，研制新产品，提高成品率，如“红茶筛下炭末碎片名曰花香，往时弃而不用”，但是“自同治、光绪以来系西商以之轧成砖块，始得畅销”[1]。从此，祁门花香也很兴盛，甚至卖到每担12两的高价，不仅提高了祁红的利用率，也增加了祁门茶商的利润收入。因此，正是由于国际茶业市场价格一路攀升的影响，出现了胡廷卿以束脩收入连年不断地购买茶棵地，全力生产红茶，并将所产红茶全部进入市场销售的现象。

### （二）胡廷卿投资茶号与茶号经营机制

在茶叶市场形势大好的背景下，秀才胡廷卿投入商品经济的大潮中，注资入伙茶号，成为茶号的股东，转身成为一名茶商。账簿记载了胡廷卿入伙福和祥、恒丰等茶号的资本金，以及作为茶号股东的售茶收益：

> （光绪二十六年）四月廿四，支洋捌元，付福和祥本金。
>
> 福和祥号四月廿四结，共付过亦洋47.961元，入代做红茶生意本金。[2]
>
> （光绪二十七年）三月初七，支亦洋捌元，付恒丰茶号本金。
>
> 十五，支亦洋四元，付恒丰茶号本金。
>
> 廿六，收恒丰茶洋二元，又茶洋廿四元，当付号本金。[3]

由账簿记载可知，茶号经营取得收益后即进行利润分配，光绪二十四年（1898）账簿详细记载了胡廷卿投资福和祥茶号本金及利润分配：

> 五月十六日。
>
> 福和祥号结账，本金亦洋38元8角7分。

① 《汉皋茶市》，《申报》光绪二十一年四月二十四日。

② 《光绪二十六年祁门胡廷卿立〈收支总登〉》，第17卷，第60页。

③ 《光绪二十四年祁门胡廷卿立〈收支洋跌总〉》，第16卷，第409页。

本身获利余赀亦洋9元4角，作235利分派。

又箱头钱3474（文），入洋3元8角6分。

又阳开回来轿马亦洋2元5角。

又分红亦洋7角8分。

共计亦洋55元2角9分。[①]

由上述记载可知，福和祥茶号采用合伙制经营，股东利润实行正利、余利制分配模式。所谓正利，不论盈亏，入伙股东均按事先约定的利率分配。正利分配后仍有盈余，再行分配，是为余利。胡廷卿入伙本金洋38元8角7分[②]，按2角3分5厘利率分配利润，正利9元4角。[③]在扣除箱头钱、回家交通旅费后，又得分红余利7角8分。可以看出，正利24.2%、余利2%，表明茶号赢利较为丰厚。但是，合伙制又采用经营风险共担的模式，一旦亏损，股东均按股本大小分摊经营亏损，如民国元年（1912）“七月初一日，支洋拾二元，茶号耗本派认”[④]。即是胡廷卿作为茶号股东分摊经营亏损的记载。

徽州是徽商的桑梓之地，徽商以其资本雄厚、经营地域遍及海内外而著称。合伙、合作经营以及正、余利分配制度和风险分摊机制正是明清徽商惯用的经营制度。[⑤]胡廷卿入伙茶号，以及作为股东享有的利润分配和承担经营风险的记载表明，近代绅商在经营制度上仍然承袭明清徽商原有的机制，没有出现制度创新。

### （三）胡廷卿之子贩茶与贩茶收入

茶叶经营有利可图，胡廷卿的两个儿子相继下海经商，其中长子阳开

---

① 《光绪二十四年祁门胡廷卿立〈收支总登〉》，第16卷，第331页。

② 《光绪二十四年祁门胡廷卿立〈收支洋趺总〉》，第16卷，第441页。

③ 股本按40元计算。参见《光绪二十四年祁门胡廷卿立〈收支洋趺总〉》，第16卷，第443页。

④ 《光绪三十年祁门胡廷卿立〈收支账簿〉》，第18卷，第8页。

⑤ 张海鹏、王廷元主编：《徽商研究》，安徽人民出版社1995年版，第77页。

则由科举童生转身变为一名茶叶商人，远赴广州、汉口、九江等地贩茶。

前文已述，阳开多次参加县试、府试和院试，但仅获童生功名。屡次不中后，阳开走父亲之路，做起了乡村塾师。据账簿记载，光绪十四年(1888)“正月念五日，阳开发市开学，收喜包钱500文”。端午、中秋等节日云青也收受贽敬、节礼，如“七月初八，收侯潭翰廷叔……糕子八元，送阳开作伊令郎读书礼”[①]。按照张仲礼的分类，童生功名的云青只能是普通塾师[②]，属于瞿同祖所言“学绅”中的最底层。[③]由于仅有二三名学生，其束脩收入极为有限，远远低于父亲当塾师的收入。即便父亲胡廷卿以秀才功名充当塾师，仍然需要借助茶叶经营，或者为村民合八字、合婚等赚取额外收入以补贴家用。因此，在红茶市场看好，经营有利可图的形势下，下海经商成为阳开的必然选择。据账簿记载，自光绪二十四年(1898)始，阳开投入商海，前引福和祥茶号“阳开回来轿马亦洋2元5角”即是其贩茶回程的开支。账簿还详细记载了阳开参与瑞芳祥茶号经营的工资俸金收入：

> 光绪廿五年正月十一日，收阳开帮瑞芳祥俸亦洋拾元，并前共十二元。
>
> 六月十二日，收阳开帮瑞芳祥俸亦洋五元。
>
> 光绪廿六年三月廿五，收阳开帮福和祥俸亦洋拾元。
>
> 光绪廿七年三月十四，收福和祥亦洋六元，阳开俸。
>
> 四月廿四，收福和祥亦洋六元，阳开俸。
>
> 六月初一，收阳开工俸洋四元。[④]
>
> 光绪廿八年四月初七，收福和祥阳开辛俸亦洋八元。
>
> 五月廿四，收阳开福和祥工俸洋四元。

---

① 《光绪十四年祁门胡廷卿立〈进出总登〉》，第14卷，第498页；第15卷，第14、26页。

② 张仲礼著，费成康、王寅通译：《中国绅士的收入》，第101页。

③ 瞿同祖著、范忠信等译：《清代地方政府》，法律出版社2003年版，第289页。

④ 《光绪二十四年祁门胡廷卿立〈收支洋跌总〉》，第16卷，第441、384、385、395、410、411页。

十一月廿三，收俊明叔亦洋一元，酬劳阳开往镇卖柴。

光绪廿九年六月初一，收阳开来辛俸亦洋四元。[1]

光绪三十年五月廿二，收阳开俸亦洋十六元，福和祥茶号。[2]

阳开具有一定的文化知识，经商游刃有余，穿梭于市场之间，如光绪二十二年（1896）“暑月十二日，阳开往镇，十三（日）到镇，交细茶二包，计二斤，送方长春店。”[3]“镇”即景德镇，方长春店开设于景德镇毕家卫，经营药材、茶叶生意。[4]阳开长途贩茶远达九江、汉口、广东等地，如光绪二十四年（1898）“五月十六，阳开买来浔、汉货。”[5]“浔、汉买来货物列左，阳开手。”[6]祁门茶叶运销汉口、广东等地，水陆交通极为凶险，沿途需要经受税卡衙役等勒索、盘剥，对于远销茶商而言是极大的考验，必须具备一定的交际、公关能力。显然，阳开的市场经营能力受到同行的认可，茶号甚至以提前预付工资的方式聘用阳开，争取经营人才，如光绪二十五年（1899）“十一月初三，收阳开手亦洋一元，俊明叔定来年工（钱）”[7]。阳开甚至得到店主信任，直接代替茶号主人远赴广东售茶，如“癸卯（年），阳开今年往东粤沽茶，代俊明叔”[8]。

胡廷卿父子经商后，家庭收入有所增加的同时，家庭消费品结构出现了部分新变化。如上所述，阳开多次从汉口、九江等贩茶地采购家庭所需商品，其弟云鹄光绪二十八年（1902）汉口“所买各物”“往浔所买各物”[9]中，出现了“洋肥皂”“洋面盆”“洋枚毯”和“洋缎”等西方进口

① 《光绪二十八年祁门胡廷卿立〈各项謄清〉》，第17卷，第328、331、335、341页。

② 《光绪二十九年祁门胡廷卿立〈各项謄清〉》，第17卷，第401页。

③ 《光绪二十二年祁门胡廷卿立〈进出总登〉》，第16卷，第210页。

④ 《光绪二十二年祁门胡廷卿立〈春茶总登〉》，第16卷，第299页。

⑤ 《光绪二十四年祁门胡廷卿立〈收支总登〉》，第16卷，第331页。

⑥ 《光绪二十四年祁门胡廷卿立〈收支洋跃总〉》，第16卷，第464页。

⑦ 《光绪二十四年祁门胡廷卿立〈收支洋跃总〉》，第16卷，第389页。

⑧ 《光绪二十八年祁门胡廷卿立〈各项謄清〉》，第17卷，第309页。

⑨ 《光绪二十八年祁门胡廷卿立〈各项謄清〉》，第17卷，第325、350页。

商品。[①]进口商品的采购，不仅反映了家庭消费结构的变化，也说明经商所得增加了家庭收入，士绅之家生活状态有所改善。

总之，胡廷卿父子以秀才、童生身份从事红茶生产、销售，较为典型地反映了近代普通绅商的商业经营。近代绅商虽然不乏状元张謇等著名绅商，但活跃于基层社会，往来于城乡市场之间的绅商，大多是类似胡廷卿父子的下层士绅、普通绅商。胡氏父子转身从事红茶生产、销售，意味着其谋生方式的变化，这一变化增加了红茶新品种在茶叶市场供应总量，远赴广州、汉口、九江等地长途贩茶，又进一步扩大了红茶销售市场，对于茶叶经济发展产生了积极作用。但是，从中还是不难发现，胡氏父子从士绅走入茶商行列，其根本原因在于教学收入过低，而家乡出产茶叶的自然资源优势，以及祁门红茶热销的市场条件则是他们转变谋生方式，获取收入的外在条件，对于近代士绅转型的认识，提供了极有价值的线索。

## 三、胡廷卿的谋生之道及其变化

综上所述，胡廷卿的收入主要由作为士绅的教学及公共管理收入和作为商绅的茶叶经营所得两部分组成。表6为胡廷卿家庭总收入及士绅收入、商绅收入所占比例，从中可以观察不同类型收入对家庭经济生活影响力的大小，也可以进一步考察其谋生之道的变化。

**表6　胡廷卿家庭总收入简表**

单位：元

<table>
<tr><th colspan="2" rowspan="4">时间</th><th rowspan="4">家庭收入总计</th><th colspan="7">分项统计</th></tr>
<tr><th colspan="4">士绅收入</th><th colspan="3">商绅收入</th></tr>
<tr><th colspan="2">束脩</th><th colspan="2">喜包钱</th><th>售茶</th><th>贩茶</th><th rowspan="2">售、贩茶比例</th></tr>
<tr><th>金额</th><th>比例</th><th>金额</th><th>比例</th><th>金额</th><th>金额</th></tr>
<tr><td rowspan="2">分家前</td><td>光绪二十五年</td><td>86.448</td><td>41.09</td><td>47.5%</td><td>3.77</td><td>4.4%</td><td>24.588</td><td>17</td><td>48.1%</td></tr>
<tr><td>光绪二十六年</td><td>73.275</td><td>37</td><td>50.5%</td><td>1.07</td><td>1.5%</td><td>25.205</td><td>10</td><td>48%</td></tr>
</table>

① 《光绪二十八年祁门胡廷卿立〈各项謄清〉》，第17卷，第325页。

续 表

| 时间 | | 家庭收入总计 | 分项统计 | | | | | | |
|---|---|---|---|---|---|---|---|---|---|
| | | | 士绅收入 | | | | 商绅收入 | | |
| | | | 束脩 | | 喜包钱 | | 售茶 | 贩茶 | 售、贩茶比例 |
| | | | 金额 | 比例 | 金额 | 比例 | 金额 | 金额 | |
| 分家前 | 光绪二十七年 | 83.87 | 38 | 45.3% | 4.04 | 4.8% | 25.83 | 16 | 49.9% |
| | 光绪二十八年 | | 24 | | | | 23.051 | 12 | |
| | 光绪二十九年 | | 48 | | | | 30.11 | 4 | |
| | 光绪三十年 | 83.103 | 33 | 39.7% | 9.82 | 11.8% | 24.283 | 16 | 48.5% |
| 分家后 | 光绪三十一年 | 48.64 | 42 | 86% | 6.64 | 14% | | | |
| | 光绪三十二年 | 66.64 | 52 | 78% | 14.64 | 22% | | | |
| | 光绪三十三年 | 74.43 | 50 | 67% | 24.43 | 33% | | | |
| | 光绪三十四年 | 93.18 | 64 | 69% | 29.18 | 31% | | | |
| | 宣统元年 | 95.18 | 61.5 | 65% | 33.68 | 35% | | | |
| | 宣统二年 | 101.73 | 68 | 67% | 33.73 | 33% | | | |
| | 宣统三年 | 98.95 | 60 | 60% | 38.95 | 40% | | | |

数据来源：表1、表2、表5；第16卷，第432页。其他数据源自账簿统计。

说明：光绪二十八、二十九年账簿未见喜包钱记载；表2中洋钱与制钱兑价按1：1100折算。

表6数据主要集中于光绪二十五年（1899）至宣统三年（1911）。之所以选择此时间段收入数据，主要考虑光绪二十五至三十年胡廷卿的长、幼子均已成年并结婚，且长子阳开已能为家庭创造收入，此时的胡家可谓达到兴盛的顶点。而光绪三十年（1904）七月胡廷卿决定分家，所有茶园地均分子孙，自己不再经营茶叶生意，而是专职从事教学，以束脩和“喜包钱”为生活来源，过着单纯的士绅生活。因此，分家前后的两个阶段，胡廷卿的收入来源变化较大，反映了不同状态下的收入结构。

从表6中可以看出，分家前胡廷卿士绅收入虽然约占家庭总收入的

50%，但束脩收入占据主导地位，成为家庭成员日常生活主要经济来源。然而，士绅收入仅能满足糊口，不仅难以使胡家达到张仲礼所称的“绅士小康”生活标准[①]，也不足以支撑家庭重大经济开支。因此，利用本地出产茶叶的资源优势，以及祁门红茶市场走俏的时机，从茶叶市场谋利就成为胡廷卿的必然选择。胡廷卿父子经商收入不仅达到家庭总收入的50%，而且使得胡家可以采购西洋消费品，生活窘迫的局面开始改变。从中可以看出，胡廷卿完成了由士绅向商绅角色的转换，其中士绅收入不足是其角色转换的内在原因，而红茶市场的兴旺则是外在原因、诱导因素。

分家后胡廷卿不再从事茶叶经营，单纯地依靠束脩金和“喜包钱”生活。表6所见，光绪三十一年（1905）后胡廷卿束脩收入呈上升趋势，宣统二年（1910）达到68元的最高点。而光绪三十一年（1905）恰是清政府宣布废除科举之年，但胡廷卿的束脩收入并未受废科举的影响，说明乡村教育需求并不因考试制度的改变而减弱。结合表5可以看出，光绪二十五年（1899）后祁门红茶价格上涨，茶叶经济效益显著增长。茶叶经济增长为更多学童入学，以及增加束脩金提供了可能。可以看出，区域商品经济的发展程度影响塾师的收入水平。

表6还可看出，分家后“喜包钱”在胡廷卿士绅收入中的地位日渐突出，其比例由11.8%上升到40%，成为士绅胡廷卿收入主要来源之一。“喜包钱”比重的增加以及地位的变化，虽然一定程度上反映了胡廷卿金钱意识的增强，但主要原因则是胡廷卿不再经营茶叶生意之后，失去了经商收入，不得不转而以此为谋生手段，反映了胡廷卿生活方式改变后，谋生方式也随之出现相应的变化。

综观胡廷卿的一生，无论何时，束脩收入一直是其生活的基本经济来源，可谓安身立命之本。于此不难理解为何民国成立后，秀才胡廷卿却成为本村养正国民小学的倡办者，[②]其目的无外乎是希望继续从新式学校教育中获得收入。而经商和“喜包钱”收入虽是胡廷卿主要收入来源之一，

① 张仲礼著，费成康、王寅通译：《中国绅士的收入》，第187页。

② 民国十三年《胡氏支谱》。

也是其谋生之道变化的结果，但是其谋生方式总是随着内在、外在条件的变化而变化，表现出多重角色与多样收入不断交织的复杂面相。也正因为如此，胡廷卿的职业生涯，为近代士绅与社会变迁研究，提供了可以实际观察的生动个案。

原载《安徽史学》2018年第3期。该文的第一作者是马勇虎

# “一腔热血勤珍重，洒去犹能化碧涛”

## ——张海鹏先生倾心徽学研究二三事

张海鹏，1931年7月出生于安徽省枞阳县，安徽师范大学教授，曾先后担任历史系副主任、副校长、校长，曾兼任安徽省社会科学界联合会副主席、安徽省历史学会会长、中国明史学会副会长、中国商业史学会副会长、中国历史学会理事，2000年9月因病辞世。其主编的代表性著作有《明清徽商资料选编》《徽商研究》《中国十大商帮》《安徽文化史》《中国历史大事典》《当代社会科学大词典》等。

2013年是张海鹏先生诞辰82周年、先生离开我们13周年，也是先生创立和领导的安徽师范大学的学术团队开展徽商和徽学研究30周年。先生虽然离开我们十余年了，但先生的音容笑貌依然真切、先生的谆谆教诲仍在耳际，对先生的思念之情随时间的推移反而更为浓烈。徽商和徽学研究，是先生倾注后半生的全部热情所从事的学术事业，学界誉其“采文华章，徽商研究独步海内外”“开创徽学研究领域，具奠基之功”。先生是在桐城文化熏陶下成长的，但其后半生却把徽州文化的研究作为自己的学术追求，而且矢志不渝。原因何在？下面记述的几件事情，不仅可以窥其原因之一斑，而且可以使我们从中更深切地感受到先生的学术担当、治学态度和学术品格。

### 一、“作为中国学者，我们不能甘心徽商在中国，徽商研究在国外的现实，于是我们决心发愤研究徽商”

这是先生20世纪80年代初决定组建团队研究徽商的最初动因。1998

年是安徽师范大学建校七十周年，学校决定编印《建校七十周年论文集》作为“建校七十周年庆典的一份献礼”。先生亦收到了征稿约稿通知。年初我从华东师范大学攻读博士学位回安徽师范大学度寒假，先生电话招我到他家中进行了一次长谈。先生说了征稿约稿事，并对我说他初步拟定的题目就叫《徽商研究十五年》，因为“我们从1983年起着手研究徽商，迄今在这一领域已整整耕耘了15年。……徽商这一课题，我们并不是开拓者，但为了在前人研究的基础上有所突破、有所提高，并在国内外产生一定的影响，我们倾注了不少的心血。回顾15年的研究历程，虽然欣慰良多，但遗憾之处亦不少。值校庆70周年之际，将我们研究的这一课题进行一次总结，既是向校庆的献礼，亦是对未来更深入地研究，进一步秣马厉兵。我们也想通过这一总结，使学校和学术界了解我们的研究状况，从而继续关心、支持我们，以期取得更加满意的成果”。继之，先生又告诉我，这篇文章应该分三个层次来写：首先要讲讲我们为什么要研究徽商；其次要梳理一下我们是如何研究徽商的；最后要谈谈我们已取得的成果和下一步的研究计划。先生希望我能按照这一提纲先写个初稿，然后他再来修改。这就是《安徽师范大学建校七十周年论文集》（A辑）中《徽商研究十五年》[①]的由来。

在谈到当时为什么下决心要组建团队研究徽商时，先生回忆说，十一届三中全会后，中国开始实行改革开放的政策，中国与国外的学术交流逐渐增多，日本、美国、荷兰等国的一些研究徽商的学者陆续来到中国，一方面是想和中国的学者进行交流，另一方面是想亲自去看看徽商的故里徽州。他们来中国的第一站是到中国社会科学院历史研究所，但历史研究所那时尚无人研究徽商，于是历史研究所往往指引这些国外学者去安徽师范大学，说那里可能有学者在研究。先生对我说，他们在接待这些国外学者时，也是一派茫然，因为我们安徽师范大学也没人研究徽商，也没人知道

① 张海鹏：《徽商研究十五年》，《安徽师范大学建校七十周年论文集》（A辑），安徽人民出版社1998年版，第92—94页；又见张海鹏：《求实集》，安徽教育出版社2006年版，第179—184页。

徽商到底是怎么回事！先生说，这种接待不止一次，我们感到尴尬，因为我们安徽是徽商的故里，国外的学者在研究它，而我们作为安徽的学者却对此一无所知，于是我们开始反思，我们开始去查阅一些徽商的文献，最后在20世纪80年代初我们下决心要组建一个团队来研究它。

正因为如此，所以，在《徽商研究十五年》里，写了这样一段话：“促使我们研究徽商的原因之三，是学术竞争的需要，是出于民族自尊使然。从本世纪（注：指20世纪）40年代起，我国著名历史学家傅衣凌先生发表《明代徽商考》一文之后，徽商研究这一崭新的领域即引起了国外学者的广泛重视。50年代，日本学者藤井宏博士发表了《新安商人的研究》，在学术界产生了很大影响，被誉为是徽商研究领域中分量最重、最具权威之作，而当时国内研究徽商的成果远不及他。面对这种情况，作为中国学者，我们不能甘心徽商在中国，徽商研究在国外的现实，于是我们决心发愤研究徽商。况且，我校所在地芜湖，与徽商的故里相距咫尺，研究这一课题，可得‘天时、地利、人和’之便。”也正如先生在最后定稿时跟我说的，这“原因之三”才是当时他们决定组建团队研究徽商的最初动因，至于“原因之一”徽商研究的学术价值和“原因之二”徽商研究的现实意义，都是在后来的研究过程中逐渐体会出来的。由此可见，先生作为一个学者的学术担当！

## 二、“在（徽商）研究过程中，我们也是发挥个人作用与集体智慧相结合的优势，目标是超越、创新、开拓”

这是先生在《徽商研究十五年》中的一句话。接下来，先生又写道：“在徽商研究中，已有国内外学者垦辟在前，所以起点甚高。我们的研究重点，应当首先是别人未曾涉及的领域，或者是深入探讨的问题，或者是商榷他人的结论，其中的难度是可想而知的。然而我们没有退缩，我们将集体智慧与个人的主观能动性结合起来，个人每想出一个重要的问题，即召集研究中心的同人坐在一起讨论，相互切磋，各表己见，这样的座谈，常常使大家茅塞顿开，获得满意的见识；我们在研究过程中，注意抓一些重点、难点和重要的面，这样，又使我们的研究趋于系统化、体系化，使研究成果能分之成篇，合之成册。”先生领导的团队的确是这样做的。

1991年，先生主持申报的徽商研究项目被批准为中华基金研究项目，这也是国内徽商和徽学研究领域第一个被立项的国家社会科学基金项目，次年，安徽人民出版社又将《徽商研究》成功申报为“八五”国家重点出版图书。为了把这两个国家级项目做好，先生组织团队成员进行了多次的集体研讨、沟通、商榷，我手头上还保存有先生主持的团队集体研讨的8次会议记录，时间分别是：1992年1月20日上午、1992年9月15日上午、1993年1月12日上午、1993年10月3日晚、1994年2月6日晚、1994年9月1日上午、1994年9月28日上午、1994年11月19日晚；至于团队成员之间的个别讨论，以及先生对团队成员的个别指导更是不知凡几了。在整个徽商研究的过程中，先生作为带头人，真正是将“个人作用与集体智慧相结合的优势”落到了实处，并发挥到极致。

从保存的会议记录中，我们还能深切地感受到先生的超越意识、创新意识、开拓意识，以及严谨的治学态度。

在全体团队成员参加的第一次会议上，先生就如何来写《徽商研究》一书谈了自己的整体想法，这就是“不求全，而求新；不求宽，而求深”。先生解释说：所谓“不求全”“不求宽”，就是有所为、有所不为，要有问题意识，要去研究一个一个的问题，应该着重体现“横”（即问题）的方面，而“纵”（即时间脉络）则隐于其中；所谓“求新”“求深”，就是要收集新材料，要列出新问题，要写出新观点，而且写出的东西要有深度。在第二次讨论大纲的会议上，先生再次强调了“创新”的问题，并指出：“创新要与科学性一致起来，创新要建立在科学性的基础之上。”在第五次会议上，先生又一次重点谈了“创新”“开拓”和“特色”的问题，要求：“每个人首先要考虑一下自己写的有没有一点特色、有没有一些突破，这一点在拟题目和拟提纲的时候就应该有所反映，拟的题目应该有新意、拟些人家没有写过的题目，拟的提纲应该有新论点；其次，所写文章不能只摆事实，更要讲道理，要有些适当的‘辨’‘考’，还要提到一定的理论高度进行分析；第三，在写作的时候要注意上引下联，也就是说不光写明清的，明清以前和明清以后的，如果有必要的话要联系起来考虑；第四，不能仅就徽商论徽商，要把徽商放到全国的大背景中进行分析，还要和其他商帮进行一些比较。”最后先生又充满信心地总结道：“如果我们能发掘一些新材料、把视野再开阔些、在理论上再提高些，这本书一定能写出些特色来。”

先生不仅为《徽商研究》的框架结构、指导思想、目标任务进行整体设计，还就许多具体问题提出了真知灼见。会议记录显示，在讨论徽州典商时，先生认为“写徽州的典当业应该把它放到明清金融业的发展历程来思考”；在讨论徽商资本出路时，先生认为“对徽商投资土地要作层次的分析，从现有的材料看，徽州的大贾如盐商投资土地不多，而中、小商人投资土地要多些，大盐商买土地的材料少，因为他们志不在此”；在讨论徽商封建化时，先生认为“在写徽商封建化时，一定要与同时代的西方商人进行比较，重点要放在社会条件的分析上，事实少摆、道理多说”；在讨论到徽商与封建文化时，先生认为“封建文化促使徽商的兴起和发展，但在社会转型期徽商的衰落可能也与封建文化有关，因为徽商所背的程朱理学的包袱太重，知识和思想不能更新”；在讨论到徽商的消费心理和消费行为时，先生认为“写徽商的消费心理和消费行为，应该运用心理学的知识来分析，如徽商的奢侈性消费既是一种自卑心理的反映，同时还有自矜心理的作用”；等等。

正因为如此，对明清徽商这个复杂的历史现象，成书的《徽商研究》“不是对徽商的历史及其所涉及的方方面面都加以全面论述”，而是就“诸如徽州商帮形成于何时？在其发展过程中经历了哪几个阶段？徽商资本是如何积累的？徽州商帮的主要特色是什么？如何看待徽州人的‘儒贾观’？如何区别徽州盐商从事生产、城建、文化方面的积极活动与奢侈性消费？如何看待徽州商业资本与封建地权的关系？怎样认识徽商是徽州文化的‘酵母’？如何看待徽商衰落与咸同兵燹的关系？如何分阶段地具体分析徽商的衰落？等等”“几个主要问题作些研究和探索，借以提出我们的看法，并在占有大量资料的基础上，对所论述的问题作出比较合乎实际的结论。”[①]所以，南京大学范金民教授在《中国社会科学》上撰文评价说：《徽商研究》“既是徽商研究的集大成之作，也是迄今为止国内传统商人研究篇幅最为宏大之作，在林林总总的商人研究成果中，恰如根深叶茂的老树，又当融融春日开出了绚丽的花朵”[②]。《徽商研究》这株“绚丽的花朵”之所以能够绽放，张先生还有王廷元先生两主编，其功最大！

## 三、“我之所以最后同意牵头并加盟到安徽大学共同申报教育部人文社科重点研究基地——徽学研究中心，目的只有一个，这就是要把徽学的大旗插到更高的平台，大家共聚在这个旗帜下促进徽学的进一步发展”

安徽大学徽学研究中心，是首批获准成立的十五个教育部人文社科重点基地之一。安徽大学徽学研究中心之所以能顺利通过评审，学界相关朋友大多都知道与张海鹏先生率领安徽师范大学团队的加盟和全力支持密不可分，但张先生率领安徽师范大学的团队加盟申报安徽大学徽学研究中心的原因和过程，学界的朋友，甚至安徽师范大学的许多领导和老师并不十分了解。正因为如此，安徽大学徽学研究中心申报成功后，先生受到了来自多方的压力和并非公正的指责，一方面安徽大学联合申报之前的共享共建的承诺总体上由于种种原因未能兑现，另一方面安徽师范大学的少数人在不明就里的情况甚至斥先生为“卖国贼”，晚年的先生为此事身心俱疲，2000年7月先生查出食道癌后，住院治疗不到两个月就与世长辞。所以，作为先生的学生，我们有必要把我们所知道的事实写出来，告诉大家，使大家认识先生作为一个学术带头人的学术品格。

我虽然没有全程参与安徽大学徽学研究中心的申报，但先生告诉我了整个事情的过程和他自己的想法。记得是1999年暑假期间，我从南京大学历史系博士后科研流动站回安徽师范大学度假，有一天去看望先生，先生

① 张海鹏、王廷元主编：《徽商研究·前言》，安徽人民出版社1995年版。

② 范金民：《老树春深更著花》，《中国社会科学》1997年第2期。

就加盟安徽大学申报教育部人文社科重点研究基地事，足足跟我谈了将近两个小时，当时的情景我现在依然记忆清晰。

先生对我说，几个月以前，他在安徽大学工作的一个学生受安徽大学校长的委托给他打电话，告诉他教育部人文社科重点研究基地申报事，并说安徽大学原来准备申报的是淮河文化暨徽文化研究中心，但在咨询教育部社政司主要负责人时，这位负责人明确告诉安徽大学，这样的申报几乎不可能获批，因为教育部人文社科重点研究基地的申报其实就是两个“一”：唯一和一流，淮河文化研究，安徽既不是“唯一”也不是“一流”，从目前看，安徽只有申报徽文化才能符合条件、才有竞争力。安徽大学随即就此研究，认为该校虽然成立徽州文化研究所已有若干年，在徽州文献整理、徽州宗族研究等方面也已取得一些成果，但在研究起步时间、研究团队、研究成果及其影响方面都不如安徽师范大学，尤其缺乏张海鹏先生这样的在海内外都有影响的学术领军人物，所以必须下大力气获得安徽师范大学以张先生为首的学术团队的合作。所以，安徽大学希望安徽师范大学能加盟一起申报徽学研究中心。听后，先生告诉这位学生说：学术乃天下之公器，徽文化是安徽的文化宝库，徽学首先是安徽的学问，我们安徽学人有责任要深入研究。这次教育部人文社科重点研究基地如能申报成功，对于安徽将徽学研究推向深入，不断迈向更高的台阶，至关重要。至于是由安徽大学申报，还是安徽师范大学申报，抑或合作申报，关键是要能申报成功。我虽已退休几年了，但我现在还不能答应安徽大学的要求，因为具体情况我还不是非常清楚，况且尚不知道安徽师范大学的态度和想法。

由于教育部人文社科重点研究基地申报学校首先考虑国家211系列重点院校，而且规定原则上应是博士学位授权单位，须依托一个博士点授权学科，而安徽师范大学当时既不是211系列重点院校，又不是博士学位授权单位，更没有博士点授权学科，离申报条件尚有较大距离，所以没有考虑以徽学研究来申报教育部人文社科重点研究基地。

安徽大学得知安徽师范大学不拟以“徽学研究”申报时，感到机会来了，于是校长亲自给先生打电话，盛情邀请先生率领团队加盟到安徽大学共同申报教育部人文社科重点研究基地——徽学研究中心。随即委派一位副校长率校办、科研、人事等部门人士专程赴安徽师范大学礼邀并洽谈。他们对张先生说，经询教育主管部门，省属高校人文社科重点研究基地虽挂靠在安徽大学，但这是全省高校的共同平台，并非安徽大学一家独有；“中心”拟聘先生为名誉主任、专职研究人员，先生团队中的王廷元教授退休后，“中心”亦聘其为专职研究人员，团队中的年轻学者，“中心”拟聘他们为兼职研究人员，专职和兼职研究人员，根据教育部的相关规定享受相应的待遇；“中心”申报成功后，作为安徽大学和安徽师范大学共享共建的平台，“中心”课题涉及徽商及徽商相关的，由安徽师范大学主持研究；安徽大学给先生及其团队预留一套住房，先生随时可以到“中心”进行指导和从事研究工作。

先生继之告诉我，在此期间，他召集团队中的王廷元先生和周晓光进行了讨论，大家一致认为，教育部人文社科重点研究基地是人文社科研究的最高平台，可以考虑加盟到安徽大学共享共建。

最后，先生又对我说：“我之所以最后同意牵头并加盟到安徽大学共同申报教育部人文社科重点研究基地——徽学研究中心，目的只有一个，这就是要把徽学的大旗插到更高的平台，大家共聚在这个旗帜下促进徽学的进一步发展。”

团队形成一致意见后，向安徽大学提供了相关材料。教育部社政司领导来安徽大学徽学研究中心进行前期考察，以及教育部派专家组来安徽大学徽学研究中心进行现场评审答辩，安徽大学都派车接先生到合肥，让先生坐镇应对。在现场答辩会上，先生就徽学的概念与内涵、徽学形成的“基因”和徽学发展的“催化剂”等理论问题进行了阐述，得到了与会专家的一致认可。后来经过整理，以《徽学漫议》为题发表在《光明日报》2000年3月24日的“史学版”上。正由于先生在徽商和徽学研究领域的影响，1999年10月，安徽大学徽学研究中心顺利通过了教育部专家的评审。2000年4月，安徽大学徽学研究中心举行了基地揭牌仪式。

基地正式建立后，安徽大学事先承诺的与安徽师范大学共享共建之事总体上由于种种原因未能落实，于是先生有了来之各方的压力，先生自己也感觉到他举起的这杆徽学研究大旗并没有像他预料的那样迎风飘扬。我想，这可能是先生临终之前最为遗憾和痛心的事情！

## 四、结语

先生创立的安徽师范大学徽商和徽学研究团队，三十年来，出版有《明清徽商资料选编》（张海鹏、王廷元主编），《中国十大商帮》（张海鹏、张海瀛主编），《徽商研究》（张海鹏、王廷元主编），《富甲一方的徽商》（王世华），《徽商》（王廷元、王世华），《徽商与经营文化》（周晓光、李琳琦），《徽商与明清徽州教育》（李琳琦），《徽州教育》（李琳琦），《话说徽商》（李琳琦主编），《新安理学》（周晓光），《徽州传统学术文化地理研究》（周晓光），《〈寄园寄所寄〉点校》（周晓光等），《明清徽州文献研究》（张建），《〈新安志〉整理与研究》（肖建新、杨国宜），《〈新安志补〉点校》（肖建新等），《明清徽州宗族文书研究》（刘道胜），《徽州方志研究》（刘道胜）等著作20余部；在《历史研究》《光明日报》《中国史研究》《学术月刊》《清史研究》《历史档案》《史学史研究》等报刊发表徽商和徽学的学术论文200余篇；承担国家社科基金重大课题1项、国家社科基金一般课题10余项、省部级课题30余项；其研究成果荣获首届国家社科基金优秀成果三等奖1项，全国普通高校人文社会科学研究成果三等奖1项，安徽省社会科学优秀成果一等奖6项、二等奖5项、三等奖4项。其团队成员中有2人入选教育部“新世纪优秀人才支持计划”和“新世纪百千万人才工程”国家级人选，1人入选皖江学者特聘教授，1人入选安徽大学特聘教授，5人获得国务院政府特殊津贴。先生为徽学研究洒下的“一腔热血”，虽不能说已化成“碧浪涛天”，但确有“碧波荡漾”之势。正如瞿林东先生所说的：张海鹏先生创立的“这个学术群体几次易名，研究人员也稍有变化，但它的研究领域、治学宗旨却始终都不曾改变，而且呈现出

‘日日新，又日新’的趋势”；“张海鹏教授创立的安徽师范大学徽商研究学术群体，能否看作是一个学派？这一点，我还不能作出明确的结论。但是这个学术群体的良好的师承关系和良好的学风，以及明确的治学宗旨，在史学界并不多见，因而是值得人们关注的”[①]。

把几件记忆犹新的事情用文字的形式记录下来，一方面是对先生的思念之情使然，以此表达对先生的纪念；另一方面是尊重历史使然，以此让我们从一个侧面去了解先生作为一个学者的学术情感、态度和品质；最后是继承先生的遗志使然，以此吸取力量，努力把先生为之奠基、为之开拓的徽商和徽学研究进一步推向前进。

致谢：本文得到安徽省政协副主席、安徽省文化厅副厅长李修松教授和安徽师范大学原副校长王世华教授的审阅指正，特此致谢！

原载《安徽师范大学学报》（人文社会科学版）2013年第3期

① 瞿林东：《二十年的功力——评一个徽商研究的学术群体》，《中华读书报》2006年1月6日“学林”版。

# 张海鹏先生与徽商研究

张海鹏（1931—2000），出生于安徽省枞阳县，著名历史学家，曾任安徽师范大学校长，兼任安徽省社会科学界联合会副主席、安徽省历史学会会长、中国明史学会副会长、中国商业史学会副会长等。1983年，张海鹏先生在国内率先组建团队研究徽商。徽商和徽学研究，是他倾注后半生的全部热情所从事的学术事业，学界誉其“采文华章，徽商研究独步海内外”，“开创徽学研究领域，具奠基之功”。

## 为什么要研究徽商

1946年，傅衣凌先生发表《明代徽商考》一文，这是徽商研究的拓荒之作。1953年、1954年，日本学者藤井宏在《东洋学报》上连载了长篇论文《新安商人的研究》，由傅衣凌先生等翻译后在《安徽历史学通讯》和《安徽历史学报》上连载，“这是有关徽商研究中最为系统的著作”（傅衣凌语）。这两篇论文，由于当时社会历史的原因，影响有限。党的十一届三中全会后，徽商研究虽有零星的成果发表，但未形成热点。

张海鹏先生为什么要在1983年正式组建团队研究徽商呢？他在1998年撰写的《徽商研究十五年》一文中讲了三点原因：第一，“徽商的活动，从深层次看，不仅仅是经济行为，同时也是一种文化现象。因此，无论从明清经济史、文化史的角度，还是从徽州区域经济文化的角度，徽商研究都具有重要的学术价值”。第二，“则是基于为现实服务的考虑”。徽商“对封建社会后期商品经济的发展和近代市场的产生均起到了一定的积极作用”，徽商的“徽骆驼”精神、所遵循的商业道德、所表现出的儒雅风范以及在长期实践中所总结出来的经营谋略等，“是留给我们十分宝贵的精神财富。这些对当前我国社会主义市场经济的发展和完善都具有非常有益的借鉴意义”。第三，“是学术竞争的需要，是出于民族自尊使然。从20世纪40年代起，傅衣凌先生发表《明代徽商考》一文之后，徽商研究这一崭新的领域即引起了国外学者的广泛重视。……作为中国学者，我们不能甘心徽商在中国，徽商研究在国外的现实，于是我们决心发奋研究徽商”[①]。他后来回忆说，“原因之三”才是当时他们决定组建团队研究徽商的最初动因，至于“原因之一”徽商研究的学术价值和“原因之二”徽商研究的现实意义，都是在后来的研究过程中逐渐体会出来的。由此可见张海鹏先生作为学者的学术担当。

## 应该如何研究徽商

“历史是一门科学，是一门老老实实的学问。……‘凡治一学，立一说，必参互考证，曲征旁通。’这种严谨的治学态度，值得我们仰慕与学习”[②]。正因如此，张海鹏及其团队的徽商研究，是从资料积累做起的。1985年，他们在黄山书社出版了《明清徽商资料选编》。他在“前言”中写道：“大家在实际工作中都深感研究徽商所遇到的一个困难问题就是材料分散。……我们想，如能把分散的有关徽商资料进行摘录，汇集成编，这对大家的研究工作多少可以提供一点方便。为此，我们集研究室全体同仁之力，并借‘地利’‘人和’的有利条件，在最近几年中，利用教学之余，冒寒暑，舍昼夜，到有关图书馆、博物馆、科研单位以及徽州各地，访求珍藏，广搜博采，从史籍、方志、谱牒、笔记、小说、文集、契约、

① 《安徽师范大学建校七十周年论文集》（A辑），安徽人民出版社1998年版。

② 张海鹏：《创新·守成·严谨》，《光明日报》1984年7月16日“史学”版。

文书、碑刻、档案中，进行爬梳剔取，初步摘录近四十万言，编辑成册，定名为《明清徽商资料选编》。”瞿林东先生曾评价：“正是这部在参阅了230余部书籍基础上编纂出来的‘资料选编’，为国内外研究者提供了极大的方便，也为编者们的下一步研究奠定了扎实的基础，开辟了广阔的道路。”[①]

在收集资料的同时，如何开展专题研究？张先生说：“在研究过程中，我们也是发挥个人作用与集体智慧相结合的优势，目标是超越、创新、开拓。……个人每想出一个重要的问题，即召集研究中心的同人坐在一起讨论，相互切磋，各表己见，这样的座谈，常常使大家茅塞顿开，获得满意的见识。”正因如此，十余年来，“我们在《光明日报》《历史研究》《中国史研究》《明史研究》《清史研究》《中国经济史研究》《中国社会经济史研究》等国内较有影响的报纸杂志上共计发表了有关徽商的专题学术论文40余篇”[②]。其中，张先生撰写的《论徽商“贾而好儒”的特色》[③]《从〈汪氏阄书〉看徽商资本的出路》[④]《徽商在两淮盐业经营中的优势》[⑤]等论文最具代表性。

从专题研究的分之成篇，到合之成册。1995年，安徽人民出版社出版了《徽商研究》。张先生在“前言”中写道：“我们的研究工作首先是从搜集资料做起的。……此后，我们便在继续搜集资料的同时进行一些专题研究。……这部《徽商研究》便是在前一阶段研究的基础上写成的。”正如瞿林东先生所指出，“《徽商研究》一书的结构向人们展现出这个群体在研究上的重大进展。此书包含以下各个部分：徽州商帮的形成与发展；徽商的资本积累；徽商在长江流域的经营活动；徽商与两淮盐业；徽商在茶、木、粮、典和棉布业中的经营活动；徽商与封建势力；徽商的‘儒贾

① 瞿林东：《二十年的功力：评一个徽商研究的学术群体》，《中华读书报》2006年1月6日“学林”版。

② 《徽商研究十五年》。

③ 《中国史研究》1984年第4期。

④ 《光明日报》1986年4月23日“史学”版。

⑤ 《明史研究》第四辑，黄山书社1994年版。

观’和商业道德；徽商资本的出路；徽商与徽州文化；徽商个案研究；徽商的衰落。以上凡11章。根据这个结构，研究者们写出了一部54万字的著作。”[①]范金民先生高度评价该著作是“徽商研究的集大成之作，也是迄今为止国内传统商人研究篇幅最为宏大之作”。同时指出该著作有三大特色：一是“系统地论述了徽商的兴衰历史”；二是“准确地揭示了徽商的发展特征”；三是“精心挖掘了大量第一手资料，深入探讨了有关问题”[②]。

## 从徽商到徽学研究

从组建团队研究徽商开始，张海鹏先生就将徽商研究看成是徽学研究的基础和重要组成部分。他早在1985年《明清徽商资料选编》“前言”中就明确指出：“研究徽商，又是研究徽州学的一个重要内容。……徽州学的内容，除要研究徽州的政治沿革、自然环境、语言、风俗习惯、土地制度、佃仆制度、宗族制度、历史人物、阶级斗争等课题外，还有诸如‘新安学派’‘新安画派’‘新安医派’这些大的研究领域，更有待于学者们的纵横驰骋。而上述这些课题，往往又与徽商有密切的关系，在某种意义上说，徽商是其酵母。”1994年3月，张先生又在《东方讯报》上发表《徽商——酿造徽州文化的“酵母”》进一步指出：“一定的经济，往往孕育着一定的文化。在徽州经济发展的同时，也形成和发展了颇具风格的‘徽州文化’。从宏观角度来看，徽商正是‘徽州文化’的‘酵母’”；“徽州文化的形成和发展，因素很多，而徽商的‘酵母’作用，则是十分重要和基本的。”所以，在研究徽商的同时，他又安排团队成员去研究“新安学派”，“发掘这一座宝藏，总结从朱熹到戴震这一段理学演变的历史”；同时，支持另外的成员去研究徽州教育，探寻徽商与徽州教育的关系，以及徽州文化发展的人才培养机制。安徽师范大学的学术团队，以徽商研究为

① 《二十年的功力：评一个徽商研究的学术群体》。

② 范金民：《老树春深更著花》，《中国社会科学》1997年第2期。

基础，逐渐拓展到新安理学研究、徽州教育研究，尔后又开拓了徽州谱牒研究、徽州文书文献研究等领域，原因即基于此。

2000年3月24日，张先生又在《光明日报》发表《徽学漫议》一文，对徽学研究进行了较为深入的系统思考。该文首先就徽学的概念提出了自己独到的见解，并阐明了“徽学”一词的来源及与当今所称“徽学”概念在内涵上的区别；继之就“中原文化是‘徽学’形成的‘基因’”和“徽州商帮是‘徽学’发展的‘催化剂’”两个问题进行了深入论述。文中的精辟见解，对推动徽学研究具有重要指导意义。刚刚过去的2021年是张海鹏先生去世21周年，也是先生诞辰90周年。哲人已逝，哲思犹存！

原载《光明日报》2022年03月28日“理论·史学”版

# 20世纪80年代以来徽学研究的回顾与思考

## ——以国家社会科学基金立项项目为中心

“徽学”或“徽州学”的概念是20世纪80年代提出的。“徽学”作为一种学术潮流也是从20世纪80年代开始的。20世纪八九十年代是徽学研究的兴起和发展时期，进入21世纪，徽学走向繁荣。今后徽学研究的深化还需要大家共同努力。

## 一、20世纪八九十年代徽学研究的兴起和发展

作为一种新的学术潮流，徽学研究在20世纪80年代的兴起主要表现在如下几个方面：

一是区域性徽学研究学术团体成立。1985年，相继成立了安徽省徽州学学会和徽州地区徽学研究会；1989年，杭州市徽州学研究会成立。

二是徽学研究专刊创办。1982年，安徽省社会科学院主办的《江淮论坛》杂志开辟了“徽商研究”专栏。1985年5月，徽州地区社科联主办的《徽州社会科学》创刊；11月，安徽省徽州学学会主办的《徽州学丛刊》创刊；1986年5月，徽州地区徽学研究会主办的《徽学》创刊。

三是徽学学术交流活动兴起。专题学术会议主要有：1983年10月在绩溪县召开了“全国徽调、皮黄学术讨论会”、1985年5月在歙县召开了“安徽省徽州学学会成立大会暨第一届学术讨论会”、1985年6月在屯溪召开了“徽州地区徽学研究会成立大会暨第一届学术讨论会”、1988年在安徽大学

召开了“徽州文书契约整理学术讨论会”、1990年11月在安徽师范大学召开了“徽州社会经济史学术讨论会”，等等。

四是徽学相关研究领域的团队开始组建。1983年，中国社会科学院历史研究所成立了徽州文书整理组，开始对历史所馆藏的徽州契约文书进行整理和研究，同时对全国相关单位收藏的徽州契约文书进行调查；同年，安徽师范大学成立明清史研究室，组建团队，开始进行徽商资料的收集、整理和研究。

五是徽学相关资料的整理和相关研究取得初步成果。资料整理方面代表性的成果有：张海鹏、王廷元主编的《明清徽商资料选编》（黄山书社1985年版）“是迄今为止徽商研究最具代表性和权威性的原始资料汇编”[①]。安徽省博物馆编《明清徽州社会经济资料丛编》（第一集）（中国社会科学出版社1988年版）和中国社会科学院历史研究所编《明清徽州社会经济资料丛编》（第二辑）（中国社会科学出版社1990年版），是经过分类整理、校点并公开出版的最早的两部徽州社会经济类的契约文书集成。徽学研究方面代表性的成果有：叶显恩的《明清徽州农村社会与佃仆制》（安徽人民出版社1983年版），这是徽学兴起的标志性研究成果之一；另有《江淮论坛》编辑部编《徽商研究论文集》（安徽人民出版社1985年版）、刘淼辑译《徽州社会经济史研究译文集》（黄山书社1988年版）。同时在期刊杂志上发表的有关徽商研究的论文有70余篇。

20世纪80年代的徽学研究主要集中在徽州契约文书整理与研究、徽商和徽州社会经济史研究等几个主要方面。

20世纪90年代，徽学研究得到进一步发展，其主要表现有以下数端：

其一，徽学研究的价值得到政府和学界的高度认可。（1）安徽大学徽学研究中心和安徽师范大学皖南历史文化研究中心，相继入选教育部人文社会科学重点研究基地和安徽省教育厅人文社会科学重点研究基地。（2）1991年开始设立国家社会科学基金项目，张海鹏先生主持申报的“徽商发

① 卞利：《20世纪徽学研究回顾》，《徽学》第2卷，安徽大学出版社2002年版，第426页。

展史”项目顺利进入首批国家社科基金项目立项名单。整个20世纪90年代，入选国家社科基金立项项目的徽学研究课题共有6项，除张海鹏先生的“徽商发展史”外，其他5项是：南京大学李开的“清代皖派语言学史”（1993年）、安徽大学卞利的“明清民事法律规范的调整与农村基层社会的稳定”（1997年）、苏州大学唐力行的“16—19世纪苏州与徽州地区经济与社会发展差异的比较”（1998年）、南京大学范金民的“明清商事纠纷与商业诉讼”（1999年）、安徽省人民政府卢家丰的“徽文化研究”（1999年）。（3）1999年，张海鹏、王廷元主编的《徽商研究》，荣获首届国家社会科学基金项目优秀成果三等奖，这是我国人文社会科学的最高级别的奖励。（4）1998年由卢家丰副省长牵头，安徽省委宣传部和安徽省社会科学界联合会组织编撰的《徽州文化全书》20卷本正式启动，“这是安徽省建省以来最大的一项社科研究工程”[①]。

其二，徽学学术交流的广度和深度进一步加强。由中国社会科学院历史研究所、安徽大学、安徽师范大学、黄山市人民政府等共同主办的国际徽学学术讨论会就有4次：“首届国际徽学学术讨论会”（黄山市，1994年）、“第二届国际徽学学术讨论会”（黄山市，1995年）、“98国际徽学学术讨论会”（绩溪县，1998年）、“2000年国际徽学研讨会”（合肥和黄山市，2000年）。徽学相关专题研究的全国性和国际性学术讨论会的举办次数更多，如“第二次戴震学术研讨会”（黄山市，1991年）、“大陆首届胡适学术思想研讨会”（黄山市，1991年）、“全国元明清文学与徽州学讨论会”（黄山市，1993年）、“全国徽学学术讨论会暨徽学研究与黄山建设关系研究会”（黄山市，1993年）、“朱熹与新安理学国际学术讨论会”（黄山市，1995年）、“第一届徽州历史档案与徽州文化国际研讨会”（黄山市，1998年）、“徽州历史档案与徽州文化国际研讨会”（美国第二档案馆，1999年）等等。

其三，徽州契约文书整理和徽商研究的标志性成果出版发行。一是王

① 刘伯山：《安徽省徽学界大事记》，安徽省徽学学会：《徽学丛刊》（第1辑总第3辑），安徽学林印刷厂2003年印刷，第209页。

钰欣、周绍泉主编，中国社会科学院历史研究所收藏整理的《徽州千年契约文书》宋·元明编（1—20册）、清·民国编（1—20册），由花山文艺出版社1993年出版。“这是迄今为止海内外出版的种类最齐全、内容最丰富、部头最宏大的一部徽州原始契约文书资料汇编”[①]。二是张海鹏、王廷元主编的《徽商研究》由安徽人民出版社1995年出版。这部著作“既是徽商研究的集大成之作，也是迄今为止国内传统商人研究篇幅最为宏大之作，在林林总总的商人研究成果中，恰如根深叶茂的老树，又当融融春日开出了绚丽的花朵”[②]；这部著作“对驰骋明清商业舞台数百年的徽州商帮进行了迄今为止最全面的研究，是徽商研究中的一部创新性著作”[③]。另外，这一时期代表性的著作还有王振忠《明清徽商与淮扬社会变迁》（生活·读书·新知三联书店1996年版）、唐力行《商人与文化的双重变奏——徽商与宗族社会的历史考察》（华中理工大学出版社1997年版）等，在期刊杂志上发表的有关徽商和徽州文化的研究论文近500篇。

20世纪90年代，虽然徽学研究的主要领域仍集中在徽州契约文书整理与研究、徽商和徽州社会经济史研究上，但新安理学、徽州教育、徽州宗族、徽州乡村社会治理等领域也受到学界的重视，并有相应的成果发表。

## 二、进入21世纪徽学研究的繁荣

进入新世纪，徽学研究迎来繁荣时期。据不完全统计，2001—2016年，国家社会科学基金项目立项的相关徽学研究课题共有63项。（见表1）

① 卞利：《20世纪徽学研究回顾》，第427页。

② 范金民：《老树春深更著花》，《中国社会科学》1997年第2期。

③ 卞利：《20世纪徽学研究回顾》，第432页。

表1 2001—2016年国家社会科学基金立项的徽学研究课题一览表

| 序号 | 立项时间 | 立项学科 | 课题名称 | 负责人 | 所在地区 | 工作单位 | 项目类别 |
|---|---|---|---|---|---|---|---|
| 1 | 2001年 | 中国历史 | 徽州文书所见明清村落社会生活研究 | 王振忠 | 上海 | 复旦大学 | 青年项目 |
| 2 | 2003年 | 中国历史 | 明清商业经济发展与教育变迁——以徽州为中心的考察 | 李琳琦 | 安徽 | 安徽师范大学 | 青年项目 |
| 3 | 2004年 | 中国历史 | 国家权力下的乡村统合——16至20世纪徽州乡村社会权力关系研究 | 唐力行 | 上海 | 上海师范大学 | 一般项目 |
| 4 | 2004年 | 中国文学 | 徽商与明清文学 | 朱万曙 | 安徽 | 安徽大学 | 一般项目 |
| 5 | 2006年 | 中国历史 | 明清时期的村规民约与乡村治理 | 卞　利 | 安徽 | 安徽大学 | 一般项目 |
| 6 | 2006年 | 中国历史 | 新发现的明清以来徽州商业类书研究 | 王振忠 | 上海 | 复旦大学 | 一般项目 |
| 7 | 2006年 | 中国历史 | 扩张、分流与内卷：明清徽州人口与社会研究 | 胡中生 | 安徽 | 安徽大学 | 青年项目 |
| 8 | 2007年 | 哲学 | 理学地域化：新安理学与徽州社会研究 | 周晓光 | 安徽 | 安徽师范大学 | 一般项目 |
| 9 | 2007年 | 中国历史 | 清代徽州鱼鳞图册研究 | 汪庆元 | 安徽 | 安徽省博物馆 | 一般项目 |
| 10 | 2007年 | 中国历史 | 经济与文化互动视野下的徽商研究 | 王世华 | 安徽 | 安徽师范大学 | 一般项目 |
| 11 | 2007年 | 中国历史 | 明清徽州宗族与乡村社会控制研究 | 陈　瑞 | 安徽 | 安徽省社会科学院 | 青年项目 |
| 12 | 2007年 | 艺术学 | 徽州宗族礼俗音乐研究 | 齐　琨 | 北京 | 中国艺术研究院 | 青年项目 |

续表

| 序号 | 立项时间 | 立项学科 | 课题名称 | 负责人 | 所在地区 | 工作单位 | 项目类别 |
|---|---|---|---|---|---|---|---|
| 13 | 2008年 | 中国历史 | 民间文书与地方社会研究——以徽州文书和徽州区域为中心 | 刘道胜 | 安徽 | 安徽师范大学 | 青年项目 |
| 14 | 2008年 | 中国文学 | 清代扬州徽商与东南地区文学艺术研究 | 方盛良 | 福建 | 福建师范大学 | 一般项目 |
| 15 | 2008年 | 艺术学 | 安徽省徽州雕刻艺术非物质文化遗产的保护与传承研究 | 黄　凯 | 安徽 | 安徽工程科技学院 | 一般项目 |
| 16 | 2009年 | 法学 | 明清徽州民事诉讼研究 | 郑小春 | 安徽 | 巢湖学院 | 青年项目 |
| 17 | 2009年 | 哲学 | 朱熹与新安学术流派研究 | 解光宇 | 安徽 | 安徽大学 | 一般项目 |
| 18 | 2009年 | 哲学 | 徽州文化生态保护研究 | 方利山 | 安徽 | 黄山学院 | 一般项目 |
| 19 | 2009年 | 中国历史 | 徽州孝文化研究 | 周怀宇 | 安徽 | 安徽大学 | 一般项目 |
| 20 | 2010年 | 中国历史 | 徽州典商研究 | 王裕明 | 江苏 | 江苏省社会科学院 | 后期资助 |
| 21 | 2010年 | 语言学 | 语言地理学视角下江西徽语现状及历史调查研究 | 胡松柏 | 江西 | 南昌大学 | 一般项目 |
| 22 | 2010年 | 语言学 | 徽州韵书抄本比较研究 | 朱　蕾 | 安徽 | 安徽师范大学 | 一般项目 |
| 23 | 2010年 | 哲学 | 朱熹礼学的哲学价值研究 | 李方泽 | 安徽 | 安徽大学 | 一般项目 |

续表

| 序号 | 立项时间 | 立项学科 | 课题名称 | 负责人 | 所在地区 | 工作单位 | 项目类别 |
|---|---|---|---|---|---|---|---|
| 24 | 2010年 | 中国历史 | 中国近代社会转型中的乡村教育变革研究——以徽州乡村为中心的考察 | 李琳琦 | 安徽 | 安徽师范大学 | 一般项目 |
| 25 | 2011年 | 中国历史 | 千年徽州家谱与社会变迁研究 | 周晓光 | 安徽 | 安徽师范大学 | 重大项目 |
| 26 | 2011年 | 语言学 | 明清以来徽语的发展演变研究——徽语区抄本方言韵书音系研究 | 周赛华 | 湖北 | 湖北大学 | 一般项目 |
| 27 | 2011年 | 体育学 | 徽州民俗体育研究 | 卢　玉 | 安徽 | 安徽师范大学 | 青年项目 |
| 28 | 2011年 | 中国历史 | 明清乡村绅权建构与社会认同研究 | 徐　彬 | 安徽 | 安徽师范大学 | 一般项目 |
| 29 | 2011年 | 中国历史 | 旅外徽州人与近代徽州社会变迁研究 | 张小坡 | 安徽 | 安徽大学 | 青年项目 |
| 30 | 2011年 | 新闻传播学 | 明清文化传播与商业互动:以徽州出版与徽商为中心 | 秦宗财 | 安徽 | 安徽师范大学 | 后期资助 |
| 31 | 2011年 | 中国历史 | 清至民国婺源县村落契约文书辑录 | 黄志繁 | 江西 | 南昌大学 | 后期资助 |
| 32 | 2012年 | 法学 | 清至民国徽州合同文书的辑释与研究(1664—1949) | 俞　江 | 湖北 | 华中科技大学 | 重点项目 |
| 33 | 2012年 | 图书馆、情报与文献学 | 徽州藏书研究及其存世文献的调查、整理与利用研究 | 薛贞芳 | 安徽 | 安徽大学 | 一般项目 |
| 34 | 2012年 | 图书馆、情报与文献学 | 徽州文书分类法与元数据标准设计研究 | 王　蕾 | 广东 | 中山大学 | 青年项目 |

续表

| 序号 | 立项时间 | 立项学科 | 课题名称 | 负责人 | 所在地区 | 工作单位 | 项目类别 |
|---|---|---|---|---|---|---|---|
| 35 | 2012年 | 语言学 | 19世纪以来的徽州方音研究 | 陈　瑶 | 福建 | 福建师范大学 | 一般项目 |
| 36 | 2012年 | 哲学 | 戴震批判宋明理学思想研究 | 任万明 | 甘肃 | 西北师范大学 | 西部项目 |
| 37 | 2012年 | 哲学 | 戴震道德哲学研究 | 魏冰娥 | 重庆 | 重庆师范大学 | 西部项目 |
| 38 | 2012年 | 中国历史 | 明清以来徽州日记的整理与研究 | 王振忠 | 上海 | 复旦大学 | 一般项目 |
| 39 | 2012年 | 教育学 | 科举革废与清末民初乡村教师群体转型——以徽州为中心的考察 | 梁仁志 | 安徽 | 安徽师范大学 | 青年项目 |
| 40 | 2012年 | 哲学 | 明清时期皖南诸画派美学思想研究 | 高　飞 | 安徽 | 安徽师范大学 | 一般项目 |
| 41 | 2013年 | 中国历史 | 六百年徽商资料整理与研究 | 王世华 | 安徽 | 安徽师范大学 | 重大项目 |
| 42 | 2013年 | 哲学 | 明清徽州礼学的转型与建构研究 | 徐道彬 | 安徽 | 安徽大学 | 一般项目 |
| 43 | 2013年 | 中国历史 | 明清徽州基层社会管理研究 | 陈　瑞 | 安徽 | 安徽省社会科学院 | 一般项目 |
| 44 | 2013年 | 中国历史 | 宋明以来徽州的地域开发与文化认同研究 | 卞　利 | 安徽 | 安徽大学 | 一般项目 |
| 45 | 2013年 | 中国历史 | 戴震年谱长编 | 潘定武 | 安徽 | 黄山学院 | 一般项目 |
| 46 | 2013年 | 社会学 | 快速城市化过程中徽州古村落文化变迁机制研究 | 贺为才 | 安徽 | 合肥工业大学 | 一般项目 |

续表

| 序号 | 立项时间 | 立项学科 | 课题名称 | 负责人 | 所在地区 | 工作单位 | 项目类别 |
|---|---|---|---|---|---|---|---|
| 47 | 2013年 | 体育学 | 徽州民俗体育文化 | 王国凡 | 安徽 | 安徽师范大学 | 后期资助 |
| 48 | 2014年 | 中国历史 | 明清以来徽州会馆文献整理与研究 | 王振忠 | 上海 | 复旦大学 | 重大项目 |
| 49 | 2014年 | 中国历史 | 明清徽州传统家训资料整理与优秀家风研究 | 徐　彬 | 安徽 | 安徽师范大学 | 重点项目 |
| 50 | 2014年 | 中国历史 | 民间藏600年徽州归户文书的调查、整理与研究（1368—1949） | 刘伯山 | 安徽 | 安徽大学 | 一般项目 |
| 51 | 2014年 | 中国历史 | 商业账簿与近代徽商经营实态研究 | 马勇虎 | 安徽 | 黄山学院 | 一般项目 |
| 52 | 2014年 | 哲学 | 乾嘉汉学的哲学思想研究 | 吴晓番 | 上海 | 上海财经大学 | 青年项目 |
| 53 | 2014年 | 管理学 | 徽州文化资源保护与产业融合研究 | 秦　枫 | 安徽 | 安徽师范大学 | 青年项目 |
| 54 | 2015年 | 社会学 | 传统徽州宗族管理文化与现代乡村治理研究 | 沈　昕 | 安徽 | 安徽大学 | 一般项目 |
| 55 | 2015年 | 中国历史 | 胡适中文书信文献再整理与研究 | 吴元康 | 安徽 | 安徽省社会科学院 | 一般项目 |
| 56 | 2015年 | 中国历史 | 明代徽州山林经济研究 | 康　健 | 安徽 | 安徽师范大学 | 青年项目 |
| 57 | 2015年 | 中国历史 | 皖南传统商帮的转型与衰落研究（1912—1956） | 李　甜 | 上海 | 复旦大学 | 青年项目 |
| 58 | 2015年 | 哲学 | 胡培翚《仪礼正义》研究 | 陈功文 | 河南 | 商丘师范学院 | 后期资助 |

续表

| 序号 | 立项时间 | 立项学科 | 课题名称 | 负责人 | 所在地区 | 工作单位 | 项目类别 |
|---|---|---|---|---|---|---|---|
| 59 | 2015年 | 中国历史 | 皖南早期历史文化专题研究 | 裘士京 | 安徽 | 安徽师范大学 | 后期资助 |
| 60 | 2016年 | 法学 | 明清徽州诉讼案卷的整理与研究 | 廖华生 | 江西 | 江西师范大学 | 重点项目 |
| 61 | 2016年 | 中国历史 | 历史地理学视阈下的徽州佛教研究 | 王开队 | 安徽 | 安徽大学 | 一般项目 |
| 62 | 2016年 | 中国历史 | 明清徽州都图里甲制度的区划形式与运行实态研究 | 黄忠鑫 | 广东 | 暨南大学 | 青年项目 |
| 63 | 2016年 | 语言学 | 徽州方言韵书及安徽地方剧韵文数据库建构 | 田立宝 | 安徽 | 安徽大学 | 青年项目 |

**表2　2001—2016年国家社会科学基金立项的徽学研究课题年份分布表**

| 年份 | 2001年 | 2002年 | 2003年 | 2004年 | 2005年 | 2006年 | 2007年 | 2008年 |
|---|---|---|---|---|---|---|---|---|
| 数量 | 1 | 0 | 1 | 2 | 0 | 3 | 5 | 3 |
| 年份 | 2009年 | 2010年 | 2011年 | 2012年 | 2013年 | 2014年 | 2015年 | 2016年 |
| 数量 | 4 | 5 | 7 | 9 | 7 | 6 | 6 | 4 |

**表3　2001—2016年国家社会科学基金立项的徽学研究课题学科分布表**

| 学科 | 中国历史 | 哲学 | 语言学 | 法学 | 艺术学 | 图书馆、情报与文献学 |
|---|---|---|---|---|---|---|
| 数量 | 32 | 10 | 5 | 3 | 2 | 2 |
| 学科 | 社会学 | 体育学 | 中国文学 | 新闻传播学 | 管理学 | 教育学 |
| 数量 | 2 | 2 | 2 | 1 | 1 | 1 |

**表4　2001—2016年国家社会科学基金立项的徽学研究课题地区分布表**

| 地区 | 安徽 | 上海 | 江西 | 江苏 | 广东 | 湖北 |
|---|---|---|---|---|---|---|
| 数量 | 42 | 7 | 3 | 1 | 2 | 2 |
| 地区 | 福建 | 北京 | 甘肃 | 重庆 | 河南 | |
| 数量 | 2 | 1 | 1 | 1 | 1 | |

**表5　2001—2016年国家社会科学基金立项的徽学研究课题单位分布表**

| 单位 | 安徽师范大学 | 安徽大学 | 复旦大学 | 黄山学院 | 安徽省社会科学院 | 福建师范大学 | 南昌大学 |
|---|---|---|---|---|---|---|---|
| 数量 | 18 | 14 | 5 | 3 | 3 | 2 | 2 |
| 单位 | 合肥工业大学 | 安徽工程科技学院 | 安徽省博物馆 | 巢湖学院 | 江苏省社会科学院 | 上海师范大学 | 湖北大学 |
| 数量 | 1 | 1 | 1 | 1 | 1 | 1 | 1 |
| 单位 | 华中科技大学 | 中山大学 | 西北师范大学 | 重庆师范大学 | 上海财经大学 | 商丘师范学院 | 暨南大学 |
| 数量 | 1 | 1 | 1 | 1 | 1 | 1 | 1 |
| 单位 | 中国艺术研究院 | 江西师范大学 | | | | | |
| 数量 | 1 | 1 | | | | | |

**表6　2001—2016年国家社会科学基金立项的徽学研究课题类别分布表**

| 类别 | 重大项目 | 重点项目 | 一般项目 | 青年项目 | 后期资助 | 西部项目 |
|---|---|---|---|---|---|---|
| 数量 | 3 | 3 | 32 | 17 | 6 | 2 |

从表1至表6所列的数据可以看出以下事实：

第一，与20世纪相比，进入21世纪，徽学研究课题入选国家社会科学基金立项项目的数量呈现出“井喷”之势。20世纪后10年，进入立项项目的只有6项；而21世纪的前10年则达到了24项；2011—2016年的6年更是达到了39项。徽学研究课题入选国家社会科学基金立项项目数量的快速提升，一方面说明徽学研究的意义更加凸显，另一方面说明徽学研究的学术基础更加扎实。

第二，对徽学进行多学科综合研究的趋势日益增强。20世纪的80年代、90年代，主要是历史学科的学者从历史学科的视阈来对徽学相关领域进行研究，20世纪90年代入选国家社会科学基金立项的6项相关徽学研究课题，其中就有5项的立项学科是“中国历史”。而21世纪的63项国家社科基金立项项目的立项学科已达到12个，它们分别是中国历史、哲学、语言学、法学、艺术学、图书馆情报与文献学、社会学、体育学、中国文学、新闻传播学、管理学、教育学，虽然从“中国历史”学科立项的仍有一半以上，但其他11个学科的立项课题数也将近有一半。这反映出徽学的多学科影响力在逐渐增强。

第三，从事徽学研究的地区、高校和科研机构日益增多。20世纪80年代、90年代，从事徽学研究的地区、高校和科研机构屈指可数，主要是安徽省的高校和相关科研机构，以及北京的中国社会科学院历史研究所、上海的复旦大学、江苏的苏州大学、浙江的浙江省社会科学院历史研究所和广东的广东省社会科学院历史研究所。进入21世纪，虽然安徽省的高校和科研机构仍是徽学研究的主体，但从国家社会科学基金立项项目的角度看，从事徽学研究的地区已扩大到11个省（市）、从事徽学研究的高校和科研机构已扩大到23所。这反映出徽学的影响力在不断提升。

第四，从事徽学研究的一大批年轻的学者正在茁壮成长。21世纪的前16年，国家社会科学基金立项的徽学研究项目共63项，其中明确以“青年项目”立项的就有17项，占27%，如果再加上“一般项目”“后期资助”和“西部项目”，青年学者主持的国家社会科学基金立项的徽学研究项目的数量会更多、比例会更高。这批青年学者都经过系统的学术训练，有丰富的知识储备、开阔的视野和创新性思维，是徽学研究进一步发展的希望所在。

进入21世纪，徽学的研究成果更加丰硕。徽学资料整理方面，除对已有的文献资料进行校点重版之外，徽州契约文书整理的标志性成果无疑是刘伯山主编、安徽大学徽学研究中心编的《徽州文书》第一至第五辑，共50册（广西师范大学出版社2005年、2006年、2009年、2011年、2015年版）；另外，还有黄山学院编《中国徽州文书》（民国编）10册（清华大学出版社2010年版）和李琳琦主编《安徽师范大学馆藏千年徽州契约文书集萃》10册（安徽师范大学出版社2014年版）。徽学研究方面，标志性的成果无疑是安徽人民出版社2005年出版的20卷本的《徽州文化全书》；另外，还有王振忠《徽州社会文化史探微》（上海社会科学院出版社2002年版）、李琳琦《徽商与明清徽州教育》（湖北教育出版社2003年版）、卞利

《明清徽州社会研究》(安徽大学出版社2004年版)、周晓光《徽州传统学术文化地理研究》(安徽人民出版社2006年版)、韩结根《明代徽州文学研究》(复旦大学出版社2006年版)、唐力行《苏州与徽州:16—20世纪两地互动与社会变迁的比较研究》(商务印书馆2007年版)、徐道彬《戴震考据学研究》(安徽大学出版社2007年版)、汪崇筼《明清徽商经营淮盐考略》(巴蜀书社2008年版)、刘道胜《明清徽州宗族文书研究》(安徽人民出版社2008年版)、冯剑辉《近代徽商研究》(合肥工业大学出版社2009年版)、王振忠《明清以来徽州村落社会史研究——以新发现的民间珍稀文献为中心》(上海人民出版社2011年版)、丁希勤《古代徽州宗教信仰研究》(安徽师范大学出版社2013年版)、方光禄等《徽州近代师范教育史:1905~1949》(安徽师范大学出版社2013年版)、朱万曙《徽商与明清文学》(人民出版社2014年版)、吴媛媛《明清徽州灾害与社会应对》(安徽大学出版社2014年版)、方利山等《源的守望——徽州文化生态保护研究》(中国社会科学出版社2015年版)、阿风《明清徽州诉讼文书研究》(上海古籍出版社2016年版),等等。这一时期,在期刊杂志上发表的有关徽商和徽州文化的论文有3000余篇,新世纪15年发表的论文是20世纪八九十年代20年的5倍多。

## 三、徽学研究进一步深入的思考

20世纪80年代以来,徽学研究取得了长足的发展,研究人数不断增加、研究领域不断拓展、研究方法不断创新、研究成果不断增多,其影响力也在持续扩大。作为一种学术潮流,徽学研究始终在澎湃向前。回顾过去是为了面向未来。接下来,就徽学研究的进一步深入提出几点个人不成熟的思考。

首先,“徽学”的理论研究亟需加强。“徽学”作为一种学科概念是20世纪80年代提出的,从80年代中期开始,学界对“徽学”的内涵和外延,“徽学”的学科性质、研究对象、研究价值、研究的时间和空间有过初步的讨论，但未形成相对一致的看法。从20世纪80年代至今，“徽学”的研究实践已经有30多年了，“徽学”的理论阐释和学科体系建构到了必须引起我们高度重视的时候了，因为这关系到学界对“徽学”的认可和“徽学”自身未来的发展。

学科是一种学术思想和知识学问的体系。“徽学”学科的理论阐述要求我们必须首先回答这样几个重要的问题：一是“徽学”的学统问题。“徽学”有没有一个一脉相承的学统？即“徽学”的学术思想、知识学问有没有一个相对清晰地传承关系？二是“徽学”的学术旨趣问题。“徽学”有没有一个相对统一的学术旨趣、知识兴趣和话语体系？三是“徽学”的学统和学术旨趣与中华传统的学统和学术旨趣的关系问题。即承继和发展了什么？有没有地域性特征？如果有，其表现又是什么？四是“徽学”和已有学科之间的关系问题。特别是与其相近的人文社会学科，如中国历史、中国哲学、中国文学等之间的联系和区别是什么？

其次，“徽学”的文献基础亟需加强。文献资料是学科研究和学科知识体系建构的基础。过去的30多年中，学界虽然在徽学文献资料的发掘、收集、整理和出版方面做了大量的工作，成绩显著。但作为各种文献资料遗存最多的府级区域，我们对徽州文献资料发掘、收集、整理和出版方面所做的工作还远远不够，仅从契约文书的角度来说，目前我们整理出版的仅仅是“冰山一角”。这方面，我们需要打破各收藏单位对文献资料的封锁，需要收藏单位和研究单位的协同配合，需要学者们的奉献精神。

第三，需要对“徽学”相关领域进行细部的研究。细节决定成败。这虽说的是做事，但对学术研究同样适用。细节决定着我们对问题了解的程度；细节有时还决定着事实的真伪，关乎我们对问题和事件性质的判断。我们以往的徽学研究，对问题的细部分析不够，导致我们对问题的解剖浅尝辄止，对问题的分析不够透彻，所得出的结论不能完全令人信服。细部的研究需要有大量具体材料的支撑，这方面条件基本可以具备；细部的研究还需要我们对相关材料的细致分析，而这方面需要我们自身的努力。

第四，需要把“徽学”和徽学的相关研究放到“大历史”中进行审视。我们不能就徽学来研究徽学，也不能就徽学中的具体问题就事论事，而是需要把徽学和徽学的相关研究放到“大历史”中进行审视。所谓放到“大历史”中进行审视，一是指要有“过程观”，一个事件、一个现象，我们首先要去了解它是怎么产生的、又是如何演变和发展的、每个演变和发展阶段的特征是什么；二是要有“整体观”，无论是小徽州抑或大徽州都只是中国行政区划的一个部分，徽州的历史和文化也只是中国历史和文化的一个部分，所以要把徽学和徽学的相关研究放到“整体”中来进行考察。只有这样，我们才能了解徽学和徽学相关问题的特点，才能科学地分析它的历史地位和作用。

原载《安徽师范大学学报》（人文社会科学版）2017年第2期。该文的第二作者是孟颖佼